JN189053

エネルギー
400年史

薪から石炭、石油、原子力、再生可能エネルギーまで

ENERGY: A Human History

Richard Rhodes

リチャード・ローズ　秋山 勝＝訳

草思社

For Isaac Rhodes

ENERGY
A Human History
by
Richard Rhodes

Copyright © 2018 by Richard Rhodes
All rights reserved.
Japanese Language Translation copyright © 2019 by Soshisha, Co., Ltd.
Japanese translation rights arranged with
Simon & Schuster, Inc.
through Japan UNI Agency, Inc., Tokyo

エネルギー400年史＊目次

はじめに　エネルギーをめぐる四〇〇年の旅　17
この世界を形作ったものたち　17
「気候変動」という難題　20
歴史から明日への道を学ぶ　22

第1部　動力

第1章　森なくして王国なし――材木／薪／石炭　27
シェイクスピアの材木争奪戦　27
国家の安全保障を支える「木」　29
新大陸に木材を求める　32
忌み嫌われた「黒い石」　34
ロンドンの貧しき煙突掃除夫たち　39
病と死をもたらす煤煙　42
汚染都市をいかに浄化するか　45

第2章 火で水を汲み上げる――石炭／真空ポンプ／大気圧蒸気機関 49
子供も女性も家族総出の炭鉱労働 49
炭坑ガスによる大爆発事故 54
水没して放棄される炭鉱 56
「真空」を利用して水を汲み上げる 58
火薬を使った動力の研究 64
大気圧による蒸気機関の誕生 70
第3章 意志を持つ巨人――セイヴァリの蒸気機関／ニューコメンの蒸気機関 77
セイヴァリの「火で揚水する機械」 77
ニューコメンの蒸気機関 80
石炭の運搬をめぐる問題 89
木製軌条のワゴンウェイ 92
木炭からコークスへ 96
第4章 全世界を相手にする――ワットの蒸気機関 101
グラスゴー大学の実験工房 101
ニューコメンの機関を改良する 105

「顕熱」と「潜熱」の発見 108
シリンダーから分離された「復水器」 111
ボールトン・アンド・ワット社 114
直線運動から回転運動へ 117

第5章 キャッチ・ミー・フー・キャン——高圧蒸気機関／蒸気車／蒸気機関車 119

ブリッジウォーターの運河 119
鉄製の軌条と車輪 122
大気圧機関から高圧蒸気機関へ 127
トレヴィシックの「馬なし蒸気車」 134
蒸気機関車と馬との競走 140
「キャッチ・ミー・フー・キャン」号 144

第6章 征服されざる蒸気——スティーブンソンの蒸気機関車 149

化石燃料の時代へ 149
鉄製軌条を走るトーマスの鉄道 154
スティーブンソンの蒸気機関車 158
リヴァプール・アンド・マンチェスター鉄道 167

チャット・モスとの苛酷な戦い　171
レインヒルの機関車トライアル　174
「ロケット」号の圧勝　178
時間・空間の観念と感覚が変わる　181

第2部　照明

第7章　灯芯草からガス灯へ――獣脂／コールタール／医療用ガス／石炭ガス／ガス灯　185
夜の暗闇の弱々しい明かり　185
照明燃料としての石炭ガス　189
華やかなガス灯による実演　194
ガス灯を建物に設置する　196
「人工空気」による吸入ガス治療法　198
「笑気ガス」の麻酔効果　202
ガス灯でパリを照らす？　205
三〇マイルのガス管敷設　211
第8章　大海獣を追って――捕鯨／鯨油・鯨蠟　217
北米ナンタケット島への移住　217

灯油を得るための捕鯨 220
商業捕鯨の再興を求めて 222
大西洋から太平洋に鯨を追う 229
最盛期を迎える商業捕鯨 232

第9章 燃える水——テレピン油／カンフェン／瀝青／ケロシン／石油 235

ダイオウマツからテレピン油を採る 235
アスファルトからケロシンを作る 238
新しい原材料「石の油」 244
石油に秘められた商品価値 247
照明にふさわしい油の発見 250
石油を求めて井戸を掘る 254
アンクル・ビリー、石油を掘り当てる 258

第10章 野生動物のようなもの——石油 265

人工洪水を起こして石油を運ぶ 265
アルコール税で石油が圧勝する 270
南部軍に追撃される捕鯨船団 272

「捕獲の原則」と「共有地の悲劇」 279

第11章 自然に宿る大いなる力——ライデン瓶／動物電気／電堆／電磁誘導／発電機 285

ライデン瓶とフランクリン 285
ガルヴァーニの奇妙な発見 288
ボルタに否定された「動物電気」 292
電流が磁場を生み出す 298
ファラデーの発電機 303

第12章 滔々《とうとう》たる水の流れ——直流・交流／水力発電／長距離送電システム 309

天然の巨大な動力源 309
直流電気と交流電気の戦い 311
長距離送電をいかに実現させるか 314
ウェスティングハウスのもくろみ 318
変圧器を並列に配置する 321
中央発電所からの定期送電 324
エジソンとウェスティングハウス 328
エジソンの直流送電案 332
ナイアガラ・フォールズからの送電開始 335

第13章 巨大なチーズの堆積——馬車／肥料／グアノ／馬車鉄道／路面電車 341
都市の通りにあふれる馬たち 341
島を覆う「非常に強力な肥料」 346
病気を運ぶ目に見えないもの 352
路面電車がもたらした変化 354

第14章 黒雲の柱——煤煙／天然ガス／都市ガス 359
町を覆うすさまじい煙 359
煤煙が町に不道徳をもたらす 363
天然ガスと製造ガスの競合 366

第3部 新しき火

第15章 神より授かりしもの——蒸気自動車／電気自動車／内燃機関自動車／ガソリン添加剤／テトラエチル鉛 373
多種多様の「馬なし馬車」 373
内燃機関が蒸気と電気に勝つ 376

ノッキング問題とオクタン価 381
ガソリンの添加剤を模索する 387
有鉛ガソリンの登場 390
テトラエチル鉛中毒をめぐる攻防 395
米国内の石油が涸渇する？ 400

第16章 片腕でもできる溶接
——探鉱／原油掘削／アーク溶接／電気溶接／天然ガス／パイプライン 403

サウジアラビアに眠る原油 403
イブン・サウード国王との交渉 405
繰り返される試掘 409
三二〇〇万バレルの原油産出 414
溶接技術が可能にしたもの 417
第一次世界大戦と溶接技術 420
広がるパイプラインと天然ガス 424
Uボートによる油槽船団襲撃 426
アメリカを横断するパイプライン 432
天然ガスへの移行と炭鉱ストライキ 434

第17章 一九五七年のフルパワー——原子炉／原子爆弾／ウラン235／プルトニウム／天然原子炉 441

フェルミの原子炉 441
「趣意書」に描かれた未来 446
マンハッタン計画とウラン鉱 449
原子力潜水艦の建造計画 453
「アトム・フォー・ピース」 456
民生用原子炉の開発 460
シッピングポート原子力発電所 464
アフリカの「天然原子炉」 469

第18章 スモッグがもたらすもの——大気汚染／スモッグ／光化学スモッグ 473

ピッツバーグの犠牲者 473
隠蔽される大気汚染 476
排気ガスと光化学スモッグ 480
自動車の公害防止規制 486
環境クズネッツ曲線 488

第19章 迫りくる暗黒時代
——環境保護運動／優生学／新マルサス主義／水爆実験／ＬＮＴモデル 495
世界の終わりと悲観主義の広がり 495
「優生学」と「人口爆発」という悪夢 498
資源の枯渇と人口過剰という恐怖 502
「放射線」に対する恐怖と誤解 509
ビキニ環礁の水爆実験 512
「いかなる線量でも危害をもたらす」 514
直線閾値なし（ＬＮＴ）モデル 519
第20章 未来への出航
——風力発電／太陽光発電／原子力発電／福島・スリーマイル・チェルノブイリ／放射性廃棄物／脱炭素化／石炭・石油・天然ガス・原子力 525
風力発電、太陽光発電 525
温暖化の抑制と「脱炭素化」 532
福島第一原発の事故 534
チェルノブイリ原発事故 536
事故件数と就業者の死亡災害数 540

地中深く埋められた廃棄物 542
マルケッティのグラフ 544
科学とテクノロジーがもたらすもの 551

謝辞 553
訳者あとがき 555
原註 604
参考文献 656
人名索引 663

図版出典

＊クレジットが付されていない図版はパブリックドメイン。ただし、しかるべき精査は行ったが、図版すべてについて、出典を特定し著作権継承者の許諾を得られたわけではない。

2-1　掘り抜きに使われた竿：S. T. Pees and Associates.
2-3　巻き上げ機（ホース・ジン）：出典不明。
2-7　ドレベルの潜水艇：出典不明。
3-4　荷馬の隊列：出典不明。
3-5　運炭車：Zenit, Wikimedia Creative Commons.
4-1　ワットの分離凝縮器：サイエンス＆ソサエティ・ピクチャーライブラリー・コレクション（イギリス）。
5-2　鋳鉄の鋳型：© 2010 Susan Campbell Kuo.
5-3　心棒（マンドレル）：The Village Blacksmith の Aldren A. Watson の許可を得て再録。原本は Thomas Y. Crowell（© 1968）で、文章と図版は Aldren A. Watson による。
6-7　スティーブンソンの「ロケット」号：John P. Glithero.
7-1　イグサ（Juncus effusus）：iStock.
8-1　ケープ・コッド、ナンタケットの地図：出典不明。
10-2　人工洪水による平底船の事故：ペンシルベニア州歴史・博物館委員会のドレークウエル・ミュージアムの厚意による。
10-3　エドゥアール・マネ作「キアサージ号とアラバマ号の海戦」：Wikimedia.
14-2　煙に覆われたトロント湾：トロント市アーカイブの厚意による：City Engineer's Collection, Series 376, File 4, Item 40.
15-2　スタンレー・スチーマー：Early American Automobiles の厚意による。www .earlyamericanautomobiles.com.
15-3　トーケイム石油計量ポンプ：US Patent Office.
16-1　サウジアラビアの地図：Wikimedia.
16-2　初代国王アブドゥルアズィーズ・イブン・サウードの写真：Karl S. Twitchell Collection. ハーヴァード大学図書館のファインアーツ・ライブラリーの厚意による。
16-3　塩酸注入器：アメリカ合衆国特許商標局。
16-4　1925年以前のアメリカのガスパイプライン：臨時全国経済調査委員会の連邦取引委員会による：Investigation of Concentration of Economic Power, monograph no. 36, 76th Congress, 3rd session, 1940.

16-5　アーク溶接法：アメリカ合衆国特許商標局。
16-6　進水記録世界一を祝うポスター：スミソニアン博物館の国立アメリカ歴史博物館の厚意による。
16-7　1940年時のアメリカのガスパイプライン：臨時全国経済調査委員会の連邦取引委員会による：Investigation of Concentration of Economic Power, monograph no. 36, 76th Congress, 3rd session, 1940.
16-8　ビッグインチの鋼管：アメリカ政府：John Vachon. アメリカ国立公文書記録管理局 (NARA) 208-LU-37C-50.
16-9　ビッグインチとリトル・ビッグインチ：アメリカ国立公文書記録管理局 (NARA) 208-LU-37C-1.
17-1　CP-1の組立：アメリカ合衆国エネルギー省。
17-2　完成したCP-1：アメリカ合衆国エネルギー省。
17-4　ガイガーカウンター「Super Sniffer」の広告：Nuclear CorpのRobert Goldsteinによる。
17-5　加圧水型原子炉：アメリカ合衆国原子力規制委員会。
17-6　ガボンのウラン鉱床：アメリカ地質学会のDavid Mossman.
18-1　ロンドンの〝死の霧〟のグラフ：イギリス王立気象学会。
18-2　ジョージ・ワシントン・ブリッジのスモッグ：アメリカ合衆国環境保護庁。
18-3　二酸化硫黄と1人当たりGDPの関連図：Gene M. Grossman and Alan B. Krueger, “Environmental Impacts of a North American Free Trade Agreement” (Working Paper 3914, National Bureau of Economic Research, Cambridge, MA, 1991).
18-4　環境クズネッツ曲線：Wikipedia.
19-1　人口爆弾：John C. Holdenの許可を得て採録。
19-2　シュリンプ：アメリカ合衆国エネルギー省。
19-3　キャッスル・ブラボーの放射線：アメリカ合衆国エネルギー省。
20-3　ジェイコブズ風力発電社の横断幕：ポール・ジェイコブズとジェイコブズ風力発電社の厚意により、掲載許可を得た。
20-4　ヴァンガード1号：アメリカ海軍。
20-5　風力タービン：出典不明。
20-6　チェルノブイリ原発事故：出典不明。
20-7　エネルギー源の置換グラフ：Visions of Technology (New York: Touchstone, 1999), © Richard Rhodes, p. 273.
20-8　ルイス・デ・ソウザによるグラフの改訂版：出典はTheOilDrum.com、デ・ソウザの許可を得て掲載。

エネルギー400年史

＊本書の調査と執筆は、アルフレッド・P・スローン財団の助成を得て行われた。

はじめに
エネルギーをめぐる四〇〇年の旅

この世界を形作ったものたち

これから乗り出していくのは、四〇〇年にわたる歴史の旅である。ともに旅する道連れには、かつて生きた人間のなかでも最も興味をそそり、創意と独創に富んだ者がいる。彼らは、科学者とか発明家、技術者と呼ばれる人間で、残した業績にかならずしもその名前が冠されているわけではない。しかし、良きにつけ悪しきにつけ、私たちがいま生きる世界を形作ったのはまぎれもなく彼らである。

私としては、その業績の大半はよきものと信じ、彼らとともに旅すれば、誰であれ、私と同じ思いを抱くようになると考えている。少なくとも、彼らが何をどう成し遂げ、なぜそうした事業に取り組んだのか、その点についてはこれまで以上に深く理解していただけると思う。私自身、彼らの業績をめぐる物語の多くが、これまでいかに忘れ去られてきたのかという事実に驚き、呆れたことも一度や二度ではない。彼らの生涯の物語を語るうえで参考にした資料には、さかのぼれば二〇〇年、もしくはそれ以上に及ぶ歴史や伝記が含まれている。書物や資料は古色蒼然としているが、語られている話はいまも古びてはいない。

こうした偉人たちには誰がいるだろう。とりあえず一人の作家の名前が挙げられる。ウィリアム・シェイクスピアだ。もっとも、劇作家としてではなく、ロンドン初の劇場の共同所有者としてのシェイクスピアである。ロンドン近郊の森の樹木が手薄になった時代、シェイクスピアは仲間の所有者ともども、木材ほしさに旧劇場を解体すると（地主は盗まれたと言い張った）、テムズ川を渡ってなんとも柄の悪いサザークに運び、ここにひとまわり大きな劇場を建設した。それがあのグローブ座で、隣には熊に犬をけしかける「熊いじめ」の見世物小屋が立っていた。

フランス人ドニ・パパンは、貧しき者たちの食事に心を砕いて圧力調理器を発明した。そして、この圧力調理器が蒸気機関への道を開くことになる。

人類に蒸気機関を授けたのはスコットランドのジェームズ・ワットであるのはたしかだが、ワットに先立って蒸気機関を発明したのがトーマス・ニューコメンである。なんとも無骨で独特な姿をした蒸気機関だったが、この発明のおかげで緻密で洗練されたワットの蒸気機関は誕生した。

そのレプリカに火を入れるというので、昨年、それを見ようと一日、イングランドを訪れた。装置は一軒家ほどの大きさもあり、石炭を喰うことにかけてはこの機関にまさるものはない（近頃は石炭も安くないので、動かすこともめったにないらしい）。シャベル一杯の石炭をボイラーに投じてから、私は機関を作動させる元技師の担当者と話を交わした。火が落ちないようにするには、どんな要具が欠かせないかと尋ねると、相手はにやりと笑って、大きなハンマーを持ち上げた。ニューコメンの内燃機関はパイプとクランクの塊で、しょっちゅう動きを止めてしまう。そんな場合、ハンマーを一発ぶちかますことになる。

ニューコメンの機関は炭鉱の坑道の入口に置かれ、坑内の湧き水を汲み出していたが、容易に移動できるようなものではなく、使い勝手ははなはだ悪い。一方、ワットの機関は効率的であるうえに、小型化されていた。軌道に置かれた台車に乗るほどの大きさで、掘り出された石炭を坑口から川岸まで運ぶと、石炭はここからはしけに移し替えられてロンドンへと向かった。

そのうち、石炭が運べるなら人間も——と誰かが思いつく。そして旅客鉄道が登場すると、鉄道網は瞬く間にイングランドの地を覆った。アメリカでも鉄道が敷かれ、炭鉱から遠く離れた荒野を機関車は薪《まき》を燃やして邁進し、ついには北米大陸をひとつに結んだ。だが、おかげで十九世紀の大半を通じ、アメリカのめぼしい森は燃やし尽くされた。

二十世紀の偉人の一人として、オランダ人のアリー・ジャン・ハーゲン＝スミットの名前が挙げられるだろう。本業はパサデナにあるカリフォルニア工科大《カルテック》の研究者だった。一九四八年のある日、ハーゲン＝スミットのもとに、ある問題を抱えた政府の役人が訪れた。研究室に足を踏み入ると、熟したパイナップルの臭いで部屋中がむせかえっている。空気中から南国果実のアロマを凝結する実験が行われていたのだ。同様な実験を、おぞましいほどひどいロサンゼルスのスモッグにも行ってほしいと役人は頼み込んだ。ハーゲン＝スミットはパイナップルの芳香を追い払うと、窓を開け放ち、かわりに何千立方フィートというスモッグまみれの空気を取り込んだ。

その空気を液体窒素で冷却したフィルターで濾過すると、異臭を放つ褐色の滓《かす》が数滴残った。この残留物を化学的に分析したハーゲン＝スミットは、これは自動車の排気ガスと近郊の石油精製所から排出されたガスにちがいないと断言した。石炭を燃やす町では、それまで有毒な煙や霧が結合したスモッグ（「スモッグ」は煙《スモーク》と霧《フォッグ》の合成語）の被害がたびたび発生していたが、この残り滓はスモッグとは違い、二種類の毒ガスが合成されたような物質だった。日光に反応して、大気はセピア色に変わっていた。

だが、石油会社にすればこんな事実は認められない。会社側の化学者はこの分析を一笑に付し、そんな反応は発見できなかったと世間に向けて言い放った。こうした対応が頑固一徹なハーゲン＝スミットの怒りに火をつける。研究室に戻ったハーゲン＝スミットは、御用学者が使うお上品な装置では、スモッグの発生過程は分析できないことを明らかにする。古タイヤのチューブの切れ端を用い、スモッグまみれの空気がゴムをどの程度もろくするのかを計測し、例の芳香分析機を使って大気を毒する化学成分を突き止めた。この結果を受けて行政が介入、こうしてロサンゼルスでは大気の浄化対策が始められることになった。

「気候変動」という難題

本書では、こうした話がふんだんに紹介されている。だが、それだけというわけではない。地球規模の気候変動という難題に直面している現在、本書が正面から問いただそうとしているのは、エネルギーそのものをめぐる歴史である。

エネルギー業界の人間は、エネルギーはあって当然、使えて当たり前のものと考え、私たちが気に病むなら、ガソリンの値段や家の電気代ぐらいのことだと言う。ひと昔前なら、それでも通じたのかもしれない。しかし、今日、それが通用しないのは疑いようのない事実だろう。気候変動はいまや大きな政治問題と化している。ますます多くの人がこの問題の深刻さに気がつき、この問題の成り行きにこれまで以上の不安を覚えるようになった。産業界に対して突きつけられた難題でもある。長かった冷戦の時代、核による人類滅亡に人々が恐怖したように、気候変動でも同様な暗澹たる不安が文明の前にそそり立っている。

それにもかかわらず、多くの人が抱いているのは、肝心の議論に加われないという思いだ。気候変動を語る言葉は、たいていの場合、専門用語に終始し、論点もたやすく理解できるものではない。焦点は現状に置かれ、人類が現在に至るまでいかに苦労してエネルギーを獲得してきたのか、過去にさかのぼって語られることはほとんどない。

だが、今日、直面する難題とは、エネルギー源の歴史的推移に伴う遺産のひとつにほかならないのだ。薪は石炭の前に膝を屈し、石炭は石油に席を譲った。そして現在、石炭と石油は天然ガス、原子力、再生可能エネルギーに取って代わられようとしている。原動力（エネルギーを装置の動力に変えるシステム）も、動物から水力、蒸気機関、内燃機関、発電機、電動機へと移り変わった。私たちはこのような挑戦から何ごとかを学び、その移行を進んで成し遂げることで、変化を好機として生かしてきたのだ。

今日のエネルギー問題をめぐる論争では、こうした課題の裏に潜む、豊かな人類の歴史について言及されることはほとんどない。私が本書を書いたのは、ひとつにはこのすき間を埋め、議論をさらに実りあるものにし、私たちの選択を鮮明にする点にある。したがって話は、エネルギーをめぐる人物、出来事、場所、手法、実例、類例、惨事、成功などの多岐に及ぶ。

エネルギー問題の闘争において、人は一喜一憂を繰り返し、勃興する産業があれば、衰退する産業もあった。覇権を握った国があれば、没落した国も存在する。その記録は人間の物語で溢れている。四世紀にわたる登場人物には、エリザベス一世、ジェームズ一世、作家のジョン・イーヴリン、製鉄業のエイブラハム・ダービー、ベンジャミン・フランクリン、トーマス・ニューコメン、ジェームズ・ワット、ジョージ・スティーブンソン、化学者のハンフリー・デーヴィー、マイケル・ファラデー、作家のハーマン・メルヴィル、石油開発のエドウィン・ドレーク、作家のイーダ・ターベル、ジョン・ロックフェラー、ヘンリー・フォード、エンリコ・フェルミ、海軍のハイマン・リッコーヴァーのほかにも、ペンシルベニアの石炭王、カリフォルニアやサウジアラビアなどの歴史的な人物がいるが、ここでは名前を聞くだけでわかりそうな者にとどめておく。

大海原をいく鯨がこの物語に登場するのは、鯨油が世界の明かりを灯していたからである。河床から漏れ出す石油を見て、イェール大学の化学教授は、これを何かに使えないかと考えた。馬糞の芳香が芬々《ふんぷん》と漂っていた都会では、公衆衛生が大問題だったが、自動車が馬に置き換わると、それ以降、農家が飼い葉を育てる必要はなくなり、生産量は永遠の下り坂に転じた。アーク溶接の開発は、天然ガスを輸送するパイプラインの敷設を促すことになった。原子力は日本の二つの都市を焼き尽くすことで威力を見せつけはしたものの、それは消しようのない汚点であると世界に知らしめた。

歴史から明日への道を学ぶ

地球温暖化そのものは、この一世紀、不安に満ちた観測が増えるにしたがい、その証拠をじわじわと積み重ねていく一方で、イデオロギーと既得権をめぐり、終末論さながらの規模で対立を引き起こしている。西暦二一〇〇年には総人口一〇〇億人へと向かうものものしい世界で、石炭と天然ガスによるエネルギー供給は、風力エネルギー、豊富な太陽光エネルギーと覇権を競い合っている。急増する人口の大半は、世界で最多の人間を抱える中国とインドの国民で、いままさに必要最低限の生活を抜け出して繁栄へと向かい、それに応じて供給されるエネルギーを消費し続けている。エネルギーは存在している。だが地球は、それを燃やしたあとに残る廃棄物を抱え続けていけるのだろうか。

本書を読んでも、この問いに対する処方箋がいくつも見つかるわけではないが、いずれの世紀においても、その時代なりの挑戦と好機は、人が意図する、しないにかかわらず常について回ってきた。

もちろん、どの場合も単純な教訓に還元するには、結果はあまりにも込み入っているし、含意にも富んでいる。本書でご覧いただくのは、実際に人間はこの問いにどう向かい合ってきたのかという実例であり、私も自分の力が及ぶかぎり詳しく書き記した。そこに描かれているのは、この世界にある原材料からどうやって命の糧を取り出すのかという、人類が繰り返し直面してきた人間ならではの根源的な問題である。

発明という発明、発見という発見、それらに適応する途上で、人間はさらなる問題に遭遇してきた。途切れることがないこうした変転を通じて、私たちはいまある私たち自身となったのだ。大気はますます清浄になり、世はこれまでになく平和になり、より多くの人間が繁栄を享受できるようになった。しかし同時に、大気の気温も上昇している。たとえば、二〇一五年八月、イランの南部の町は、実に華氏一六五度（摂氏七四度）という酷暑にあえいだ。

歴史から学びえる、興味深い知識という知識が、明日へと至る道を見つけるうえで助けになってくれるだろう。かりにいまの世代ができないにしても、私には子供もいるし孫もいる。私たちならその道を見つけられると願っているし、できるはずだと心から信じている。

第1部
動力

第1章 森なくして王国なし――材木／薪／石炭

ウィリアム・シェイクスピア／トーマス・プレストン／アーサー・スタンディッシュ／ウィリアム・ハリソン／ジェフリー・チョーサー／ジョン・イーヴリン

シェイクスピアの材木争奪戦

大雪が吹きつのり、凍てついて灰色に沈んだ一日だった。テューダー朝の王にして、イングランドとアイルランドの女王エリザベス一世治世四一年目の一五九八年十二月二十八日土曜日のこの日、ロンドン中心部のすぐ外のホリウェル通りに立つ、シアター座と呼ばれる古びた劇場に作業員が集まっていた。吹きつのる雪は彼らのヒゲを白く覆い、男たちは足を踏みならし、手袋をした手を叩き合わせては寒さをしのいでいた。酒臭い息で挨拶を交わすと、男たちはさっそく仕事に取りかかった。この日は休日だったが、格好の駄賃稼ぎである。ロンドンでは木材が欠乏していた。町を取り囲んでいた森はもはや丸裸である。彼らはここに立つ劇場を解体するために集められていたのだ。

シアター座はこの種の劇場としてはごく初期に建てられた。解体した柱や梁はテムズ川沿いの監獄のそばに立つ、舞台建築が専門のピーター・ストリートの倉庫に運ばれる手はずになっていた。「建物ごと、盗んじまう算段だ」と誰かが目配せした。地主の家は目と鼻の先にあり、あいにくこの日は留守にしていたが、劇場の正当な所有者について法の判断が最終的に下されるのは数年先の話である。(1)

劇場の共同所有者で、興行主のカスバードとリチャードのバーベッジ兄弟は、劇場は当然自分たちのものだと信じていた。劇場は兄弟によって一五七六年に建てられ、土地は借地にすぎない。だから、劇場を解体して別の場所で建て直そうと考えたのだ。エセックスの別荘に出向いて不在だった地主ジャイルズ・アレンはのちに法廷で、解体を中止させる委任状を召使いに持たせて走らせたが、獲物を手にした連中に脅されて追い返されたと証言している。

一斉に声があがって、大勢の人間が劇場の前に集まった。当日、バーベッジ兄弟が現場にはいた。シェイクスピアもいた。一座が劇場の移転を急いだのは、次の公演を間近に控えていたからである。地主のアレンも劇場を取り壊せと兄弟に脅しをかけていた。アレンはアレンで、解体した材木を使い、このころ「テネメント」と呼ばれた長屋を建てようともくろんでいた。

バーベッジに雇われた作業員が、劇場の取り壊しにかかった。解体した劇場の材木を荷馬車に乗せて運んでいく。二日前、一座はホワイトホール宮殿で、女王の前で演目を披露しており、一月一日の新年の夜にふたたび女王の前で公演することが決まっていた。劇場はこの二公演のあいだの三日間で解体された。

翌一五九九年の春、劇場はテムズ川対岸の猥雑なサザークに再建された。建物は以前よりも大きくなり、名前も「グローブ座」と改められた。建物は二十面の多角形からなる三階建てで、直径は一〇〇フィート（三〇メートル）、ぐるりと囲んだリング状の屋根は茅《かや》で葺《ふ》かれ、舞台前方の「ヤード」と呼ばれる広い部分は青空天井である。劇場の拡張には新しい木材もいる。ピーター・ストリートは、おそらくロンドンの西に位置するウィンザー周辺の森から材木を切り出していたのだろう。切り倒された樹木は、その場で枝が払われ、皮を剝き、形が整えられた。こうすれば、テムズ川を使って運ぶはしけ代が浮かせられる。

一五九九年九月二十一日の午後、イングランドを訪れていたスイスの作家トーマス・プラーターがグローブ座でシェイクスピアの「ジュリアス・シーザー」を観ている。劇場もこのころにはこけら落としを終え、上演が行われていたのだろう。舞台は「実にそつなく演じられていた」という感想をプラーターは残している。(2)

国家の安全保障を支える「木」

エリザベス一世が治めていたのは、木で作られた王国だった。「各町の建物の大部分とイングランドのすばらしき町は、いずれも木でできていた」。一五七七年、同時代人のウィリアム・ハリソンはそう記している。(3) イギリスで使われる道具、鋤《すき》や鍬《くわ》といった農具の類《たぐい》は、刃先以外はすべて木でできていた。ロンドンも木でできた都だった。とがった屋根、木造の骨組みに漆喰《しっくい》が塗り込められたハーフティンバードの家々、部屋の中央にはリアドスという石の炉がうずたかく置かれ、人々はこの炉で薪を燃やして暖をとった。屋内にたゆたう香《かぐわ》しい煙は、窓から表へと流れ出ていった。

1-1　リアドス。ヤカンをかけるフックが設けられている。

その薪の価格は一貫してあがり続けていた。ロンドンの人口が増えていくと、樵《きこり》はさらに遠くの森から薪を運ばなければならず、それに応じて代金は上昇した。一五八一年には、議会も対策を講じたが、これという成果はあげられなかった。ロンドンの一四マイル（二三キロ）以内では製錬用の炭の製造が禁じられ、地元の燃料として近郊の森の温存を図ったが、そうした措置にもかかわらず、急増する人口とあいまって、薪の価格は一五〇〇年から一五九二年のあいだで倍以上になった。一五〇〇年から一六〇〇年の一〇〇年で、ロンドンの人口も五万人から二〇万人に増えている[4]（イングランド全体の人口は、この一世紀で三二五万人から四〇七万人に増えていた[5]）。

現在の経済学者のなかには、当時のイングランドの森が枯渇しつつあったのかどうか疑問視する者もいるが、バーベッジ兄弟と配下の者が劇場の柱や梁を運んだのは、材木の確保だけではなく、バンクサイド地区に大きな新劇場を建てるため、必要な時間と資金を節約するためでもあった。木材とは繰り返し使える資源なのである。さらに言うなら、十八世紀から十九世紀にかけ、イギリスの役人や議会、民間の関係者が恐れていたのは、木材の不足であり、なかでも帆船の帆柱に使われる長大なオーク材の欠乏にほかならなかった。このころ、国家の安全保障に占める戦艦の位置づけは、今日の航空母艦に相当していた。

単縦陣の砲撃を行う平均的な戦列艦一隻の建造には、約二五〇〇本の巨大なオーク材が使われていた[6]。戦列艦の大きさは、全幅五五フィート（一七メートル）、全長二〇〇フィート（六一メートル）、巨大にして堅牢、木製の見事な兵器である。二層の砲列甲板には木製の台車に据えられた砲が並び、大きく膨らんだ黄色の船腹から砲口が突き出ていた。

甲板が暗赤色に塗られていたのは、戦闘中に流れる血を隠すためである[7]。マスト、帆桁、スパーな

1-2　1587年、廷臣ウォルター・ローリー卿のために建造された「アーク・ロイヤル」号は、二層式45門の砲を搭載していた。1588年、スペインの無敵艦隊（アルマダ）を追って船は北海に向かう。

ど少なくとも二三の帆があり、その大きさも長さ四〇ヤード（三七メートル）、重さ一八トンのメインマストから、わずか七ヤード（六・五メートル）の前檣《ぜんしょう》トゲルンマストの帆桁とさまざまな種類があった(8)。

王立海軍こそ、外敵の侵入を阻むイングランドの「鉄壁の防柵」と愛国者は呼んでいた。王立海軍はこうした戦列艦約一〇〇隻に加え、何百隻もの中小の艦艇や船舶を建造・維持していた。戦闘とフナクイムシの食害で船は駄目になるので、一〇年、もしくは二〇年ごとに新たな艦を建造しなくてはならない。

だが、木々が長大なマストにふさわしいほど十分な太さに育つには八〇年から一二〇年の年月がかかる。地主が種子を植えても、伐採して利益が得られるのは孫か曾孫の代、それも孫子《まごこ》の世代がじっと待っていられる場合に限られた。そのときまで待てる者などほとんどおらず、事実、大半の者が待てなかった。

売ってしまえば、手っ取り早く現金化ができた。財布が空になるたび、王をはじめとする土地所有者がこの特典に手を染めた。樹木は「負債を清算するため、神によって授けられた大地の無用物にすぎない」と、好事家として知られる第二代カーナーヴォン伯爵は、日記作家サミュエル・ピープスの友人に語っていた(9)。

垣根として植えられる湾曲した低木も、まっすぐに伸びる森の樹木同様、造船の必需品だった。こうした木々は「湾材」と海軍では呼ばれていた。大きく曲がったオークは、船のキールや船尾材、船殻の肋材にぴったりの、湾曲した一枚板や分岐した部材となった。それだけに、いつも品薄で値段も安くはない。しかも、中世後半のイングランドで行われた囲い込み運動――土地の私有化や入会地《いりあいち》を統合し、牧羊地に転じることで荘園領主の利益を図った――の結果、湾材の多くはとっくに伐採されていたので、造船にふさわしい木が見つかるまでには、何年もの歳月を要する場合もあった。

新大陸に木材を求める

イングランドの森を侵食していたのは王立海軍だけではない。一六八〇年代、国はおよそ三〇〇に及ぶ製鉄事業を支援していた。製鉄に必要な大量の木炭を得るため、例年、三〇万本以上もの木が燃やされ、そのたびに巨木が選ばれていた(10)。交易のため、さらに多くの商船を建造して維持しなくてはならず、海軍の建艦の三倍に匹敵するオーク材が必要とされていた。

また、耕作地をめぐり、木々と穀物は場所を取り合っていた。ことにオークの木の場合、隆々たる大木に育てあげるには、地味豊かで、根が十分に張れる深々とした土地でなくてはならない。だが、こうした土地は、穀物を植えたほうがはるかに利益をもたらす。

トーマス・プレストンというサフォークの官吏は、手つかずのままの広大な森林、すなわち王国が「無数のオークを所有する」時代を、「過ぎ去りし時代」と呼んだ。むしろ、国の進歩は伐採されたオークの本数で計ることができ、「ほかのどんな木々に比べ、オークの木を切り倒すことには一〇〇〇倍もの価値がある」とまで述べ、このままオークの木が伐採され続けるのを望んだ。「臣民に他国の小麦を食べさせ、馬にも他国のオーツを餌として与えなければならないとすれば、土地を占領するオークの育成は国の目的となりうるのか（略）。木材の欠乏はまったく悔やむべきことではない。なぜなら、それは国が向上した証《あかし》にほかならず、王立海軍が木々を求める先はいまだ未開の国々こそ正しく、ふさわしい唯一の苗床なのだ」[11]

こうした未開の国のひとつが北アメリカ、とくにニューイングランドだった。入植者が無垢《むく》の原生林の伐採を手がけ始めたばかりの時代である。一六五〇年以降、王立海軍はここで、艦艇建造に不可欠の長さ四〇ヤード（三七メートル）、直径四フィート（一・二メートル）の強靱な〝一本木〟のマストを探した。だが、新大陸の入植者も巨木を得ようと争っていた。一六六三年、アメリカで最初の製材所がニューハンプシャーのサーモンフォール川で水力を使って操業を始めていたのだ。当時、イギリスでは、丸太はまだ人力で挽《ひ》いており、水力が利用されるのはさらにのちのことである。一七四七年、サーモンフォール川とピスカタクア川流域には、水力を利用した九〇もの製材所と、役牛に丸太を引かせた荷役一三〇組が働いていた。彼らは、製材業者として年間六〇〇万ボードフィート（BFT）の木材をボストンや西インド諸島をはじめとする地域に出荷していた。イギリスもその分け前は得ていた。十八世紀の歴史家ダニエル・ニールは、著書『ニューイングランドの歴史』のなかで、ピスカタクア川は、「王の支配地における、マスト材を交易する主要地」と記している。[12]

王立海軍にとって惜しむらくは、これから三〇年後、アメリカが独立戦争に勝利したことでマツ科のホワイトパインの供給がとだえてしまったことに尽きた。そのため、図らずも以前のような「寄せ木マスト」に戻るよりほかになくなる。各種の木々の細片を軸のまわりで組み合わせて作られていたマストだったので、一本木のマストに比べるとやはり強度は劣った。

製鉄用に木炭を焼くほか、家や納屋、塀を築くためにイギリス人は森の木々を伐採した。ガラスを作り、鉛を製錬するためにも薪はいる。橋梁や波止場、水門や運河船、砦を築くために木材を求めた。ビールやリンゴ酒を詰める樽作りにも木は欠かせない。こうした目的のひとつだけで、すでに海軍が必要とする以上の木材が消費された。また、議会が承認していたとはいえ、王族もまた王室森林の乱用という罪を逃れることはできない。「森林を駄目にした決定的な落ち度は、常になおざりにされ、乱伐されてきた点にあった」と断定する歴史家もいた(13)。

一六一一年、ジェームズ一世治下の農学者アーサー・スタンディッシュは、国王の承認を得て『平民の不満』を刊行した。この書のなかでスタンディッシュは、王立海軍の伐採よりも、彼が言う「あまねく行われる森林の伐採と濫費」のほうを懸念していた。不足が予測されるひとつとして「海軍向けの（略）木材」が含まれていた。さらに議会で行われた国王の演説について、彼ならではの容赦ない流儀で要約して言い換え、「そうすると、次のようになると思われる。すなわち、森なくして王国なし(14)」と断言した。

忌み嫌われた「黒い石」

薪のかわりに燃料として使われていたのが、薪よりも廉価な石炭である。エリザベス一世の時代、人々は石炭を「海の炭《シー・コール》」あるいは「穴の炭《ピット・コール》」と呼んで木炭と区別していた（石炭《コール》はもともと「燃えさし」のことで、したがって木炭《チャーコール》は「黒こげ《チャード》」の木を意味した。海の炭あるいは穴の炭はいずれも化石燃料で、岬に露呈していれば海の炭、地面を掘って出てくれば穴の炭というように、採掘された場所に基づいて呼ばれていた）。

一五七七年、『ホリンズヘッドの年代記』の執筆者の一人、ウィリアム・ハリソンは、イギリスのミッドランド〔イングランドの中部地区〕がすでに化石燃料の使用に移行しつつあることに気づいていた。「炭鉱について言うなら、イングランド王国全域に十分な量があるように、グレートブリテン島の北部と西部においても石炭は大量に埋蔵されている[15]」と記している。鍛冶屋はすでに何百年も前から石炭を使ってきた。石鹸職人も石炭を燃やしてきた。石灰職人もまたしかり、窯で石灰岩を焼成し、漆喰に使う生石灰を作ってきた。製塩業者は大きな平鍋に海水を入れ、石炭を燃やし続けて海水を煮詰めた。海水を煮詰めるには飽き飽きするほどの長い時間がかかったが、石炭は惜しみなく使えた。冷蔵庫が登場する以前の何世紀ものあいだ、塩は食物保存の必需品だった。

しかし、ミッドランド産の石炭は鼻を突く煙と硫黄《いおう》のような悪臭を発したので、煙突のない家のなかで使う気にはどうしてもなれない。当時、肉を焼く場合は、覆いのない、炉の裸火に直接かざして焼いた。『年代記』の寄稿者の一人が記していたように、「ロンドンの上品なデイム〔ナイトに相当する叙勲を受けた女性〕」は、石炭を燃やすような家には、足を踏み入れるのをかたくなに拒んだ。一五七八年、エリザベス一世自身が、近郊の醸造所からウェストミンスター宮殿に漂ってくる煤煙の悪臭に業を煮やし、その厚かましさを理由に、醸造元の少なくとも一人を投獄したほどである[16]。この処罰に懲りた醸造元は、宮殿近くでは薪だけを燃やすことで女王への恭順の意を示した。

二十世紀に原子力が忌み嫌われたように、十六世紀と十七世紀では石炭が人々に恐れられていた。毒性の由来とまがまがしさに彩られた石炭の恐怖を考えれば、それももっともな話だろう。「家のなかで燃やすと毒をまき散らし、とくに（略）顔色から生気を奪った。いずれの病も石炭を燃やしたせいである」とエリザベス朝時代の人々の思い込みについて記した歴史家がいた。[17] 地下で層をなす石炭は、不快な臭いを発して燃えさかる地獄の業火にも似ており、説教師はまさに悪魔の排泄物だとわめき立てた。さらに採掘業と関連していたことで、この黒い石はますます忌み嫌われた。採掘業は、当時の詩人や聖職者が古くから糾弾してきた生業《なりわい》だったのである。『カンタベリー物語』を書いたジェフリー・チョーサーは、一三八〇年ごろに書かれた短詩「ありし日の時代」でこう記している。

しかし、あえて言おう。われらの時代が呪われたのは、
鉱石を得んがため、闇に潜んで汗まみれになったときからで、
川にあっては玉《ぎょく》を得ようと、そんな生業に手を染めたときからである。
悲しいかな。かくして強欲の呪いがことごとく解き放たれ
われらが身に、はじめての悲劇がふりかかった。[18]

ドイツの人文主義者ゲオルク・アグリコラは、ボヘミアの鉱業の町ヤーヒモフで医師として働いていた。鉱山学の父と呼ばれた人物で、一五五六年には採鉱・冶金技術書『デ・レ・メタリカ』を刊行している。そのなかで採掘業を誹謗する者たちの説を述べ、似たような言いまわしで採掘業を糾弾していたオウィディウスの言葉を引用した。帝政ローマ時代の詩人は、採掘に従事する者たちを「大地

のはらわたに降りていく者、彼らはそこで富を掘り起こす。その富は人を悪徳へと駆り立てる。大地が地中深く隠していた悪徳であり、地獄のとばりの向こうに追いやったはずの悪である。かくして、破滅をもたらす鉄が現れ、鉄よりもさらに災いをなす金《きん》が世に現れて、今度は戦争が始まった」(19)。アグリコラから一世紀後の時代を生きたジョン・ミルトンでさえ鉱業は有害と決めつけ、叙事詩『失楽園』の第一巻では、鉱業を堕天使マンモンになぞらえた。

> そこからは余り遠くない所に山が聳《そび》えていたが、その不気味な
> 頂きからは、火と濛々《もうもう》たる黒煙があがり、渦を巻いていた。
> 他の部分は尽《ことごと》くきらきらと目も眩《くら》むような鱗状《うろこじょう》の地衣に
> 覆われていたが、これは疑いもなく、胎内深く、硫黄の造り出す
> 原鉱が隠されている証拠であった。忽ち、大勢の部隊が
> まっしぐらに空を翔《か》けてそこに急行した。その様子は、
> 戦野に塹壕《ざんごう》を掘り堡塁《ほるい》を築くために、鋤《すき》や鶴嘴《つるはし》をもった
> 先発工作隊が本営より前に先行するのに似ていた。指揮者は
> マンモン——そうだ、天から墜ちた天使のうちこれほどさもしい
> 根性の持主もなかったという、あのマンモンであった。天国に
> いた時でさえ、彼は常にその眼と心を下に向け、都大路《みやこおおじ》に
> 敷きつめられた財宝、つまり足下に踏みつけられた黄金を、
> 神に見《まみ》える際に切々と胸に迫るいかなる聖なる祝福よりも

遙かに讃美していた。のちになって、人間までが地球に対する略奪を始め、その冒瀆《ぼうとく》無残な手をもって母なる大地の臓腑《はらわた》を探り、本来そのまま秘められていてこそ然るべきであった数々の宝を奪取するにいたったのも、もとはといえば、このマンモンの示唆によって大いに教えられたからに他ならなかったのだ。[20]（略）――（平井正穂訳『失楽園』）

「冒瀆無残な手」であったのかどうかはともかく、とにかくエリザベス一世の治下に生きる人々は薪が欠乏していたので、やむなく石炭を掘り出し、燃やし始めるようになった。息が詰まることなく燃やし続けるうえで、必要とされたのが煙を屋外に吐き出す煙突である。『ホリンズヘッドの年代記』のウィリアム・ハリソンは、自身が暮らす村の老人たちが、増えていく煙突の存在に気がつき、「これに比べ、自分たちが若かったころは、煙突があったとしても二本か三本ぐらいのものだった」と『年代記』のなかで記している。こうした成り行きにハリソンは眉をひそめたが、状況は急速に悪化していった。

いまではたくさんの煙突が立ち並ぶ、体力に劣る者はリウマチやカタル、鼻風邪《ポーズ》を訴える。火炉がリアドスに限られたころは、頭が痛くなった者など誰もいなかった。昨今では、煙のせいで家の柱や梁も固く締まったと考えられているようだが、一家の主人と家族の喉がしゃがれたり《クワックク》、鼻風邪にかからないようにするには、石炭ではなく、薪を燃やしたほうがはるかによく効く薬であるという評判だ。このような病気など、リアドスを使っていたころには、ほとんど知られていなかった。[21]

ロンドンの貧しき煙突掃除夫たち

ニューカッスル・アポン・タイン（通称ニューカッスル）は、北東イングランドを流れるタイン川河口に位置する石炭の積み出し港で、急成長を続けていた。ここから運び出される石炭の船積み量は年々増加を続け、十六世紀中頃には約三万五〇〇〇トンにすぎなかった石炭は、一六二五年には四〇万トン前後にまで達していた。六〇年から七〇年のあいだで「タイン川の石炭の取扱高は一二倍にまで増加した」とアメリカの経済史家J・U・ネフは推定している。[22]

一六〇三年、エリザベス一世が六十九歳で崩御すると、スコットランド王ジェームズ六世がイングランドの王位継承者となり、ジェームズ一世として、スコットランドとイングランドの同君連合の国王となる。

イングランドの新しい王は、各地の貴族らの饗応を受けながら、時間をかけ、ゆっくりとロンドンへと向かった。スコットランドの森林は、イングランドよりも早く、すでに一世紀前に破壊されていた。そのためスコットランドの人間は石炭を燃やすことに慣れており、しかも幸いなことに、ニューカッスルの柔らかい瀝青炭《れきせいたん》とは異なり、スコットランド産の石炭は硬質な無煙炭だった。硫黄含有率も異なり、スコットランドの無煙炭はわずか〇・一パーセント、これに比べ、ニューカッスルの瀝青炭の含有率は一パーセントから一・四パーセントだった。[23]惜しむらくは、スコットランドの無煙炭は燃え尽きるのも速く、それだけに費用がかさんだ。

しかし、新国王にとって石炭の値段はなんら問題ではなかった。宮殿を暖めるため、良質の無煙炭をスコットランドからウェストミンスターへと船で送らせていた。王を見習い、ロンドンの富裕層がこの習慣を受け入れる。やがて、中流階級も無煙炭を使い始めるようになっていく。ロンドン市民は石炭を燃やして暖を取り、調理をするようになったが、こうしているあいだにも町の人口は急速な拡大を続け、一六〇〇年の約二〇万人の人口は、一六五〇年には三五万人にまで増えていた。[24]

防火のために煙突の掃除は欠かせなかったが、新たに登場したこの商売は、子供の仕事としてはこれ以上ないほど苛酷なものだった。働けるのは煙突のなかに入れる体の小さな五歳か六歳ぐらいの幼児で、彼らは「煙突掃除《スイープ》、煙突掃除《スイープ》」と叫びながら通りを練り歩いては仕事を取っていた。裸姿の頭に大きな帽子、その格好で狭い煙突のなかを這いながら煤を払う作業は、さながら〝人間ほうき〟である。

一六一八年の「シティ・オブ・ロンドンの貧しき煙突掃除夫に関する国王への請願」には、市民が煙突の掃除をなおざりにしているので、市は火災の危うさに直面しているばかりか、仕事不足で自分たちは餓死の縁にあると、二〇〇名の煙突掃除夫が訴えていた旨が記されている。家々に立ち入り、家主に煙突掃除を強制できる監督官を任命するように求め、「集めた煤を監督官に引き渡」せば、彼らの報酬にもなると提案していた。当時、煤は肥料として売れた。王の心は動いたが、ロンドン市長は違っていた。ロンドンの煙突の状態を監督する役人はすでにいると受け付けず、かくして哀れな煙突掃除夫の願いは却下された。[25]

一七七五年、イングランドの外科医パーシヴァル・ポットは、煤と石炭クレオソートに絶えずさらされる煙突掃除夫のあいだでは煤煙性いぼ——陰嚢《いんのう》部の扁平上皮癌つまり陰嚢癌——が広まっていると報告した。従事する職業に関連する癌についての最初の事例である。体のなかでも陰嚢が癌の発現部位となったのは、市内の煙突掃除でそのなかを這って進んでいくうち、どうしても股間に煤まみれの汗がたまってしまうからである。

煙が多いニューカッスルの石炭から新たな発明品が生まれていた。リチャード・ゴズリングという技師の考案によるもので、瀝青炭に刻んだ藁《わら》、おが屑、牛糞という、いたってありきたりな材料を混ぜて作られていた。ゴズリングが「コールボール」と呼んでいたこの発明は、アメリカ人が裏庭でやっているバーベキューの成形木炭になにやら似ており、石炭だけを燃やすよりもはるかにきれいに燃やせた。ゴズリングは発明を世間に知らしめる前にこの世を去ったが、一六四四年には、『人工の火、もしくは富める者、貧しき者のための石炭』という本が作者不詳で刊行されている。(26) 作者の正体はともかく、著者には刊行するだけの理由があった。

その年、ロンドンは屋内にいても戸外と変わらない寒さに見舞われていた。清教徒のオリヴァー・クロムウェルと議会独立派に対する王党派の内戦が進行し、王党派はスコットランドの支援を受けていた。一六四四年、スコットランド軍がニューカッスルを包囲すると、イングランドの首都に向けた石炭の出荷が阻止される。『人工の火、もしくは富める者、貧しき者のための石炭』にはさげすんだ調子でこう書かれている。「気位の高いロンドンのご立派な奥方のなかには、『あなた、もう我慢ができません。私も子供たちも、こんな海の炭の煙だらけの臭い町に住むことは金輪際我慢なりません』と夫に訴えた者もいた」。しかし、ニューカッスルが包囲されてはロンドンの石炭にも限りがある。作者はこう続けている。「いまやなんと多くのご婦人方が、『神よ、どうぞわれらに海の炭を。火がなくては、私たちはこのまま死んでしまいます。ああ、愛おしい海の炭よ。かつて私が燃やしていたあの炭よ』と言って涙に暮れていることか」

病と死をもたらす煤煙

石炭が薪に置き換わっていくにしたがい、石炭から出た煙も濃さを増して毒性を強め、ついには疫病のような災いに変わった。一五九一年から一六六七年のあいだで、ロンドンへの石炭出荷量は三万五〇〇〇トンから二六万四〇〇〇トンに増えている。一七〇〇年になると、出荷量は四六万七〇〇〇トンとほぼ倍増している。(27) 十分な供給を受けたことで、ロンドン市民は暖かな日々を過ごし、イングランドの産業の育成を維持していけたが、その一方で首都の空気はますます汚れていった。富裕な日記作家で園芸家でもあったジョン・イーヴリンは、ロンドン王立協会の創立メンバーの一人でもある。一六五九年刊行の『イングランドの特性』という辛辣な批判に溢れた本のなかで、イーヴリンはロンドンを糾弾した。

ロンドンは大都市ではあるが、「きわめて醜悪な町にして、貸馬車や横柄な御者、店や居酒屋、騒音が執拗につきまとい、海の炭の煙がもうもうと立ち込めている。さながらこの世の地獄といった観を呈している。邪悪なこの煙は（略）鉄をもむしばみ、動産という動産を台なしにして、光り放つものすべての上に煤を降らす。そして、その町に住まう者の肺臓をつかんで死へと至らしめるが、その咳、その衰残《すいざん》から逃れられる者は一人としていない。一日、広壮たる教会で過ごしたが、煙のせいで祭壇に立つ聖職者の姿は見分けられず、咳き込む参列者のせいで、説教の声さえ聞き取ることもできなかった(28)」

イーヴリンその人は、風貌は陰気で性格も融通はきかなかったが、栄誉に対する野心があり、不平だけで事を終わらせはしなかった。ロンドンの大気を清浄にする方法を模索し、市の下水道委員会の一人に任命されると、その要請に応じた。また、園芸や樹木に関心があったので、彼の発明の才能は、ロンドンから工房の類を移転させ、そのかわりに市の近郊を花々の香で満たそうという考えに傾いていった。地域こそ限られていたが、それはかつてのロンドンへの回帰であり、薪から石炭への移行という時流に抗うものだった。

一六六〇年五月二十九日、この日三〇回目の誕生日を迎えたチャールズ二世は、すでに国王に即位して王政を復古させていた。王殺しと内戦で血塗られた一七年の王位の空白期間ののち、反逆者オリヴァー・クロムウェルの墓は暴かれ、酢漬けにされた首は、その後、槍に刺されたまま数十年にわたってロンドン橋にさらされる。ロンドンにふたたび生気を吹き込み、健全な町にするというイーヴリンの構想もまた、新たな社会体制の影響を受けていた。

ある日、宮殿を訪れたイーヴリンは、国王に謁見を願い出て自身の考えを献策した。「かの厚かましき煤煙は（略）恐れ多くも宮廷にまで忍び入り、部屋という部屋、通路という通路、隙間という隙間に溢れてはびこっております。立ち込める煙のせいで、たがいの顔を容易に見分けるのもままならず、誰もが不便であると口にせずには堪えることもできないほどです[29]」。この問題について、イーヴリンはかなりの期間をかけて考え抜いた。「これは命にかかわる災難」で、「陛下におかれましては、是が非でも取り組むべき問題であるばかりか、御身のご健康にも災いをもたらします」と申し述べた。これを契機にイーヴリンは自らの献策を文字に書き起こし、その文書に『煙害追放論《フミフギウム》、もしくは放縦のロンドンを覆う大気と煤煙の不都合』というなんとも壮大な表題をつけた（「フミフギウム」〈Fumifugium〉の「フミ」〈Fumi-〉はラテン語の「フムス」〈Fumus〉すなわち「煙」で、「フギ」〈fuge〉はラテン語の「フゲ」〈fuge〉すなわち「撃退する」の意味である。おおよそ意味するのは「燻蒸」〈Fumigation〉ということになる）。国王の関心をかき立てるため、この事業によって宮殿とロンドン全市は、「世界で最も優雅で甘美な、人の住まう場所となり、しかも事業に伴う支出は皆無か、あってもごくわずか」と唱えた(30)。

「清浄なる大気」をイーヴリンは、「澄明にして淀むことなく、優しげに流れ、強風や微風とともに移ろいゆく。その性質は鋭すぎず、とても穏やか(31)」と定めていた。ロンドンが享受すべきはこのような大気だとイーヴリンは言葉巧みに説明している。ロンドンは好適地の上に築かれている。砂利混じりの土壌のおかげで、「豊かで十分すぎるほどの水がいきわたり（略）、道々に泉として湧き上がる水は、こうした土壌のおかげできれいに磨かれている」。さらにロンドンの町は「川に向かって実に申し分のない角度」で傾斜しているので、作業場から出た廃棄物は運び去られ、日の光を浴びて消え去っていく(32)。

ロンドンの大気汚染の元凶として、イーヴリンは商売のために石炭を燃やすことは責めても、家々で燃やされる石炭の批判は控えた。〝煮炊きに使う火〟など問題ではないとそつなく説いた。そうではなく、破滅的な煤煙は、「醸造元、染色職人、石灰職人、製塩職人、石鹼職人をはじめとする個人の製造業者」の仕事からもちろん発生しており、はるか中世の時代、ロンドンの市民が非難したあの不愉快極まりないものと同じだ。職人たちが石炭の煙を吐き出すと、「ロンドンの町は、むしろエトナ山の相貌、あるいは冶金の神バルカンの庭、シチリアの火山島ストロンボリ島や地獄の淵の様相を呈してくる」。毒に満ちた煙は、「硫黄につきものの突き刺すような辛辣なエキスを使い、光り放つものを煤のかさぶた、あるいは煤の毛皮ですっぽりと覆って、動産を損なうばかりか、銀食器や金箔、家具からは輝きを奪い、鉄の棒であろうと、硬さを極めた石材でさえ腐食(33)」させてしまう。

石炭の煙による汚染は、ロンドンの建物や環境を傷めただけではなく、市民には病と死をもたらすとイーヴリンは唱え、「空気のきれいな国で一年以上過ごしたほうが、数百倍の薬効がある」と言っていた。ロンドンに来た者は、「体がまったく取って代わられたようになり、乾き上がってしまうか、もしくは炎症を起こしてしまう。また、血液、粘液、黄胆汁《おうたんじゅう》、黒胆汁が悪化して化膿しやすくなり、食欲の喪失と意識の鈍麻とともに（略）、何も感じなくなって発汗が前触れもなく停止する」。しかし、同じ人がロンドンを離れて故郷に帰ると、たちどころに健康を回復する。これこそ、ロンドンの大気汚染が彼らの健康をむしばんでいた証拠にほかならない。これだけでは足りないとばかりに、「『あの人はロンドンに行き、向こうで大風邪を患ったが（略）、その後、回復することはなかった』と（死亡した近所の者や友人について）人が話しているのを、これまで何度耳にしてきたことだろう[34]」とイーヴリンは力説していた。

汚染都市をいかに浄化するか

だが、日ごとに拡大する工業都市、しかも産業革命を間近に控えた都市をどうすれば浄化できるというのか。イーヴリンは唱えた。まず、大気を汚染するロンドンの元凶を一掃してしまうのだ。議会は、業者に命じ、テムズ川の下流、ドック島の向こう五～六マイル（八～一〇キロ）に広がる一平方マイル（七八万坪）の埋立地に彼らの作業場を移設させる。テムズ川はここで洋ナシ形に大きく蛇行しているので、作業場から出る煙をさえぎることができるだろう[35]。イーヴリンがここを知っていたのは、一六二九年、イーヴリンも委員の一人である下水道委員会に対して、この土地の維持が命じられたからである。

郊外に広がる現代の工業団地さながら、石炭を燃やす作業場をここに集めることは、煤煙で汚染されたロンドンの浄化にひと役買うはずだ。この案が実現すれば、〝何千といる水運業者〟には、ここで作られた製品をテムズ川上流に運搬する仕事も生まれる。また〝邸宅と家屋〟の問題、つまり、市内の建物を貸家《テネメント》に建て替え、うちいくつかは、川を見渡せる魅力的な景観に恵まれた〝居住と保養を兼ね備えた高貴な方のお屋敷〟に変えることもできる（これは都市再開発と中下層地域の高級化《ジェントリフィケーション》の先例である）。

工房を都市部から郊外に移転させることは、防火の点でも役に立つとイーヴリンは唱えた。火事の火元は、「火が途方もない規模で始終燃えさかる場所」と考えていたのだ。[36]この『煙害追放論』がロンドンで刊行されたのは一六六一年、ロンドン大火はそれからわずか五年後の一六六六年である。中世から続く古い壁ともども、ロンドンの町のすべてが焼き払われた。しかし、大火の火元はパン屋のかまどだった。

石炭を燃やし続ける作業場を市内から移すという案は、イーヴリンの大気汚染対策のほんのさわりでしかない。彼が打ち出した第二案には、園芸家としての彼の経験が反映されていた。市を取り囲む低地を残らず野原に変え、香しい花々と低木を植えることが提案されていたのだ。そこに植える草木として葉が香り立つスイートブライアー、スイカズラ、ジャスミン、バラ、スパニッシュブルーム、月桂樹、ジュニパー、ラベンダーなどが挙げられていたが、「なかでもとくにローズマリー」で、この低木は何百マイルにもわたって香を放ち、海上からでもその芳香がわかるといわれていた。[37]

市を囲む野原のあいだの土地も、花や「ソラ豆やインゲン豆、大豆、エンドウ豆の畑」で埋めようと考えていた。ただ、「キャベツはいけない。腐ってしなびたキャベツの茎は、非常に不快で不健康な臭いがする」。花をつける穀物は「その徳を世に知らしめ」、ロンドンで売ることもできるだろう。

「刈り取った藁や剪定した枝木」は冬のしかるべき時期に燃やせば、石炭とは違う「はるかに穏やかな煙がロンドンへと漂っていく」(38)

だが、イーヴリンの構想は実現しなかった。チャールズ二世は、この件についてイーヴリンと話を交わしている。場所は王室所有のヨット「キャサリン」号の船上で、このときテムズ川ではヨット競技会が行われていた。「しかるべき手を打とう」と国王は語り、議会に諮《はか》るので法案の準備をするようイーヴリンに命じた。法案は書き上がったが、その後なんの音沙汰もない。国王は専売権を売ることに忙しく、こうして得た財源をもとに煤煙にまみれた首都の再整備を考えていたのだ。

一六六〇年、ロンドン王立協会が設立された。イーヴリンは創立会員の一人だった。一六六二年、協会はイーヴリンの園芸家としての功績を称えようと、王国の森林事情に関する報告書の執筆を要請している。王立海軍がかねてからこの報告書を待ち望んでいたのは、軍艦を建造し、維持していくために必要な巨木の欠乏がますます深刻化することを懸念していたからである。一六六四年に刊行された報告書『森《シルヴァ》、もしくはチャールズ《ヒズ・マジェスティー》二世の治下における森林と樹木の生育に関する論文』は、イーヴリンの代表作となるものであると同時に、王立協会初の刊行物となった。

それから何十年にもわたり、イングランドでは、家の暖房として石炭がもっぱら燃やされるようになる。石炭を無駄なく使うには、まだまだ燃やし方に改善の余地があった。家庭で使う分にはただ燃やせばよかったが、工場の生産手段として用いるには難題を多く抱え、手間もかかった。家庭なら煙突を備えた炉さえあればよかったが、工場で使うには石炭の化学的な性質を変化させなくてはならなかったのだ。

しかし、そのあいだにも石炭の需要は増え続け、間もなく地表に露呈していた海の炭は掘り尽くされ、露天掘りの鉱床もなくなっていた。このころになると、トンネルを掘り進め、地下深くの鉱脈から石炭を掘り出すようになっていた。地下へ地下へと掘り進んでいけば、やがて水が湧き出してくる。坑外に排水できる炭鉱もあったが、深すぎて排水できなければ坑道は水で溢れ、廃坑にするよりほかなかった。

イギリスの森林が激減する一方で、煙突や炉などの素朴な技術のおかげで、薪から石炭への移行はすみやかに進み、石炭によってこれまでにない需要が生み出された。そして、この需要を満たす方法を編み出した者に対しては、大いなる見返りが授けられることになった。

第2章

火で水を汲み上げる——石炭／真空ポンプ／大気圧蒸気機関

ロバート・ギャロウェー／エヴァンジェリスタ・トリチェリ／オットー・フォン・ゲーリケ／ロバート・ボイル／ロバート・フック／コルネリウス・ドレベル／コンスタンティン・ホイヘンス／クリスティアーン・ホイヘンス／ゴットフリート・ライプニッツ／ドニ・パパン／トーマス・セイヴァリ

子供も女性も家族総出の炭鉱労働

石炭を掘り出すには、炭層を見つけなくてはならない。石炭は、古代の植物が地中に埋没して圧縮され、炭素化した遺骸で、ブリテン諸島ではほぼ全域の地層にわたって広がり、なかでもイングランドのミッドランド、とりわけニューカッスル・アポン・タインで厚い層をなしていた。岬や丘陵の斜面に炭層が露出していれば、そのまま掘り出すだけでいいが、容易に見つかるこのような炭層はほどなくして掘り尽くされた。次に掘られたのが地表に近い浅い炭層で、こちらも発見が容易なことから、溝を掘ったり、表土を取り除いたり、あるいは、釣り鐘形の大きな穴をいくつも掘って造作なく石炭を手に入れることができた。

家庭の暖房や産業の現場で石炭が薪に置き換わり、またイギリスの人口が増えていくにつれ、鉱夫はますます深い炭層を探すようになった。イギリスの炭層の厚みは、わずか数インチから、まれな例では三〇フィート（九メートル）と多彩である。地層の深さも一尋《ひとひろ》あるいは二尋——六フィート（一・八メートル）か一二フィート（三・七メートル）——から、八〇〇フィート（二四〇メートル）もしくはそれ以上に及んだ。地表に対して炭層は、平行もしくは上方か下方に斜行している。炭層には水が流れていたり、その上か下に多孔質の地層があり、そこに水が流れていたりする場合がある。また、くぼみや溝の部分に有毒ガスや可燃性のガスがたまっていることも少なくない。

炭層を探す方法には、「シンキング（掘り下げ）」「ボーリング（掘り抜き）」の二通りがあり、たいていの場合、いずれの方法も用いられていた。シンキングとは、幅六フィート（一・八メートル）の立坑をツルハシやシャベルで掘り出し、地上に置かれた巻き上げ機で残土を引き揚げ、雨よけのキャンバス生地の下に積み上げる。難題は地下水と流砂で、そのため土や泥を埋め込んだ木枠で立坑を補強したり、毛がついたままの羊の皮で穴の側面を覆ったりしていた。

硬い岩盤の場合、作業はさらに手こずった。こうした場合に用いられたのがボーリングである。錬鉄製の継ぎ竿の先端につけた鑿《のみ》を使い、地面に直径三インチ（八センチ）の穴を穿《うが》っていく作業が伴う。よくしなる木の幹がテコとして使われていた。一方の端は地面に置かれ、大石で固定されている。二股状の支点で幹の中央部を支えている。鑿のついた竿が幹の先端につながれており、この部分は、あぶみを強く踏んで上下に動かすことができた。

竿を押し下げるたびごとに、鑿を四分の一回転させて丸い穴を掘っていく。六インチ（一五センチ）掘り進むたびに竿を引き揚げ、先端の鑿を研《と》ぎ直し、地層の痕跡を確認する。掘り進むほどますます手間が増していく作業だった。穴が砕けた岩石（炭鉱夫はこれを「ガラ《レック》」と呼び交わした）(1)で詰まった場合、いったん竿を引き揚げ、らせん状のねじ穴が刻まれた鑿と取り替えて掘り進めていく。硬い岩石の場合、一日一ヤード（九一センチ）掘り進めば上出来だった。地下深くの炭層だと、見つけるまでに一年もしくはそれ以上の年月がかかるので、竿が長くなればなるほど、作業が難しくなればなるほど、鉱夫には通常よりも高い賃金が支払われていた。(2)掘削孔に炭層が見つかったら、穴を押し広げ、

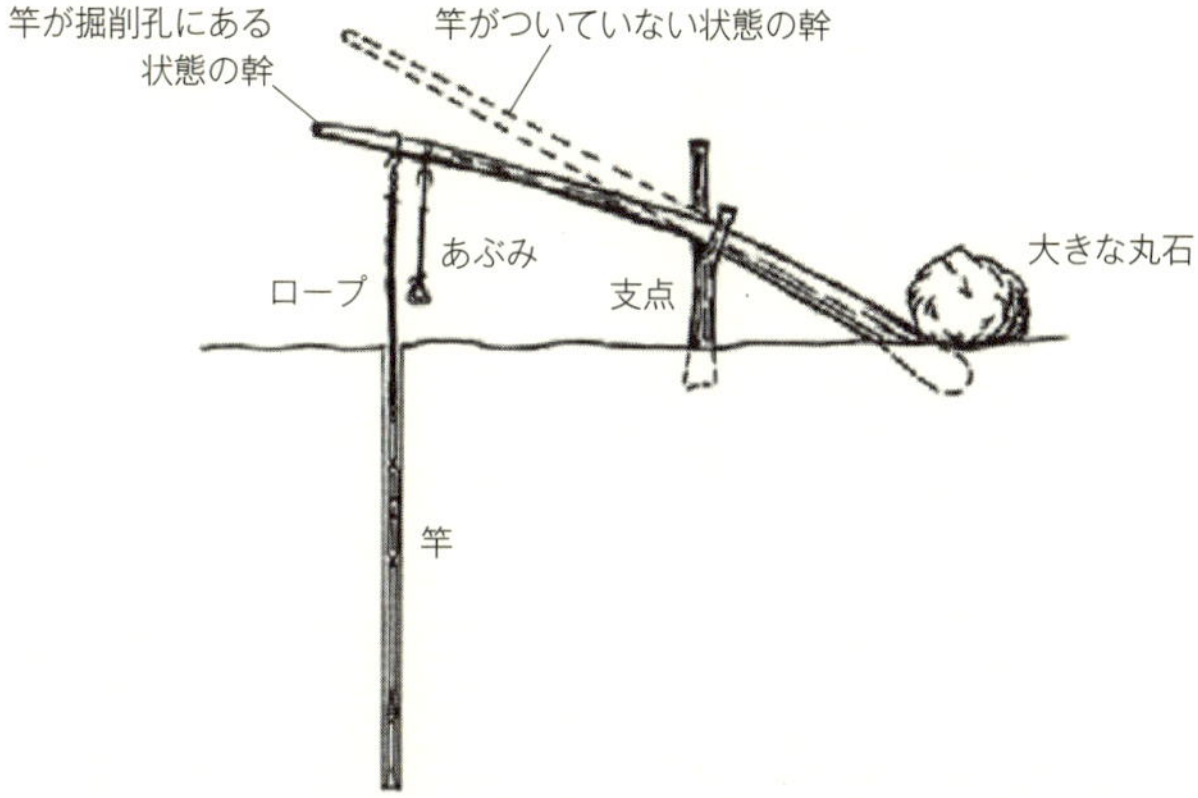

2-1　硬い岩盤を掘り下げていくボーリング。
棹の先端に取り付けられた鑿で穴を穿って炭層を発見する。

ツルハシとシャベルで立坑を掘り進めていく。

十七世紀、イングランド北部のヨークシャーでボーリングした記録には、掘り出された層ごとの様子が記されている。「表土一ヤード（九一センチ）、黄色の粘土一ヤード（九一センチ）、黒色の粘板岩一クォーター（一クォーターは九インチ、四分の一ヤード＝約二三センチ）、灰色のメタルストーン二ヤード二クォーター（二・三メートル）、黒色のメタルストーン二クォーター（一八センチ）、灰色のメタルストーン二ヤード（一・八メートル）、ホワイトストーン（玄武岩のような暗色で硬い石）一クォーター（二三センチ）、灰色のメタルストーン二クォーター（四六センチ）、ホワイトストーン一フィート（三〇センチ）、灰色のメタルストーン一フィート（三〇センチ）、鉄鉱石六インチ（一五センチ）」——層をなして重なるこうした地層を掘り抜き、最後に厚さ一フィート（三〇センチ）の炭層にようやく到達した。「以上総計して二一尋」と記録には残されている。土と巌《いわお》を鑿で穿つことで達成された、骨の折れる全長一二六フィート（三八メートル）の立坑だった[3]。

ひとたび坑道が開かれると、坑内は常に乾かしておかなければならない。ヴィクトリア朝時代の専門家は、水――立坑に流れ込む雨水や湧出する地下水――こそ「鉱夫のいちばんの強敵[4]」と呼んでいた。鉱床よりも低い位置に傾斜したスペースがあれば、おのずと水を吐き出すことができるので、坑床の下にアディット（「アディット」はラテン語で「入口」を意味する「アディトゥス」という語に由来する）という狭小なトンネルを掘り、アディットを経由してしかるべき排水溝に水を流した。新鮮な空気もアディットから坑内に取り込める。坑内のガス溜まりがあるため、こうした天然の換気装置は、木製の扉の開閉で調節されていた。典型的なアディットの大きさは、一辺一八インチ（四六センチ）の正方形で、子供がつきっきりで番をしていた。ロウソクやランプの油の代金を節約するため、一日一二時間、真っ暗闇の底で子供たちは一人黙々と座り続けた。

一八四二年、議会は「鉱山および石炭鉱業法」を改正、これによって女性や十歳未満の児童の炭鉱労働は禁じられたが、それまでは家族総出で地下の世界で働いていた。男は切羽《きりは》（採鉱面）をツルハシで叩いて採掘し、女は柳で編んだカマス《コーフ》（バスケット）を背に負うか、鉄製か木製の桶を帯や鎖で結びつけて石炭を運んだ。子供も石炭の搬出を手伝うか、あるいは疎水坑道の扉の番をして働いた。要具は自前でそろえなくてはならず、賃金も掘り出した石炭の量しだいで違った。大規模な炭鉱ではのちになると、坑内厩舎が建てられ、ポニーは石炭を積んだ荷馬車を引いて生涯を地下で送った。

一八四一年には、ペイシェンス・カーショーという十七歳の無学な娘が議会特別委員会で、自身の〝急ぎ屋《ハリアー》〟としての毎日を証言している。ハリアーは、切羽から立坑までカマスに入れた石炭を運んでいた。

2-2　坑道で石炭を運ぶ女性労働者。

坑内に入るのは朝の五時で、出てくるのは夕方の五時です。朝起きたら最初にミルク粥を食べます。お昼のケーキを持って家を出ますが、ケーキは途中で食べてしまいます。仕事が始まると、手を止めることも休むこともできないからです。働く以外、家に帰るまでは何もできません。家に帰ったらジャガイモと肉を食べますが、肉はいつもというわけではありません。炭鉱についたらいま着ているこの服――ズボンとボロボロの上着を急いで着込みます。頭のはげたところは、カマスを頭で押し続けているせいです。脚がむくんだことはありませんが、工場で働いている姉や妹は脚が腫れています。
　地面の下で一マイル（一・六キロ）かそれ以上の距離を、這いずりながら大急ぎでカマスを運んだらすぐに戻らなくてはいけません。カマスの重さは三ハンドレッドウェイト（一五〇キロ）もあります。日に一一回、息つく暇もなく行ったり来たりの繰り返しです。カマスを引っ張るため、ベルトや鎖を身につけています。仕事が遅いと言われ、ときたまカマスの受け手にぶたれることもあります。背中を手で叩かれます。男の子たちは私になれなれしくしてくるし、時には手荒く扱われることもあります。この炭鉱で娘は私一人しかいません。男の子はだいたい二〇人で、大人は一五人。男の人はみんな裸です（暑さと湿気に耐えるため）。炭鉱ではなくて、私は工場で働きたいです。(5)

炭坑ガスによる大爆発事故

坑内のガスで鉱夫が命を落とすこともあった。鉱夫たちはこれを「炭坑ガス《ダンプ》」と呼んだ。低地ドイツ語の「ダンフ」すなわち「蒸気」に由来する言葉である。イギリスの炭鉱技術と専門用語は中世の時代、ドイツ人技師によってもたらされた。

炭坑ガスは、天然の化学過程と生化学過程を経て地下で生成される。鉱夫たちはガスを五つのタイプに分類していた。呼吸困難に陥る窒息ガス（窒素と二酸化炭素の化合物）、可燃性の爆発ガス（メタン）、腐卵臭に似た異臭を帯びている爆発性と窒息性を伴ったガス（硫化水素）、息が詰まる白ガス（一酸化炭素）、爆発性ガスが爆発したときに発生する後《あと》ガス（二酸化炭素、一酸化炭素、窒素のほか、爆発ガスの爆発と炭塵が混合したガス）などである。(6)

坑道が長く延びて深くなっていくほど、こうしたガスを坑外に排出する天然の空気の環流も十分ではなくなる。対策のひとつは、炭鉱の主要通路である立坑の底で絶やさずに火を燃やし続けることだった。こうすることで、「目《アイ》」と呼ばれる立坑の出口から、横坑の空気が吸い出され、煙突よろしく、目からガスが吐き出されていく。しかし、それでも坑内爆発は毎度のことで、時には無残な事故も起きていた。

「立坑から人間が打ち出されるような事故がたびたび起きていた」と記録するのは、ヴィクトリア朝時代の炭鉱技師ロバート・ギャロウェーである。「実際、初期の炭鉱爆発の大規模な事故では、ほとんどつきもののように繰り返し起きていた」[7]。そのなかでも息を呑むような事故は一六七五年、リヴァプール南西のディー川が流れるウェールズのモスティンで起きている。開鉱は一六四〇年、日々の仕事に先立ち、炭鉱夫たちは爆発ガスを処理する作業を終えてから仕事に取りかかっていた。

炭鉱夫の一人が棒を持って前に進んでいく。前の晩にたまったガスを燃やすため、棒の先端には火のついたロウソクの束が乗っている。彼のことを鉱夫らは〝火男《ファイアーマン》〟と呼んでいた。布袋でできた服を着込み、火が燃え移らないように服は水で濡らしてある。「火が坑道の天井を走っていくと、鉱床に身を伏せて火の手を頭越しに追いやった」[8]。日中はメタンガスがたまらないよう換気し、翌朝、ふたたびこの危険な作業が繰り返される。

操業から三〇年以上を経た一七六五年、モスティン炭鉱の所有者は、鉱脈の下を並行して走る新たな炭層まで坑道を掘り下げることを決めた。四〇フィート（一二メートル）のこの立坑は空気の環流がなく、爆発ガスで満たされていた。そのガスに火をつけた。「尋常ではないほど強烈な」爆発が起きたとギャロウェーは記している[9]。しかし、最悪の事態はこれからだった。

用度係は三日間を仕事場で過ごしたあと、坑道の入口まで降りていき、坑内のガスをどうやって排気するか考えあぐねた。二人の炭鉱夫を伴っていた。ほかの鉱夫はすでに新しい坑道を掘り始めている。「二人のうちの一人だった」と当時の記録には記されている。「相方よりも思慮に乏しく、手にしていた火がついたままのロウソクを、鉱山ガスがたまった坑道の入口にためらいもなくかざした。たちまちガスに引火すると、火は坑道のくぼみ伝いになめるように広がっていく。激しい爆風とやむことがない火勢、この世のものとは思われない轟音が響きわたる」。少しでも火勢が劣る場所を探して鉱床に身を伏せる者、天井を支える柱の陰に避ける者もいた。爆音は切羽にまで届くとそのまま跳ね返り、ふたたびうなり声を響かせて坑道を貫く。

「それは信じがたい力を伴い、爆風と火勢で大半の者が服の背中をひきちぎられていた。残った箇所も火は焼き焦がし、鉱夫の髪を燃え立たせ、顔、腕に火傷を負わせた。爆風は、さながら鞭で打ちすえるように、鋭く炭鉱夫の皮膚を破った」。身を隠そうにも障害物を見つけられなかった者はそのまま吹き飛ばされ、坑道の壁に激しく叩きつけられたり、柱に押しつけられたりしたまま意識を失った(10)。

上層の坑道の入口にいて、爆風に見舞われた鉱夫がいた。爆風はこの鉱夫を呑み込んだまま、轟音をあげて上へ上へと駆けのぼり、耳をつんざく砲声のような音とともに勢いよく坑道から出ていった。木々の梢の先よりも高く放り上げられた鉱夫の体。運つたなき鉱夫は、砲弾さながらに立坑から打ち出されてしまったのである。

水没して放棄される炭鉱

草創期の炭鉱で最も頭を抱えた問題はやはり排水だった。地上に降った雨水は細流となり、やがてせせらぎに変わる。せせらぎは小川となって川に流れ込むと、重力によって常に下へ下へと流れて最後には海へと流れ込む。土壌に吸い込まれ、地下に向かって浸透していくのは雨水全体の約三分の一。地面に染み込んだ水は、やがて浸透を阻む地層にぶつかる。水はそこで横へと広がり、岩の層に沿って流れ、地層の裂け目や浸透可能な岩盤に流れ着くと、ふたたび下へと浸透を続けるが、次なる地層でまたもや行く手を阻まれる。こうして浸透、濾過、拡散を通じ、地下水は浸透性の地層を飽和状態にして地底湖を形成する。これが帯水層である。井戸掘りでは、この帯水層の表面を貫くほど十分に

2-3　馬を動力にした巻き上げ機（ホース・ジン）。

掘り下げれば、帯水層の地下水位まで井戸は水で満たされ、汲み出しても水はこんこんと湧き出る。

坑道が高い位置にあれば、疎水坑道で排水は可能だが、表層の石炭が掘り尽くされると、地下水の水面下に広がる深い層にまで坑道を延ばした。そうなると、休みなく水を汲み出さなくてはならず、水没してしまえば炭鉱を放棄しなくてはならない。多くの炭鉱がそうやって放棄されてきた。それだけに、坑内の水をかき出し、石炭が使いものにならないよう、地下水を排水し続ける新技術を求めて褒賞金がせり上げられた。ギャロウェーも、「当代切っての技術的な大問題」は坑内排水だと断言している。[11]

当てにならないイングランドの天候のもとでは、風車で水を汲み上げることもままならず、水車は水車で十分な水量があれば問題はないが、川の水量は季節に左右されがちだ。水が溢れる炭鉱の場合、その大半は水車が利用できるほど水量がある川の近くにはなかった。炭鉱主は当初、馬で巻き上げ機《ジン》を動かそうとした。水車ほどの大きさの巻き胴を水平に持ち上げ、そのまわりを馬に引かせながら歩かせる。この回転運動で、滑車越しに立坑に垂らした太いロープを巻き上げたり、巻き降ろしたりする。

立坑から水を桶で汲み出しただけではなく、巻き上げ機で石炭が入ったカマスも引き揚げていた。ただ、巻き上げ機では作業にも限度があり、費用もかさんだとギャロウェーは言う。「場合によって、ひとつの炭鉱で、揚水のために馬五〇頭が使われていた」という。とすると年間九〇〇〇ポンド（現在の一一万三六〇〇ポンド、一六万九〇〇ドル）はくだらない経費がかかったはずだとギャロウェーは見積もる。だが、深く掘り下げられた炭鉱では、馬力に頼った巻き上げ機だけで水は汲み出せないので、結局、炭鉱は放棄するしかなかった。水没する鉱山、無駄になってしまう投資や鉱夫の失業など、こうした事情が重なり、排水に関する新たな発明を待望する気運は高まる一方だった。

「真空」を利用して水を汲み上げる

その道を用意したのが科学上の発見だった。大気に重さがあることは、一六四三年にガリレオの弟子エヴァンジェリスタ・トリチェリが明らかにした。この発見で大気圧の変化に反応する水銀気圧計が発明される。大気圧の変化とは、水銀気圧計が置かれた上空の空気の密度が変化することである。

一六五四年には、プロシアの発明家オットー・フォン・ゲーリケが、バイエルンのレーゲンスブルクで、神聖ローマ皇帝フェルディナント三世の前で有名な大気圧の公開実験を行った。銅製の二つの半球を密着させたフォン・ゲーリケは、そのなかの空気を抜いて真空にし、半球の左右双方から八頭の馬で引っ張らせた。半球をたがいに結びつけるのは空気圧だけであるにもかかわらず、馬がどれほど力をかけても半球は引き離せなかった。

フォン・ゲーリケの友人で、イエズス会の修道士にして数学者のカスパー・ショットは、一六五七

2-4　オットー・フォン・ゲーリケの真空実験の実演。

年の自著のなかで、この実験と現場の様子を鮮明で生き生きとした筆致で描写していた。イングランドでは、ロバート・ボイルがフォン・ゲーリケの実験と実演の記録を読んでいる。ボイルはアイルランド出身の富裕な自然哲学者*で公爵の父親を持ち、ちょうどこのころトリチェリの気圧計のような細いガラス管内ではなく、さらに大規模な仕掛けで真空状態を発生させる方法を模索している最中だった(12)。

フォン・ゲーリケの公開実験に感服していたので、ボイルは自分の実験室の真空装置に見劣りを覚えていた。フォン・ゲーリケは水を張ったボウルのなかに口を下にした瓶を入れ、ポンプを使い、瓶のなかから空気を抜くことで実験室で真空状態を作っていた。ボイルも真空の実験をしてみたかった。たとえば、瓶のなかでロウソクを燃やし、そこから空気を抜いて真空にしたら何が起こるのか、水のなかでも使える実験用の箱でもなければ、どうこうできる類いの実験ではなかっ

＊　一八三三年、ケンブリッジ大学のトリニティ・カレッジの教授ウィリアム・ヒューウェルが「科学者」という言葉を考案するまで、研究者は「自然哲学者」と呼ばれていた。

た。

当時、ボイルはオックスフォードで暮らしていたが、真空ポンプの製作はロンドンに住む評判の実験器具の製造業者ラルフ・グレートレックスに頼っていた。しかし、グレートレックスでも使えるようなポンプは作れない。そのボイルに、オックスフォード大学で化学の研究を進める特別指導者がロバート・フックを紹介する。一六五八年、フックは二十三歳、若いが独創的な才能の持ち主で、特別指導者の助手として働いていた。

ボイルはフックを助手として雇った。ほかの研究者の設計に基づき、フックは真空ポンプの製作を何度か試みた。だが、いずれも不首尾に終わったので、フックは自分で図面を引いて、うまく作動する真空ポンプを完成させた。空気が漏れたり、作動に手間取ったりしたが、これこそ第一世代の真空ポンプで、ボイルもようやく実験を始めることができるようになる。

このポンプを使ったボイルのその後の真空実験で、真空は人為的に生み出せ、研究もできるし、特有の性質（ロウソクの火を消す、光は通すが、音は通じない）を備えていることが実証された。それだけではない。私たちの頭上に広がり、周囲を取り囲む空気の重さ、すなわち大気圧の存在が真空ポンプの実験で明らかにされる。ボイルは、「われわれが生きている大気には、ある種のバネ、あるいは弾性に富む力が存在する(13)」と書いている。ここにおいて疑問は、実験室を離れ、その規模を拡大して、このような強い力をどう利用すればいいのかという課題に変わっていった。

火を利用することで部分的に真空状態を生み出す実験は、すでに十七世紀初頭の時点で行われていた。一六〇四年、オランダのコルネリウス・ドレベルは、火を使って水を吸い上げる単純な装置を発明し、のちにその仕掛けを描いた図を自著に掲載している。

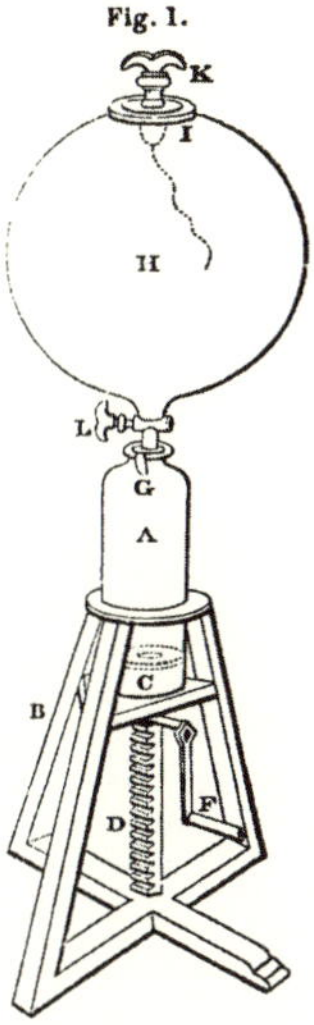

2-5　はじめて完成したフックとボイルの真空ポンプ。球体上部の留め具を引き抜き、開口部から実験素材を入れる。留め金を戻したら、クランクをまわしてシリンダーA内のプランジャーCを下げ、球体内の空気を抜いていく。バルブLを閉め、球体に空気が入らないようにしながら、クランクをまわしてプランジャーをもとの位置に戻す。プランジャーがシリンダー内に完全に挿入できたら、バルブLを開け、ふたたび球体からシリンダー内に空気が入るようにする。こうやって徐々に真空状態を高めていく。

ドレベルの蒸留器——瓢簞形《ひょうたんがた》の金属製の容器——は上から吊り下げられて火にかざされ、容器の口は桶の水のなかに沈んでいる。容器が熱せられるにしたがい、蒸留器のなかの空気は膨張を始め、桶の水のなかで泡となって出てくる。火を落とすと、蒸留器に残っていた空気は冷えて収縮、不完全ではあるが真空に近い状態が生じ、周囲の大気圧に押されて桶の水が蒸留器の口からなかに吸い込まれていく。ドレベルのポンプは素朴なものだったが、ある可能性を秘めていた。この蒸留器を巨大にしてさらに手をかければ、たとえば地元で使う水を川から吸い上げられるかもしれなかった。

ドレベルと面識があった廷臣の話では、彼は「美しい金髪と顔立ち」をしており、「しかもきわめて穏やかな物腰」[14]の人物だったという。発明したのはこのポンプだけではなく、噴水装置や大気圧を利用した〝永久運動〟の飾り物を考案し、貴人たちの人気を博していた。[15]一六〇五年、ジェームズ一世の王太子でプリンス・オブ・ウェールズのヘンリー・フレデリックの教育係としてロンドンに移った。発明の才能に関する彼の噂がヨーロッパ中に広まると、その仕事をひと目見ようと大陸の貴族がこぞってロンドンを訪れている。

プラハに住む神聖ローマ帝国の皇帝ルドルフ二世からも招聘の声がかかる。ドレベルはできればロンドンにとどまりたかったが、皇帝の招きは拒めない。皇帝が崩御した一六一二年、晴れて自由の身になれたものの、不幸なことにプリンス・オブ・ウェールズもこの年、腸チフスによって十八歳で逝去する。一六一三年、ジェームズ一世を頼って、最後にはロンドンに戻った。

「変わらぬ名声にもかかわらず、この発明家は投じられた金額に見合うだけの有意義なものを一度として生み出してはいない」と、ドレベルの後ろ盾のジェームズ一世を笑う者もいた。非難されるオランダの発明家を庇《かば》った者の一人に、同国の若き外交官にして詩人のコンスタンティン・ホイヘンスがいた。一六二一年、二人はロンドンではじめて出会う。ドレベルこそ、イギリスの大天才フランシス・ベーコンに匹敵する人物とホイヘンスは認めた。「洞察力に秀でた知識のもと、この人物は卓越した装置の作成に貢献した」[16]とホイヘンスはたたえた。

ドレベルの発明のなかでも、人目を引くということでは、おそらく潜水艇の右に出るものはあるまい。この種の発明としては世界初のものである。細長い鐘形の潜水艇で、一六二〇年には王立海軍のためにテムズ川で公開試験が行われた。漕ぎ船をひっくり返したような形状で、ドーム型の甲板が船上を覆い、オール受けと舵の継ぎ目は皮のガスケットで密封され、さらに艇全体が防水処理された皮

Fig. 2 - From 'The Elements' (Ed. 1621).

2-6　コルネリウス・ドレベルの素朴なポンプ。

2-7　テムズ川を潜航するコルネリウス・ドレベルの潜水艇（1620年）。

ですっぽりと覆われていた。一度の潜航で数時間の潜水が可能だったので、ドレベルは艇内の酸素供給のため、硝石（硝酸カリウム）から化学的に酸素を生成する方法に通じていたと考えられている（硝石は窒素と酸素の化合物）[17]。

一六二〇年代後半には王立海軍のために、機雷とロケット弾を製作した。当時、ルイ十三世の国王軍は、フランス西岸にあるプロテスタントの牙城ラ・ロシェルを包囲している最中で、新教国のイギリスはこの内戦に介入、王立海軍を派遣して、港町に籠もる新教徒ユグノーの救援を試みていた[18]。

一六二九年にはコンスタンティン・ホイヘンスの息子クリスティアーンが誕生している。クリスティアーンは長じて、十七世紀を代表する偉大なる自然哲学者の一人に成長する。一六三三年、ドレベルは息を引き取るが、父ホイヘンスとの交情を通じて、独創的なオランダ人は、息子クリスティアーンの成長にも影響を与えていた。

クリスティアーン・ホイヘンスは、数学者と天文学者として世に知られた。オランダのライデン大学で法律と数学を学んだのち、一六五一年に求積法——円のような幾何学的図形の面積を求める——という数学分野に関する最初の著書を刊行する。彼が二十二歳のときだった。一六五〇年代には、レンズの磨き方を学び、世界初の空気望遠鏡の接眼レンズを発明。それまで天文学者たちは、土星から突き出て見える部分を土星の〝耳〟と考えていたが、この耳が環状であることをクリスティアーン・ホイヘンスは正確に突き止めた。同じ年には振り子時計も発明している。

火薬を使った動力の研究

才気煥発で創意に溢れる若者は、多彩な発明を評価され、ルイ十四世の財務相ジャン＝バティス

2-8　土星の姿を描いた初期の図。（Ⅰ）ガリレオ：1610年、（Ⅱ）クリストフ・シャイナー：1614年、（Ⅲ）ジョヴァンニ・バッティスタ・リッチョーリ：1641年。ホイヘンスは1659年に刊行した本のなかで、これらの図を掲載し、土星の“耳”は環状であると正した。

2-9　1659年刊行の『土星の体系』（Systema Saturium）に描かれたホイヘンスの土星。

ト・コルベールが新たに構想したフランス科学アカデミーの初代会員に選出される。フランス科学アカデミーは、イギリスの王立協会を範にして一六六六年に設立された。アカデミーを通じて知識が高まれば、産業が振興し、ひいては王室の財産が潤うことをコルベールはもくろんだ。新設されたアカデミーの正会員に任じられたクリスティアーン・ホイヘンスは、自らの抱負を次のように述べた。

重量、暖気、寒気、磁力、光、色彩、空気の組成、水、火、実証されたあらゆる事象、動物の呼吸、冶金、鉱物、植物、そして人智がほとんど及ばぬもの、あるいはまったく未知なるもの、これらにまさる研究課題はなく、また有益な知識はありえない[19]。

ホイヘンスが探究の価値ありと認めた実用技術のなかに、動力を発生させるための二つの方法があった。ひとつは「火薬の力の研究で、極厚の鉄もしくは銅製の容器に密封された少量の火薬から発する力である。もうひとつは、加熱され蒸気になった水が持つ力の研究である[20]」

一六七二年、火薬を使った動力の研究が始まったこの年、ドイツから数学の教えを請おうと二十六歳の博覧強記の青年ゴットフリート・ライプニッツがパリのホイヘンスを訪れた。ライプニッツの願いに応じ、ホイヘンスは求積法の研究と円周率の数値の計算に取りかかった。もう一人、火薬機関の研究で助手を務めたのが医師のドニ・パパンで、年齢はライプニッツより一歳下の二十五歳、力学への興味が捨てきれずに医師の道を断念していた。

ホイヘンスがパパンに出会ったのは一六七一年のことで、場所はパリの南西一二マイル（一九キロ）に立つルイ十四世の壮大な城、ヴェルサイユ宮殿だった。パパンは若き技師として、ここで風車の管理をしていた。風車が汲み上げた水を動力源に、豪奢な宮殿の庭に設けられた噴水は水を高々と噴き上げていた。パパンの仕事に感服したホイヘンスは、助手としてパパンを採用する。

一六七二年、ホイヘンスが二人の弟子に命じた仕事は、火薬を動力にした機関の開発だった。火薬機関への関心は、やはりオランダ人の技師で銃製造業者でもあったキャスパー・カルトホフに触発されたのは明らかで、おそらく試作品もカルトホフが作ったのだろう。カルトホフはヴォクソールにいたイギリス王のもとで長年働き、現在のランベス・ロンドン自治区で軍需品の開発に携わっていた。場所はドレベルが潜水艇の開発を行った工房である。ホイヘンスもロンドンを訪問した際にカルトホフと会っており、火薬機関がどのように機能するのか、なにがしかのアイデアを得て帰国の途についた。一六六七年もしくは一六六八年にカルトホフが息を引き取ると、火薬機関の研究は開発意欲がある者すべての前に開かれた。

ライプニッツはオットー・フォン・ゲーリケと親交があり、このプロシアの研究者による半球を使った真空実験については、すでに科学アカデミーの会員向けに報告書を書いていた(21)。このころライプニッツとパパンがホイヘンスのために手がけていた火薬機関は、大気圧を力学的作用に変えるもうひとつの方法だった。金属製の分厚いシリンダーのなかで少量の火薬を爆発させ、ピストンを押し下げてフラップ弁越しに空気を排出すると、不完全ながら真空状態が発生する。大気圧が開口部のピストンにかかり、シリンダー内部にピストンが押し込まれるので、竿や太綱をピストンに結んでおけば、これらにつながれた仕掛けが駆動する。

ホイヘンスは火薬機関の試作品をコルベールに披露した。試作品はすでに「下男四、五名を軽々と」持ち上げていたとホイヘンスは語っているが、おそらく下男はピストンと太綱で結ばれた台に乗っていたのだろう。[22] この火薬機関を使えば、「建築用の巨石を持ち上げ、オベリスクを屹立させ、噴水の水を汲み上げたり、穀物を挽いたりする製粉機として応用できる」とホイヘンスは考えていた。さらには、「陸や海を行く、新たな乗り物」どころか、「ある種の空中を移動する乗り物」さえ可能だと予言していた。[23]

だが、火薬機関は使いものにならなかった。シリンダー内に残る爆発時のガスをきれいに排気できず、真空にも限度があった。残留した火薬でシリンダーの壁が剥離していた。設計どおりとはいえ、爆発は単発で、ピストンを再度引き揚げるにはもう一度火薬を装塡しなくてはならない。このような動力で穀物を挽ける製粉機などないし、水を汲み上げることもできない。

ホイヘンスが次に取り組んだのは、主ゼンマイで動く懐中時計の発明で、その数年後には光の有限速度に関する仮説を発表した。ライプニッツはロンドンに渡った。彼の地で王立科学協会の会員に選ばれたものの、哲学の研究ができる安定した地位を得ようと求職運動を重ねたが、なかなかうまくいかなかった。

医師あがりの技術者パパンも、新教徒の自分がカトリックの国フランスで暮らすことに不安を募らせ、一六七五年にはイギリスに渡った。このときホイヘンスは、イングランドのボイル宛てにパパンの推薦状を書いている。ボイルの助手だったロバート・フックは、ロンドンのグレシャム・カレッジや王立協会の仕事を始めていたので、ボイルは人手をほしがっていた。パパンの実験をその目で確認することがないまま、実験助手として採用している。

パパンはロンドンで蒸気の研究を重ね、その成果を調理器具の発明に応用した。この器具を使えば固い野菜は柔らかくなり、噛み切れない肉をはじめ、骨さえ柔らかくしておいしい料理ができる。い

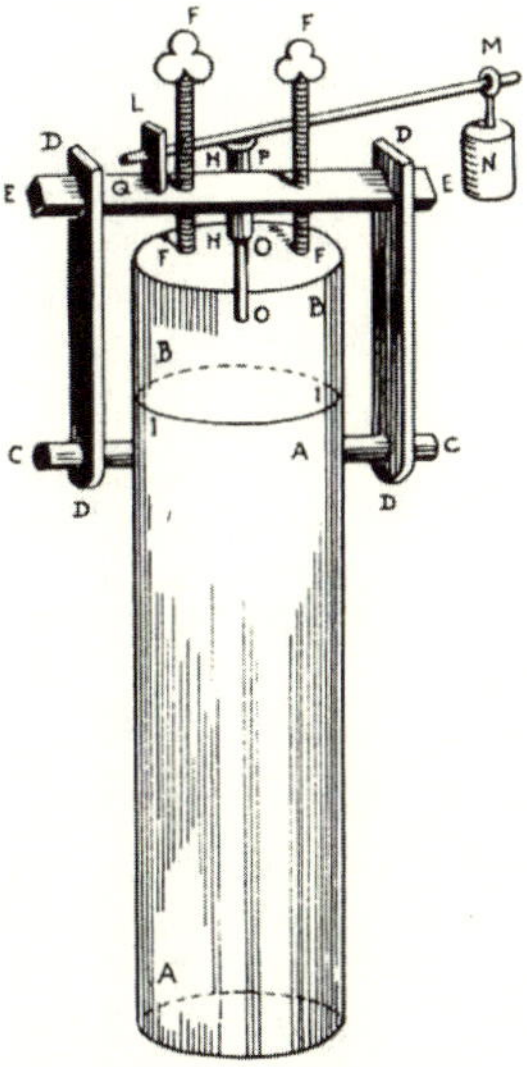

2-10　ドニ・パパンが1679年に考案した圧力調理器「ダイジェスター」。L－M－Nが安全弁。

わゆる圧力調理器である。パパンはこの器具を「固い骨をも柔らかくする新蒸気釜《ダイジェスター》」(24)と呼んでいた。一六七九年には王立協会の会員の前で実演している。

　このダイジェスターは、蒸気機関の開発とはあまりにもかけ離れているようだが、しかし、のちになって蒸気機関を安全に作動させるうえで、欠かせない決定的な機能を備えていた。自動調節の安全弁である。パパンの弁は、現代の圧力調理器の安全弁と非常によく似ており、レバーに取り付けられた重りが、調理器具の蓋にある小さなパイプの上に置かれている。容器内の蒸気がこの重りを持ち上げるほど高まると、蒸気の一部が放出される。その結果、容器内は減圧されるので、調理器具の爆発を防ぐことができた。

一六八一年、パパンはヴェネツィアに渡った。ヴェネツィアの駐英大使アンブローズ・サロッティが、イギリスの王立協会の向こうを張り、自国で組織した科学アカデミーで実験主任として働くためである。一六八四年、短い滞在だったが、王立協会の実験主任としてふたたびイギリスを訪問、一年の手当はわずかに三〇ポンド（今日の四〇〇〇ポンド、もしくは六〇〇〇ドル）にすぎなかったが、本人の望みは協会の会員に任命されることだったのは明らかだ。

十八世紀のイングランドでは、実験を実演する者に科学的な権威があるとは見なされていなかった。類いまれなる才能の持主であっても、実験担当者はそこに立って主人のかわりを務める召使いに等しい存在でしかない。正しいにせよ、誤っているにせよ、主人の意見の代理人にすぎないと見なされていた。[25]このとき、パパンにかわって正会員の推薦を受けたのが天文学者のエドモンド・ハレーである。

一六八七年、パパンはまたもやヨーロッパ大陸に戻った。ユグノー教徒の仲間とドイツ中西部のヘッセンを訪れ、ここにあるマールブルク大学の数学教授の職を得る。

大気圧による蒸気機関の誕生

マールブルク大学でもパパンは実験を続けた。そして、一六八〇年代後半、水が蒸気に変わる際、体積が一〇〇〇倍以上になることを発見すると、自分の動力機関の作動媒体は、火薬ではなく蒸気であると確信した。

一六九〇年、パパンはこう書いた。「水の特徴として、加熱によって生じたわずかな量の蒸気でも、空気のような弾性に富んだ力を帯びる」――つまり、蒸気は膨張して容器内で膨れ上がる――が、「冷えるとふたたび水になり、先述した弾性に富む力は跡形もなく消える。機関はこうした水の性質を利用して製作されるべきだと確信する。猛烈な熱を使わずに、安価な費用で完璧な真空を生み出すことができそうだ。その真空とは、火薬の助勢では得られなかった真空にほかならない[26]」

パパンが言っていたのはこういうことである。シリンダーを蒸気で満たし、最上端までピストンを押し上げる。シリンダーが冷えるまで、留め金を使いその位置でピストンを固定する。やがて蒸気が水に凝結すると、変化する以前の水蒸気の体積はほとんど失なわれている。シリンダーを外気から密封しておけば、凝結する蒸気でシリンダー内には真空が発生する。そして留め金をはずせば、外気はどっとシリンダーに流れ込んで真空を満たす。このときピストンの柄に何かが結びつけられていれば、なんであれ一緒に持ち上げられる。こうしたユニットをいくつか同時に操作することで、クランクシャフトを備えた現代の自動車エンジンのシリンダーのように、安定した動力が生み出せるのだ。

「チューブ（管）――パパンは自身の装置をそう呼んでいた――は、鉱山から水や鉱石を引き揚げたり、鉄の銃弾をはるか遠くに発射したり、向かい風に逆らって船を前へ進めるなど、似たようなあらゆる目的に応用できる」とパパンは考えた。そうした可能性のなかでも、とりわけパパンが関心を寄せていたのは、「海を行く自走の船も（略）、軽量なチューブなら船の速力を奪わず、場所も占めない。工場は建屋を用意し、目的に合った設備が必要だが、チューブがあれば即座に全面的な作業に取りかかれる。なんと言っても（餌や食物が欠かせない役畜や人間とは異なり）チューブに必要なのは稼働中の燃料だけである。碇泊中の船なら費用は発生しない[27]」

この機関が動力源としていたのは、蒸気ではなく、蒸気が凝結することで生じた真空に作用する大気の重さである。そのため、機関の出力を高めるには、大量の空気を取り込める巨大なシリンダーで、大量の蒸気を使わなくてはならなかった。しかし当時、それだけの規模の機器をどうやって製造すればいいのか誰も知らない。パパンとしては、自分が考案した機関が大きな刺激となり、製作技術の開発が進むことを願っていた。

マールブルク大学で教鞭を執っていたころ、パパンは未亡人となった従妹と結婚、相手の連れ子の父親となり、増えた家族に対する責任が加わる。ホイヘンスに助力を請い、さらに給料のいい仕事を求めた。おそらくその結果なのだろう、ヘッセン＝カッセル方伯*モーリッツの相談役に任命されている。パパンには、最も高貴な後援者に近づけた機会だった。だが、残念なことにモーリッツ方伯は鋳鉄工場や大気圧機関に興味はなかった。かわりに望んでいたのは、ヴェルサイユ宮殿の噴水と同じような噴水を自分の庭園に築くことだった。

この事業のため、パパンは蒸気ポンプを設計して組み立てた。ポンプで高架水槽まで水を汲み上げ、そこから重力に従って水を方伯の噴水に流し込む。この装置の設計と建造に一年がかかった。噴水は見事に水を噴き上げたが、それもつかの間にすぎない。パイプの一本が破裂した。もう一本パイプを作らせた。しかし、そのパイプも破裂する。高圧蒸気に耐えうるパイプの製造という課題は、まだまだ先の時代の話だった[28]。

ライプニッツに宛てた一六九八年四月の手紙で、「方伯は次の事業をご自身で考えられた」とパパンは書いている。「今度の計画は、方伯たる者にまことにふさわしい事業で、塩泉の塩の発生源を発見するというものです」。そのためには、水を汲み出す方法を案出しなくてはならない。それも「非常に大量の水です。（略）この作業に必要な火力がうまく作用するのか何度も試しました」。鍛鉄製の大きな蒸留器を作るため、新しい火炉を作り、さらに炉内の火に吹きつける新種のフイゴを設計した。「このように、ひとつをきっかけに別の事柄が進んでいきます」とパパンは書く。作業を進めながら、これまでにない技術基盤を編み出さなくてはならない。それだけに作業は手間取り、いずれもひと筋縄でいくような仕事ではなかった(29)。

ライプニッツからの返事はすぐに届き、パパンの水を汲み上げる仕組みは空気の希薄化――蒸気の凝結で発生する真空に基づいているのかと尋ねていた。そのとおりだが、蒸気の圧力も直接利用しているとパパンは答えている。「吸引力同様、こうした(直接の)効果も制限はされていません(30)」。つまり、パパンの機関には、①膨張する蒸気の圧力、②希薄化もしくは吸引力――発生した不完全真空を満たそうとする大気圧の力――という二つの作用が取り込まれていた。

機関そのものの動作は、少量の水がシリンダー内部に注がれ、ピストンを挿入して水に接するまで押し下げる。ピストンの柄が通る小孔があいた蓋でシリンダーをふさぎ、その下で火を熾《おこ》す。水が蒸気に変わるとピストンが押し上げられ、バネで留められた棒でピストンが所定の位置で固定される。火を取り除き、シリンダーを冷まして内部の蒸気を凝結させて水に戻すと、蒸気で満たされていた部分に真空が生じる。ピストンを支持していた棒を取り除けば、ピストンは「大気圧に押し下げられ」、ふたたびシリンダー内を空気で満たそうとする(31)。ピストンにクランクをつなげば、蒸気の押し上げようとする動き、大気の押し下げようとする動きの双方の運動が回転運動に変わり、水の汲み上げや外輪船の回転のような有用な作業に利用できる。

蒸気の圧力を直接利用するという発想は革命的だとパパンは考えていた。蒸気機関を使った乗り物は、当時の道路事情を踏まえれば、おそらく無理だとは自身でもわかっていたが、「しかし、船の移

---

* 方伯は神聖ローマ帝国の伯爵の意。

動なら、いま以上の援助があれば、すぐにでも実現できると自認していた[32]」

悲しいかな、パパンには複動式の蒸気機関の模型さえ作る余裕はなかった。この事業に投資する関心は方伯にはなく、パパンには資金がない。彼にできたのは、一六九五年にこの発明について記した、『ある新式の機械に関する多様な意見をまとめた書簡集』を出すのがやっとだった[33]。この本にはパパンが発明した「ヘッセンのふいご」が記されていた。箱に入ったファンのような装置で、現代のヘアドライヤーから電熱部を取り除き、巨大にしたようなものである。空気を送れば、鉄を溶かす従来のふいごにかわる装置となり、水を扱えば、噴水の水を汲み上げ、消火装置として使えることが記されていた。大胆だったのは、蒸気機関による炭鉱の排水が提案されていた点である。この本の書評は一六九五年の「哲学紀要」に掲載されたので、基本原理は紀要を読んだ王立協会の会員にとどまらず、さらに多くの人の目に触れたはずである[34]。

一六九八年、パパンはふたたびライプニッツに宛てた手紙で、蒸気圧を使って「七〇フィート（二一メートル）まで水を汲み上げた」と報告している。これが並々ならぬ達成であるのは、蒸気のみの大気圧機関による真空では、海面位の気圧が一四・七ポンド平方インチ（一〇一四ヘクトパスカル）の場合、吸い上げられるのは最大三三フィート（一〇メートル）が限界だからだ。沸点以上まで熱した蒸気は、その力を飛躍的に高める事実をパパンは研究の過程で発見していたのだ。蒸気は火薬などよりははるかに効率的な媒介だとライプニッツに語っていた[35]。

のちの開発を通じてパパンの正しさは明らかにされていくが、当時の技術、とりわけ蒸気ボイラーの板金をつなぐハンダの溶融温度は低く、高温・高圧の蒸気の使用に適したものではなかった。高い圧力にさらされ、ボイラーのハンダが緩み、ともすればバラバラに吹き飛ぶ場合もあった。

一六九八年、蒸気機関の発明家・開拓者としてのパパンの立場が脅かされる。ライプニッツと文通していたこのころ、トーマス・セイヴァリというイギリスの技術者がある特許を申請していた。「火が起こす推進力による、揚水とあらゆる種類の粉挽き機に動きをもたらす発明。炭鉱の排水、都市への水の供給、水と絶え間ない風の恩恵（水車と風車）とは無縁の地で、あらゆる種類の粉挽き機に大いなる力と便宜を授ける発明」の特許申請だった。

パパン同様、セイヴァリの機関も大気と蒸気のいずれの力も使った仕組みで水を汲み上げていた。一六九九年六月十四日、王立協会で披露された、縮尺模型を使った実演に会員たちは感服した。しかし、パパンがそうであったように、セイヴァリもまた実寸の機関を作動させることには手こずり、きちんとしたお墨付きを得るまでには、さらに苦労を重ねることになる。[36]

第3章 意志を持つ巨人——セイヴァリの蒸気機関／ニューコメンの蒸気機関

ドニ・パパン／トーマス・セイヴァリ／ロバート・ギャロウェー／トーマス・ニューコメン／ドロシー・ワーズワース／ハンティンドン・ボーモント／ダニエル・デフォー／エイブラハム・ダービー

セイヴァリの「火で揚水する機械」

ドニ・パパンは誠実な人物だった。トーマス・セイヴァリの複動式の蒸気機関は、自分のアイデアを盗用したものだと口にしていたかもしれないが、しかし、火を使って揚水するというアイデアは、啓蒙時代の当時、広く知れ渡っていた事実はわきまえていた。「自分と同じ考えを（セイヴァリ氏が）思いついたとしても不思議ではない。彼が気づかなかったとしても、ほかの誰かが手がけていたかもしれない」。一六九八年、セイヴァリが特許を取得したという知らせにパパンはそう応えた。[1]

一七〇四年、ライプニッツはロンドンの伝手《つて》から入手したセイヴァリの機関のスケッチをパパンに送った。スケッチを見たパパンは、この機関が効率性の点で著しく劣り、おそらくまともに作動しないことに気づいた。セイヴァリの機関は、上下運動の一工程で容器から水を押し出すために蒸気を使い、しかもピストンがなかったので水に触れて蒸気は凝結する。容器から水を押し出すにはさらに大量の蒸気を吹き込まなければならない。[2] エネルギーの浪費によって、機関の効率は一パーセント未満にまで低下する。[3]

さらにこの機関には、蒸気ボイラーを保護する安全弁がついていなかった。安全弁は二〇年近く前にパパンが圧力調理器を考案した際に発明して取り付けたもので、このころまでにはパパンが設計するボイラーには必需品のようになっていた。

しかし、パパンにせよセイヴァリにせよ、いずれの機関も設計上の欠陥を抱え、しかも両者ともその欠陥に気づかずじまいだった。実は両者の機関は手動で制御するように設計されていた。複雑な手順を操作するには、疲れ知らずの作業員が、毎分ごとに何種類とあるバルブの開閉を繰り返さなくてはならなかった。遅くとも一七〇七年後半のことになるが、ライプニッツはパパンに設計の改善に関する手紙を送り、機関のバルブは、「人の手を使うことなく、かわりに機械でこの目的を遂げさせる」[4]ほうがいいと勧めている。

だが、パパンは改良に着手できるような状況ではなかった。ヘッセンの支援、つまり方伯という後ろ盾を失い、一七〇六年、パパンはイングランドへ戻る決心を固める。このとき、蒸気を利用した外輪船の計画書を携えていたのは王立協会で発表するためで、協会からの公的な支援を願っていた。しかし、あろうことか、ライプニッツとの関係がパパンを窮地に追いやる。一七〇三年、アイザック・ニュートンが王立協会の終身会長に推された。ライプニッツとニュートンは、それぞれ独自の微分積分学を定式化しており、ニュートンとその一派は、発見の優先をめぐってライプニッツと競い合っていたのだ。

一七〇七年二月、王立協会でパパンは蒸気船の説明を行い、八〇トンの試作船の建造費四〇〇ポンド（現在の五万七〇〇〇ポンド、八万四〇〇〇ドル）の支援を仰いだ。[5]しかし、そんな資金が用意されることもなく、ニュートンが牛耳る協会では、パパンをふたたび実験主任として雇い入れることさえなかった。そのかわり協会は、パパンが行った実験には金を払おうと申し出た。ただし、協会の承認を得るため、前もってそのアイデアを提出するという条件がついていた。一七〇八年、王立協会の会長は協議の末、パパンの蒸気機関というアイデアは、パパンの最大のライバル、セイヴァリに帰すると判断をくだす。

当たり前といえば当たり前だが、セイヴァリもパパンの設計を非難した。セイヴァリの機関は剝き出しの蒸気が揚水のために使われ、著しく効率性に劣っていた。パパンがその欠点をあげつらわなかったにせよ、セイヴァリはパパンのシリンダーとピストンを容赦なく批判した。「摩擦が過剰なまでに高まるので(6)」、パパンの蒸気機関は決して作動しないと断言した。

それから四年、パパンは死に物狂いでありとあらゆる発明の実験を申し出た(7)。溶鉱炉の燃費を向上させる装置、室内の空気の浄化と暖房効果を高める方法などを発表したが、王立協会はことごとく無視して支援することもなかった。一七一二年、スチュアート朝のロンドンで貧窮のうちに息を引き取り、パパンは歴史からその姿を消した。

トーマス・セイヴァリは、パパンに比べればわずかとはいえうまくいった。「小型模型のセイヴァリの機関は、ほぼ間違いなく作動したはずだ。この模型を実演したとき、彼の胸中には自分の事業に対する抑えようのない熱意が湧き起こったはずだ(8)」と技術史を研究するリチャード・L・ヒルズは書く。実演のかたわら、自身の発明を世に広めるため、セイヴァリは『鉱夫の友または火で揚水する機械』を刊行した。裸の男児《プット》を鉱夫に見立てた絵がこの本には掲載されていた(9)。

しかし、製作する機関のサイズが大きくなると、セイヴァリの機関の効率性はとたんに悪化した。空気を圧縮して作動させる空気機関としては適切に作動し、蒸気で熱せられたシリンダーに水を注ぎ、発生した不完全真空で水をパイプで約二〇フィート（六メートル）まで汲み上げた。しかし、蒸気を直接噴出させても、安全弁がないので、ボイラーを爆発させることなく汲み上げられるのは、二〇フィートをわずかに上回る程度にとどまった。「蒸気が強すぎた場合、機関はバラバラに吹き飛んだ」と報告されている(10)。セイヴァリの蒸気機関は、アン女王が居住するケンジントン宮のほか、ロンドンを流れるテムズ川のかたわらに立っていたヨーク・ビルディングズ給水塔の揚水ポンプとして使われた(11)。

ニューコメンの蒸気機関

前出のヴィクトリア朝時代の炭鉱技師ロバート・ギャロウェーは、「セイヴァリは自分の機関の能力を買いかぶりすぎるあまり、使い勝手を阻む欠点は見くびっていた。有閑階級の屋敷に水を引くためこのような機関をいくつか組み立てたが、しかし、坑内の排水のための機関としては、どうしようもない失敗作だったことが明らかになった(12)」

地下の奥深く、水浸しの坑道から水を汲み出すには、セイヴァリの機関なら五～一〇基はどうしても必要で、しかも三〇フィート（一〇メートル）ごとに坑内で上下に並べて設置しなくてはならない。燃料の石炭の使用量も膨大で、この機関一〇基で採掘した石炭のほとんどを消費してしまえば、装置を動かす人手も無駄になるだけだった。また、坑内にたまるメタンガスを考えれば、炭鉱主も火を使う機関の坑内への持ち込みは歓迎できない。一七〇五年以降、売れたのはたった二基で、セイヴァリも炭鉱の排水用に売り込むことは諦めていた(13)。ただ、町や屋敷向けの給水装置として機関の製造は続けられた。

新しい技術が行き詰まったとき、新旧の技術が結びつき、従来からあるたしかな仕組みに立ち返ることで、技術の移行がすみやかに行われる場合が時としてある。パパンやセイヴァリなどの野心的な

3-1　『鉱夫の友』に掲載された図版。

3-2　ヨーク・ビルディングズ給水塔。

設計の機関が撤退したことで、むしろ商業的に成功していた初期の蒸気機関がそのあとを継いだ。当時の製造技術では、高圧の蒸気を封じ込めておけるボイラーは作れなかったにせよ、火を使って水を汲み上げるという妙案は、ひとつには、大気圧だけを利用して蒸気を凝結させ、大気圧機関に真空を生じさせる点に負っていた。イングランド南西、デヴォン出身の金物商トーマス・ニューコメンが、その道を追い求めたのは一七〇〇年ごろのことである。

当時、金物商といっても単に道具を売るだけではなく、その技術、とりわけ道具の使い方を売りものにしていた。道具を作って売るため、ニューコメンはデヴォンやコーンウォールの錫《すず》鉱山をしばしば訪れていた。イングランドの炭鉱同様、錫もまた表層の鉱脈が掘り尽くされると、さらに地下深くへと掘り続けられた。十八世紀紀を迎えるころには、鉱山の水没は深刻な問題となっていたが、馬で汲み出す費用は決して安くない。一七〇八年、F・Cという名義で『優れたる炭鉱夫』という指導書を書いたある炭鉱主は、「出水のない鉱山では、排水に伴う年間数千ポンド近くの経費が節約される」[14]と同書で試算している。この儲け話にニューコメンは飛びついた。

トーマス・ニューコメンは、一六六三年、イングランド南西部の没落貴族の末裔としてダートマスに生まれた。その後、エクセターの金物商に徒弟奉公し、ここで技術と商売の方法を学んだといわれる。年季が明けた一六八五年、二十二歳でダートマスに戻って金物商となった。敬虔なバプティスト信徒で、結婚は遅く四十一歳のときだった。一七〇七年、家族のためにダートマスの大きな家を借りた。この家はニューコメンが指導する信者集会の礼拝所としても使われていた。仲間の信徒ジョン・カリーは早い時期からニューコメンの共同経営者で、蒸気機関の開発にともに携わった[15]。

自身の名前が冠された機関を、ニューコメンがどのようにして開発したのか、それについてはほとんど知られていない。パパンやセイヴァリの発明について、彼がどの程度知っていたのかもよくわかっていない。ニューコメンについて、最も信頼に足る目撃者は、スウェーデン人技師のモルテン・トリヴァルドである。のちにスウェーデン王立科学アカデミーを創設する人物で、一七一六年から一七二六年にかけてイングランドで働いていた。イングランドで、ニューコメン式蒸気機関の製造を一基手伝い、さらに帰国後、スウェーデンでもう一基この蒸気機関を製造している。ニューコメンとは個人的にも付き合いがあった。[16] 一七三四年にトリヴァルドは、イングランドの金物商は、「第一者であるセイヴァリの理論に関するいかなる知識もないまま」独自の機関を発明したと書き残している。それどころか「馬で水を汲み上げるには大金がかかる」[17]点に商機を見ていたと語っている。

トリヴァルドの言うとおりかもしれないが、そうなると火の力を坑内排水に利用するという、それまでの試みについては、まったく無知のままニューコメンは事業に取り組んだことになる。その開発は、自身の生涯を一〇年以上にわたって占めることになる仕事だ。およそありえるような話ではない。既存の技術を知らないまま、ふたたび一から始めるなど愚か者の所業である。

ニューコメンの蒸気機関は、先人たちの技術の長所を拝借し、さらに自身が独自に考案した新たな特徴を取り込んで作られていた。クリスティアーン・ホイヘンスの発明からはシリンダーとピストンをいただき、パパンのように火薬ではなく蒸気に置き換えた。セイヴァリからは蒸気を凝結させて真空を発生させる知恵を借りていた。

しかし、ニューコメンの機関はパパンやセイヴァリの機関とは異なり、巨大なボイラーが別個に設けられていた。そこで水を熱して蒸気に変え、ボイラー上部にあるシリンダーの開口部に設けた逆流防止のフラップ弁を通して蒸気を送った。ピストンを押し上げるために、パパンは蒸気圧を加えたが、ニューコメンは、木製の大がかりなロッキングビームからピストンを吊り下げた。このビームは上下に動き、ビームの重さでピストンが引き揚げられると、その間にシリンダーのフラップ弁が開いた。当初、真鍮《しんちゅう》のシリンダーは鉛の保護管で覆われていた。保護管のなかに水を注ぐと、シリンダー内の蒸気が凝縮して内部が真空となり、ピストンの開口部に大気圧がかかってピストンは押し下げられ、ピストンを吊っているロッキングビームも一緒に引き下げることができた。

ニューコメンの設計は、先行者の発明に手を加えたものであるのは疑いようがない。セイヴァリとは異なり、ピストンによって蒸気と冷水を別々にしたので、必要な蒸気量が減って燃料の石炭の節約になった。シリンダーの外側から冷水をかけることで、蒸気の凝縮がさらに早まり、結果としてポンプの速度も向上している。蒸気は真空を作り出すために用いられたので、ニューコメンの機関は真空と大気圧との圧力の差だけで駆動していた。このような大気圧機関の能力は、ピストンの動作範囲を大きくすれば高められたので、持ち上げる対象の重量に合わせ、ピストンとシリンダーを設計することが可能だった[18]。

ここまではよかった。だが、シリンダーの外側から水をかける方法では蒸気が凝結するまでに時間がかかり、機関の出力にも限界があった。ニューコメンの初期の設計は、たしかにセイヴァリの機関に比べればはるかに効率的だったが、本来の効率を十分に引き出してはいなかった。

状況を一変させる突破口はまったくの偶然で、実物大の機関の製作にとりかかる以前、模型を使ってニューコメンが作業を行っているときに訪れた。トリヴァルドの話では、真鍮のシリンダーにあった〝欠陥〟のせいである。シリンダーには穴があいており、その穴はハンダでふさがれていたが、作動中、このハンダが剥がれてしまう。

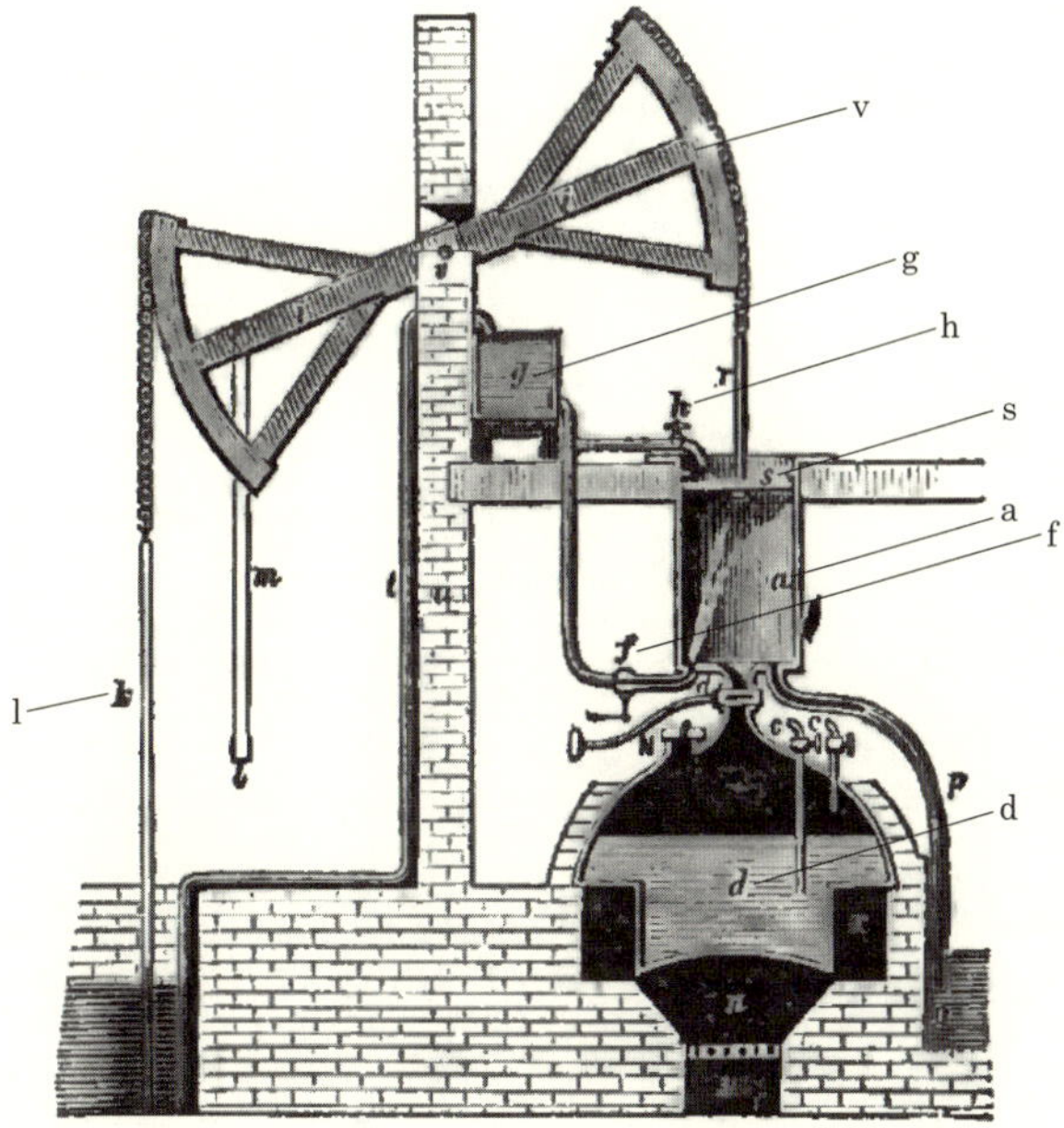

3-3　ニューコメンの大気圧機関。ボイラー（d)、シリンダー（a)、ピストン（s)、ロッキングビーム（v)、ポンプロッド（l)。

外側から注がれていた水が「シリンダーのなかに流れ込んでいくと、蒸気はたちまち凝結して真空が発生し（略）、大気の（略）猛烈な力がピストンを一気に押し下げた。ビームとピストンを結んだ鎖が引きちぎられ、小さなボイラーの蓋ともども、シリンダーの底さえ打ち抜かれた。あたり一面に熱湯が流れ出し、その様子を見た者は、自分たちは、自然界においてこれまでまったく知られることがなかった——少なくとも、こんな方法で発生させられると誰も考えたことのない——けたはずれの、凄まじい力を見出したのだと信じて疑わなかった(19)」

偶然ではあったが、冷水をシリンダー内に注入するという発見こそ、この機関が成功した鍵である。保水タンクの設置という作業がニューコメンに加わった（掲載した断面図のロッキングビーム下の〈g〉がそれで、パイプ〈f〉を通し、シリンダー内に冷水が噴射される*）。冷水を噴射することで、ニューコメンの機関は毎分一二行程で作動することが可能になり、数百フィートの地下から水をポンプで汲み上げることができるようになった。

一八〇三年、詩人ウィリアム・ワーズワースの妹ドロシー・ワーズワースは、兄と兄妹の友人であるサミュエル・テイラー・コールリッジとともにスコットランドを旅した際、ニューコメンの機関が水を汲み出している様子を間近で見ている。その動きはもっとのんびりしていた。

建物の横を離れ、もっと近くに寄っていくと、形は鍛冶屋の大槌のような、大きな機械というか、レバーが目にとまりました。水を汲み上げているのでしょう。三〇秒ごとにゆっくりとした動きでテコが持ち上がり、それから底のほうで一服するかのように止まっています。その動きに合わせ、「ゴンゴン」と「ジュージュー」という音が混じり合ったような音が聞こえました。どこを見てもこの機械には人の目をとらえて放さない何かがあるようです。この機械にはものを考える力があるのだと思わずにはいられません。無慈悲な物質が、巨大な力による進歩を見せつけながら、生命と生きる目標に向けて最初の一歩を成し遂げたようにも思えました。兄もまた同じ印象を口にし、コールリッジは、これはひとつの意志を持つ巨人なのだと話していました。[20]

セイヴァリが試みたように、ニューコメンもまた、人手に頼らず機械が自動的に作動を行うよう、レバーとバルブの仕組みの改良に取り組んだ。自動化とは言いつつ、現在の基準からすれば本当に大雑把な仕組みで、何度も調整作業が欠かせなかったが、それでも十分に作動していた。作業現場が炭鉱だけに石炭も安く手に入ったので、イギリスの炭鉱では二〇〇年以上にわたり、ニューコメンの機関は坑内から水を汲み上げることになる。

ただ、ニューコメンにとって不運だったのは、一六九八年に申請されたセイヴァリの特許は、「火力によって揚水するすべての機関」ときわめて広い範囲に及び、さらに一六九九年、通常なら一四年で失効するはずの特許が、議会によって二一年延長され、一七三三年まで有効になった点だった。ほかに打つ手もなく、ニューコメンはセイヴァリと提携するしかなかった。この関係は一七一五年にセイヴァリが死んだのちも続き、特許を行使する団体として「火による揚水の発明の所有者団」という合本会社*訳註が結成された。[21] 所有者団は八〇株を発行、ニューコメンにはこのうち二〇株が授けられた。

---

* 二本目のパイプ〈h〉は、蒸気の漏れを防ぐため、ピストンの上部に水を注ぐ。

*訳註 ジョイント・ストック・カンパニーのこと。英米の企業形態のひとつで、株式会社の起源とされる。

商業目的で最初に作られた本格的な機関は、一七一二年、バーミンガム近郊のダドリー城が見える炭鉱で建造された。機関のシリンダーは黄銅の鋳物で直径二一インチ（五三センチ）、長さは約八フィート（二・四メートル）あり、地下一五三フィート（四七メートル）の坑道から水を汲み上げた。機関は地表面に置かれていたので、坑内火災の問題もなかった。[22]ニューコメンの機関は国中に広まった。一七二〇年、コーンウォールでは直径が四七インチ（一・二メートル）のシリンダーを持つ巨大な機関が製作され、三六〇フィート（一一〇メートル）の地下から水を汲み上げることができた。[23]

馬を使って坑内から水を汲み出した場合、費用は年間九〇〇ポンドをくだることはなかったが、ニューコメンの機関を使えば、年間わずか一五〇ポンド、つまり六分の一の費用で同じ作業ができた。[24]しかし、効率性の点ではセイヴァリの機関をわずかに上回る程度で、その大きさは一軒屋ほどもあった。ニューコメンの機関はやはり過渡期の技術であり、用途も炭鉱の揚水にほぼ限られていた。「この機関一基の製造には鉄鉱石の鉱山がひと山必要だが、それでも炭鉱は作らせ続けている」と評した同時代の者がいたほどである。[25]

たしかに欠点はあったが、ニューコメンによってイングランド中西部の炭鉱業は息を吹き返した。[26]一七一〇年から特許失効の一七三三年のあいだ、少なくとも一〇四基がイギリス国内と国外で建造された。[27]その後も製造は続けられ、一八〇〇年には五五〇基もしくはそれを超える数の機関が組み立てられた。しかし、採掘された石炭の産業利用はまだ限られたままだった。[28]当時、石炭を使い、良質な鉄を精錬する製法はまだ開発されていなかった。石炭の主たる市場はいまだに家庭の暖房用だったのである。

市場が供給過剰に陥ると石炭の価格は急落した。「長い排水坑道、水没した坑道、石炭を運搬する仲介業者《ホストマン》の独占のせいで」*と、ロバート・ギャロウェーは少し昔の時代の様子を記している。「地下も地上も、当時、さかんに行われていた石炭の搬出法は、言うまでもなく旧来からの方法で、借金に縛られた繋縛《けばく》坑夫の窮状は哀れを極めた」(29)。ニューコメンの大気圧機関の登場で、排水坑道や水没した坑道は減少したが、しかし、石炭の用途がここまで自由になったものの、効率的な運搬に関する方法はその時点ではまだ案出されていなかった。

石炭の運搬をめぐる問題

昔のイングランドの道は決して褒められたようなものではなかった。国王は領主に対し、地元の道は自費で維持せよと命じていた。道の整備は、いにしえの三つの義務――すなわち道と橋梁の修繕、砦の建設と維持、在郷の軍務と並ぶ義務のひとつで、これらの義務を課すことで、国王は国の守りを固めていたが(30)、日常的に人が行き交い、商売上の往来としての道は、事実上放っておかれた。「冬になって雪が積もれば、そんな道を馬車で行けるわけがないと考えられてきた」と歴史家でもあったフエビアン協会のシドニー・ウェッブと夫人のビアトリスは書いている。それらは道というより、人や動物が踏み固めた跡のようなものだった。こうした状態は十八世紀中頃まで続き、ほこりまみれの夏、地面がぬかるむ冬には、徒歩もしくは馬に乗って人は旅していた。

「ロンドン以外の土地では、四輪馬車を雇うこともできない」と、十七世紀はじめの旅行作家は書き

＊　ホストマンとは保護を受けた石炭輸送の仲介業者のことで、彼らは持ち船を使い、採掘された石炭をロンドン行きの船着き場まで運んだ。

残している。「イングランドの大半は草原か、それともなだらかな丘からなるが、ロンドンから遠く離れた道はあまりにも荒れ放題のままで、四輪馬車を雇っても、長旅は断わられるのが普通である」[31]

ウェッブ夫妻の調査では、当時の夏と冬の道の交通量は家畜や家禽が大半を占めた。例年、一〇万頭の牛、七五万頭の羊がシティ・オブ・ロンドン北西部のスミスフィールドで草を食《は》むために集まり、また、牛の巨大な群れが屠畜のためにロンドンに駆り立てられていった。そのほかにも鴨や家鴨《あひる》、七面鳥の群れ、数えきれないほどの頭数の豚がロンドンへ向かった。「このころ、ロンドンの市場で売るなら、ガチョウはその足で歩かせていったほうが手っ取り早いことに気がつき、ノーフォークのような遠くの土地からでも、とてつもない数のガチョウの群れがロンドンに追い立てられていた」と記す一七四八年の記録もある。

家禽の群れは半端な数ではない。一〇〇〇羽あるいは二〇〇〇羽がひとつに群れ、わがもの顔で道をまかり通った。「ガチョウが駆り立てられていくのは、収穫の目途がついた八月ごろ、ガチョウは麦の切り株を好きなようについばんでいる。十月の終わりまでとこだわったのは、このころになると道の状態が厄介になり始め」――ぬかるんで、足がとられる――「水かきがある短い足のガチョウが行進していくには深すぎたからである」[32]。家畜がその足で踏みしめていくことで道はさらに傷んだ。農夫たちにすれば、家畜や家禽のためには路面は柔らかいほうがいい、固くては足を痛めてしまうからである。

炭鉱で掘り出された石炭は、手押し車か荷かごを背負わせた馬で川や沿岸まで運ぶと、そこから船でロンドンに送られた。炭鉱主は鉱脈の発見や排水に知恵を重ね続けてきたので、石炭の産出量もそれに従って増えていった。河川に隣接した鉱山を掘り尽くしてしまえば、新しい坑道はさらに内陸部

3-4　18世紀のイングランドの道を進んでいく荷馬の列。

に向かって開かなくてはならない。その結果、新たに二つの問題が起きた。田園地帯を通行する際に発生する、通行料をめぐる地主との交渉である。当時、田園地帯の公道は限られ、道も荒れていた。もうひとつの問題は、炭鉱から船着き場までの石炭の運搬方法だった。

通行料のほうは、法外な値段になることが間々あっても、問題としては込み入っていない。チャールズ二世の国璽《こくじ》尚書《しょうしょ》を務めたフランシス・ノースは、ニューカッスルの地主が受け取る料金に「非常に驚いていた」と彼の兄弟は書き残している。「炭鉱から川までのあいだ、自分の土地を石炭が通過していれば、彼らは通行料金を徴していた。それは結構な金額で、一ルードの地所の持ち主なら、この通行料金で年間二〇ポンドの収入が見込めた」[33]。「ルード」は昔のイギリスで使われた土地面積の単位で、四分の一エーカー（三〇〇坪）、アメリカンフットボールのフィールドなら五分の一に相当する。

十七世紀中頃の二〇ポンドは今日の二五〇〇ポンド、三七〇〇ドルに相当する。一ルードは一辺が一〇四フィート（三二メートル）、五一ルードなら一マイル（一・六キロ）、通行料の支払いはけたはずれな金額になることもあった。一七三八年、議会で次のように証言した者がいる。「ニューカッスル周辺では石炭を出荷できない炭鉱は五〇から六〇か所あるが、ひとつには坑道の水没が原因で、もうひとつは高額すぎる通行料金のせいである[34]」

通行料の件で話がつけば、次なる難題は石炭の運搬方法である。荷物の量が増やせれば、法外な通行料や荷物当たりの平均単価も相対的に安くなる。当初、石炭は馬の背に積んだり、馬や雄牛に引かせたりした荷車で運んでいた。一六九六年、タイン川地区とイングランド北東を流れるウエア川地区の鉱山だけで、二万もの荷車や荷馬が石炭を運んでいたというが[35]、石炭の生産量が増えるにしたがい、荷馬車がそれにかわっていった。十七世紀後半になると、ダラムとノーサンバーランドの炭鉱だけでも年間一二〇万トンの石炭が採掘され、イギリス全体の産出量は三〇〇万トンにも達していた。荷馬や荷車でどうにかなるという量ではなかった[36]（今日、これだけの量の石炭を輸送するには、二万六〇〇〇両の石炭車が必要である）。

木製軌条のワゴンウェイ

道路事情はともかく、イギリスでは十七世紀から車輪を使った輸送への転換が始まっていた。当時、テムズ川でロンドンの輸送に従事していた水運労働者の数は四万人、車輪という競争相手に彼らは腹を立てていた。一六二三年、船夫あがりの詩人ジョン・テイラーは、「世界が車輪によって動く」時代は、これまでにない「ゴトゴト、ガタガタと喧噪が轟きわたる時代」とこきおろした[37]。

3-5　木製の軌条に乗った運炭車。

　そのまま地表に出られる坑道を備えた大規模な鉱山では、以前から木製の軌条が敷かれ、搬出が容易な手押し車を使って、石炭や鉄鉱石を運んでいた。軌条の上を手押し車で運んだ場合、橇《そり》を引いたり、ぬかるんだ坑道で石炭を運び出したりするより、必要な力はおよそ六分の一で済んだ。[38] こうした軌条——鉱夫は「ワゴンウェイ」（運炭軌道）と呼んだ——を使って船着き場まで運搬することで、経費と時間が節約され、石炭も割れたり削れたりすることがなかった。

　イングランドのワゴンウェイに触れた記録は、一六〇四年にさかのぼる。革新的な起業家で、ナイトを父親に持つハンティンドン・ボーモントが発明、もしくは坑内に置かれていた手押し車の軌条を利用したといわれる。炭鉱の共同経営者パーシヴァル・ウィロビー卿は、ノッティンガムシャー（イースト・ミッドランド）にあるウォラトンの領主である。

　一六〇三年、卿は「マスター・ボーモントの尽力によって、ステレリーからウォラトン・ピッツにまで石炭が運ばれたという知らせが届いた」と記している。「彼の新発明によって、石炭はワゴンで運ばれるようになるだろう。車輪は一本のオーク材から切り出されており、ワゴンは木製の軌条の上を進んでいく。彼の洞察力と重量物を運搬できる可能性に啓発されつつ、私は家に帰り着いた。道路はいまだ整備されているとは言いがたかった[39]」

それから一〇〇年、木製のワゴンウェイはイングランド中に普及した。一六七一年、トーマス・リデル卿は、ラベンスワース炭鉱からウエア川にかけて敷設、その後、広くに敷設される軌条の第一区間だった。弁護士で創成期の実業家でもあるハンフリー・マックワース卿は、一七〇四年以降、石炭や銅を運ぶため、地所があるウェールズのニースからニース川までワゴンウェイを敷設した。

マックワース卿の発明に、迷惑だと訴える者がいた。しかし、一七〇六年に書かれた法律文書を見ると、この訴えは、ワゴンウェイがすでに広範に利用されている事実を理由に却下されている。「ワゴンウェイはごく一般的なもので、ニューカッスルをはじめ、シュロップシャーのブローズリー、ベンレールやほかの土地ではむしろ有用な場合が多く、迷惑とはとうてい言いがたい。むしろワゴンウェイは、道路を保全するうえで有効であると考えられている。これが使われていなければ、通常の荷馬車や手押し車による石炭運搬で道はさらに傷み、深くえぐれていたことだろう[40]」

馬なしのワゴンウェイを開発したのもマックワース卿である。ワゴンに帆を張り、風を動力としていた。地元の人間のなかには、「卿こそ、地上において帆を動力とし、風によって走らせたこの分野では世界最初の紳士であり、しかも単なる興味でなく、実利に基づいていた」と記した者がいた[41]。

自走する荷車なら、馬が引くよりも安い経費で石炭を運搬できるそうだ。『ロビンソン・クルーソー』を書いた作家のダニエル・デフォーは、当時、ジャーナリストとしても健筆を振るっていた。一七二六年の『イギリス商人大鑑』という便覧には、「（石炭は）運炭車《ワゴン》と呼ばれる大きな装置に積み込

3-6　川辺に向かってくだっていく運炭車。大きなブレーキに注目。馬に引かせて傾斜をのぼり、ふたたび石炭を積む。

まれると、ワゴンウェイという人工の道に沿って運ばれていく。たった一頭の馬の助けを借り、二チャルドロンもしくはそれ以上の石炭を一度に運んでいく[42]」（一チャルドロンの石炭〔三六ブッシュル〕は一六七八年に五八八〇ポンド〔約二七〇〇キロ〕と法律で定められた）

　カウンティ・ダラムを流れるタイン川下流は、西側から東側へと海に向かってくだっており、また南からタイン渓谷に向かって北に傾斜している。石炭を積んだ荷車は重力に従って、水辺へと坂をおりていく。馬を一頭伴っているのは、帰りの上り坂で空荷を引かせるためである。車輪についている脱線予防の「フランジ」という出っ張りのおかげで、荷車の操作にも無駄はなかった。

　長い下り坂にさしかかると、運炭車につながれた車輪付きの台車に馬を乗せてくだっていく。炭鉱技師ロバート・ギャロウェーも「荷車で馬を運ぶ」と書いている。馬も自分の前を行く運炭車につながれた台車にはすぐに慣れ、むしろ乗車を楽しんでいるようだとギャロウェーは書いている[43]。

しかし、途中の地勢が万事都合よく近くの川に向かって傾斜していたわけではない。一七二五年、リデル家では、ワゴンウェイの改善のために何千ポンドという資金を投じなくてはならなかった。この年、ウィリアム・ステュークリは現地に赴き、ワゴンウェイの改修を視察している。古物研究家で王立協会会員でもあるステュークリは、のちにストーンヘンジに関する初期の論文を書いている。

われわれは山の鞍部を見学した。卿の炭鉱はタンフィールドにあり、谷を越えるようにして道が築かれている。谷は土砂で埋められ、その高さは一〇〇フィート（三〇メートル）、底辺は三〇〇フィート（九一メートル）もある。同じ大きさの別の谷には、石造りの巨大な橋が架かり、丘の別の場所では半マイル（八〇〇メートル）にわたって開削されている。このようにして道が築かれ、川岸まで五マイル（八キロ）の区間に木製の軌条が敷かれている。川岸には五チャルドロンの石炭が運び込まれている[44]。

木炭からコークスへ

だが、これほどの重量の積み荷である。木製の軌条では一年もしくは二年しかもたず、そのたびに交換を余儀なくされていた。幸いにも、同じころある工業技術が発展を遂げ、この問題に応えてくれた。鉄、しかも石炭を使って溶かした鉄である。

鉄鉱石の精錬に、鉱物の石炭ではなく、薪から作った木炭が古くから使われてきたのは、石炭で精錬した場合、石炭に含まれる硫黄のせいで鉄がもろくなるからである。そのため、恒常化していた木材不足は、イギリスの産業が発展していくうえですでに足かせになりつつあった。一方、石炭市場は過剰供給に陥っていた。産業用として使われる石炭は、製塩や衣服の染色などの煮沸《しゃふつ》作業に限られていたからである。イギリスの産業が拡大するにしたがい、国中の木材をかき集めても製鉄用の需要を満たせなくなっていた[45]。イギリスの発明家や起業家は、一〇〇年ものあいだ、石炭で鉄を溶融するという難問に挑み続けていた。

長年にわたるこの問題に飛躍的な解決をもたらしたのが、エイブラハム・ダービーという名の敬虔なクエーカー教徒の起業家だった。ダービーはダドリー近郊の農家の息子として生まれた。一七〇〇年、ブリストルで事業を立ち上げる以前、ここにあるモルト工場で徒弟奉公をしていた（モルト、つまり麦芽はビール醸造の要となる成分で、水に浸漬して発芽させた大麦から作られる。モルトによって、大麦のデンプンを糖に変える酵素の働きが活発になる。酵素の働きを中断させるため、麦芽を窯で乾燥して粉砕する。この麦芽を発芽前の麦と混ぜて発酵させる）。

一七〇二年、ダービーはブリストルで真鍮の製造業を始めると、ここで石炭を使った黄銅の精錬方法を開発する。ブリストルで鋳物工場を開業したのもこのころで、砂型を使って鉄鍋を作っていた。その技術によって、一七〇七年には特許を得ている[46]。

一七〇九年、ダービーは鋳物工場を移転、新しい場所はブリストルから約八マイル（一三キロ）北のセヴァーン川の村コールブルックデールだった。この村で製鉄用の石炭、すなわちコークスの開発に取りかかった。その製法とは、石炭を窯に入れ、低酸素の状態で蒸し焼きにすることで、鉄を劣化させる石炭の硫黄と不純物を取り除くというものだった。ダービーの息子の未亡人アビア・ダービーは、のちにこのコークスの製法について触れ、麦芽の焙煎法と比較している[47]。

技術が向上するにしたがい、ダービーと彼の一族の者たちは、木炭からコークスへと熱源を徐々に置き換えていった。木炭のかわりに蒸し焼きにした石炭を使うことで、イギリスの産業は抜き差しならない障害を回避できるようになったのだ。一七六三年、アビア・ダービーは次のように書いた。「この製法の発見がなければ、木炭にする木材の欠乏から、製鉄業は先細りになっていたでしょう。土地持ちの有閑階級（彼らは森林を所有していた）は薪の値段を法外なほど吊り上げ、実際、とても手の届くようなものではありませんでした。しかし、炭鉱の石炭が薪のかわりとして使われるようになると、木炭の需要はにわかに減って、数年もしないうちに、薪の使い途などたいした問題ではなくなったと実感したものです」[48]。十九世紀初頭を迎えるころ、製造業と建築業では、鉄は木材にすっかり取って代わっていた[49]。

一七二九年、ワゴンウェイ用の鉄製の車輪が、はじめてコールブルックデールで製造された[50]。鉄製だけに、木でできたワゴンウェイへの負担は木製の車輪の比ではない。ほどなくして鋳鉄製のプレートが登場した。幅二インチ（五センチ）、厚さ半インチ（一・三センチ）の鉄板で、これを木製の軌条に釘で打ち込んで軌条を保護した[51]。ついで登場したのが鋳鉄製の軌条で、このの ちコールブルックデール村の主力の生産品となる[52]。「細心の注意と多大なる投資によって、（ワゴンウェイの）長い鉄路がいまや敷設され、どれほど内陸に位置する炭鉱であろうと川と結びつけられた」[53]

そうしているあいだにも、コールブルックデール社はニューコメンの機関向けに鋳鉄製のシリンダーの製作を始めており、この製品は従来品の高価な真鍮製のシリンダーに置き換わっていった。一七四〇年代はじめ、コールブルックデールも馬による水の汲み上げをやめ、ニューコメンの機関を設置した。製鉄業ではじめて使われた蒸気機関で、経費面で大幅な削減を実現した[54]。これ以降、鉱業は目覚ましい勢いで発展を遂げていく。蒸気機関の導入がますます図られ、水没したかつての炭鉱を蘇らせ、採掘した石炭を濡らすことはなかった[55]。

ニューコメンの機関は炭鉱の要求に応えていた。しかし、炭鉱以外の用途については、その欠点のせいで有用性には限りがあった。この機関はあまりにも大量の石炭を呑み込み、効率性に劣り、巨体ゆえに動かすことができない。ロバート・ギャロウェーがいみじくも述べたように、「シーソーのように上下にしか動けない、単なるポンプ[56]」としてしか使えなかったのである。

石炭がイギリスの産業化の加速を支えるものであるなら、誰かがこの機関を上回る装置を発明しなくてはならなかった。

第4章

全世界を相手にする——ワットの蒸気機関

ジェームズ・ワット／ジョン・ロビソン／ジョゼフ・ブラック／ジョン・バード／ジョン・アンダーソン／マシュー・ボールトン／ジョン・ウィルキンソン

グラスゴー大学の実験工房

ジェームズ・ワットは生粋のスコットランド人で、一七三六年、グラスゴー近郊の町で誕生した。ロンドンに出て計測機器と航海用機器の製造を親方から学んだ。(1) 祖父は数学の教師で、航海術にも通じていた。父親は船大工だったが、持ち船で商売も営んでいた。母親は名家の出で、いとこにはグラスゴー大学の教授でラテン語を教えていた者がいる。(2)

ワットの手紙では、一二か月の履修は「定規、目盛り、四分儀《しぶんぎ》その他」の製作に及んだが、その費用二〇ギニー（現在の二九〇〇ポンド、四二〇〇ドル）は父親が払ってくれた。(3) ロンドンで一年間集中的に学んだからといって、それで徒弟とすぐに認められるわけないが、ワットの場合、父親の仕事を手伝いながら育ち、道具の使い方に通じていた。修業を終えるころには、「まだ、経験を積んだ年季明けの職人のように手早くとはいかないまでも、腕前ではひけを取らないので、どこにいっても身を立てていける」(4) と見定めていた。

一七五六年十月、グラスゴーで身を立てる最初の機会が訪れる。ジャマイカから天文学の観測機器がグラスゴー大学*に送られてきたのだ。前年、この大学を卒業したジャマイカの富裕な商人が亡くなり、その遺贈によるものだった。航海の途上、塩気に当たって機器は錆びついていたが、イングランドの王室天文官は、この機器は第一級の価値があると太鼓判を押していたので、修理の必要があった。王室天文官はグラスゴーに新しい天体観測所を設立しようとしていた。ワットは冬のはじめから作業にとりかかった。仕事は十二月に終わり、報酬として五ポンド（現在の七〇〇ポンド、一〇〇〇ドル）を得ている。[6]

それから半年のあいだ、ワットはグラスゴーの下流地域にあるグリーノックの実家で過ごし、仕事に必要な道具を調え、機器の製造、修理、販売を手がけていく商売の基礎を固めた。一七五七年七月、ふたたびグラスゴーに戻ったワットは、グラスゴー大学の学内に工房を設けた。十八世紀、出来合いの実験器具や実演用の模型などはなく、そのつど手作りで製作したり修理をしたりしていた。大学はワットがここで暮らし、仕事の一環として器具を販売することを認めてくれた。ワットは「数理機器の製造者」と呼ばれ、大学は収蔵品の修理代をワットに払った。[7]

ある日、校内にあるワットの工房にジョン・ロビソンという人物が現れた。大学を卒業したばかりの青年で、当初、工房の若き経営者の科学知識には心許なさを覚えていた。「最初は、工房に置かれたすばらしい機器がお目当てだった。ひとつひとつに目を凝らした。ワット氏とも言葉を交わしたが、氏は職人で、それ以上は期待していなかった。それだけに、自分と年齢が変わらない相手が一人の賢者だと気づいて驚いた。尋ねればたちどころに答えてくれる。得意な研究には、自分もなかなかとうぬぼれていただけに、自分などよりもワット氏がはるかに秀でていることに、むしろ口惜しさを覚えていた」。それにもかかわらず二人は友人となる。「いつも氏のもとでぶらぶらと過ごし、からかったことも一度や二度のことではないのはたしかだ。こうやって私たちの交誼が始まった」[8]

ワットと友情を交わしたグラスゴー人は、ロビソン一人ではない。「狭い学内では、科学への偏愛ではつとに知られる若者という若者がワット氏とは知り合いで、工房はこうした者たちのたまり場になっていた。なかなか解けない謎に出くわすたび、誰も彼もが氏のもとを訪れた」[9]。学生だけではなく、大学の教授陣も同じだったようである。グラスゴー大学教授のジョゼフ・ブラックを工房で見かけたことをロビソンは覚えていた。「ブラック博士も常連だった。こちらに背を向け、バードの四分儀にご満悦の様子で、口笛をかすかに漏らしていた。その息遣いにこちらまでぞくぞくしたものである」[10]

バードの四分儀は、真鍮でできた八フィート（二・四メートル）の扇型をした天文学の観測機器で、工房の壁にかかっていた。ジョン・バードは、同業の数理機器の製造者でロンドンを拠点にして働き、一七五三年、王立グリニッジ天文台向けにこの四分儀のオリジナルを製作している。

一七五六年、グラスゴー大学の文学修士の学位を得たロビソンは、その後、発明を手がけるようになった。ワットを通じて、ニューコメンの機関に関心を抱くようになる。「当時、この機械については何も知らなかったが、車輪付きの大型馬車の動力として応用でき、また、ビームの使用を避けるため、ピストンの開口部は下向きに設置したほうが都合がいいと話した」

どうやらワットは、はじめの段階からロビソンと行動をともにしていたようだ。ニューコメンの機関を推進用の動力として使えるよう、機関上部にあった木の幹ほどの大きさのロッキングビームを取

---

* 当時、グラスゴー大学は「ユニバーシティー」ではなく「カレッジ」と呼ばれていた。

り除いている。ロビソンのため、ブリキ板から機関の模型を作ったとワットも話している。逆向きの二本のシリンダーがある機関で、車輪をまわす心棒をクランクで回転させる。大急ぎで製作した模型だったので、きちんと作動はしなかった。ワットには模型を改善する時間もなければ、「この装置に関しては、原理をきちんと考える」時間さえなかった。

一七五九年、ロビソンは王立海軍に入隊する。イギリスとプロシアの同盟、オーストリアとフランス、ロシアの同盟のあいだで繰り広げられていた七年戦争への従軍である。発明はひとまず棚上げにされた。

ワットは学内の生活を続けて工房を営むかたわら、学問や実験を続けていた。一七五八年の時点では、蒸気機関に関するワットの知識は限られていたかもしれないが、ほどなく多くの知識を得るようになった。一七六〇年、ジョン・アンダーソンがグラスゴー大学の自然哲学の教授に任命された。ワットより八歳年長のアンダーソンは、物理と化学の講義で使う実験器具と模型を管理するためにワットを雇い入れた(11)（教育者としてのアンダーソンは熱意に富む教師で、学生たちから〝火の玉ジャック〟と呼ばれていた(12)）。

この年の六月、アンダーソンはワットに五ポンド五シリングを支払っているが、おそらく報酬として払われたのだろう。この支払指図に先立つ日付で、別に二ポンドが支払われている。ロンドンの器具製作者ジョナサン・シッソンからニューコメンの機関の模型を購入した際の代金の補塡分である(13)。ワットは、ニューコメンの機関の模型を講堂で実演していたのかもしれない。

ニューコメンの機関を改良する

はるか後年になるが、「一七六三年まで、黙々と蒸気の実験を続けていた」とワットは回想している。[14] 一七六九年にも同様の発言があり、一七六一年から六三年に触れた部分では、「パパンの圧力調理器《ダイジェスター》で、蒸気力の研究を行っていた[15]」と書いている。詳細に語られた実験はわずか一例にとどまるが、アンダーソンとともに働いていたこの期間、ワットが蒸気の実験を繰り返し行っていたのは明らかだ。

ワットが記録した実験のひとつは、ワット本人が「ある種の蒸気機関」と呼んでいた装置の設計で、パパンのダイジェスターが使われていた。一六七九年に考案されたダイジェスターは、パパンが没した一七一二年以降も使われ続け、高圧蒸気の実験では標準器具となっていた。リベット継ぎやハンダで接合された当時のボイラーとは異なり、ダイジェスターは十分な肉厚の壁で覆われていたので、大気圧をかなり超える高い圧力がかかってもびくともしなかった。

この実験では、ダイジェスターは高圧蒸気を発生させ、封じ込めておくボイラーの役割を果たしていた。シリンダーとして、鉛筆サイズの金属製の注射筒がダイジェスターに取り付けられている。注射筒のなかにはピストン、ダイジェスターと注射筒のあいだには、蒸気の出し入れができる栓がついていた。シリンダー内に高圧の蒸気を吹き込むと、一五ポンド（七キロ）の金属の重りを引き揚げることができた[16]。栓のひとつを開放すると、蒸気は空気中に逃げていく。シリンダーは開始点に戻り、鉄の重りも下がった。「どうやって自動的に栓を調整するか、（略）どうすれば寸分の狂いもなく作動させられるかはすぐにわかった」とワットは書いている。

ただ、この模型をベースに実物大の機関を製作する考えはワットにはなかった。セイヴァリの機関が反対されたのと同じ理由で、反対されることがワットにはわかっていた。「ボイラーが爆発する危険、堅牢な継ぎ目という難題、そして、蒸気の大半の力が無駄になってしまう」のは、大気圧を押し返して、ピストンを始発点に戻さなくてはならないからだ[17]。

一方、蒸気を動力源に使い、路上を走行する乗り物を発明するというロビソンの試みは、蒸気の可能性を探究するワットの意欲をそそった。ワットは蒸気機関の模型作りにただちに取りかかった。その模型は、ニューコメンの機関のように、蒸気をいったん冷却し、真空と大気圧の圧力差で間接的に作動するのではなく、高圧の蒸気と直接連動する蒸気機関で駆動する。単位体積当たりのエネルギーは、大気圧のもとでの蒸気より、高圧蒸気のほうがはるかに高い。つまり、高圧で作動する蒸気機関なら、本体そのものが小さくなり、荷台に載せられるほど小型化できる。ワットにはまだ実寸大の蒸気機関を作った経験はなかったが、数十年後に書かれる二件の特許申請書には、自身が語っていた「ある種の蒸気機関」の文言が明記されている。申請書の一枚には、「車輪のある乗り物の運動に用いられる手段[18]」とある。初期のこうした試みは、仕事の都合でいったん休止に追い込まれるが[19]、一七六三年の時点で、現存する蒸気機関がどのような仕組みで作動するのか、ワットは十分すぎるほど習得していた。

一七六〇年、この年の冬、アンダーソンはニューコメンの機関の修理をワットに依頼している。グラスゴー大学は、器具製作者のシッソンから機関の模型をすでに買い上げていたのだ。故障が多い模型で、二～三度作動すると、音を立てて止まってしまう。

ワットがまず取りかかったのは、「いくつかの部品のなかでも、きわめて不出来な作り」と呼んだ箇所の修理だった。それを終えると、機関を調整しなおしてシリンダー内に噴射する冷水の量を減らした。機関が正しく動くようになると、今度は操作について研究している。大きな躯体にふさわしく、この模型が〝途方もない量〟の石炭を平らげる点にワットは驚いた。黄銅製のシリンダーは直径わずかに二インチ（五センチ）しかないが、筒の壁が厚すぎる。[20] このシリンダーが熱を過剰に放散して、その結果、装置が冷えすぎてエネルギーに無駄が生じていた。

このころ、海軍を退役したジョン・ロビソンがグラスゴーに戻っている。[21] 二人は中断した点からふたたび研究を始めた。ニューコメンの機関の模型が抱えた問題点を論じ合い、その結果、金属製のシリンダーではなく木製のシリンダーなら、機関が損失する熱は大幅に減らせるのではないかと考えた。このころになるとワットも、自身でも語っていたように「この機関を改善」すると心に決めていた。その機関とは、アンダーソン製作の模型にとどまらず、三年にわたる私的な研究と実験を通じて得た知識をもとに、ニューコメンの機関そのものの原理を改善することを意味していた。

ニューコメンの機関はとにかく効率に劣っていた。改善箇所は多岐に及んだ。「揚水だけではなく、ほかの用途にもこの機関が使えるようにしようとつねづね考えていた」とワットはノートに書いていた。[22] ロビソンの発明もまた、輸送という、こうした試みの一環にほかならない。当時、イギリスの鋳鉄工場や毛織工場の多くが、不安定な水力に頼っていたが、蒸気機関の用途が広がれば、こうした産業も蒸気によって操業の改善が図れる。

一七六三年後半、大学の施設を出て、ワットはグラスゴーに大きな店と作業場を構えた。クライド川の北数ブロック、グラスゴー・グリーンの西にあるトロンゲートという場所で、近くには塩の市場があった。[23] このころになると共同経営者の数も増え、そのなかには父親のジェームズ・ワット・シニア、ワットの友人で物理学者のジョゼフ・ブラックらの顔もあった。

仕事が広がり、学内の工房では手狭になっていた。業務も拡大して、望遠鏡から楽器、玩具の販売までと手広く扱い、翌六四年には一六名ほどの熟練工と事務員を雇い入れた。この年、販売総額は合計で六〇〇ポンド前後（現在の七万ポンド、一〇万ドル）にまで達していた。[24] 新居が妻との新しい生活にふさわしいかどうかも、移転した理由のひとつだった。当時、ワットは婚約していた。相手は母方の従妹マーガレット・ミラーこと通称ペギーで、ワットは子供のころからよく知っていた。この年七月に二人は結婚している。[25]

「顕熱」と「潜熱」の発見

あれやこれやの事情で忙殺されていたが、それでも時間を見つけては機関の改良実験にワットは取り組んでいた。どれほど真剣に向き合っていたのかロビソンの証言が残っている。

ワットは、ボイラーの表面を大きくし、火が万遍なく当たるようにしたことで大幅な改良を加えた。水のなかに送気管を置いてみた。火炉も水槽のなかに置いてみた。木製のボイラーも作ってみた。（略）シリンダーをはじめ導管も一本残らず、熱伝導がきわめて低い素材で覆ってみた。こうした部品を木材から作って試してみたことさえあった。自分の模型に精通するようになってからも（ワットは別の模型も作ったことがある）、蒸気と燃料の歩留まりの悪さは尋常ではなく、また避けられそうにもなかった。一工程ごとの効率を高めるには、そのたびにシリンダーを冷却しなくてはならない。ピストンが上昇する過程で、全蒸気の四分の三以上が凝結して水になっている事実をワットは突き止めた（略）。これほどの損失をもたらす原因は、避けられないようにも思えた。[26]

研究はさらに続けられ、結婚式の夏を迎えた。ワットは水を沸騰させ、すべての水が煮詰まって蒸発するまでにどの程度の水蒸気が発生するのか計測した。計測の結果にワットは驚いた。「水が蒸発しきるまでの時間で、その約六倍の量の井戸水を華氏二一二度（摂氏一〇〇度）にまで熱せられることがわかった（略）。予想外の事実に驚いたが、なぜなのかよくわからなかったので、わが親友のブラック博士にこの話をしてみた。すると博士は潜熱の原理を説明してくれた[27]」

ジョゼフ・ブラックの研究分野は、現代でいう物理化学である。そして、潜熱を発見したのがブラックその人にほかならない。物質に熱を加えていけば、その温度は小やみなく上昇していく――そんなことは当たり前だと何世紀にもわたって考えられてきた。これに対してブラックは、水が沸騰するまでの時間に比べ、沸騰した水を煮詰めて残らず蒸発させるには、約六倍の時間がかかることに気がついた[28]。

一七五七年、ブラックはこの不思議な時間差について調べ始めた。鍋に入れた水に熱を加え、沸騰するまで熱し続けても、沸騰した温度――華氏二一二度（摂氏一〇〇度）――に達すると、鍋の湯がすべて蒸発するまで、どれだけ熱を加えてもお湯の温度は同じままだ。同様に、固く凍った氷が解け始めるまで熱を加えてみた。氷が解け出した温度――華氏三二度（摂氏零度）――に達すると、どれだけ熱しても、氷全体が解けるまで温度は同じままだった。水や氷の状態を変えずに温度を変える熱をブラックは「顕熱」と呼んだ。そして、水を蒸発させたり、氷を解かしたりと、状態を変えるだけで消えていくように見える熱を「潜熱」と名づけた。

熱に何が起きているのか。こうした現象について、ブラックは五年越しの実験を進めた。一七六二年四月、ある結論に達したブラックは、大学の自然哲学会で報告を行った。氷の場合、熱は氷を水に変えるために使われ、沸騰では、水を蒸気に変えるために熱が使われているのだ(29)(現在、この変化は「相」の変化と呼ばれる。物質に熱が加わると、物質の温度が変化したり、あるいは氷が水、水が蒸気というように物質の状態は変化したりする。概して言うなら、固体から液体、液体から気体という具合である。〝行方不明〟になっていた熱は、この変化に抗おうとする原子間の結びつきを解くために必要な力だったのである。大気圧下の蒸気は、もとの水の約一七〇〇倍の体積がある。潜熱とはすなわち、このような膨張に至らせるために必要な力、エネルギーのことをいう)。

仕事以外の時間を費やした研究を通じて、ワットも潜熱を発見していたのである。「こうして私は、(ブラックの)見事な理論が裏づけた重大な事実のひとつに遭遇した(30)」。ワットはブラックの理論から蒸気機関に必要な手がかりを得ていた。水は蒸気に変化する際、大量の熱を吸収し、逆に蒸気が水に戻るときには大量の熱を放出している。これまで以上に効率的な機関の製作がワットの望みであるなら、その機関とは、これまでより石炭の使用量が減り、結果として、経費の低減が図れる機関である。「シリンダー内に入ってくる蒸気同様、シリンダーもまた熱を常に帯びている必要があり、さらに最大の出力を得るためには、(冷水を噴出して蒸気を凝結させ、真空を生じさせる際)華氏一〇〇度(摂氏三七・七度)以下まで蒸気を冷却しなくてはならない(31)」とワットは考えた。

だがこれらは、たがいに矛盾しあう要求だ。蒸気を凝結させるために冷水を噴出する一方で、どうしたらシリンダーを熱したままにしておけるのか。この問題にワットは何か月も頭を抱えた。不意の天啓がワットに舞いおりたのは、一七六五年四月のとある日曜日の午後のことだった(32)。

シリンダーから分離された「復水器」

この日も件《くだん》の問題に考えをめぐらせ、ワットはグラスゴー・グリーンを散歩していた。そのときである。蒸気が膨張して真空を満たすなら、シリンダーから切り離された、別のタンクをシリンダー本体に取り付けてみたらどうだろう。シリンダー内の空気を圧縮してから、接続部を開放すれば蒸気は分離されたこのタンクに流れ込む――これならシリンダー内は空っぽになるはずだ(33)。

要するに、このアイデアの眼目は、蒸気を凝縮させる際に、肝心なシリンダーそのものを冷却させないで済む点にあった。シリンダーが冷めてしまえば、次の工程でシリンダーを再加熱するための熱が必要になる。熱こそ石炭、そして石炭こそ経費《コスト》である。その経費を節約するには打ってつけだった。「彼の頭には、性能のみならず、経費が抑えられる機関の製作にあった」と、特許の申請書をワットはわざわざ三人称で書いている(34)。

熱を節約するため、ワットが思いついた単純極まりない方法は、蒸気の凝縮過程全体をシリンダー

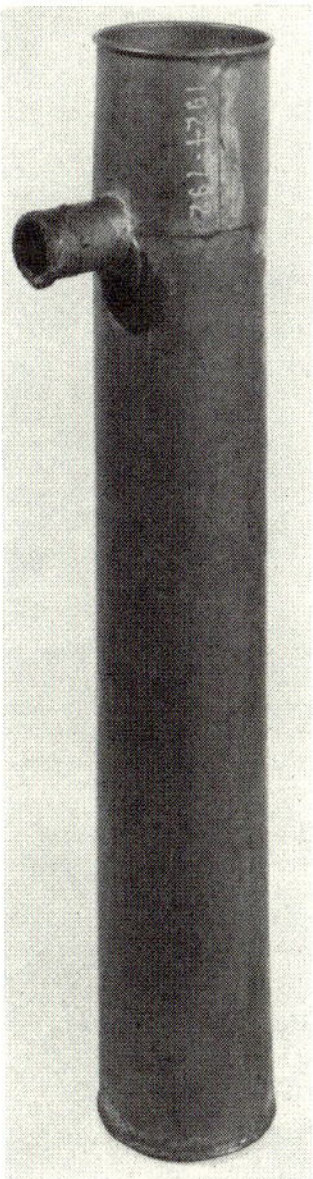

4-1　ワットが製作したオリジナルの分離凝縮器。

から取り出し、切り離したタンクに移すことにあった。ワットはこのタンクを分離凝縮器（復水器）と呼んだ。こうすることで、作業サイクルを通じ、シリンダーの熱を保ちつつ、エネルギーを節約することができる。

かくしてシリンダーと、シリンダーよりも小さな凝縮器がパイプでつながれた。パイプには蒸気の流入を調節できるバルブがついている。シリンダーがボイラーの蒸気でいっぱいになると、冷水が凝縮器のなかだけに噴射されてバルブが開く。シリンダーの蒸気は凝縮器になだれ込んで凝結すると、同時にシリンダー内には真空が発生する。シリンダーが真空になったことで、外部の気圧によってピストンが押し上げられ、機関は作動する。

シリンダーと凝縮器の双方が真空になるので、次の工程のために、噴射した冷水、冷水とともに入ってくる空気、蒸気が凝結した水をどうやって排出するのかが今度は問題になった。ワットは二通りの方法を考えた。ひとつは、機関が置かれた場所の地中に排水用の長いパイプを埋め込むという方法である。しかし、長大な排水パイプを使うとなると、機関の設置場所に制限が生じる。ポンプはどこにでも移動可能でなければならない。

ワットは気をはやらせながら、凝縮器の模型を組み立てた。狭隘な口径の真鍮製の円筒で、内側にはポンプとして、ひとまわり小さな円筒がさらに置かれていた。

一七六五年五月のある日、応接間でワットがこの模型を検分していると、ジョン・ロビソンが姿を現した。使用人が通したのだろう。ロビソンの不意の到来にワットは動顛した。蒸気についてロビソンが話し始めた。話を聞いて、ワットはもう我慢ができなかった。「その問題ではもうこれ以上悩む必要はないでしょう」とロビソンに口走ってしまう。「蒸気を一粒たりとも無駄にしない、新しい機関を作り出しました。その装置なら蒸気をそのままを保ち、思うように水を噴射して凝結させることもできるでしょう」。そう語ったとき、ロビソンが凝縮器の模型に目を凝らしていることにワットは気がついた。ワットは、テーブルの下に模型を蹴り入れた。[35]

「いま隠そうとした管は」とロビソンはただした。ワットの返事は要領を得ない。ロビソンは自分の不注意を悔やんでいた。最近、ワットと秘密にしていたアイデアを競争相手に〝うっかり漏らして〟しまい、その話がめぐりめぐってワットの耳にも届いていたのだと、のちにロビソンは語っている。

ワットの家を早々に辞したロビソンは、その日の夕方、実家に帰る準備をした。近くの川辺で馬車の到着を待っていると、散歩中のアレクサンダー・ブラウンに出会う。ブラウンはワットとロビソンの共通の友人だった。

「ところで、最近、ジェイ・ワットとお会いなされましたか」とブラウンが尋ねる。ロビソンが「ええ」と答えると、「氏はいまやまったく意気軒昂といったところでしょう」と相手はさらに問い返してくる。「たしかに」という返事に、「いやはやまったく」とブラウンは話を続ける。どうしても話を聞いてもらいたいようである。「例の凝縮器のことですよ。どれだけシリンダーが高温だろうが、十分に冷却できて、どうやら完全な真空を発生させることができるようです」。熱を逃がさないシリンダー、蒸気の排出、分離凝縮器――「そうか」。ロビソンもこれで合点がいった。「全体像がありありと頭のなかに浮かんだ」[36]

ロビソンはさらにブラウンから話を聞き出した。現在、ワットはシリンダーの蒸気漏れ対策に取り組んでいる最中だという。革やフェルトで試したが、いずれも熱には耐えられない。解決の目途がまだ立っていないのは明らかだ。だが、重大な点は、単に大気圧に頼って機関を動かすのではなく、ワットが蒸気の圧力を利用して動かしている点だと、ロビソンは見抜いていた。

翌日家に帰り着いたロビソンは、さっそく模型の手配をした。製造を請け負った職人の工房から模型が届くと、夢中になって実験に取りかかった。数分もしないうちに、大きなタンクから大半の空気を何度も吸い出すことができた。「完璧な蒸気機関を、ミスター・ワットが完成させていたことに間違いはなかった[37]」

ボールトン・アンド・ワット社

だが、ワットの蒸気機関は決して完璧なものではなかった。最初に製作した機関は、先行するニューコメンの機関に比べ、使用する石炭の量を大幅に減らしたとはいえ、歩留まりはわずか二パーセントでしかない。ワットはこの機関の特許を申請、一七六九年に登録が認められた。自身の発明の権利について、ワットは、「蒸気機関《ファイアー・エンジン》の蒸気消費量の低減、およびその結果として燃料を低減させる技術[38]」という表題で保証してもらうように申請している点は見逃せない。効率の点でまさっていたにせよ、ワットの蒸気機関はやはり大気圧機関にすぎず、蒸気圧で直接作動するのではなく、凝縮する蒸気が生み出す真空と大気圧の圧力差で動いていた。

ワットは、機関の改良に終日を費やすことができなかった。グラスゴー・グリーンの天啓から一〇年、その間ワットは測量士や土木技師として働き、当時、イギリスを席巻していた運河開発という新しい波のために運河の設計図を引いたり、世の標準となったニューコメンの機関の建造に携わったりしていた。

一七七五年、ワットは実業家として成功したマシュー・ボールトンと知り合う。ワットにとってボールトンは、精力的で頼りがいがあり、十分な資金にも恵まれた共同経営者となった。気難しいワットに対し、ボールトンは豪放磊落《ごうほうらいらく》な人柄である。ワットに語ったとされる有名な話がある。当初、ボールトンに対してワットは、ウォリックシャー、スタッフォードシャー、ダービーシャーの三州だけに関する蒸気機関の独占権の販売を申し出た。「たかだか三州のために私の時間を費やすなど無駄だ。そうではなく、全世界を相手に販売するのであれば、やりがいもあるというものだ」とボールトンは答えたという[39]。ボールトンはさらに議会に働きかけ、ワットの特許を一八〇〇年まで認めさせた。

　二人が設立したボールトン・アンド・ワット社が製造した蒸気機関もまた取り込んだ、蒸気を直接使ったもので、自動の絞り弁《スロットル》を備えていた。さらに回転運動を生み出して、動力にもまさっていた。坑道から水を汲み上げるだけではなく、新しい蒸気機関は溶鉱炉に風を送り、紡織機を動かした。穀物を挽き、勲章や硬貨を作っただけではなく、使役動物や水力といった動力源や立地の制約から工場を解き放った。十八世紀初頭、エネルギー源としての石炭はイギリスの半分を担っていたが、十九世紀初頭の時点で、その比率は七五パーセントに達し、その後もさらに増え続けていった[40]。

　豊富に使えた石炭だったが、一方で深刻化する大気汚染という予期しない結果をもたらしていた。家庭や工場から排出した石炭の煙による汚染と、蒸気機関を作動する過程で排出される汚染である。早くも一七二九年のアイルランドでは、ジョナサン・スイフトがダブリン・ウィークリー・ジャーナルに以下のような記事を書いている。「ダブリン市内の医師の日常の仕事は、患者に対して都市の煙を逃れ、郊外周辺の空気が清浄な土地に移転を勧めることである。冬になると煙は厚く立ち込めて日の光を閉ざし、人間も動物も満足に息をすることができない。煙の影響はきわめて深刻で、草木、ことに春に開花する花にまで累を及ぼす[41]」。十八世紀中頃になると、煤煙に加え、ウィリアム・ブレイクが一八〇八年に書いた詩「エルサレム」の一節にある「闇のサタンの工場」が出現、イングランドの緑と美しい国土に破滅の種子をまき散らしていた。

一八二七年刊行の論文で作家のジョン・ファレイはこう書いている。「ロンドンでは、大手のビール醸造所や蒸留酒製造所は、いずれもここ数年で蒸気機関を設置するようになった。一七八七年ごろにはロザーハイズに、屑鉄を鉄棒に鋳直す加熱炉が建設されている。大気圧機関を備えた製紙工場もできた。毛織物を揉む縮充機や製材所がロンドンの行政区《バラ》に作られたのは一七九二年、二〇馬力の機関を備えた毛織物の染色工場でのことだった。それから間もなく、市内では搾油工場が操業を始める。製剤師の薬を挽く工場も出現した。輸出品として、生地の艶出しや光沢加工、荷作り用の布を製造する工場も作られるようになった」

「それから一〇年で、これらの地区で最初に設立された施設は、目覚ましい勢いで数を増やして拡大していった」とファレイは続ける。「とくに目覚ましかったのが、蒸気機関を使ったマンチェスターとグラスゴーの織物工場や、いずれの大都市にもある製粉所だ。一八〇〇年にワット氏の特許が切れてからというもの、この勢いにますます弾みがついている」(42)

この特許切れを契機に、輸送手段として蒸気を利用する可能性がほかの発明家にも開かれていった。最初に石炭があり、家々の暖房として高騰する一方の薪に置き換わった。輸送のため水路の周辺に集中していた炭鉱は、その後地下に向かってさらに深く掘り進められていったが、地下水に遭遇して坑道の多くが没した。坑道の水の汲み上げは、間もなく人力や動物の力では手に負えなくなった。炭鉱の排水用に開発された大気圧機関は、坑内の水を汲み出す一方、動物や人間の労働にかわる蒸気の力をまざまざと示した。

直線運動から回転運動へ

一七八一年、ボールトン・アンド・ワット社の複動式蒸気機関——ピストンが下がるときだけではなく、上がるときにも反対側から蒸気を入れる——で回転運動が可能になり、その結果、製造業者は動力源の水車から離れた場所でも工場が設置できるようになった。「その歴史の最初の七〇年において、蒸気の巨人が達成すべきはただひとつ、直線運動にあった。しかし、いまや新しい知識が巨人に授けられた。すなわち円の描き方である。世界に対する無限の価値がその能力に加えられた(43)」とコールリッジの暗喩を彷彿《ほうふつ》させるような表現で、ヴィクトリア朝時代の鉱山技師ロバート・ギャロウェーは記している。

一七七六年七月十日、独立を宣言したアメリカ合衆国では、新聞各社が四日に採択された宣言を記事にしていた。独立を認めないイギリス海軍はこの日、ハドソン川からニューヨークに砲弾を撃ち込んだ。フィラデルフィアで開催されていた大陸会議は、ペンシルベニアの民兵の給与を一か月前倒しで支払うことを決め、今後の方針について議会規則を定めると、大陸軍将軍ベネディクト・アーノルドからの戦況報告を閲覧した。

同じ日、遠くイングランドでは、製鉄業者のジョン・ウィルキンソンが、バーミンガムを訪れた友人のサミュエル・モアを出迎えていた。モアは王立技芸協会の会長で、蒸気力と製鉄という驚異的な新技術をその目で見ようとロンドンから来ていた。二人は運河を訪れ、語り合って夕べを過ごすと、その日は宿屋に一泊した。翌日、マシュー・ボールトンとともに、陶芸の大家ジョサイア・ウェッジウッドが二人に加わる。

ボールトンは、バーミンガムのソーホーにあるボールトン・アンド・ワット社に三人を案内した。

その日の午後、食事はここでとった。食後、ボールトンは蒸気機関の歴史を披露すると、全員で初期の蒸気機関の模型を検分した。模型にはウィルキンソンの新式のシリンダーが使われていた。「それから驚くべきことが起きた」とウィルキンソンの伝記作家は書く。「四人の紳士は上着を脱ぎ出し、シャツの袖を腕まくりすると、機関の模型を分解し始めた。機関がどのように作動するのか詳しく知るためである。それから四人は元通りに組み立て、夕方までに完成させると、機関はふたたび申し分なく作動した[44]」。アメリカ人が腕まくりして政治革命の成り立ちを学んでいたとすれば、イギリス人は技術革命の成り立ちに腕まくりをして取り組んでいた。

一〇年後、イギリスがアメリカとの独立戦争に敗れたあとの話になる。アイルランドの初代シェフィールド伯爵で、明敏な政治家でもあったジョン・ベーカー・ホルロイドもまた同様な考えを抱いていた。「ヘンリー・コート氏のきわめて独創的で称賛に値する製鉄と錬鉄の技術、ボールトン・アンド・ワット社の蒸気機関、ダンドナルド卿の従来の半分の価格で（石炭から）製造するコークス、これらがいずれも成功をもたらす技術であるなら、大英帝国にとって、北米の十三の植民地を所有することより、はるかに優れた結果をこの国にもたらすと言っても決して過言ではないだろう[45]」

おそらくそれに間違いはない。だが、一七五五年、ニュージャージーの銅山から蒸気機関を使って水を汲み上げて以来、アメリカでも蒸気機関は使われ続けた。コネチカット生まれのヤンキー、ジョン・フィッチはデラウェア川で蒸気船の実験に余念がなかった[46]。

第5章 キャッチ・ミー・フー・キャン――高圧蒸気機関／蒸気車／蒸気機関車

ブリッジウォーター公爵／ジェームズ・ブリンドリー／リチャード・レイノルズ／リチャード・トレヴィシック／ワットとボールトン／デーヴィス・ギッディ／サミュエル・ホンフレイ

ブリッジウォーターの運河

イギリスの運河の始まりは、傷心の痛手から世捨て人になったロンドンの公爵の話にさかのぼる。(1)第三代ブリッジウォーター公爵こと、フランシス・エジャートンは一七三六年に誕生した。一一人兄姉の末子で、七人いた男兄弟のなかで唯一生き残って成人に達した。

父親は九歳のときに死亡、きちんと躾ける者がいないまま、ある種の放蕩息子として大きくなった。十七歳のとき、学者のロバート・ウッドとヨーロッパ大陸巡遊旅行に出かける。ウッドはエジャートンの個人教師だったが、教え子の躾けにはほとほと手を焼いた。パリとリヨンでは、フランスの女優と人目も憚《はばか》らずに戯れ、ウッドは辞任を口にして教え子を戒めた。若き公爵がリヨン・アカデミーで工学の研究を始めるに及んで、二人の関係も修復した。イタリアでは、ウッドが勧める高額な美術作品を購入して国に送ったが、結局、荷が解かれることはなかった。年間収入は三万ポンド（今日の四二万ポンド、六〇万ドル）、帰国後はロンドンで暮らし、酒に溺れ、身持ちのよくない女と付き合い、賭博やドッグレースにも手を染めた。

一七五一年、ガニング姉妹がロンドンにやってくる。アイルランドとイギリスの血を引く、美しい姉妹だった。妹のエリザベスは一七五二年にハミルトン公爵と結婚、それから六年で公爵の子供を三人もうけたが、一七五八年、公爵は風邪をこじらせて致命的な感染症を病み、それが原因で息を引きとる。

若き未亡人をひと目見るなり、ブリッジウォーターは恋に落ちた。未亡人も彼の求婚には応じたが、のちにアーガイル公爵となる男性と婚約して、話はご破算となった。尽きることない辛い思いにさいなまれ、決して結婚などしないと心に誓った二十三歳の公爵は、人生最後となる舞踏会を催すと、マンチェスターの北西にあるウォースリーのひなびた地所にさっさと引っ込んでしまった。ここで石炭を掘り、運河を開削するためである。

物語はここから始まる。だが、その前に大陸巡遊中の話をひとつ。ハミルトン公爵夫人より先にブリッジウォーターの心を奪ったものがあった。フランスの南西部を流れるラングドック運河である。この運河（現在はミディ運河と呼ばれる）が開削されたのは一六八一年で、フランスの西端、スペインと接するこの国の頸部のような部分を横断し、ビスケー湾に通じて大西洋と地中海を結んでいる。フランスが達成した土木事業の偉業のひとつで、ルイ十四世の命による。全長は一五〇マイル（二四〇キロ）、スペインを迂回する長い船旅の煩わしさや、ジブラルタル海峡に出没する海賊に遭遇する危険を冒すことなく、[2]フランス産の小麦やワインを地中海に輸送することを意図していた。建設費用も莫大で、これを超える事業は唯一ヴェルサイユ宮殿だけである。

ブリッジウォーターは運河の構想を携えて帰国した。公爵の炭鉱はランカシャーにあったが、劣悪なイギリスの道を荷馬で石炭を運び、法外な金を払って三か所の川を船で越え、マンチェスターまでわざわざ運ぶとなると、石炭の価格は跳ね上がり、商売敵には勝てなかった。ロンドンを引き払い、自分の構想を先導する代理人をブリッジウォーターが雇い入れたのは、ウォースリーに移る一年前の一七五七年のことである。代理人ジョン・ギルバートは運河のルートの調査をさっそく始めた。公爵は公爵で議会にかけ合い、一七五九年三月、運河の建造に関する認可を取りつけた。(3)

ギルバートは、ジェームズ・ブリンドリーを公爵に引き合わせた。工場建設と運河の開削でブリンドリーは世に知られていた。一七五九年七月、ブリンドリーとブリッジウォーターは、ウォースリー・オールドハウスで六日間にわたって議論を重ねると、打ち合わせの最後で水路の変更を公爵に納得させた。マンチェスターの航路をさらに大規模な水路網と結びつけるという変更で、ブリンドリーは、地域を流れる運河をリヴァプールやロンドン、バーミンガムばかりか、さらに世界と結びつけることを計画していたのだ。

若くはあったが公爵は明敏な実業家で、リスクに対しては正しい判断力を備えていた。ブリンドリー案のなかで最も物議を醸したのは、アーウェル川にまたがる、三つのアーチでできた石積みの水道橋である。一七六〇年一月、ブリンドリーはこの前例のない新機軸を説明すべく、模型を使って議会の委員会で実演を試みた。水道橋の模型は、イングランド産のチェダーチーズから切り出して作られていた。(4)

この新案を査定するため、委員会に呼ばれていた著名な顧問技師は、ブリンドリーの案を一笑に付した。「空中楼閣とはよく耳にする話だが、空中にそそり立つ城などかつて一度として目にしたことはない」(5)と証言した。しかし、この年の三月には国王の裁可も得ることができた。それから一年半後、この空中水道橋を含む第一区間の工事が完成、ここを訪れた者は水道橋の様子に大いに驚いたという。これまでにない水道橋から受けた印象は〝感興〟だと、マンチェスターの新聞に書いた者もいた。

5-1　空中運河を馬に引かれていく荷船。

（ブリンドリー氏は）バートンブリッジに船が行く空中運河を建設された。運河橋は梢ほどの高さのところに架かっている。感興と不思議が相半ばする思いを抱えて橋を眺めていると、三分ほどで四隻の荷船が横切っていった。そのうちの二隻は鎖でつながれ、運河のかたわらの通路を行く二頭の馬に引かれている。とてもではないが、私だったら、どうしても歩けそうにない通路に立ちすくみ、下を流れる大きなアーウェル川をのぞき込んで、ガタガタと震え出すのがおちだろう。(6)

鉄製の軌条と車輪

ブリッジウォーター運河は、公爵が所有するウォースリー炭鉱の坑内から始まっていた。坑内にはレンガが積まれた大きな水平坑道が走っており、採掘された石炭は荷船に積み込まれ、運河を行く船まで運ばれた。こうした設備はヨーロッパではじめてのものだった（炭鉱が深くなるにつれ、この地下の運河も延長され、最終的には四二マイル〔六八キロ〕にまで達した[7]。河川の蛇行部分を切り離して川を最短で結んだり、早瀬や浅瀬の流れを整えたりするそれまでの運河とは異なり、ブリッジウォーターの運河は、川の流れを分かつ谷が結ばれ、水道橋や高い護岸堤防が築かれ、動脈系のように水路が張りめぐらされていた。開削は一七六五年にマンチェスターのキャッスルワーフに到達、その目的を遂げただけではなく、公爵にも大きな利益をもたらした。

一八〇二年、スイスの旅行家で技術情報を調べにきたエーリッヒ・スヴェーデンスティアナはマンチェスターを訪れ、次のように書き記した。「石炭需要は非常に大きく、しかも高値続きである。公爵のブリッジウォーター運河ができる四〇年少々前に比べると、ほぼ半分の経費で石炭が手に入るので、マンチェスターにとってはかなり大きな利点である。マンチェスターの石炭は、事実上、公爵の炭鉱からの供給で成り立っているのだ[8]」

暖房と調理に石炭を使うイギリスの人口は増え続け、一七〇〇年の五二〇万人から一八〇〇年には七八〇万人、さらに一八一三年には一二〇〇万人と拡大していった。産業用の石炭はニューコメンの蒸気機関に使われ、坑内の排水やポンプとして水を汲み上げたりしていたが、こうした機関に使われる石炭の大半は、選別されて弾かれた石炭だった。しかし、一七五〇年以降、コークスによる製鉄法の大々的な拡大が始まる。コールブルックデールでエイブラハム・ダービーが起こした事業は各地に拡大していき、それまでの木炭を使った製鉄法と置き換わっていった。

木炭から石炭へという劇的な転換は、イギリスの産業化がまさに始まったときに起きたことから、コークスを使った製鉄の品質向上が契機だったとこれまで考えられてきた。だが最近の学説では、さらに決定的な要因として、木炭の高騰がこの転換を促したことが指摘されている。需要が高まれば価格は高騰する。繰り返しになるが、その一方で木炭にできる木材はますます不足していた。製鉄業者にすれば、コークスによる製鉄は、木炭に比べて費用はかかったものの、一七五〇年以降の木炭の価格高騰で、コークスによる製鉄のほうがむしろ安価になっていた(9)。

広範な地域から集められる木材に比べ、限定された地点(炭鉱)で採掘される石炭——面ではなく点——の輸送は、ごく限られた経路に手際よく集中できた。この集中が輸送手段の改善に大がかりな投資を促すことになる。そして、当時、最も効率的な輸送方法こそ運河にほかならなかった(一七五八年から一八〇二年にかけ、運河を認可する一六五の議会法が通過、そのうち五〇の運河が、予想されうる主要貨物として石炭を挙げていた(10))。

運河船で効率よく石炭を運搬できても、それに先立ち、立坑の坑口から水路まで石炭を運び出すという問題が残った。木製の軌条は石炭や鉄鉱石の重量ですぐに摩滅した。一七六〇年代、木製の軌条を摩耗や損傷から保護するため、鋳鉄製の鉄板、さらに木製から鉄製の軌条への置き換えを図っていたのがリチャード・レイノルズだった。レイノルズは、コールブルックデール近郊のエイブラハム・ダービーのケットリー製鉄所で責任者として働いていた。鉄の需要を掘り起こす狙いもあったが、レイノルズにはほかにも思惑があった。この人物ならではの独創的な在庫管理法である。

一七六四年、プロシアとオーストリアの対立をきっかけに始まった七年戦争が終わると深刻な不況が発生し、イギリスの鉄の需要は冷え込んだ。価格も下落していた。レイノルズにすれば、高炉の火は落としたくはないし、作業員もやめさせたくはない。そこで、鉄を過剰在庫として寝かせておくのではなく、これを使って軌条を作ることを思いつく。軌条として使うのであれば、鉄が値段を戻したら軌条を回収して、改めて売ることができる。「はじめのうちは細心の注意を払って手がけたが、と

5-2　鋳鉄の鋳型《ピッグ》。その形が子豚の列に似ていることから「ピッグ」と呼ばれる。

ても評判がよく、手持ちの鉄は瞬く間にひとつ残らず軌条に作り直された」[11]と、レイノルズの孫娘は書いている。

鉄製の軌条と車輪を使うことで、馬一頭で三〇トンの石炭や鉄鉱石を運ぶことが可能になった。軌条による鉱物の運搬は、動力源として重力を当てにする必要はもはやなくなっていた。同時に、それまでのワゴンウェイに金属板が取り付けられるようになると、馬が引く石炭車は、立坑坑口から運河に向かってまっすぐに敷設され始め、その様子は、さながら増殖しながら静脈へと流れ込む毛細血管にも似ていた。

こうした石炭車を議会が最初に認可したのは、一七七六年五月十三日のことだった。リヴァプールの北、スタッフォードシャーのカルドン低地炭鉱から、トレント・マージー運河のフロッグホールワーフという船着き場までの区間で、その距離は三・一マイル（五キロ）である。[12]これを手始めに、イギリスの石炭車の支線網は、運河網とともに発展を遂げていく。

このほかにも三つの進展があったが、そのうちの二つは思いがけない偶然による展開であり、しかも革新的な変化を促すことになる。一八〇〇年、ジェームズ・ワットの蒸気機関の特許が失効する。特許によって保護されてきたことで、それまで改良を模索するほかの発明家の思いは断たれてきた。だが、この時点でワットとボールトンの二人はすでに引退、蒸気機関の設計という分野の門戸が、新しい発想の前に解き放たれた。

一八〇三年、またしても戦争が勃発、石炭車を引く馬と飼い葉が高騰し、手の届かない金額にまで跳ね上がる。ナポレオン・ボナパルト率いるフランス帝国にイギリスは宣戦布告した。以降、一二年に及ぶヨーロッパの軍事紛争が始まる。何百万という人間のみならず、数百万頭という馬も軍役に動員しなくてはならない。当時のイギリスの騎馬部隊では、大陸の同盟国や敵国とは異なり、軍馬の補充や交代に関する公的な制度はなかった。種馬の厩舎を維持したり、軍馬を飼育したりするのではなく、馬を売買する市場を通じ、民間の畜産家や仲買人から購入していた。

軍は建前として、軽騎兵隊の軍馬三〇ポンド、重軽騎兵隊や大砲を引く軍馬四〇ポンドと価格を定めていたが、売り手の民間業者は、状況が許すかぎり値段をせりあげた。前線にいたある歴史家は、「兵士の補充はいくらでも足りるが、馬はそうはいかない[13]」と記している。良馬であれば値段は八〇ポンドから一〇〇ポンド（現在の六四〇〇ポンド、九〇〇〇ドル）はしていた。干し草や飼い葉の価格も倍に跳ね上がっていた[14]。新興工業国では、軍需品同様、民生用品としても石炭と鉄鉱石がなくてはならない一次産品になりつつあった時代の矢先の出来事で、その輸送費は一挙に膨れ上がった。こうした事情をきっかけに、利益をもたらすかもしれない、技術改良の道が開かれていった。

一七九〇年代、従来とは異なるタイプの蒸気機関の開発にすでに着手していたのが、リチャード・トレヴィシック・ジュニアという名の若い技師だった。一七七一年、トレヴィシックはイングランド南西部のコーンウォールに生まれた。父親は鉱山の監督、仲介業者、技師として働いていた。

当時の人間としては非常な大男で、身長は六フィート二インチ（一八八センチ）、無駄な肉などない筋骨たくましい体軀の持ち主で、鍛冶屋に置かれた円錐形の心棒《マンドレル》を持ち上げると、それ見たさに見物人が集まった。この心棒は鋳鉄製で、重さは一〇〇〇ポンド（四五〇キロ）もある。一度など、宴会の席で六フィート（一八三センチ）はある屈強な同僚を担ぎ上げると、そのままぐるりと回転させ、上下逆さまにした相手の靴の裏で、天井に足跡を残した。こんな力自慢のせいでトレヴィシックには、〝コーンウォールの巨人〟なるあだ名が授けられたが、堂々たる押し出しに加え、蒸気機関を建造する才能にも恵まれ、機関の効率性を向上させる数多くの技術革新をもたらした。

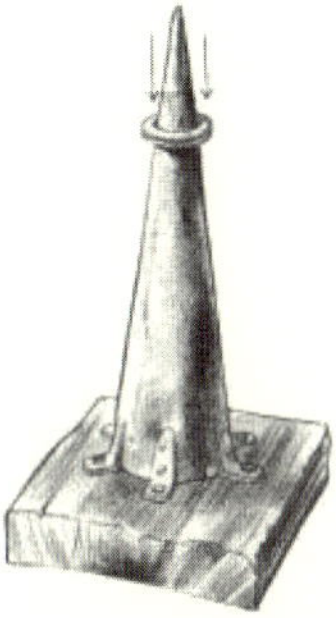

5-3　旋盤の心棒に使用されたマンドレル。

大気圧機関から高圧蒸気機関へ

一七九五年、ワットとボールトンの二人は、トレヴィシックがコーンウォールのディン・ドン炭鉱で建造した大気圧機関が、自分たちの特許権を侵害しているとして使用の差し止めを求めた。訴えに対して若き技師は、機関のシリンダーの上下を逆にし、カバーをはずしてもう一度作り直すことで、ワットの分離凝縮器に先立ってその恩恵を得ていた。

父親が没したのは、トレヴィシックが二十三歳のときである。息子に向けられた信望は厚く、父親の跡を継いでコーンウォール炭鉱の指導技師に選出され、数々の炭鉱で機関を操作する責任を負うことになった。こうした炭鉱には、ディン・ドン、ウィール・ボッグ、ウィール・ドルイド、ハラマニン、ウィール・プロスパー、ウィール・ホープ、ウィール・エイブラハム、ドルコース、ローズウォール、ポールグレイン、サルタッシュウッド、バルデュー、トレヴィネン、ウィール・ローズ、ウィール・マルキン、イースト・プール、ウィール・シール・ホール、クックス・キッチン、カンボーン・ヴェアンなどがあった。結婚はこの年のことである。相手のジェーン・ハーヴィーは鋳物工場の娘で、背の高い、美しい女性だった[15]。

トレヴィシックはプランジャー・ポンプも発明した。これは鋳鉄のパイプに木製のプランジャーを差し込み、水を配水管に送り込む往復ポンプで、動力を使って鎖とバケツで水を汲み上げていた坑内の排水設備をあっけなく置き換えている[16]（翌年、トレヴィシックはこのポンプの原理を応用し、水圧によって駆動する機関を設計した。高台にあって水の流れが利用できる場合には便利な装置だった。流れ落ちていく水でポンプのロッドを上下に駆動させ、この駆動を動力として利用していた[17]）。

ワットとボールトンの非難に触発されたことに加え、すでに発明を手がけていたこともあって、トレヴィシックは、低圧力の大気圧機関のような従来の領域ではなく、未開拓の研究分野、当時は〝強力蒸気《ストロング・スチーム》〟と呼ばれた高圧力の蒸気の利用を目指した。大気圧機関は低圧力の蒸気を冷水で凝結させることでピストンの下側を真空にし、その際にかかる大気圧の重さで作動する。高圧蒸気はピストンを直接駆動させるので、大気圧機関よりも大きな力が得られ、分離凝縮器のようなかさばる装置も不要だった。

また、大気圧機関の場合、出力を上げるにはシリンダーのサイズを拡大しなければならない。ボールトン・アンド・ワット社が製造した最大の機関は、一七九二年に製作されたもので、シリンダーの直径は五フィート九インチ（一七五センチ）、ストロークの長さは九フィート（二七〇センチ）もあった。(18)高圧の蒸気機関の場合、これとは対照的に、機関のサイズを小型に保てるばかりか、蒸気の圧力を高めることでさらに小型化が図れた。もっともそのためには、さらに高い圧力がかかっても爆発することなく、十分耐えられる頑丈なボイラーが必要になる。

堅牢なボイラーが必備品のひとつであることは、トレヴィシックにもわかっていた。当時のボイラーには改良の余地が多すぎた。ボイラーのなかには、鋲打ちした小さな鉄板のあいだに麻の詰物を充塡し、それを壁として使っているものもあった。低圧であれば、麻のパッキンでも蒸気の漏れは防げたが、圧力が高まると蒸気は激しく漏れ出す。しかし、高圧の蒸気を直接利用できるようになれば、分離凝縮器を使って蒸気を抜き取る必要はなくなり、蒸気は外に排出できる。だが、その場合、この機関は何を失い、何を得ることになるのか知っておく必要があった。だが、誰に教えを請えばいいのだろう。

一七九六年後半、トレヴィシックは、特許侵害を訴えるワットの訴訟で証言するためロンドンに向かった。コーンウォール以外の土地を踏むはじめての経験である。(19)そして、ロンドンで二十九歳のデーヴィス・ギッディと出会い、以来、交誼を結ぶようになった。*ギッディは数学者で、コーンウォー

＊「ウィール」はコーンウォール語で「炭鉱」の意味。

ルの元長官を務めた経験があり、トレヴィシックの亡父の知人でもあった。彼もまたこの裁判で証言するためにロンドンを訪れていた。

コーンウォールに戻ったギッディは、次のような回想を残している。「あるときトレヴィシックが私のもとを訪れ、真剣な面持ちでこう尋ねた。『数気圧高めた蒸気の力で動く機関の場合、蒸気を水に戻さずにそのまま排出してしまうと出力はどのぐらい失われるでしょうか』。もちろん、失われるのは一気圧分の出力だと私は言下に答えた」

つまり、大気圧機関と比べた場合、トレヴィシックの高圧蒸気機関は、どれほど蒸気圧を高くしても、損失する出力はつねに一気圧分でしかない。彼の機関は、大気圧機関のように大気圧と真空との圧力差で稼働するのではなく、高圧蒸気と大気圧（一気圧）との圧力差によって稼働するからである。

ギッディはさらに言葉を添えた。この程度の出力の損失は、蒸気で直接稼働させるトレヴィシックの無駄のない設計である程度相殺される。彼の高圧蒸気機関からは大気圧機関の無駄な部分――摩擦を生じる空気ポンプ、貯水タンクから凝縮用の水を引き上げる動き、その際に生じる摩擦――が取り除かれていたからである。「これほど喜びで輝いている人間は見たことがない」とギッディは書いている。[20]

トレヴィシックは、一か月とたたないうちに初の実働模型を組み立てた。卓上に置かれた機関はぴかぴかに輝く真鍮製《しんちゅうせい》だ。ボールトン・アンド・ワット社との係争には、西コーンウォールの者すべてが長い期間にわたってかかわっていたようだが、国会議員のフランシス・バセットもそうした一人だった。日記作家で伝記作家としても著名なジェームズ・ボズウェルは、バセットのことを「小柄だが、優雅で聡明な人物で、見識は広く、才気煥発でもあった」と評した。このころバセットは、初代ダンスタンビル男爵に叙されたばかりである。[21]

一七九七年のある日、ギッディは男爵夫妻を伴い、この模型がどのように動くのか見ようと、カムボーンにあるトレヴィシックの家を訪れた。「ボイラーは鉄製のがっちりした薬罐《やかん》のようだった」と、トレヴィシックの伝記を書いたヴィクトリア朝時代の作家は記す。「デーヴィス（ギッディ）は火夫として石炭をくべ、ふいごで風を送った。男爵夫人は機関の操作担当で、コックをひねり、初の高圧蒸気機関に蒸気を送り込んだ」。トレヴィシックはボイラーとシリンダーとピストンが取り付けられた二台目の蒸気機関を組み立てた。これを台車の上に置くと、機械は「テーブルや室内をぐるぐる走りまわった」。加熱用のアルコールランプがついた三台目の模型は、裁判で提示するためロンドンに持っていかれた。[22]

今日からすればなんとも奇妙な話だが、十八世紀の終わりごろ、蒸気機関で鉄製の車輪を動かして荷物を運べるのかと世間は疑っていた。つまり、車輪はその場で空まわりするだけと思われていた。荷馬車とは文字どおり馬が引くもの、下り坂では重力に引かれてくだっていく。車輪に対するこうした理解のもとでは、荷車は単に惰性で動いているだけなのだ。つまり、馬のひづめが道を踏みしめて荷車を引いているのであって、蒸気機関が車輪そのものを回転させることで、荷車を動かすなどできないと考えられていた。

＊ デーヴィス・ギッディは一八一七年にギルバートと名字を改めた。妻方のおじが所有していた広大な地所を相続するためで、ギルバート姓が絶えるのをおじは望んでいなかった。一八二七年から三〇年にかけ、ギッディは王立協会の会長を務めている。

軌条の場合、鉄製の車輪と鉄製の軌条の接触面積が最小限だったので、馬で効率よく運搬できた――鉄道路線はその最たる例で、現代の鉄道ではレールと車輪の接触面積は一〇セント硬貨（直径約一八ミリ）程度の幅しかない。トレヴィシックの時代も、軌条を利用することで馬は何十トンもの石炭を積んだ荷車を運ぶことができたのだ。だが、トレヴィシックが走らそうとしているのは、軌条の上どころか、未舗装の道である。はたして、そうした道で、蒸気機関が鉄製の車輪を動かせるのかどうかという疑問がまだ残っていた。

一八〇一年夏、この疑問についてトレヴィシックは満足するまで実験を繰り返した。デーヴィス・ギッディの助けを借り、自分の手で馬車を動かしてみたのだ。「車輪が上り坂でも空まわりせずにきちんと接地するのかどうか、トレヴィシックと私は一頭立ての軽装馬車を使って実験した」。馬をはずした二人は、車輪を手でまわして馬車を前に進めた。「それとわかる傾斜の上り坂であっても、車輪は滑って空まわりなどしなかった」(23)とギッディは書いている。

勾配をめぐる疑問はその後も繰り返し問われることになる。鉄道事業の革新者たちは、未来の投資家たちに対して、とりわけ鉄製の車輪と軌条による鉄道システムがどのように機能するのか明らかにしておく必要があった。それは、以降何十年にわたり、イギリス国内の鉄道建設に影響を与えてきた。この国の鉄道は傾斜が緩くなり、カーブはゆったりとしている。これに比べると、イギリスより遅れて建設されたアメリカの鉄道は、起伏の激しい土地に敷設されている。(24)そのため、今日のディーゼル式電気機関車にも、車両の先端に砂を入れた漏斗《じょうご》（砂まき装置《サンダー》）が装備され、駆動輪の前のレールに砂をまき、車輪とレールの粘着（摩擦）状態を改善している。

トレヴィシックは、模型を組み立てて実験を行い、粘着について確かめると、強力蒸気で動く蒸気

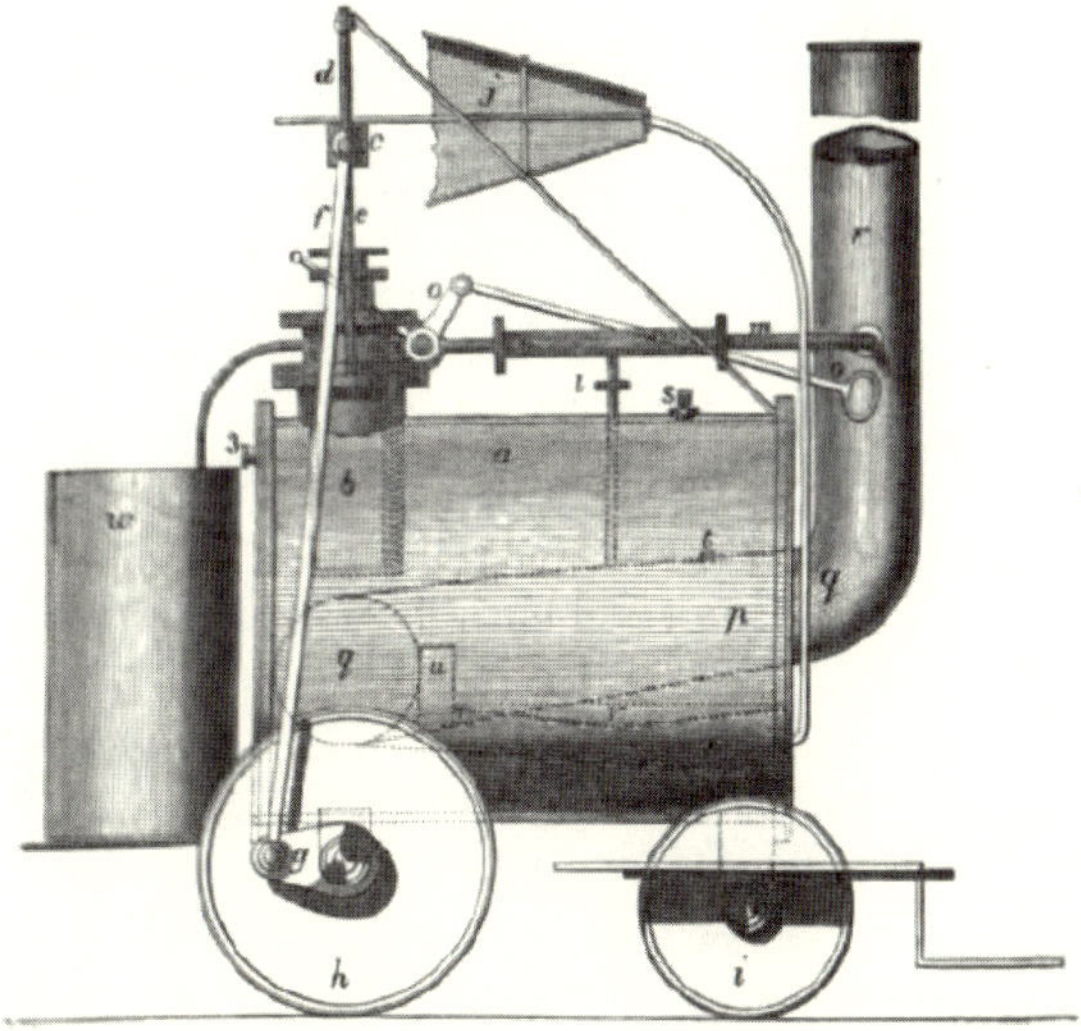

5-4　1801年にトレヴィシックが製作した公道をいく蒸気車の復元図。左端が給水タンク。機関本体の左側に垂直に取り付けられているのはフリンジつきのピストンで、ピストンの動力は連結棒によって大きいほうの車輪に伝えられる。機関中央部に点線で示された部分は、U字型をした機関内部の火室を示しており、煙突がある右側に向けて口が開いている。ピストンから機関本体と平行して排気筒に伸びているパイプは、廃棄蒸気を送り出し、火室から空気を取り入れる。右端の台に乗る機関助手は、炭水車（図にはなし）からシャベルを使い、火室に石炭を投じ、またステアリングハンドル——台の右端からわずかに飛び出ている黒い棒——を使って小さいほうの車輪を操作する（排気筒を背景にして描かれている楕円形の取っ手は、機関の速度を調整する絞り弁）。現物の蒸気車は、さらに大きな台がついた木製の枠組みで組み立てられていた。

車の製造を進めた。その大きさは現在の自動車ほどで、形状は円筒形をしている。上下に運動するピストンが一本、煙突の反対側に置かれ、このほか鋳鉄製の火室や内部にはボイラーの送風管が収められている。六〇ポンド平方インチ圧力（四気圧）の蒸気が、垂直に置かれたピストンを駆動させ、給水管の周囲に蒸気が当たって水を予熱すると、錬鉄製の煙突のなかほどまで達して、蒸気が噴出する。また、ボイラーの火室から空気を吸い込んで、燃焼温度をさらに高め、煙を煙突から吐き出していた（蒸気機関の煙突から出る黒い煙は石炭が燃えた煙で、白い煙は蒸気）。

トレヴィシックの「馬なし蒸気車」

一八〇一年のクリスマス・イブのことである。トレヴィシック――地元コーンウォールでは〝キャプテン・ディック《リチャード》〟と呼ばれていた――は蒸気車の試運転をしていた。このとき立ち会っていた者の話では、「道に出てみると（略）、キャプテン・ディックが蒸気の栓を開けているのが見えたので、みんないっせいに飛び乗った。七人か八人はいたと思う。ウイニスからカムボーンの灯台にかけて、丘の地面は固くなるが、この蒸気機関は小鳥のように動いていった(25)」。ダンスタンビル卿の家に向けて、蒸気車はたしかに小鳥のように進んでいった。しかし、壁を曲がろうとしたそのとき、蒸気車は側溝にはまってひっくり返る。怪我人は誰もいなかったと記録されている。話の続きはギッディが記している。

車両はどこか安全な場所に置いておかれた。一行は場所を宿屋にかえ、ガチョウの丸焼きとほどほどの酒でこの日の労をねぎらった。しかしこのとき、蒸気車のことはまったく念頭にはなかった。

ボイラーの水はすっかり蒸発して、鉄は真っ赤に焼けていた。蒸気車やその周辺には、燃えそうなものはもう何も残ってはいなかった。(26)

二週間後の一八〇二年一月中旬、トレヴィシックといとこのアンドルー・ヴィヴィアンの二人は、気落ちすることなくロンドンへ向かった。目的は共同特許の申請で、ダンスタンビル男爵やギッディからの紹介状を携えて乗り込んでいった。この手紙が縁となり、二人は化学者のハンフリー・デーヴィー、アメリカ生まれの物理学者でランフォード伯のベンジャミン・トンプソンをはじめとする著名人の知遇を得た。

おそらく二人の特許申請を担当した弁護士だと思われるが、二人に対し、蒸気車を製作して、ロンドンでお披露目することを勧めた。「蒸気機関建造に関する改善方法と自走馬車とその他の目的に関する申請」という特許は、一八〇二年三月二十四日に承認された。(27)

同年夏、トレヴィシックはコールブルックデールで蒸気機関の設計と製造を行った。機関の圧力は最低でも一四五ポンド平方インチ（一〇気圧）で、ボイラー圧は前人未到の領域をはるかに超えるものだった。ギッディに書いた一八〇二年八月の手紙では、機関の鋳鉄製ボイラーの直径は四フィート（一二〇センチ）、肉の厚さも一・五インチ（三・八センチ）しかない。シリンダーに至っては直径わずか七インチ（一七・八センチ）だった。「しかし、ここの工場の技師らときたら」とトレヴィシックは見下したように書いている。「そんな小さなシリンダーでは、ポンプの最上部にまで水を引き揚げられるわけはないと言うばかりだ（略）。いつも文句ばかり言っている。この目で見なければ、絶対に信じられないとしか言わない。ここには、仕事仲間ができると誓っても、そんな言葉に耳を貸す者は誰もいない」。だが、トレヴィシックのもとを訪れ、その目で見てからは、彼らも「顔つきを一変させ、もうつべこべ言うことはなかった」[28]

一八〇三年二月、工場では溶かした金属が錬鉄製のシリンダーとボイラーの型に流し込まれた。トレヴィシックとヴィヴィアンが、お披露目してはどうかと勧められ、製作を計画した三輪のロンドン蒸気車に搭載される部品である。このシリンダーの直径はわずか五・五インチ（一四センチ）で、車両の動きを円滑にするため、縦位置ではなく水平に設置されていた。ボイラーは楽器のティンパニと変わらない大きさで、鋳鉄ではなく錬鉄製の部品が多く、重量はわずか六〇〇ポンド（二七〇キロ）である。

ロンドンでは、レザー小路で馬車製造を営むウイリアム・フェルトンが優美な大型馬車の製作を進めていた。八フィート（二・四メートル）もある大きな駆動輪のあいだに板バネを置き、八名から一〇名の人間を乗せることができるように設計されていた。機関とボイラーはこの年の八月、コーンウォール南端のファルマスからロンドンに向け海路で運ばれ、フェルトンの作業場で搭載されることになっていた。[29]

リチャード・トレヴィシックの馬なし蒸気車が完成し、試運転が行われたのは一八〇三年の秋だった。[30] 総製造費は二〇七ポンド（現在の一万七〇〇〇ポンド、二万五〇〇〇ドル）である。[31] それから六か月のあいだ、蒸気車は町の通りを蒸気を噴き上げて動きまわり、ロンドンっ子の喝采を浴びる一方、道行く馬を怖がらせた。[32] ハンフリー・デーヴィーは蒸気車のことを以前から、「トレヴィシックのドラゴン」と呼んでいた。[33]

初の蒸気車がロンドンを走りまわった快挙については、これという話がほとんど残されていない。

5-5　ロンドンで公開されたトレヴィシックの蒸気車。

奇妙なことに、当時の新聞にも蒸気車が走ったことはまったく記されておらず、この件をめぐってはのちに回顧談として残されることになる。車体を製作したフェルトと彼の息子たちは、製作のお礼の意味もあり、工房を出て初の運転という日に馬なし蒸気車に乗っている。初の遠出についてヴィヴィアンは次のように書き残した。ドラゴンは「レザー小路を出ると、(略)リカーポンド通りを抜け、ローズ・クリケット・グラウンドのグレイズイン通りへと向かい、そこからパディントンとイズリントンに行ってからレザー小路に戻った[34]」

車体にはバネが取り付けられていたが、乗り心地はよくなかった。大きな駆動輪の衝撃を吸収できなかったからで、そうこうしているうちにギアがはずれた。通りはせいぜいよくても石畳だった[35]。

ハンブルストーン夫人という女性が、ドラゴンがオックスフォード通りを進む様子を目撃している。どうやらあらかじめ計画されていた公開運転のようだった。通りの店は万が一に備えて店を閉め、ほかの馬車も走っていない。通りに居並んだ人々は歓声をあげ、ハンカチを振っていた。[36]しかし、ロンドンの乗合馬車や辻馬車の御者は違う。新しい技術の出現によって、自らの仕事が奪われる恐れに気づいていた。彼らは「キャベツの茎や腐った卵をドラゴンに投げつけていた[37]」と夫人は言う。

トレヴィシックは機関の製造にかけては大家だったが、機関の操作についてはうまいとは言いがたかった。アンドルー・ヴィヴィアンの甥で、十九歳のジョン・ヴィヴィアンは、朝四時からドラゴンを運転した日を覚えている。この日、ジョンはトテナム・コート通りを抜け、運河と平行して続くニュー通りを走っていた。もし、路をそれたらどうなるだろう。この運河の深さはどれくらいかとジョン・ヴィヴィアンは考えていた。

操縦は私が行い、キャプテン・ディックとあと何名かが機関の様子を見ていた。キャプテンが私のそばに来た。「ドラゴンは絶好調だ」と言う。「そうですね。このままコーンウォールにまで行けるぐらいです」。ドラゴンは一時間に五マイル（八キロ）か六マイル（九・七キロ）の調子で進んでいる。そのとき、「ジョン、舵をさげるんだ」とキャプテンが声をあげた。どうしたのか尋ねるその前に、キャプテンの足が操舵輪のハンドルを踏みつけたものだから、そのせいで庭の壁の横木を六〜七ヤード（五・五〜六・四メートル）にわたって引きはがしてしまった。窓から身を乗り出して叫んでいる人がいる。「こんなところで、いったい何をやっている。ああ、なんてことをしてくれたんだ[38]」

コーンウォールにまで行くというのはもちろん冗談で、実際にそこまで旅することなどできはしない。まともに敷かれた道などなかったからである。

公道で蒸気車の実演を行っても、その後の開発に援助を申し出るほどの興味を覚えた投資家は現れなかった。トレヴィシックも、蒸気機関の将来は、人を乗せて運ぶことではなく、工作機械や石炭の輸送だと考えていた。真鍮製の砲身の穿孔、揚水ポンプ、火炉の送風装置としてこの機関を設置した。

グリニッジのテムズ川沿いに置かれたトレヴィシックの機関は、建物の基礎にたまった水を汲み出すために設置された。一八〇三年九月、機関のボイラーが爆発、鋳鉄の大きな破片は、遠く一二五ヤード（一一五メートル）まで飛び散った。トレヴィシックがギッディに宛てた手紙によると、機関の世話を命じた少年が絞り弁のレバーを紐で縛って固定し、そのままにして別の作業員にあとを任せると、基礎の水たまりにいるウナギを捕りに行ってしまった。機関の動きが慌ただしくなったので、いったん止めようとしたが、絞り弁を元に戻すのを忘れていた。そうしたら、機関が吹き飛んでしまったという。「三名が即死、もう一人はこのとき負った怪我がもとで命を落とした[39]」

人間の不注意が招いた事故だったが、ボールトンとワットはこの事故を見逃さず、高圧蒸気の危険性を裏づける証拠として利用した。「新聞や私信を通じ、二人は爆発について容赦なく言い触らしたが、実際の様子とはまったく違っていた」とトレヴィシックはギッディにこぼしていた。のちにトレヴィシックは、機関には二つの安全弁と水銀を使った圧力計を取り付けると友人に話している。「二つの安全弁が動かなくなった場合、水銀が溶け出し、あとに残った小さな穴から大量の高圧蒸気をボイラーから排出させる[40]」。だが、この爆発によってボイラーが被った悪評は、十九世紀後半、ボイラーが鋳鉄製ではなく鋼鉄製に置き換わるまで続いた。

蒸気機関車と馬との競走

ロンドンでのお披露目前から、トレヴィシックは資金不足に陥っていた。このとき手を差し延べたのが富裕な実業家サミュエル・ホンフレイである。サウスウェールズのマーサー・ティドビルにあるペナダレン製鉄所の経営者で、高圧蒸気に関するトレヴィシックの特許の四分の一を一万ポンド（現在の八〇万ポンド、一一〇万ドル）で買い取ってくれた。(41) ボールトンとワットは高圧蒸気の未来を思い描けなかったが、ホンフレイはそうではなかった。

トレヴィシックがペナダレンで定置式の蒸気機関を製作したのは、ホンフレイから蒸気機関車の開発支援を取りつけたあとのことである。ホンフレイがとくに関心を向けていたのは、マーサーからアベルカノンのあいだに新しく敷設されたトロッコ軌道《トラムウェイ》の蒸気機関だった。アベルカノンにはカノン川の船着き場があり、ここを使えば運河船はタフ川に乗り入れられた。トロッコ軌道を敷いたのはウェールズの製鉄業者たちで、彼らはマーサーからカーディフに沿って運河も開いた。「この運河は単に成功した事業ではなかった。成功しすぎた事例となった。水路はちょうど二四マイル（三九キロ）、四九の閘門《こうもん》を備えた運河で、行き交う船で航路の渋滞は間もなく当たり前になった」と歴史家のアンソニー・バートンは記した。(42)

そして、創成期の運河に発生した渋滞問題を解決するため、製鉄業者らが考案した対策こそ、鉄道の発展にさらなる一歩を記すことになった。運河の四マイル（六・四キロ）以内の地域に、「並行に走る切り通し、あるいは鉄道」を敷設できることが議会によってすでに認可されていた。その考えに従えば、コース沿いにあるどの炭鉱や工場も、運河に直接行くことができる。文言が曖昧な点に乗じ、製鉄業者らは九マイル半（一五キロ）に及ぶトロッコ軌道を敷設、一八〇二年、こうしてマーサー・

トラムロードが開通した。

運河から四マイル以内の位置という点は保たれていたが、マーサー＝アベルカノン間は運河と並行して走ることで、航路の渋滞は回避される。[43] 上から下に流れる水を動力とする水運と、蒸気を動力源とする陸運——異なる二つの輸送手段について、どちらが効率性に優れているのか。それを検証する、絵に描いたような実験が製鉄業者たちの手で図らずも繰り広げられることになった。

このとき、トラムウェイを補完する技術もひと役買っていた。このころになると、トラムウェイの軌条の大半は、石材の上に置かれた鋳鉄製のレールで敷設されるようになっていた。もっとも、当時の軌条は枕木で連結されておらず（枕木は文字どおりの「スリーパー」といい、米語では「クロスティ」という）、軌条と軌条のあいだは、馬が貨車を引くスペースとして開けておく必要があった。ただ、軌条そのものにもフランジがつけられ、内側のへりの一段高い縁で、軌条の上を行く鉄製の車輪を保持していた。機関車に自動車のようなハンドルがないのは、軌条と車輪の双方にフランジがあるからだ。フランジが貨車を操作し、車輪が進む方向を決める。

リチャード・クローシェイもまたウェールズの製鉄業者の一人で、運河の経営権を持っていた。当然のことながら、クローシェイは蒸気機関のことは買っていない。荷積みした機関車は軌条で空回りして、どこにも行けないと信じていた。クローシェイの商売敵が、トレヴィシックの出資者サミュエル・ホンフレイである。

ホンフレイその人は賭け事が好きな人物で、機関車は最低でも馬一頭分と同じだけの働きができるかどうか、それをめぐってホンフレイとクローシェイは賭けをした。掛け金は双方五〇〇ギニーずつ——二人合わせれば一〇〇〇ギニーという大金である（当時、一ギニーは二一シリング、今日では一〇〇〇ギニーは八万八〇〇〇ポンド、一二万六〇〇〇ドル）。機関車と馬、それぞれペナダレンからアベルカノンの船着き場まで一〇トンの鉄を運び、空荷のままペナダレンに戻ってくる。総距離、往復で約一九マイル（三一キロ）の道のりだった。(44)

トレヴィシックは挑戦を受けて立った。製作した新しい機関は直径八・二五インチ（二一センチ）の単一シリンダーで、ストロークは五四インチ（一三七センチ）、一部は熱しておくためボイラー内に搭載された。ピストンを駆動させた蒸気は排気筒から排出、火勢を強めるため火室から空気を取り込んだ。以前製作した機関同様、片側に大きな弾み車が設置され、ストロークの死点《デッドセンター》を通過してピストンを動かせるようにしていた。死点でピストンが止まると、スピードは落ち、時には機関が静止してしまうこともあった。

奇妙な姿をした蒸気機関車で、ピストン棒と連結棒を結ぶクロスヘッドは、正面から見ると右側は弾み車につながれ、左側は車輪を駆動させる歯車につながっていた。クロスヘッドは、「さながら巨大なトロンボーンが金管をスライドさせるように、大きな音を立てて前後に行き来していた」とアンソニー・バートンは書いている。「操縦員は、前後に作動するクロスヘッドで自分の頭を打ち据えられることなく、機関車をなんとか走らせている」ことにバートンは感嘆した。(45)

一八〇四年二月早々にギッディに宛てた手紙で、トレヴィシックは自身の興奮を伝えた。「先の土曜日にトラムワゴンに火を入れた。車輪はまだ取り付けられていないが、機関だけを動かそうと考えた」と友人に伝えた。「軌条に置いたのは月曜日だった。実によく動き、丘の上り下りも容易にこなし、操作にも問題はなかった。（略）賭けの行方がどうなるか、それが決まるのは来週の中旬だ」。五日後、トレヴィシックはふたたび手紙を送っている。〝トラムワゴン〟――文中、トレヴィシックは自作の蒸気機関車について何度かそう言及している――は、「ことのほか快調で、馬よりもはるかに簡単に扱うことができた。これまで一〇トン（もの鉄）を運んだことは一度もないが、一度に四〇トンは楽々と運べるはずだ。そうでなくては、一〇トンさえ運べるものではない[46]」

勝負を見届けるため、ようやくクローシェイとホンフレイが到着した。この勝負をひと目見ようと大勢の群衆が集まり、多くの人たちが鉄と一緒にワゴンに乗りたがった。自信家のトレヴィシックは乗車を許した。「運んだのは一〇トンの鉄と五台のワゴンで、そのワゴンには七〇人の人間を乗せて全行程を運んだ」と、勝負の翌日、ギッディ宛ての手紙に書いている。九マイル（一五キロ）のまっすぐなコースでは、行く手を阻む木を切り倒し、大石を取り除くのに四時間かかった。スムーズに走り出したあとは、時速約五マイル（八キロ）で進んだ。

トレヴィシックは賭けに勝てて喜んだが、それにもましてうれしかったのは、自分に向けられた疑念を晴らすことができた点だ。「できないほうに五〇〇ギニー賭けた紳士も、旅の途上、私たちとずっと一緒に乗っていた。だが、当の紳士はこの賭けに敗れてむしろ満足していたようだ。世間もこれまで私のことをうさん臭がっていたが、彼らの様子もずいぶん変わった[47]」

一八〇四年二月二十一日火曜日、この日行われた試乗は、蒸気機関車が連結した貨車に荷物を積み――総重量は蒸気機関車、積載した鉄、ワゴン、乗客を合わせて約二五トン――レールの上を走った世界初の記録となった。

トレヴィシックもホンフレイも、試乗には成功したと判断したようである。たしかに蒸気機関は十分すぎるほど作動したが、その重量は鋳鉄製の軌条や軌条を覆う鉄板の耐久性を超えていた。「機関の働きは見事だったが、しかし、その重量のせいで軌条の鉄板がよく割れていた[48]」。この日の運転に立ち会った一人はそう記憶していた。鉄の軌条に載る鉄の車輪には粘着摩擦が足りないという不安は相変わらず続いていたので、機関の全重量が四つしかない車輪にきちんとかかるように考えられていた。ギッディはこの問題について、「相当な重圧がかかっていること、半端ではない数のレールの破損という結果を踏まえると、全体的には、このときの実験は失敗だったと見なさざるをえない」と評価した。(49)

「キャッチ・ミー・フー・キャン」号

それから数年のあいだ、トレヴィシックとホンフレイは高圧蒸気機関の製造と販売に追われ、トラムウェイや蒸気鉄道の件であれこれ悩んでいる余裕はなかった。イングランドの鉱山は、石炭や鉄鉱石の新たな鉱脈を求めて地下へ地下へと伸びていた。地下から水を汲み上げ、鉱物を引き揚げるために、高価な馬を使うのはますます割に合わなくなった。トレヴィシックの蒸気機関は、ボールトンとワットの大気圧機関に比べ、小ぶりでしかも効率に優れ、価格も低かったのでまさにおあつらえ向きだった。こうした装置は〝巻き上げ機関《ウィムエンジン》〟と呼ばれた。「ウィム」は「風変わりな道具」という「ウィムジカル」が縮まったもので、メリーゴーラウンドから借用した名前だ。かつては馬を使い、まるでメリーゴーランドのようにドラムを巻き上げ、坑内の水や鉱石を引き揚げていた。

一八〇三年の時点で、トレヴィシックは一三基の巻き上げ機関を作り、さらに一八〇八年にかけて、コールブルックデール、マンチェスター、リヴァプール、ブリッジノース、ニューカッスル、ロンドンなどをはじめとする各地でも製造した。(50) また、テムズ川の浚渫《しゅんせつ》用にも機関を製造し、テムズ川の地下を通過するトンネル工事にも手を貸した。トレヴィシック自ら一〇〇〇フィート(三〇五メートル)

まで掘り進め、対岸まであと二〇〇フィート（六一メートル）に達したとき、本人が言う〝流砂〟がどっと噴き出し、押し寄せてきた水で坑外に吐き出された。投資家たちは陸軍工兵隊に相談を持ち込むが、トンネルを掘った経験は工兵隊にはなかった。それにもかかわらず、工兵隊がくだした結論は、何人《なんぴと》たりともテムズ川の下にトンネルは掘れないというものである。一八四三年にマーク・イザムバード・ブルネルがテムズ・トンネルに成功するまで、掘ろうと試みる者はいなかった。

一八〇八年、トレヴィシックは家族とともにロンドンに居を構えると、ふたたび蒸気機関車の開発に乗り出した。このとき使われた機関は、やはり自身で設計した排水用の小型の機関である。見事なほど無駄が省かれており、単気筒のシリンダーは垂直に設置、つながれた連結棒で後輪を駆動する仕掛けだった。機関車の名前は「キャッチ・ミー・フー・キャン」号、命名したのはギッディの妹フィリッパだといわれる。この機関車の目的は、「捕まえられるものなら捕まえて《キャッチ・ミー・フー・キャン》」とフィリッパは言っていた。トレヴィシックは、機知の利いたひと言を拝借した。

新しい蒸気機関車の性能の売り込みを考えていたトレヴィシックは、その売り込みも娯楽を兼ねたものにすることにした。一八〇八年七月十九日付のロンドン・タイムズ紙に広告を打ち、この日の午前十一時、「キャッチ・ミー・フー・キャン」号を公開することを告知した。広告には「蒸気機関と競走」の見出しが添えられていた。(51) 他紙が報じていたように、この「キャッチ・ミー・フー・キャン」号は、「イギリス中のどの馬を相手にしても、二四時間走り続けることができる(52)」とトレヴィシックは請け合っていた。

市内の空き地に直径一〇〇フィート（三〇メートル）の円形の軌条を用意した。場所は現在のウェルカム・トラストのビルが立つ、ノース・ガウアー通りとユーストン・ロード周辺である。ここを高い木の柵でぐるりと取り囲んだ。蒸気機関車が引く、無蓋客車の乗車券の販売も用意した。しかし、当初予定していた七月十一日に公開はできなかった。「地面がひどくぬかるんでいた」。数週間後にギッディに宛てた手紙にはそう書かれている。「さらに、機関の重量は約八トンあり、軌条の下に敷かれた木材も沈み、その多くが割れてしまった。そこで木材と鉄の軌条をすべて取り除き、一二インチ（三〇センチ）から一四インチ（三六センチ）四方の木片を地面に敷き詰め、もう一度ほぼはじめから軌条を配置し直した。今度はかなりしっかりしたようで、人手で機関車を押しつつ、敷き直した軌条の各部分の出来を確認した」(53)

路盤の補強工事を終えたトレヴィシックは、機関車の試乗チケットを一シリング（現在の四ポンド、六ドル）で売り始めた。信頼に足りる目撃者として、ジョン・ホーキンスという名前の技師が機関車に乗っている。「キャッチ・ミー・フー・キャン」号の速度は時速一二マイル（一九キロ）で、速歩《はやあし》の馬ぐらいのスピードだったと記録している。直線の軌道なら時速二〇マイル（三二キロ）は間違いないとトレヴィシックが自慢しているのを耳にしていた。

ホーキンスは、「怖がって、乗る者はほとんどいなかった」と書いているが、どうやら多くの観客がそうだったようである。無蓋の客車を引いているのは、腹のなかで火を焚《た》いている見たこともないような珍妙な機械で、ゼイゼイと息をし、真っ黒な煙を吐いている。円形の軌条をひっきりなしにまわり続けているので、体が外に投げ出されそうだ。予期せぬ事故や爆発を恐れ、ほとんどの人たちがびくついていた。「蒸気機関車は数週間走ったが、そのころになると軌条は壊れ、機関車は飛び出して脱線し、転覆してしまうこともあった。その時点で地盤は非常に緩んでいた」と、ホーキンスは的確な結論をくだしている。

5-6　展示試乗会の入場券（上）と会場（下）。

ロンドンを去り、「キャッチ・ミー・フー・キャン」号を断念したリチャード・トレヴィシックの苦闘と挫折は、一八一六年、忍耐強い妻子を残して南米に旅発つまで続く。ペルーの銀鉱山の排水でひと山当てようと本人はもくろんでいた。南米には一一年滞在し、この間、運をつかんだり、失ったりしたが、結局、一文なしで帰国した。イングランドで鉄道が確立するのを見届けるまで生きながらえたが、一八三三年、リチャード・トレヴィシックは貧困のうちに息を引き取った。

またもや、インフラの限界で新技術の開発速度が阻まれた。だが一八二〇年代になると、イングランドのワゴンウェイは、もろくて割れやすい鋳鉄の軌条に替わり、叩いても割れにくい可鍛鋳鉄で製造されたレールに置き換えられ始め、重い蒸気機関車を支えるため、石や木製の枕木でレールの強化が図られるようになっていく。このような改善とともに、ロンドンの空き地に設けられたトレヴィシックの円形の軌条は、世界最初の有効的な輸送機関のひとつとして認められるようになる。

もっとも、その門戸が完全に開かれるまでには、蒸気機関車の発明家や技師たちは、長く厳しい最後の挑戦と試練に耐えなければならなかった。

第6章

征服されざる蒸気——スティーブンソンの蒸気機関車

ウィリアム・ワーズワース／サミュエル・スマイルズ／エラズマス・ダーウィン／ジェームズ・ラムゼー／ウィリアム・トーマス／ジョン・アンダーソン／ジョン・ブレンキンソップ／クリストファー・ブラケット／ジョージ・スティーブンソン／ハンフリー・デーヴィー／ジョン・バーキンショー／ロバート・スティーブンソン／ジェームズ・ウォーカー

化石燃料の時代へ

新世紀への転換点となった一八〇〇年、イギリスにおいてこの年は、旧体制の経済から化石燃料を動力とした新たな産業経済への結節点となった。当時、アメリカの人口は五三〇万人、イギリスの人口の半分でしかなかったが、新世紀の国民は馬車に乗って西部開拓へと向かった。河川は、この新興国にとって高速道路を意味した。アメリカにおいて蒸気はまず、蒸気船を動かす動力として使われ始めた。イギリスの場合、これとは対照的に、噴き上がった蒸気は運河と結びつきはしたものの、人々は荷馬車と水上輸送の向こうに、鉄道輸送を思い描くようになっていた。

「石炭は、熱エネルギー同様、力学的エネルギーの供給源として容易に利用できることを蒸気機関は示した」と経済史家のエドワード・アンソニー・リグレイは記した。「主要な生産工程のすべてに石炭を応用するうえで、最後まで残った障壁はこうして蒸気機関によって克服された」[1]。もっとも、詩人のウィリアム・ブレイクにすれば、駆動ベルトをまわし、織機を動かす新たな力学的エネルギーの発見で「闇のサタンの工場」は絶頂に達したことだろう。

イギリスの人口はやむことなく増え続け、一七〇〇年の六〇〇〇万人から、一八〇一年には一〇五〇〇万人にまで増え、将来の見通しにも不安はなかった。一七〇〇年、石炭はイギリス国民の約半分に熱源として供給されていた。十八世紀を通じて産業化が進んだことで、石炭の総消費量は大幅に拡大していたが、一八〇〇年、一般家庭向けの暖房や調理用の石炭が占める割合は、むしろ総需要の三分の一にまで減っていた。

「石炭が他のエネルギー源を代替しうるようになると、経済の拡張が発生した。この拡張は、それに見合う代償を大地に強いることなく広がっていった」とリグレイは言う。「(石炭のような)過去の光合成によってできた産物を利用することで、現時点の供給(森林や水力など)に対する圧力を和らげることができたのだ」[2]。さらに予期しなかった結果として、「ロンドンでは、(おおよそ一七六〇年から一八〇〇年のあいだで)年間の平均労働時間が二七パーセント上昇した」。「商品やサービスを手に入れたい」という欲望によって、労働時間が増えたからだとリグレイは考えている[3]。化石燃料経済の出現で、消費の時代の幕開けに火がついたのだ。

一八〇〇年、アメリカは依然として手つかずの自然で占められていたように、イギリスにも自然は色濃く残っていた。詩人ウィリアム・ワーズワースは、個人的には豊かな収入を得ていたが、工場労働が人の肉体と心に及ぼす重苦しい影響について、いくつもの詩のなかでさかんに触れている。だが、一八〇二年七月、ロンドンのウェストミンスター橋にたたずむワーズワースはこんな光景を見ていた。

荘厳にして心震える光景
この街はいま　静かで飾り気のないたたずまいのなかに
美しい朝の風景を　衣装のようにまとっている

船や塔　丸天井や劇場や礼拝堂が
町々に広がり　青空に聳え立ち
煙なき大気のもとでいずれもきらめき輝く(4)

(普段はそうではないが、その日の朝、もし空が煙で汚れていなければこの詩のとおりだ。ワーズワースの妹ドロシーは詞藻《しそう》の源を日記に書いている。「もうもうとした煙が家々に垂れ込めていなかった(5)」ので、ロンドンは「美しい朝を迎えていた」と日記にはある)

自然界に匹敵する、都市の風景の荘厳さに向けられたワーズワースの熱情――かくも美しき光景がこの世にあるのか――で始まるソネットは、この時代に共通してうかがえるある楽観主義を体現している。

フェビアン協会の指導者で歴史家のシドニー・ウェッブと夫人ビアトリスは、一七五〇年から七〇年にかけ、イングランドのターンパイク*訳註の距離が三倍に拡大した事実を発見した。そして一七六七年の時点で、この発展を「驚異的な革命」だと説いた「有能で信頼しうる書き手」の言葉を引用した。その言葉とは、「(ターンパイクの発展は)驚異的な革命だ(略)。穀物、石炭、商品を積んだ荷を引く馬の数は、おおむね以前の半分ほどの頭数である。商用の旅は二倍以上に増えた(略)。いずれも見るからに手際がいい(略)。こうした行き来をあますところなく導いてくれる拠点は、われらが公

*訳註　十八世紀後半から十九世紀にかけ、イギリスに出現した有料道路。

道で遂げられた改革なのである(6)」

ターンパイクの料金を賄える者には、ここならではの光景を目にしていたかもしれない。かのトマス・ド・クインシー*訳註は、一八〇〇年の「五月のとあるすばらしき日」に、イングランドの街道ならではの場面に出くわした。「見渡す限りの牛の群れが広々とした北の道を行く。いずれの牛も頭《こうべ》をロンドンに向けている。ほれぼれするような力強さ、それとひとつになり、目を引いてやまない巨軀の魅力を見せつけながら、牛の群は途切れることなく続いていく。牛たちはいま、遠く離れた幾筋もの道をたどりながら都へと向かっていく(7)」

一七八四年、このころまだアメリカの綿花はイギリスでは知られていない。この年、リヴァプールに入港したアメリカ船の荷のなかに八つのベール梱包が交じっていた。「これらの綿花はアメリカ産ではないと判断されて税関に押収された」と二名の立会人が報告している。しかし、一八〇六年になると、アメリカ産の綿花はイギリスの綿花市場の五三パーセントを占めるまでになっていた(8)。一八〇一年、皮革、綿花、木材、建設業はおおむね同率のシェアで、イギリスの産業界に合計六八パーセントの付加価値を生み出していた(9)。

一七八八年以降、イングランドの鉄の生産量は、八～一〇年ごとに倍増した。これなど初期の産業界にうかがえるムーアの法則である(10)。こうして生産された鉄からイングランドの製造業は主に何を作っていたのだろうか。釘――「炭鉱から採掘された石炭を使って、鉄から釘が作られた」とヴィクトリア朝時代の年代記編者であるサミュエル・スマイルズは言う(11)。時代はまだ木材が幅を利かせていた時代である。職人に欠かせない道具は金鎚だった。

チャールズ・ダーウィンの祖父エラズマス・ダーウィンは、医師にして詩人、そして自然主義者だった。一七九一年発表の物語詩『植物の園』のなかで、蒸気を動力源にした未来を予言し、スチームパンクさながらの蒸気による航空機についてさえ記していた。**訳註

やがて蒸気の力をわがものとして遠くへと向かう
遅々として進まぬはしけを引き、荷車をたちどころに走らせる
翼を取り付けたる天翔《あまがけ》る二輪馬車《シャリオット》は
大きく羽ばたきながら無限の空を進みゆく(12)

しかし、一八〇〇年を生きていた者の大半は、この世界がどれほど変化しつつあるのかわかっていなかった。アメリカで蒸気船の発明に取り組んだジェームズ・ラムゼーは、一七八五年、ジョージ・ワシントンに宛てた手紙のなかで、「世間に向け、利便性をわかってもらうことの難しさに驚いている」と書いていた(13)。

未来は容易に見通せるものではない。「一七九〇年代、ロンドンの通りを行く者は、海の向こうのフランスで革命が進行する時代をまぎれもなく生きていた。だが、後世になって革命と呼ばれる時代を自分がいま生きている現実に彼らはまったく気づいていなかった」とリグレイは言う。それは、通

*訳註　十九世紀のイギリスの評論家。『阿片常用者の告白』などの作品で知られる。
**訳註　スチームパンクはSFのサブジャンルのひとつで、蒸気機関がさかんに使われたヴィクトリア朝やエドワード朝を基調としている。

りを行き交う者たちに限った話ではなかった。「アダム・スミス、トーマス・マルサス、デヴィッド・リカードという、古典派経済学の祖である三名の偉人もその点では同じだった。それだけではない。のちの世代が産業革命と呼ぶ事態についても、三名はその可能性さえ認めようとしなかったのである」[14]*

鉄製軌条を走るトーマスの鉄道

一八〇〇年、ワゴンウェイと線路は四通八達を遂げるとともに、その距離を延ばして運河と結ばれていった。マーサー・トラムロードのように、混雑した運河を迂回するため、線路を使って石炭を運搬している支線もいくつかあった。今日私たちが知るような、人や貨物を乗せ、町と町を行き交う鉄道事業をはじめて研究したのが、炭鉱技師のウィリアム・トーマスである。記録によれば、一八〇五年二月十一日、ニューカッスルの文学哲学協会で初の会合が催されている[15]。トーマスはこの会合で、自身が“中心線《ミドル・ライン》”と呼ぶ、運河や公道が抱える欠点とは無縁で、優位点にまさる輸送システムを提案した[16]。

トーマスの鉄道は、「一般的な木製の軌条」ではなく、長さ四・五フィート（一三七センチ）、幅五インチ（一三センチ）の鋳鉄製の“鉄板《プレート》”の上を走っていく。幅の大きさは馬が引く通常の貨車の車輪の幅を踏まえたもので、端に設けられたフランジで「貨車の脱線を防いでいた[17]」。この軌条を走る車両で穀物を町の市場まで運び、「帰りには（略）町から肥料を運んで戻ってくる」。しかも、鉄道は人口の密集地区を走るので、この貨車に乗れば人々は「安価で迅速に移動」できる[18]。動物や人間の排泄物と一緒に無蓋の貨車に乗るなど今日ではご免こうむりたいところだが、牛や馬が荷物を運んでいる時代、糞を目にし、臭いにさらされるのは日常茶飯事のことだった。

スピードは恩恵――とトーマスは考えていた。「現在、ニューカッスル - ヘクサム間を毎日走る四頭立ての馬車は四時間かけて移動しているが、(自分が考案する線路を使えば)同じ距離を二頭の馬で、しかも一時間早く移動できる」(19)。また、二組の軌条を並行して敷設すれば、反対方向で往来することも可能だ。

輸送技術では間々あることだが、新技術に古い技術が取り込まれていた。この軌条のあいだは、今後も馬の背でいくことを選んだ者の小道として用意されていた。「言うまでもないが、馬に乗っていく人たちの大半は、現在のような凹凸だらけの道ではなく、平らなこちらの道を好むようになるだろう」と、取りつくろうようにトーマスは言葉を添える。「現在のような凹凸だらけの道」――牛や家禽の群が移動する一般の街道――をどうにかしようという発想は、トーマスをはじめ、この時代のイギリス人にはなかったようである(20)。

トーマスの提案に大いに感激したのがジェームズ・ワットの友人で、スコットランド出身の自然哲学教授である〝火の玉ジャック〟ジョン・アンダーソンである。技術を活用し、豊かで平和になるというアンダーソンの世界観は、自然と等質の美しさを人間が作り出したものに認めるワーズワースの世界観と一脈通じていた。両者とも、そのころ出現しつつあった豊かなエネルギーに満たされた新社

＊ それから二世紀後、二十世紀初期の偉大な三名の物理学者、アーネスト・ラザフォード、アルバート・アインシュタイン、ニールス・ボーアもまた、原子を分裂させ、核エネルギーを解き放つ可能性について「たわごと」として同じように見過ごしていた。

会を寿《ことほ》ぎはしたが、一方でそれに伴う煙害や酷使される炭鉱労働者や工場労働者を軽視していた。だが、心優しき教育者であるアンダーソンは、こうした軽視を素直に認められなかった。思い描いていた技術の楽園に対する、避けられない代償と考えていたようである。

「わずか一ファーシング〔かつてイギリスで使われていた四分の一ペニー硬貨〕とはいえ、輸送や相互の連絡のために使う費用を減らすことがもしできれば」とアンダーソンは提案する。「それはすなわち、新たな創造を生み出すことを意味する。この創造は、単に石や土地、樹木や植物から生み出されるのではなく、人間からもまた生み出される。なににもまして偉大なる影響は、勤勉が奨励され、幸福と喜びが高められていく点だ」

輸送効率が高まれば、生活の諸経費はさがり、農業の改善が図られ、都市と地方が結ばれるという恩恵が生まれるとアンダーソンは考えた。「時間と距離は無に等しくなる」と壮大なイメージを描いた。「輸送を担う馬の数は減るだろう。それまで遠く孤絶していた場所でも炭鉱や工場が近隣に出現し、国中で村や町、あるいは大都市が新たに誕生する。いまは墓場のように静まり返った土地でさえ、にぎやかな喧噪と槌音が響き、機械が立てるカタカタという音で息づく」。沈黙は重荷で、喧噪こそ美徳であるようだ。「言うなれば、生活と活動を通じて国全体に大いなる改革がもたらされる。国が栄えるというのは、この力強い変革が国全体の交易や商業に及んだ結果なのだ[21]」と断言した。まして話は鉄道輸送である。これほど期待に応えられるものはなかった。

状況は意外にも早く進展したが、必要な技術が満足のいくシステムに落ち着くまでには、さまざまな輸送方法が登場している。客を乗せて最初に走ったのは、スウォンジーのガワー・ペニンシュラにあるオイスターマウス・トロッコ軌道で、一八〇七年三月二十五日のことである。スウォンジーはウエールズのカーディフの北西に位置する。車両を引いていたのは馬で、運転者は軌条の所有会社に使用料を支払っていた[22]。

一八〇九年五月、スウォンジーの反対側に位置するイングランド東岸、タインの南にあるビュイック・メイン炭鉱では、炭鉱の斜面に大勢の人が集まっていた。斜面には軌条が敷かれている。石炭を積んだ貨車には頑丈なロープが結ばれていた。この石炭車を定置式蒸気機関で巻き上げ、川とのあいだを往復させるのだ。今日から操業というその日、ひと目見ようと人がやってきたのだ。「粉炭を積んだ四台の貨車が蒸気機関に牽引され、最初の斜面を登っていく。石炭を貨車から空ける音が聞こえると観客からどっと声があがった」と炭鉱技師のロバート・ギャロウェーは書いている[23]。

機関車を線路の上で走行させる方法がまだ確立されていない一八一二年、ジョン・ブレンキンソップは歯車付きの駆動輪で蒸気機関車を作動させた。当時、ブレンキンソップは二十九歳で、イングランド北部のリーズにあるミドルトン炭鉱で監督として働いていた。

その方式は軌条の一方の側に歯型のレール（歯軌条《ラックレール》）を置き、歯車つきの車輪と噛み合わせて走行していくというもので、ブレンキンソップはこの発明で特許を取得した。ブレンキンソップは、車輪とレールの粘着（摩擦）についてふたたび関心を向け、とくに重量のある石炭車に関心を抱いていた。

歯軌条を使ったブレンキンソップの機関車は、リーズの石炭輸送で成功を収めた。一八一四年の新聞には、「今年一月は大雪が降った。それほど厳しい一月だったが、これまで馬で運んだ石炭より、さらに多くの石炭を積んだ貨車が蒸気機関車でリーズに運ばれた[24]」と書かれている。

ほかの発明家もさまざまな組み合わせを試し、そのなかには鎖を使って前方に進むというものがあった。この方法はのちに運河船や渡し船に採用される。最も独創的でありながら不首尾を極めたのは、動物のような鉄製の後肢を駆動して前に進むという蒸気機関だった。踏み荒らされた路床はずたずたとなり、機関も泥にはまって身動きがとれなくなった[25]。

そして一八一三年、歯軌条なしでも、鉄製の車輪とレールに十分な摩擦が得られるかどうか、実験を通じて最終的に確かめたのがクリストファー・ブラケットである。ブラケットは新聞社の社主だったが、ニューカッスルの西方一〇マイル（一六キロ）のタイン川のウィラムにノーサンバーランド炭鉱を所有する炭鉱主でもあった。

まず、巻き上げ機で牽引される四輪の巨大な台車を作らせた。さらに負荷をかけるため、台車に人を六名を乗せて巻き上げたが、台車は空転することなく軌条の上を動いていった。車輪の空転に関しては、リチャード・トレヴィシックが早くも一八〇三年の時点で証明していたが、ブラケットは実験の結果を自分の新聞で公表した[26]。ブラケットは同じ実験を二シリンダーの四輪機関車「パッフィン・ビリー」号で行い、ウィラム・ワゴンウェイを使ってウィラムからタイン川まで石炭を運んだ。

スティーブンソンの蒸気機関車

蒸気機関車の草創期、技術者は独学で研鑽を積んだ。そのなかでも最も敬意に値する人物といえば、ジョージ・スティーブンソンだろう。並はずれた技術に秀でた者の多くがそうであるように、スティーブンソンもまた自らが専門とする詳しい知識を子供のころに身につけている。一七八一年六月九日、スティーブンソンはウィラムに生まれた。家の二ヤード（一・八メートル）前を木製のワゴンウェイが走っていた[27]。そのころ父親のロバートは、ウィラム炭鉱で排水ポンプ担当の監督として働いていた。

子供のころから働いていたジョージが最初についた仕事は、夫を亡くした農婦のために、乳牛の面

6-1　石炭車を引くために頂上に蒸気機関が設置された斜面。

6-2　ラックレール式のブレンキンソップの蒸気機関車。中央のギアつきの駆動輪を歯軌条と嚙み合わせて走行する。

倒とカブ畑の手入れをする仕事だった。これで一日二ペンスを稼いだ。その次が馬を使って畑をすき返す仕事で、一日四ペンスの稼ぎとなった。もう少し大きくなってからは、石炭と石、頁岩《バット》と黄鉄鉱《ブラス》の選別で、こちらは日に六ペンスである(28)。

十二歳のときには、ニューカッスルの西にあるブラック・カラトン炭鉱で巻き上げ機の馬を引いた。ドーリー・バーン炭鉱では昇進し、父親のもとで機関助手を務め、それから二か所の炭鉱で機関夫《ファイアーマン》として働いた(「ファイアーマン」といっても、火を消す消防夫ではなく、こちらのファイアーマンは火を燃やし続けるのが仕事だ。蒸気がやむことなくあがり続けるよう、タイミングを計りながら蒸気機関の火室にシャベルで石炭を投じる)。ウォーター・ロウの炭鉱で新しい排水ポンプ担当の機関夫に命じられたのは十七歳のときである。この炭鉱はニューカッスルから西に数マイル行った、タイン川沿いにあった。

文字が読めないスティーブンソンだったが、機関夫として続けていくうえで必要な技術は身につけていた。読み書きの勉強を始めたのは十八歳になった一七九九年で、筆記にはいつも苦労していた。自由になる時間はほとんどなかったが、その合間を縫って長靴や靴、置き時計や懐中時計を修理して収入の足しにしていた。

一八〇一年、二十一歳になったスティーブンソンは、ブラック・カラトン炭鉱のドーリー・ピットの巻き上げ機の制御夫として働き、週一ポンドを稼ぐまでになった。結婚資金も貯まり、一人、二人と結婚を申し込んだが、いずれにも断わられる。三度目に申し込んだ相手は、家政婦をしているファニー・ヘンダーソンで、スティーブンソンよりも十二歳上だったが、二人は一八〇二年十一月に結婚した。翌年、長男のロバートが誕生する。

悲しいかな、ファニーは胸を患っていた。結核を病んだ若者の半数は命を落としていた時代だ。一八〇五年には娘が生まれたがわずか三か月で死亡、ファニーも春に息を引き取る。悲しみに打ちひしがれたが、三歳になった息子ロバートの面倒を近所の人に託すと、北へ二〇〇マイル（三二二キロ）旅して、スコットランドのモントローズに出稼ぎに赴いた。ダンディーの北東に位置する北海に面した町で、ここにある紡績工場でボールトン・アンド・ワット社の蒸気機関を操作した。この工場で一年以上働き、二八ポンド（現在の二〇〇〇ポンド、二九〇〇ドル）を蓄えると、ニューカッスルの家に戻った。だが、待っていたのはさらなる不幸である。蒸気機関の事故で父親が火傷《やけど》を負い、目の光を失っていた。蓄えを使って父親の負債を清算すると、亡くなるまでその生活を支え続けた。

石炭の巻き上げ機として蒸気機関を使うかたわら、機械が止まる土曜日になると、機関を分解してはまた組み立てた。どの部分がどう働くのか、検分していくうちに機関の機能に関する理解が深まる。機関に石炭をくべ、操作し、さらに分解したり、修理したりを繰り返すうち、メカニズムをめぐる知識はスティーブンソンの体のなかに染み込み、正規の教育を受けた専門の技師でさえ及ばないレベルに達していた。一緒に働く者のなかには専門家もいたが、機関の不具合を見抜くスティーブンソンの能力に尋常でないものを感じていた。その能力は持って生まれたものだった。

一八一一年、スティーブンソンに昇進の機会が訪れた。前年、キリングワースの新しい坑道に設置された大気圧機関が、深まっていく坑内から水を汲み出せなくなってしまった。機関を修理するため、監督は次々に機械工を雇ったが結果ははかばかしくない。坑内は水没したままである。

「このときある噂が広まった。こんな方法では直るものも直らない[29]」と記すのは、スティーブンソンの終生の友人となるトーマス・サマーサイドである。巨大な大気圧機関を調べたスティーブンソンは、故障は冷水の噴射装置の不備が原因であり、そのせいで十分な真空が生じず、動力不足を招いていると見立てた(30)。そう指摘するスティーブンソンは一介の制御夫にすぎない。だが、誰がやっても直せない。監督は制御夫の手を借りるしかなかった。

スティーブンソンは貯水タンクの水位を一〇フィート(三メートル)あげ、噴出弁の口を大きく開けた。蒸気圧を五ポンド平方インチから一〇ポンド平方インチと倍にあげる。非難の声もいっせいにあがった。半信半疑で見ていた者がここぞとばかりにあざ笑ったのは、機関のビームが勢いよく動き出し、留め具まで激しく打ちすえ、建屋が震え出したときである——「激しく揺れ出した」とスティーブンソンも言っている。あまりの激しさに周囲にいた者がうろたえたそのとき、立坑が水を吐き出し始めた。機関はやがて鳴りを潜め、動きも滑らかになっていった(31)。二日後には、立坑の水がきれいに汲み出されていた。スティーブンソンは報酬として一〇ポンドを手にした。

翌年、炭鉱主らによる強力な企業連合《カルテル》「グランド・アライアンス」は、スティーブンソンを主任技師に任命した。スティーブンソンは彼らの炭鉱に関する全機械設備の責任者となり、収入も年間一〇〇ポンド(現在の六三〇〇〇ポンド、九〇〇〇〇ドル)にまで増えた。給与は間もなく依頼料となり、スティーブンソンは炭鉱業全般の相談役となる。

蒸気機関に関する汲めども尽きせぬ知識に加え、スティーブンソンにはもうひとつ秘密兵器があった。息子のロバートである。息子の正規教育に投じた金銭は、次は父親の相談に応じることで見返りを得た。技師としての訓練をひと通り終えたロバートは、終生に及ぶ父親の共同経営者となる。

スティーブンソンがはじめて蒸気機関車を製作したのは一八一四年である。ブレンキンソップが特許を持つ歯軌条式の機関車をモデルにしていたが、特許使用料の支払いを避けるため、フランジに新機軸を加えた円滑な車輪を使用していた。

一八一四年七月二十五日、「ブリュヘル」号と名付けられたスティーブンソンの最初の蒸気機関車は、ウィラムにある自身の生家の前を通過していった。[32]「二日後、この機関車は一：四五〇の勾配(〇・一二七度)がある斜面をのぼっていった。うしろには石炭を積んだ八台の貨車がつながれ、機関車本体の重量を除けば総重量はおよそ三〇トン、時速四マイル(六・四キロ)で走った。その後もこのペースで動き続けた[33]」とロバート・ギャロウェーは書いた。引き続き、同じような蒸気機関車がもう一台製作された。後年、スティーブンソンは、こうした蒸気機関車の思い出をうれしそうに振り返り、この二台については次のように語っている。

「私がキリングワース炭鉱で最初に作った機関車は、レーブンズワース卿の資金によるものだった。そうなのだ。レーブンズワース卿と(グランド・アライアンスの)共同経営者こそ、最初に私を信じて蒸気機関車を製作する資金を提供してくれた(略)。だから私はこの機関車を〝閣下《マイ・ロード》〟と呼んでいた。友人にこう言ったことがある。どんな速度にも耐えられる車両が作れるなら、この機関の速度は無限である[34]」

スティーブンソンは、可燃ガスで汚染された坑内でも使える安全灯も発明している。だが、この照明をめぐる歴史では、スティーブンソンの発明の物語は継子扱いされてきた。一般には化学者ハンフリー・デーヴィーが発明した安全灯がよく知られている。だが、スティーブンソンの前例のない発明はデーヴィーの発明に先立って実現したもので、性能の点でもひけは取らなかった。

デーヴィーの安全灯では細目の金網が使われていたが、スティーブンソンのほうは小さな穴が格子状に空いた金属製の筒が用いられていた。いずれも原理は同じである安全灯で灯されているオイルランプの炎は、金網の目を通して筒内に進入したわずかな可燃ガスでも点火させるが、発火した可燃ガスの火は金網で冷め、炎にさらされて白熱光を放つガスマントルを越え、坑内まで燃え広がることはない。

デーヴィーは五つの元素――バリウム、カリウム、ホウ素、ストロンチウム、マグネシウム――のすべてを一八〇八年に発見した。王立協会の会員で、のちには会長にまでなっている。安全灯の発明の褒賞として二〇〇〇ポンド（現在の一三万二三〇〇ポンド、一八万八〇〇〇ドル）を受け取っている。この褒賞金にグランド・アライアンスやニューカッスルの炭鉱主は怒った。スティーブンソンが先に発明したことを彼らは知っていたからだ。これに応えようと、われらがスティーブンソンのために寄付を募り、一〇〇〇ポンドの金を集めた。スティーブンソンはすでに、一〇〇ポンドの金額を依頼料として受け取っていたにもかかわらず、である。

「ブリュヘル」号、「マイ・ロード」号の製作後も、スティーブンソンは着実なペースで蒸気機関車を製造したが、鉄道をめぐるインフラ環境は、相変わらず発展の足かせであり続けた。今日の錬鉄に比べ、十九世紀早々の鋳鉄は不純物が多いため、もろくなってしまい、蒸気機関車の重量を支えきれずに頻繁に壊れていた。そのため、レール長は約三フィート（九〇センチ）と長さが限られたものの、結果として、今度は継ぎ目の狂いが頻発していた。

軌条間に設けられた馬が進む小道は少なくとも一八二八年まで残り、スティーブンソンが大々的に蒸気機関車を走らせていたころ、イギリスの鉄道輸送の四三パーセントはまだ馬が引いていた。そのため、枕木は置けなかった。レールは石材の上で支える必要があり、平行に配列するのは容易ではなかった。(35)

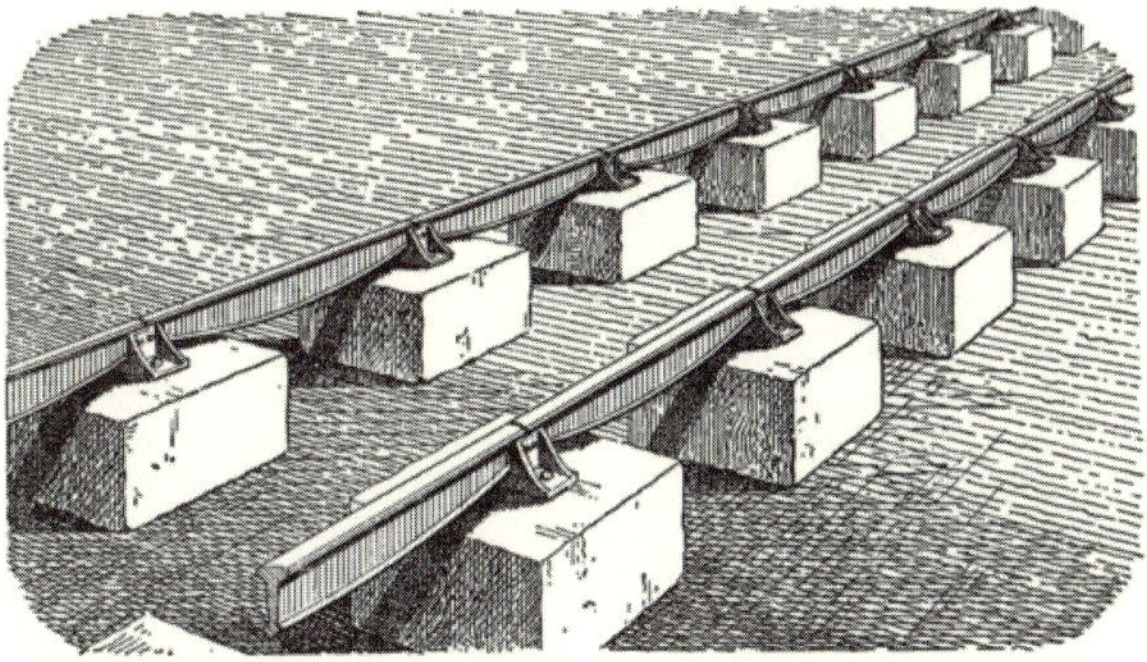

6-3　鋳鉄製のレールを支える石材。

そうした制約があったにせよ、鋳鉄製のレールは新技術ならではの要件は満たした。コストの低減である。馬車や荷馬より、レールのほうが石炭を安く運べた。一八一五年刊行のスコットランドのダンファームリンの記録では、「『輸出用にフォース（川）に送られる石炭について、鋳鉄製のレールによる輸送にかかわるまで五年とかからなかった』こと、この輸送方式なら、少なくとも馬一〇〇頭分の労力を節約できたことがわかる」[36]とギャロウェーは書いている。この年、イギリスでは一三〇〇万トンの石炭が消費されている[37]。

一八二〇年以前から、鋳鉄から錬鉄へのレールの置き換えは始まっていたが、イングランド北東端のノーサンバーランドで暮らすジョン・バーキンショーという鉄道技師が、錬鉄製のレール製造について特許を取得する。この製法で長さ一五フィート（四・六メートル）のさまざまな形状のレールが製造可能になり、しかも激しい勢いで通過していく蒸気機関車の重量にも耐えることができるようになった。鉄道に関する提案書で、この新しい素材を大いに称賛していたのが、スコットランドの灯台技師ロバート・スティーブンソンである。こちらのスティーブンソンは、『宝島』や『ジキル博士とハイド氏』を書いた作家ロバート・ルイス・スティーブンソンの祖父で、〝火の玉ジャック〟ことジョン・アンダーソンの元教え子だった。

提案書のなかでスティーブンソンは、「カンバーランドのティンダル・フェルにあるカーライル伯爵の炭鉱では、長さ三マイル半（五・六キロ）の可鍛鋳鉄のレールが八年間使われてきた。これとは別に二マイル（三・二キロ）の鋳鉄製のレールも敷かれている。しかし、いろいろな点で可鍛鋳鉄のレールのほうが好都合」で、「鋳鉄製に比べ、原価がかなり抑えられ、安全性でもはるかに優れている」と書いている(38)。

かたやジョージ・スティーブンソンも、新素材の将来的な価値を見抜いていた。一八二一年、ロバート・スティーブンソンに宛てた手紙で、「これらの軌条の趨勢は、こちらでも大差はありません。思うにこれらの軌条によって、短日のうちに鋳鉄製の軌条は廃れてしまうでしょう。鋳鉄製の軌条に比べ、継ぎ目が非常に少ないので、可鍛鋳鉄の軌道は蒸気機関車に打ってつけです(39)」

新しいレールに入れ込んだスティーブンソンは、初の公用鉄道への採用を強く推した。この鉄道――ストックトン・アンド・ダーリントン鉄道――はスティーブンソン自身が建造を請け負った事業で、蒸気機関車を走らせることになっていた。だが、推薦の代償は、スティーブンソン自身の会社が負わなければならなかった。自社で作っていたのは旧式の鋳鉄製のレールで、取引も大きかった。

一八二五年九月二十七日、ストックトン・アンド・ダーリントン鉄道が開業した。その日、石炭車が積んだのは鉄道会社のお歴々と観客で、ニューカッスル・アポン・タインの北三〇マイル（四八キロ）のティーズ川のストックトンから、二五マイル（四〇キロ）内陸にあるウィトン・パーク炭鉱へと向かった。そもそも、石炭の輸送が目的で速度は二の次の事業だったため、軌道の半分が鋳鉄製のレールで敷設され、もう半分が錬鉄製のレールだった。乗客はあとになってその事実を知った[40]。

6-4　1825年９月27日、ストックトン・アンド・ダーリントン鉄道の開業当日。

リヴァプール・アンド・マンチェスター鉄道

このころスティーブンソンは、イングランドの鉄道開発における次なる大事業に携わっていた。リヴァプール・アンド・マンチェスター鉄道の開通である。ストックトン・アンド・ダーリントン鉄道の場合、これという問題もなく議会の認可は得られたが、リヴァプール・アンド・マンチェスター鉄道の開業では、運河の所有者、駅馬車の経営者、ターンパイクの料金を得る者、宿屋の主人らの猛烈な抵抗に遭った。

鉄道と競り合えば、自分たちの事業や投資は致命的な痛手を被ると彼らは考えた。新しい鉄道会社が必要とする土地の通行権を持つ地主階級は、騒々しいうえに煙を吐き出し、火を焚く厄介者が、自分の土地に一歩でも踏み入るのを拒んだ（クリーヴランド公爵が鉄道の通過に反対したのは、狐が潜む下生えの邪魔になるという理由だった。地所のこのあたりには狐が棲みついていたのだ。それを避けるため、当初の路線計画を変えるように要求していた[41]）。

路線の測量をした際にスティーブンソンが受けた嫌がらせは、この程度では済まなかった。自分と部下は「ダービー伯爵、セフトン伯爵、運河を経営するブラッドショーには、惨憺《さんたん》たる思いをさせられた」と会社の支配人に宛てた手紙でスティーブンソンもこぼしていた。敷地にはどこからも立ち入ることができず、測量しようにも前に進めない。さらに悪いことには、「ブラッドショーは、闇にまぎれて測量士が入ってこないよう、夜中、敷地のなかで銃を撃っていた」

スティーブンソンたちはそれでも測量を断行すると腹をくくったが、セフトン伯爵は一〇〇名の人間で領地を固めて測量を阻止すると言い放った。(42) スティーブンソン自身、「測量を進めたら、池に沈めると脅された」と議会で証言している。それでも測量を済ますことができたのは、「人目を盗み、相手が食事中のころあい(43)」を狙い、慌ただしく実行したからである。

リヴァプール・アンド・マンチェスター鉄道の設立趣旨書では、この鉄道の開通で運河よりもすみやかに出荷ができるようになると謳われていた。初期の蒸気機関の不安定ぶりを踏まえると、額面どおりに受けとめられない。だが当時、最速の移動といえばギャロップする馬しか知らない世界では、そうした移動そのものがそもそも馬鹿げた話と思われていたようである。今日のような高速の移動を知る私たちには、思い描くことができない世界だ。

「蒸気機関車なら駅馬車の倍の速度が出せるというが、これほど明らかに不条理で、理屈に合わない話はない」とロンドンのクォータリー・レビュー誌で物申した評論家がいた。その彼が、ロンドンのウーリッジに鉄道を敷設する計画を支持したのは、「あのような速度で進む機械に、ウーリッジの住民がなすがまま身を委ねてしまっては、コングリーヴが（略）発明したロケット*のように車外に撃ち出され、散々な思いをすることになる（略）。そうならないよう議会に諮り、認可するいかなる鉄道に対しても、時速八マイル（一三キロ）もしくは九マイル（一四キロ）に速度を制限したほうがいい。

安全に運行できる、これがぎりぎりの速度である」(44)

機関車の速度をめぐり、ジョージ・スティーブンソンは、疑い深い評論家など取るに足りない、苛酷な追及にさらされていた。リヴァプール・アンド・マンチェスター鉄道の計画を調査する議会の特別委員会を前にして、彼の証言は三日間に及んだ。スティーブンソンの記憶では、証言は一八二五年四月二十五日に始まり、敵意に満ちた法廷弁護士の反対尋問に苦しんだ。「委員会の出席者のなかには、私が外国人ではないかと問いただす者がいれば、別の一人は、私は気が触れているとほのめかした」(45)。「外国人なのか」という質問は、年代記編者のサミュエル・スマイルズが言う、スティーブンソンの癖の強いノーサンブリア訛りを冷笑したもので、こうした個人攻撃には、彼が労働者階級の出身で正規の教育を受けていないこともかかわっていたはずだ。教育は受けていないかもしれないが、しかし、スティーブンソンは反対論者を率いる法廷弁護士より、物理学でいう「運動」については通じていた。

――機械は一時間に一二マイル（一九キロ）の速度で進むというが、軌道上に曲がり角があった場合、機械はどうなるのか。

＊ 一八〇五年、ウィリアム・コングリーヴ卿は、インドで使われていた武器を参考に、イギリスで最初のロケット兵器を開発した。フランシス・スコット・キーが作詞したアメリカ国歌「星条旗」で「赤い光」とあるくだりは、米英戦争のさなかの一八一二年、マクヘンリー砦の上空を飛び交ったこのロケット兵器のことにほかならない。

――曲がっていきます。

――そのまままっすぐ進行するのではないのか。

――いいえ。(46)

スティーブンソンの面目がとことん踏みにじられたのは、エドワード・オルダーソンという狡猾《こうかつ》な法廷弁護士が尋問に立ったときだった。オルダーソンは、敷設する路線の測量について問いただし、計測に数えきれないほどの間違いがあることを突き止めると、スティーブンソン本人から、見積もり費用のベースとなる平地の測量は自分ではやっていないという言質を引き出した。

――自分で見てもいない平地について信じてはいないでしょうね。

――正しいと考える平地面から見積もりを試算しました。

――あなたの平地面は正しいと信じていますか。「はい」「いいえ」で答えてください。

――正確なものではないと聞いています。

――あなたが自分で測量をしたのですか。

――私にかわって別の者がやりました。

――別の人間があなたのかわりに試算し、それに基づいてあなたは見積もったわけですね。

――はい。(47)

公式の測量が正確ではなくても、自分ならしかるべきレールを敷設できるとスティーブンソンは考えていた。とはいえ、測量の不首尾が暴かれたことで、笑い者か詐欺師のようにされてしまった。スティーブンソンは動揺を隠しきれなかった。この年、鉄道敷設の法案を通すことは結局できなかった。翌年、いくつかの地所については迂回するなどしてルートを調整し、また、鉄道会社の株一〇〇〇株を運河のオーナーであるスタッフォード侯爵に寄贈して懐柔を図った。法案は庶民院（下院）を通過し、一八二六年四月二十七日に貴族院で可決された。

チャット・モスとの苛酷な戦い

スティーブンソンの計画では、線路は「モス」と呼ばれる非常に変わった土地を横断して敷設させることになっていた。予定したのはマンチェスターの西に広がる一二平方マイル（九四〇万坪）のチャット・モスである。

モスは氷河の浸食でえぐられた底の浅い盆地状の土地で、泥炭湿原の沼沢地である。しおれたり、水没したりした植物で埋まり、流砂にも似たドーム状の塊ができている。[48]「この巨大なキノコ」――同時代の作家は、ドーム状の形になぞらえてモスをそう呼んだ――の深さは、一〇フィート（三メートル）から四〇フィート（一二メートル）に及んだ。「チャット・モスに足を踏み入れようと考える者など、スティーブンソン氏ぐらいなものだ」と敷設反対を代表する弁護士は言い、「あんな牛の糞のようなものを運びだすのか」と尋ね、「信じられないほどの大馬鹿者にも等しい。科学的に話すことが求められている人間が、こんな計画を言い出すとあっては、まったく狂人のたわ言もいいところだ[49]」

法律家と政治家の目には、まぎれもなく狂気の沙汰と映っていたようだが、リヴァプール・アンド・マンチェスター鉄道に対する国王の認可がおりると、一八二六年六月、スティーブンソンはチャット・モスの敷設工事を部下に命じた。小舟が大海に浮かぶことはスティーブンソンにもわかっている。チャット・モスは湿地だが、生きている植物や死んだ植物の重みで、密度は海水よりはるかに高い。軌条を安定的に支えられる浮き桟橋を作れば、その上にレールが敷設できる。

予定している線路の両脇に沿って、深い排水溝を掘るようにスティーブンソンは命じた。排水溝に挟まれた部分の表面が干上がってしまったら、木の枝で編んだ垣根を一重もしくは二重にして路床に敷くつもりだった。この編み垣は四フィート（一・二メートル）×九フィート（二・七メートル）の大きさで、ハシバミの枝を編み、ヒースの枝で覆われている。編み垣の上に砂と砂利を敷き、枕木とレールを置く予定だった。

当初、こうした方法では、モスは抑え込めなかった。「予定した線路の両側に排水溝を掘っても、湿地の真っ黒な水が流れ込み、いたるところで水が溢れかけた(50)」と伝記には書かれている。あれこれ考えをめぐらせ、スティーブンソンは、簡易の下水管を作り、水はそこを流れるようにして、路床が水浸しになるのを防ごうと決めた。部下に命じ、リヴァプールとマンチェスターで牛脂を詰めていた古い樽を見つけたら、残らず買い占めさせた。排水溝をふたたび掘ると、上下を抜いた樽を緩めにつなぎ合わせてそこに置き、水が流れるようにした。

しかし、排水溝は湿地のごく表面の部分にすぎない。その下は一〇～一二フィート（三～三・七メートル）の、水をたっぷり含んだ湿地だ。木製の樽はコルクのように浮かび上がり、バラバラになって漂いだす始末だった。そこで、重しがわりに粘土を樽のなかに入れて沈めた。これはうまくいった。部下たちは山ほどの数の編み垣を排水溝のあいだの路床部分に敷き詰め、その上から砂や土を押し広げていった。「しかし、その重さで路床部分が沈み始め、浮き橋の両端が浮かび上がってしまい、線

6-5　チャット・モスを走る機関車。T・T・バリー作（1833年）。

路はあたかも谷底に敷かれたような具合になり、湿地のなかに巨大な排水溝が一本走っているような格好になってしまった[51]」とスマイルズは書いている。スティーブンソンは編み垣や土を使い、線路の両側をそれぞれ三〇フィート（九メートル）拡張することで埋め立て部分をならし、路床部分をふたたび浮上させた。

チャット・モスでも一段と低くなっている区間では、線路の水平を保つため、高さ一二フィート（三・七メートル）の土手を築かなくてはならなかった。部下たちはモスを掘り返すと、砂と砂利を盛って土手を築いていった。「何週間も何週間も土を盛って道を築いたにもかかわらず、一インチたりとも、しっかりした土手が築けそうだという手応えは感じられなかった。ありていに言えば、わずかな兆しさえないまま、ひたすら土を盛っていた」とスティーブンソン自身も回想している。

鉄道会社の重役も、大金を懸けた事業が破綻するのではないかと不安を覚え始めていた。ほかの技師たちに相談を持ちかけると、誰もがスティーブンソンの計画に異を唱えた。抜き差しならない危機感を募らせた役員らは、チャット・モスの件について取締役会を招集、スティーブンソンにこのまま作業を続行させるか、それともやめさせるべきなのかを検討した。だが、事業はいまさら中止できないほど進んでおり、膨大な資金も投じられてきた。「重役たちも、当初の計画に従い、私に任せるほかなかった」とスティーブンソンは書いている。「その計画は最後には成功すると信じ、私は一度たりとも疑ったことはなかった(52)」

埋め立て作業が続けられた。何百人という作業員が雇い入れられると、スティーブンソンは半マイル（八〇〇メートル）四方のモスをブロック状に切り出し、さらに鋭い鋤《すき》を使って泥炭状に整えた。泥炭のブロックが乾いたら、それを土手状に積み上げていく。最初のうち、ブロックは湿地の底に沈んだ。だが、積んでいくにしたがい、ついにブロックは湿原の表面から姿を現した。ブロックはさらに高さを増していく。それから時間をかけ、土手と浮き橋はひとつに結ばれた。伝記作家スマイルズによると、ようやく完成した土手は、「固く巻いた葉煙草をいくつも並べた姿に似ていた(53)」

こうした作業が六か月のあいだ続いた。ツルハシとシャベルを使い、作業員が盛った土や砂利やもろもろの材料は、約五二万立方ヤード（四〇万立方メートル）に及んだとスティーブンソンは試算している。*全長四マイル（六・四キロ）のチャット・モス横断の工事が完了したのは、一八二九年十二月のことである。チャット・モス横断に反対していた者は、この区間の工事費用は「二〇万ポンドに達する」と言っていた(54)。だが、実際にかかった費用は二万七七一九ポンドだった(55)。

レインヒルの機関車トライアル

一八三〇年十二月一日土曜日、リヴァプール・アンド・マンチェスター鉄道が貨物と乗客を乗せ、社名に冠した両市の区間をはじめて試験走行した[56]。一八台の貨車には、アメリカ産の綿花一三五袋、小麦粉二〇〇樽、オートミール六三袋、麦芽三四袋、そして一五名の乗客が乗っていた。蒸気機関車、車両、積載した荷物で総重量は八六トンに及んだが、列車は時速一二・五マイル（二〇キロ）の平均速度を維持して走った。一般の交通手段として全線が開業したのは、試験走行から九か月後の一八三一年九月十五日である。

この試運転に先立つ一八二九年、スティーブンソン親子は、リヴァプール・アンド・マンチェスター鉄道の重役らに対し、貨物や乗客の輸送は、定置式機関を使ってケーブルで牽引する方式ではなく、蒸気機関車のほうがふさわしいという事実を立証しなくてはならなかった。現代からすれば、なんとも奇妙にも思える選択である。

「いまや、蒸気機関車の未来のすべてがこの選択にかかっていると言っても過言ではなかった」とスティーブンソンの伝記を書いたW・O・スキートは言う。「（略）定置式機関を支持する者に対して公平を期すなら、彼らが推す方式には高い信頼性があったと言える。それに比べると蒸気機関車は揺籃期にあり、未知数の部分があまりにも多すぎた。蒸気機関車はいまだ開発の途上にあり、確たる信頼性とはほど遠かったのである[57]」

一八二八年後半、リヴァプール・アンド・マンチェスター鉄道の取締役会は、重役数名からなる視察団をイングランド北部に派遣すると、蒸気機関車をほかの鉄道会社はどのように運用しているのか

＊　エンパイアステート・ビルディングのおよそ半分の量。

調べた。調査を終えた視察団は、「馬による牽引を却下すると、定置式機関による方式が望ましい」[58]と報告した。次いでスティーブンソンもこの地区を訪れ、定置式機関と蒸気機関車を検討し、蒸気機関車の採用を支持した。社の重役はさらに二名の専門技師を雇い入れた。二人は三度にわたってイングランド北部を視察する。結局、この視察でもどちらかは決まらなかったが、運転コストは定置式のほうが安くあがると見なされた[59]。

重役はスティーブンソンに厚い信頼を寄せていた。そのスティーブンソンが蒸気機関車を支持しているならと、取締役会も彼の意向に傾いた。だが、問題はどの蒸気機関車を選ぶかだ。当時、ブレンキンソップのラックレール、ウィリアム・ヘドリーの「パッフィング・ビリー」号、ロバート・スティーブンソン（ジョージ・スティーブンソンの息子）の「ランカシャー・ウイッチ」号、ティモシー・ハックワースの「ロイヤル・ジョージ」号、ジョン・アーペス・ラストリックの「エイジノリア」号といった五タイプの蒸気機関車が運用されていた。

この五タイプをはじめ、これから登場する開発中の蒸気機関車を含め、旅客と貨物の両方を牽引するうえで、信頼性、日々の運用、計画的な運用に最も適した機関車をどうやって決定すればいいのだろうか。イングランドの田舎では、品評会によって牛や馬、羊などの家畜の選定が定期的に行われている。家畜の優劣を一頭ずつ決める方法は、蒸気機関車の優劣を決める場合にも使えるだろう。

取締役会は懸賞運転を開催することを決定した。客車と貨物車を牽引し、所定のコースを最高速度で走った機関車には、気前よく五〇〇ポンド（現在の四万ポンド、五万七〇〇〇ドル）の賞金が支払われる。このとき、コースにはレインヒルがいいと提案したのが専門技師の一人、ジェームズ・ウォーカーだった。レインヒルは、新線のリヴァプールの東寄り一〇マイル（一六キロ）ほどに位置する村である。

この村には定置式蒸気機関が設置されているので、「二つの方式のうち、どちらが好都合か比較もできると、ウォーカーはアドバイスを授けた。[60]取締役会はこの意見に従った。

一八二九年四月二十五日、レインヒルの機関車競走《トライアル》に関する「規約と条件」一覧が公表された。一覧の最初に記された要求項目は、「機関車は、吐き出される煙を効果的に処理しなくてはならない[61]」である。硫黄を含む、真っ黒な排煙は、とりわけ地主の怒りをあおり立てていた。この要求項目は、ジョージ四世が認可した一八二五年の鉄道法ですでに記されている。法令に適合させるため、蒸気機関車は石炭よりはるかに煙が少ないコークスを燃やし、さらに通気と送風を高めるため、蒸気は煙突から排出するよう設計されていた。

機関車の重量が六トンの場合、機関車は「水平面上に堅牢に設けられた軌条を使い、その後方に総重量二〇トンの車両を引き（略）、ボイラーで生じた蒸気圧によって、平均時速一〇マイル（一六キロ）で毎日走行する性能がなくてはならない。ボイラーの圧力は、五〇ポンド平方インチを超えないものとする[62]」と規定されていた。六トン未満の機関車は、積載量が軽減されることになっていた。

次の規約では、二つの安全弁の設置が義務づけられていた。いずれの安全弁も決して閉めてはならず、しかも二つのうちひとつは、「機関士の手から完全に届かない部位に設置されなくてはならない」というものだった。ボイラーの破裂事故がすでに起きていたのだ。取締役会は、機関車競走を台なしにする事故は望んでいない。鉄道はこれまでにない快適な公共輸送であると知らしめることも、この競技会を開催した目的のひとつだった。ボイラーと関連機器は、一五〇ポンド平方インチの圧力に耐える必要があると規定されていた。[63]さらに、機関車はバネで支えられて総重量は六トン、車高は「煙突の最上部まで」一五フィート（四・六メートル）未満と定められた。また、受領時の価格は五五〇ポ

ンド未満とされていた。(64)

「ロケット」号の圧勝

蒸気、圧縮空気、永久機関を動力にした機関車の応募が殺到した。だが、一八二九年十月初旬、冷涼な秋の日の朝、レインヒルの競走に参加できたのはわずか五台である。この日、およそ一万人から一万五〇〇〇人の人々が競走をひと目見ようと会場に集まった。

参加した一台で、車両に乗せた二頭の馬で踏み車をまわして動かす「サイクロペッド」号は、はなから勝負にはならなかった。(65) 残ったのは、ロンドンの二名の技師ジョン・ブレイスウェイトとジョン・エリクソン製作の新型機関車「ノベルティ」号で、この競技会に合わせて特別に作られた。そして、スティーブンソン親子の「ロケット」号。ダーリントンの技師ティモシー・ハックワースの「サン・パレイユ」号、リースの技師ティモシー・バーストール製作の「パーシヴァランス」号の四台である。(66)

「ロケット」号は、スティーブンソン親子が高速機関車の粋を凝らして製作した。軽量でスピードと効率に優れ、高々と突き出た白塗りの煙突、車両の黒と鮮やかな黄色という配色は、見た目にも軽快な印象を与えた。これは、高速で走る駅馬車が従来から用いてきた配色を模したものだった。通常、蒸気を発生させるため、一本もしくは二本の管を円筒ボイラーに通して熱するが、「ロケット」号ではそのかわり、二五本の小口径の煙管を使い、分離されたボイラーの火室から燃焼ガスを送った。煙管は薄い銅製の管でできており、燃焼ガスは円筒ボイラー内の水をくぐって煙突から排出される。煙管は細いものではあったが多くの本数が使われていたので、一本もしくは二本の太い管に比べて伝熱

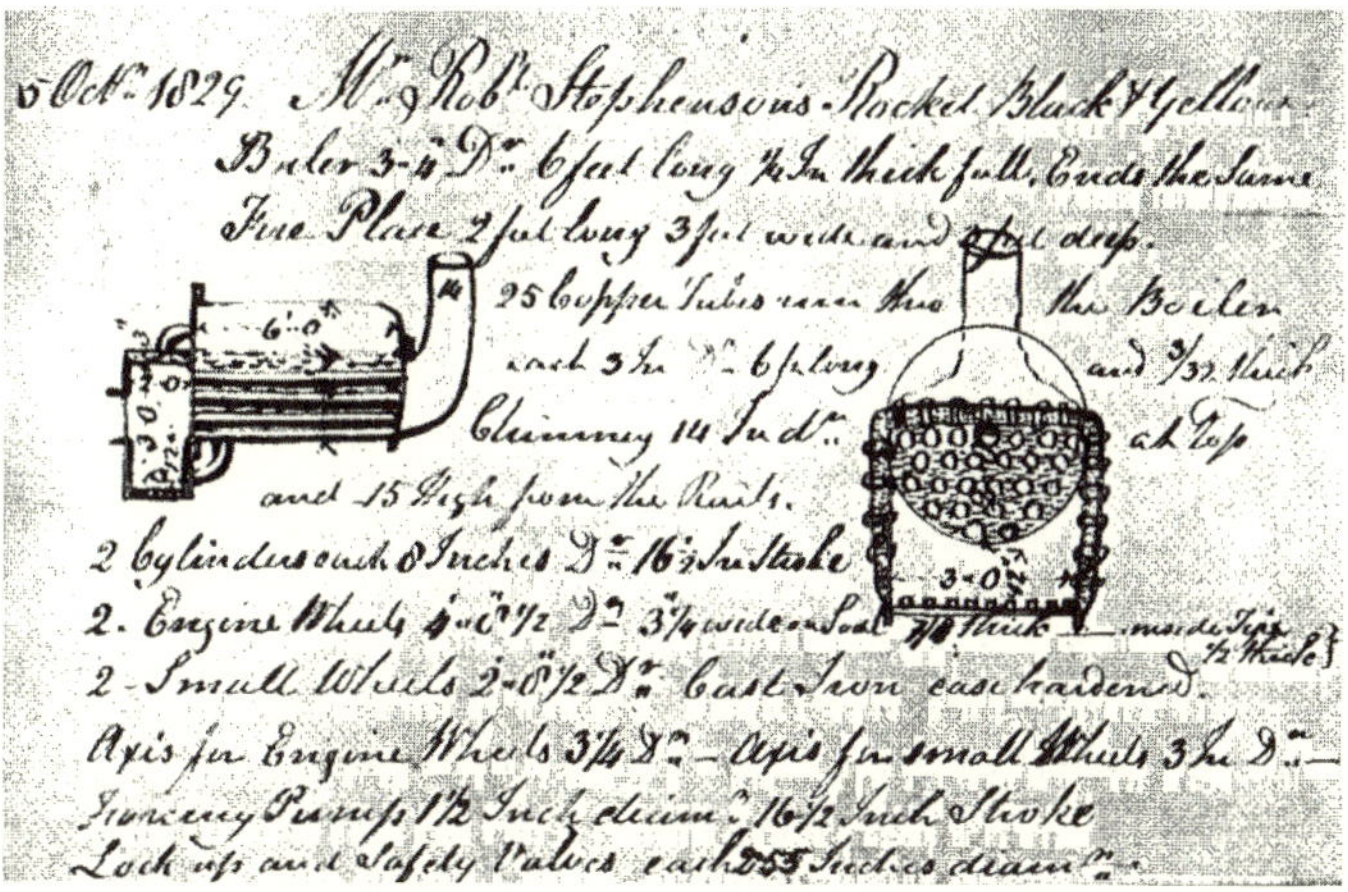
5 Octr 1829 Mr Robt Stephenson's Rocket Black & Yellow
Boiler 3-4 Dr 6 feet long ¼ In thick full Ends the Same
Fire Place 2 feet long 3 feet wide and 3 feet deep.
25 Copper Tubes run thro the Boiler
each 3 In Dr 6 ft long and 3/32 thick
Chimney 14 Inch Dr at Top
and 15 High from the Rails.
2 Cylinders each 8 Inches Dr 16½ In Stroke
2. Engine Wheels 4-8½ Dr 3¼ wide on Sole
2 - Small Wheels 2-8½ Dr Cast Iron case hardened.
Axis for Engine Wheels 3¼ Dr - Axis for small Wheels 3 In Dr
Forcing Pumps 1½ Inch diamr 16½ Inch Stroke
Lock ups and Safety Valves each 2.55 Inches diamr

6-6　レインヒルの機関車競走に記された審査員の記録。多数の煙管を使った「ロケット」号のボイラーが記されている。

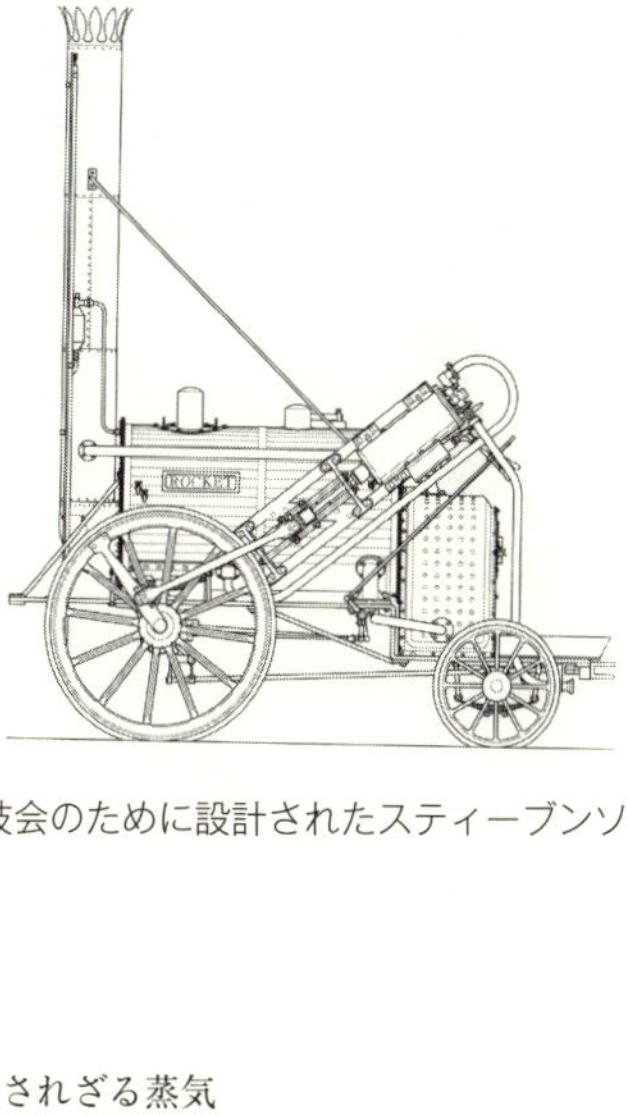

6-7　レインヒルの競技会のために設計されたスティーブンソンの「ロケット」号。

面積は約三倍に増えていた(67)。

鉄製のボイラーの端のプレートに銅製の煙管を多数つけるような真似など、それまで試みた者は誰もいない。煙管は、円筒形の鉄製の継ぎ手でボイラーに取り付けられていた。しかし、スティーブンソンが圧力をかけて試すと、円筒ボイラーは膨れ上がり、煙管が緩んでしまう。これを改善するため、スティーブンソンは〝ステー〟と呼ぶ鉄製の竿を置いた。ステーは細長いボルトで、これで締めるとボイラー本体の両端をしっかりとめておくことができた。

「ロケット」号の革新的な設計は真価を発揮した。他の参加者の機関車よりも信頼性でまさり、競技会の最後まで走り続けた唯一の機関車として優勝した。十月八日には、石と乗客併せて一三トンの積載をやすやすと牽引、平均時速は約一六マイル(二六キロ)を記録したばかりか、一・五マイル(二・四キロ)の試験走行区間を二五往復している。これは、リヴァプールからマンチェスターの往復七〇マイル(一一三キロ)の旅を模した挑戦だった(68)。

競技が行われていた週の最中、競走相手の一台の機関車が故障してコースが空くと、炭水車を切り離したスティーブンソンは、走行区間を七回往復して「ロケット」号の速さを披露した。これを見ていたロンドン・タイムズの記者は、「炭水車をはずした機関車は、時速三二マイル(五一キロ)という信じられない速度で走り過ぎていった。蒸気機関車だけとなり、観客の前を矢のごとく疾駆していく神速はまことに驚嘆すべきもので、これに匹敵するのは天翔《あまがけ》る燕《つばめ》の敏捷さをおいてほかにあるまい(略)。蒸気の力は計り知れない(69)」と賛嘆の声をあげた。

「ノベルティ」号も同じような実演を行い、約四五名の人間を乗せて時速三〇マイル(四八キロ)で走った。同乗した記者の話によると、あまりの速さに、「景色があっという間に流れていき、ほとんど見分けることができなかった」(70)。どうやら、私たちのご先祖様は、すばやく過ぎ去っていく風景の見方に、まだまだ習熟していなかったようである。

時間・空間の観念と感覚が変わる

木材が欠乏してイギリス人は石炭を燃やすようになった。石炭を求め、坑道は地下へ地下へと延びたが、そこで目にしたのは水没した炭鉱だった。その水をポンプで汲み出すために蒸気機関が発明された。イギリス人が言う、火で水を汲み上げる方法――彼らはこの言い方を好んで使う――は、熱エネルギーを力学的エネルギーに変換できることを立証した。

熱エネルギーで水が汲み上げられるなら、同じように熱エネルギーで車輪をまわせるのではないか。そして、それは可能だった。製粉場や工場で車輪をまわし、ぎこちなかったが公道で蒸気車を走らせ、やがてそれは信じられない力と速度で、線路の上に機関車を走らせることになった。この変化はほぼあらゆるところで起きていく。最初はイングランドで、遅れてアメリカでも、それから世界のあらゆる国へ広がっていった。

ジョージ王朝時代の技術者ジェームズ・ウォーカーは、卓越した洞察力によって、一八三一年の時点でこの革命、すなわち薪や家畜といった従来の有機的なエネルギーから、化石燃料によるエネルギーへの突然の転換が始まったことを見抜いていた。

「おそらく、この鉄道の開業による最も顕著な影響は、唐突で並はずれた規模の変化であり、時間と空間をめぐる私たちの観念や感覚に影響を与え続けている(略)」と、リヴァプールとマンチェスター間に敷かれた新たな路線についてウォーカーは書いた。「速度、効率、距離――これらはいまだほかのものとの相対的な違いを示す言葉だが、しかし、その意味するところはここ数か月でがらりと変わった。かつて〈迅速〉とされたものはいまや〈鈍重〉となり、〈遠方〉とされてきたものは〈近所〉になった。私たちの観念や感覚に起きたこの変化は、リヴァプールとマンチェスター周辺に限られたものではなく、社会全体に伝播していくだろう。迅速という考えは、最初こそ蒸気機関車について言われたものだが、程度の差こそあれ、やがて生活の各方面や人間関係にまで影響を及ぼすようになるはずだ」

ウォーカーが言うのは、人の移動がますます速くなれば、私たちの生活のペースもますます速まり、緩慢で静的な世界を尻目に、先へ先へと進んでいく。過去に使役していた動物や道具は後景に退いてしだいにぼやけていく。ますます多くのものを見ていながら、実はまともに見ているものは減りつつある。かりに見えたにせよ、おそらくこれまでとは違った目で見ている。

生活のペースが速まれば、機械に頼るようになるのは当然の結果だ。そして、機械によって人間の移動と変化の速度はますます高まっていった。ウォーカーは言う。「西から東、そして北から南まで、十九世紀の哲学である機械原理主義が遠くにまで広まり、蔓延していくだろう。世界は新たな欲求を宿したのだ」(71)

世界はこの欲望をわがものとし、尋常ではない変化がもたらされることになった。しかし、地球が自転するたびに訪れる暗闇、地上で生きる世界の半数は、そのたびに暗闇のなかに取り残されたままである。この暗闇に対抗する手立てとして、油、イラクサ、獣脂、豚の脂、石炭ガス、鯨油が使われてきた。いずれもそれぞれの時代に明かりとして供されてきたものばかりである。

第2部 照明

第7章

灯芯草からガス灯へ——獣脂／コールタール／医療用ガス／石炭ガス／ガス灯

ダンドナルド伯爵（アーチボルド・コクラン）／ジャン・ピエール・ミンケラー／アレッサンドロ・ボルタ／チャールズ・ディラー／ウィリアム・マードック／ジェームズ・ワット／トーマス・ベドーズ／ハンフリー・デーヴィー／フィリップ・ルボン／ジョージ・オーガスタス・リー／ジョン・フィリップ／フレデリック・アルバート・ウィンザー／デヴィッド・メルヴィル／レンブラント・ピール

夜の暗闇の弱々しい明かり

灯芯草《とうしんそう》（イグサ）は小川や池のほとり、湿地などに生える明るい緑色をした植物で、世界中の温暖な土地に分布する。高さ二〜三フィート（六〇〜九〇センチ）の多年生で、その名前のとおり、ロウソクの芯の安価な代用品として使える。「いちばん大きくて、長いものが最上」と書いたのは十八世紀のナチュラリスト、ギルバート・ホワイトだった。彼の著書『セルボーンの博物誌』は、この種の書物としてイギリスではじめて書かれた。「集めるのは夏の盛り」とホワイトは勧めるが、秋になって集めたものでもまだ十分に用を果たせる。(1)

灯心草の皮を剝くにはちょっとしたコツがいる。「髄がしっかり支えられるよう、上下に歪みのない、長細い一本の茎になる」ように皮を剝く。子供は覚えが早く、「それから、目がまったく見えない老婆が実に手際よく皮を剝き、よどみなく手を動かして、仕損じることはめったにない」とホワイトは書いている。外皮を剝かれた茎は草の上に広げられ、「数夜ほど露を吸わせて漂白したのち、日干しにされる(2)」

この草が灯芯の代用になる秘密は茎髄にある。茎髄はなかが空の円柱で、植物はここを通して液体を吸い上げる。ランプの芯として使われる灯芯草は茎髄に油をためるのだ。温めた油に芯を浸せばいい。油は台所にあるありきたりの獣脂でかまわない。「ベーコンの壺にこびりついた脂」でも燃えるので、金もかからない。「ミツバチを飼っている家なら、少々の蜜蠟を獣脂と混ぜ込むことで、火持ちがよくなり、さらに明るく火が灯り、芯の持ちも長くなる。羊脂にも同じ効果がある」とホワイトは書いている。(3)

ホワイトは干した灯芯草一ポンド(四五〇グラム)を一シリングで買った。数えてみると茎の本数は一六〇〇本、必要な獣脂も用意した。こちらは六ポンド(二・七キロ)で値段は二シリング少々。一本でどれぐらい燃え続けるのだろう。

計ってみると四七分燃え続けた。一六〇〇本の芯が平均してそれぞれ三〇分燃えれば、「貧しき者でも八〇〇時間の明かりをあがなえ、まる一日灯し続けたとしても三三日以上の明かりが三シリングで用意できる(略)。経験豊かなある老主婦は、一ポンド半(六八〇グラム)の灯芯草なら一年は持つと請け合った。農家は夜明けとともに起き、陽が落ちれば寝るので、ひと晩中明かりを灯すことはない」。細々とした農家なら、灯芯を灯すのは冬の日の朝と晩、それも乳搾りや食事のときに限られた。(4)

八〇〇時間とは言うものの、その明かりは一度につき一本のロウソクの明るさでしかない。小ぶりな舟形《グレービーボート》の容器を使ったオイルランプは、ぼろ切れを撚《よ》った灯芯なので、明かりはさらに弱々しい。亜麻、菜種、クルミなどの油のほかに魚の肝臓が使われ、また地中海周辺では火持ちのいいオリーブオイルを燃やした。スコットランドのヘブリディーズの西に位置する群島セント・キルダでは、フルマカモメの胃油でランプを灯した。このカモメは脂肪が多く、いろいろな用途に使えた。

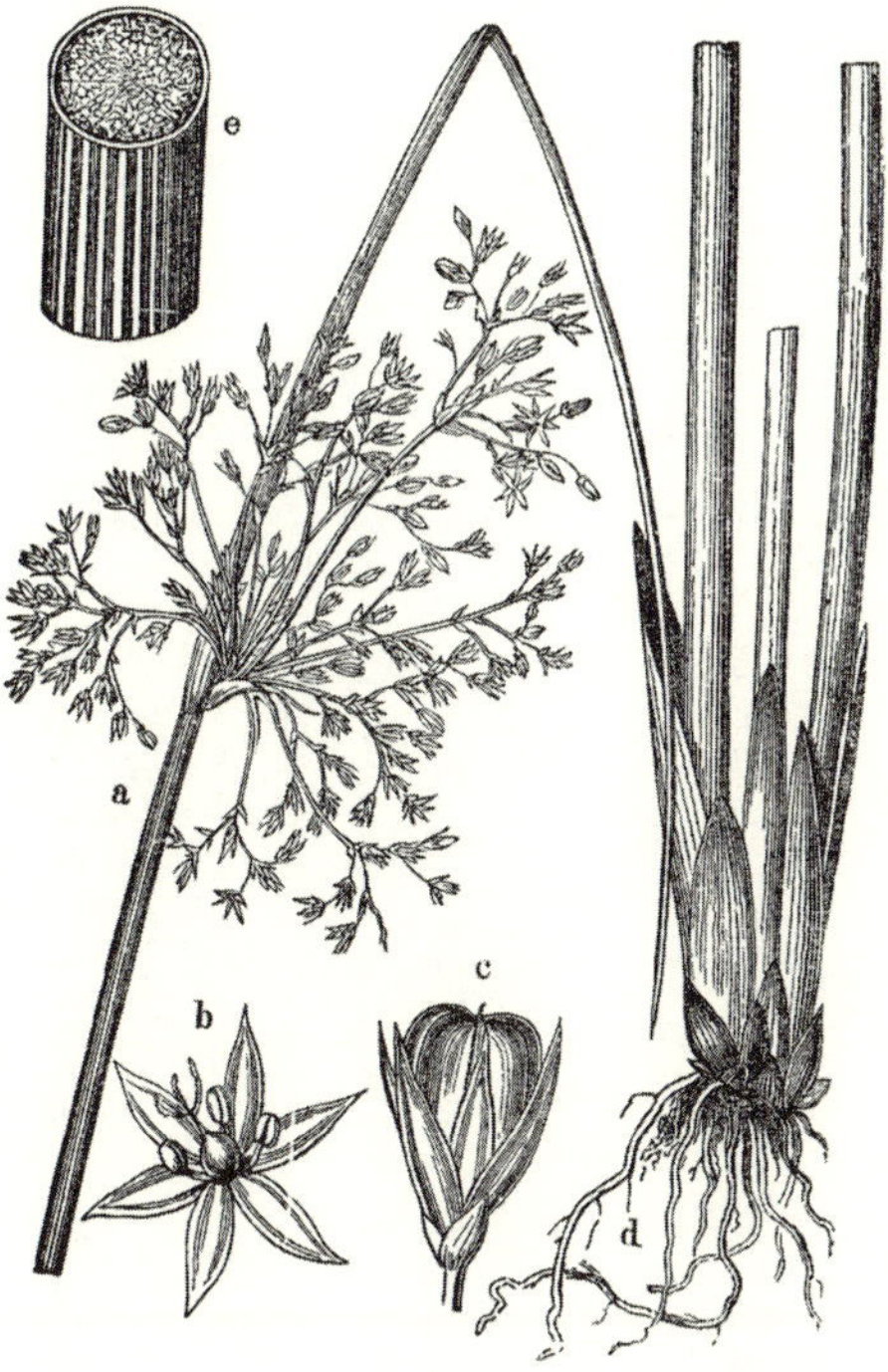

7-1　イグサ（Juncus effusus）。断面図 e は髄が詰まった茎。

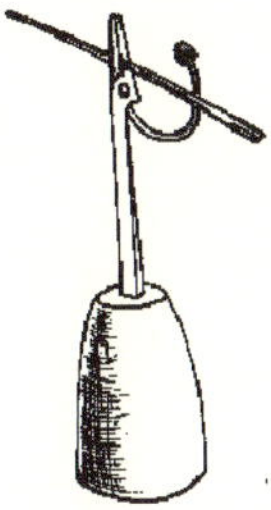

7-2　灯芯草のランプスタンド。

「シェトランド諸島の島民は、十九世紀の終わりごろまで、（捕らえて干した）ウミツバメに灯芯を刺して使っていた。ウミツバメは丸々と太って脂肪も多く、捕まえると消化管から油分を吐き出した」と民俗史の研究家は書いている。(5) 貧しい者には灯芯草や暖炉の火が明かりで、富裕な農民や郷士は獣脂のロウソク、そして金持ちは鏡を背にした枝つき燭台《ジランドール》を使っていた。

星明かりや満月の夜はともかく、十分な明かりがなかった時代なので、田舎の夜は暗闇に包まれた。十八世紀のバーミンガムでは、月光協会《ルナー・ソサエティー》が開催されていた。月影さやかな満月の夜、ここに住むエラズマス・ダーウィン、マシュー・ボールトン、ジョサイア・ウェッジウッド、化学者のジョゼフ・プリーストリーらが月明かりを頼りに徒歩で参集した。(6)

しかし、都会であっても夜の闇は深く、身の危険を感じさせた。古代ローマ時代、「夜は大いなる危険となって町を覆った（略）。人はみな家へと逃げ去り、扉を固く閉じ、一歩も外に出ることはなかった」と戒める歴史家がいた。(7)

エリザベス女王時代の年代記作家ジョン・ストウの語るところでは、十一世紀、征服王ウィリアム一世は、「いずれの町も村も夜八時に鐘を鳴らし、みなそれを合図に火と明かりを残らず消して床につくようにと命じた」という。いまではこうした禁足措置は、「夜間外出禁止令《カーフュー》」と呼ばれるが、「カーフュー（curfew）」はノルマンディー方言の「covre le feu」すなわち「火を消せ（cover the fire）」に由来する。ウィリアム一世の外出禁止令は息子のヘンリー一世によって解かれたものの、「王国内の戦乱で、夜になると多くの男が強盗や人殺しを働いていた」という。(8)

ハンフリー・デーヴィーとスティーブンソンが安全灯を発明する以前、炭鉱では坑内の爆発を防ぐ明かりとして、干した魚の皮が使われていた。腐敗した魚を燃やしても燐光は乏しかった。真っ暗な坑内では干した皮を燃やしても十分ではなかったが、一七五四年、エディンバラにある医学校から夜になって帰宅したエラズマス・ダーウィンは、捨てられていた魚の頭を明かりにして、懐中時計で時間を確かめることができた(9)。

十八世紀のロンドンで暮らしていたある年代記作家には、油を灯す街灯は、せいぜい「かすかな灯火を投げかける程度で、日没から未明にかけ、むしろ街角や交差点の暗闇を黒々と浮かび上がらせている(10)」ように思えた。建国直後のアメリカや西部の開拓地では、オイルランプは珍しく、(若きリンカーンが炉辺の明かりを頼りに読書する感傷的な挿絵さながら)読書や手仕事は暖炉の火か、松脂が多い焚きつけ用の松の木がロウソクのかわりに使われていた。

照明燃料としての石炭ガス

木材不足で高まったイギリスの国家安全保障への脅威は、十八世紀から十九世紀の数十年に及ぶ移行期を経て、石炭による照明というすばらしい発明をこの国にもたらす。当時、王立海軍の木造艦船にとって脅威だったのがフナクイムシである。フナクイムシはミミズのような形をした軟体の二枚貝で、木質に穴を空けて巣を作るので、数か月のうちに船殻は穴だらけになってしまう。フナクイムシが嫌がる、木から抽出した乾留液《タール》や樹脂《ピッチ》を船体に塗り込めば防げたが、イギリスはその原料である木材にも事欠いていた。その代用品の可能性を秘めていたのが、石炭を蒸し焼きにしてコークスを製造する際に得られるコールタールだった。

第九代ダンドナルド伯爵こと、スコットランド人のアーチボルド・コクランは一七四八年に生まれた。斬新すぎる発明を数多く考案し、「お馬鹿なダンドナルド」なるあだ名をちょうだいしたが、そのなかに燭炭《しょくたん》からコールタールを安価に抽出する技術があった。[11]* 伯爵は広大な領地を相続したものの、「スチュワート家に連なる者の面倒を見たり、また別の者には反逆したりして」、領地の多くを手放したと伯爵の息子は皮肉交じりで書き残している。ダンドナルドの問題は、「あまりにも多くのことを一度に手がける点にあった」と息子は信じていた。

勤勉でありあまるほどの創意に恵まれた人物だけに、言い得て妙な指摘である。だが、その発明もひとつまたひとつと人の手に渡った。公正な取引で売り買いされた発明もあったが、ほとんどの発明が無断で使用され盗まれていった。気づいたときにはめぼしい権利はどれもなくなっていた。つまり、七人の子供を養育しようにも、伯爵はただの破産した男になりはてていたのだ。[12]

ダンドナルドの時代、資材に窮していたイギリスの軍艦は、フナクイムシ対策として、大きな釘頭を持つ鉄製の大釘を船殻に打ち込んでいた。伯爵も二十歳で海軍の軍務につき、士官候補の身ではあったが、当時から、フナクイムシ対策には、大釘より、コールタールで船殻を皮膜したほうがいいと考えていた。二年間の軍役を通じ、伯爵はこのアイデアを温め続けた。クーロスにある実家の領地は、エディンバラからフォース湾にかけた二平方マイル（一六万坪）の土地で、木材や石炭、塩、鉄鉱石、耐火粘土などの資源に恵まれていた。

ダンドナルドが実家に戻ったのは、炭鉱の管理とともに、増え続ける一方の家族と自身の負債をなんとかするためだった。一七七八年に父親が没すると、第九代ダンドナルド伯爵として家督を継いだ。一七八〇年にコールタールの抽出技法を発明すると、翌八一年に特許を取得した。特許には石炭を窯でいぶす際、窯の外から熱するのではなく、窯内の空気を調節して石炭をあぶり、燃料費を削減する方法が含まれていた（一一八ページで初代シェフィールド伯爵が、北米の十三の植民地を失ってもあまりあると考えた発明のひとつがこの製法、すなわち「従来の半分の価格で（石炭から）コークスが製造できるダンドナルド卿の発見」である）。

ダンドナルドの窯では、コールタールのみならず、石炭ガスも生成されていた。石炭ガスは水素、一酸化炭素、メタン、揮発性炭化水素、微量の二酸化炭素、窒素の化合物である。「タールを蒸溜している最中、可燃性のガスが立ち上っているのに父は気づいた。実験しようと蒸留器の凝縮装置から出ている排気管に銃を向けた。銃口が火を噴いたその瞬間、まばゆい閃光がフォース湾の海目がけて走った。閃光は対岸からもはっきりと見えたと、あとになって知った」と伯爵の息子は書いている。もしそうであるなら、ダンドナルドは生成された石炭ガスを「好奇心をそそる、単なる自然現象」として片付けてしまったことになる(13)。

伯爵の心は傾いた家産の立て直しに占められていたのは間違いないが、この時期のダンドナルドについて母親は、「自業自得のせいで、おのれの本分を忘れている(14)」と手厳しい。だからとはいえ、コークスとコールタール製造の副産物である可燃性ガスの価値に伯爵が気づかなかったとは容易には信じられない。雇用人として、ダンドナルドの実験を手伝っていた年配の鍛冶屋は、「物珍しさも手伝い、殿様はクーロス修道院でガスをよく燃やしていました。ティーアーン［紅茶専用の金属製湯沸かし器］も作りました。ティーアーンにガスを満たし、修道院の大広間を照らし出すために運んだことも一度や二度ではありません。とくにお連れがいたときはなおさらでした(15)」と

* 燭炭は石炭の古名で、油分を多く含んだ、硬質でつややかな瀝青質の鉱物。

誇らしげに語っている。

伯爵の賛美者の目には、ダンドナルドの心を占めていたのはコールタールで、周囲を明るく照らす石炭ガスへの関心は乏しかったように見えた。また、ガスを供給する鋳鉄製の導管を敷く費用は高額で、当時のスコットランドにはそぐわないと考えていたようである。

理由はどうであれ、ダンドナルドは、きわめて高い価値を持つ実用的な副産物の開発を見過ごしていた。さらに、イギリスの海軍本部委員会は、フナクイムシ対策としてコールタールを塗布するダンドナルド案を却下、そのかわり船殻を銅で覆う案を採用した。一七九八年、伯爵は残った地所を手放して負債を払うほかなかった。一八三一年、伯爵は貧窮のうちにパリで一生を終えた[16]。

しかし、マシュー・ボールトンとジェームズ・ワットが、照明燃料としての石炭ガスの将来性を見据えたとき、ダンドナルドがひと役買っていたのはおそらく間違いないだろう。ダンドナルドの息子トーマス・コクランは、七歳になった一七八二年、父親とともにロンドンを訪れ、その折、ワットのもとを訪問したことを克明に覚えていた。「滞在中、科学的な話題について言葉を交わし、石炭のさまざまな副産物にも話は及んだ。クーロス修道院のタール窯に関するガス照明の一件も話題にのぼっていた[17]」。ワットの共同事業者であるマシュー・ボールトンもまた、一七八三年にスコットランドとアイルランドを訪問した際、ダンドナルド伯爵夫人と会食し、その席で石炭ガスの製造事業について話している[18]。

十八世紀後半になると、石炭ガスを使った実験がよそでも頻繁に行われるようになった。とくにフランスでさかんだったのは、一七八三年、モンゴルフィエ兄弟が熱気球による初の公開実験に成功すると、熱気球の安価な熱源としてガスが考えられるようになっていたからである。ベルギーのルーヴ

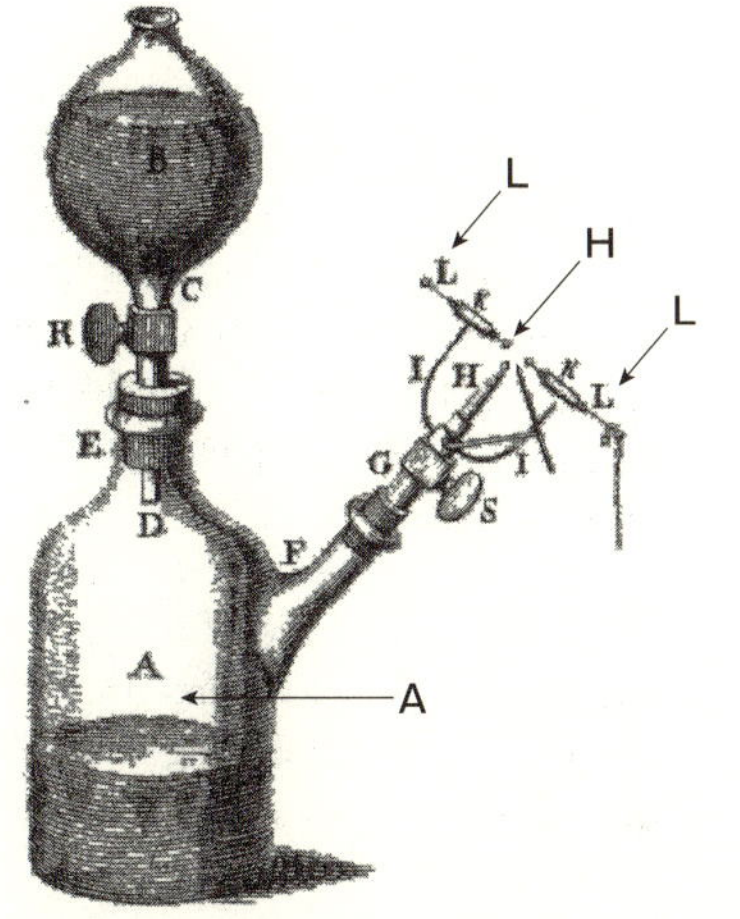

7-3　ボルタのライター。上部の容器内の水が下部の容器Aに開放されると、ノズルHからガスが噴出する。そのとき二端子L－Lのあいだに発生する火花によって着火する（火花を発生させる装置については図示されていない）。

ァン大学のオランダ人化学者ジャン・ピエール・ミンケラーは、石炭をはじめ、藁《わら》や木材、骨、木の実など、さまざまな原料からガスを生成した。[19] 一七八四年に刊行された回想録のなかで、ミンケラーは自身の発見を報告している。量の点では、石炭ガスが最も容易に生産でき、一七八五年には教室の照明に石炭ガスを使用したと言っている。しかし、ベルギーでブラバント革命が起こると、さなかの一七九〇年にルーヴァン大学を逃れ、それ以上の研究は断念していた。

　イタリアのアレッサンドロ・ボルタは、世界最初の電池を発明する以前の一七九九年、火花で着火する石炭ガスのライターを発明している。このライターは、ヨーロッパ本土はもちろん、イングランドの科学愛好家のあいだでも大評判を呼んだ。ランプとしても使われたが、精巧に作られたこの装置のそもそもの目的が、ロウソクに火を灯すだけだったとは皮肉な話である（摩擦マッチが発明されるのは一八二八年のことである）。

華やかなガス灯による実演

オランダ人の器具製造業者チャールズ・ディラーは、乾留ガスを使い、自身が〝思索の花火〟と呼んでいた色とりどりの炎を一般に公開した。一七八八年、ホイッグ党の国会議員（ＭＰ）であるギルバート・エリオット伯爵が仲間を伴い、ロンドンの劇場で催されたディラーのこうした展示会に足を運んでいる。伯爵はその後、友人に宛てた手紙で、〝思索の花火〟は「きわめて美しく、他に類を見ないものである（略）。それは花火を模したものだが、騒々しくもなければ、煙も出ない」と書いた。出口管にガスを送ってさまざまな色で燃やし、炎の姿が茎から植物へと成長すると、花を咲かせるように演出されていた。「ディラーはこのほかにも、昆虫と動物の姿を描いていた。いちばんおもしろかったのは、獲物のあとを追う毒へビ、蝶を追いかけるトンボの姿だった」と伯爵は書いている。

ディラーが惜しまずに使っていたガスのひとつがエーテルだった。「ホフマン液」にちなんで、伯爵はこのガスを「ホフマン」と呼んでいた。当時、ホフマン液はアルコールとともに、よく知られた溶剤である。「部屋のなかはホフマンの臭いが強く漂い、私はますます気持ちがよくなってきた。ジョンストン夫人もそうだったらしく、夫人もホフマンには私と同様、ことのほか愛着を覚えているのだろう。誰もかれも、この臭いは我慢がならないと大声で文句を言っている。そのかたわらで私と夫人はひと嗅ぎ、ふた嗅ぎと息を継ぎ、これは小さな花束であり、『おやすみ』と眠りに誘う香りだと二人してうなずき合った[20]」

一七九六年、M・アンボワーズというイタリアの花火会社もディラーと同様の展示会をフィラデルフィアで実施している。一八〇二年にはベンジャミン・ヒーリーが、ヴァージニア州リッチモンドにあるヘイマーケット・ガーデンズでサーカスの余興として公演した。[21]

こうした一連の活動を通じ、ガス灯の光は、技師や発明家、さらに十九世紀初頭のイギリス国民のあいだで知られていく。だが、実験室規模、あるいは劇場規模でガスの明かりを実演することは容易でも、ひとつの産業としてガスを生産し、流通させることはまったく別の問題だった。その難しさは技術上の問題というより、巨額な資金投入が不可欠な点にあった。そして、ボールトン・アンド・ワット社にはその資金力があった。ボールトン・アンド・ワット社は、この事業に初の本格的な投資を行ったばかりか、ウィリアム・マードックという稀代の才能に恵まれた若きスコットランド人技師を不本意ながらも支援した。

マードックの父親は、伝記作家ジェームズ・ボズウェルの父親アレクサンダー・ボズウェルのもとで、製粉業者兼水車大工として働いていた。一七五四年にマードックが生まれると、スコットランドのきちんとした学校に通わせ、自分の技術を息子に教えた。ダムフリースに流れるニス川に親子で石の橋をかけたり、自転車のさきがけとなる木製の道具を思いつくと、二人してそれを作ったりしていた。

一七七七年、二十三歳のマードックは、ボールトン・アンド・ワット社のバーミンガム工場に出向き、ボールトン相手に自分の売り込みを図った。おそらくポケットにはジェームズ・ボズウェルの推薦状が入っていたのだろう。前年、ボズウェルはこの工場を訪問していた。[22] マードックは堂々たる体躯で、身長は六フィート（一八二センチ）を上回り、木製の帽子を被ってボールトンの前に現れたという話が残っている。帽子はマードックがデザインして旋盤で作った。こうした素質と技術のみならず、富裕な地主でスコットランドの名士の推薦もある。感じ入ったボールトンは、マードックを雇い入れることにした。

一年とたたず、マードックは鋳型製作の主任に抜擢された。一七七九年秋、商会は、銅と錫鉱山から水を汲み出す蒸気機関の建造のため、マードックをコーンウォールに派遣した。コーンウォールは石炭の産出量が少ないうえに、旧式のニューコメンの機関の運用には途方もない費用がかかった。

レッドルースの町に腰を落ち着けたマードックは、商会の蒸気機関の建造にとどまらず、改良にも何度も取り組んだ。一七八二年、ボールトンはワットに宛てた手紙で、マードックを〝疲れ知らず〟と褒めたたえ、この一週間、三か所の炭鉱に設置された蒸気機関を作動させるため、〝不眠不休で働き通した〟と伝えた。さらに一七八四年には、マードックこそ、「自分が知る人間のなかでも、最も活動的で、蒸気機関の建造にも最も秀でている技師」と評した。[23]

しかし、マードックはかならずしも経営者の意向どおりに仕事に没頭していたわけではない。一七八六年、ワットが「私たちと同じように、マードックもやってくれたら」とボールトンに不満を述べたのは、愛弟子が蒸気車の建造に夢中になったせいであり、「そちらに入れ込んでしまい、他人の時間と金を浪費し、見せかけの影を追い続けて[24]」いたからである。

ガス灯を建物に設置する

コーンウォール時代、マードックが追ったいちばん大切な影がガス灯だった。ダンドナルド伯爵やほかの開発者同様、マードックもはじめのうちは、木材の防腐剤を作るためさまざまなものを乾留していた。一七九一年には、「硫酸鉄（染料固定剤）、金属硫酸塩、各種染料、着色剤、絵具、顔料。そして、多種多様な容器の基部、また水に漬けなくてはならないあらゆる木材を保護する合成物の生成方法」に関する特許を取得した。この生成方法には、石炭のみならず、黄鉄鉱（二硫化鉄）、「あるいは他の鉱物や鉱石[25]」を焙焼する方法が含まれていた。

特許を取得したこの年、マードックは原料を黄鉄鉱から石炭にかえた[26]。それから一六年後、王立協会の前で読まれる文書のなかで、マードックは石炭から抽出したガスの実験について振り返り、「泥炭や木材などの可燃性の素材からもガスの抽出を試みたが（略）、石炭の場合、炎の鮮やかさ、生産の容易さ、抽出できるガスの量に驚いた」と述べている[27]。

実験としてではなく、ガス灯をはじめて建物に設置したのはマードックであるという説について、歴史家の意見は一致していない。ただ、ヴィクトリア朝時代の資料には、マードックは一七九二年にレッドルースの自宅にガス灯を設置したとあるが、確実な証拠を踏まえると、設置されたのはマードックがコーンウォールからバーミンガムに戻ってきた一七九〇年代後半である[28]。一七九二年、伝記作家ジェームズ・ボズウェルが、レッドルースにある彼の自宅を訪れ、マードックが所蔵するコーンウォールの鉱物を称賛した。この日の訪問についてボズウェルは、「賃借人の息子が、なかなかの羽振りであるのを見て、なんとも言えない感動を覚えた」という鼻持ちならない感慨を日記に残した。ただ、日記にはガス灯に関する記述はいっさいない。もしマードックの家に設置されていれば、ボズウェルのことである、その旨を日記に書いていたはずだ[29]。

レッドルースで一緒に働いていた者も、マードックが近所にある別の工場で実験をしていたのは覚えていた。ガスは金属製の箱を火にかざして抽出していた。箱はパイプで古い銃の銃身とつながっていたので、銃口から数フィートの炎が噴き上がった。銃口周辺には小さい穴が開けられており、指抜きで銃口をふさぐと、無数の小さな炎が噴出した。「革の袋、ニス塗りされた絹の袋、膀胱の袋、ブリキ板の容器にガスが満たされていた」とマードックの同僚の一人は覚えていた。「このガスに火をつけ、部屋から部屋へと持ち運んだ。明かりを灯したガスの燃え具合や、運びやすさを確かめる実験である。石炭ガスのさまざまな抽出法に応じ、同様の確認が質と量の違いを踏まえて行われた(30)。膀胱の袋を試してからは、夜道の帰宅の際、マードックはガスを使ったランタンを使うようになった。パイプの柄を取り付けた膀胱にガスを満たし、その柄に火を灯してバグパイプよろしく脇に挟んでガスを押し出していく。家に着いたら火を吹き消して残ったガスを逃がし、折りたたんだ袋をポケットにしまった(31)。

「人工空気」による吸入ガス治療法

ボールトン・アンド・ワット社にとって、自社がさきがけになりうる、まったく新たな照明装置の見通しがにわかに浮上してきた。一七九四年、マードックはこれまでの研究結果をバーミンガムのジェームズ・ワットに差し出し、特許の申請を提案した。当時、ボールトンもワットも引退を間近に控え、ジェームズ・ジュニアとボールトンの息子のロビンソンが会社の舵を取るようになっていた。用心深いジェームズ・ジュニアは、マードックの意見を退けた。

「マードックには、これは特許にふさわしいものかどうか、自分はまったく心許ないと答えた。しかし、父が考案した蒸気機関の改良に関する特許の保護を継承してきてからというもの、私としては、特許というものの趣旨について、むしろすばらしいもの（言い換えるなら慎重に扱う）と思うようになっていた」とジェームズ・ジュニアは数年後に語っている。ジェームズ・ジュニアはさらに、ダンドナルドなどのガスに関するこれまでの研究を指摘したうえで、「現時点では、蒸気機関に関する問題に決着がつき、大局的な見地から検討できる機会が訪れるまで、いったん実験はやめたほうがいいと忠告した。マードックもしぶしぶだがそれを認め、一八〇一年まで何も行われることはなかった」[32]

この話は事実とまったく異なる。一七九四年、ジェームズ・ワットは、マードックとは別途に、個人的に厳しい状況に直面しつつも、医療用ガスを発生させる装置の開発を手がけ、ガス灯の技術開発にも影響を与えていた。ワットの装置は、「吸入ガス療法」と呼ばれた新たな治療分野に使われた。ガス療法とは、オックスフォード大学とエディンバラ大学で医学を学んだトーマス・ベドーズによって考案された治療法だった（ベドーズも、〝火の玉ジャック〟ことジョン・アンダーソンの教え子の一人である）。

オックスフォード大学でしばらく化学の助教授として働いたあと、ベドーズは一七九三年はじめごろからブリストルを拠点にするようになった。その才能にもかかわらず、化学界で名誉あるひとかどの地位を拒否されてきたのは、政治的にはフランス革命の積極的な支持者だったからである。のちにベドーズの義父となる人物は、このころの彼について、「小太りの民主主義論者で並々ならぬ才能に恵まれ、科学界においては学者として、また化学者として声望をほしいままにしている。陽気で気立てもよく、信義をなによりも重んじる有徳の士で、溢れんばかりの情熱を持ちながら、その目は偏見に曇っていない（略）、医師としての業績を確たるものにするまで、政治上の活動をいったん遠ざければ、彼はかならずや成功をわがものとし、財もなすはずである」[33]

ベドーズは、研究所と診療所を兼ねそなえた施設――とくに結核患者を相手にした温泉施設――をブリストル・ホットウエルズで開業する準備を進めていた最中で、名のある人物の推薦と投資をほしがっていた。エラズマス・ダーウィンの推薦はすでに取りつけ、そのダーウィンが次にワットを紹介してくれた。一七九四年三月四日、ベドーズはワットに宛ててはじめて手紙を書き、実験に対する自らの献身と、ワットも認めてくれるだろう、自身の姿勢について力説した。その姿勢とは、ワットもまた学んだはずの〝火の玉ジャック〟アンダーソンの科学的アプローチである。

これ以降、毎週にわたって手紙が交わされ、伝記作家によれば、ベドーズは「患者に吸入させた〝空気〟――酸素、水素、固定空気（二酸化炭素）、含水炭素（水性ガス、たとえば一酸化炭素、水素）――の実験、吸入装置をめぐる問題」(34)について詳述していた。ワットの助力を得て解決したいと望んだのが、この吸入装置に関する問題だった。

ワット自身、抜き差しならない問題を抱えていた。十五歳になる最愛の娘ジェシーが不治の肺病を患っていたのだ。ジェシーは二度目の結婚で生まれた子供で、ワットにとっては歳をとってからできた娘である。その年の春、ジェシーの容態が悪化、ワットはダーウィンに助けを求めた。「ダーウィンに望みをつなぐことはできなかったが、発熱と切迫した症状をしのぐ処方はしてくれた」とワットは親友のグラスゴー大学教授ジョゼフ・ブラックに語っている。

ダーウィンはベドーズの吸入ガス療法を勧めた。ベドーズは一週間にわたり毎日ジェシーを診たが、一縷《いちる》の望みさえワットには差し出せなかった。発泡性の炭酸ガスを吸入させる用意を整えた。ジェシーの発作――ワットはこの発作を〝ヒステリー〟と呼んでいた――と衰弱は深刻で、ほかのガスや薬は受け付けようとしなかった。ジェシーは一七九四年六月六日に息を引き取る。翌週の月曜日、ワットはブラックに手紙を書いている。「金曜日の朝、長い苦しみの末、最愛なるわが娘の命はついに尽きました。先の手紙でお伝えした娘の熱は、体力を最も消耗させる類の熱*にほかならず、私たちが激しいヒステリー症状に翻弄されていなければ、おそらくもっと早くそれと気づけたと思います[35]」

この時代、結核はおぞましい災厄と考えられ、患者の四人に一人が命を落としていた。悲しみをまぎらわし、苦しむほかの者を救いたいと考えたワットは、ベドーズの懇請に応じ、医療用ガスの発生装置の設計と製作を助けることにした。一七九四年六月三十日、悔やみの礼を伝えたダーウィンへの手紙のなかで、ベドーズと契約を交わした理由をワットは説明した。「取り返しのつかない災いに見舞われたとき、つかの間とはいえ、別の何かに気持ちを転じることがいちばんの慰めだと昔から考えてきました[36]」

驚くのはこの手紙が書かれた日にちで、娘の死からわずか二四日後の時点で、ワットは設計図を描き上げ、装置をすでに完成させていたことである。「装置ができました」とダーウィンへの手紙は続く。「有毒な空気を抽出して浄化し、薬効ある空気を貯蔵する装置です」。ワットはダーウィンにも一台送ると告げ、「この装置を使い、全工程を試され、有毒な空気を浄化して体によい空気を集めてください。あなたの手にかかれば、かならずやうまくいくと願っています[37]」

二週間後、ワットは装置の公開に応じる旨の手紙をベドーズに送った。価格は未定だが、「妥当な価格で製作できる値段[38]」にしたいとある。ベドーズはこの年に刊行した本で、装置に関するワットの説明とともに、この手紙についても記述した。ワットとベドーズの両者の名前で刊行された『人工空

* 結核に伴う激しい発熱。

気の医療上の使用とそれらの空気を大量に収集する手法に関する考察』[39]という本である。

装置は気化する材料を入れる容器――ワットは〝乾留器《アレンビック》〟と呼んだ――などで構成されていた。密封式の蓋を持つ容器で、火にかけると内部でガスが発生、ガスは管を通じて水槽へと送られ、水によって浄化・冷却される。さらに別の管を伝って浄化・冷却されたガスは、ガスタンク（ふいご）に運ばれて蓄積されたのち、油を引いた絹の袋に移される。患者はこの絹の袋からガスを吸い込む[40]。

ワットの人工空気の発生装置は、原理上はガス灯用のガス発生装置とまったく同じだった。異なるのは、ワットの装置の場合、各種のガスが製造でき、しかもそのガスは、点灯用ではなく吸引が目的で製造された点ぐらいのものだった。装置が公表された時期は、イギリスをはじめヨーロッパ中で、各種のガスの性質とその製造法が研究されているさなかだった。

「笑気ガス」の麻酔効果

ダーウィン、ジョサイア・ウェッジウッド、ウェッジウッドの病弱な末息子トーマス・ウェッジウッド、デヴォンシャー公爵夫人らの後援のもと、一七九九年三月二十一日、ベドーズはブリストル・ホットウエルズにガスの研究と治療のための気体研究所を開業した。大勢の患者が研究所を訪れたが、ベドーズはすぐにガス療法を施すのではなく、最初は従来どおりの治療を行った。医者としての能力を確立させるのが先決だった。

研究所の実験監督として、コーンウォール生まれの二十一歳で、化学助手を終えたばかりのハンフリー・デーヴィーを雇い入れた。二人はまず、亜酸化窒素（笑気ガス）の実験を始めた。この実験にはワットをはじめ、サミュエル・テイラー・コールリッジ、ロバート・サウジーといった詩人たちも

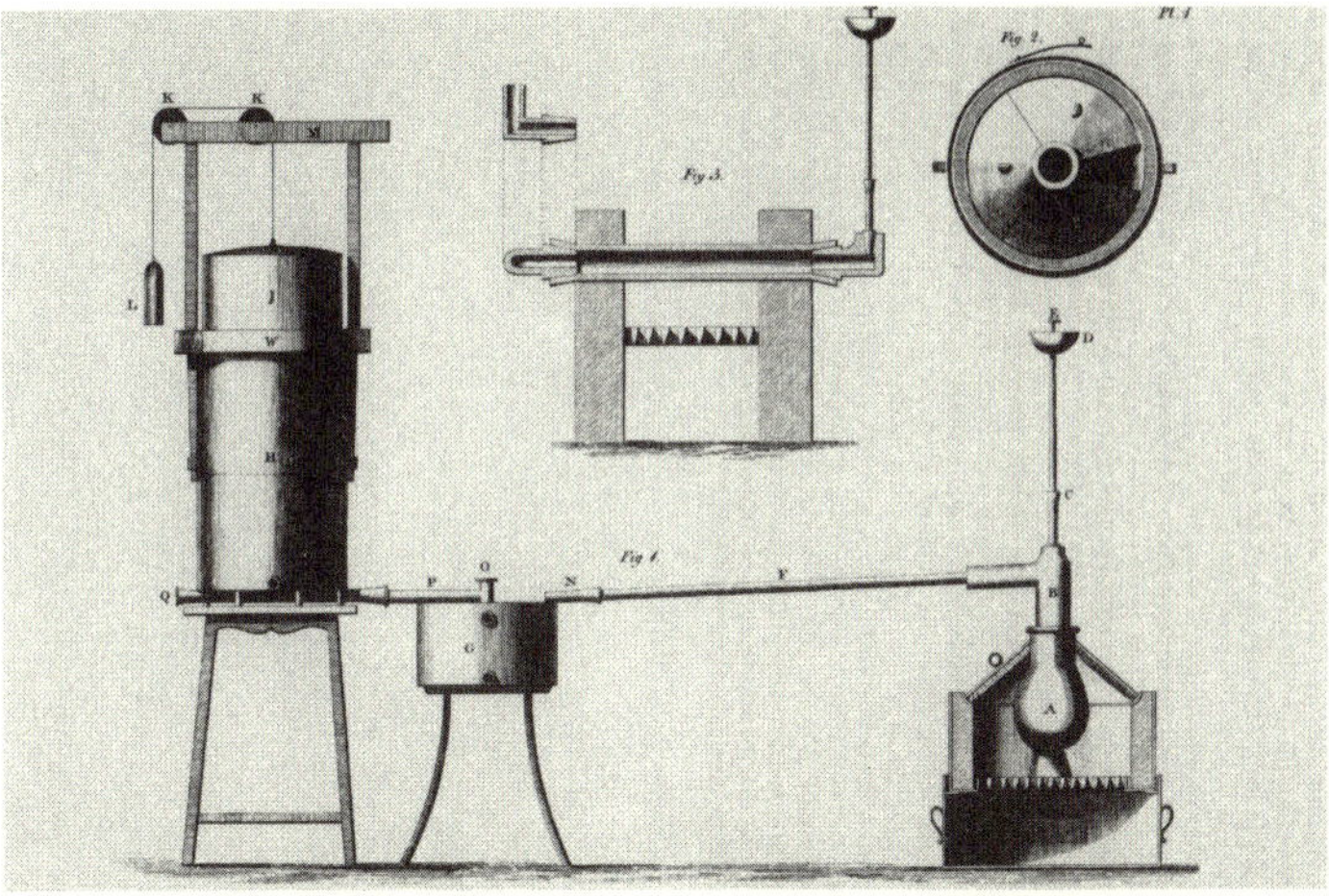

7-4　ワットの“人工空気”を製造する装置。図版右は火格子に載せられた乾留器で、中央はガスを浄化・冷却する水槽、左はガスタンク。乾留器の上部にある漏斗と管を使って、液体を乾留器のなかに流し込む。タンクに貯蔵された浄化・冷却されたガスは、油引きした絹の袋に詰められる。上部中央に描かれているのは、この装置を小型化した“煙管”タイプのもの。その右の図は漏斗を真上から見た様子。

かかわるが、結果としてベドーズの評判に傷をつけることになる。

　笑気ガスは、ワットの発生装置を使い、硝酸アンモニウムの結晶を加熱して作られていた。試しにと、最初にハンフリー・デーヴィーがガスを吸い込んだ。すると、いきなり椅子から立ち上がり、研究室のなかで「叫んだり、跳び上がったり、走りまわったり」し始めた。「胸と四肢は感極まった喜びで打ち震え」、その動きは「とりとめがなく、手のつけようがなかった」[41]。ガスによる陶酔だが、デーヴィーもベドーズも単なる陶酔とは考えなかった。二人にとってこれは、絶大な効果——たぶん麻痺《まひ》した四肢をふたたび動かす何か、あるいはトーマス・ウェッジウッドのような病弱の者に活力を授ける何か——を持つ、医学上の新たな治療法であることを示唆していた。

この発見を患者に使用するだけではなく、間もなく彼らは仲間うちで楽しむようになった。ガスを吸った大半が悩みを忘れ、つかの間ではあるが精気をみなぎらせた。デーヴィーは笑気ガス中毒になり、ガスが入った緑色の絹の袋を持って自分の部屋に籠もったり、夜のエイヴォン川を一人散歩しながらガスを吸ったりしていた。陶酔による幻覚について、デーヴィーは、「自分が新たに創造された崇高な存在として、死すべき運命の人間よりはるかに優れているように思えた」[42]と書きとめている。ロバート・サウジーは、「全能で至高の天界の大気は、このガスでできているにちがいない」[43]と考えた。コールリッジは、「かつて経験したこともないほど純粋で喜悦な状態」[44]に足を踏み入れるようだと何度も語っていた。

ガスを吸引すると、痛みを感じないことにもデーヴィーは気づいていた。歴史家のマイク・ジェイは、一八〇〇年にデーヴィーが刊行した『化学および哲学的研究、主に亜酸化窒素と脱フロギストン空気とその呼吸作用をめぐって』のある一節こそ、「この本の肝要であり、どの部分にもまして興味をかき立てる」[45]と評した。その一節とは、「亜酸化窒素の大々的な使用で肉体的な痛みは消えるようである。おそらく、大出血を伴う外科手術で大いに利用されることになるだろう」[46]と書かれた部分である。

もしもこのガスが、麻酔として一八〇〇年に使われていれば、外科的切除や抜歯に伴う恐ろしい痛みは排除できたはずだが、なぜ人類は最初に使われた一八四二年まで待たなければならなかったのだろうか。この問いに対するジェイの答えには文句のつけようがない。

まず、ベドーズもデーヴィーも、亜酸化窒素の麻酔薬としての効能を〝見誤った〟わけではない。

その点はデーヴィーの本の一節からはっきりうかがえる。笑気ガスの効能とは、なによりも目がくらむような高揚感を得る点にあり、無意識に陥ることではなかった。第二に、当時、医学や宗教上の通念では、痛みとは「患者の心に終生に及ぶ傷を残す刺激」ではあっても、それは「〝自然の摂理が発する声〟であり、生きていく以上逃れようのない状態」だった。第三に、麻酔は不要とされていたばかりか、執刀する医師に対する侮辱だと考えられていた。「施術を左右する決定的な要素」は、「医者の腕前と患者の度胸」だったのである。

麻酔は「一八四〇年代に登場した。そのころになると患者同様、医師も麻酔を必要とするようになっていた。医学の進歩に合わせ、施術は複雑になり、その痛みにどこまで患者が耐えられるかは、手術の成功を左右する要因としてもはや無視できなくなっていた(47)」とジェイは言う。

ベドーズとデーヴィーが笑気ガスの研究を行っていたこの時代は、一八一一年にイギリスの女流作家ファニー・バーニーが麻酔なしで乳房の全摘手術を受けた時代でもあった。姉のエスターに宛てた有名な手紙にこのときの手術の様子が記されている。「身の毛もよだつ鋼の刃が深々と胸に突き刺されました」と描写は始まる。

「血管、動脈、肉、神経が断ち切られていき、声を押し殺すことなどもはやできるものではありませんん。切開の最中、凄まじい金切り声が途切れることなく続きました(略)。文字どおり身を切られる、断末魔の苦しみです」。手術は二〇分にわたって続いた。

ガス灯でパリを照らす?

意図しない脱線はあったが、吸入ガス療法へと向かったワットのガス発生装置は、大規模なガス灯開発という別の方向にも向かっていった。一七九八年、バーミンガムに戻ったウィリアム・マードックは、以前から手がけていたガス灯の研究をソーホー鋳造所で続けるようになった。この工場は、ボールトン・アンド・ワット社改め、ボールトン・ワット商会として再編された新会社が、町のすぐ近くに建設したばかりの最新鋭の工場だった。

マードックの石炭ガスの製造装置について、ジェームズ・ジュニアは、「（鋳造所の）照明としてともすため、連夜、この装置が用いられることがたびたびあった」と証言している。「別の装置を使った実験が繰り返され、その規模を拡大していった。煙や臭いを除こうと、ガスの洗浄や浄化に関するさまざまな手法が試みられていた(48)」

ガス灯器具の製造をめぐり、この事業に参入するかどうかというジェームズ・ジュニアの迷いが払拭されたのは、一八〇一年後半、異母弟グレゴリーのパリ訪問以降のことである。パリを訪れたグレゴリーから、「マードックに伝えてほしい」という手紙が届く。「ここフランスにいる男は、木や石炭を乾留したガスを使ったランプを作っているだけではなく、自宅や庭をこのランプで照らし、その明かりでパリを照らし出そうともくろんでいる(49)」

フランスでは、この男、橋梁道路局の技師フィリップ・ルボンこそガス照明の発明者であると考えられている。ルボンが橋梁道路局の技師になったのは一七九二年、彼が二十五歳のときで、同じくこの年蒸気機関に関連する発明で、国から二〇〇〇フラン（現在の二万四〇〇〇ポンド、三万四〇〇〇ドル）の褒賞金を授けられた(50)。また同じころ、おが屑から作ったガスによる照明の実験を始めている。一〇年近くの年月をかけた研究の末、一七九九年には加熱灯《サーモランプ》と命名したガス発生器の特許を得た。加熱灯はワットが考案した装置と同じように、乾留器《レトルト》とガスを洗浄する水槽、ガスタンクからなり、ガスタ

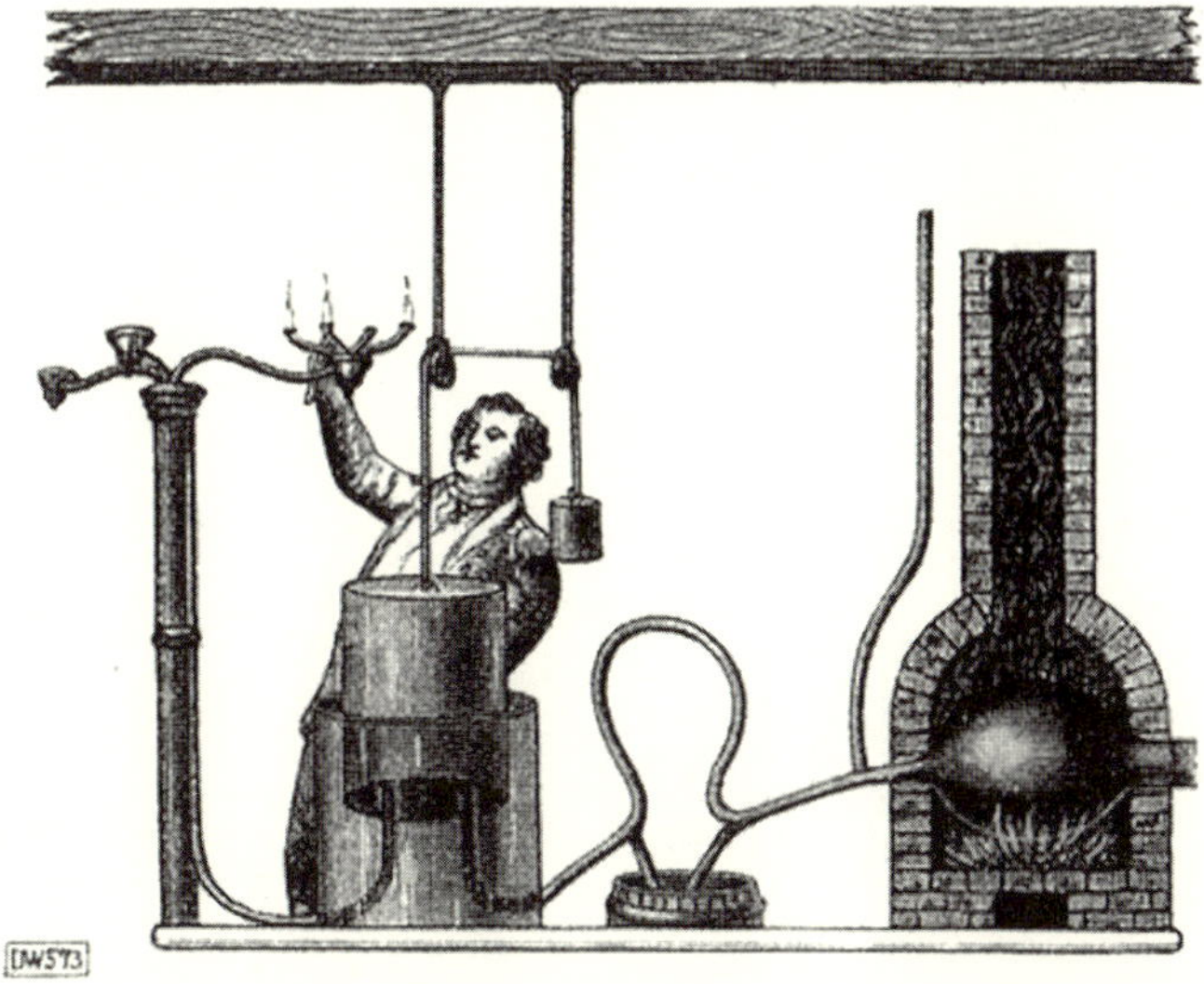

7-5　フィリップ・ルボンの加熱灯。1802年にドイツで作られたもの。

ンクに結ばれた管を経由し、噴出口にガスが運ばれて火が灯される。

　ルボンの特許には、おが屑を燃料にしたガスのみならず、「石炭、油《オイル》、樹脂、獣脂をはじめとする可燃性の材料」を原料にしたものと明記されていた[51]（ここで言う「油」とは、液状のあの石炭油ではない。当時、限られた特定の場所で可燃性の液体が地表に滲み出てくることは知られていたが、それを除けば、石油そのものがまだ認識されていなかった。ルボンが言っている「油」とは、おそらく亜麻仁油もしくは菜種油のような植物油と思われる）。グレゴリー・ワットが見たという展示照明について書かれた趣意書は、一八〇一年に提出されている。ルボンはそのなかで、自分の発明は労力を節約する装置であると売り込み、これにまさるほど従順な召使いはいないとガスを擬人化していた。

空気のようなこの物質は、低温のまま管に沿って旅していく。管の断面積はわずか一平方インチ（六・五平方センチ）、薄い壁や天井の裏に置かれている*（略）。部屋から部屋に瞬時に明かりが灯る。ありきたりな灯火には真似できない芸当で、火の粉や灰、煤とはもう無縁である。石炭が詰まった重いバケツを手に階段をあがっていくことも不要。召使いがいなくても、昼夜を問わず、明かりと暖房が自由に使える。その熱は、暖気、発光、炎も自由自在に扱える。用途は自由。卓上で肉を焼き、温め直すのも思いのまま。洗濯物を乾かし、風呂の湯を温める。好きなように使え、つけたり消したりできる。絶対服従の召使いのように、言うことはなんでも聞いてくれる。(52)

パリからの知らせに驚いたジェームズ・ジュニアは、ソーホーの工場でガス灯開発を再開するようマードックに要請した。「マードックは私用でコーンウォールに出向こうとしていた。戻りしだい、最終的な実験を行い、マードック案に従って事業計画を進めるかどうか判断をくだすつもりだった」(53)。一八〇一年、ジェームズ・ジュニアは弟に宛ててそう返事を送った。事業化が決定されると、アミアンの和約締結の祝賀会をソーホー鋳造所でも開催し、ガス灯で彩りを添えることが決まる。一八〇二年三月、イギリス、フランス、スペイン、バタヴィア共和国（オランダ）がフランスのアミアンに集い、条約に調印することになっていた。この締結でナポレオン一世との戦いは終わり、イギリス国民も重い税金からようやく解放される。(54)

ボールトン・ワット商会では、数百という数の色付きランプ、ロウソク、一四ガロン（六四リットル）の油を注文した。これらの装飾に加え、銅製の壺に置かれた巨大な二基のガス灯を、工場本館の正面両端に設置することが決められた。商会の人間はこのガス灯を「ベンガルライト」と呼んでいた。海上で使われる青い信号煙管のガス版のようなもので、線香花火《スパークラー》の火花を巨大にしたような閃光を発した。

歴史家のウィリアム・マシューズも、ソーホーの催し物に参加した一人だった。「今回の見事な照明は、この種のものとしてはイギリスではじめて公開された」。オイルランプ、ガス灯に加え、花火が夜空を照らし出している。「モンゴルフィエの非常に美しい気球が三機、大砲の合図に合わせ、工場の中庭から正確な間隔を保ちながら続けざまに舞い上がっていった」(55)

マンチェスターの工場経営者ジョージ・オーガスタス・リーが、ソーホーを訪問したのは一八〇〇年のことだった。リーは熱心な技術愛好家で(56)、このときの訪問では、ガス灯に関するマードックの技術をさかんに見たがった。目の当たりにした技術はすばらしいものだった。そして、ジョン・フィリップと共同経営する新設の紡織工場にガス灯を導入することを申し出る。当時、マンチェスターでは工場の建設工事が進められていた。完成すれば、鉄骨で作られた工場としてはイギリスで二番目の施設となるばかりか、蒸気暖房と蒸気機関によるベルト駆動式の織機を導入した二大工場のひとつとなるはずだった(57)。

一八〇三年、ボールトン・ワット商会は、ガス灯の製造装置に四〇〇〇ポンド（現在の三二万九〇〇

＊ 芯がなくても明かりを灯せるのかと疑った者が大勢おり、国会議員や王立協会の会員のなかにもそう考えた者がいた。送管が過熱し、火事の危険性、とくに管が壁に埋設されていた場合、火事が発生する危険性が高まると思い込まれていた。

〇ポンド、四七万八〇〇〇ドル）を超える資金を投じた。四年に及ぶ開発事業を経て、まず一八〇四年にリーの自宅、翌一八〇五年にはフィリップ・アンド・リー紡績工場にガス灯が設置され、オイルランプとロウソクに置き換わった。マードックの機嫌がよかったのは、彼が「ソーホーの悪臭」と呼んでいたガスの不快臭がなかったからである。この日、工場にはリーの妻や娘たちも訪れており、ガスは「繊細な彼女たちの鼻を害することもなかった」
リーはさまざまなガス出口のランプを試し、最も効率的な照明の配置を考え続けた。安価で明るく、安全なガス灯によって、工場の労働条件は改善されたが、同時に、工場主たちは労働時間を容赦なく拡大させた。マンチェスターの別の紡績工場では、ストライキが発生した。労働者は現状を訴える小冊子を発行した。そこに描かれた労働環境は、現在でも労働搾取が横行する第三世界の環境を彷彿《ほうふつ》させる。

チルズリーでは一日一四時間働いている。食事時間も含まれているが、そんな時間は名目にすぎない。小休止以外の時間、作業中、扉には鍵がかけられている。工場のなかは暑いのに、労働者はその場をはずして水を飲みにいくことも許されていない。親方の命令で、雨水を飲みにいかないように施錠されている。鍵がかかっていなければ、雨水でさえ喜んで飲みにいくだろう。(59)

結局、フィリップ・ルボンの発明はフランスで行き詰まってしまう。何千もの人間が展示されている照明を見に訪れ、油脂やロウソクの照明とは比べものにならない、きれいですばらしいガス灯の明かりに感服し、なかには腰を抜かすほど驚く者もいた。しかし、フランス政府は、ガスの配送設備の建造に関する支援を拒んだ。個人向けの加熱灯は一〇〇〇リーブル（現在の二六〇〇ポンド、三八〇〇ドル）以上で用意されていたが、応じる者はほとんどいなかった。ルボン自身も、照明装置が人手に渡ってしまってもかまわなかった。その関心はガス灯の開発ではなく、同時代のイギリス人のように、船舶向けのタールの製造に向かっていた。

タールの製造に関しては政府の同意が得られた。一八〇三年には、ル・アーブル近郊の松の森の使用許可書を得ている。ただし、ここの松を使い、日産五〇〇ポンド（二二七キロ）のタールを生産するという条件がついていた。この条件に応じるため、ルボンはタール工場を建造したが、火災で一部を失い、さらに自宅屋根が嵐で吹き飛ばされる。その後、ナポレオンの皇帝戴冠式に向け、町の整備を手伝うためにパリに呼び戻される。そして一八〇四年十二月二日の夜、パリのシャンゼリゼ通りで、ルボンは見知らぬ者に刺されて落命する。パリの夜はふたたびオイルランプだけの世界に戻り、この状態はそれから約三〇年後の一八三七年まで続いた(60)。

三〇マイルのガス管敷設

ルボンがパリで展示したガス灯を見て、インスピレーションを得たのが陽気なドイツ人起業家フレデリック・アルバート・ウィンザーだった。一八〇三年、ロンドンでガス供給会社によるガス照明の普及を図ろうと思い立つ。ウィンザーは、技術者としての才能はなかったが、実業家としての才能には十分すぎるほど恵まれていた。一八〇七年、ロンドンの中心部、富裕層が多く住むペル・メルにガス灯を設置、ペル・メルはガス灯に照らされた世界最初の通りとなった。さらにニュー・ペイトリオティック・インペリアル・アンド・ナショナル照明暖房会社を設立、この会社はロンドンの公共施設や民間施設へのガスの供給を目的にしていた。

　ドイツの化学者フレデリック・アークムは、会社の設立申請を援助するため、イギリス議会で証言をした。ガスの効用を疑う議員を前に、「栓を絞ったり、開いたりすることで、ガスの流入量が調整でき、（炎を）大きくしたり、小さくしたりすることができます。ガスはパイプのなかを通っていきます。樽に入った水やビールの量を調整するように、コックをひねればガスが出てくるのです[61]」と説明しなければならなかった。この証言を聞いた笑気ガスのハンフリー・デーヴィーは、「では、サン・ピエトロ大聖堂をガスでどんどん満たしていけば、やがて聖堂は吹き飛んでしまうではないか[62]」と鼻で笑った。結局、ウィンザーはイギリス人の投資家たちによって自分の会社から追放され、一八一〇年に議会への申請が承認されたときには、会社の名前も変わり、ロンドン・アンド・ウェストミンスターガス灯コークス勅許会社となっていた。

　一八一四年にはウェストミンスター橋がガス灯で輝き、さらに一八一五年には、ロンドンには三〇マイル（四八キロ）に及ぶガス管が敷設され、これ以降イギリス中の都市でガス管が何マイルと敷かれていく。ガス管でガスを供給する地区の工場は、石灰クリームを使ってガスから「ソーホーの悪臭」を洗い流していた。石灰クリームとは、消石灰（水酸化カルシウム）と水を混ぜたものである。未処理の石炭ガスは、腐った卵の臭いがする硫化水素にまみれ、しかもきわめて有毒である。このほかにもアンモニア、一酸化炭素がガスに混入しており、一酸化炭素は臭いこそしないが無害ではない。ただ、ガスに含まれるコールタールや煤などの成分は、水のなかで泡立てれば取り除くことができ、石炭クリームを使えば有毒ガスも除去できる。

　もっとも、これを繰り返していくと石灰クリームそのものが汚染され、最後には青色に変じる。石灰クリームが〝青い棍棒《ブルー・ビリー》〟と呼ばれるのはそのせいだ。フェロシアニド系の化合物のブルー・ビリーは、苦いアーモンドやマジパンの臭いに似たシアン化ガスを放出している。処分するために荷車に積んで通りを行くと、不快なことこのうえない臭いをまきちらした。下水や小川、河川は処分されたガスを洗った水やタールで手がつけられないほど汚染された。

そうではあったが、ガス灯の利点は欠点をはるかに上回っていた。新たに普及し始めた技術の前では、汚染の問題は二の次とされる場合が多かった。一八一七年から翌一八年にかけ、グラスゴー、リヴァプール、ダブリンで次々とガス灯が灯され、その後もイギリス各地の町々でガス灯による明かりが灯されていった。

このころまでには大西洋を越え、アメリカ合衆国にもガス灯は伝わっている。ロードアイランド州ニューポートの機械製造業者デヴィッド・メルヴィルは、すでにガスの研究を始めており、一八一〇年にはガス灯に関する特許を取得している。一八一三年に二番目の特許を取得、この特許はガスの生産方式をめぐるもので、乾留器、貯水槽式のガスタンク、火口《ほぐち》など、イギリスで用いられていた方式と多くの点で類似していた。ガスタンクは重りを使って均衡が図られており、この重りを取り除くことで上にあがっていたタンクを下にさげ、その際の圧力によって貯蔵されたガスをパイプ越しにガス出口に送ることができた。

メルヴィルは、早くも一八〇六年の時点で、自宅と自宅前の通りで最初にガス灯を灯している。一八一三年から一七年にかけては、マサチューセッツのウォータータウン、ロードアイランドの州都のプロビデンスの紡績工場や、ロードアイランドの灯台にもガス灯を備えつけている。[63]

輩出した芸術家と博物館で知られたフィラデルフィアのピール家は、所有する二か所の博物館にガ

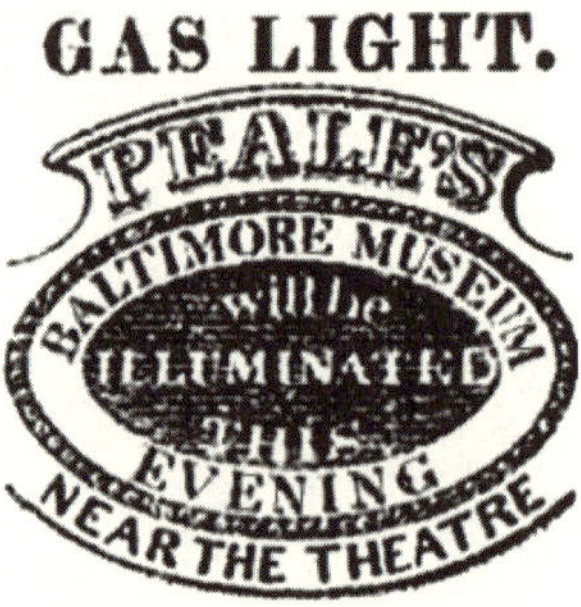

7-6　ボルチモアのピール博物館の広告（1816年）。

ス灯を設置した。フィラデルフィアの独立記念館にあるピール博物館には一八一四年、一八一六年にはボルチモアの同名の博物館にガス灯が灯されている。

　ボルチモアの博物館は、一族の長、チャールズ・ウィルソン・ピールの次男レンブラント・ピールが設立した。両館ともにメルヴィルの設計による設備と思われるが、フィラデルフィアの施設では、石炭ガスではなく松根《しょうこん》タールが使われた。当初、三男のルーベンス・ピールは石炭ガスを使っていたが、不快な臭いに来館者の苦情が絶えなかった。階段の吹き抜けの下に設備が設けられていたため、換気が十分ではなく、そのため使用が制限されていた[64]。いずれにせよ、アレゲーニー山脈を横断する鉄道が開通する一八四〇年代後半まで、フィラデルフィアでは石炭の価格は安いものではなかった。

　ボルチモアの博物館では、次男レンブラントがガス灯をうまく使いこなしていた。装置は博物館の裏手にある建物に設置され、水と石灰クリームを使って石炭ガスを洗浄した。レンブラントがなかなかのショーマンシップぶりを発揮したのは、お披露目となる一八一六年六月十三日の夜で、この日に合わせ広告を広く打ってそのデビューを飾った。ガス灯には一〇〇の火口があり、レンブラントはこれを〝魔法の環〟と呼んだ。ガス栓によって魔法の環の炎を大きくしたり、小さくしたりすることができた。こんな真似はロウソクではできないし、オイルランプでもできるような芸当ではない[65]。開催中、大勢の見物客が博物館に足を運んだ。

お披露目日から四日後、ボルチモア市議会は条例に従い、レンブラント・ピールほか、この町の四名の実業家が進めていた合衆国初のガス灯会社、ガス・ライト・カンパニー・オブ・ボルチモア（GLCB）の設立を認可した[66]。それから一年もしないうちにGLCBははじめてのガス灯を町の通りに設置した。その後も初の商業施設、初の個人宅への設置が続いた。

しかし、アメリカではガス灯の普及は急激に進んだわけではない。「一八五〇年の時点で、この国の約五〇の都市部でガスが生産されていた。通常、ガス灯が利用できたのは、中規模以上の町に限られ、利用先も通りの明かり、商業施設、一部の邸宅に限られた（略）。照明燃料として広く使われ続けたのは、ガスではなく、鯨油や獣脂ロウソクだった[67]」と歴史家のクリストファー・カスタネダは指摘する。

獣脂とは牛の脂肪のことである。鯨油は鯨から採取された。ただ、鯨油に関するカスタネダの認識は正しいとは言えない。十九世紀前半、鯨油は灯火用燃料として使われた世界最大の哺乳類の油脂というだけではなく、鯨は乱獲のせいで絶滅していたかも知れず、少なくともそれに近い状態に置かれていた。

第8章

大海獣を追って――捕鯨／鯨油・鯨蠟

フランシス・ロッチ／ウィリアム・ピット／ジョン・アダムズ／ハークスベリー男爵／トーマス・ジェファーソン／ジョン・ジェームズ・オーデュボン／ピーター・ユア

北米ナンタケット島への移住

ナンタケット島のクエーカー教徒、フランシス・ロッチはボストン茶会事件に加わった船を一隻所有していたが、この島に住むクエーカー教徒は、アメリカの独立戦争にはかかわりたくなかった。島の住民は平和をなにより重んじていた。ナンタケット島はケープ・コッドの南三〇マイル（四八キロ）の大西洋上に浮かぶ、小さくて無防備な島である。捕鯨船の母港で、戦争ともなれば、イギリス軍に船を拿捕《だほ》されたり、焼かれたりするかもしれなかった。

フランシス・ロッチが八十歳になった四〇年後、彼の兄弟であるウィリアム・ロッチは、次のように当時のことを記していた。独立戦争中はもちろん戦後になっても、イギリスとアメリカの双方が島の住民を虐げ、その結果、島民は遠くイギリスの地に捕鯨業を移転させようと試み、さらにフランスに渡り、そこに移り住むことを考えていたという。

いまからおよそ一万三〇〇〇年前まで、巨大な氷床が北米の北半分を覆っていた。ナンタケット島はその氷河が解ける際に残した砂や小石、つまり終堆石によってできた島である。島の土壌は痩せ（トーマス・ジェファーソンはこの島を〝砂州〟と呼んだ(1)）、生活に必要な品々は本土からの船荷にいっさい頼っていた。そうしたこともあり、島は早い時期から漁を中心にした経済を確立してきた。

ナンタケットへの定住の歴史は、好機と同時に迫害に彩られてきた。一六五七年、マサチューセッツ湾植民地で製材所を経営していたバプティストのトーマス・マーシーは、土砂降りの雨に見舞われた四名のクエーカー教徒に一時間ほど雨宿りの場所を提供した。だがこの行為は、当時布告されたばかりのクエーカー教徒や他の「異端の教派」をかくまってはならないという命令に背くものだった。[2]

マサチューセッツ高等裁判所は、この禁を承知で破ったマーシーに三〇シリング（現在の二〇八ポンド、三〇〇〇ドル）の罰金を科すと、マーシーに訓戒を与えるよう知事に命じた。容赦のない糾弾だった。雨宿りしたクエーカー教徒のうちの二名はのちに絞首刑に処された。オーベド・マーシー――マーシーの直系の子孫で、初期のナンタケット島の歴史について著書を残す――によると、先祖は「以来、自国にあっても、もはや心安らげず、信仰の自由さえ謳歌できない」「それならば、一族を率いて白人が入植していない土地を選び、未開の地で新しき住まいを構えることにした」。一六五九年秋、甲板のない船に乗って家族ともどもナンタケット島へと渡った。

この島は以前、イギリス人が所有していた。トーマス・メーヒューという商人である。イギリスが発見した島で、そもそも国王チャールズ一世の〝持ちもの〟だった島である。国王は二名の貴族に島を下賜すると、この貴族がメーヒューに払い下げた。一六五九年七月二日、今度はメーヒューが島を売りに出した。相手は九人、その一人がマーシーで、価格は三〇ポンドと「ビーバー・ハットが二枚。ひとつは私のもので、もうひとつは私の妻のためだった」[3]とメーヒューは書き残している。

この売買に先立ち、メーヒューは島に住むワンパノアグ族の二人の族長（首長）から一二ポンドで土地の権利を買い取っていた。[4]一六六二年、移り住んだ新しい島民は、大首長からさらに土地の権利

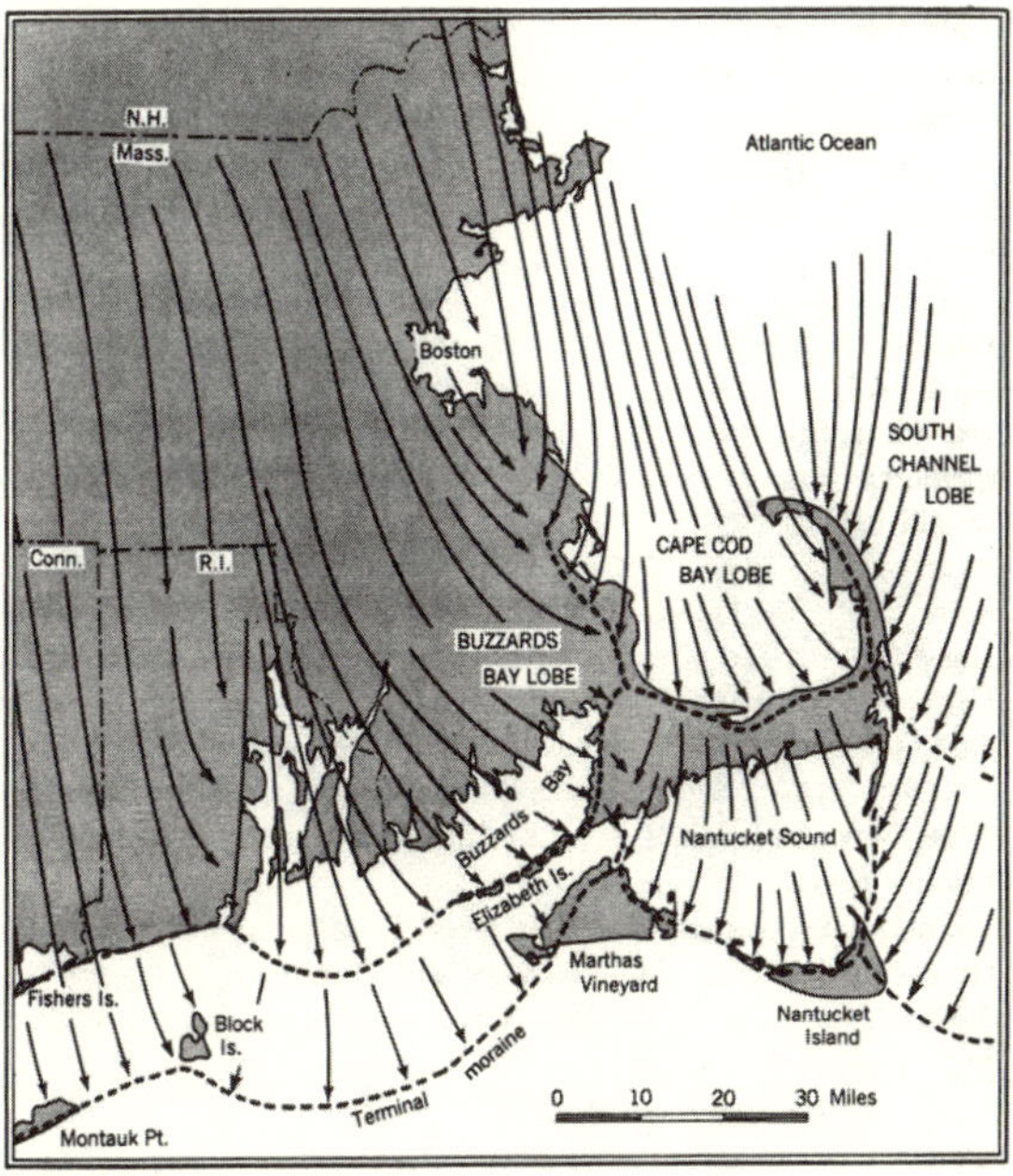

8-1　氷河が運んできた砂や石によってケープ・コッド、ナンタケット、マーサズ・ヴィニヤードができた。氷河はおよそ１万3000年前に消えた。

を五ポンドで購入、代金は「イギリスの物品で支払われた」。一六七一年には残った土地の権利すべてを四〇ポンドでワンパノアグ族から買い上げた[5]。島の先住民に支払われたのは総額五七ポンドで、現在の貨幣価値で言えば約七七〇〇ポンド、一万一二〇〇ドルだった。ワンパノアグ族の言い伝えでは、一族は氷河時代、厚い氷の上を歩いてこの島に渡ってきたという[6]。

九人の地主とその家族は、一六五九年以降の年月をワンパノアグ族とともに島で暮らし、町を整えていった。当初、町は生まれ故郷イギリスの町にちなみシャーバーンと呼ばれたが、一七九五年にナンタケットと改められた。島が発見されたのは一六〇二年、当時、島には推定三〇〇〇人のワンパノアグ族が暮らしていたが、ヨーロッパから持ち込まれた病気でワンパノアグ族の多くは死亡、以来、人口はほとんど変わりなかった。一〇〇年後の一七六三年には、島に生き残ったワンパノアグ族の数はわずか三五八人になっていた。さらに翌年、二二二人が正体不明の伝染病で亡くなる。おそらくこの病気は、シラミを媒介とする回帰熱、それともライム病に似たスピロヘータ性の伝染病、あるいは東南アジアを除き、今日では見ることもまれな梅毒のせいではないかと考える専門家もいる[7]。

灯油を得るための捕鯨

島に移り住んだ者たちは徐々に捕鯨について学んだ。流れ鯨（嵐で海岸に打ち上げられて死んだ鯨や衰弱した鯨）の収穫は、巨体を切り分けるために必要な道具、腐臭に耐えられる頑丈な胃袋さえあればこれという漁法は不要だった。

海岸に建てた物見やぐらから、沿岸を行く鯨を見つけ、短艇を漕ぎ出して追い込んでいく沿岸捕鯨は、おそらくワンパノアグ族もやっていたのだろう。この捕鯨法は、ケープ・コッド、マーサズ・ヴィニヤード、ニューイングランドなど、近辺に入植したヨーロッパ人のあいだにいきわたっていた。歴史家のアレクサンダー・スターバックによると、一六九〇年、ナンタケット島の島民は、「ケープ・コッドの漁師のほうが、捕鯨術においてはるかに秀でていることを知り」、イカボッド・パドックという年季の入ったケープ・コッドの水夫を雇い、捕鯨法を教えてもらっていたという。(8)

ヨーロッパ人は食用目的ではなく、灯油《ともしびあぶら》を得るために鯨を捕らえた。一八二〇年ごろになると、ナンタケットの鯨は最高品質のマッコウクジラの産地として知られるようになった。捕獲法も進歩し、浜辺に寄ってくる鯨を捕らえるのではなく、捕鯨船に乗り、港から数日の沖合で捕るようになり、一頭仕留めるたびに鯨を引いて港に戻った。(9) しかし、マッコウクジラは外洋を泳ぎ、大海原をすみかとしているので、捕獲にはさらに大きな船を建造し、長い航海に備えなくてはならなかった。漁場が北大西洋であれば、脂身はそのまま樽に詰められて甲板に置かれ、帰港後に加工されていた。

だが、気温が高い漁場——北アフリカ沖合のカーボベルデ、カリブ海地域、ブラジルの沖合——では、未処理の脂身は暑さで駄目になってしまう。採油を船上で行う必要が高まり、その目的のため、甲板上に鉄とレンガでできたかまど《トライワーク》を設け、その上に二個もしくはそれ以上の鋳鉄製の大鍋を置いた。燃料は当初こそ薪が使われたが、やがて処理した際に残った脂肪滓が使われるようになる。ナンタケット島の捕鯨船団は、数千という数の鯨油の樽を積載でき、海上でも鯨油を融出できるかまどがある船を得たことで、マッコウクジラが群生する海域なら、世界中のどの海にでも乗り出していけるようになった。

独立戦争前年の一七七四年の時点で、ナンタケット島の捕鯨船団は一五〇隻の大型船舶を擁していた。船の平均積載量は一〇〇トンである。船団はこの年、三〇〇〇頭のマッコウクジラから、約二万六〇〇〇バレル（四一〇万リットル）の鯨蠟《げいろう》を採油して港に帰ってきた。アメリカの他の捕鯨港からは二一〇隻がマッコウクジラを求めて出港、計三六〇隻の捕鯨船で、少なくとも合計四万五〇〇〇バレル（七一〇万リットル）の鯨油が採油された。(10) 白濁色をした鯨蠟はマッコウクジラの脳油槽《ケース》から採り出されたもので、空気に触れると固まって白蠟化する。いわゆる脂肪から採った鯨油*のほうは質に劣り、価値も低かったが、鯨蠟は灯油としてもてはやされた。

商業捕鯨の再興を求めて

一七七五年、間もなく米英が戦争というころ、鯨に対して蛮行の限りを尽くし、豊漁を享受してきた捕鯨は一挙に破綻を迎えた。この年早々、イギリスの庶民院（下院）は、宗主国の意向に従おうとしないニューイングランドの植民地に対し、懲罰の意味から、「ニューファンドランドの沿岸、その他の北米各地の沿岸での商業漁業」を禁じる決定をくだした。(11)

ナンタケット島のクエーカー教徒は、イギリスに暮らす親族を通じ、なんとか捕鯨だけは免じてもらっていた。そのため、独立戦争中、彼らはどうしても中立の立場を守らなくてはならなかった。だが、ウィリアム・ロッチが恐れていたように、イギリス海軍は一三四隻の船を拿捕し、船員一二〇〇名を徴用、さらに一五隻の船が沈没で失われた。船と人手をなくした島民は細々と魚を捕り、畑を耕すしかなかった。一七八〇年の厳冬、港は凍てつき、泥炭の沼や畑は雪に埋もれ、多くの者が寒さと

＊鯨油《トレイン・オイル》の「トレイン（train）」はオランダ語とドイツ語を語源とし、涙（tear）あるいは樹脂（tree resin）など、「滲み出るもの」を意味する。

8-2　マッコウクジラ。体長50～60フィート（15～18メートル）、体重35～45トン。頭部の空洞には「鯨蠟」として珍重される鯨油があり、マッコウクジラは鯨蠟を温めたり、冷ましたりすることでその密度の増減をさせ、浮力を均衡に保つことができる。

8-3　鯨の脂肪を煮出すかまど。

餓死寸前の飢餓に苦しんだ。

歴史家スターバックが言うように、一七八四年の「和平宣言のころには、捕鯨事業はまったく見る影もなかった（略）。捕鯨は事実上破綻し、一からやり直さなければならない」[12]。戦争に続き、不況が島民の生活に重くのしかかる。独立戦争中、アメリカ国民は獣脂ロウソクと植物油の生活に慣れ、鯨油の需要は落ちていたのだ。

それだけではない。いまやアメリカ国民となったナンタケットの島民は、イギリスが自国の商業捕鯨を保護するために課した、自分たちとは縁もゆかりもない苛酷な関税に屈しなくてはならなくなった。この関税で、ナンタケット島産の鯨蠟はロンドンの灯油市場から完全に締め出されてしまう。鯨蠟の利益は、黒字からトン当たり約八ポンドの赤字に転落し、ロンドン市場だけでも年間およそ四〇〇〇トン、約三〇〇万ポンド（現在の三四五〇ポンド、四九〇〇万ドル）に相当する利益を失っていた[13]。

ウィリアム・ロッチがイングランドに渡ったのはちょうどそのころである。ナンタケット島の商業捕鯨の再興を目指し、彼の地で交渉ができるかどうか見極めるためだった。ロッチ自身、今回の戦争で船舶を中心に大きな痛手を被り、その損失額は「おおよそ六万ドル（現在の七一万五〇〇〇ポンド、一〇二万ドル）」[14]に及んでいた。

一七八五年七月四日、ロッチは二十歳になった息子ベンジャミンを伴って出港、月末にイギリスに到着した。イギリス政府はロッチに対し、政府はいま国内問題に忙殺されているので、嘆願の件については、数か月待ってから話を始めたほうがいいと助言を与えた[15]。いずれにせよ、ロッチも下調べをしなくてはならなかった。

ロッチとベンジャミンは、「捕鯨の適地を調査する」ため、クエーカー教徒の友人と連れ立ち、イングランド西部の海岸へと向かった。ここはという港はいくつか見つかり、なかでもコーンウォールの南海岸に位置するファルマスが気に入った。港湾として申し分のない規模であるばかりか、さらに小規模な港湾を何か所か抱えていた。一行を歓迎してくれる港は多く、「きわめて好意的な申し出」も受けたが、イギリス政府がどのような支援で応じるのか、それを知るまではまだ下見でしかない。ロッチらはロンドンに戻った。途中、ブリストルに立ち寄り、一八年前、この地に埋葬された兄弟の墓参に訪れている。(16)

この時点ですでに十一月を迎えていた。ある議員の紹介を通じ、ロッチはウィリアム・ピット（小ピット）に謁見する機会を得た。ロッチの回想録では、ウィリアム・ピットはイギリスの大蔵大臣と記されているだけである。(17)ピットがこの国の首相でもあることをロッチは書き忘れていた。ピットはイギリス最年少の首相としてわずか二十四歳で選出され、このとき二十七歳だった。また、この年の八月にピットと在英アメリカ公使ジョン・アダムズとのあいだで、アメリカの商業捕鯨に関する議論が交わされた件についても、ロッチは聞き及んでいなかったようである。

ジョン・アダムズは、八月二十四日のピットとの会談について、外務長官ジョン・ジェイに手紙を送っている。「わが国とイギリスの商業捕鯨に関し、長々しいばかりで要領を得ない交渉に付き合わされた」。わざわざ繰り返す価値もない交渉だったと、アダムズは書き添えていたが、それこそがピットの狙いで、アダムズに次のように問いただす布石だった。「突然、こう聞かれた。『フランス以外の国でアメリカ産の鯨油市場を見つける算段を講じられるか』（略）。『あるものと考えている』（略）、『鯨蠟ならヨーロッパのいずれの大都市でも市場となるはずだ』と私は答えた」(18)

このとき、街灯による治安向上の恩恵について、アダムズはおこがましくも若き首相に一席ぶってやろうと考えたようである。「灯油として、マッコウクジラの脂ほど清澄を極め、すばらしい炎はほかにはない。わが国の輸入品として鯨蠟を受け入れるより、暗闇やその結果として発生する、強盗や盗難、殺人のほうが望ましいというのであれば、これはただただ驚き入るよりほかにない」[19]

イギリスには、新興国たる自国を懲らしめるつもりだという思いがあり、アダムズの語り口はにべもない。さらに八月三十日付の手紙では、「われわれに仇をなそうと思えば、方法はいくらでもある」[20]と国務長官に伝えている。

同じころロッチは、ロンドンへ向かっていた。胸中に秘めていたのは、ナンタケットの捕鯨を残らずイギリスに移すという案で、自分と共同経営者がかかわる捕鯨を移すだけでもかなりの規模になる。十一月下旬、ロッチとピットは面談した。このときロッチは、首相に向かってナンタケット島の〝惨憺たる現状〟を綿々と訴え、戦争にかかわるのは島民の本意ではなかったこと、また中立を保ってきたことを首相に思い出させた。「にもかかわらず、貴国はおよそ二〇〇隻、価値にして二〇万ポンドに及ぶ船を、不当かつ不法にわれわれから取り上げた」とロッチは非難した。ロッチが訴えたかったのは、「講和によって分断されるまで」ナンタケット島はイギリス領の一部であり、したがってこの損失に対し、補償を受ける当然の権利があるという点に尽きた。ロッチは何度もその点を繰り返した。

ピットはこの主張を改めて考えた。「なるほど、まさしくおっしゃるとおりです。では、どのように取り計らえばいいでしょうか」[21]

色よい返答に気を抜かず、ロッチは首相に向かい、ナンタケット島の島民の大半は島を出ることになるだろうと話した。「国に向かう者もいるだろうが――」。この国とはアメリカである。一方、「鯨を追って利益が出せる国であれば、その国に渡って、このまま捕鯨を続けたいと望む者がいる」。島民の困窮をピットに伝え、ナンタケットの漁民がイギリスで再定住することをこの国の政府は後押ししてくれるかどうか、ロッチはそれを見極めるためにイギリスに旅してきたのである[22]。

問題は議会で諮られることになり、ロッチはロンドンの宿泊先に戻って返事を待った。何日かして知らせが届く。ロッチの提案は、国王大権の行使に関する助言を行う枢密院にまわされたという。この時点で渡英からすでに四か月以上が経過していた。ロンドン暮らしに辟易し、ロッチの我慢も限界を超えていた。窓口としてしかるべき人物を任命するよう、イギリス政府に願い出た。

その人物が謹厳で知られたハークスベリー男爵だった。国王ジョージ三世の擁護者・側近として政治家としてのキャリアを積み、独立戦争の後半のころには戦争長官を務めた。アメリカ合衆国には愛着などまったく持ち合わせてはいない。ロッチは男爵に向かい、イギリス政府はナンタケットの漁師の移住を促すために、「五名一家族の移住費用として一〇〇ポンド、定住のために一〇〇ポンド[23]」の金銭的な援助を行うよう求めた（今日の通貨に換算すると一世帯当たり二万三〇〇〇ポンド、三万二〇〇〇ドルで、総額はおよそ二三〇万ポンド、三二〇万ドル）。

「これはこれは」と男爵は不平を鳴らした。「国費の削減に努めるこの時期、これは多額な出費である。この出費の見返りに、何をイギリスに授けてもらえるのか」

「なにものにもかえがたいナンタケット島の血を、この国に与えることができるでしょう[24]」。ロッチは胸を張って答えた。立場の違いをめぐって二人は長々とやり合った末、日を改めてロッチを呼び出すことで話を終えた。

それから数日、ロッチは補償金の金額をさらに積み上げて呼び出しを待っていた。再移住に伴う前回の要求額に加え、アメリカの捕鯨船三〇隻をイギリスに移し、提案した捕鯨をこの国で立ち上げようと考えていた。それはできない、と男爵は応じた。イギリスが求めているのは、王立海軍の予備役となるこの国の船舶と水夫であり、それは将来に及ぶ国の安全保障政策なのだ。そして、ロッチが要求した一世帯一〇〇ポンドの補償金を八七ポンドまで値切ってきた。

わずか数ポンドの金額をめぐる男爵のけち臭さにロッチは怒った。ナンタケットの捕鯨を受け入れることは、イギリス経済に年間約一五万ポンドの貢献をもたらす。ロッチは話をフランスに持っていこうと海峡を渡ってしまった。男爵はそのあとを追うしかなかったが、フランスではイギリス以上に温かく迎えられた。

「フランス政府は黙って成り行きを見過ごすわけにはいかない」と当時、この件について合衆国の初代国務長官だったトーマス・ジェファーソンは記している。「四〇〇〇から五〇〇〇の水夫、しかも世界で最も優秀な水夫が、他国の海軍兵力に加わることの危うさを考えており、しかも、他の水夫にはない特別な技術を彼らとともに手に入れることができるのだ[25]」

フランス政府はナンタケットのクエーカー教徒に対し、ドーヴァー海峡のフランス側の港ダンケルクに移住してくれるなら、信仰の自由はもちろん、軍務への徴用の免除さえ認めようと気前のいい条件を提示した。しかし、ナンタケットの島民を大西洋の小島から誘い出すには、これほど寛大な条件でも十分ではなかった。誘いに応じてダンケルクに移り住んだのはわずか九世帯、三三名の島民にすぎなかった[26]。

ジェファーソンは政府文書で、捕鯨産業に関するなんとも悲観的な見通しを述べていた。一七八九年、一般的な鯨油が安価な植物油と競合していることから、「捕鯨は商人や水夫が参入するには利益がごく限られた仕事だ[27]」と書いた。

だが、マッコウクジラを原料にした製品は別だとジェファーソンは言う。マッコウクジラから採れる油は「明るく」、華氏四一度（摂氏五度）まで「凝固せず」「まったくの無臭」だと説く。「したがって、店内の照明や、富裕な家では控えの間、階段、廊下などの屋内で使われている。ロンドンの市場では、一般の鯨油の三倍の価格で売られている。冒険家（供給者）は、（イギリスの）一トン当たり一八ポンド五シリングの関税を払っても、必要最小限の利潤《リビング・プロフィット》を稼ぎ出せる」。鯨油のほかにも「マッコウクジラの頭部からは脳油《ヘッドマター》と呼ばれるものが三ないし四樽採取でき、医薬品やロウソクの原料となる固体の鯨蠟を生産できる。鯨蠟はポンド当たり、鯨油の倍の値段で売買されている」[28]と続く。

競合相手や政府への免許手数料、助成金などの問題がまたもや現れ、ジェファーソンはアメリカ捕鯨の採算性には悲観的だったが、マッコウクジラにはアメリカの捕鯨の将来がかかっていた。独立戦争から時がたつにしたがい、豊かな者たちは、獣脂ロウソクから鯨蠟製のロウソクをふたたび使うようになった。余裕のない者たちもそれより安い鯨油を灯すようになったので、結果的には植物油よりも消費量を伸ばしていった。

大西洋から太平洋に鯨を追う

ニューイングランドの捕鯨船の漁場は広がり、はるばるフォークランド諸島や南アメリカ最南端のパタゴニアまで鯨を追った。[29] アメリカ捕鯨の操業海域が一気に拡大したのは一七九一年のことである。ナンタケット島の捕鯨船「ビーヴァー」号がホーン岬を通過して太平洋に躍り出ると、この海域で一七か月にわたって鯨を追った。太平洋に進出したアメリカ初の捕鯨船である[30]（イギリスの「アメリア」号は一七八九年、ホーン岬を通過して太平洋で操業した）。同じ年、マサチューセッツのニューベッドフォードの捕鯨船「レベッカ」号が「ビーヴァー」号に続く。

捕鯨の復活は十九世紀を迎えても続いた。一八〇七年、ナンタケット島の捕鯨船団は四六隻にまで増え、ニューベッドフォードからは四〇隻の捕鯨船が港をあとにしている(31)。いまやアメリカの捕鯨船は、ホーン岬を通過し、数多くのマッコウクジラが集まるチリ沖合で操業するようになっていた。しかし、イギリスは、アメリカがかつての植民地だったという思いを捨てていなかった。一八〇三年、ナポレオンが支配するフランスとふたたび交戦状態に陥ると、フランスに比べ人口がはるかに少ないイギリスは、海軍の乗組員の確保を図らなければならなかった。

イギリス海軍はアメリカ船を臨検し、水夫を徴用して必要な人員を確保するようになった。一八〇〇年から一五年にかけ、その数は数万人にも達したが、イギリスに言わせると彼らは脱走兵だと言って譲らない。しかし、実際の脱走兵はわずか一〇〇〇名でしかなかった(32)。

問答無用のこうした強制徴募に、大統領トーマス・ジェファーソンは、アメリカ産の鯨製品の全面的な輸出禁止で応じた。法案は一八〇七年十二月二十一日に議会を通過した。捕鯨は継続して行われていたので一定の水準は維持できたが、鯨油も関連製品も国内市場だけではやはり限りがある。輸出禁止による甚大な被害をかんがみ、ジェファーソンはこの条例を通商禁止法に改定するよう議会に対して求めた。英仏を除いた他国への輸出禁止を解き、英仏両国の船舶はアメリカの海域から追放した。一八〇九年三月一日、ジェファーソンは改定された条例に署名、大統領の任期が切れる三日前のことだった。

一八一二年の米英戦争でアメリカはふたたびイギリスと戦火を交える。このころになると、ナンタケット島の捕鯨船の大半は太平洋で鯨を追うようになっていた。開戦を知った捕鯨船団は太平洋から取って返して島に戻ると、ボストン、ニューポート、ニューベッドフォードの港の防衛に向かった。イギリス海軍は一四隻のナンタケット島の捕鯨船員を捕らえた。イギリスの同盟国と称するペルー人の私掠船《しりゃくせん》も、*訳註 アメリカの捕鯨船団を襲っていた。一八一五年、無益な戦争が終わった時点で、ナンタケット島は所有していた船舶の半分を失っていた。(33)

だが、復興は早かった。「時を置かず、誰もがばたばたとせわしなく働いた」とスターバックは記録している。「昨日まで打ち捨てられていた波止場は、にわかに活気づいた。最近まで解体されていた船には新たな装飾が施された。そして、このあいだまで悲嘆に暮れていた人々の顔は、希望の輝きを放つようになっていた」。この年の五月、二隻が出港した。さらに六月には七隻。年が改まった一八一六年には三〇隻を超えるナンタケット島の捕鯨船がふたたび北大西洋、南大西洋へと漕ぎ出していき、さらにインド洋、太平洋で鯨を追った。(34)

五年後、ナンタケット島の捕鯨船は七二隻を数えるまでになった。アメリカの捕鯨船団はその後一〇年にわたって増加の一途をたどる。捕獲の激しい漁場では、それに応じて鯨の数は減少していったので、捕鯨船は豊富な資源を求め、さらに遠隔の海域へと進出していった。一八一八年、ナンタケットの捕鯨船「グローブ」号が南アメリカの太平洋側の海洋に新しい漁場を発見する。ペルーから太平洋の中央部に至る広々とした海域で、赤道沿いに三六〇〇マイル（五八〇〇キロ）にわたって広がっていた。一八二〇年代中頃には、漁期になると五〇隻を超える捕鯨船がここを漁場に鯨を捕獲していた。(35)

---

*訳註　交戦国の船を襲撃し、船舶や積荷を奪う個人船。政府は民間の船に対し、私掠免許を授けていた。

最盛期を迎える商業捕鯨

石炭ガスによる照明が、アメリカやイギリスの大都市の商店や工場の通路を灯していた一方で、個人の自宅、商業施設や公共施設、灯台、アメリカ人が働いて暮らす農場では、依然としてロウソクや灯油で明かりを得ていた。

フランス系アメリカ人の画家ジョン・ジェームズ・オーデュボンは一八二六年、全四巻からなる版画集『アメリカの鳥類』の展示のため、ニューオリンズを出港してイングランドに向かった。到着して最初の一週間、リヴァプールで遭遇したガス灯のまばゆさにオーデュボンは目を瞠《みは》った。そこに立っている新しい市場は、「広々とした、高さも奥行きもある建物で、内部は六本のゆったりとした通路で分割され、それぞれの通路で独自の商品が陳列されていた」。ガス灯によって屋内は煌々と照らされており、「夜の十時だというのに、籠のなかにいる鳩の目の色さえはっきりわかった」と日記に書いた。アメリカに移り住み、ボストンとニューオリンズで働いてきたオーデュボンだったが、これほど大がかりな照明は、第二の故郷となったアメリカでも見たことはなかった(36)。

当時、アメリカの人口は急激に増加していた。一八〇〇年に五三〇万人だった人口は、一八三〇年に一二九〇万人にまで増えていた。同じく一八〇〇年には一六だった州も、一八三〇年には二四州にまでなった。最も人口が増えたのは、トランスアパラチア西部［アパラチア山脈の西部とミシシッピー川の東部］の山々を横断する一帯である。一八〇七年には蒸気船が川を行き交い始め、一八二五年にはオールバニ、ニューヨーク、五大湖を結ぶエリー運河が完成している。さらに一八二九年には鉄道が開通、アメリカの荒野を突き進んで定住がさらに進んだ。こうした新しい土地に住む者が必要としていたのが照明だった。

米英戦争後の一八一七年から一八五〇年中頃にかけたこの時期、商業捕鯨は最盛期を迎え、捕鯨の黄金時代と言われるまでになった。捕鯨の拠点基地もナンタケット島から、ケープ・コッドの付け根、アクシュネット川の河口にあるニューベッドフォードに移っていった。黄金時代を迎え、ナンタケット湾へと続く浅瀬――ナンタケット砂州――では、大型化し、積載量を増した捕鯨船の航行が困難になっていたのだ。船倉に積まれた何千もの鯨油の樽をわざわざはしけに移し替え、砂州を越えて湾内に運んでいく必要があり、追加の経費もかなりの負担になっていた。

最終的にこの難題に挑んだのが島の実業家ピーター・ユアである。(37) オランダのゾイデル海の浅瀬で船を運搬するオランダ人の経験を参考に、〝ラクダ《キャメル》〟と呼ばれる仕掛けを設計し、ユア自身で建造した。長さ一三五フィート（四一メートル）の二本の浮きからなる船台で、水中に沈降させ、捕鯨船の左右両舷に沿って置くことができる。船腹の下に鎖を差し渡したら、蒸気機関で双方の浮きから水を汲み出して浮上させる。捕鯨船が十分な高さに持ち上がったところで、蒸気タグボートで曳航して砂州を越えていく。

〝ラクダ〟がはじめて海に浮かんだのは、一八四二年の九月早々だったが、保守的な島民にはユアの発明は容易に受け入られなかった。とくに急造させた鎖が次々と切れ、曳航していた「フィービー」号の銅で覆われた船体を傷つけていたのでなおさらである。だが、ユアはさらに強力な鎖をすでに発注していた。九月二十一日、〝ラクダ〟は捕鯨船「コンスティチューション」号を持ち上げて砂州を越え、外海へと船を運んだ。十月十五日、荷を積んだ捕鯨船を湾内に運び込んだときは、このとき以上に歓声があがった。

一八四〇年代から五〇年代、ナンタケット島を苦しめた問題はこれだけではなかった。一八四六年には大火に見舞われ、波止場と町の中心部が焼け落ちる。カリフォルニアがゴールドラッシュで沸いた一八四八年から五五年には、島の屈強な若い水夫八〇〇名が熱に浮かされたように船を降り、砂金採りに向かった。このころ、アメリカの捕鯨港からきた乗組員の多くが西海岸に着くと船から逃げ出し、そのなかには水夫だけではなく航海士もいた。ゴールドラッシュの当時、そもそもカリフォルニアへの無賃の切符として、多くの者が捕鯨船に乗る契約を交わしていたのである。

人間は鋭い銛《もり》を鯨に突き刺し、鋭利な鋤《すき》を使って肉を刻んだ。一八五〇年代になると、無慈悲な人間の手を逃れ、鯨はさらに遠くの海へと向かい、ついには日本列島沖合の北東の海域、さらに北上して北極海にまで逃れていった。エリザベス一世の時代、イングランドの薪がそうだったように、生産地から市場への距離が遠のくほど費用も上昇していく。ご多分に漏れず鯨油も代替となる燃料より高価になり、やがて代替品に取って代わられていった。

現在、代替製品の多くはほとんど知られていない。そうした照明用燃料はいったいどういうものだったのか。そして、それらはいったい何から作られていたのだろうか。

第9章 燃える水――テレピン油／カンフェン／瀝青／ケロシン／石油

エイブラハム・ゲスナー／トーマス・コクラン／ベンジャミン・シリマン・ジュニア／ジョージ・H・ビッセル／ジョナサン・G・エベレス／フランシス・ブルーアー／ジェームズ・タウンゼント／エドウィン・L・ドレーク／ウィリアム・アンドリュー・スミス

ダイオウマツからテレピン油を採る

一八五〇年代、北米ミネソタの辺境に入植した開拓者は、地元の万家《よろずや》で売られているカンフェンや発火性の液体をランプに満たしていた。店には鯨油も売られており、こちらのほうが火持ちもよく、屋外でランタンを灯す場合は鯨油が使われた。ランタンは正面にガラス、左右と後ろ側は、星型やダイヤ型の穴が空いたブリキで覆われていた。ある回顧録によると、このころ入植した開拓民のあいだでは、「鯨が一頭残らず殺されたとき、鯨のかわりに（ランプの）油を満たしてくれるのはカンフェンかもしれない」と考えられていたという(1)。当時、いわゆる捕鯨の黄金時代を迎え、鯨は乱獲され、頭数を減らしていたことは広く知られていた。

一八四六年、アメリカの捕鯨船の数は七三六隻、総積載量は二三万三〇〇〇トン以上とピークに達していた(2)。ただ、鯨の頭数に限りがある以上、当然、鯨油にも限りはあり、鯨油は枯渇する一方の資源となっていた。十九世紀前半のアメリカでは、灯火用の燃料として、鯨油以上にはるかに大量のカンフェンや発火性の液体が生産されていた。ヒマシ油、菜種油、落花生油、獣脂、ラードなどが広範に使われていただけでなく、木精《メタノール》や穀物アルコールも利用されていた。しかしカンフェンの値段は一ガロン（三・七八五リットル）五〇セント、一ドル三〇セント～二ドル五〇セントする鯨油よりも安く、一ガロン九〇セントのラードよりも安価だった。

発火性の液体にはナフサやベンゼンもあり、いずれも石炭から抽出されていた。カンフェンはテレピン油（松根油）から抽出されたものである。最も普及していたのは、度数の高い穀物アルコールに二〇～五〇パーセントのカンフェンと数滴の樟脳油を混ぜたもので、カンフェンを加えることで炎に色がつき、樟脳油によって臭気を取り除くことができた(3)。

アメリカに生えている主なテレピンの木は、学名ピーナス・パルストリスというダイオウマツで、アメリカ南部に非常にたくさん生えており、ノースカロライナ東部の砂地の松の森は四〇万エーカー（六二五平方マイル）にも及んでいた(4)。

まず、「ボクシング」（箱入れ）という方法で、粗製のテレピン、すなわちダイオウマツの液状の樹脂を集める。作業者は木の幹に大きなV字型の刻み目を入れて溝を作り、その下に深い切れ込みを入れ、樹脂がそこにたまるようにする。たまった樹脂をすくい取って樽に詰める(5)。ボクシングの場合、樹木へのダメージははるかに大きいが、手順はカエデ糖の採取とよく似ている。樹脂と樹液は別物で、樹脂は栄養素を運ぶのではなく、樹木が傷ついた際、いわば天然の包帯として滲み出る、植物のかさぶたのようなものである。

アメリカに入植した初期の開拓民にとって、この国の南西部に広がる手つかずのダイオウマツの森は、無尽の資源に思えたことだろう。成木は高さ一〇〇フィート（三〇メートル）を優に超え、幹の太さは直径二フィート（六〇センチ）もあり、木の下三分の二には枝が生えていない。枝が織りなす天蓋で日はさえぎられ、下生えは生えておらず、そのかわり森の地面は一二インチ（三〇センチ）にも及ぶ

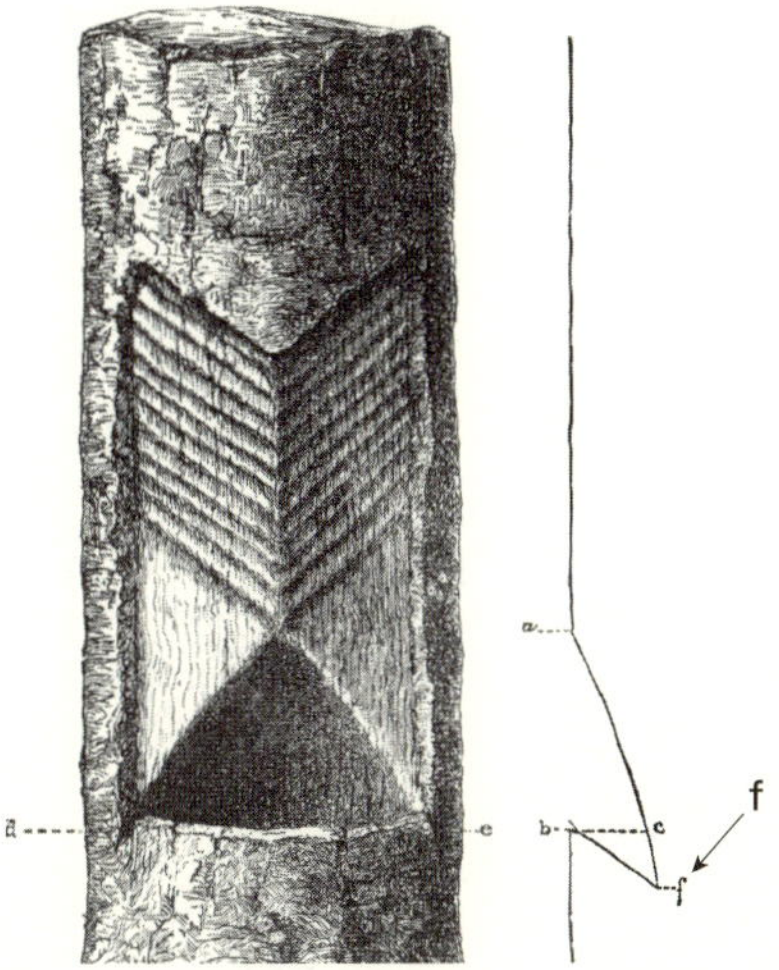

9-1　テレピンの樹脂を採取するために“ボクシング”されたダイオウマツ。右の断面図のｆにたまった樹脂をすくい取る。

金色の松葉のマットで深々と覆われている。「ダイオウマツの梢を行くリスは、地面に一歩も触れないまま、ヴァージニアからはるかテキサスまでたどっていける」[6]と言われてきた。

独立以前、アメリカの生産者は原料のテレピンを樽に詰め、イギリスに送って蒸留していた。独立後、フィラデルフィアやニューヨークに蒸留所が設立され、ここで加工してカンフェンに精製するようになった。一八三〇年代になり、鉄道が敷設されるようになると、蒸留所は松の森の近くに建てられるようになった。

そのころになると、灯油として精製されたテレピン油は、南部の森林の主力生産物として、タールやタールを蒸留して残ったピッチに取って代わっていた。アメリカのテレピン油の生産額は一八六〇年に七五〇万ドル（現在の二億一〇〇〇万ドル）に達し、そのうちノースカロライナ産のテレピン油が五〇〇〇万ドル以上を占めていた(7)。

ボクシングは例年行わなければならず、それに応じて樹木の傷も増え、採取する部位は地上一四フィート（四メートル）の高さにまで及んだ。左右二面に溝をつけて樹脂を採取するので、樹皮が残るのは天蓋を織りなす限られた部分でしかない。さらに、「チッピング」（削り取り）――ふたたび樹脂の出をよくするために、切り込み部分で硬化した松脂を二〜三日ごとに掻き出す――によって樹木のエキスをとことん搾り尽くした。

採取一年目のテレピンは〝初搾り《ヴァージン・ディップ》〟と呼ばれて一番の高値をつけた。二年目あるいはそれ以降のテレピンは格落ちし、〝飴色《イエロー・ディップ》〟と呼ばれた。ボクシングとチッピングで樹木は繰り返しダメージを受けていたにもかかわらず、それでも七シーズンも樹脂を採取できた。それから枯死したり、傷んだりした木を伐採して、木目の詰まった心材の部分を切り出した(8)。

アスファルトからケロシンを作る

一八五〇年代を迎えると、アメリカではテレピン油の生産は減少していった。灯火用の燃料市場に新たな競合相手が登場したからである。瀝青、すなわちアスファルト（ビチューメン）を乾留して製造した灯油で、カリブ海の島国トリニダードにある天然アスファルトの湖であるピッチ湖や、ロサンゼルスにあるラ・ブレア・タールピットのような半固体状の湖で見られる、天然のどろりとした炭化水素である（「タール」も「ピッチ」もアスファルト［ビチューメン］の意味で古くから使われてきた言葉だが、まぎらわしいことに樹木の滲出《しんしゅつ》液についても使われている）。

世界で最も広範にわたってアスファルトが埋蔵されているのは、カナダのアルバータ州で、鉱物油

9-2　トリニダードのピッチ湖。

分を含んだオイルサンド（砂油）――アスファルト（ビチューメン）が混じり合った砂岩――がおよそ五万五〇〇〇平方マイル（四三〇億坪）にわたって広がり、その大きさはイングランドの面積をしのぐほどである。

瀝青から灯油を抽出する方法を考えたのは、エイブラハム・ゲスナーという名前のカナダ人医師にして起業家だった。そもそもゲスナーは石炭ガスを照明用燃料にしようと考えていた。一七九七年、ゲスナーはカナダ東部のノヴァスコシアに生まれた。一二人いた子供の一人で、幼少期については不明だが、一八一六年には痩せ馬を売る馬商人として世間に乗り出していった。ゲスナー、十九歳のときだった。

「夏がない年」と呼ばれた一八一六年の夏、馬たちは飢えていた。前年の一八一五年、インドネシアのタンボラ山が噴火、火山灰は世界中を覆って陽はさえぎられ、北米やヨーロッパの高緯度地域では、七月になっても凍てついた大地が解けることはなかった。穀物は壊滅的な打撃を受けた。この年、ヨーロッパでは二〇万人もの餓死者が出ている。ゲスナーは馬を連れて西インド諸島へと渡り、そこで馬を売ろうと考えた。船賃は甲板員として働くことであがなった。彼の地では、馬を売って得たささやかな儲けで、島々を訪問したり、岩石や貝殻、鉱物を収集したりした。

バルバドス島のタールが湧き出す泉を調査し、トリニダードのピッチ湖にも訪れていた。トリニダードは一四九八年、クリストファー・コロンブスが第三次航海で発見、その後、スペイン政府は木造船の防水にこの島のピッチを使った。ゲスナーはこの湖のピッチを大量に持ち帰った。さらにもう二回同様の商売を試みたが、いずれの航海でも船が難破して不首尾に終わった[9]。

進取の気性に富んだカナダの青年は、運がよかったのか、それとも計算ずくのことだったのか、この冒険ののち医師の娘と結婚した。おそらく義理の父親の援助のおかげだろう、ゲスナーはロンドンの病院で内科と外科を学ぶことができた。一八二七年、医学の学位を得てノヴァスコシアに戻ってくると、地元で医院を開業している[10]。

当時、科学を学んだり、実践したりするうえで、医学はごく限られたコースのひとつだった。ゲスナーの本当の関心は地質学にあった。地質学に関する研究を徹底的に行い、一八三六年には『ノヴァスコシアの地質学および鉱物学に関する所見』という本を書き上げ、地元の炭鉱や鉄鉱石の鉱脈の有無について論じた。二年後、州政府から、メイン州の北東に位置するカナダのニューブランズウィック州の地質学調査員に任命されると、商業的な価値を踏まえつつ、五年にわたって現地の地質調査に当たった。

その後、ゲスナーは照明用の燃料開発に精力的に取り組む。原料はトリニダードで収集したピッチで、およそ二〇〇〇回の分離実験を繰り返し、一八四六年にはこのピッチから、当時でいう灯油《コールオイル》の分離に成功している[11]。同じ年、灯油の公開公演をプリンスエドワード島、次いでノヴァスコシア州の州都ハリファックスで実施している[12]。

この件を報じる新聞記事に注目したのが、第十代ダンドナルド伯爵*訳註にして、英領北アメリカおよび西インド諸島方面艦隊の最高司令官トーマス・コクランその人だった。

伯爵は北アメリカおよび西インド諸島方面の艦隊司令官としてハリファックスを拠点にしていた。当時、伯爵はトリニダードのピッチ湖の採掘権について交渉中で、ゲスナーを相談役として迎えていた。一八五一年、周辺の土地を残らず取得することで、湖の鉱物の所有権を完全に手中に収める[13]。一八四九年にゲスナーがハリファックスに居を移したことで、両者の関係はますます深まった。

数か月後、ゲスナーは灯油を媒介物に、アスファルトから照明用のガスを生産する独自の製法を編み出した。一八四九年六月、このガスの製造法に関する特許をノヴァスコシアで申請した際、「ケロシン」と「ケロシンガス」という名称についても特許で保護した（「ケロシン」（kerosen）の keros はギリシア語で「蠟《ろう》」、-ene はカンフェンのような新製品という意味である[14]）。

それから四年以上にわたり、ゲスナーは錯綜した一連の訴訟問題に追われ、その結果、採掘権は自分にあると彼が信じるノヴァスコシアとニューブランズウィック州のアスファルト鉱区の開発に携わることはできなかった。さらに一八五一年、彼の庇護者であり、共同経営者である人物の後ろ盾を失う。ダンドナルド伯爵が北米の軍役から退き、余生をイングランドで過ごすために帰国したのだ。ト

---

*訳註　本書一八九ページに登場する第九代ダンドナルド伯爵ことアーチボルド・コクランの息子トーマス・コクランで、C・S・フォレスターの小説「ホーンブロワーシリーズ」の主人公ホレイショ・ホーンをはじめ、後世のさまざまな海洋小説の人物祖型に影響を与えた。

リニダードで野心的な事業を推し進めてきたが、その伯爵もすでに七十六歳、帰国して九年後の一八六〇年に没した。ゲスナーは荷物をまとめると、妻と五人の子供を伴いニューヨークに移った。ケロシンの生産に関するアメリカでの特許はすでに申請していた。ロングアイランドがガス照明の有望な市場であることに間もなく気がついた。

この年、アメリカの共同経営者とともに、北米ガス&ガスライト社を設立、工場はブルックリンを流れるニュートン川沿いにあった。しかし、都市間の配管がないためガスを供給しようにも限度がある。そこでゲスナーと仲間は、市場を東海岸一帯に広げ、ランプ用の燃料生産に傾注することにした。ケロシンオイル社——当時、この会社はそう呼ばれていた——の設立趣旨書には、会社は「ニューブランズウィック州で生産された無尽蔵のアスファルト(ビチューメン)を原料に(略)、鉱物ナフサ、水硬性セメント、可燃性の液体、鉱物性のタールとピッチ、鉄道の潤滑油を製造する」[15]と書かれていた。趣旨書ではさらに、現在、アメリカにおいて使われている可燃性の液体よりも、ケロシンは低価格で生産できるので理想的であるという点が強調されていた。ゲスナーのアメリカでの特許は、一八五四年六月に承認された。原料として、最初のころはニューブランズウィック産の瀝青が使われていた。

そうしているあいだも、ゲスナーはケロシンの完成に没頭した。蒸留器で抽出されたばかりの未処理の灯油は、燃やすともくもくと煙をあげ、臭いも鼻についた。だが、酸や石灰を使って処理することでゲスナーはケロシンの製造に成功する。この灯油は、「目にもまばゆい白色光に輝き、煙も立たてず」に燃え、「その他の多くの炭化水素に共通するナフサのような不快な臭いはなく、非常に異なる成分を持つものに加工されていた」[16]

ケロシンオイル社のカタログによると、外部の化学者の調査では、「明るさはシルビック＊、ラード、鯨油の一三倍。鯨蠟と比べて六倍も明るい。カンフェンや菜種油の二・五倍、〝燃える水（石油）〟の二六倍、当世を代表するガス灯と比べても四倍も明るい[17]」。それだけではない。さらにすばらしいのは、一ガロン当たりの価格の安さである。光出力強度を調整したうえで比べてみると、〝燃える水〟の七分の一、鯨蠟の六分の一、ラードの四分の一、ガス灯の半分だ。「この国の家庭という家庭で、ケロシンは使われるようになるはずだ[18]」と高らかに謳われていた。

　事実、それに近い状態になりつつあった。アルコール添加のテレピン油が圧倒的に支配する市場に食い込んでいった結果、一八五九年には、ケロシンオイル社は日産五〇〇〇ガロン（一万九〇〇〇リットル）のケロシンを生産するまでになっていた。年三〇〇日の稼働で年間一五〇万ガロン（五七〇万リットル）を超えるケロシンが生産された[19]。このころケロシンの原料として使われていたのがボグヘッド炭である。エディンバラの西一八マイル（二九キロ）のバスゲイトにあるスコットランドの炭鉱から産出された瀝青炭の一種だ。本来ならガスを供給するはずだったケロシン工場が、そのガスの灯火を吹き消したのだから皮肉な話である。そしてその原因は、ガスを供給する導管が敷設されていない点に尽きた[20]。

　後追いする会社があちこちで乱立した。一八六〇年には、メイン州からフィラデルフィアにかけての東海岸、さらにピッツバーグからケンタッキー西部に至るオハイオ川流域にかけ、六〇～七五もの

＊　木材パルプから作られた油で、特許製品。

灯油工場が操業を行い、石炭ガスを生産する工場と覇を競いあった。アメリカで石炭ガスの製造が始まってすでに四五年、およそ二〇〇前後の工場が石炭ガスを生産していた[21]。一八六〇年早々の時点では、総計すると日産二万〜三万ガロン（七万五〇〇〇〜一一万リットル）の灯油が生産され、年間で約七〇〇万〜九〇〇万ガロン（二六〇〇万〜三四〇〇万リットル）にも達していたのだ[22]。これに比べて鯨油は、一八五四年に一〇三〇万ガロン（三〇九〇〇万リットル）を生産してピークに達したが、その後は激減に転じた[23]。

新しい原材料「石の油」

エイブラハム・ゲスナーは、カナダの鉱山の瀝青採掘権をめぐって法廷で闘っていた。このとき、鑑定人としてゲスナーに反論していた人物がベンジャミン・シリマン・ジュニアである。一八三七年にイェール大学を卒業、その後、同大学の化学教授になった。父親のベンジャミン・シリマンは独立戦争のさなかに生まれ、化学者としてはこの国の草分け的な存在であると同時に、アメリカにおける大学の科学教育の礎石を築き上げた。父親と息子はイェール大学などの大学で教鞭を執るかたわら、鑑定人や炭鉱の評価者としても収入を得ていた。

一八四七年、シリマン・ジュニアはほかの投資家らとともに、「ニューヘイヴン・ガス灯社」の設立に参加、取締役として働き続けた。また彼の家は、町で最初にガス管を敷設し、明かりを灯した家でもある。当時、コネチカット州ニューヘイヴンはアメリカ国内では最も小さな都市で、石炭ガスへの転換を図るために、四マイル（六キロ）に及ぶガス管によってガス工場と町の中心部を結ぼうとしていた。シリマンは市議会の議員でもあった。

一八五四年秋、二人の実業家がシリマンに接触してきた。ケロシン製造の新たな原材料の可能性を見定めてもらうことが目的だったが、シリマンの並はずれた経歴を考えれば、彼に依頼するのは当然の選択だった。その新原料が「石の油」いわゆる石油《ペトローリアム》だった。「石の油」と記して「石油《ロック・オイル》」、これは「岩石《ペトラ》」と「油《オリウム》」を意味するラテン語の合成語である。ゲスナーやほかの業者が固形の瀝青を使って抽出するのとまったく同じ方法で、石の油からも灯油を精製することができた。

二人の実業家は、石炭ではなく、国内で湧き出る液状の資源を使えば、灯油という巨大でしかも拡大を続ける市場に、従来品よりも安価な製品が供給できるともくろんでいた。すでに、ペンシルベニア州西部のベナンゴ郡の農場を買収している。ピッツバーグの北一〇〇マイル（一六〇キロ）にあるタイタスヴィル近郊の農場で、緑色がかった褐色の石油がこの農場から染み出て流れをなし、いみじくも「オイルクリーク」（石油の川）と呼ばれていた。

発見したのはスペインとフランスの探検家で、それ以降、石油の滲出はやむことなく続いた。一七六〇年代には、東海岸に暮らすアメリカの先住民、セネカ族の布教のために訪れたモラビア人宣教師デヴィッド・ライーズベルグルが、この地域で見た油泉について記している。ライーズベルグルの記録では、セネカ族は石油を沸騰させ、浄化したものを「軟膏として、歯痛や頭痛、腫れ物、リューマチ、捻挫の手当てに使っていた。時には内服薬として用いた。色は褐色で、ランプで燃やすこともできた。本当によく燃えた(24)」

オイルクリークでは、涸れることなく石油が滲出していることから、その下にはかなりの規模の石油だまりがあると言われていた。ただ、その石油だまりを見つけて、それを活用するには投資が必要である。二人の実業家の望みどおり、シリマンはこの事業の投資家向けに、ここで産出する石油の価値を証明してみせることになった。

二人の人選は正しかった。シリマンはオイルクリークについてよく知っていた。一八三三年、シリマンの父親がアメリカン・ジャーナル・オブ・サイエンス・アンド・アーツ誌に寄稿した論文で、ニューヨーク州キューバ村近郊のセネカ郡にある、似たような石油の滲出についてすでに報告していたのだ。「東部諸州において『セネカオイル』の名前で広範に使われている石油」は、キューバ村で滲出したものではなく、「ピッツバーグから約一〇〇マイル（一六〇キロ）離れたベナンゴ郡内の地区を流れるオイルクリークに由来する（略）。川や支流の一部を囲って流れていく石油を堰《せ》き止める。毛布に油を吸わせ、この毛布を絞って油を採取する[25]」と書かれていた。

シリマン・ジュニアは、父親の実験室で長年助手として働き、実験を行ってきたので、二人が持ち込んだオイルクリークの石油には通じていたのだろう。父親のためにこの石油を蒸留したのは間違いないはずだ。ただ、父親の関心は、ニューヨーク州南西部とペンシルベニア北西部の二か所の油泉の地下に存在する石炭層の可能性にあった。一八三三年の論文では、確たる根拠があったわけではないが、もし石炭層が広がっているなら、「いま以上の証拠がないまま、立坑を掘り下げていくのは賢明ではない。費用もかさみ、おそらく無駄に終わる」と先々を見据えて助言を与え、「〝えぐり取る〟ように採掘したほうがはるかに賢明だ」と力説していた。

父親が言及しているのは、石油ではなく石炭で、当時、石油を採掘するという発想は世間にはまだ根づいていなかった。このころの鉱物学者の多くがそうだったように、シリマン・シニアもまた二か所の油泉は関係しており、地表に豊富な石油が現れているのは、「その地下に石炭が存在する可能性を強く示唆する[26]」と信じていた。

石油に秘められた商品価値

シリマン・ジュニアに相談を持ち込んだ二人とは、ジョージ・H・ビッセルとジョナサン・G・エベレスの二人で、ウォール街のビッセル&エベレス法律事務所の共同経営者だった。エベレスは一八五四年にハーバード大学の法科大学院を卒業している。ビッセルはさまざまな職業を経てきた。十二歳から自活を始め、教師として生活を営み、働きながらダートマス大学を卒業すると、新聞記者として働いたり、ニューオリンズにある学校の監督官を務めたりしたのち、一八五三年、体を壊して故郷のニューイングランドに戻ってからは、投資事業を手がけるようになった。[27]

ビッセルとエベレスの二人は、ある事業の一環として動いていた。その事業とは偶然としか思えない出来事をきっかけに始まった。一八四九年、ペンシルベニアのタイタスヴィルで製材所を営むエベニーザー・ブルーアーは、ヴァーモントで医者として働く息子フランシス・ブルーアーに、製材所の下を流れる川から汲んだセネカの石油五ガロン（一九リットル）を送った。「この石の油には、治療によく効く有効な成分が含まれているというお墨付きがついていた[28]」と息子のフランシスはのちに語っている。

フランシスは石油を治療に使うとともに、その一部をダートマス・カレッジの医学校で外科学を教える元教授のデキシー・クロスビーにも融通した。譲り受けた石油の一部をクロスビーは、ダートマス・カレッジの化学教授O・P・ハバードに分け与えたが、ハバードは、石油の普及はまず無理だろうと考えた[29]。フランシスは出鼻をくじかれてしまい、以来この件は一八五三年になるまで手つかずのまま置かれた。

一八五三年、このころフランシスは医者を辞め、父親や共同経営者とともにタイタスヴィルで製材所の事業経営に加わり、木材の販売を行っていた。ペンシルベニアに落ち着いたころ、「経営する製材所のひとつの近くにあった油泉を（自分で）検分するため、はじめて足を運んでみた」。そして、そこで目にしたのは、ハバードが性急にくだした否定的な見通しを裏切る光景だった。「石油が溢れんばかりにあることに、私は大いに満足していた」

フランシスは共同経営者を集め、この石油をどう利用すればいいのか話し合った。そして、流出量を増やすことが決まる。その作業のため、地元に住むジェイコブ・D・アンジアという者を雇い入れている。一八五三年七月四日、製材所の経営者らとアンジアとのあいだで契約が結ばれた。このときの契約は、石油の探鉱開発史上、アメリカではじめて交わされた「リース契約」として知られている。

しかし、溝を掘ったり、さまざまな策を施したりしても湧出量は増えず、一日数ガロンにとどまり、とてもではないが市場に供給できるような量ではなかった。「石油は製材所の照明や機械の潤滑油として使われた」とフランシスは言う。製材所の共同経営者たちが思い描いたような、有益な利用法はほとんどなかった[30]。

医学校で外科学を教えていたデキシー・クロスビーには、二十六歳になるアルバートという息子がいた。アルバートは弁護士で、フランシス・ブルーアーとは従兄弟同士に当たる[31]。そして、ジョージ・H・ビッセルはデキシー・クロスビーのかつての教え子で、ある日、恩師のもとを訪れる機会があった。クロスビーはオイルクリークの石油のサンプルを見せ、これは非常に価値があるものだと激賞すると、アルバートは、ビッセルのかわりにペンシルベニアに赴き、油泉をその目で確かめてきてもいいと申し出た。

アルバートは「最初から、石油の価値と埋蔵量がどれほどのものかと乗り気だった」とフランシスは言う。クロスビーとフランシスの二人は、川沿いをたどって進み、湧出しては川面に流れ込んでいるさまざまな油泉を見てまわると、「はるか下流のマクリントック農場までたどっていった。ここでは川の中央に油泉がある。クロスビーは気をはやらせ、石油が湧いているとわかっている土地は、残らず買い占めろと口にしていた」とフランシスは記している。

「油泉を丸く取り囲む丸太の上に二人して立ちながら、石油がふつふつと湧き上がり、表面に金色にまばゆく色が広がっていく様子を見ていた。なんとも言えないすばらしい光景だった。農場ごとこの土地を買ったほうがいいと、ひと目見てクロスビーは勧めてくれた。七〇〇〇ドルあれば購入できるだろう。しかし、私たちの資金力でははるかに少額の金しか集められない。私にはこの二つとない好機を見逃すよりほかに手立てがなかった（略）。製材業では石油に投資するだけの資金を稼げないな、とクロスビーに話したとき、『なにが製材だよ、西ペンシルベニアの木材を全部集めても、それでもマクリントックの農場のほうがいい』と応えた[32]」

一八五四年当時の七〇〇〇ドルは、現在の貨幣価値だと約一九万八〇〇〇ドルに相当する。石油に投資してもどれくらい回収できるのか、石油の本当の価値など誰も見極められない時代、そこに投資するのはきわめて大きな取引だった。農場を買収するかわりに、クロスビーは農場主のマクリントックに対し、三〇日間のオプション付きで、農地を三分する案を持ちかけた。オイルクリーク沿いのこちら側の土地は一〇〇〇ドル、対岸の土地は五〇〇〇ドル、そして油泉は二〇〇〇ドル——もしくは、農地全体を七〇〇〇ドルである。マクリントックは二つ返事で応じた。自分の土地がいかに豊かな石油に恵まれているのか、それを信じていないのは明らかだった。

タイタスヴィルに戻ったクロスビーは、フランシスをはじめ製材所の共同経営者たちと契約交渉を始めた。油泉の源泉は共同経営者が所有する農地にあった（ジョージ・ビッセルはクロスビーに対し、検分の結果が満足いくものなら、交渉を進めてもいいとあらかじめ許可を与えていた）。

クロスビーは交渉相手を前にして、資本金二五万ドル（現在の七〇〇万ドル）の合資会社設立の話を切り出した。投資家に売り出す株式は関係者のあいだで分割する。それだけの資本金が集まれば、ペンシルベニア石油会社と命名された新会社は、一〇〇エーカー（一二万坪）に及ぶヒバート農場の買収資金五〇〇〇ドルを含めた資金が調達できる。

会社の公募には、製材所の共同経営者たちが所有するさらに数千エーカーの土地の採油権が含まれていた。関係者のあいだで、合意内容をめぐって派閥が生まれ、そのせいでひとしきり混乱が続いたものの、一八五四年秋、ビッセルとエベレスの二人は、ペンシルベニア石油会社ニューヨーク支店を設立して株式の販売準備を進めた。二人は、新たに入手したオイルクリークの採油権をコネチカット州ニューヘイヴンの大勢の見込み客に売ることで、これまでの経費を埋め合わそうとした。二人がなぜニューヘイヴンを選んだのかは不明だが、ニューヘイヴンの債権購入者らは二人に対し、オイルクリークの石油の成分分析をベンジャミン・シリマン・ジュニアに依頼して、その評価を報告するように求めた。このことがのちに大きな意味を持つことになった。(33)

照明にふさわしい油の発見

一八五四年十月、二人はそれを実行に移した。一か月もしないうちにシリマンの仮報告があがってきた。この石油は「医薬や燃料、潤滑油ではなく」、塗装用溶剤としての有用性のほうが高そうだというものだった。本格的な分析はこれからとはいえ、この結果に二人とも落胆したにちがいない。だが、シリマンにやってもらう今後の成分分析への支払いは、捨て金にはならないと腹をくくった。[34]

当時のイェール大学は、現在のように潤沢な寄付金が寄せられる大学ではなかった。一八四七年に新設された応用化学科の化学教授にシリマンが任命された際も、他の学部の教授を含め、大学側からとくに給与に関する提示があったわけではない。シリマンは割り当てられた構内の家の賃貸手続きを大学側と進めていたが、自身は学外で暮らしたかったので、構内の施設を研究室に変え、生徒たちから使用料を徴収した。[35]

一八四九年、ルイビル大学から満足がいく給与を支払うという誘いを受け、同校の医学院で教鞭を執るためにイェール大学を離れる。父親の引退を受け、化学教授のポストを引き継ぐため、一八五四年にはイェール大学に戻った。このときシリマンは、ルイビル大学を辞めたことで、「金銭的にきわめて大きな犠牲を強いられた」と友人の一人にぼやいている。[36] イェール大学は、化学教授の一年目の年俸として一〇〇〇ドル（現在の二万八〇〇〇ドル）と、実験室の経費として三〇〇ドル（八五〇〇ドル）を支払っていたが、[37] シリマンには、ペンシルベニアの石油のコンサルティングで、持ち出しになるような仕事をする気はなかった。大学の実験室の維持には金がかかった。

ビッセルとエベレスに仮報告書を提出したあとも、オイルクリークの石油に秘められた商品価値を見定めるシリマンのサンプル分析は続いた。十二月下旬には、明るい見通しを二人に書き送るようになっていた。「今回の研究にははなはだ興味をそそられています。そして、この石油は多くの有用な目的を満たすだけの価値があるという、貴殿らのご希望に応じた結果が得られるものと思います」。[38]

この返事にビッセルとエベレスは喜んだ。

オイルクリークの試料は、沸点の異なる数種の液体で構成されているのではないか――そう考えたシリマンは、分別蒸留でそれぞれの留分に分留し始めた。その過程は、浴液槽――沸騰させた水と圧力を高めるため亜麻仁油が入っている――で、原油が入った容器を温め、蒸留が始まるまでゆっくりと温度をあげていく。蒸留が始まったら、その温度で抽出される留分が完全に留出されるまで温度を保つ。シリマンはそれから一〇度刻みで温度をあげていった。いずれの留分も特定の温度で気体となって留出するのは、水とまったく同じである。その後も温度をあげていき、さらに高い沸点の留分についても同じ作業が繰り返されていく[39]。

分別蒸留は〝飽き飽きする〟とシリマンはこぼしていた。実際、この実験を終えるまでに三週間以上の時間を要した。しかしその甲斐あって、原油に混じり合っていた七種類の油成分が特定できた。「完全に無色、さらさらとして透明、はなはだしつこい臭いを伴う」〈生産番号2〉のようなものから、〈生産番号8〉の「ハチミツのような色と粘性を帯び、先行して抽出された油成分より刺激臭は少ない」まで、油成分は色調、粘性、香気の点で多岐に及んでいた（〈生産番号1〉は最初に留出される成分でいわゆる水）。蒸留の容器に残っていたのは、「真っ黒で、ねっとりした、樹脂のようなワニスで、熱が冷めると非常に固くなり、容器をさかさにしても一滴も垂れなかった[40]」

それ以外の何かについてもシリマンは発見していた。その何かこそ、ビッセルとエベレスが切望していたまぎれもない突破口である。試料から留出された油成分は、それぞれで沸点が異なっていた。この違いが意味するのは、試薬の石油は単一の成分ではなく、いろいろな油成分の混合物であるという点だ。それぞれの油成分は、「蒸留の過程で、熱と化学変化を通じて生産され」「当初の試薬には存在していなかった新物質に変化したもの」とシリマンは二人に説明をした[41]。このような混合物の蒸留は熱を使って石油を分解《クラック》するようなものなので、その後、蒸留作業は「クラッキング」と呼ばれるようになる。

シリマンの発見は、まさにひと山当てたことに等しかった。照明にふさわしい油が発見されたのだ。石の油《ロック・オイル》から蒸留した成分を明かりに使うという「予想もしない成功に遭遇した」。一八五五年三月一日、シリマンは実験費用の追加を求めた。抽出した成分を「各種ランプで灯し、さまざまな油と比較」する実験を提案した。「鯨油、菜種油、鯨蠟」といろいろな油がリストアップされていた。これらの油の照度を比較するには、標準光とするロウソクや特製の光度計を用意しなくてはならない（シリマンはこの光度計を使い、自分が参加するニューヘイヴン・ガス灯社の照明を実験する予定だった[42]）。

やりかけた以上、とことんまでやるしかない。ビッセルとエベレスには、そう腹をくくるよりほかなかった。

シリマンの報告書「ペンシルベニア州ベナンゴ郡で採取された鉱油もしくは石油に関する報告書：照明ならびに他の用途について専門的な言及を踏まえて」が書き上がったのは、一八五五年四月十六日のことだった。ビッセルとエベレスは何から何まで自分たちが願ったとおりの分析だと納得はしていたが、高い出費を強いられ、エベレスは「金ばかりかかってしかたがない」とこぼしていた。この分析には六〇〇ドル（現在の約一万ドル）を上回る費用がかかった。だが、「これは大評判になる」とエベレスは言い添えた。「株式はこれで売れるようになるはずだ。見通しは明るい[43]」

石油を求めて井戸を掘る

しかし、ペンシルベニアで石油が大量に流れ出すまでには、さらに四年の年月がかかっている。石油には照明用燃料としての価値があるという評価は、シリマンによって定まったものの、では、投資に見合う利益が生み出せるだけの石油を、オイルクリークの鉱区からどうやって産出すればいいのか。その問題が依然として残っていた。

そうしているあいだも、ニューヘイヴンの投資家が、ニューヨークの投資家を取引から締め出すなど、会社は何度となく再編を繰り返していた。一八五八年、ペンシルベニア石油会社は、新たに立ち上げられたコネチカット州ニューヘイヴンのセネカ石油会社に吸収され[44]、銀行家のジェームズ・タウンゼントと仲間のニューヘイヴンの投資家が経営権を握り、共同経営者として地元のエドウィン・L・ドレークが迎えられて社長に選出された。ドレークこそ、地下に横たわる岩の牢獄から石油を解き放つ方法を編み出すことになるのだが、この時点ではにわかに信じられるような話ではなかった。

タウンゼントとドレークが親しく付き合うようになったのは、ニューヘイヴンのホテル「トンチン」である。二人ともここでホテル暮らしをしていた。一八五四年、出産の際に妻を亡くしたドレークは翌年、幼い息子を連れてこのホテルに移ってきた。社長に就任した一八五八年、ドレークは三十八歳だった。長身ですらりとした体形、黒い顎鬚《あごひげ》をたくわえていた。信心深い、魅力的な人物で、声を荒らげることなどめったになく、豊富な話題でホテルは夜ごと笑いが絶えなかった。生まれはニューヨーク州の州都オールバニの近くのグリーンヴィルで、子供時代をニューヨークとヴァーモントの農家で過ごし、マサチューセッツからミシガンを走る鉄道の車掌として働いてきた。

一日置かれるドレークの人となりはさておき、石油採掘の監督にふさわしい条件ということでは、自由に旅行できる無料乗車券を所持していたぐらいだった。ニューヨーク&ニューヘイヴン鉄道の車掌として勤務していた時代に支給されたもので、この会社には一八四九年から、病を得て一八五七年に辞めるまで勤めていた。辞職を余儀なくされた病とはマラリアである。当時、アメリカでは、中西部北部からピッツバーグの北東一帯にかけ、マラリアは風土病として蔓延していた。[45]

一八五五年から五八年にかけ、オイルクリーク沿いの土地と採掘権のリース契約の交渉を進めるかたわら、のちにセネカ石油会社となる会社の投資家たちは、さまざまな人間をタイタスヴィルに送り込んでは生産量の増大に取り組んできた。いろいろな手が打たれ、石油が滲み出てくる側溝を深さ一八フィート（五・五メートル）、幅四フィート（一・二メートル）にまで押し広げてみたものの、湧出する石油は多い日でもわずか六ガロン（二三リットル）にすぎなかった。このころ、アメリカの灯油の生産高は、年間七〇〇万ガロン（二六五〇万リットル）にまで迫ろうとしていた。[46]

一八五八年早々、タウンゼントに後任社長として採用されたドレークは、現場の管理者に任じられた。年俸は一〇〇〇ドル（現在の二万九〇〇〇ドル）だった。前年の一八五七年に再婚し、その年の後半にはセネカ石油会社の地所を調べようと、一人でタイタスヴィルを訪問している。同じ年の五月、妻と息子、生後五か月の赤ん坊を伴って引っ越しをすることを決め、タイタスヴィルへと向かう準備を始めた。[47]

一八五七年十二月、タイタスヴィルに行く途中、ドレークはニューヨーク州シラキュースに立ち寄っている。この町にある塩の井戸を視察するためだ。このころ、掘削して石油を取り出した者はまだいなかったが、井戸を掘り、塩水を汲み出すことは普通に行われていたので、どのような仕組みなのかドレークは知りたかった。石油が混じって塩井はたびたび汚染されていたが、石油を集めて売る場合もあった。石油をはじめて「掘削」したのは誰なのか。それをめぐって歴史家の意見は分かれる。坑井を掘って石油を採取しようと考えたのは、自分だとタウンゼントは主張する。その点ではドレークも同じだ。誰が思いついたにせよ、ペンシルベニアへと向かうはじめての遠征の途上、ドレークは油井を掘ろうと考えていた(48)。

古くから人間は単に風味を味わうために塩を使ってきたわけではない。一九二〇年代、各家庭に冷蔵庫が普及するようになるまで、塩蔵は数少ない食物の保存法、とりわけ肉を保存する方法のひとつだった。何世紀にもわたって塩への課税が行われてきたのは、塩が食品を保存するうえで必要不可欠な産物だったからである。

塩井を掘るには二通りの方法がある。創生期の石炭の鉱脈探しと同じ要領で、棹と鑿で掘り下げていくという、古くからある手間のかかる方法と、もうひとつは、やぐらを備え、小型の蒸気機関で鑿を上下に動かして掘削していく方法である。

一八五八年五月、ドレーク一家はタイタスヴィルに到着した。町の住民は〝大佐《カーネル》〟としてドレークを迎えてくれた。到着に先立ち、タウンゼントが手紙や書類で知らせ、歓迎の手配を整えてくれていたことをドレークは知った。町の郵便局長ならこの話を広めてくれるとタウンゼントが見込んだとおりで、ドレークはその肩書にふさわしい丁重な出迎えを受けた。実際、若いころにミシガン州の民兵として働いたことがあった。また、夫は大佐の地位にあったとのちにドレーク夫人も言っているので、おそらくその話に間違いはなかったのだろう(49)。

タウンゼントは骨の髄まで銀行家で、ドレークの給与には決して気前よくなかった。翌年にかけ、セネカ石油会社の鉱区管理者は、給料の前借りを何度も申し出なくてはならなかった。立派な肩書を

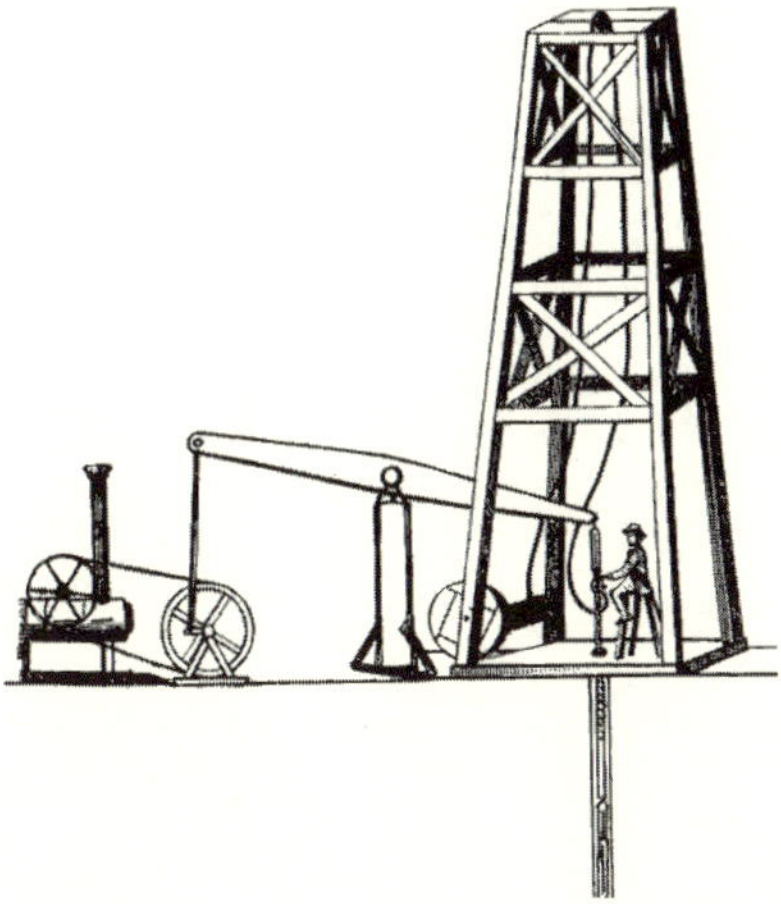

9-3　蒸気機関を使った塩水（と石油）の掘削装置《リグ》。最も肝心な部分は、動力で稼働するスプリングポールの部分。

使って地元の人間からも金を借り、一度などニューヘイヴンにまで出向き、取締役会で金の無心を訴えたことさえあった。

　石油のために井戸を掘ってくれる人間が見つかるまで、一年以上かかった。塩井戸掘りの職人に依頼しても次から次に断わられるか、請け負っても約束した日に相手は姿を現さなかった。職人に求めたドレークの基準は厳しかった。「タイタスヴィルに到着したのは五月十五日、七月二十日までには一人の職人を見つけていた」とドレークは書いている。「その男とは、直径五インチ（一三センチ）、深さ一〇〇フィート（三〇メートル）の穴を掘る契約を交わし、当人の過失もしくは不注意で成功に至らなかった場合は、支払い金の没収もしくは権利を失うという内容だった」

　だが、やってくると言っていたほかの職人たち同様、この男もとうとう姿を見せなかった。タイタスヴィルに来る途中で死んだ者もいた。[50] ドレークが「塩井戸掘り」と呼んだ連中は、たいてい誰もが大酒呑みで、「水がわりにウイスキーを呑んでいた」。だが、呑んだくれたちの大半、おそらく全員が、顎鬚をたくわえた風変わりなこの男のほうこそ気が違っていると考えていたにちがいない。[51]「その場所に石油があるのは知っていた」と地元の一人は言う。「だけどそれがどうした、とみんな考えていた。石油にそんな価値があるとはどうしても思えなかった[52]」のである。

ドレークは、石油が流れる側溝に手を加え、蒸気機関の建屋を建て、機関を注文して設置するなど、忙しい毎日を送っていた。その間も「塩井戸掘り」を探し、必需品を購入するためにかけずりまわった。つらかったのが一八五八年から翌五九年にかけての時期だった。「冬のあいだ、週四日は雨が降っていた[53]」

アンクル・ビリー、石油を掘り当てる

一八五九年四月、ドレークのもとに手紙が届いた。オイルクリークの南約八〇マイル（一二九キロ）のペンシルベニア州タレントゥムに暮らす友人からだった。「格好の人物を私のために見つけてくれた。まさに意中の人物だった。何年も塩井戸掘りに携わり、この人物なら太鼓判を押せると言ってくれた」。[54] ドレークは馬に乗ってタレントゥムへと向かい、通称〝アンクル・ビリー〟こと、顎鬚をたくわえた鍛冶屋のウィリアム・アンドリュー・スミスに会った。

タレントゥムの塩井戸掘りたちは、厄介事が持ち上がるたびにスミスのもとに駆け込んだ。当人はぼちぼち鍛冶屋を引退して、余生は農業で過ごそうと考えていたが、結局、ドレークの頼みを聞き入れて井戸を掘ることが決まる。日当は二ドル五〇セント（現在の七二ドル、時給九ドル）、スミスの三人

の息子と娘の一人（料理と洗濯担当）も無償で仕事を手伝ってくれたので、これは本当にいい買い物だった。ドレークはタレントゥムで仕事に必要な掘削用の鑿やそのほかの道具を買い求める予定だったが、それを知ったスミスは、鍛冶屋を畳む前の仕事として自分が作ろうと申し出てくれた。

一八五九年五月二十日、スミスがタイタスヴィルに到着した。妻は伴っていなかった。娘のマーガレットの話だと、母親にはタイタスヴィルという町が、「恐ろしい裏の森とそっくりな場所に思えるらしく、家族の身に何か起こるのではないかと心配している」[55]と言う。一家は間もなく地元のホテルを引き払い、掘削の予定地のかたわらに建つ蒸気機関の建屋に移り住んだ。作業はただちに始まり、まず新しい機関建屋と木製の油井やぐらの建築が始まった。やぐらの大きさは、基部が一二平方フィート（〇・三坪）、高さは約三〇フィート（九メートル）。納屋の棟上げのように、地元の有志の手で垂直に立ち上げられ、地面に据え付けられたのは、五月下旬もしくは六月早々のことだった。

地元の有志もその目で油井やぐらを見るのははじめてだ。これは何かと尋ねる農民に、一人のお調子者は、ニューヨークの人間は、聖書に出てくるバベルの塔があった場所の印として、こうした記念物を建てるのだと教えた。地元の人間はこのやぐらを「ドレークの神殿」と呼ぶようになった。また、六月にはスミスの妻も勇気を振り絞り、残り六人の子供を伴ってタイタスヴィルにやってきていた。虫の知らせだったのだろう。一家がタイタスヴィル滞在中、末娘のリダが、間もなく十七歳の誕生日という日にジフテリアで息を引き取る[56]。

地下にある石油のありかを特定する方法はなかった。占い棒《ダウジング》を使ったり、霊能者に尋ねたりもしてみるが、ひとまずドレークは、一方をオイルクリーク、もう一方を製材所が動力源としている水車用水路（水車をまわすために川の流れを分流する水路）に囲まれた小さな島の中央部を掘ってみることにした[57]。

　一年前の一八五八年八月、井戸掘り職人をまだ探していたころ、何人かの人手を雇い、そこを掘らせてみたことがある。振りおろされた鋤は間もなく石油を掘り当てたが、同時に水が噴き出し、穴は水浸しになった。結局、ドレークは、掘って穴を開けるのではなく、くり抜いた《ボーリング》ほうが経費はかからないと判断した[58]。このときの名残は、丸太で周囲を囲まれた直径八フィート（二・四メートル）の穴として残っていた。スミスが作業を始めたのがこの穴で、岩盤まで枠で囲んでから油井をくり抜いていく算段だった。

　春の雨のせいで島の土は水を吸っている。スミスと息子たちが掘り進むにつれ、水があがってくる。氷のような水に腰まで浸かりながら、作業は進められた。体を暖めるため、一時間に五回から六回は休息したが、それでも砂と粘土の層を約一六フィート（四・九メートル）まで掘り抜いた。しかし、前回同様、掘り直した新しい穴も水でいっぱいになり、壁が崩れた。アンクル・ビリーの話では、「全員が溺れ死んでしまうほど水が溢れた[59]」

　ドレークかそれともアンクル・ビリーか、あるいは二人で決めたのだろうか。二人は、パイプを砂と粘土を貫いて岩盤まで打ち込んでみることにした。のちに掘削管《ウェル・ケーシング》と呼ばれるようになるパイプである。長さが約九フィート（二・七メートル）の鋳鉄製のパイプ二本をドレークは用意した。巻き上げ機を使い、この破城槌《はじょうつい》のようなパイプを回転させながら押し込んでいく。

　一本目のパイプを地中に押し込み、さらに二本目のパイプに取りかかったときだった。二本目が一本目のパイプの上端を粉砕してしまう。この事故のあと、スミスは肉厚にしたパイプの鋳型の図を描き、ドレークはその図をもとに一〇フィート（三メートル）のパイプを鋳造させた（「この仕事にこれ

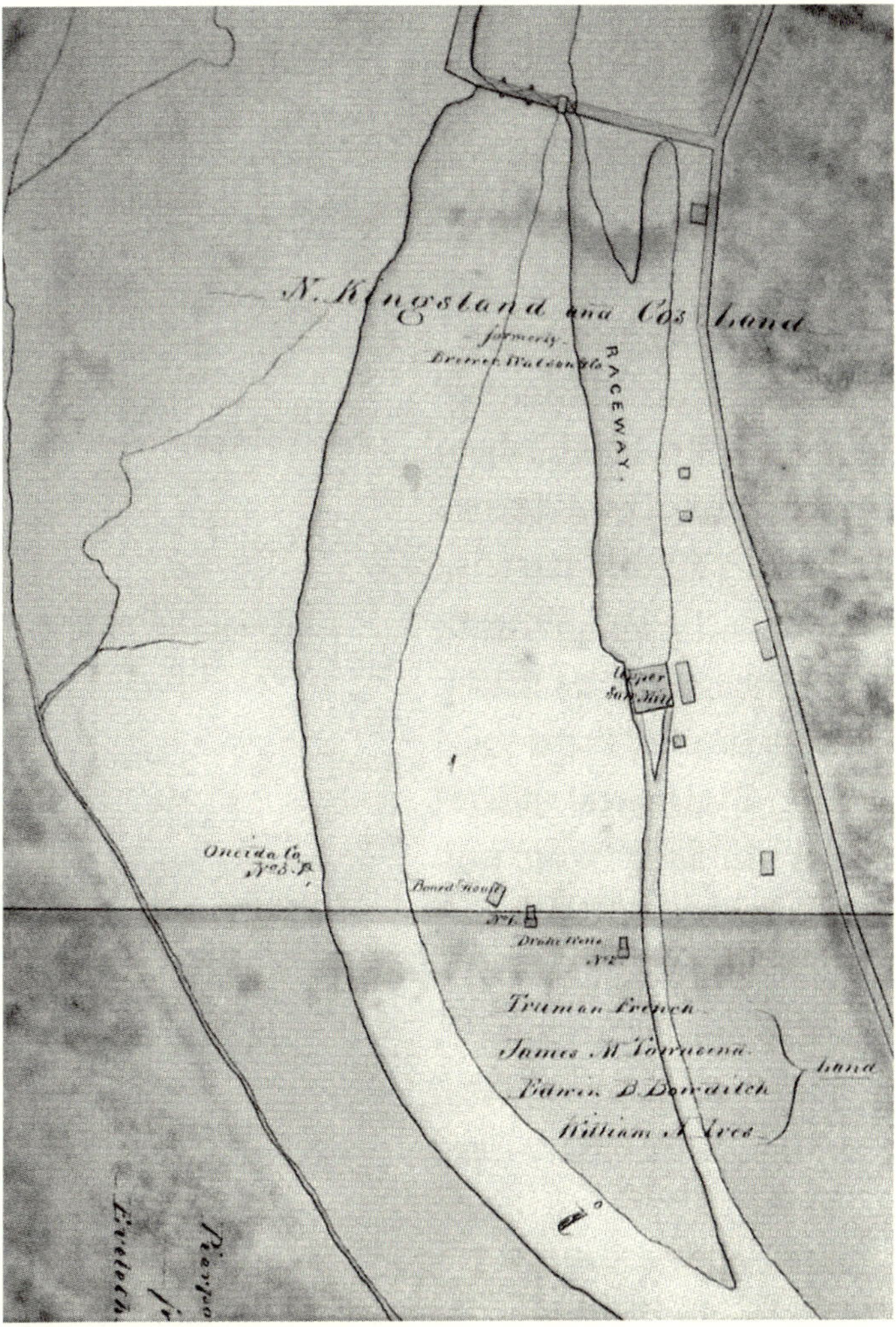

9-4　オイルクリークと水車の水路に囲まれた当時の島の地図。「no.1」と記されているのは、ドレークが最初に掘った穴で、島を水平に二分している地図の折り目の中央すぐ下にある（このあとに掘られた「油井 no.2」は島の右側、水路寄りにある）。

ほどふさわしい人物の助けがなければ、私一人では何もできなかったはずだ[60]」とドレークはアンクル・ビリーに感謝した)。

新しいパイプが届いたのは八月二日ごろだった。そして、八月九日、パイプの先は地下四九フィート八インチ(一五メートル)の岩盤に達した[61]。アンクル・ビリーは、先端に鑿がついたドリルストリングを使った作業に取りかかった。ドリルストリングは、やぐら上部に設置した滑車を介して蒸気機関とロープでつながっており、機関を動力にして上下に動かせる。パイプのなかが砕いた土砂で一杯になったら、ドリルストリングを引き揚げ、鑿の部分を管状のひしゃくに取り替えて砕片をすくい取る。刃先がなまった鑿も規則的に研がなくてはならない。

アンクル・ビリーはいつも井戸のかたわらで作業を行い、一日約三フィート(九〇センチ)ずつ岩を砕いていき、八月を通して五〇フィート(一五メートル)、六〇フィート(一八メートル)と掘り進めていった。

一方、ニューヘイヴンでは、投資家たちはすでにドレークの神殿に見切りをつけていた。ただ、銀行家のジェームズ・タウンゼントだけは違った。「どうやらみなさんは、私とは別の考えをお持ちのようだ。あなたがたはみな、今回の事業ではびくともしないきちんとしたお仕事をお持ちだが、この事業に私はすべてを懸けた。そのあげく銀行は倒産し、私も一文なしになってしまった[62]」と投資家たちに訴えた。同じころ、ドレークに最後まで仕事をさせたいと、親友二名が連帯保証し、ペンシルベニアの銀行から五〇〇ドルの資金を借りている。

アンクル・ビリーが井戸を掘り進めていた八月、さしものタウンゼントも事業の成功に見切りをつけ、鉱区の閉鎖を決意する。その旨を手紙にしたため、最後の支払いの始末のためドレークに五〇〇ドルを送金すると郵便為替の口座を閉じた。だが、この手紙の到着が遅れたことが幸いする。

八月二十七日土曜日、その日の仕事も終わりになったころ、アンクル・ビリーのドリルストリングの鑿が、六九フィート（二一メートル）で岩盤層を貫いた。鑿はさらに六インチ（一五センチ）の深さに沈んでいった。

ドレークもアンクル・ビリーも安息日は疎かにせず、日曜日は教会で礼拝して仕事はしない。アンクル・ビリーはドリルストリングを引き揚げると、今日はここまでと終わりを告げた。だが、日曜日の朝の礼拝中、何か心に感じるものがあったにちがいない。なぜなら、その午後、アンクル・ビリーはわざわざ家を出て、油井の様子を確かめている。

石油だった。パイプの口まであと四フィート（一・二メートル）というところまで石油があがってきていたのだ。

午後の日差しを受け、油面はキラキラと輝いていた。(63)

第10章

野生動物のようなもの——石油

エドウィン・ドレーク／ジェームズ・タウンゼント／ラファエル・セムズ

人工洪水を起こして石油を運ぶ

石油を売るのは難事業だったと、エドウィン・ドレークは語っていた（意外ではあるが、新しいエネルギー源にはありがちな話である）。さらに「石油の売り込みには手間も時間もかかる」と言って、ドレークはニューヘイヴンの銀行家ジェームズ・タウンゼントに釘を刺した。一八五九年八月の歴史的な大発見ののち、いらだたしい何か月かが続いた[1]。石油の販売をめぐり、誰もこんな難題があろうとは予想していなかった。

油井の採掘に成功したことで、タイタスヴィルの住民はわれ先にとオイルクリーク沿いの採掘権の獲得に殺到し、そこかしこで油井の掘削が始まっていた。ドレークの油井は自噴せず、ポンプで汲み上げる必要があった。石油の発掘後、最初に迎えた月曜日、ドレークが樽を探しまわっているあいだ、アンクル・ビリーは油井の掘削管にどこにでもある手押しポンプを取り付けておいてくれた。「彼らは至って当たり前の、基本中の基本の問題から手がけなくてはならなかった。石油を入れる樽の手配だった」と、当時、ここに住んでいたイーダ・ターベルは書いている。「テレピン油の樽、糖蜜の樽、ウイスキーの樽はあったにせよ、この国では十分な数の樽が売られていなかった。そこで、ありとあらゆる類の樽や酒の大樽」がかき集められた[2]。

タウンゼントは目敏い実業家で、地元の樽需要を見込み、しばらくしてタイタスヴィルの一軒の樽屋を買収した。この町に新しく銀行も開いた。ドレークが石油を見つけて一年、林立するやぐらから湧き出る石油は日産一〇〇〇バレル（一六万リットル）に達し、この石油からおよそ五〇〇バレル（八万リットル）の灯油が生産されていた。船積みにされた石油はごく一部で、陸路を行く石油の大半は運んでいる最中に漏れていた。(3)

石油の販売がひと筋縄ではいかなかったのは、馬車で運ぶには経費が高くつき、未加工のままでは、臭いが耐えられなかったからである。原油を精製するには、オイルクリークから適当な製油所に運ばなければならない。どの製油所も規模は小さいものの、タイタスヴィルからピッツバーグにかけて次々に姿を現していた。だが、ぬかるんだり凍りついたりした道は、飛び散った石油ですべりやすくなっており、数千ガロンもの樽詰めの石油を積んだ一〇〇台にも及ぶ大型馬車の隊列は難儀を極めた。

苦肉の策として始まったのが〝洪水〟である。川に波を立てて——増水させて——水位をあげ、その勢いに任せて、石油を積んだ平底船をオイルクリークからアレゲーニー川へ一気にくだらせるという荒っぽいものだった。

総計八〇〇もの樽を積んだ平底船が、列をなして岸辺に待機している。製材所が所有する一二か所以上ある堰堤《えんてい》のうち、上流の堰堤に合図が送られる。堰堤には小川や支流の堰《せ》き止められた水がたまっている。この堰堤の扉を作業員が次々に開いていくのだ。はるか上流の最初の堰堤から水がうねりながら流れてくると、そのままの勢いで二番目の堰堤へとなだれ込んでいく。これが何度も繰り返され、水はそのたびに勢いを増し、前へ前へと突き進んでいく。タイタスヴィルの下流三マイル（四・八キロ）のキングスランドの堰堤が開門されるころには、十分な水が放流され、水位は二フィート（六

10-1　草創期のペンシルベニアの油井。

10-2　人工洪水の勢いでオイルシティー近くの橋に衝突した平底船。

〇センチ）以上に盛り上がった。

一陣の涼風が川上から吹いてきたら、水が間近に迫ってきた知らせだ。どのタイミングで水のうねりに漕ぎ出せばいいのか知る格好の合図である。「経験の浅い船頭ほど、たいてい最初のひと波でもやいを解いた」と歴史家のポール・ギデンズは書いている。「そんな真似をすれば、次に来るうねりにもまれ、船は座礁するか、ばらばらに砕けるだけだった。手慣れた船頭は、波の勢いが収まるまで待ち、それからもやいを解き、あとは奔流の勢いに船を任せた」。全航程、決して楽な旅ではなかったとギデンズは続ける。

人工洪水はきわめて常ならざる光景を生み出した。川には大小一五〇から二〇〇隻の平底船があちこちで奔流にもまれ、激しい水勢と悪戦苦闘しながら、オイルクリークを下流に向かっていく。これらの船には樽や種々雑多の容器に入った石油が積まれ、その量は一万から二万、あるいは三万バレルもある。川幅はわずか一二ロッド（一九八フィート：六〇メートル）しかないうえに激しく湾曲して、急峻な山あいを這うように流れている。総勢五〇〇名の水夫や船頭に欠かせないのは、ほかの船や岩との衝突をかいくぐり、難所という難所を乗り越えていくための、ありとあらゆる技量であり、ありったけの度胸なのだ。(4)

人工の洪水をうまく走らせたからといって、輸送の成否は保証の限りではなかった。川下りが始まる前に、すでに樽詰めした石油の三分の一近くの量が漏れ出していることが何度もあった。さらに三分の一が、アレゲーニー川からピッツバーグへの航行中に漏出していた。(5) こうした悪条件や出荷量が不安定な輸送のせいで、灯油事業にとって石油はただちに脅威とはならなかった。油井が発掘された翌年の一八六〇年には、灯油の精製業者は年間生産量を二六万二五〇〇バレル（四二〇〇万リットル）にまで伸ばしていた。(6)

状況に変化が兆したのは一八六一年のことだった。この年四月、南部連合軍の准将P・G・T・ボーリガードが、北軍が籠もるサウスカロライナのサムター要塞に砲撃を加えて南北戦争が勃発した。同じ月、オイルクリークでは油井がはじめて自噴した。ドレークが掘ったごく初期の浅い油井では、表面部分の油層の下に地下の天然ガスが封じ込められていた。しかし、四月十七日の夕刻、オイルクリーク下流域のある農場で、天然ガスが石油を押し上げ、深々と掘られた油井から柱となって轟音とともに噴き上がり、空に向かって六〇フィート（一八メートル）まで勢いよくほとばしったのである。

自噴から三〇分とせずに人が集まってきたところ、近くで灯されていた火が石油に引火して大爆発する。黒煙がもうもうと立ちのぼり、石油は炎の雨となって地面に降り注いだ。炎の幕があたり一面をないでいき、さらに別の二本の油井にも引火、蓋がされないまま大樽に入っていた石油にも火がつき、納屋とその近くに置かれた石油を詰めた無数の樽にも火がまわった。この事故で一九名が死亡、数十名を超える者が重傷を負う。火はその後も燃えに燃え続け、採掘業者が泥や堆肥を使い、なんとか消し止めたのは三日後のことだった。

鎮火後、この油井は一日三〇〇〇バレル（四八万リットル）という驚異的な量の石油を噴き出すようになった。(7) 自噴する油井がさらに続いた。五月一日に噴き出した油井は、一日三〇〇〇バレル（四万八〇〇〇リットル）の石油を一五か月間にわたって産出すると、噴出は前触れもなくぴたりとやんだ。この農場を一五〇〇ドルで買収していた製材業者は、約二五〇万ドル（現在の六七八〇万ドル）の利益を得ていた。

一八六二年、タイタスヴィルが鉄道で結ばれると、人工の洪水のごった返しは鉄道に取って代わられた。敷設されたオイルクリーク鉄道は、開通から一四か月で四三万バレル（六八〇〇万リットル）の石油を運び、採掘現場には四五万九〇〇〇個の原油用の空の樽が持ち込まれた。この間、六万人の人間が鉄道を使ってこの地区を出入りしている。[8]

最終的な決め手はパイプラインで、井戸元から鉄道まで敷設され、一八六三年から石油を流し始めた。パイプの口径は二インチ（五センチ）から六インチ（一五センチ）とさまざまで、重力にまかせて流れていくか、あるいは蒸気機関で送り出された。それまで、荷馬車による石油の運搬を独占してきた荷車の御者たちは、敷設直後こそツルハシでパイプに穴を開け、漏れ出た石油に火をつけるなどの振る舞いに及んだが、そんな嫌がらせも最後には銃を携えた番人に阻まれた。仕事をなくした御者たちは町を離れていくしかない。一八六六年の夏には一五〇〇人の人間が町をあとにした。[9]

アルコール税で石油が圧勝する

このころになると灯油の製造業者は、高額な瀝青炭ではなく、一ガロン当たり一ドル以下とはるかに安価な石油で灯油を生産している。南北戦争中のことであり、石油の生産量についてはまともな記録は残されていないが、前出の歴史家ポール・ギデンズは、連邦政府が精製油に課した税金の徴収額の増加に比例して、原油の生産量も伸びていたと考えている。徴収税額は、一八六二年九月から十二月は約二三万七〇〇〇ドル、一八六三年一二〇万ドル、一八六四年二三〇万ドル、一八六五年三〇五万ドルだった。[10]

同時に、この戦争でランプの主要燃料として使われてきた三種類の油が息の根を止められる。北軍による南部の港湾封鎖で、南部のテレピン油を北部の精製業者に送る手段が断たれ、北部ではますます石油由来の灯油が使われるようになっていた。[11] また、穀物アルコールは、配慮を欠いた連邦税が原因で、採算がとれないほどの価格に跳ね上がっていた。さらに南部連合軍は捕鯨船を襲撃、鯨ではなく捕鯨船団が絶滅寸前に追い込まれてしまったのだ。

草創期のアメリカでは、議会は独立直後の政府資金の調達先として、穀物アルコールに税金が課されていた。ただし、この課税は一八一七年に廃止されている。それから約半世紀を経た一八六〇年、アメリカ人は年間一三〇〇万ガロン（四九〇〇万リットル）の穀物アルコールを消費し、そのうちの八〇パーセントは液体燃料の成分として使われていた。[12] そして、離脱した南部連合との戦費を調達しようとアメリカ合衆国が課税強化を図ったとき、政府機関がまっさきに手をつけた歳入源こそ、穀物アルコールの巨大市場にほかならなかった。

南北戦争が始まった一八六一年四月から翌六二年六月にかけ、合衆国議会は課税と徴税の新たな制度、すなわち政府を支援する内国歳入を定め、公債の利払いに関する法律を制定した。[13] この決議に伴い、財務省に合衆国内国歳入庁（ＩＲＳ）が新たな政府機関として設立され、新税や免許料を査定した。それらの査定のなかでも、極めつきの破壊力を持った決定が、精製所に集まるすべての穀物アルコールに対し、「一ガロン当たり二〇セントの税を残らず」課すというものだった。アルコール税は南北戦争の期間を通じて増税が重ねられ、一八六四年には一ガロン当たり約二ドル（現在の三〇ドル）にまで達した。[14]

アルコール税は、飲料用アルコールを課税対象として意図されていたが、工業用と照明用のアルコールを除外することは結局できなかった。課税によってアルコール類の販売価格は原価をはるかに超える一ガロン約二ドル五〇セントにまで急騰し、高い税率の結果、石油由来の灯油の市場参入と入れ替わるように、穀物アルコールは燃料市場から駆逐されていった。

テレピン油から抽出された可燃性のカンフェンも価格が高騰した。港湾封鎖で品薄となり、価格は開戦前の一ガロン三五セントから、一八六四年には三ドル八〇セントまで跳ね上がっていた[15]。石油から精製された灯油は、政府の助成を得て市場に参入、しかも助成は一度きりではなかった。苛酷な徴税も免れていたので、石油由来の灯油は他の燃料を市場から締め出していった。一八七〇年までには、カンフェンもアルコールも市場からほぼ姿を消し、石油由来の灯油の販売量は年間二億ガロン(七億六〇〇〇万リットル)にも達していた[16]。

南部軍に追撃される捕鯨船団

カンフェンとアルコール以外で、灯油と競合していたのがマッコウクジラの油である。南北戦争前まではよく売れていたが、戦中・戦後を通じて衰退していった[17]。その原因はもっぱら破壊行為である。鯨を捕獲して殺戮《さつりく》する捕鯨船が、鯨さながらに南部連合軍の巡洋艦に追い詰められ、憎き北部《ヤンキー》の捕鯨船として破壊されたのだから、皮肉と言えば皮肉な話である。

ラファエル・セムズは、北軍で最も悪名を馳せた南部連合軍の巡洋艦艦長だった。無愛想な旧アメリカ海軍の士官で、開戦時の一八六一年には五十二歳だった。メリーランド州に生まれ、辛辣な気質と冷淡な振る舞いの弁護士、海事ジャーナリストとして知られ、あろうことか、奴隷制度反対を信条とするシンシナティのメソジスト教徒の娘を妻に迎えていた。セムズの意固地な性分が軍務に向いていたのだろう。セムズは南部連合の大義を奉じる、情け容赦ない非情の狩人になった。フィラデルフィアのある新聞は「遠洋の狼」という名前を彼に授けている。(18)

セムズが最初に乗艦した「サムター」は、蒸気機関を搭載した帆船で速力には恵まれていなかったが、任務就任から一か月後の一八六一年六月の時点で、セムズは合衆国の商船一〇隻を拿捕している。(19)そのうち焼き払ったのは、空荷でメイン州から出港してきた一隻だけである。他の九隻はアメリカ以外の国が所有する貨物が積まれており、連合軍の規定では、セムズにはその荷物を当該国以外の港で降ろしたり、没収したりすることはできなかった。

それから三か月、セムズが拿捕した船舶はわずか二隻にとどまる。「サムター」は快調に帆を膨らませた。スクリューは船殻に取り付けられた外輪で、帆走の際にはむしろ船足を奪ったばかりか、燃料の石炭の搭載はわずか八日分に限られていた。

しかし、初陣で見せた一連の拿捕の手並みは、敵である合衆国の新聞ですでに書き立てられ、禍々《まがまが》しい風評をセムズに授けていた。恐れをなした商船は港で息を潜めるか、カリブ海への航行を避けるようになっていた。「サムター」の船足では進出できる海域もそこまでだった。十二月、「カリブ周辺の海域でこれ以上船を追っても無益」とセムズは見極めた。「ヤンキーどもの船は、すでにあたりの海から一隻残らず姿をくらました(20)」

さらに二隻の船を拿捕したセムズは、これを最後に北西へと転針して大西洋へと進んだ。そして、進出した遠洋の海域で、ニューベッドフォードを母港する捕鯨船「エベン・ドッジ」号を発見すると、セムズにとってはじめての捕鯨船を拿捕して焼き払った。だが、船はその後ハリケーンに遭遇する。だましだまし使ってきた艦に水が流れ込み、船体は不安定な状態《クランク》*に陥った。(21)不備を抱えた艦だったが、セムズは「サムター」に誇りを覚えていた。「この艦は六か月の作戦活動に従い、一七隻の船舶を拿捕した」と、一八六一年の任務について綴った戦時回想録に記されているが[22]、心ならずもジブラルタルで「サムター」を売り払っている。

それから七か月、イングランドをあとにして帰国の途についたセムズは、途中、バハマ諸島で碇泊、ここで命令を受け取る。ふたたびイングランドに向かい、リヴァプールで新な任務に就けという。セムズが受領する艦艇「アラバマ」は、スコットランドの造船所ジョン・レアード・サンズ&カンパニーでまだ建造中だった。総トン数一〇〇〇トンの真っ黒に塗装された艦で、「サムター」にはなかったものをこの艦はことごとく備えていた。すらりとした全長（二二〇フィート＝六七メートル）、ほっそりとした全幅（三二フィート＝九・八メートル）、三本マストのほかに、出力三〇〇馬力の水平二気筒の蒸気エンジンを搭載していた。真鍮製の二枚羽根のスクリューは格納すると、船上に積み上げることができる。これによって「サムター」最大の欠点が排除されていた。煙突が短く、外観は敵意など微塵も感じさせない高速帆船のようにも見えた。そしてその船足は、この船が捕獲する船が逃れられる速度ではなかった。帆走でも一〇ノット**で走り、帆と蒸気エンジンを併用すれば一三ノット以上で航行できた。

「アラバマ」は、イギリスの中立国規定に合わせ、武装せずにリヴァプールを出港した。ポルトガルの西、大西洋上のアゾレス諸島のテルセイラ島で武装を終えて出港、新たに前込め式の三二ポンド砲***二門を左右両舷に搭載していた。さらに艦体中央には、左右両舷から狙える強力な回転式砲塔二基を搭載、うち一基は一〇〇ポンドの長距離砲で、口径七インチの砲身腔内には施条が刻まれていた。もう一基は、口径八インチの滑腔砲である。

この艦の場合、最大の特徴は三五〇トンの石炭が積載できた点であり、一八日間にわたり、ボイラーを目いっぱい焚き続けるだけの余裕があった。また、蒸気エンジンの復水器で海水を飲用可能な真水に変えられる。一回の出撃で、海上を行く船舶を何か月にもわたって追い続けることができた。

セムズがアゾレス諸島で「アラバマ」の指揮を執ったのは、一八六二年八月二十四日のことである。艦の装備を整え、甲板の隙間をふさぎ直す作業を終えると、ただちにヤンキーが乗る捕鯨船を追って航海を開始した。ここアゾレス諸島では、春から夏さらに十月上旬まで、マッコウクジラがアンチョビやイワシの群れを追っている。鯨たちには豊かな漁場だった。鯨はペアを組み、小魚の群れが球状に密集して旋回するまで一か所に追い込んでいく。そして、その群れ目がけ、口を大きく開けたまま、がぶりとひと呑みして海面に躍り出る。

「アラバマ」の見張り員が最初に発見した六隻は、いずれも射程外の距離にいたり、外国船籍の船だったりした。九月五日、ついに一隻の船と遭遇する。その捕鯨船は「巨大な鯨を伴って（略）停船していた。仕留めたばかりの鯨だ。鯨は舷側にしっかりとつながれ、ヤード・テークルを使って体の一部は水面から持ち上がっていた」とセムズは記す。マサチューセッツ州エドガータウンの捕鯨船「オークマルギー」号は、解体する鯨を抱えて身動きがとれず、また「アラバマ」がわざと掲げていた合

* 「クランク」は上部が重くなり、船体が不安定な状態に陥ることを意味する航海用語。
** ノット――ノーティカル・マイル（浬《かいり》）は――海事の速度と距離を表す。一ノットは一・一五マイル毎時（一浬は一・八五二キロ）。
*** 大砲の「ポンド」という単位は、その砲が発射する砲弾の重量を示している。

衆国の国旗を信じてしまった。南部同盟の戦闘艦にとって、やすやすと手に入れた獲物だった。(23)

セムズは荒くれのイギリス人水兵を相手に、拿捕に伴う罰則規定を叩き込んでいた。それから数日後、セムズは二本マスト《ブリッグ》の捕鯨船の追尾を命じた。だが、この捕鯨船はポルトガルの船とわかり、セムズは激しく気落ちした。「これまで検分してきた船のなかで、外国船籍の捕鯨船は唯一この船だけだった」と書き残している。「捕鯨はアメリカの専売特許のような事業」とセムズは言っていた。セムズ自身、北部の人間はどこの馬の骨かわからず、できそこないだと別の場所では語っていたが、しかし、こと捕鯨に関してだけは違った。「専売特許となったのは、北部《ヤンキー》の捕鯨船の船乗りが、技術に優れ、精力的で勤勉であり、しかも勇気と忍耐を兼ね備えていたからだ。世界広しといえども、おそらく奴らにまさるほどの船乗りはいるまい(24)」

この日の午後、母港ニューベッドフォードに向かう捕鯨船「オーシャン・ローヴァー」号を拿捕、船には鯨油一一〇〇樽が満載されていた。翌日午前にはコネチカット州ニューロンドンの捕鯨船「アラート」号を襲撃、この船は出港からわずか一六日目で、衣類や新鮮な食材のほかに、船内には最近の新聞があり、記事を読んでセムズは海運情報をつかむことができた。この船をはじめ、それから何週間にもわたって何隻もの船を焼き払ってから、北に転針してニューファンドランド島沖合のグランドバンクへ向かった。アゾレス諸島周辺では獲物の船の姿がまばらになっていた。

猟場を変えた「アラバマ」は、二か月にわたって二〇隻もの船を拿捕した。一八六一年の就役から、一八六四年、フランスのシェルブール沖合の英仏海峡で、合衆国海軍の艦艇「キアサージ」との戦いに敗れて撃沈されるまで、「アラバマ」は総計六五隻もの合衆国の船舶を襲撃、その価値は五〇〇〇万ドル（現在の九五〇〇万ドル）以上に及んだ。拿捕した船のほとんどは捕鯨船だった。

10-3　エドゥアール・マネ作「キアサージ号とアラバマ号の海戦」。

「シェナンドー」は、「アラバマ」に劣らず恐れられた南部同盟の戦闘艦である。南北戦争最後の年、「シェナンドー」は北部の捕鯨船を焼き払うべく、シベリアとロシアの植民地だったアラスカとのあいだの水域、ベーリング海峡に急行した。海峡に到着したのは、一八六五年五月九日の終戦の布告からほぼ二か月後のことである。「シェナンドー」はもとより、海峡で鯨を追う北部の捕鯨船団も、南部同盟が降服した事実は知らない。すでに「シェナンドー」は四隻の船を捕獲して焼き払っていたが、天然痘に見舞われた船は避けて近寄らなかった。救助もままならない遠洋では、船員たちには死の宣告にも等しかった。

どの捕鯨船よりも速く、狭隘な海峡に進出した「シェナンドー」は闇に潜んで好機をうかがっていた。そして朝ぼらけのなかで、射程圏内に一〇本の帆が立っているのを認めた[25]。

　捕鯨船団の退路を断ったことを確かめた「シェナンドー」は、南方に逃げようとした一隻を追い詰めると、乗船して船内をくまなく臨検した。船はニューベッドフォードの捕鯨船「ウェイバリー」号だった。船を焼き払ったとき、海峡にいたほかの船は、立ちのぼった炎にいっせいに警戒態勢を取った。しかし、武器を積んでいない捕鯨船にできることは何もない。結局、その週だけで「シェナンドー」は五〇隻の捕鯨船を拿捕、うち四六隻を焼却した。船舶の損害だけでも一〇〇万ドル以上（現在の一四六〇万ドル以上）、さらに鯨油や鯨ひげなどの積荷の損失は四〇万ドル（現在の五九〇万ドル）と見積もられた[26]。

　北部諸州の捕鯨産業は、この痛手からついに回復できなかった。一八四六年に総数七二二隻あった捕鯨船は、一八八六年の時点で一二四隻にまで激減していた[27]。一八七一年九月には、用心深くなった鯨――ホッキョククジラ――を追い、ベーリング海峡を北上してアラスカのノーススロープ沖合のチュクチ海に入っていった。捕鯨船は全部で四十数隻、チュクチ海に向かった三三隻のうち二二隻はベッドフォードから来た捕鯨船で、氷に閉ざされて船を放棄するほかなかった。

　前述したように、そのころには照明用燃料として、鯨油ではなく石油由来の灯油がアメリカはもちろん全世界で使われるようになっていた。ただ、大幅に減少したとはいえ、捕鯨そのものは目的を鯨のひげに置き換えることで延命を図った。鯨のひげはコルセットの骨《ステー》や傘の骨、今日でいう柔軟性のある金属やプラスチックのかわりとして他の用途に使われた。マッコウクジラの油は高品質な潤滑油として一九六〇年代まで使われ続けた。第一次、第二次世界大戦を通じ、機関銃の潤滑油として重宝されてきたが、ホホバ油と合成エステルの潤滑剤が登場するに及んで、その役目からも追われることになった。

「捕獲の原則」と「共有地の悲劇」

創生期のオイルクリークの石油は予期せぬ恩恵に遭遇したが、その恵みは半面で石油の漏出や火災、人工洪水の川下りなど、途方もない無駄を伴っていた。さらに、それを上回る石油の無駄と損失の元凶となったのが埋蔵資源をめぐる法律上の解釈で、影響は間接的ではあったが、長期的にはより大きなダメージをもたらした(28)。

当時の法律では、地下に埋蔵された原油は地下水と同じだと考えられ、ラテン語の「フェラエ・ナトゥラエ」(「野生の」の意)、つまりある種の〝野生動物〟と同等だと見なされ、同じような所有権に従っていた。当時、地下水は地中の多孔質の岩盤からしみ出る水だとはまだ理解されていない。地上に小川や河川が流れるように、地下にも水が流れていると信じられていた。そして、井戸を掘ることが、地下水の流れる場所を見極める唯一の方法だったのである。こうして水が見つかれば、特定の土地に位置する井戸を満たす水は、井戸が掘られた土地の持ち主、あるいは地主がその土地の権利を貸している者の所有物となった(29)。

この法理に関する黎明期のアメリカの事例として、狐の所有権をめぐって争われた裁判があった。狐を追いかけていたポスト氏と、ポスト氏が追跡しているのを知りつつ、それにもかかわらずこの狐を捕らえて殺したピアソン氏による係争である（狩りが行われていた土地は両名の私有地ではなく、実際は海岸だった）。

ポスト氏は、この狐を実際に追っていたのだから権利は自分にあると主張、相手は自分の権利を不法に侵害したとしてピアソン氏を訴えた。これに対してピアソン氏は、ポスト氏はこの狐に手傷を負わせたり、捕獲したり、仕留めたりするなどして、狐の生殺与奪の権を握っていたわけではない。そうである以上、この狐はポスト氏の所有物ではないと、自身の弁護でそう主張した。つまり、狐を捕らえ、仕留めた時点で、この狐はピアソン氏のものとなったのだ。

　裁判に勝ったのはポスト氏だったが、判決は控訴審でひっくり返った。「フェラエ・ナトゥラエ（野生動物）の権原《けんげん》［行為を正当化する法律上の根拠］を得るには、個人は狐を捕獲しなければならない」とマサチューセッツ控訴裁判所は一八〇五年に判決を言い渡す。「〝最初に仕留めて捕獲する〟ことが上位の法規範で、かりにポストが狐に致命傷を負わせていたなら、この狐の自然的自由を奪ったことになるので、所有権を十分に主張できたかもしれない。しかしながら、原告が唯一主張しえたのは狐を追跡したという事実のみで、したがってこの狐に関与する所有権は有していない[30]」

　この狐とまったく同じように、イギリスとアメリカの裁判所では、地下を流れる液体についても自然的自由があると認められていた。十九世紀のアメリカの法律で、この法理論をはっきりと明言していたことが、さかのぼること一八八九年にペンシルベニア最高裁判所がくだした判決にうかがえる。「あまり創造性に富んだたとえではないかもしれないが、水と石油の二つ、さらに強いて言うならばガスなどは、それ自体が採掘物のフェラエ・ナトゥラエとして分類されてしかるべきものかもしれない。これらはほかの鉱物とはまるで異なり、むしろ野生動物とのあいだに共通点がうかがえ、所有者の意志にかかわりなく、それ自体に漏れ出す能力と性質を備えている（略）。いずれも土地の所有者に帰属し、あるいはその土地の地表もしくは地中に存在するかぎりにおいて、当該の土地の一部を形成し、所有者の管理の支配に置かれている。しかし、これらが漏れ出していき、ほかの地所に移動、すなわち他者の管理下に置かれた場合、もとの所有者の権原は消滅する」[31]

鉄鉱石や石炭などの鉱物は発見されたその場所にとどまり、土地の所有物だと見なすことができる。しかし、水、石油、天然ガスなどは、地下の人知れない経路を移動し、本来ならその利用者である者に不利益を被らせる場合もある。その意味で一八四三年にイギリスで起こされた「アクトン対ブランデル」という裁判は重要な訴訟となった。この訴訟は紡績工場の所有者が起こしたもので、近くの炭鉱が坑道を掘り下げた結果、工場の井戸が干上がってしまったことを不服としていた。

この訴訟に対してイギリスの法廷は、地下資源は予想がつかないものであり、いつなんどき変化してもおかしくないものだと断じた。「自らの地所の地下にある水が、どの程度なくなったのか所有者にはわからない」と裁判所は判決をくだした。「そもそも所有者がどの程度の水を授かり、あるいはどれだけの水をほかに移し、どれだけの水を享受したのだろうか。一方、その井戸に関し、涸れるまでは流れ込む水が井戸に集まってはいたが、いったいどれほどの水が流れていたのか、正確に言い当てることはできない」。井戸の水が湧いていたときを除けば、原告は地下水を所有していない。よって裁判所は、井戸が干上がったことで、原告に対し、救済措置を講じはしはなかった。[32]

水がそうなら、石油も同じだ。地面の権原は土地の所有者のものでも、地下にある石油は、その存在が発見され、採掘されるまでは誰にも帰属しない。誰にせよ、最初に見つけた者が所有権を得ることができた。「捕獲の原則」というこの習慣法によって、ある状況が生み出される。アメリカの生物学者ギャレット・ハーディンが言う「共有地《コモンズ》の悲劇」で、歴史的なその論文は、一九六八年、雑誌サイエンスに掲載された。[33]

共有地の悲劇――すなわちコミュニティが所有するあらゆる共有資源をめぐる悲劇――とは、共有資源の利用者はいずれも、資源の枯渇や乱獲などお構いなしに、可能なかぎり最大限の資源を使おうとすることである。石油の場合、共有地の悲劇とは、他の業者が石油の源を汲み上げてしまう前に、油井の所有者全員が一滴でも多くの石油を汲み上げてしまう点にあった。「破滅こそ、すべての者が突進する目的地である。共有地の自由が信じられている社会では、めいめいが自己の利益の最大化を追求する。共有地の自由はあらゆる者に破滅をもたらす」とハーディンは警告していた[34]。

オイルクリークの石油生産をめぐる破滅は、石油そのものの涸渇より、オイルクリークが流れる谷間や隣接する河川、下流域の環境破壊において深刻だった。一八六〇年、当時三歳だった作家のイーダ・ターベルは、彼女が〝掘っ立て小屋〟と呼んだオイルクリークの支流に立つ家に家族とともに移ってきた。父親は大工で、急成長を遂げる産業向けに木製の油槽を作った。ターベルは、州西部のベナンゴ郡で成長し、タイタスヴィルの高校に通った。そして、捕獲の原則にけしかけられ、町がすさんでいく様子をその目で見続けた。「石油が見つかると」とターベルは自伝に書いている。「石油が流れ出すと、あたりの樹木という樹木、植え込みという植え込み、さらに草木一本に至るまで真っ黒な油にまみれ、死に絶えていった。どこもかしこもタールと石油にまみれていた[35]」

イーダ・ターベルが目の当たりにした共有地の悲劇は一地方に限られていたが、石油の採掘に伴う汚染は油田をはるかに超えて拡大していった。一八七〇年、アメリカの石油産業に投じられた資金は二億ドルに達し、その額は今日の四〇億ドルにほぼ等しい。ペンシルベニア州の石油生産量だけでも年間合計四八〇万バレル（七億六〇〇〇万リットル）以上に達していた。アメリカの輸出産業としては、綿花がわずかにこれを上回っていた[36]。

産出量が増えるにしたがい、製油所には利用価値のない副産物がたまっていく。彼らは共有地にこうした副産物も捨てていた。これらの蒸留物のなかでも、とくにガソリンのような揮発性で軽質の成分は、地面のくぼみや空き地に広がって気化した。小川や川に流され、他の産業廃棄物や屠畜場の廃棄物、未処理の下水と混じり合い、アメリカの河川はこれ以上ないほど汚れ果てた。投棄された廃棄物で川面には白濁の膜が張り、小川では炎があがった。

次の世紀を迎えても、共有地の悲劇は一国の問題として、さらには世界的な規模に拡大した問題として立ちはだかり続ける。だがテクノロジーはそんなことよりも、どうやって遠方に力を伝達するのかという難題にはじめて直面することになる。その難題を通じ、電流の違いをめぐる戦いが姿を現そうとしていた。

第11章

自然に宿る大いなる力――ライデン瓶／動物電気／電堆／電磁誘導／発電機

ベンジャミン・フランクリン／ジョゼフ・プリーストリー／ルイージ・ガルヴァーニ／アレッサンドロ・ボルタ／ハンス・クリスティアン・エルステッド／パヴェル・リヴォヴィチ・シリング男爵／ハンフリー・デーヴィー／マイケル・ファラデー

ライデン瓶とフランクリン

ベンジャミン・フランクリンは、フィラデルフィアの蒸し暑い夏にはすでに慣れっこになっていた。出生地のボストンを離れ、フィラデルフィアに住むようになったのはフランクリンが十七歳の一七二三年のことで、以来、この町を終《つい》のすみかとして過ごしてきた。一般の読者に向けて毎年刊行している『プーア・リチャードの暦』という読本のおかげで、三十代半ばにして経済的な安定を得て以降、フランクリンは発明と実験に明け暮れて過ごすようになった。

フランクリンが電気に興味を覚えたのは一七四三年のはじめのころである。一七四七年、その興味がさらに深まったのは、ロンドンで暮らす友人のピーター・コリンソンが、静電気を発生させるガラス管を送ってくれたのがきっかけである。当時、唯一知られていた電気が静電気だった。「電気の研究ほど、全身全霊でのめり込み、時間をかけて取り組んだ研究はこれまでにない」と感謝の手紙をコリンソンに送った。(1) 電気への入れ込みは、一七四九年四月の終わりを迎えても冷めることはなかった。このころコリンソンに宛てた手紙で、「暖かい天気が続くようになった」ので、友人たちを伴ってスクーカル川の岸へと遠足に出かけ、川で行う電気実験をもってこの年の冬季実験はお終いにすると伝えた[2]。

このときのピクニック・パーティーでは、ワインを蒸留した発火性の〝酒精《スピリッツ》〟を向こう岸に置き、電気で引火させるとフランクリンは書いている。「川のこちら側から向こう岸に、川を使って火花を起こす（略）。川の水以外に導体となるものは何もない」という実験で、このときがはじめてではない。また夕食の七面鳥は、電気ショックで息の根を止め、肉は電動焼き串回転機――フランクリンが考案した静電モーターで回転する串――を使い、ライデン瓶の放電で着火させた火であぶって調理する。さらに、イングランドやヨーロッパの著名な電気研究家が体にいいと絶賛する〝電気酒器〟を使って酒を飲む。この酒器は静電気を全体に帯びており、口をつければビリッと震えた。それから、手にする銃は〝電池〟[3]で発火させる銃である。

フランクリンの電池は、並べたライデン瓶に結ばれていた。フランクリンの命名になる「電池（エレクトリカル・バッテリー）」という語は、「集中砲火（バタリー《バター》・オブ・キャノン）」から想を得たもので、集中砲火――砲列から一斉に打ち出して、標的を連打することができた。化学電池が考案される以前の命名だったが、実際に電池が発明されると、フランクリンが発案した集合名詞を借用し、その装置は「電池」と呼ばれるようになった。

「ライデン瓶」は世界初の蓄電装置で、一七四五年、ポメラニアとオランダのライデンでほぼ同時期に発明された。今日では静電気と呼ばれる、摩擦で発生させた電荷を蓄えておくことができた。

一七五二年、フランクリンの凧《たこ》を使った有名な実験では、激しい雷雨のなか、濡れた凧の糸を介して雷の電気をライデン瓶に蓄えた。この実験で、静電気が引き起こすささやかなスパークと衝撃は、嵐のなかで天を引き裂く雷光の大いなる炸裂とまったく同じものであることが証明された。一七五三

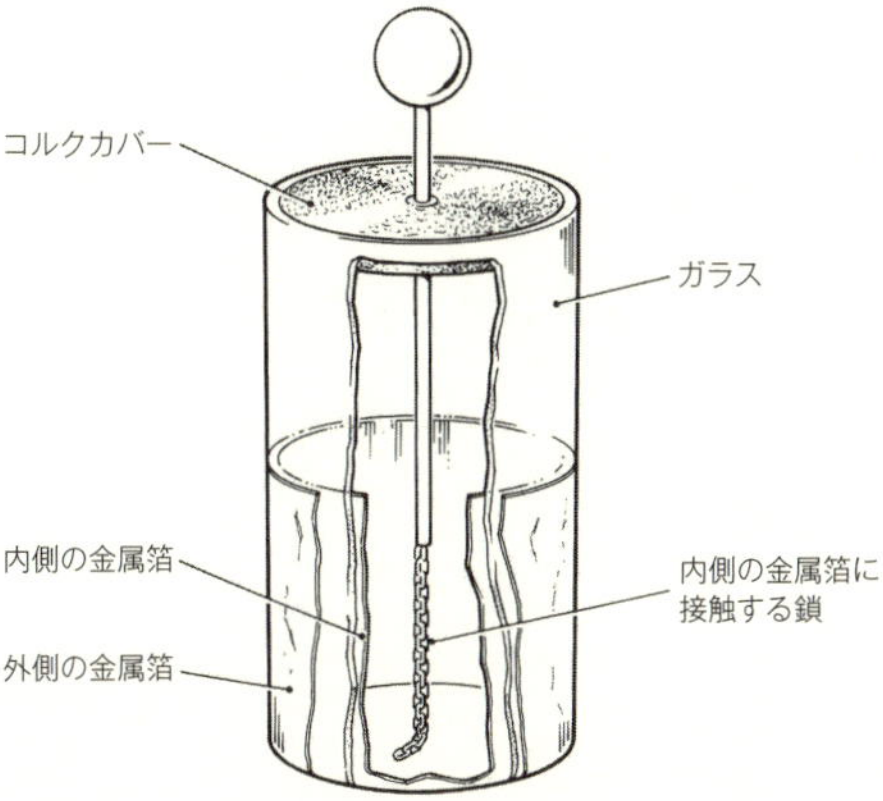

11-1　世界初の蓄電池、ライデン瓶の断面図。絶縁体のガラスで切り離され、静電気がたまる。金属球と鎖で静電気をためたり、放電することができる。

11-2　ベンジャミン・フランクリンの凧を使った実験によって雷が電気現象であることが証明された。図の少年の足元にあるライデン瓶に注意。凧糸に結んだ鍵を通して、ライデン瓶に蓄電した。

年、こうした「電気に関する発見」で、ロンドン王立協会はフランクリンを会員に選出するとともに、協会の最も権威ある賞「コプリ・メダル」を授与した。

メダル授与の発表の際、マクルズフィールド伯爵は、研究課題としての電気は、「歴史も浅く、重んじられもせず（略）、有益な発見があるとも考えられてこなかった[4]」と述べた。だが、フランクリンと同時代の化学者ジョゼフ・プリーストリーが断言したように、いまや「最も偉大なる発見とは、電気と雷光の完全なる類似性であり、この発見はフランクリン博士の電気実験によって成し遂げられ、比類なき実用性を人類にもたらした[5]」。凧を使ったフランクリンの実験で、電気はサロンの手品程度の興味の対象から、純然たる科学と実際的な応用の対象に変わった。

フランクリンの発明した避雷針が、その実際的な応用だった。今日、多様を極めた電気の使い道に埋もれ、避雷針はほとんど取るに足りない発明のような印象である。それはともかく、電気が既存の動力源——使役動物、風車や水車、帆、蒸気機関——を相手に競い合うには、その前に解決されなくてはならない大問題があった。安価で、機械が有用な作業を行える豊富な量の電気を、一貫して生産できる方法を見つけることだった。もっとも、フランクリンが生きた時代、そのような応用は念頭にさえ浮かばなかった。それどころか、電気とはそれから身を守るべき何かであり、さらに研究を極める何かだったのである。

ガルヴァーニの奇妙な発見

化学者たちにとって電気は、研究手段としてことのほか価値があった。ジョゼフ・プリーストリーも電気を使って酸素を分離・特定したほか、同様に九つの他の気体を発見した。特定された気体には、一酸化窒素、亜酸化窒素、二酸化硫黄、アンモニア、窒素、一酸化炭素などがある。こうした業績で、プリーストリーも一七七三年にコプリ・メダルを手にした。

電気は蒸気以上に手に負えない問題だった。当初、電気は液体と考えられていたが、しかし、液体とは違い、加熱することで沸騰させられるようなものではなかった。一定の容積のなかに解き放つことで、重いピストンを押し上げ、車輪をまわすこともできない。電気は原動機でもなかった。原動機、つまり風車あるいは蒸気機関のように、自然界のエネルギーを力学的エネルギーに変える装置ではない。風車や蒸気機関はエネルギーを伝達する媒介だ。ライデン瓶は、間欠的にスパークを何度も繰り返しながら放電するだけで、しかも火花は、飛ぶたびごとに弱々しくなっていく。

針金や川の水のような導体《コンダクター》を介して電気は移動するが、しかし、針金のもう一方の端や川の向こう岸に達すると一気に放電した。フランクリンの静電モーターは強力だった。モーターは硫黄球《サルファーボール》を人手で擦り続け、ライデン瓶に蓄えた静電気で動いた。ただ、強力といっても、ライデン瓶の能力以上の力は出せなかった。これなら、職工に静電モーターの軸を手でまわさせたほうが簡単で金もかからない。

たしかに、電気は摩訶不思議で、興味をそそってやまないものかもしれないが、繰り返すように、蒸気とは異なり、これという有用性がよくわからなかった。猫の皮、琥珀、火花隙間《スパークギャップ》を備えたライデン瓶など、十分な要具があれば、ロウソクに火を灯すことぐらいのことはできた。サロンの手品のような真似をする者もわずかにいた。しかし、火が必要なら大半の人は暖炉から火を取るか、火打ち石と打ち金を使った。

電気を動力として役立てるうえで、はじめて大きな飛躍が訪れたのは、フランクリンの死からちょうど一〇年目の一八〇〇年のことである。イタリアの外科医で、ボローニアの科学アカデミーで生理学者として働くルイージ・ガルヴァーニの奇妙な発見のおかげだった。ガルヴァーニは、電気が動物の筋肉にどのような影響を与えるのかを研究していた。当時、筋肉の収縮の仕組みはよくわかっていない。電気的な動きだと考えた者もいたが、筋肉のように塩分を含み、導電性の環境のもとで電気がどう作用するのか、その説明は容易ではない。ガルヴァーニは神経が電気を伝えているのではないかと考えた。脂肪分の多い神経の細胞が、湿潤した環境からなんらかの形で電気を絶縁しているのかもしれない。

ガルヴァーニの助手を務めていたのが、妻のルシア・ガレアッツィだった。ルシアは自然哲学と解剖学を教えてくれた恩師の娘で、一七七五年にルシアの父親が亡くなると、科学アカデミーでの地位がガルヴァーニにもたらされた。一七八一年一月二十六日、自宅にある実験室で電気の研究を続けてほぼ二か月が経過したころである。解剖台の上には、この日解剖され、脚部の主要神経の端が剝き出しにされたカエルの脚が載っていた。電荷をかけるために使っていたのは、「ドロンド」というイギリス製の最新装置だった。装置のクランクをまわすと、大きなガラス製の円盤をまわすことができた。円盤は鉄製の継ぎ手の端につけられた羊毛製のパッドに接触しており、摩擦で発生させた電荷は、継ぎ手を通じて端子に運ばれ、ここから電流を取り出すことができた。

ガルヴァーニは、何か月も前からカエルの脚を使った電気実験を繰り返してきた。これまでのように、この日も脚の主要神経をドロンドにつなぐ準備を進めていた。実験に立ち合う者は何年もこの種の作業を行っている。助手の一人がドロンドのクランクをまわすと、かたわらにある端子から火花が飛び始める。これまでなら、カエルの脚が反応を示すのは、ドロンドから延びた電線を剝き出しの神

11-3　ガルヴァーニが使っていた発電装置「ドロンド」。手（図版右上）を端子にかざすとスパークが発生する。

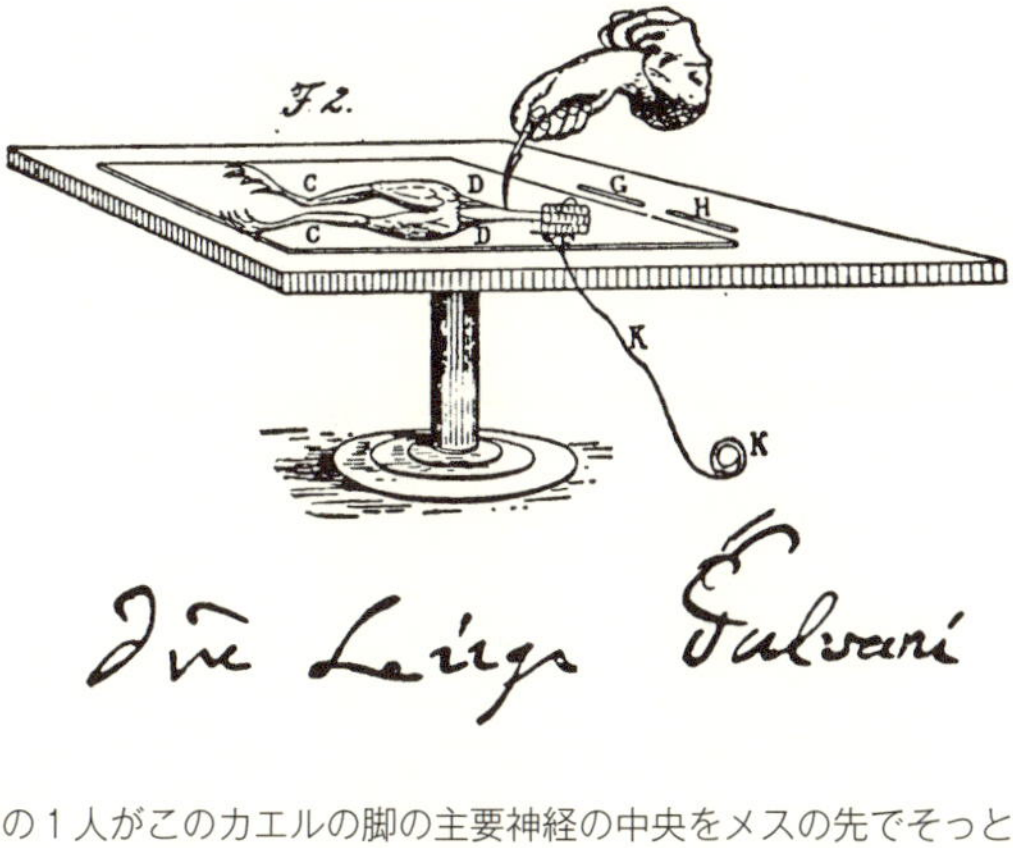

11-4　「助手の１人がこのカエルの脚の主要神経の中央をメスの先でそっと触れた」。図版下の署名はカルヴァーニ本人のもの。

経に接触させたときである。

しかし、このときの実験では、ガルヴァーニが電線をドロンドにつなぐ前にカエルの脚に反応が起きたのだ。「助手の一人が、このカエルの脚の主要神経の中央をメスの先でそっと触れた。カエルの脚の筋肉という筋肉が（略）、弾かれたように激しい強直性痙攣《けいれん》を起こして収縮した」[6]と記録されている。

カエルの脚は、ドロンドの電気と直接結ばれていないにもかかわらず収縮していたのである。科学的発見とは、こうした予期しない、一見すると些細な偶然としか思えない出来事によって達成されるものである。ガルヴァーニの言葉によると、時ならぬこの反応にガルヴァーニ本人は気づいていなかったという。本人はこのとき「まったく別の思いにとらわれ（略）、ずっと考え込んでいた」。予期しないこの反応に気がついたのが妻ルシアだった。妻が目にしたものの意味を察した瞬間、ガルヴァーニに天啓が舞い降りた。

それから数か月、さらに数年の年月をかけ、ルイージ・ガルヴァーニはドロンドとライデン瓶を使って、この発見を詳しく調べた。当時、フランクリンが雷雨の空で発見した電気が「自然の電気」と呼ばれたように、装置で発生させた電気は「人工の電気」と呼ばれていた。一七九一年、この研究の詳細を記したラテン語の論文「筋肉運動に対する人工電気の作用をめぐる論考」が発表された（この論文は「論考《コメンタリウス》」の略称で知られている）。

ボルタに否定された「動物電気」

イタリアの自然哲学者アレッサンドロ・ボルタが「論考」を読んだのは一七九二年三月のことだっ

た。ボルタはスイス国境に近いコモ湖の南西端コモに生まれ、パヴィア大学で物理学を教えていた。ボルタもまた静電気の研究を行い、「電気盆《エレクトロフォラス》」と呼ばれる素朴な静電気の発生器具の改善法を編み出した。また、二年にわたって気体を研究し、この間、マッジョーレ湖畔の沼で採取した気体からはじめてメタンを発見している。こうした発見や発明を通じ、ボルタの名前はヨーロッパ中で知られるようになった。ロンドンの王立協会は一七九一年、ボルタを会員に選出している。

「論考」を読んだボルタは興味をかき立てられ、(7) ガルヴァーニの実験の再現に取りかかると、早くも四月の時点でこの実験に疑いを覚えるようになった。生きている一匹のカエルの背中と脚を金属製の導体で結ぶ再現実験を通じ、その脚を収縮させるには、それぞれ異なる金属で接触させなくてはならない事実に気づいたのだ(「鍵と硬貨(略)、鉄と真鍮のように種類がまったく異なる金属でなくてはならない」)(8)。

ボルタはいろいろな説明を試みた。ボルタには、動物が筋肉内である種の特別な電気を発し、その電気が神経を通して伝わるという考えがどうしても受け入れられない。この「動物電気」説は、静電気や稲妻とは異なり、動物それぞれで特有と思われていた。この実験によって、ガルヴァーニは無機質な普通の電気ではなく、動物電気を引き出せたと確信していたのだ。

ボルタには、ガルヴァーニのこの主張が納得できなかった。もしそうなら、なぜ生きているカエルの脚は、二種類の金属からなる導体が脊柱と脚につながれたときにしか反応を示さないのか。同じ種類の金属の導体では、なぜ脚は反応を示さないのか。脚の収縮に見られる電気は、カエルからではなく、異なる金属の接触で生じているのではないかとボルタは考えた。この考えは動物電気説に例外を提示して、その信憑性に異を唱えることにほかならなかった。

自らの疑問を裏づけようと、ボルタは別の実験に着手した。用意したのは腿の部位から神経を長く伸ばしたカエルの脚だった。カエルの腿には触れないよう、剝き出しの神経に、弱めに充電したライデン瓶から伸ばした二本の導線を取り付けた。びくりとカエルの脚が跳ね返る。ライデン瓶から流れた電流は、神経の部分にしか通電していない。それにもかかわらず、カエルの脚の筋肉を刺激している。ボルタにとってこの事実は、電流は筋肉から発したものではないことを意味した。動物電気説の主張とは違っていたのだ。

そして、決定打となる実験の準備に取りかかった。同様な処置をしたカエルの脚を用意すると、ライデン瓶のかわりに、今度は鉛と黄銅という二種類の金属板でできた電弧《アーク》でカエルの神経を挟んだ。「その瞬間、脚は激しく伸びたり、縮んだりを繰り返した。脚の神経そのものには触れていないので、電気が脚に流れ、それで伸びたとは考えられなかった。電気は神経と隣接するあいだを流れているだけである(9)」とボルタは記す。

二種類の金属からなる導体を取り付けることでカエルの脚が動かせるなら、「ここにおいて、生来の有機的な電気が脚部に作用しているという推論を支える根拠はまったくなくなる(10)」とボルタは考えた。

寛容だったのか、それとも科学界の政治に気を使ったのか、ボルタはガルヴァーニをとことん否定せず、そのかわり、「動物電気は限られた現象にちがいなく、ほぼ推測の域にとどまり、説明は破綻しているにもかかわらず、まごうかたなき偉大な発見であり、信頼に足りうる、確かなもの(11)」と、条件つきながら、これ以上のない賛辞でたたえた。そして、動物の細胞とは無縁の電気の発生装置を明らかにするため、ボルタはさらに研究を続けた。

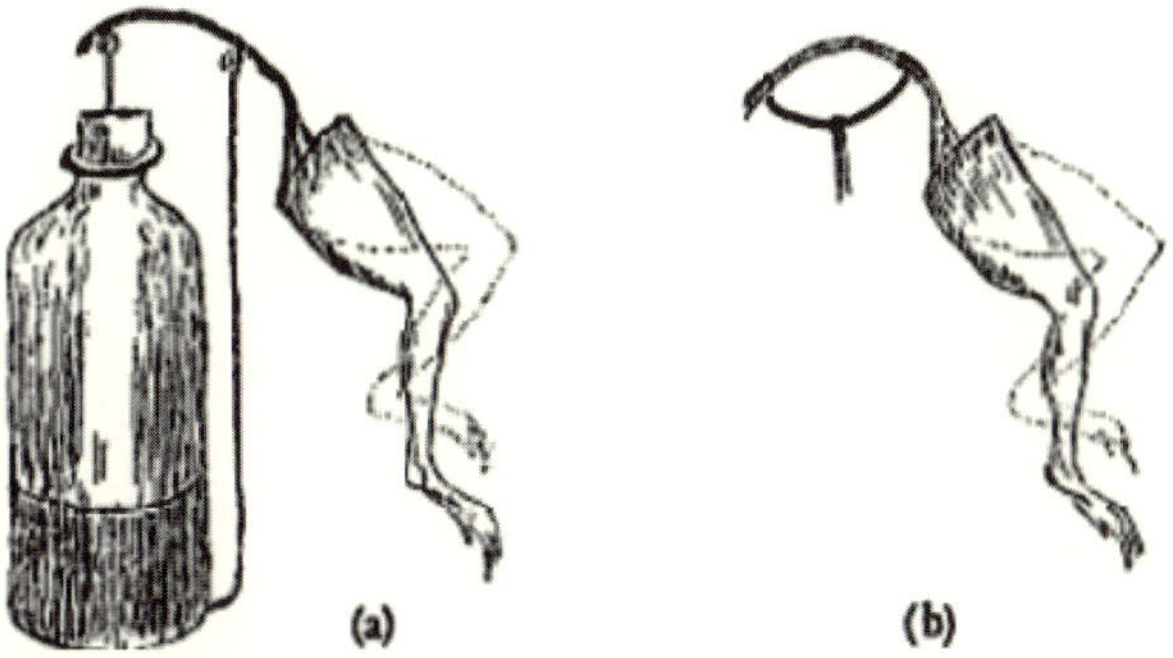

11-5　ボルタの「神経に限定した実験」。(a) ライデン瓶による実験、(b) 異種金属製の導体。

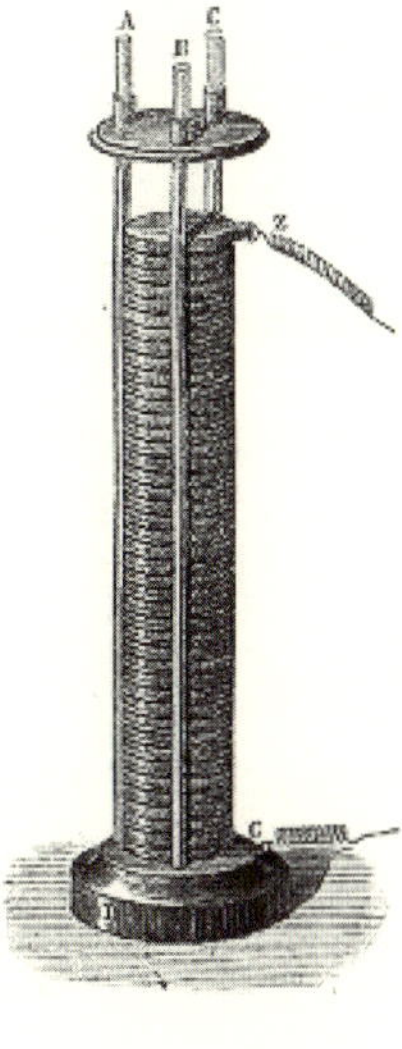

11-6　ボルタ電堆。

ボルタが「論考」を読んだ一七九二年から、彼が最終的な研究結果に至るまでの年月とは、ヨーロッパを横断して科学論争が交わされ、新たな実験や発見が続いた時代だった。

一七九六年、ナポレオンが率いるフランス軍がイタリアに侵攻、この国の公僕に対して忠誠を誓うよう迫った。ガルヴァーニもその一人だった。だが、そんな真似をすれば自分は無神論者になり果てると、ガルヴァーニは宣誓を拒んだ。ガルヴァーニは敬虔なキリスト教徒だったのだ。こうしてガルヴァーニは職と収入を失い、一七九八年に困窮のうちに生涯を終えた。一方、ナポレオンに忠誠を誓ったボルタはその後も研究を続けた。そして一七九九年、反論の切り札となる装置を完成させると、一八〇〇年三月二十日にはイギリスの王立協会に手紙を送って、自身の発明を世に知らしめた。

ボルタは自身の新しい装置を「電堆《パイル》」と呼んだ。電堆は銅と銀、もしくは錫と亜鉛といった異種の金属でできた円盤を重ねたもので、円盤のあいだには食塩水で湿らせた厚紙が挟んである。動物の組織を使わずに、ボルタの電堆は電気を発生させたのだ。電堆は途切れることなく電気を生み出し、破裂することもなかった。

ボルタが発明したのは、電荷を電気化学的に発生させる装置、今日、電池と呼ばれるものである。電気の流れを連続的に生み出せる最初の装置だった。捉えどころのない不可視の力は、こうして人間の制御のもとに置かれた。

その後一〇年をかけ、電池には改良が加えられた。ボルタ電堆は、円盤のあいだに挟んだ厚紙が乾いてしまうと起電力が弱まる傾向があった。そこで木製容器に電解液――塩水よりも効果的な希酸に間もなく置き換えられた――を満たした電池が作られた。容器は松脂で防水処理されており、溶液のなかには電極となる金属片が差し込まれていた。

11-7　王立研究所の地下に集められたデーヴィーの2000個の電池。

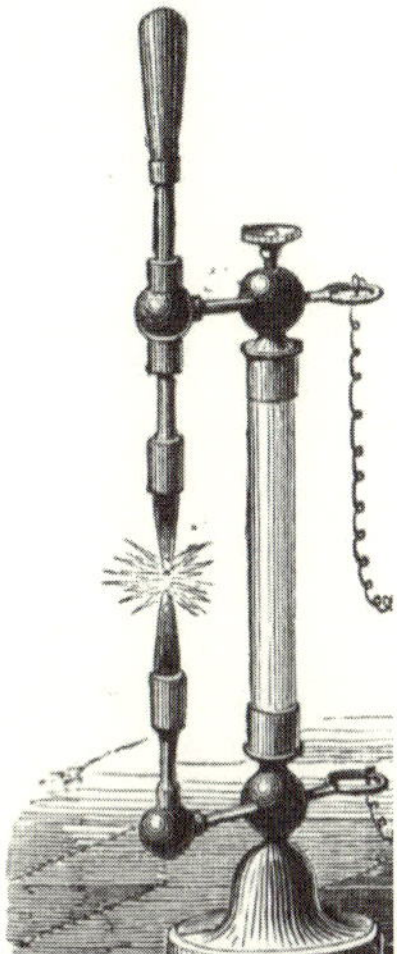

11-8　デーヴィーの炭素アークの原理を実証する実験器具。

「セル」（単電池）と呼ばれるこのような装置の数が多ければ多いほど電池《バッテリー》の力は増した。大型の電池であれば、細い針金を熱して白熱に輝かせることもでき、ダイヤモンドでさえ溶かせた。一八〇九年、イギリスの化学者ハンフリー・デーヴィーは、王立研究所の公開講義で電弧《アーク》放電の実験を行っている。この実験では二〇〇〇個のセルが使われ、青白色の強烈な閃光が輝きわたった。

デーヴィーの実験に立ち合った者は、そのときの様子について、「放電によるスパークと明かりは太陽のように強烈で、あたりに幾筋もの光芒を投げかけ、熱せられた空気のなかで放電は三インチ（八センチ）近くまで及んで、目もくらむばかりにまばゆい輝きを放っていた(12)」と述懐している。

電極に炭素を使った電弧放電による照明は、あまりにもまばゆいうえに高熱を発するので一般の家庭向けではなかったが、数十年後、産業用、灯台、街灯、店舗の照明には欠かせないものになる。不思議なことに、それまでのあいだ、ボルタの電池にせよ、デーヴィーのアーク灯にせよ、新たな科学的発見へ至る刺激とはならず、その期間は二〇年にも及んだ。流れる電気の斬新さが理解されるには、どうやら時間がかかったようである。

電流が磁場を生み出す

電気に関するもうひとつの発見は、電気と磁気の統合だった。この発見はきわめて根源的で、以来、二つの現象はひとつの現象、すなわち電磁気力として考えられるようになる。低い出力密度と限られた充電量はいまも変わらない電池の欠点だが、一八一〇年においても同様の欠点に悩まされていた。発電に関しては、十九世紀の大半を通じ、ほかにこれという発電技術はなかった。だが、電磁気力という知識を得て、電力という現代世界に通じる道がついに開かれる。現代の世界ではほぼ無限の供給のもとで電力は使われ、家庭や工場で手際よく、容易に利用できるばかりか、町や大陸を越えて送電されている。

電磁気力はデンマークの物理学者ハンス・クリスティアン・エルステッドによって発見された。この歴史的な発見は、これまで単なる偶然だとされ、あたかも緩んだ敷石につまずいたかのように、エルステッドはたまたま電磁気力という敷石に足を取られたのだと語られてきた。考えようによっては、あらゆる発見にはなんらかの偶然が伴う。とは言うものの、そうした発見を成し遂げた者は発見に至るまで準備をかならず行っている。ヨーロッパの自然哲学者の多くがそうだったように、エルステッドもまたボルタ電堆の論文を読み、自分でも電堆を試作した。酸やアルカリを使って効果を変えるなどの実験を行っていたのだ。化学の基本的な知識は父親が営む薬局で身につけていた。

一七七七年、エルステッドはコペンハーゲンの南西一〇〇マイル（一六〇キロ）の距離にあるランゲラン島の小さな町で誕生した。一八〇〇年、弟のアナスとともに通ったコペンハーゲン大学を卒業、物理学の博士号を得たのちに同大学で教鞭を執るようになった。兄弟ともに才能には恵まれていた。法律を専攻した弟アナスは、一八五〇年代にデンマークの首相を務めている。

一八〇三年、酸とアルカリを使った実験を通じ、エルステッドは電池の電解液として酸が効果的であることを発見する。これはハンフリー・デーヴィーと同時期の発見だった。一八〇六年、コペンハーゲン大学の物理学教授になる。長年、自然の統一性というロマン主義的な理念に魅了され、物理学によって、電気、磁力、熱、光という大いなる物理的力のあいだに潜んでいる統一性を明らかにできると信じていた。この課題について考察したのが、外遊中の一八一三年、パリで刊行された論文「化学と電気の力の正体に関する研究[13]」である。電気と磁力の関係にはじめて言及していた。

「人間は、常に磁力と電気力を比べようとしてきた。引き寄せたり、反発しあったりする電気と磁石の類似性、さらに両者の法則にうかがえる相似性のせいで、どうしても比較してみたくなってしまう」。しかし、この比較にはある問題があった。エルステッドは続ける。どうやら電気は、磁場には反応せずに、磁性物質そのものに作用しているようなのだ。そのせいで、ほかの研究者はこれまで、電気と磁力はそれぞれ別個の、独自の力だと主張してきた。エルステッドは、実験でこの問題を解明しなくてはならないと考えたが、これほどもつれた力を解明するのは容易ではなかった。

エルステッドが用意した実験は、驚くほど簡素だった。だが、ひと筋縄ではいかないと予想していたので、授業と研究を優先し、実験の準備が実際に整ったのは五年後のことである[14]。その間、時間を見つけて爆発物の電気導火線を発明している。細い針金でできた導火線で、電気による発光熱を利用していた。また、デンマーク国王の命令に従い、デンマーク領ボーンホルム島に調査旅行にも行った。また、この旅行の一員である弁護士のラウリッツ・エスマルヒと一緒に水銀灯を発明、旧友でもあったエスマルヒとは電池の改良も行っており、容器を木製から銅製にかえて出力を大幅に向上させた。

そして、一八二〇年の春を迎える。このころエルステッドは、科学専攻の学生を相手に教壇に立っていたが、電気力と磁力の正体をめぐるかねてからの確信について、ふたたび思いをめぐらすようになっていた。エルステッドが「実験によって自説の正しさを検証しなくてはと決心した[15]」のはこのときだった。

実験の準備が整った。この日は夕方に講義が予定されていたので、実験はその前に終えるつもりだったが、都合がつかなくなり、あとにまわした。だが、講義中も実験が気になってしかたがない。そのときだった。実験は成功するはずだと、エルステッドは不意に覚った。講義を中断したエルステッ

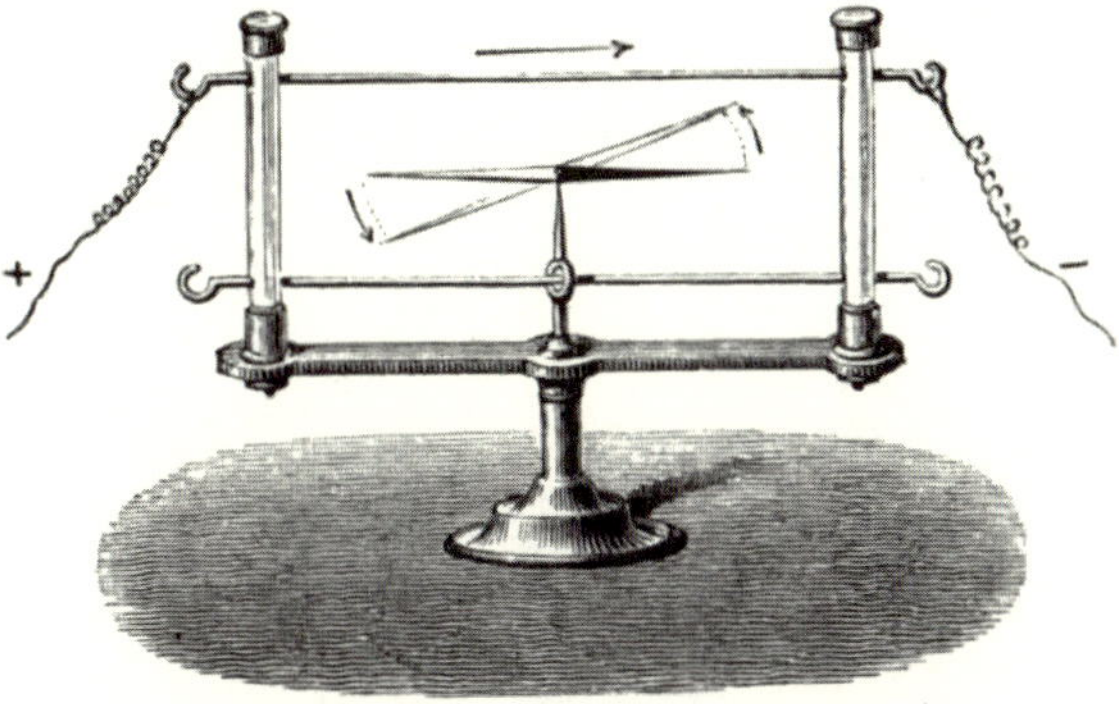

11-9　エルステッドの歴史的な実験によって、電界によって磁気コンパスの針は指し示す方向を変えた。

ドは、その場で実験に取りかかった。この実験について、「科学の歴史において広く知られている事件で、座学の最中、生徒たちの面前で成し遂げられた科学上の大発見の瞬間である」[16]と語る科学史家もいる。

　なんともおぼつかない実験だった。装置は、方位磁石、並べた電池、電気を通すために電池に結ばれた針金とシンプルを極めていた。だが、効果を最大にするためには、針金が白光するまで熱する必要があると信じていたので、実験の導線としてエルステッドが言う「白金でできた極細の針金」が使われていた。熱と光を電気に加えることで、方位磁石の針にどう影響するのかを確かめた。針金が重いほど強い磁場が発生する事実にエルステッドはまだ気づいていない。細い針金では効果にも限りがあった。

　しかし、影響は現れていた。学生たちには前もって、方位磁石の針が雷雨のなかでどう揺らぐのかを思い出すように伝えていた。通電した針金のそばに置かれた方位磁石の針は、雷雨のときと同じように動くはずだと話した。実験装置の説明をしながら、エルステッドは導線をつないだ。白金の針金を電気が流れる。そして、方位磁石の針が揺らぎ出した[17]。

エルステッド自身は興奮していたはずだ。だが、成功は励みにはなったものの、少なくとも、この実験結果を判断する、科学界という大きな社会を納得させるには十分でないと考えた。実験装置は〝見劣り〟がして、電磁気力の影響であるのは〝まぎれもない事実だ〟が、〝不明〟な点もあると自身でも書き残している[18]。

もっと強力な電池が必要だった。友人のラウリッツ・エスマルヒとともに、それから数か月をかけて二〇台の電池を作成した。容器は銅製、亜鉛板と銅板の電極が希硫酸と硝酸の溶液に差し込まれている。こうして作った電池の一台を使い、その年の七月、エスマルヒともう一人の友人が見守るなかで、エルステッドは高出力の電池と太い針金を使ってふたたび実験を試みた。

自伝によると、「非常に明瞭な結果がただちに得られた」という。実験は続けざまに六〇回以上繰り返され、その結果、導線の種類は関係ないと判明した。白金、金、銀、黄銅、鉄、鉛の帯、容器に入れた水銀でも試したが、「結果はいずれも成功だった」。通電状態の導線は、コンパスの針がガラスや金属、木、斑岩《はんがん》、ストーンウェア（炻器《せっき》）どころか、「水を満たした真鍮の箱に置かれた」状態であっても影響を与えていた。

一方、針が黄銅、ガラス、ラッカー塗りの場合は反応を示さなかった。しかし、それらよりも重大な発見は、方位磁石の上と下に置かれた導線にそれぞれ通電させたとき、針は同じように振れたものの、指し示す方向が逆転していた点だった。

この発見で探し求めていた法則が見つかった。針の位置が反転するということは、電流で生じた磁場は、導線周囲の空間を円形状に広がっていることをまぎれもなく意味していた。

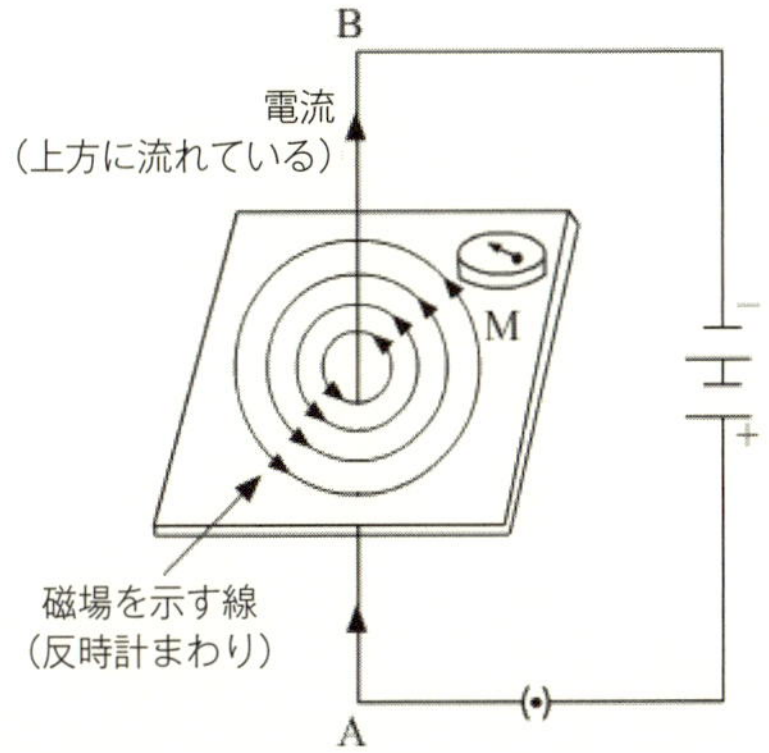

11-10　磁気コンパスを導線の上部と下部に置くことで、エルステッドは導線の周囲に円形の磁場が形成されているのを発見した。

ファラデーの発電機

一八二〇年七月、エルステッドは実験についてラテン語で四ページにまとめた梗概書を刊行すると、友人をはじめ、ヨーロッパの研究仲間に送った。この実験報告で発見に関するエルステッドの優先性が裏づけられる。その後、数多くの実験を詳細に記したフランス語によるさらに長い論文を書き始めた。この論文も九月にはパリに届いている。

それから三年とたたないころ、パヴェル・リヴォヴィチ・シリング男爵は、エルステッドの発見に基づいて電信システムの設計に着手した。男爵はサンクトペテルブルクに暮らす在ロシア大使で、アマチュアの実験者でもあった。一八二五年に崩御したロシア皇帝アレクサンドル一世は、シリングの電信システムの実演を目にしている。一八三〇年代、ロシア政府はネヴァ湾の入口の島にあるクロンシュタットの基地と、サンクトペテルブルクの宮殿を電信で結ぶ計画を決定する。だが、一八三七年にシリングは死亡、このシステムが実用化されることはなかった。

しかし、現代世界にふさわしい用途に合わせ、技術者や発明家たちが電気の応用法を考えられるようになるには、電磁気力や導線の周囲に広がる磁場の発見のほかに、もうひとつ根源的な発見がどうしても必要だった。そして、その発見をもたらしたのがイギリスの化学者で、名前をマイケル・ファラデーといった。並はずれた才能に恵まれ、王立研究所ではハンフリー・デーヴィーの庇護を受けていた。

一七九一年、ファラデーはロンドンの貧しい一家に生まれた。父親は鍛冶屋で病弱だった。ファラデーは学校にはわずか数年しか通えず、十三歳のときには製本兼書店の使い走りとして働き、翌年、見習いとして採用された。「たくさんの本があった。私はその本を読んでいた」とファラデーはのちに語った。ブリタニカ百科事典で「電気」という新しい科学の勉強を始め、四巻からなる化学書に注釈を書き添えていった。

一八一〇年、自己教育に関心を寄せるロンドンの青年らが組織した公開講座に参加する。この講座で知り合った、読み書きに通じた友人の一人は毎週二時間の時間をかけ、ファラデーの文法と綴りを正す面倒を見てくれた。二人の学習は七年間にわたって続いた。銀行員の別の友人は、化学への深い興味をともに分かち合い、化学上の新たな発見を論じたり、問題を二人で解いたりした。

製本屋の年季が明けた一八一二年、本業に終日精を出すことになれば、これまでのように勉学に費やしてきた余裕はもはや望めない。そのころファラデーは、王立研究所の公開講座に通い、とくにハンフリー・デーヴィーの講座に熱心に耳を傾けていた。一八一三年十月、そのデーヴィーが実験中、混ぜていた薬品が爆発して目に怪我を負う。

このとき、ファラデーの並はずれてすばらしい筆跡を知るある友人が、デーヴィーにファラデーを推薦してくれた。期限が限られた秘書の仕事だったが、名だたる科学者に実験作業をアピールできる格好の機会だ。デーヴィーはファラデーを雇い入れる条件を提示した。手当は週一ギニーで、そのほかにロウソクと燃料、王立研究所の屋根裏にある小部屋が提供された。ファラデーは、さらにエプロンの支給と実験室の使用を求めた。話はこれでまとまった[19]。

それから二〇年、ファラデーは並々ならない技術と独創性を備えた実験者として頭角を現す。王立研究所の事実上の監督者を務めながら、化学と電磁力の研究を深めていった。針金に電気を流すと導線の周囲に磁場が発生するというエルステッドの発見を契機に、ファラデーはこれとはまったく反対の現象の研究を始める。つまり、磁石に巻いた電線に電気を流してみたのだ。それまで多くの研究者が試みて失敗に終わった実験で、ファラデーもその一人として失敗すると、考えうる導線と磁石の組み合わせを漏れなく試すという、長期にわたる実験に着手した。

ファラデーが強力な電磁石の存在をはじめて耳にしたのは一八三一年だった。電磁石の研究には二名の競争相手がいた。製作したのはその一人、アメリカの研究者ジョセフ・ヘンリーである。ヘンリーは軟鉄を芯にし、そのまわりを絶縁した導線で何百回と巻くことで電磁石を作った。この巻線に電気を流すと、鉄芯は従来と同じサイズの磁石の何倍もの磁力を発生させた。

この実験を踏まえ、ファラデーは巨大なドーナッツに似た鉄製のリングを用意し、左右両端に向き合うようにして別々に電線を巻いていった。一方の巻線から延びるリード線は電池に、もう一方のリード線は電流を計測する検流計につながれていた（ルイージ・ガルヴァーニへの敬意として、この検流計は「ガルバノメーター」と呼ばれる）。

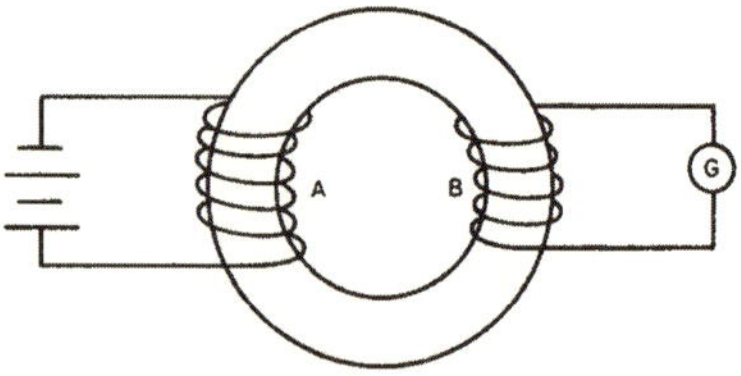

11-11　ファラデーの誘導実験の回路図。左側の横線は電池を表し、右側の丸にGの記号はガルバノメーターを表している。

リード線を電池につなぐと、検流計の針が振れた。しかし、それから左右に動いて静かになった。リード線を電池から離すと、今度は反対方向に針は振れ、それから左右に動いて止まった。この現象については、ジョセフ・ヘンリーもすでに気づいていた。また、電池からリード線をはずした際に火花が走ったので、この現象を「磁石の火花」と呼んでいた。しかし、ヘンリーの目的は安定した電流の産出にあったので、検流計にうかがえた反応については、踏み込んだ研究はしていない[20]。

　発見の栄誉はまたしても、一見すると予想外のささいな現象に気がつき、追求の手を緩めなかった者のもとに向かった。ファラデーはこの現象を目敏く認め、注意を向けなおすと、さらに一連の実験を行った。

「何度目かの実験の際、二番目のコイルを一番目のコイルに近づけたり、遠ざけたりすると（検流計の）針が振れることにファラデーは気がついていた」と科学史家のマイケル・シファーは書いている。「それだけではない。永久磁石の棒をコイルのなかでせわしなく出し入れすると、取り付けられた検流計の針がその瞬間振れていることにファラデーは気づいた。永久磁石とコイルを使った実験をさらに続けると、一貫した結果を得られた。コイルのなかで磁石を勢いよく動かしたときにだけ、検流計の針は反応していたのだ(21)」

ライバルの研究者同様、ファラデーも磁石から安定した電流を取り出す方法を探していた。実験結果の公表は控えていた。研究を続けるために使った装置は、フランスの研究者が考案した設計図を借用して作った。ファラデーが製作した装置は、黄銅製の心棒がある一二インチ（三〇センチ）の銅製の円盤を持ち、円盤は馬蹄形の磁石の両極のあいだに置かれていた。磁石は三〇ポンド（一四キロ）のものを持ち上げられるほど強力だった。一本の導線が黄銅製の心棒から、もう一本の導線は、銅の円盤に接触させたワイヤーブラシと検流計につながれて回路を作っている。銅製の円盤のクランクをまわすと、検流計が誘導電流を検出し、円盤がまわっているかぎり針は振れた。

つまり、電気が磁力を発生させ、磁力によって電気が生み出されていたのだ。電気と磁気という二つの力は、実は電磁気という、強力で、目には見えないひとつの力だったのである。洞察力に優れた立証を通じ、ファラデーは科学界の尊敬を勝ち得た。そして、この発見によって、電池に頼ることなく、いかなる量でも安定して発電できる道が開かれる。銅製の円盤を使ったファラデーの発電機は簡素な装置だったが、この発電機はのちに自動車やその他の機械に取り入れられる機構《メカニズム》の最初の実例であり、力学的作用を電気に転換する方法となった。

クランクをまわして、手動で電気を発生させることができた。それなら、蒸気機関でも電気を生産できるだろうし、滝の流れを利用して発電することもできるはずだ。

第12章 滔々《とうとう》たる水の流れ——直流・交流／水力発電／長距離送電システム

トーマス・エジソン／ウィリアム・スタンリー・ジュニア／ハイラム・マキシム／ジョージ・ウェスティングハウス／フランクリン・ポープ／ヘンリー・M・バイレスビー／エドワード・ディーン・アダムズ

天然の巨大な動力源

ナイアガラ——滝と川に冠せられたこの名前は、モホーク族の「オンヤ・カラ・イ」、つまり「（湖に挟まれた）地峡」という言葉に由来している。[1] ナイアガラの川と滝は、五大湖の下流から二番目の湖であるエリー湖とオンタリオ湖のあいだにあり、大地の首（地峡）を経由して莫大な量の水を運んでいる。オンタリオ湖を出た水は、そこからカナダのセントローレンス湾に向かい、大西洋へと流れていく。

エリー湖の海抜は五七二フィート（一七四メートル）、下流のオンタリオ湖との差は三〇〇フィート（九一メートル）以上もある。ナイアガラの滝の落差は一七〇フィート（五二メートル）なので、エリー湖とオンタリオ湖の高低差の半分はこの滝が占めている。エリー湖の貯水量は約一一五立方マイル（四六〇兆立方メートル）、ナイアガラの滝からは年間一立方マイル（四兆立方メートル）の湖水が流れ出ている。例年欠かさずに雨や雪が降らなくても、湖が空っぽになるには約一〇〇年の年月がかかる。

流れ落ちていく水は、人力を別にすれば、最古の動力源である。ナイアガラの滝も早くから商業的な関心を引いていたが、その力を抑え込むには、当時の技術者の手に負えるようなものではなかった。

一六七九年、フランシスコ会修道士ルイ・エヌパンは新大陸を調査した際にナイアガラの滝を訪れ、「途方もない水が尽きることなく、滔々《とうとう》とただひたすら流れ落ちていくさまは、驚きであり、恐怖さえ覚える。宇宙はこれだけのものを二つとは作り出すことはできない」(2)と記録している。

世界には、落差ではナイアガラにまさる滝が存在する。だが、季節にかかわりなくこれほどの水量を常に流し続ける滝はほかにはない。ナイアガラの貯水池に相当する上流の湖は、およそ八万八〇〇〇平方マイル(二二万八〇〇〇平方キロ)の面積をもつ水の収集地域で、季節による水位の変動が二フィート(六〇センチ)を超えることはめったにない(3)。

滝の上流、エリー湖が狭まって流れ込むナイアガラ川には、初期の入植者らによって川べりや小さな環状運河沿いに水車が設けられ、製材所、鍛冶屋、製粉所、縄製造場、皮なめし場、家屋など、開拓時代に住みついた人々の日用品作りを支えていた。川のなかにある島にも人の手は及んだ。山羊が飼われていたことから、島はゴートアイランドと呼ばれた。一八三〇年代までには、川沿いにぽつぽつと建ち始めた工場——釘製造所、製紙工場、製粉所、製材所、毛織物工場でも川の水が利用されるようになっていた。また、ここを訪れる旅行客とホテル住まいの客のため、「イーグル」と「カタラクトハウス」という二軒のホテルが一〇〇室を提供していたという(4)。

一八四一年には、二人のアメリカ人技術者が滝から得られる水車の動力を計算し、四五〇万馬力に相当すると見積もっている。アメリカ陸軍工兵司令部も一八六八年に五大湖を調査し、利用できるナイアガラの滝の総エネルギー量は約六〇〇万馬力と算出している。だが、八〇フィート(二四メートル)もある石灰岩の硬い岩棚に水路を掘る資金、さらにその下に広がる軟らかい頁岩《けつがん》にトンネルを通すには、値の張る硬質レンガを何層も貼って補強しなくてはならない。しかも、最寄りの都市である

12-1　1679年のナイアガラの滝（ルイ・エヌパン著『巨大な国の新たなる発見』に掲載されたエッチング）。

バッファローはナイアガラの滝から二〇マイル（三二キロ）の場所にあり、これほど遠くまで動力を伝達できる技術は当時まだ存在していなかった。人里離れた滝の周辺には働き手もいない。十九世紀最後の一〇年を迎えるまで、ナイアガラの滝は、天然の巨大な原動力として、手つかずのまま放置されていた。

直流電気と交流電気の戦い

「運動を電気に変える機械は、いずれもファラデーの偉大な発見、つまり磁石と巻線の相対運動による誘導電流の発見に基づく(5)」と一八八一年、王立研究所のある講師は語った。とはいえ、電磁気に関するファラデーの黎明期の実験はただちに実用化されたわけではない。自然哲学の教授ウィリアム・グリルス・アダムズは、「重大な発見のほぼすべては無視されるか、あるいは日の目を見ることのない段階を経過する。世間の関心がほかに向いているか、あるいはその発見を受け入れる準備が世間にできていない時期に発見されたのか、そのいずれかの理由で黙殺されてしまうものなのである(6)」と言っている。

同じことが電気にも起きていた。魔法にも似た電気の応用技術が登場したことで、世間の関心はそちらに向いてしまった。サミュエル・F・B・モールスの電信(一八三七年)、アレクサンダー・グラハム・ベルの電話(一八七六年)、トーマス・エジソンの蓄音機(一八七七年)と電灯(一八七九年)などである。

十九世紀後半を迎えるまで、電源として主に使われてきたのは、静電気をためたライデン瓶と化学電池だったが、蒸気の応用装置に比べ、いずれも貧弱で出力も限られ、値段も安くはなかった。頼もしい蒸気機関は、工場の動力を賄い、水を汲み上げ、船を動かし、客車や貨物車を牽引した。規模は劣るが、補完的な手段として馬も使われていた。都市では荷物や人を運び、農場では直接の動力として広い土地を鋤《す》き返した。また、暖房や機械の燃料としていちばん使われていたのは薪と石炭である。一八七九年、アメリカのエネルギー消費の七〇パーセントは薪が占めていたが、一九〇〇年には石炭が七〇パーセントに入れ替わっている(7)。石炭から製造した都市ガスが利用できない町では、安価な照明燃料として灯油が用いられたほか、石油も照明燃料と潤滑油としてシェアを拡大していた。

ただ、蒸気はたしかに革命的で、産業革命を担ったものの、致命的な欠点があった。蒸気の出力は機械運動であり、そもそもの設置場所から動かせなかった。動力を遠くまで伝える方法は、サンフランシスコやピッツバーグのケーブルカーのような鋼鉄線による牽引、あるいは空気圧に変換する方法を除けばまだ何も考案されていない。使い勝手がいいわけでもない。蒸気圧を高めて稼働させるまでに二時間かかり、火夫はつきっきりで状態を維持しなくてはならず、時間的にも金銭的にも一介の職人や小規模な工場が手を出せるものではなかった。さらに吐き出す煙は臭いうえに移設もできず、町の空気は不快な煙で汚されていた。

もっとも、電気の実用化に目途がつくにしても、ファラデーの発見は「いましばらく実験室で人目に触れない研究段階を経る」と、アダムズはロンドンの聴衆を前に語っていた(8)。十九世紀中頃、実験室では電磁気の特質に関する研究が体系的に行われていた。こうした研究では、電磁誘導の原理を踏まえ、発電機と電動機の開発が同時に進められていた。蒸気機関や水車から得た機械的な動力で装置を回転させ、電流を発生させる。逆に、装置に電流を通し、織機や電気トローリーの車輪を回転させるような機械的な出力を生み出す。

このとき問題になったのが電流の種類だった。電池の電気は直流(DC)で、電気は途切れずに流れ続けている。発電機――コイルが磁石の両極のまわりを回転――の電気は交流(AC)で、周期的に電流の向きが変わる。

十九世紀後半まで電池が唯一の電源だった。そのため、当時の商業的な電気製品のほぼすべては電圧が低い電池の直流で作動していた。すぐにあがるバッテリーという点では、現代の携帯電話やモバイルパソコンも大差はない。トーマス・エジソンは直流を支持して、開発中の電灯照明のため、直流の電気を供給する発電を目指した。技師たちは交流を取り扱った経験がなかったので、交流には半信半疑だった。交流電気が商業化された一八八八年以降も、「交流は安全ではない」と公開講座で断言した技師もいた。「交流は使いこなせない(略)。ランプさえ灯せず(発光が安定せず、チカチカする)、灯し続けることもできない。メーター売りができない（計量ができない）。モーターで発電はできない」[9]。だが、交流にはそれができたし、そうやって使われていた。

交流には、直流をはるかに上回る利点がある。直流に比べると電圧の上げ下げが容易だ。電圧（ボルト）とは電気（電荷）を押し出す力で、たとえるなら水圧のようなものである。電流（アンペア）は水流に相当し、流れる電気の量を表している。電流が増えると、流れる電荷の量は増える。

電力は電圧と電流の積であり、電力が一定なら、電圧と電流は反比例する。電流が減っても、電圧があがれば電力は変わらない。電圧の調節が容易な交流電気の場合、導線の直径が小さくても電圧をあげることで、導線の抵抗が高まることなく電気は流れていく。*訳註

直流にはこれができない。アメリカの発明家ウィリアム・スタンリー・ジュニアによると、交流が普及する以前、「（ニューヨークの）十四丁目から五十四丁目にかけ、（直流電流で）五番街を照らそうとするなら、配電線は男性の太腿ほどの太さ（直径）になると言われていた」[10]という（細い導線が加熱した場合、ひと昔前の一般家庭で使われていた使い捨てヒューズのようにすぐに溶けてしまった）。そのため、直流による送電は、物理的な制約だけではなく、費用の点からも特定の地域に限られた。「距離が二〇〇〜三〇〇ヤード（一八〇〜二七〇メートル）を超えると、導線の費用がかさむため設置は断念されていた」[11]という記録が残されている。

長距離送電をいかに実現させるか

エジソンに課されたのは、白熱灯をはるかに超えるシステムの発明だった。これまでにない新たなテクノロジーを生み出した者の常として、その発明を支えるインフラを案出し、世に広めていかなけ

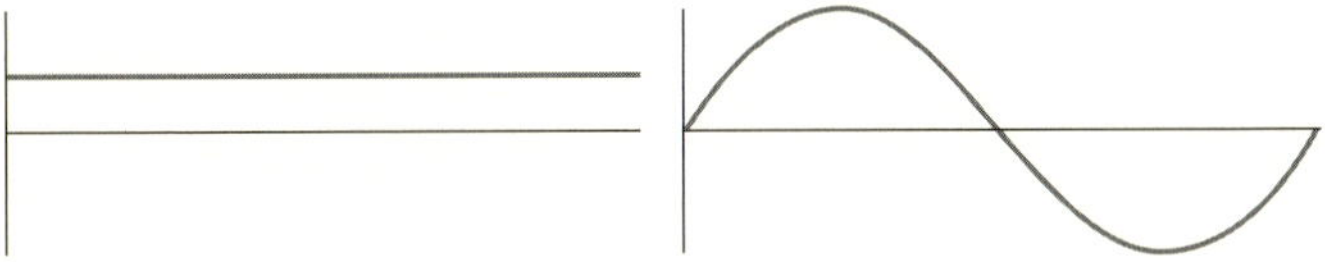

12-2　電気の流れ方には２種類ある。中央の線は電荷がゼロの状態。この線より上はプラスの電圧、下はマイナスの電圧。

ればならなかった。蒸気機関が普及した背景には、炭鉱の採掘と石炭の流通が結ばれ、機関を稼働させる石炭の供給が可能になった点が挙げられる。ガス灯を支えているのは、地域ごとに設置されたガス製造機と地下に埋設された導管である。直流式の白熱灯を計画していたエジソンは、人の太腿ほどもあるケーブルを敷設することなど望んではいない。念頭にあったのは、蒸気機関で直流電気を発電する、近隣地区にふさわしい規模の発電所の設置であり、ガス灯のシステムを手本に、ガス管のように地下に埋設した導管に電線を通して、電気を供給することだった[12]。

直流式の限界を踏まえると、限られた地域なら、ガス灯を手本にしたのは悪いアイデアではなかった。しかし、町から町へという場合、電気はどうやって送るのか。ナイアガラの滝のような巨大なエネルギー源で生産した電力を、必要とする遠く離れた人口密集地帯に送ることはできるのだろうか。一八七九年、送電方法をめぐる二人の技術者の論争のなかで、「ある技術者は」——エジソンと思われる——「ナイアガラの滝の水力で生産した電気を送電する場合、それに耐えられ

＊訳註　抵抗は導線の長さに比例し、断面積に反比例する。導線の直径が二分の一（断面積は四分の一）になると抵抗は四倍に高まる。

る太さの送電線を作るには、スペリオル湖周辺に広がる、巨大な銅鉱脈を上回る量の銅が必要になると言っている[13]」

直面している問題はエジソンにもよくわかっていた。直流は送電が容易ではない。使用するには電圧をさげなくてはならないが、直流の変圧は簡単ではない。一般的な方法は、①直流で作動する電動機を直流の電気でまわし、②この発電機で交流電気を発生させ、③変圧器で交流電気の電圧を高め、④整流器と呼ばれる装置で交流を直流に変換する。送電先では、高圧の直流電気の電圧をさげるため、別の電動機に通さなくてはならなかった。このように複雑な工程では効率性に劣り、どの工程でも送電ロスが生じてしまい、それに応じて費用もかさんだ。

エジソンもこうした負担を少しでも軽減しようと努めた。配電地域を広げようと、従来の二本の電線を使ったシステム（二線式配線）に、中性線という〇ボルトの電線を一本加えた新たな配線システム（三線式配線）を採用した。新システムのおかげで発電所周辺の地域に妥当な経費で配電することが可能になり、配電地域もおよそ三倍にまで広がった[14]。だが、それでも長距離の送電は実現できなかった。この問題は設計でどうにかなるものではなく、物理の基本的な法則に根差していたのだ。

交流電流の長距離送電を実現させた発明家が、電線の太さを男性の太腿と証言していたウィリアム・スタンリー・ジュニアだった。一八五八年、スタンリーは八代にわたるニューイングランドの住民としてブルックリンに生まれた。マサチューセッツ州グレート・バーリントンのバークシャーマウンテンに立つ父祖代々の家に育ち、技術に関しては早くから際立った才能を示した。時計を修理したり、自宅と友人の家を電信で結んだり、親戚から譲り受けた小型の蒸気機関をいじったりしていた[15]。父親は卓越した弁護士として知られ、息子の法曹界入りを望んでいた。一八七九年、二十一歳のときにイェール大学に入学し、スタンリーは法律の勉強を始めた。しかし、胸躍る西部開拓を含め、人生の可能性に向けた本人の夢は断ちがたかった。「勉強をやめ、クリスマスの時期に学校をあとにした」[16]とのちに語っている。

一八七九年当時、電気はまだひとつの専門分野として確立されてはいない。「当時の状況がどうだったのか、現在の技術者にはおいそれと理解できないだろう」。一九一二年に行われた講座でスタンリーは語った。「電気工学に関する書物は皆無に等しく、公式も確立されていない。あるとしても、学術論文に隠されたままで、用語体系も整っておらず、交流電気に伴う現象については、得られる知識など皆無に等しかった」[17]。おそらく、若き発明家はこうした状況を好機と考え、西部に向かうかわりにイェール大学をドロップアウトしたのだろう。この年のクリスマス休暇、両親に宛ててニューヘイヴンから出し抜けの手紙を送った。「イェールにはもうこりごりなので、これからニューヨークに向かいます」[18]。父親には許しがたいことだった。

その一か月前の一八七九年十一月、トーマス・エジソンは自身の「電球」の基本特許を申請している[19]。新分野を学ぶべく、スタンリーは、モールス信号で使う電鍵《でんけん》と火災警報器を製造する会社に新米電気技師として雇われた。一年後、父親との関係を修復すると、二〇〇〇ドル（現在の五万ドル）の融資を父親から受けてニッケルメッキの店を買収、ここで電気化学の知識を仕入れた。一年足らずで父親から借りた金を返済すると、ニューヨーク電灯会社に入社した。この会社でスタンリーは、ハイラム・マキシムとともに働いている。マキシムはのちに全自動式機関銃「マキシム機関銃」の発明者となる人物であり、当時、エジソンの会社と競合していたニューヨーク電灯会社で主任技師として働いていた[20]。

「スタンリーは本当に若かった」とマキシムは述懐した。一八八〇年、スタンリーは二十二歳である。「とても背が高くて痩せており、押し出しがいいとは言えないが、行動力でそれを補っていた。いつもやる気満々で、何をやらせても一番だった」[21]。一八八一年、マキシムはスタンリーに、白熱灯を延長して設置するという話を持ちかける。ニューヨーク初の試みで、場所はブロードウェイのフィフス・アヴェニュー・ホテル内のドラッグストア、キャスウェル・マッセイである。使用するマキシム20号発電機には、マキシム電灯一〇〇個分を灯す能力がある。蒸気機関と発電機は六番街と二十六丁目の角にあるマキシムの店に置かれている。スタンリーは、絶縁した電線をマキシムの店から、通りをくだった場所に立つホテルの屋根に走らせ、そこからドラッグストアに引き込んで店内のシャンデリアにつないだ。アース線は店内のガス管に接地させた[22]。

ウェスティングハウスのもくろみ

一八八一年、マキシムはフランスに渡った。この年、パリで開催される国際電気博覧会に社を代表して出席するためである。滞在中、機関銃をはじめて披露する。一分間に六〇〇発を超える弾丸が発射できる禍々しい兵器で、世界の主だった国の陸軍と海軍がさまざまな口径の銃を購入した。マキシムは莫大な財を得、その名前は広く知れ渡るようになる[23]。さらにパリからロンドンへと渡り、アメリカに戻るのは数年後のことになる。おそらく、そのせいなのだろう。スタンリーは一八八二年にニューヨーク電灯会社を辞めてボストンに引っ越し、スワン電灯社で製品開発を始めている。この会社ではスタンリーが個人的に実験を行う時間を認めてくれた。

しかし、衝動的で短気な気性は収まらず、この会社も長くは続かなかった。転居して数か月後にスワン電灯社を退職すると、当時、両親が暮らすニュージャージー州イーグルウッドに移り、ここに自分の実験室を構えた。蓄電池の研究を始めたが、うまくいかなかったので発電機の開発に転じ、当時の発電機が抱えていた基本的な問題のひとつに取り組んだ。電力負荷の変化に発電機が反応し、電灯が明滅するゆらぎ《フリッカー》現象の解消である。

冷蔵庫や電気ヒーターのスイッチを入れたとき、照明が明滅する現象は大方の人が経験しているだろう。スタンリーの時代の初歩的な発電機では頻繁に起きていたありきたりな問題で、そのせいで大勢の人がガス灯から電灯への切り替えを躊躇していた。エジソンの白熱灯は、回路で結ばれた電灯や電動機のスイッチを入れたり切ったりするたび、わざわざ手で調整しなければならなかった。

一八八三年、スタンリーは補助的なフィードバック回路を備えた交流発電機の着想を得た。フィードバック回路は、一対の小型の特別なコイルからなり、電圧がさがるたびに回路を自動的に開閉して電圧の安定を図ることができた。

ある日、スタンリーが列車に乗っていたときのことである。頭は新しいアイデアでいっぱいだった。たまたま、隣に座り合わせたのが、ジョージ・ウェスティングハウスの弟ハーマンだった。二人は話を始めた。間もなくスタンリーは、自動調節が可能な交流発電機という自分のアイデアを話し始めていた。[24] 話を聞いたハーマンは、いいアイデアだと思った。そして、スタンリーを兄に取り次ぐ。

当時、ジョージ・ウェスティングハウスは、鉄道車両用の空気ブレーキをはじめ、鉄道関連機器の発明で成功を遂げていた。これらの発明で、連結車両はその数を増やし、列車による長距離輸送が実用化される。この時期、ウェスティングハウスは電灯事業への参入をもくろんでおり、しかも直流ではなく、交流発電による技術を追求していた。交流電気に関する自分の知識をたしかにするため、すでに若い技師たちを何人も雇い入れていたが、ウェスティングハウス自身はまだ本格的に取り組んでいたわけではなかった。だが、スタンリーの仕事には魅了された。一八八四年早々、ウェスティングハウスは、発電機から電動機、そして照明まで、交流電気による完全な電力システムを開発すべく、二十四歳になるこの青年技師を雇い入れた[25]。

スタンリーは主任技術者として採用された。一八八四年、最初に取り組んだ仕事は、ピッツバーグに本格的な工場を起ち上げ、自身の設計に基づく白熱灯の生産をここで行うことだった。工場では絹糸のフィラメントではなく、ロイシン製のフィラメントを製造していた。ロイシンは動物の脾臓《ひぞう》、膵《すい》臓《ぞう》、脳から抽出したアミノ酸の白色の結晶体である。型を使ってパスタのように一定の繊維状に押出し、切り整えたものを炭化させてフィラメントを製造する[26]。

その一方で、長距離送電の問題をスタンリーは考え続けた。一九一二年に本人も述懐しているように、「多忙を極めていたこの年、ずっと考え続けていたのは例の送電に関する件である。白状すれば、このころの私にとって、送電の実現はどうしてもかなえたい大望だったのだ。もちろん、胸に秘めた野望だ。この年、実験に取りかかろうと何度か考えたが、取りかかれたのは秋になってからだった」。自動制御が可能な交流発電機（本人は「オルタネータ」と呼んでいた）の開発に費やせる時間はまだなかったが、ある種の誘導コイルを使い、直流の電流を交流に変換させる実験は行っていた。「なんとかうまくいったが、火花《スパーク》をさかんにあげていた[27]」

翌一八八五年の春、スタンリーは病に倒れる。病状に関する詳しい記録はないが、「ピッツバーグという町と工場の仕事に耐えられる力」がだんだん弱っていったと本人は語っている。実家に帰るよう医者が勧めていた点を踏まえると、当時、鉄鋼産業で沸いていたピッツバーグだけに、有害な煙に汚染された大気で胸を病んでいたのかもしれない。交流技術の開発が遅々として進まない事実も、本人の心に重くのしかかっていた。「周囲になじめず、仕事も厳しく、これという結果も残せないので、ずいぶん気落ちしていた[28]」

変圧器を並列に配置する

そうこうしていたころ、ウェスティングハウスがある提案をもちかけてきた。この提案がスタンリーに急展開をもたらすことになる。「ある日、実験研究の件で頭を抱えていると、ウェスティングハウス氏から話があり、(電気事業におけるヨーロッパの協力関係者の) ルシアン・ゴーラールとジョン・ディクソン・ギブスの研究に関する選択権《オプション》を行使できるので、二人の (シーメンス社製の) 交流機と誘導コイルが取り寄せられると言ってくれた[29]」

シーメンス社の「交流機」は、スタンリーが取り組んでいた交流発電機のシーメンス社版に相当するものだった。蒸気エンジンで駆動させ、高圧の交流電気を発生させることができた。発生した電流は誘導コイルのバンクに送られ、電圧を十分さげたうえで電灯に電気を供給する。しかし、この誘導コイルは、昔のクリスマスツリーの照明のように直列で巻かれていたため、電気の使用に伴って電圧が変わるたびに電灯は揺らいだ。また、危険な過負荷で部品が故障する恐れもあった。

革新的なアイデアは、シーメンスの装置を研究している最中に訪れた。誘導コイル――このころになると誘導コイルのことをスタンリーは「変圧器《トランス》」と呼ぶようになっていた――を直列ではなく並列につないでも、それぞれのコイルは単独に作動するのではないのかと「不意に覚った」とスタンリーは言う。並列に配置することで、電気の使用量にかかわらず、コイルのひとつが故障しても、安定した電流を保つことができる。「問題は見事に解明した」。スタンリーは心から喜んだ。

この解決方法は、電動機の速度を制御させる仕組みに通じるものがあった。スタンリー自身、「真っ先にその考えが頭をかすめた。だが、間もなく動かしがたい確信に変わった。そう考えるとてつもなく興奮した。あまりにもあっけなく、あまりにも単純すぎて、本当とは思えなかったのだ。おいそれとは信じられず、口にするのも憚《はばか》られた。それまで、苦い失望を何度も味わい、神経をとがらせ、仕事の疲れもたまっていた。だが、確信はいよいよ抜きがたく、ますます深まっていき、私の腹も決まった。解決策が見つかったと心の底から納得した(30)」

ウェスティングハウスは、自身が目指していたほど電気にはまだ通じていない。関心は鉄道の安全機能や天然ガスに占められていた。そこで、自分にかわり、技術顧問のフランクリン・ポープにスタンリーのアイデアを検討させた。特許弁護士のポープは、エジソンとともに株式相場の電信表示器《ストック・ティッカー》の開発者であり、雑誌「電気工学」の編集責任者を務めていた。

スタンリーは、電動機を並列に結べるように、自分の変圧器も並列につなげることで自動的に電流が調整されることをポープに説明した。「私は並列接続による自動調整について言葉を尽くして語り、相手がこの現象を絵のように思い浮かべられるよう精一杯努めた。しかし、ポープにはなかなか理解できないようだった。呑み込みが遅い。こちらの辛抱にも限りがある(31)」

スタンリーが考えていたのは変圧器を並列に結びつければ、発電した交流電気の電圧をあげる一方、電流は減らせるということだった。電圧があがり、電流が減るなら、太くて重い導線は不要で、遠隔地でも効率よく送電できるようになる。そして、送電先では同じ工程を逆に行い、用途に合わせて電圧をさげ、使えるレベルまで電流をふたたび増やすというものだった。

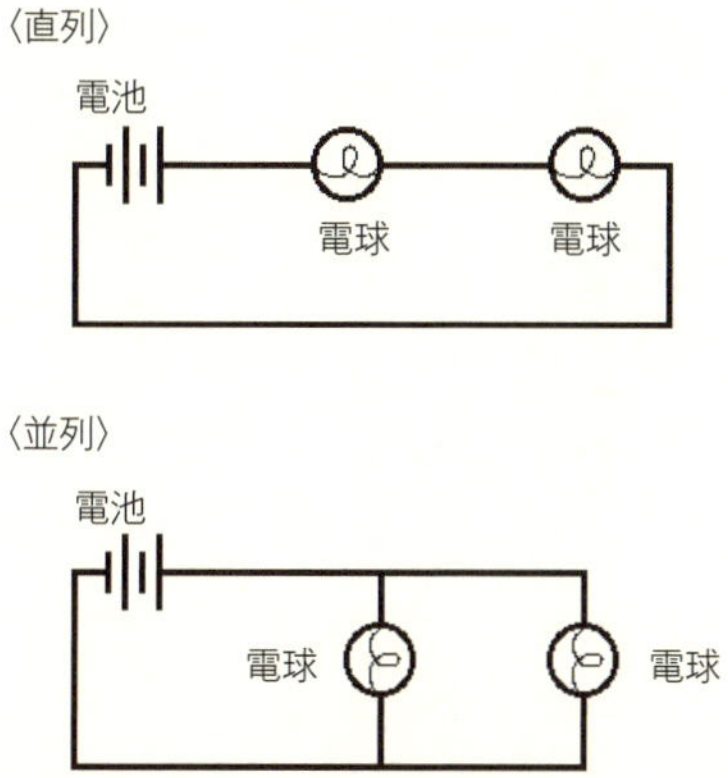

12-3　直列と並列の回路。

ポープに理解できたのは、スタンリーが使用する高電圧の数値だけのようである。その電圧では感電死するとポープは懸念したが、感電は電圧ではなく電流が引き起こすことをポープは知らなかったようである（電気柵では九ボルトの電池を使い、コンデンサに約八〇〇〇ボルトの電気を充電する一方、電流は約〇・一アンペアまでさげられている。柵に接触すると瞬間的にしびれは感じるものの、この程度の筋肉の痙攣は無害だ。アメリカの一般家庭の電気回路は一二〇ボルトで一五アンペア。通常、この電流で命を落とすことはないとはいえ、電流値は高いので電気柵よりもはるかに危険だ）。ポープには何もわかっていなかった。スタンリーに向かって、五〇〇ボルトまで電圧をあげると、火災の発生や利用者が感電死する危険が高まると話した。「ポープは尻込みしてしまい、最初は計画を認めようとしなかった」[32]という。

ポープが認めなかったばかりに、ウェスティングハウスは、スタンリー案を表立って支援することから手を引いた。スタンリーは、公開実験を通じ、交流の長距離の送電の可能性を立証しようと考えていたのだ。この年の春、スタンリーは体を壊していたが、自分が信じるアイデアに投資する資金は持ち合わせていた。保有していたウェスティングハウス社の株の半分をジョージ・ウェスティングハウスに売り戻すと、その利益で実験を行う話をまとめる。

この装置のその後の実績を踏まえれば、ウェスティングハウスにとってはまたとない取引だった。スタンリー自身、この取引は「いささか不公平だった。会社の一株主だったという以外、この取引で自分はとくに利益を得たわけではない」。一九一二年、すでに過去の話という思いとともにスタンリーはそう語った。たしかに不公平だったが、あの煙に汚れた町を逃れ、グレート・バーリントンに帰ることができた。「わが生涯において、これ以上ない決断だった（略）。ぞっとするようなピッツバーグの泥を払い落とし、バークシャーの緑野に急いだ。ここに実験室を建て、一か八かの研究をするつもりだった」(33)。公開実験はこの町で行われることになっていた。

中央発電所からの定期送電

スタンリーと家族がピッツバーグを引き払う前の一八八五年夏、スタンリーは並列に配置する数基の変圧器を設計・製作した。そのぐらいの体力は残っていた。製作されたうちの一基は、五〇〇ボルトの一次コイルとこの電圧を一〇〇ボルトにさげる二次コイルからなり、「以来、製造されるすべての変圧器の原型」になったと一九一二年に回想している。だが、変圧器の製造とグレート・バーリントンへの転居はスタンリーから体力を奪っていた。病がぶり返し、夏の残りは仕事ができなかった。「だが、九月になって夜気がひんやりしてくると、体調ももちなおしたので、さっそく実験室の設営に取りかかった」[34]

実験室兼発電所として借りたのは、町の北端に立つゴム工場の廃屋だった。動力源として二五馬力の蒸気機関を購入、古びた工場の建屋に設置した。しかし、この蒸気機関がひどすぎた。箸にも棒にもかからない代物で、スタンリーは業を煮やした。「波瀾万丈の半生で、抜き差しならない深刻な困難には何度も見舞われたが、どんな類いの困難だろうと、故障の権化のようなこの機関ほど深刻ではなかった」と嘆いた。結局、この蒸気機関とボイラーが正常に作動したのは一か月後のことだった。さらに、ウェスティングハウスが実験用にロンドンに発注していたシーメンス社製の交流発電機の到着が遅れ、「うんざりするような遅れ」がまたしても起きてしまう。[35]

スタンリーはその間変圧器を製作した。その数は二六台に達し、うち六台を配電が予定されているグレート・バーリントンの各建物の地下に設置した（ほかの変圧器はピッツバーグに移送）。工場兼用の発電所では、シーメンス社製の交流発電機が電圧五〇〇ボルト、一二アンペアの交流電気を発電する。そして、変圧器を使ってこの電気を三〇〇〇ボルトにまであげ、それに応じて電流をさげた。

作業員によって、実験室からは二本一組の絶縁した銅線が町の目抜き通りに引かれていた。導線の延長は約四〇〇〇フィート（一二二〇メートル）、歩道沿いの楡《にれ》の並木に釘打ちされた絶縁体によって固定されていた。電気は電線を伝って各建物の地下へと送られると、設置されていた変圧器でふたたび五〇〇ボルトに降圧する。[36]

こうして準備はすべて整った。発電所の装置にスイッチが入れられ、稼働を開始した。変圧器を介し、町の一三の店舗、二軒のホテルと二か所の病院、そして床屋一軒と電話交換局と郵便局が電灯でいっせいに輝いた。「ついにこの町でも電球が灯された。成功の証を私たちはその目で見届けた。その夜は祝賀会だ。通りも商店も人でいっぱいだった。一五〇燭光の電球はおよそ倍の燭光で輝いていた。*町の人たちは、おっかなびっくりながら電灯に近寄っていったが、やがて私たちと一緒になって喜んだ[37]。

マサチューセッツ州グレート・バーリントンで、中央発電所による定期送電が始まったのは一八八六年三月六日のことだった。町の住民は喜んだかもしれないが、ピッツバーグのウェスティングハウスからは誰一人視察に訪れる気配がない。業を煮やしたスタンリーは、列車に乗るとニューヨークに向かい、顔なじみのウェスティングハウス社のヘンリー・M・バイレスビーを訪れた。バイレスビーは若くはあったが有能な支配人で、もともとエジソン電灯会社で働いていた。一八八五年後半、ウェスティングハウス・エレクトリック・カンパニーの創業に合わせ、ジョージ・ウェスティングハウスに引き抜かれて入社した。

スタンリーがグレート・バーリントンで電灯を灯した十一月、その時点でバイレスビーは「交流電流で商業化が図れる何かが出現する――そう考える人間は会社にはほとんど誰もいないが、ウェスティングハウス氏とあのフランクリン・ポープ氏の二人は別」だと気がついていた[38]。バイレスビーはスタンリーが嫌いではなかった。一八八六年三月、スタンリーがニューヨークを訪れたその日、バイレスビーは相手の話に耳を傾けた。

> 金曜日、スタンリーが私に会いにニューヨークにきた。小型の交流発電機を使い、グレート・バーリントンの町で中央発電所を運営している話に私は感服した。スタンリーは、どうか自分とともにグレート・バーリントンに来てほしいと切々と訴えた。

話に応じて、私はこの町で次の土曜日を過ごした。計量メーターと蒸気機関を除けば、文句などつけようがない完璧な装置で、実際、非常にうまく機能しており、ごくわずかな手を加えるだけで市場に投入できそうだった。[39]

バイレスビーは、グレート・バーリントンからその足でピッツバーグに向かい、ウェスティングハウスに事のあらましを説明した。バイレスビーは「これ以上ないほど熱を込めて」語ったが、ウェスティングハウスと出資仲間はまだためらっていた。[40] しかし、グレート・バーリントンへの視察が実現した一八八六年四月六日、そんな彼らもついにスタンリーの発電システムを認める。「このときの訪問で、ウェスティングハウス氏は交流電流の分野に積極的に参入する腹を決めた。交流という方式が宿す斬新さと応用範囲に心底驚いていた[41]」とスタンリーは言う。

こうして商業化が始まった。その年の冬までには本格的な発電所が稼働し、バッファロー全域に交流電気を供給、一八八八年夏には、ウェスティングハウスの一〇〇か所もの中央発電基地から、アメリカ東部の都市や町に向けて、照明用の電気が送り出されていった。

このような初期の発電基地では、都市間の送電はまだ行われてはいなかった。だが、ヨーロッパでは、すでに一八八〇年代初期から直流発電による都市間の電力供給が行われ、一八八六年には交流電気による初の都市間の送電システムが導入されていた。イタリアのチェルキから二〇〇〇ボルトの電

＊　一五〇燭光は、一〇〇ワットの電球もしくは二五ワットのLED（発光ダイオード）よりもわずかに高い光度。その倍の燭光は約二〇〇ワットの白熱灯もしくはLED五〇ワットの光度。

気が一七マイル（二七キロ）離れたローマに送電された。一五〇馬力の蒸気機関で駆動するガンツ交流発電機で一一二ボルトの電気を発電すると、送電のため電圧をさらに高めた。[42]

一八九二年、スタンリーは、どこまで高圧の電気が送れるのか、その限界を見極めようと考えた。助手のカミングス・C・チェスニーに命じ、グレート・バーリントンで行う公開実験の準備を進めた。チェスニーは「変圧器と一万五〇〇〇ボルトの送電線の設計と製作を指示された」。[43]実験のため、チェスニーは町の送電網を流れる電気の電圧を一〇〇〇ボルトから一万五〇〇〇ボルトにあげる変圧器を配置し、農場の周囲に送電線を起ち上げた。この送電線は変電基地につながっており、ここで電圧をふたたび一〇〇〇ボルトにさげて電力を供給する。小さな電力設備は、ニューイングランドの冬でも故障することなく働き続けた。それから数年後には、一万五〇〇〇ボルトをさらに超える電圧を試みている。長距離送電は現在、一一万ボルト（一一〇キロボルト）から始まり、七六五キロボルトの超高電圧に達することもある。

エジソンとウェスティングハウス

太陽光という自由エネルギーで大気中に上昇した水蒸気は、雨や雪に姿を変えて空から降り注いでくる。上空から降り注ぐ水には、この自由エネルギーが取り込まれている。発電を考えたとき、水力発電がその第一候補となったのは間違いあるまい。

ウィラメット・フォールズ電気会社は、アメリカで最初に建設された交流発電用の水力発電所で、一八八九年、オレゴン州のオレゴンシティから一三マイル（二一キロ）離れたポートランドに電力を供給した。[44]翌一八九〇年にはテルライド電力会社が、コロラド州エイムズに小規模な水力発電所を建設している。三マイル（五キロ）離れた金鉱の設備に電力を供給するのが目的だった。

同様な施設がサンバーナーディーノ、ポモナ、レッドランズなどのカリフォルニア州の町やコネチカット州のハートフォードで続いた。[45]「こうした設備を嚆矢《こうし》に、水力発電による送電の時代がアメリカで幕を開け、一八九六年ごろになると三〇〇か所近くの水力発電所が操業を始めていることが統計からうかがえる[46]」と当時を知る二名の歴史家は記す。

これらの施設のなかでも最大にして最も重要な意味を担ったのが、ナイアガラの滝だった。一八五〇年代以降、この滝から落ちる膨大な水力を利用した計画が次々と提案されてきた。上流に水力運河を設け、製紙工場や製粉所を稼働させようという構想があれば、バッファローで水力発電と下水処理を一体化させようという構想もあった。バッファロー構想では、周辺の景観などはなからお構いなしに、人口二五万六〇〇〇人の町から排出された下水は、滝の下に掘ったトンネルを介して川下に放出され、川の水とひとつになり、何千もの水車や工場に動力や電力を供給することが計画されていた。[47]

結局、水力運河のほうは、川の上流で滝からは見えない場所で開削された（幸いにも下水が排出されることはなかった）。だが、画家のフレデリック・エドウィン・チャーチが、造園家のフレデリック・ロー・オルムステッドに宛てた手紙のなかで、「ナイアガラの滝ならではの景観が、急速に破滅に向かっている」と記した一文が、景観の保全に対する世間の強い関心をかき立てることになった。[48]

当時、滝の上流のアメリカ側の堰堤沿いの土地はすべて私有地で、保存するためには買収しなくてはならなかったが、州都オールバニのニューヨーク州議会は、買収の予算計上に乗り気ではなかった。一八七九年以降、保全運動が一般のあいだにも広まり始めると。七年に及ぶ説得の末、州議会に予算をついに認めさせた。ただし、川沿いの土地の所有者は、自分たちの所有権は水力の発生源そのものである川の中央部を含んでいると主張していたので、その不動産評価額はおよそ三〇〇〇万ドルにも達していた。

ニューヨーク州最高裁は、所有権は川の中央部にまで及ぶという所有者の主張を却下、評価額は四〇〇万ドルとなる。さらに州議会に任命された委員は、この土地が公用に付される点を勘案し、評価額を一四〇万ドル（現在の三七五〇万ドル）と決定した。州は土地を取得、こうして一八八五年にナイアガラ保護区が誕生する。[49] それから二年、シーズン中、特別列車で滝を訪れた観光客の数は早くも一六万六〇〇〇人に達していた。[50]

一八八六年、投資家集団が「ナイアガラ・フォールズによる電力の供給」という企業設立の趣意書を提出した。趣意書にはナイアガラ規模の河川による水力発電の見込みがいかに有望かが記されていた。ナイアガラの滝による発電で、バッファローの町を明るく灯すことが「いまや十分に実現可能になり」、「遠く離れた地域に送電できる技術も近い将来開発されるという意見が専門家のあいだで高まっている」と書かれていた。

一八八六年の時点では、送電方法はまだ見つかっておらず、スタンリーの交流電気の送電システムも世には知れ渡っていない。だが、趣意書はさらにこう続く。「その方法は、イングランドのバーミンガムの製造業者によってすでに提供されている（略）。圧縮空気を使って動力を伝達する方法である」。ナイアガラの滝による電動ポンプで空気を圧縮し、これをバッファローに送り、稼働中の蒸気機関の蒸気のかわりに、圧縮空気を原動力とする空圧機械に使おうというものだ。今日からすれば、ひどく風変わりで奇想天外な話だが、これほど効率性に劣る方法で、しかも遠隔地に動力を伝達するなどおよそ無理な相談である。[51]

一八八七年から九六年にかけ、ウェスティングハウスとトーマス・エジソンは、世に言う「電流戦争」を繰り広げた。ウェスティングハウスは交流送電を支持し、エジソンは直流送電を支持した。この件については、これまで微細にわたって語られてきたが、発明の才に富むセルビア人技師ニコラ・テスラが果たした役割についてはいささか誇張されすぎだ。この〝戦争〟にテスラが果たしていた重要な役どころは、唯一、交流による電動機の発明でしかない。この戦争は、ナイアガラの滝に設置する、大規模な水力発電の開発事業で決着を見ることになる。

重要な転機は一八九〇年に訪れた。動力施設そのものは、一八八〇年代、ナイアガラ保護区を避けて建設することがすでに計画されていた。保護区の範囲は、アメリカン・フォールズ、ゴートアイランドから上流約一マイル（一・六キロ）の位置にあるポート・デイの川岸、また下流は滝から二・五マイル（四キロ）の鉄道橋のサスペンション・ブリッジである。

このときの計画では、延長二・五マイル、直径一四フィート（四メートル）の地下水路の掘削を伴っていた。ポート・デイの東側の岸から、最短の距離で滝を通過して下流へと向かい、サスペンション・ブリッジの下に至るルートである。この水路を横断するように、二三八の水車が設置された延長三マイル（四・八キロ）のトンネルをつなげる。水車の出力は五〇〇馬力で、水車と同数の二三八台の圧搾機を稼働させる。この圧搾機の動力で商品を加工・製造し、保護地区の外側に新たな産業地域を整備するというものだった。

十分な投資が集まれば、この計画はうまくいったかもしれない。しかし、石灰の固い岩盤を五マイル（八キロ）以上も掘り抜くには途方もない費用がかかり、しかも荒野にほぼ等しい土地に何百という工場を備えた産業都市を開発しようというのだ。ナイアガラ開発に関してはじめて歴史を記したエドワード・ディーン・アダムズの言葉を借りれば、「(それは)あまりにも浮き世離れしており、同時代と未来の世代にツケを押しつけるようなものだった」[52]。発電を行い、バッファローのような遠隔の都市にも送電できる新技術が間もなく利用可能という時期を迎えつつあったにもかかわらず、この計画が志向していたのは、水車というすでに過去のものとなった技術にすぎなかった。

エジソンの直流送電案

ナイアガラ・フォールズの計画を覆したのが、このエドワード・ディーン・アダムズだった。滝の歴史を個人的に研究するようになる以前、アダムズは技術者兼投資銀行の銀行家として、破綻しかけた会社、とくに鉄道会社の再建を専門に行っていた。ある投資顧問はアダムズの若いころの経歴について、「明敏ということでは人後に落ちず、口の堅いニューヨークの銀行家の一人だった」と雑誌タイムに語った[53]。

小柄な人物で、生家はボストンで食料品店を営み、一〇人いる子供の真ん中の子として育った。ヴァーモント州のノーウィック大学で科学を専攻し、マサチューセッツ工科大学(MIT)工学部の第一期生としてエンジニアリングを学んだ。十九世紀最後の二〇年間は数多くの鉄道会社で重役を務めたが、一八八〇年代初期、エジソンがニューヨークに電線を架設していたころ、エジソン電灯会社の取締役として働いていた[54]。

エジソンが配電システムを開発したのは白熱灯の普及が狙いで、発電はそれに付随した結果にすぎなかった。だが、ナイアガラの事業が突きつけるのはこれとは反対の難題で、狙いは電力の供給システムの開発であり、照明のほうは副次的な目的にすぎなかった。アダムズは、ニューヨークの私的投資銀行ウインスロー・ラニエール商会の共同経営者の一人として、一八八九年夏からナイアガラ水力発電事業にかかわるようになった。

　ナイアガラ・フォールズを開発する会社の権利を獲得した三名の投資家によって、新しい事業体、カタラクト・コンストラクション・オブ・ニュージャージーが組織されていたが、必要な資本金がさらに膨らんだだけで、先行者を上回る成果はまだあげていない。「このような事業がすでに三件破綻している。八〇万ドルが無駄になった」とタイムには書かれている。この年の八月、カタラクト・コンストラクションは、ウインスロー・ラニエール商会に対し、事業の権利の半分の譲渡を申し出ていた。アダムズはこの件について調査するため、六か月間の猶予を相手側に求めた[55]。アダムズが最初にくだした決定がエジソン電灯会社の辞任である。ナイアガラ開発の見込みと電気産業の情勢の再調査に着手する以上、利害関係を伴う軋轢《あつれき》から自由でなくてはならない。

　一八八九年九月、アダムズは専門家に助言を求めた。真っ先に尋ねたのは、大量の電気を遠隔地に送電する事業の現実性と経済性だった。顧問の一人、スティーブンス工科大学の学長ヘンリー・モートン博士は、この問題はまだ解決されていないと答えた。「大量の電気を送電できるのは一マイル（一・六キロ）から二マイル（三・二キロ）程度の距離で、三〇マイル（四八キロ）ぐらいになると、送電量はごく限られている。遠隔地に大量の電気を送る方法は、現時点ではまだ実用化されていない[56]」。その実現には、これまでにない装置の開発が不可欠だと博士は考えていた。

　エジソンはどう考えているのだろうか――このころ万国博覧会のためにパリにいたエジソンにアダムズは電報を打った。「メンロパークの魔術師」の異名を持つエジソンから、「無制限の送電など難なく可能」という返信が届く。もちろん、ここで言っているのは直流だ。「援助はできる[57]」と言う。実は、エジソンもナイアガラの調査を行っていた。一八八六年、水車によって地域の工場に動力を提供する計画が議論されていたころである。

このときエジソンは、アダムズに対し、当時温めていた別の案を勧めた。遠隔地にあって、いまだ存在しない産業地域の工場向けに水車による動力を提供するのではなく、地下水路で発電機に直結したタービンをまわし、生産された直流電気を、絶縁処理と防水加工されたケーブルを川床に敷設し、これを経由して上流のバッファローに送るというものだった。

世に名だたるエジソンのお墨付きを得て、カタラクト・コンストラクションの出資者は、水車案に異を唱えるようになり、そのかわり、ナイアガラで発電を行う案を支持するようになる。エジソンも、事業に深入りする前に、もう一度改めて調査することを望んでいた。調査を経た一八八九年十一月、送電はともかく、ナイアガラでは五二〇万ドル（現在の一億二三六〇万ドル）相当の直流電気を生産できる試算を提出した。ただ、アダムズやウインスロー・ラニエール商会の返事が保留されているため、カタラクト・コンストラクションは、エジソンの直流案を受け入れるか否か決定はくだしていない。(58)

どの案を採用するにせよ、ナイアガラ保護区を避けた周辺の作業になることはカタラクト・コンストラクションの取締役会も了解していた。保護区での産業開発は禁止されている。瀑布を流れ落ちる水勢は激しく、じかにエネルギーとして利用はできない。そのため、滝を迂回しながら、滝の上流から下流に向かい、硬い石灰岩とその下に広がる頁岩を掘り抜いたトンネルに水を引き込み、動力を得るしかなかった。生産する電気の種類や電力量、電気は地元で消費するのか遠隔地に送電するのかという問題にかかわりなく、こうしたトンネルの建設が必要となる。巨大なトンネルではあったが、引き込まれる水量は限られ、滝の景観にほとんど影響を与えない。トンネルに流れ込む水量は、膨大な川の流れの三パーセントにも満たない[59]。

今日の開発事業では、最終的な詳細設計の決定に先立ち、基礎構造の一部の建設が始まるのは珍しいことではない。一八九〇年にもこうした例はあったにせよ、やはり異例だった。カタラクト・コンストラクションの場合も、新たに起ち上げたナイアガラ・フォールズ・パワーと契約を交わすと、トンネルの開削工事に着手し、建設費として二六〇万ドルを支払った。新会社の取締役会は、アダムズを社長に選出、その後、フィラデルフィア生まれの六十三歳のコールマン・セラーズ二世が主任技師に任命されている[60]。

一八九〇年二月、アダムズはヨーロッパに渡った。先進的な科学者や水力発電の技師の意見を聞くためである。まずスイスに向かった。アルプスを抱える国だけに、世界のどの国にもまして水力の運用経験に恵まれていた。アダムズがとくに関心を寄せていたのが、チューリッヒ郊外のエリコン・マシン・ワークスだった。一八八九年のパリ万国博覧会では、発電機で大賞を獲得した唯一の会社であり、当時、世界最大の発電機と電動機を製作していた。さらにフランスでは、旧来のエネルギー伝達方法、たとえば軸や綱、水車、加圧水、圧縮空気にかわり、送電が主流になりつつあった。アダムズは何千という数のパンフレット、カタログ、写真を集め、専門誌や報告書を各企業や学会から取り寄せて研究を重ねた[61]。

ナイアガラ・フォールズからの送電開始

五月、生産した電気は地元で使うのか、別の町に送電するのかはともかく、いずれにせよナイアガラ流域には、少なくとも一か所の発電所が必要だとアダムズは決定した。さらにトンネルの総延長を再考して短縮を決めた。また、科学者や技師を招集し、「ナイアガラ・フォールズ国際委員会」を組織してアイデアを集め、計画を検討してもらい、支持を得る必要があると考えた。アダムズは、パリからニューヨークに電報を打ち、取締役会は以上の判断に同意し、コールマン・セラーズをロンドンに派遣するよう要請した。彼のもとに「取締一同ハ貴殿ノ案ヲ承認。セラーズハ関連書類ヲスベテ携エテ土曜日ニ出航」[62]の返事が届いた。

六月早々、セラーズが到着した。「ロンドンでアダムズ氏と落ち合う（略）。発電所の構想に関し、これほど熱意をたぎらせた氏を見たことはない」[63]とセラーズは思った。工場の動力が水力から電力に切り替わりつつあるという判断を再確認するため、二人はスイスを訪問した。六月後半には、この事業に関心を寄せる投資家らと会い、アダムズが提案する「ナイアガラ・フォールズ国際委員会」をロンドンで組織した。委員長には初代ケルヴィン男爵ウィリアム・トムソンが就任、男爵はアイルランド生まれのスコットランド人で、熱力学第二法則（トムソンの原理）の発見や大西洋横断の電信ケーブルの敷設で知られる著名な物理学者である。

それから三年、アダムズとセラーズのもとで働く技術者は、ナイアガラの水力の活用法について設計を重ねた。だが、その設計について、国際委員会から大きな変更が求められた。かねてから、交流電流に異を唱えていたケルヴィン男爵から、将来をかんがみ、交流電流は排除すべきとの決議案が出されたのだ。当時の様子を知る者の回想では、このときセラーズは男爵の決議案に疑義を唱えたという。「交流電流の可能性について、現時点の委員会の理解は十分と言えるものではない。であるなら、交流の前に開かれた扉を閉ざしてはならない」[64]。この日、アメリカの一介の技術者が、当代きっての碩学とされる科学者の主張を説き伏せたのだ（のちに男爵は自らの不明を詫びることになる）。

一八九三年のシカゴ万国博覧会の際、ウェスティングハウスは、直流を主張するエジソンに対し、交流による照明を提案して会場照明の案件を勝ちとっていた。そして、ナイアガラ・フォールズの商談でもエジソンを抑え、交流発電機の製造とバッファロー以遠の送電に関する契約をまとめた。

完成した発電所の構造は驚くべきものだった。設計を請け負ったマッキム・ミード・アンド・ホワイトは、ニューヨーク市のブルックリン美術館、ワシントンDCの国立アメリカ歴史博物館を手がけてきた。発電所の設計では、カナダのオンタリオ州クイーンストンから切り出した石灰岩を使い、イタリア人の石工に石を積ませた。発電機の建屋と変圧器の建屋は、滝の上流、ナイアガラ・シティの上手の土地に建てられた。

川から水路を通して発電機建屋に取り込まれた水は、水圧管《ペンストック》と呼ばれる垂直に延びた一〇本の配管に注がれ、一四〇フィート（四三メートル）下に流れ落ちていく。水圧管の下端は湾曲しており、水を水平方向に噴出して二重の羽根車がついたタービンを回転させる。その後、水は共用トンネルに流れ込む。このトンネルが向かう先はメインの放水トンネルだ。放水トンネルはレンガの壁で覆われており、盾状の断面は幅一七フィート（五メートル）、高さ二一フィート（六・五メートル）もある。タービンをまわした水はこの巨大なトンネルによって六七〇〇フィート（二キロ）下流まで運ばれると、一部が水面下に沈んでいる排水口から放出され、滝の下流のナイアガラ川に流れ込んでいく。

タービンは上部の発電機建屋に設置された五〇〇〇馬力の発電機につながっており、発電機をまわして、電気が生成される。電気はそれから変圧器の建屋に運ばれ、一万一〇〇〇ボルトまで電圧をあげてからバッファローに向けて送電される。

一八九五年八月二十五日、ナイアガラ・フォールズから正式に送電が開始、近隣のアルミニウムの精錬工場に真っ先に電気が供給された。* 一年後にはバッファローを越え、四〇〇マイル（六四四キロ）向こうのニューヨーク市にまで送電される。一九〇五年、この発電所は、全米の総電力生産の一〇パーセントを生産するまでになっていた。(65) 二番目の発電所が操業を開始した一九〇四年、ナイアガラの発電所の総出力発生規模は一〇万馬力にまで達し、その規模は全米の他の発電所全体の出力発生に匹敵した。(66)

電流戦争は交流が制した。エジソンも不承不承ながら交流発電機を手がける。蒸気機関の動力をぎこちなく転換していた軸やベルトは、大小の動力機、それこそ個人のミシンに至るまでモーターに置き換えられていった。この時代、田舎で暮らす人たちはいまだ灯油で煮炊きし、明かりをとっていたが、いまや電灯が世界中の都市を煌々と照らし出すようになっていた。

＊ アルミニウムは、前出のデンマークの物理学者ハンス・クリスティアン・エルステッドが一八二五年に世界ではじめて単離に成功した。かつては希少価値がもてはやされた金属で、ナポレオン三世は正式な儀式の際には特別にあつらえたアルミ製の食器を使用していた。ワシントン記念塔では、この希少金属六・二八ポンド（二・八キロ）が最頂部の冠石《かむりいし》として使われている。しかし、一八八四年になるとその価格は一オンス（二八・三五グラム）一ドルにまで急落した。電力の供給が普及するにしたがい、精錬費用は安くなり、軽量で光沢のある金属はますますありふれた素材となって価格は下落していった。

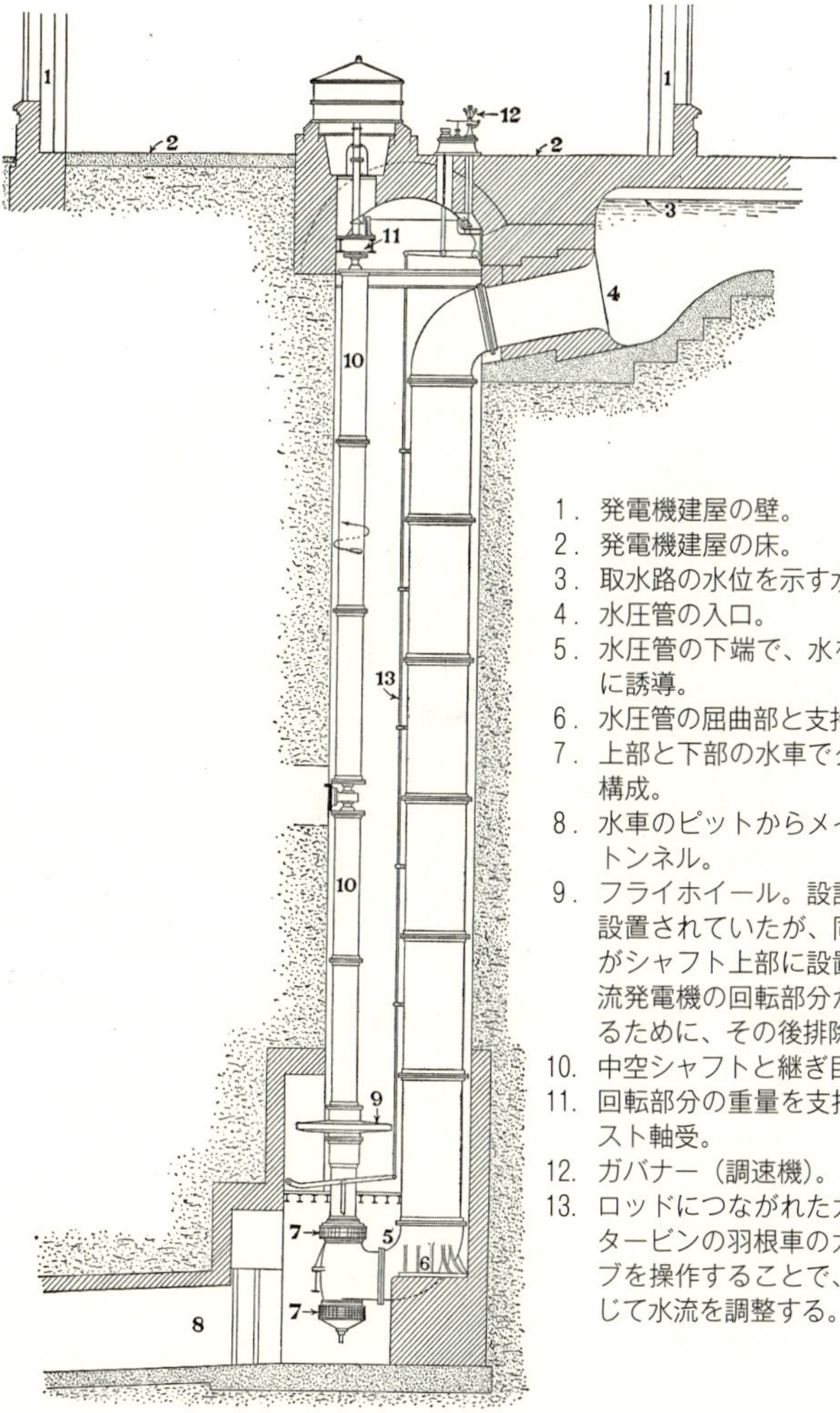

1. 発電機建屋の壁。
2. 発電機建屋の床。
3. 取水路の水位を示す水面。
4. 水圧管の入口。
5. 水圧管の下端で、水をタービンに誘導。
6. 水圧管の屈曲部と支持部。
7. 上部と下部の水車でタービンを構成。
8. 水車のピットからメインの放水トンネル。
9. フライホイール。設計段階から設置されていたが、同様な効果がシャフト上部に設置された交流発電機の回転部分から得られるために、その後排除された。
10. 中空シャフトと継ぎ目。
11. 回転部分の重量を支持するスラスト軸受。
12. ガバナー（調速機）。
13. ロッドにつながれたガバナー。タービンの羽根車のカラーバルブを操作することで、負荷に応じて水流を調整する。

12-4　ナイアガラの発電装置の断面図。右上④から流入してきた水は、水圧管をくだってホイールピットの底部にあるタービン⑦をまわしたあと、横のトンネル⑧へと流れ込んでいく。タービンシャフト⑩によって地上に置かれた建屋内の発電機を回転させる。

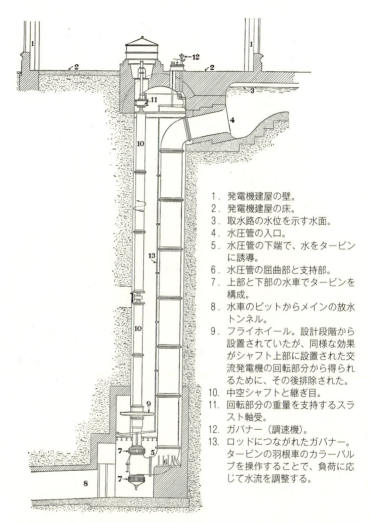

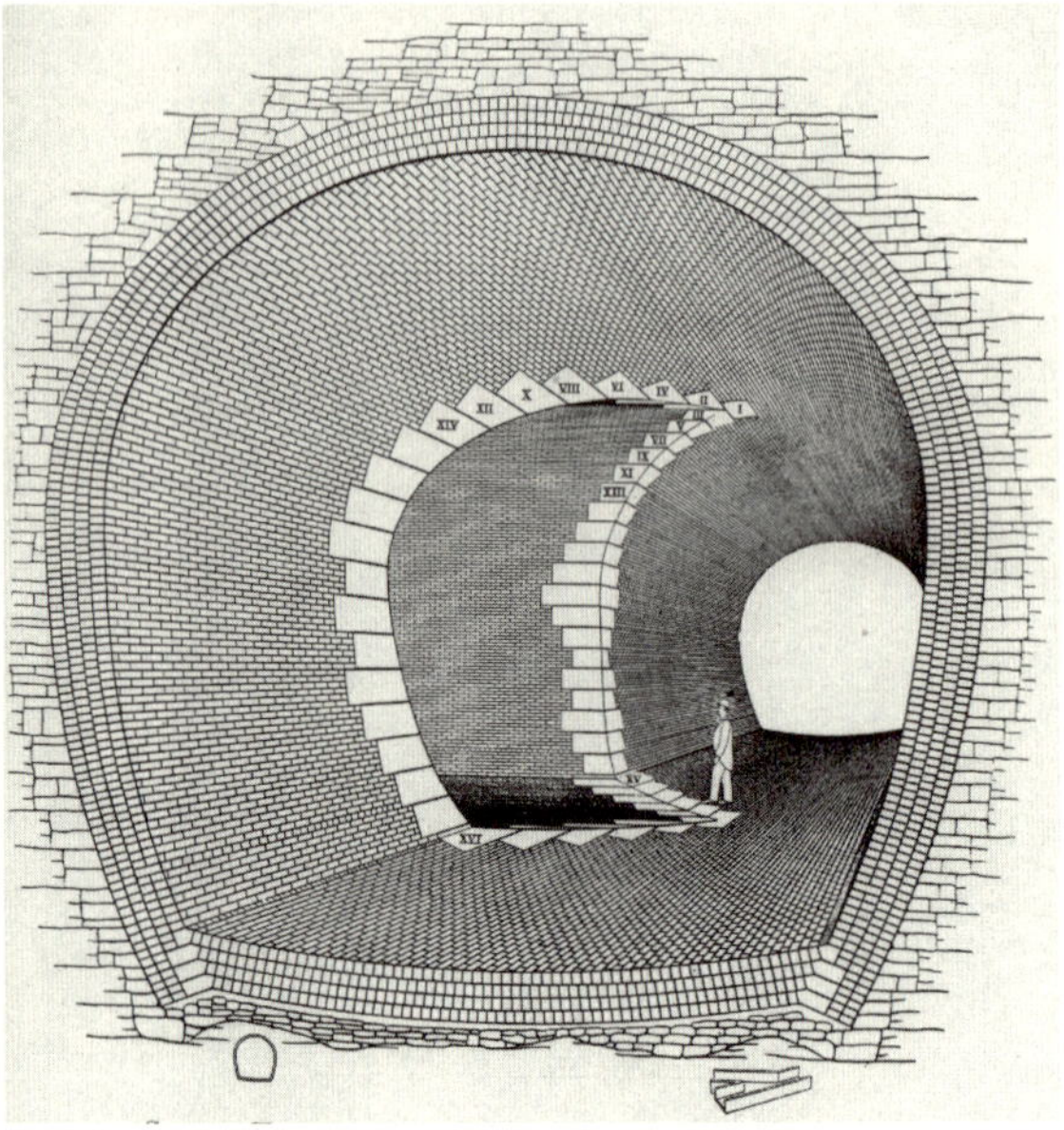

12-5　メインの放水トンネルで、横のトンネルは水車が設置されたピットに続くトンネルへの入口。トンネルの入口に立つ人物と大きさを比較してほしい。

第13章 巨大なチーズの堆積——馬車／肥料／グアノ／馬車鉄道／路面電車

アレクサンダー・フォン・フンボルト／ハンフリー・デーヴィー／ジョン・スチュアート・スキナー／ヨハン・ヤコブ・フォン・チューディ／ユストゥス・リービッヒ／フランク・ジュリアン・スプレイグ／ヘンリー・ホイットニー／チャールズ・フランシス・アダムズ二世

都市の通りにあふれる馬たち

今日では目にすることもめったにないが、一世紀半前の昔、通りという通りには馬が闊歩《かっぽ》していた。ただ、エネルギー史の記述では、主要な原動力としての馬の存在は往々にして見過ごされてきた。一九〇〇年後半、マンハッタンでは、約二三平方マイル（一八〇〇万坪）の狭隘なこの島に、一八〇万人の人間と約一三万頭の馬がともに暮らしていた(1)。

もっとも、騎馬警官やセントラルパークの乗馬訓練を除けば、市の通りを馬の背に乗っていく者は誰もいない。欧米のどの都市でもそうだったように、マンハッタンの馬もまた二輪の馬車《キャブ》や四輪の馬車《ハック》をはじめ、乗合馬車《オムニバス》、馬車鉄道、カートやワゴンを引いていた。人間だけではなくミルクや食料、洗濯物、ビール、氷、石炭の配達にも馬は使われ、消防車両や撒水車両を引き、雪が降れば雪も運んでいたし、町中の道に山のように残された自身の排泄物も運んでいた。

十八世紀から十九世紀のはじめ、アメリカでは短距離運行の駅馬車《ステージコーチ》が田舎から町に人々を運んでいた（小規模の都市や町では、人は歩いて移動していた。歴史家のアン・ノートン・グリーンによれば、「産業化以前の〝徒歩で移動する町〟が、地理的にコンパクトに構成されていたのは、徒歩で移動できる距離がおよそ二マイル（三・二キロ）だったからである」）。[2]

一八三〇年代、ステージコーチは大型化して乗合馬車に変わっていく。一二名から二八名の人間が乗れ、座席は屋根と壁で囲まれていたので雨風をしのぐことができた。客は中央の通路をはさんで窓を背に向かい合って座った。一八五二年、ロウアー・マンハッタンではおよそ三〇の会社が七〇〇台を超える乗合馬車を運用していたが、料金は安くなかった。労働者の日当が一ドル、職人が二ドルの時代に一二セント、利用できるのは実業家や若手の専門職やその家族に限られた。[3]

この乗合馬車を軌条《レール》に乗せたことで、輸送力が高まり、乗り心地も改善されて乗客が増えていった。一八五六年、ニューヨーク市の市議会が市中の通りで蒸気機関車を走らせるのは危険と決定、四十二番街以南の運行が禁じられると、鉄道馬車がこれにかわった。乗合馬車の軌条が路面と同じ高さだったのは、出っ張りがある蒸気機関車の軌条によって、個人の馬車が破損したり、馬車の運転がさまたげられたりしていたからだ。[4]

馬車鉄道の経営者は、一日の乗客の数を増やすため、軽量で大型の車両を運行させた。一回の運行で乗客の数が増えれば、乗車料金を安くできた。アッパー・マンハッタンとロウアー・マンハッタンを結んだある路線は、一八五九年に年間三五〇〇万人の乗客を運んでいる。[5] ボストンの通りは、ニューヨークに比べて狭くて人も多いが、乗客の数に違いはなかった。ただ、十九世紀のアメリカの各都市は、交通規則が定まっていなかったので、混乱はひどくなる一方だった。[6] 交通巡査と機械式の信号機が出現するのは、二十世紀の技術革新を経てからである。

積載量が増えれば、さらに大きな馬がいる。マイクロチップから旅客機まで、現代のエンジニアは人の需要に応じたサイズで大半の機械を設計している。かつての時代、この目的を果たすために家畜

13-1　ニューヨーク市のガンズボート・マーケット（1907年）。

13-2　二階建ての乗合馬車。丸石の舗装路では大きな音を立てた。

は飼育された。羊は肉と毛のため、牛は肉と牛乳のため、雄牛は重い荷物を引くために飼われた。千差万別いろいろな目的で飼われていたのが犬で、羊の群れを見張り、敷地の警備にあたり、森では鹿を狩り、納屋では鼠をつかまえた。馬は移動のため、競馬のため、荷物を運ぶため、巻き上げ機の動力源として飼われた。十九世紀の都市においては、馬は生きている機械そのものにほかならなかったのだ。(7)

都市で必要な馬は中西部で飼育された。育種は当初こそ場当たり的だったが、時代を重ねるにつれ、優れた改良に通じた専門家も増えた。アメリカでいちばん人気の役馬はペルシュロンだった。パリの南西約五〇マイル（八〇キロ）のペルシュ地方を原産とする馬である。中世のころ、ペルシュロンの牝馬と十字軍の遠征で持ち帰ったアラブ種の牡馬を掛け合わせた馬種だと古くから言われてきた。

これは口承による伝説で、確たる証拠があるわけではない。ただ、この馬の先祖が新石器時代にまでさかのぼることを示す、考古学上の証拠は存在する。(8) 現在のペルシュロン種の血統はいずれも、一八二三年にこの地方で生まれた「ジャン・ル・ブラン」にさかのぼり、当時、ペルシュの畜産家はアメリカ向けに重種馬《じゅうしゅば》の生産をしていた。

改良された馬の毛色は芦毛《あしげ》か白毛で、性格はおとなしくて力も強く、頭もいい。体重は約二〇〇〇ポンド（九一〇キロ）、肩までの体高は六フィート（一・八メートル）もある。一八三九年、ニュージャージー州の富裕な農家で畜産家であるエドワード・ハリスと、ハリスの友人で後援者のジョン・ジェームズ・オーデュボンによってアメリカにはじめて輸入された。最も優れた種牡馬は「ルイ・ナポレオン」といい、一八五一年、フランスからオハイオ州に渡ってくると、以降この馬が繁殖の標準馬となる。「ペルシュロン種は、瞬く間にアメリカの人気馬種になった」と畜産協会の歴史は記している。

13-3　荷駄を引くペルシュロン種（1875年）。

一九三〇年の国勢調査によれば、当時アメリカでは、他の四種類の役馬の三倍の数に相当するペルシュロン種が飼われていた。

蒸気機関が実用化されたあとも馬の数が増加していたのは、蒸気機関では応じきれない仕事を馬が担っていたからである。荷馬車を引き、畑を鋤き返すときなど、蒸気機関のような暖機が不用なので、ただちに作業に取りかかれた。エネルギーの伝達という点でも、これほど完璧なものはめったになく、ほかの動力源の及ぶところではない。農耕や運搬に関して、いまもまだ動物（役畜《えきちく》）を頼りにしている土地は世界にたくさんある。馬、雄牛、ラクダ、ラマ、水牛、象はもちろん、私たち人間も例外ではない。

何千もの農家が、都市の運搬手段である役馬に与える干し草や穀物の栽培で生計を立てていた。ニューヨーク市で乗馬用に飼われている馬は、日に九〇〇〇カロリーの干し草やオーツ麦を必要とした。しかし、建設現場で働いている役馬の場合、同じ飼料を一日約三万カロリーも食べていた。こうした役馬は、年間約三トンの干し草と六二・五ブッシェル（一トン）のオーツ麦を消費していた。年間これだけの量の飼料を供給するには、ざっと四エーカー（四九〇〇坪）の肥沃な農地が必要だった。[9]

十九世紀初頭、アメリカの都市がもっぱら東海岸に集中していた時代、かさばって荷崩れしやすい干し草を積み、農家が町の市場に出向いていけるのは、せいぜい二〇マイル（三二キロ）か三〇マイル（四八キロ）に限られていた。[10] 一八五〇年代、干し草圧縮機が実用化され、人力や馬で機械の柄をまわし、干し草のかさが減らせるようになると、干し草の輸送費用はさがっていった。また、このころ中西部では入植や開墾が始まり、トールグラス・プレーリーの刈り取りで、拡大していく馬の飼料需要に応じることができた。

一八七九年、アメリカの干し草の総生産量は三五〇〇万トン、一九〇九年、この数字はほぼ三倍にまで増え、九七〇〇万トンにまで達した。同じ一九〇九年、北東部六州のニューイングランドでは、土地の半分以上が干し草の生産に当てられたほか、少なくとも二二の州が年間一〇〇万エーカー（一二億坪）以上の土地から、干し草や飼い葉を収穫していた。[11] こうした膨大な拡大を支えていたのが、馬による運搬であり、馬を動力にした装置によるアメリカ農業の機械化だった。

島を覆う「非常に強力な肥料」

都会の馬が消費する水と飼料の量は、彼らが排出する尿や馬糞の量と一致している。一頭の役馬が排出する尿は一日約一ガロン（三・八リットル）、馬糞は三〇～五〇ポンド（一四～二三キログラム）である。ニューヨークの通りは、毎日およそ四〇〇万ポンド（一八〇〇トン）の馬糞と一〇万ガロン（三八万リットル）の尿で溢れかえっていた。いかんともしがたい芳香を放つ排泄物は取り除かなければな

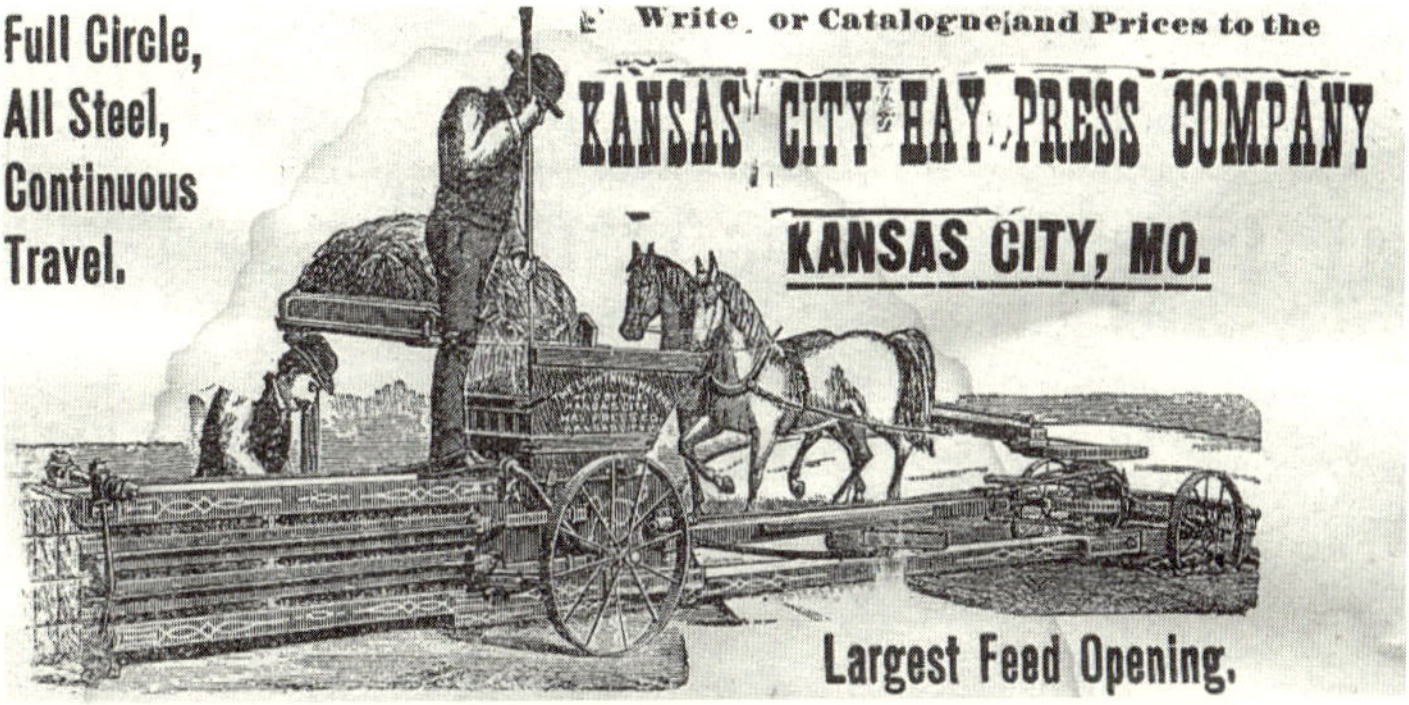

13-4　初期の干し草梱包機《ヘイ・ベーラー》。馬力による加圧機械《ラム》によってかさばる干し草を漏斗状にしたあと、さらにブロック状に締めて固める。

13-5　マンハッタンのグリニッチヴィレッジにあるベッドフォード・ストリート近くのモートン通り（1893年）。未回収の馬糞で通りがぬかるんでいる。

らない。放置すれば、通りは糞尿でぬかるんでしまった。

十九世紀の初頭から中頃に至る数十年のあいだ、都会で発生するこうした堆肥は、動物と人間の別なく、いずれも都市生活ならではの貴重な副産物だった。通りの清掃を担当する部署は厩舎や通りから馬糞を集めて地元の農家に売っていた。農家はこれを菜園や牧草地、畑の肥料として使い、都市に供給する食品や干し草、穀物を育てた。

一八四〇年、肥料をめぐる争いが最初にイギリスで起きた。この年、馬糞のようにかさばりもせず、しかも値段は安く、成分も豊富な肥料がロンドンの市場に登場した。「グアノ」と呼ばれるこの物質は鳥の糞が石化したもので、南米を探検していたプロシアの探検家で博物学者のアレクサンダー・フォン・フンボルトが、一八〇二年にペルーで発見してヨーロッパに持ち帰り、その用途について世に広く喧伝した。

フンボルトがグアノを知ったのは、首都リマ西部の港町カヤオの港に碇泊するはしけがきっかけだった。周辺を歩くたび、鋭く鼻を突くアンモニアの臭いのせいでクシャミが止まらない。やがてペルー沖合のたくさんの島々が、山ほどのグアノに覆われていることをフンボルトは知る。原住民が話す「ワヌ」というケチュア語が、グアノという名称の由来だ。[12] ただ、これだけ途方もない量の鉱物が鳥の糞でできているとは、フンボルトにはどうしても信じられなかった。この無機物は石炭と同じような生成過程を経てできたのではないかとにらんでいた。[13]

ヨーロッパに帰った一八〇四年、グアノの成分を分析するため、フンボルトはパリ在住の二人の化学者にサンプルを送った。ハンフリー・デーヴィーも、ひょんなことからイギリス農業理事会を通じ、南米から送られたグアノの見本を手にしていた。デーヴィーの分析では、この無機物は「非常に強力な肥料」だが、雨がちなイギリスの天候下では、含有する窒素が滲出して土壌を「激しく傷めつけるはずだ」と判定した。(14) フランスの化学者は、サンプルには重量四分の一の尿酸が、一部アンモニアで飽和した状態で含まれている。尿酸もアンモニアも窒素の起源物質である。さらにアンモニアとカリの一部が結合したシュウ酸、リン酸、微量成分として硫酸カリウム、塩化カリウム、脂肪分、錆色の珪砂《けいさ》などが含まれていると報告した。(15)

現在の化学肥料には通常、窒素、カリウム、リンがさまざまな割合で配合されている。グアノは優れた天然肥料だった。植物の成長に不可欠な成分が、馬糞よりはるかに高濃度に含まれていた。しかし、肥料が植物にどう作用するのか、まだよくわかっていない時代である。また、南米の太平洋側に位置するペルーは、市場であるヨーロッパからも遠い。フンボルトの関心もほかの調査に移ってしまい、結局、グアノという宝の山は手つかずのまま、ペルーの農民によって使い続けられた。この国ではインカ帝国のころからグアノは肥料として使われていた。

一八一三年、農業に関するデーヴィーの講義が一冊に編纂されて出版された。国際的なベストセラーになり、各国語版がロンドン、パリ、ベルリン、ミラノ、ニューヨーク、フィラデルフィアで相次いで刊行された。それから一〇年、ナポレオン一世はイベリア半島に侵攻してスペインとポルトガルと戦った。この戦争の結果、スペインとポルトガルの植民地だった南米の国々では独立運動が湧き起こる。グアノの商業利用はさらに遅れ、開発が始まったのはこれらの問題が解決する一八二〇年代後半になってからのことだった。

一八二四年、メリーランド州のジャーナリスト、ジョン・スチュアート・スキナーは二樽のグアノを受け取った。スキナーは週刊誌アメリカン・ファーマーの社主兼編集長であり、アメリカの農業と肥料に関する熱心な研究家だった。一八二四年八月、戦艦「フランクリン」──太平洋に配備された艦隊の旗艦で七四門の砲を搭載——は、通常どおり大西洋に出てフィラデルフィアに投錨する前、ペルーの島々を訪れた。艦長はアマチュアの博物学者で、太平洋の島々で収集した植物の種子とともに、二樽のグアノをスキナーに送ってくれた。

送られたグアノは、スキナーの知り合いの農業関係者のあいだで、試供の肥料として分配された。その一人で高名な政治家としても知られるある人物は、「トウモロコシの肥料として、これほど強力なものはない[16]」とその成分に太鼓判を押した。ただ、肥料として高い効果があるにもかかわらず、アメリカでの普及はその時期をまだ迎えていなかったようである。スキナーの伝記によると、「送ったサンプルについて、相手は無視するか、この貴重な肥料を考えもせずに使い、グアノのすばらしい効果に気がつかなかった[17]」からである。

一八四〇年、スイスの医師で博物学者のヨハン・ヤコブ・フォン・チューディが古代チリの研究のために彼の地を探検した際、グアノでできた島々があることを知り、同年、実際に足を運んでいる。チューディは、鳥の糞の島の成り立ちを正確に分析する明敏さを十分に備えていた。

海岸に沿って飛ぶ巨大な鳥（グアナイウ）の群れは雲のようだった。鳥の途方もない数、他に例のない暴食ぶり、食べ物を調達する器用さを踏まえると、数千年にわたって続いてきた蓄積の結果であるグアノの巨大な地層も驚くようなことではない（略）。これらの鳥は絶えず海中に飛び込んでいる。島という島の周囲で、けたはずれな規模で群れる魚を貪り喰うためである。ひとつの島に何百万という数の海鳥が生息しているとしよう。糞の三分の二は飛翔中に海に落下しているとしても、

13-6　北チンチャ島。採掘者は海岸から島の内部、あるいは上部からグアノを掘り出していた。その結果、ドーヴァー海岸の崖にも似た固いグアノの絶壁が形作られた。

それでも一年のあいだに相当ぶ厚い糞の層が堆積していくことになる。[18]

チューディは、自分が目にしたグアノの層の厚みは三五～四〇フィート（一〇～一二メートル）と考えていたが、その見積もりは過小だった。一八五三年、周到な計測がチンチャ諸島で実施され、堆積の深度は最大で一四七フィート――四四・七メートルにも達していた。[19]この時点で採掘が始まってすでに一〇年が経過していた。歴史家は「島々は強烈な悪臭を放っていたので、容易に近づけないと言われていた」[20]と記した。現代になって行われた調査では、糞の堆積は紀元前五〇〇年前後に始まったと推定されている。[21]

一八四〇年、こうした調査やハンフリー・デーヴィーの著書を通じて知られるようになったことで、イギリスでペルー産グアノの販売が始まった。一八四四年、ドイツの化学者でイギリスでも名前を知られていたユストゥス・リービッヒは、グアノについて、「イギリスに紹介されてまだ日は浅いものの、世に広く受け入れられ、さかんに活用されている」[22]と記している。年間数万トン規模のグアノが、主要な採掘場である北チンチャ、中央チンチャ、南チンチャの三島から剝ぎ取られていくようになった。どの島も長さ半マイル（八〇〇メートル）にも満たない平らな花崗岩の塊だが、その塊の上には、空中から落下した鳥の糞という、空気力学の作用によって誕生したグアノの堆積が高々と盛り上がっていた。

ツルハシを使い、海岸から島の内部と上部から掘り進めたことで、採鉱夫は、遠くから見るとドーヴァーのホワイト・クリフにも似た形状の崖を生み出していた。ただ、崖の色は黄色く、薄汚れた雪のようだった。その姿を見たあるドイツ人は、「黒い皿の上で切り出されていく、巨大な黄色いチーズケーキ(23)」とたとえた。

一八五四年の調査では、ある調査員が「ガラスのようにまぶしく輝くグアノの表面」と呼んだリン酸カルシウムの外皮に覆われた丘の下には、採掘が始まる以前、三島合わせて少なくとも一三〇〇万ショートトン（一一八〇万トン）のグアノがあったと見積もられた(24)。この調査が行われた際、グアノの表面が「もろく乾いた大地のようで、穴がたくさん開いている」ことに気がついた者がいた。島に生息する鳥の巣や避難所の跡だった。その上を「歩いていくのは困難で、一歩踏み出すたびに膝まで沈んでおぼつかなかった」。しかし、表面から二～三フィート（六〇～九〇センチ）下のあたりで、グアノは「密度を増し、そこからほぼ全体がカスティリヤ石鹼*訳註のようにしっかりしている(25)」

病気を運ぶ目に見えないもの

グアノのヨーロッパ輸出を通じ、予想もされない恐ろしい結果がもたらされた。葉枯病《はがれびょう》（ファイトフトラ・インフェスタンス）がペルーからアイルランドに持ち込まれ、この国のジャガイモが根絶やしにされたのだ。ジャガイモは八〇〇万人に及ぶアイルランドの貧しき者の主食である。最初の飢饉が見舞った一八四五年から六〇年にかけ、一〇〇万を超えるアイルランド人が餓死した。さらに一五〇万が国を捨て移民し、その多くがアメリカに渡った。おそらく、グアノを輸送する船員の食糧として積み込まれたペルー産のジャガイモが菌に感染しており、そのジャガイモを介して菌が持ち込まれたのだろう。(26)

一八八三年までには、チンチャ諸島の宝物は掘り尽くされ、イギリス、ヨーロッパ、アメリカへと送り出された結果、あれほど巨大なグアノの山は丸裸になっていた。イギリスとアメリカの都市では、この強力な肥料が馬糞に置き換わった。農業の転換が始まり、肥料が地元の家畜の堆肥から、化学肥料へと移り変わる嚆矢となる。その過程において、都市の輸送手段が生み出していた貴重な副産物は、町が金を払ってでも撤去しなければならない高価な邪魔者に変わった。

都市の人口が増えるにしたがい、この問題は重荷を増した。ロンドンの人口は一八六〇年の三〇〇万人が、一九〇〇年には七〇〇万人に増えていた。ニューヨークは五一万六〇〇〇人（一八五〇年）が三四〇万人（一九〇〇年）に、同じくボストンは一三万七〇〇〇人が五六万一〇〇〇人、フィラデルフィアは一二万一〇〇〇人から一三〇万人、シカゴは三万人から一七〇万人に増えている。馬糞に加え、急増するゴミやガラクタの量は、問題をますます面倒にした。

十九世紀の終盤、都市の衛生学は、病気をもたらす目には見えない黴菌《ばいきん》の周知について、それまでとは異なる態度で臨んだ。このとき、犯人としてとくに糾弾されたのが蝿で、蝿の不潔さが重点的に

*訳註　スペインのカスティーリャ地方で作られている石鹸。十一世紀に十字軍が持ち帰ったという伝承がある。

取り上げられた。それまで蠅は、よく言えば愛嬌がある気のいい存在で、最悪でも無害なゴミあさりだった。「陽の光のそこもとで、たがいに追いつ追われつ、目のまわるような輪舞をひとしきり舞っている。われらがお馴染みの家蠅は、いつもご機嫌で陽気な様子だ」[27]。一八五九年には、そんなふうにからかうような調子で書いていた者もいた。

だが、公衆衛生史の研究者によると、十九世紀末、蠅は「友好的で身近な昆虫から、健康と家庭生活にとって危険な存在に変わっていた（略）。危険性が誇張され、そのあげく、時には黄熱病やマラリアを伝染する蚊に等しい殺人者扱いをされたこともあった。公衆衛生当局は、病原菌の概念の普及を図り、病気に対するわかりやすい対策を広め、その一環として、蠅は足の生えた黴菌にたとえられた」[28]。もちろん、蠅にとって馬糞は贅を極めた宮殿で、その幼虫にとってはまたとないご馳走だ。一八九五年、アメリカ合衆国農務省の昆虫学委員会は、全米で発生する蠅の九五パーセントは、あちこちに放置されている馬糞を餌にしていると考えていた[29]。

路面電車がもたらした変化

馬による輸送からの本格的な転換は、一八八〇年代後半の路面電車の出現とともに訪れた。一八八七年、海軍士官学校で訓練を受けた電気技師フランク・ジュリアン・スプレイグが、ヴァージニア州リッチモンドではじめて路面電車の営業を始める。この年、仲間の技師に送った手紙のなかで、スプレイグは路面電車の長所を要約しており、とくに衛生上の利点について述べていた。

路面電車は、ケーブルカーや馬車に比べてはるかに乗り心地がいい。発車も停車もはるかに穏や

13-7　病気を運んでくる“足の生えた黴菌”として描かれた蠅。吻には「苦痛（torture）」、血まみれのナイフには「腸チフス（typhoid）」、足跡には「汚物（filth）」の文字が小さく記されている。

かで、揺れや振動ともほとんど無縁だ。車両も実に清潔である。電気によって眩く照明され、車内は暖房することもできる。馬のひづめのようにほこりを舞い上げることもない。衛生条件は全面的に改善され、国民の健康と安息が守られている。不快なことこのうえない厩舎、その結果として、隣接する不動産価値に影響を与えることもこれでなくなる。(30)

実際、路面電車によって不動産の評価額は高まっている。速度は馬の二倍、通勤圏は田園地帯に向かって四倍に広がり、郊外の不動産に有利な投資チャンスをもたらした。リッチモンドでスプレイグの路面電車が営業を始めて一年後、マサチューセッツの不動産投資家ヘンリー・ホイットニーと、ユニオン・パシフィック鉄道の初代社長チャールズ・フランシス・アダムズ二世の二人は、所有するブルックリンの地所とボストン中央を結ぶ路面電車の敷設工事に着手した。ホイットニーの話では、四年後、ブルックリンの土地評価額は二〇〇〇万ドル（現在の五億二四〇〇万ドル）分も上昇していた[31]。

世紀の変わり目を迎えるころまでには、公共の輸送機関は馬ではなく、路面電車におおむねかわっていた。だが、一般的な牽引作業や商品の配達では、手ごろな動力源として馬はその後も使われ続け、都市の馬の数はむしろ増えていた[32]。都市の輸送手段が、馬から機械に完全に置き換わるのは、一九〇〇年から一五年にかけて内燃機関が開発され、運搬車や自動車の動力として応用されるようになってからのことである。

その変わり目にある変化が起きていたことに歴史家のアン・ノートン・グリーンは気づいた。快活に輪舞を舞う陽気な家蝿のように、かつて動物は忍耐強く、人に仕える謙虚な従僕として肯定的に描かれてきた。その動物が、「恩知らずで、粗暴なもの」として描かれるようになっていた。世話する人間に対し、馬は蹴ったり、振り落としたり、事故を起こしたりして報いている。一八九五年に創刊された当時人気の新雑誌ホースレス・エイジは、自動車を擁護して「飼い慣らしようのない獣が狂ったように暴れ、命を落としたり、不具になった者がいる。そんな日が毎日のように続いている（略）。このような恐ろしい事故は防げたはずだ。自動車にはそれができる[33]」と断言していた。

最終的に自動車が馬に取って代わる。だが、郊外に住宅地を生み出し、都市の労働者層と郊外の中間層という分離をもたらしたのは、実は自動車ではなく、路面電車であり、都市間電気鉄道《インターアーバン》だった。新世紀は電気の時代になったが、その電気は清浄な水力発電ではなく、クリーンとはほど遠い石炭を燃料にしてますます発電されるようになった。

二十世紀の夜明けは、楽観的な新聞社の編集者が予言したように輝きながら明けたわけでもなく、目に見えて新しい世界でもなかった。そこにあった世界は、いまだ煤煙とスモッグで、都会の空を暗く閉ざした世界にほかならなかった。

第14章

黒雲の柱——煤煙／天然ガス／都市ガス

ジョン・W・グラハム／ギフォード・ピンショー／フレデリック・アッパム・アダムズ／アントニー・トロロープ／ジョン・B・シャーウッド夫人／ジョージ・ウェスティングハウス

町を覆うすさまじい煙

火が燃えるところ、かならず煙はあがる。「この過密な町の住民たちが使う火に加えて、大気はまるで自分たちのものだと言わんばかりに、工場が黒雲の柱を空に放っていた」。イギリスの数学者で、クエーカー教徒の活動家ジョン・W・グラハムは一九〇七年にそう書いている。[1] 薪にかわり、石炭が一般家庭や工場の燃料として、また発電所や蒸気機関の燃料として使われ出してからというもの、天空は煙を吐き出す共有地と化し、当たり前のように空に向かって吐き出されてきた。

一八七〇年、アメリカの薪の需要は七〇パーセントとピークに達した（イギリスでは、約一世紀前にすでにピークを迎えていた）。[2] 三〇年後の一九〇〇年、アメリカでは、石炭が燃料需要の七〇パーセントを賄うようになり、薪の使用は減少を続けた。[3] グラハムは、「都市に暮らすわが国の国民の約五分の四は、もうもうたる煙のもとで暮らしている」と嘆いたが、アメリカは広大な農業国でもあったので、人口比率のせいで小さな数字にとどまった。だが、主要都市の空は厚い煙に覆われていた。[4]

十九世紀末の町を覆う煙のすさまじさがどれほどか、いまとなっては容易に思い描けるものではない。亜酸化窒素と揮発性有機物が結合した光化学スモッグは、自動車時代ならではの産物なので、この時代の煙害の主犯ではない。煙《スモーク》と霧《フォッグ》が結びついた「スモッグ」という言葉が生まれたのは一九〇五年のことである。この煙は石炭を燃やしたときに出る褐色もしくは黒色の濃密な煙で、とくに日中の町を汚した。都市部では夜と昼が逆転し、スモッグのせいで昼の光はさえぎられ、町は夜のような暗闇に閉ざされた。

　当初、煙は有毒であるとは一般に考えられていなかった。十九世紀の産業家は言うまでもなく、中流階級の大半の人にとっても石炭の煙は進歩の対価、つまり、ある歴史家が言っていた「必要にして無害な結果」だった。「煙害から完全に逃れられないと多くの人が考えていた。その考えを押しとどめる者はしばしば厄介者の烙印を押され、何事にも口を挟まずにはいられないエセ慈善家、要するに〝世間受けはするが、地に足がついていない浮かれ者〟[5]と見なされた」。共和党の政治家で、合衆国農務省林野局の初代局長を務めたギフォード・ピンショーは、熱心な自然保護活動家として知られたが、そのピンショーでさえ、石炭は「われらが文明の必要不可欠な要素である」と信奉していた[6]。

　一八九四年から九七年にかけ、シカゴの町で煙に目を光らせていたのがフレデリック・アッパム・アダムズだった。ニューヨークに生まれ、社会改革論者、発明家、ジャーナリスト、作家という多彩な才能に恵まれた人物で、シカゴで暮らす人間を「厄介な煙を吐き出している人間」と「厄介な煙に慣れろと強いられている人間」の二組に分けていた。煙を吐き出す側の人間は、「煙はかならずついてまわるもの――商業と製造業でシカゴが勝つためには避けられないもの」「体に害をなさないばかりか、実は煙には殺菌効果がある」と言い続けた。これに対してもう一方は、煙のせいで「喉の病気、胸の病気、目の病気が無視できない勢いで広まっている」「カーペットや絵画や服は汚れ、建物のファサードは煤まみれになり、空は煤煙の雲で覆われている」と真っ向から反対した。

14-1　1872年ごろのロンドンの光景。11月の日中にもかかわらず、煙が垂れ込めている。駄賃稼ぎに少年がたいまつの火をかざす。

　アダムズによれば、当時、シカゴには最大で一万五〇〇〇台の蒸気ボイラーが湯気をあげ、そのうち少なくとも一万二〇〇〇台は煙が多く出る瀝青炭を燃やしていた。こうしたボイラーが一八六平方マイル（四八〇平方キロ）の地域に点在し、その種類も千差万別だった。(7)

　煙が立ちこめてくると、ますます大勢の人が命を落としたが、死亡数の急増は肺への影響のせいではなく、たいてい冬の寒さのせいにされた。日々の暮らしで馴染んだ煙より、寒冷こそ死の天使としてはるかにふさわしく思えたのだろう。(8)

「アメリカの産業界のどの業種においても、石炭は広く普及していた。階級を問わず、誰もがその目で見、取り扱い、買い求め、石炭の粉末を吸い込んでいた」と歴史家のデヴィッド・ストラドリングは書いている。「石炭の良し悪しには誰もが通じ、かまどで燃やすならどの石炭がいちばんかもわきまえていた。黒いダイヤモンドに付された名札から、どこの産地のどこの鉱山の石炭かその名前も知っていた。中流階級の主人はトン単位で購入し、地下の石炭箱にためた。低所得の労働者はバケツの計り売りで買い、アパートのストーブで惜しみつつ暖房と料理に使った。そして、最貧困層は燃え残りの石炭を探してゴミ集積場の灰を掘るか、機関車の炭水車からこぼれ落ちた石炭を拾おうと、線路のかたわらをくまなく探していた。(9)

成熟した産業社会である現代の生活からはすでに消え去ったが、当時、石炭と煙は毎日のように目にするものだった。その点では馬とその排泄物も同じだ。世紀単位で眺めれば、アメリカやイギリスの都市をかつて覆った煙と、現在の中国北京に陰鬱に垂れ込める石炭の煤煙のとばりには大差はない。まず社会の発展ありきで、市民が必要とする事業を優先して満たしながら、それから汚染の解消が図られていく点でも同じだ。一八九三年のシカゴ万国博覧会の開催中、当局は開催会場の大気汚染を減らすため、発電の燃料を一時的に石油に切り替えた（石油はオハイオ州のライマからパイプラインを使って輸送)。同様に二〇〇八年の北京オリンピックでは、大気汚染を抑えるため、当局は工場の操業を中止させた。(10)

アメリカでは二種類の石炭が採掘されてきた。ひとつは、柔らかくて煤の多い瀝青炭で、炭素濃度はおよそ六〇～七〇パーセント、もうひとつは硬質の無煙炭で、炭素濃度は九八パーセント。不純物のせいで瀝青炭からは煙が出るが、無煙炭はきれいに燃える。コロラドやニューメキシコで小規模な無煙炭の炭鉱が操業を開始する以前、アメリカでよく知られていたのは、ペンシルベニア東部に広がる無煙炭の炭鉱だった。

無煙炭を燃やし続けるには送風が必要で、石炭を載せる高さのある火格子が欠かせなかった。暖炉

14-2　煙に覆われたカナダのトロント（1904年）。港から見た日中の市内の光景。

でこの石炭をどう燃やせばいいのか、ひとたびそのコツに通じた東部の住民は、割増料金を払ってまで無煙炭を買い求めた。一八二〇年から六〇年にかけて東部で普及した石炭の売買では、もっぱら無煙炭が扱われていた。そんなことから、イギリスの都市に比べれば、ボストン、ニューヨーク、フィラデルフィアの大気はまだましだったが、製錬業や食肉加工などの工場から排出される汚染物質で空と水は汚れ続けた。

煤煙が町に不道徳をもたらす

ピッツバーグは、アメリカでも最も煙に覆われた町だった。ひとつには地理的な理由のせいで、もうひとつには重工業がさかんだったせいもある。一八六一年、カナダとアメリカを訪れたヴィクトリア朝時代の作家アントニー・トロロープは、ピッツバーグこそ「これまで見たなかで、最も煤けた場所」と言っていた。土地は「絵のように美しい」とトロロープは思った。「山脚が町を取り囲むように迫り、そこを流れる川は幅があり、流れは早い」。ただ、この町はアルゲイニー台地の麓、二本の川が出合う深い谷に位置しているので、どうしても煙が集まってくる。「汚れて、驚くほど煤けた土地だったが、高みから見下ろした町はやはり絵のように美しい。教会の屋根が見える。そよぎもしない、褐色の厚い煙越しに、大きな建物の輪郭の一部をなぞることができそうだ。しかし、町は濃密な煙の底に沈んでいる(11)」

せり出した山すそに瀝青炭が露出していたので、ピッツバーグの住民は、十九世紀初頭から石炭を薪がわりに使ってきた。この切り替えはアメリカの他の町よりも半世紀は早い。「人口が少なく、多忙な西部の町では勤労を尊び、時間を大切に使う。コール・ヒルで掘り出された石炭は馬車に積まれ、家の玄関まで配達されており、しかも値段は一ブッシェル(二七キロ)わずか五セント。本当に安価で、自分で薪を割るよりもはるかに便利だった(12)」とペンシルベニアの歴史家は書いている。その結果は煤にまみれた景観だったが、この風景をトロロープ本人は明らかに楽しんでいた。一八六一年のピッツバーグの景観に関する描写はさらにこう続く。

「私はここに立ち、夕闇が町の家々の屋根の上に漂う煤に迫りつつあるさまに目を凝らしていた。このときほど煙とちりが、好ましいものに思えたことはなかった。没する太陽を見たと言えないのは、そもそもここでは太陽が目にできないからである。十一月にロンドンを訪れた外国人が、この町では一ミリたりとも陽光に輝く場所がないと断言するように、ピッツバーグでは太陽は決して輝きはしないと言ったほうがいい(13)」。トロロープは、ロンドンの十一月を「蓋の開いた地獄(14)」と呼んでいた。

チャールズ・ディケンズ、アーサー・コナン・ドイル、ロバート・ルイス・スティーブンソンの三名は、煙で汚れた大気を描くことで、ヴィクトリア朝時代後期のロンドンの雰囲気をどの作家よりも色濃く描いた。スティーブンソンの怪奇小説『ジキル博士とハイド氏』では、語り手たる弁護士が殺

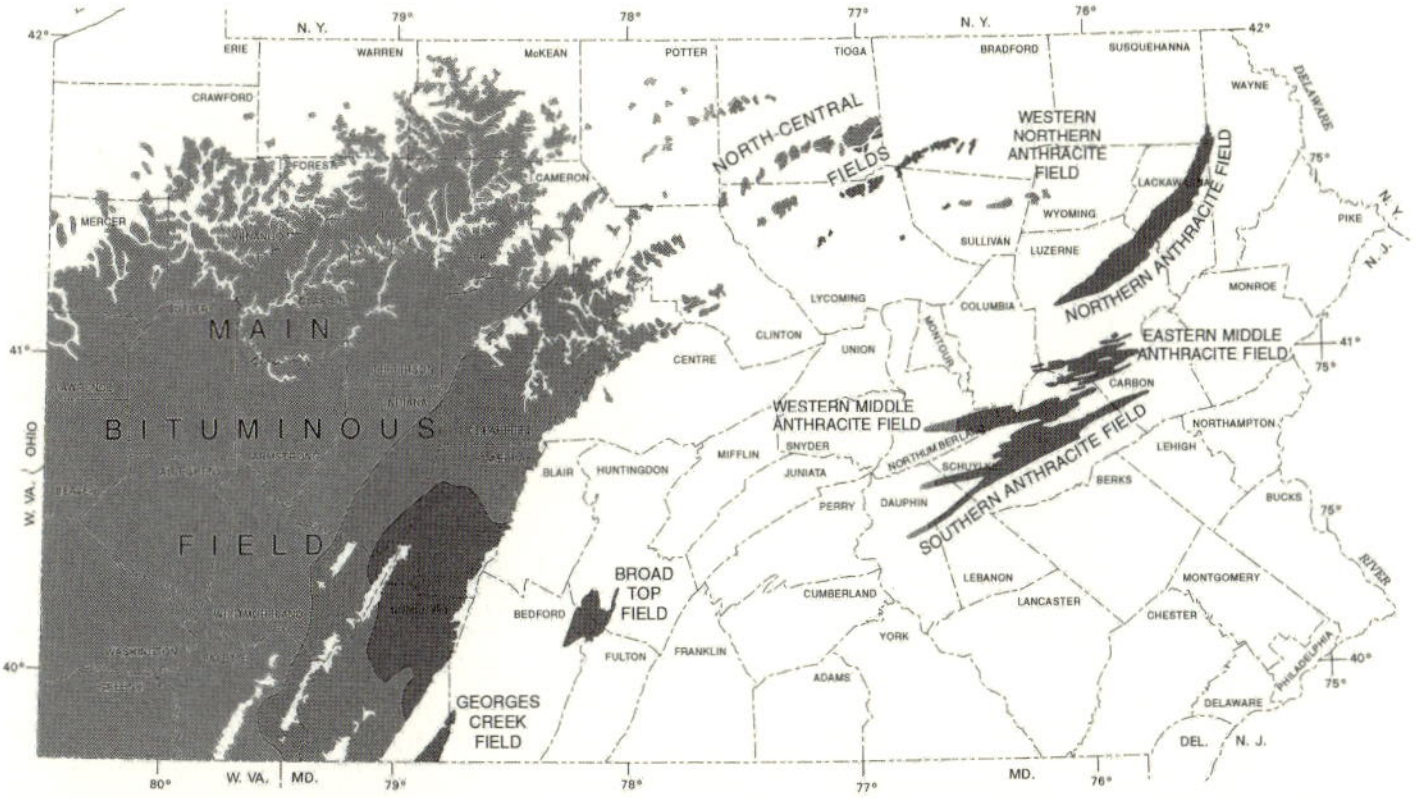

14-3　ペンシルベニアの炭田地域。西に広がる灰色の部分は瀝青炭。東側に向かって延びている黒い部分が無煙炭。瀝青炭よりも希少で煙も少ない。

14-4　1910年、コール・ヒルから見たピッツバーグ。立ち込めた煤煙でほとんど見通しがきかなかった。

人の調査のためにジキル博士の家に向かう道すがらの風景が、「暗褐色の大きな棺衣《かけぎ》が空一面から垂れ下がっていた[15]」と描かれている。

アメリカでは、煙の問題を倫理上の混乱と関連づける集会がさかんに開かれていた。腸チフスや赤痢をはじめ、空気や飲料水を媒介にした伝染病など、差し迫った病気が蔓延し、当局の公衆衛生部門は優先順位を高めていた。そうしたときにあって、中流階級の活動家は、排煙の規制を正当化する根拠を模索していたのだ。

一九〇一年、当時、シカゴ婦人クラブの代表だったジョン・B・シャーウッド夫人は、石炭の煙とこうした伝染病は関連していると信じていた。「シカゴの空に立ち込めた煙の黒いとばりは、太陽を閉ざし、町を闇に沈めて活気を奪い去ってしまいました。そこで行われている粗野で下劣な人殺しや犯罪は、この闇のせいなのです。煤煙で穢れた町が不道徳の町であるのは、この穢れによって不道徳が生み出されたからにほかなりません。それゆえ、煙と煤は人の道からはずれているのです」

現代のアメリカ人の多くがそうするように、夫人もまた殺人率と比べることで、実際の数字が示している異常さを際立たせていた。一九〇〇年のアメリカの三大死因は、肺炎（一〇万人当たり死亡者二〇二人）、結核（一〇万人当たり同一九四人）、下痢・腸炎（一〇万人当たり同一四三人）である[16]。これに対して殺人率は、人口一〇万人当たりわずか一・二人にすぎない。もっともこの殺人率は歴史的に見ても低い時期に相当していた[17]（二〇一六年の比率は人口一〇万人当たり四・九人）。

天然ガスと製造ガスの競合

十九世紀最後の一〇年、ピッツバーグはもうひとつの未来を垣間見ていた。限られた期間だったが、燃料として天然ガスが登場して石炭と競い合っていたのだ。一八五九年の世界初の機械掘りのドレーク油田以前から、石油や塩井戸を掘っていると天然ガスが副産物として噴き出した。地元では塩を煮詰めるときにこのガスを燃やしたが、ガスの圧力で地下から石油が噴き上がってしまえば、あとはどう利用していいのか知る者は誰もいない。燃やしてしまうのが普通だった。歴史家のデヴィッド・A・ウェイプルズによると、「石油が見つからない場合、たいてい井戸はそのまま放棄され、ガスは噴き上がるままにされていた。故意もしくは摩擦や落雷、不注意な裸火で偶然このガスに引火すると、数か月あるいは数年にわたって燃え続けた[18]」という。

井戸元から利用者の手元まで、適正な圧力でどうやって輸送すればいいのか、天然ガスの場合、それがかならず問題になった。工程が管理されている製造ガス——都市ガス——はその点では有利で、消費地からも近く、水道のように製造地からパイプを通して送り、圧力もコントロールできた。天然ガスは井戸元から消費地までパイプラインを敷設する必要があり、しかも、圧力がさまざまに異なるガスを何マイルにもわたって輸送しなくてはならず、ガス漏れ防止のパイプラインの建造技術は遅々として進まなかった。ペンシルベニア州で敷設された初期のパイプラインは鋳鉄製で、管と管の継ぎ目はネジでつながれ、ガス漏れ防止処置《コーキング》が施されていた。

錬鉄製のパイプが鋳鉄製のパイプに置き換わったのは一八九〇年代のことである[19]。天然ガスは石炭に比べるとはるかに安価なうえに火力も一定で、ピッツバーグに多いガラス工場や製鉄工場の加熱工程で使用するには打ってつけだった。この地区で天然ガスをはじめて導入したのはグレート・ウエスタン製鉄で、一八七〇年ごろのことだった[20]、その後、多くの工場が天然ガスに切り替えていった。一八八五年の時点で、ピッツバーグのパイプラインは五〇〇マイル（八〇〇キロ）に達していた[21]。

都市ガスの製造業者は、天然ガスとの競合に業を煮やした。天然ガスを採掘して輸送するより、ガスを製造するほうが割高だったからである。ウェイプルズの話では、ガス委員会に対して彼らは、〝高圧〟ガスの使用を市内で禁止するように圧力をかけたと噂され、ある馬丁の事故が引き合いに出されたという。「ランタンに明かりを灯そうとマッチを擦った瞬間、漏れていたガスに引火、三〇フィート（九メートル）上空に吹き飛ばされ、この爆発で馬一頭が死に、馬小屋は火に包まれた(22)」

一八八四年にはジョージ・ウェスティングハウスもピッツバーグの天然ガス事業に参入した。富裕層が集まるこの町のホームウッド地区で天然ガスの井戸を掘り当てたのだ。ガスが噴出した地所には三二の部屋があるウェスティングハウスの豪邸が立っていた。採掘のために設立された会社は初の参入企業ではなかったが、一八八九年にはこの国最大の天然ガス会社に成長した。新エネルギーの供給で主導権を握るには、これまでにない技術を開発する必要があり、最初の二年間の奮闘で二八件の特許を獲得している。そうした技術には、「井戸の採掘方法をめぐる改良策、ガスメーター、ガス漏れの防止方法、蒸気釜内の空気とガスのコントロール方法、またガス圧が低下して火が消えた際、ガスが止まる自動制御装置などがあった(23)」とウェイプルズは書いている。

ウェスティングハウスは、高いガス圧と不安定な井戸元価格を調整しようと、電気でいう変圧器に相当するガス用のパイプラインも考案していた。井戸元から町の輸送センターへと至る途中、パイプの口径を段階的に拡大させていくと、ガス量を増加させる一方で、圧力が低下した状態でセンターに輸送することができた。のちに交流電気の送電に応用されるアイデアだ。エジソンと同じように、ウェスティングハウスもひとつの技術からシステムを生み出すと、そのシステムに改良を加えて他のシステムに応用していた。

天然ガスによってピッツバーグの石炭消費量は低下し、一八八四年には年間三〇〇万トン燃やされていた石炭は、それから一〇年で一〇〇万トンにまで減った。だが、天然ガスの供給には限界があり、さらにガス田が涸渇してしまうと、煙害がふたたびこの町の息を詰まらせる。「私たちはまたもや煙のなかに戻った。ここ四、五年というもの、私たちはピッツバーグにいて、清浄のすばらしさを経験した。この町の者すべてが清浄とはどういうものか、その美味を知ってしまったのだ[24]」と一八九二年にピッツバーグ技術協会で語った者がいた。

二十世紀の最初の十数年、アメリカの都市という都市が清浄という美味を謳歌していた。しかし、両世界大戦中は工業生産の拡大に応じるため、各都市が成し遂げた排煙規制は一時棚上げにしなくてはならなかった。大気がようやく清浄になったのは、第二次世界大戦が終わりを迎え、遠隔地に天然ガスを輸送するパイプラインが完成してからのことである。

「死亡率の減少こそ、統計上最も要となる数字で、人間社会の進歩を示す指標である[25]」とアメリカの公衆衛生の開拓者ハーマン・ビッグスが書いたのは一九一一年のことである。一九〇〇年、アメリカ合衆国の出生時平均寿命は四十七・三歳、国連の調査による世界で最も平均寿命が短い二〇一五年のスワジランド（四十九・一八歳）を下回っていた[26]。しかし、恐ろしい戦争が繰り返されたにもかかわらず、二十世紀の新しい手法とテクノロジーによって、先進工業国の平均寿命は三十歳以上も延びていくことになる。

第3部

新しき火

第15章

神より授かりしもの——蒸気自動車／電気自動車／内燃機関自動車／ガソリン添加剤／テトラエチル鉛

ヘンリー・フォード／ハイラム・パーシー・マキシム／スタンレー兄弟／ペドロ・サロム／チャールズ・F・ケタリング／ウィリアム・M・バートン／トーマス・ミジリー・ジュニア／ハロルド・ヒバート／レオ・ベークランド／ロバート・E・ウィルソン／アリス・ハミルトン／ヒュー・S・カミング／グレース・バーナム・マクドナルド／ウィリアム・コヴァリク

多種多様の「馬なし馬車」

はじめての自動車を完成させる前、ヘンリー・フォードはトーマス・エジソンの会社で働いていた。一八九一年、二十八歳のフォードは妻クララを伴い、生家であるミシガンの農家からデトロイトに移り、エジソン・イルミネーティング・カンパニーの夜勤技師として働くようになった。フォードの主な業務は、デトロイトに電力を供給する蒸気エンジンの保全である。農場での経験に加え、五大湖の水運で使う汽船の造船場で見習工として働いてきたので、フォードは蒸気エンジンに通じていた。一八九三年にはエジソン・イルミネーティングの主任技師に昇進している。

フォードが自動車の製作を始めたのはデトロイトに移ってからのことで、メゾネット式のアパートの裏に建つレンガ造りの納屋にこしらえた仕事場で作業を進めた。本人が「四輪車《クアドリサイクル》」と呼んでいた車は、自動車というより、四つの車輪を持った動力付きの自転車だった。ガソリンを燃料とする、二気筒四サイクル四馬力の内燃エンジンがベンチシートの下に設置されていた。ハンドルのかわりにレバーが使われ、ブレーキはなく、重量は五〇〇ポンド（二二六・八キロ）ちょうどだった(1)。製造は手作業で行われ、設計・製作までに三年を要した（伝記には「フォードは自動車の部品が存在しない世界で車を作っていた」という一文がある[2]。一八九六年六月四日午前二時、雨降る夜にフォードは完成した四輪車を仕事場から表に出した。出入口が狭かったので、レンガ造りの戸口はあらかじめ大ハンマーで広げられていた。

一八九〇年代、馬なし馬車《ホースレス・キャリッジ》［出現当初の自動車の古名］の発明に取り組んでいたのはフォード一人ではない。「時代が機械による乗り物を求めているのは、もはや明らかだった」と書いたのはハイラム・パーシー・マキシムで、彼もまた自動車の開発を進めていた。機関銃を発明したハイラム・マキシムの息子である。「ガソリンエンジンで道を行く乗り物の発明には、誰もがこぞって取り組んでいるはずだと信じて疑わなかった[3]」

一八九六年、アメリカ合衆国で走っていた自動車はわずか三〇〇台程度で、車種はフィリオン蒸気自動車、ランバート・ガソリン・バギー、ゴットフリート・シュレーマー・モーター・ワゴン、エリス、デュリエ、パイオニア、バルザール四輪車《クアドリサイクル》、デラヴァジン六人乗り《シックス・パッセンジャー》、デラヴァジン背中合わせ《ドザド》、ハートレー蒸気自動車四人乗り《フォーシーター》、ベントン・ハーバー・オートサイクル、ライカー電動三輪《トライサイクル》自動車、ハート・ラナバウトのいずれかだった[4]。

車名からうかがえるように、電気や蒸気で走る車もあった。内燃機関で動いた車も燃料はさまざまで、都市ガス、ガソリン、アルコール、灯油、揮発油、あるいはこれらを混合した燃料が使われていた。どのタイプのエンジン、どの燃料が主流かはまだ定まっていない。一八九八年の時点でアメリカでいちばん売れた自動車はスタンレー・スチーマーだった。歴史家のルーディ・ヴォルティによると、二年後の「一九〇〇年、アメリカでは四一九二台の乗用車が生産され、そのうちの一六八一台は蒸気自動車、一五七五台は電気自動車で、内燃機関を用いた自動車は九三六台にすぎなかった」という[5]。

15-1　第１号の自動車でポーズを決めたヘンリー・フォード。車両重量500ポンドの四輪車で、1896年６月に公開された。シートの下に搭載された小型エンジンで後輪を駆動する。

15-2　瓜二つの双子のスタンレー兄弟。1898年のスタンレー・スチーマーは、フォードの四輪車よりも100ポンド（45キロ）軽量だった。

多種多様の車があったが、今日の自動車に通じる形状を備えたものはまだ一台もなかった。空冷式のエンジンは、座席の下もしくは後方に吊り下げられていた。「車体は馬車が標準だったが、馬車と違っていたのは、周囲から冷ややかに見られていた点だ」[6]とマキシムは当時を記している。馬車に似ていたにもかかわらず、町中や田舎道で自動車に出合うと馬は脅えた。コネチカットでは、路上で馬車に出合った際、相手が手を上げたら、自動車の運転手は車を路肩に寄せてエンジンを切り、相手の通過が確認できるまで待たなくてはならなかった。「このころ、車を走らせているのか、馬に足止めされているのか、どちらかわからなかった」とマキシムはこぼしている[7]。

内燃機関は蒸気機関をもとに考案された。いずれも密閉したシリンダー内で熱した気体を膨張させて動力を供給する。蒸気エンジンを満たす気体は蒸気で、外部のボイラーで水を熱し、バルブを通じてシリンダーのなかに送り込まれる。シリンダー内で蒸気が膨張してピストンを押し上げると、この運動はピストンに接続されたロッドを介して外部に伝えられ、車輪を回転させる。初期の蒸気牽引エンジンは重かったが、自動車用に設計されたエンジンは軽量で効率性に優れていた。とくに独創的だったのはメイン州出身の双子のスタンレー兄弟のエンジンだった。スタンレー・スチーマーのボイラーの重量はわずか九〇ポンド（四〇キロ）で、エンジンの重量は三五ポンド（一六キロ）しかなかった[8]。

内燃機関が蒸気と電気に勝つ

初期の蒸気自動車は始動に手間取り、蒸気圧が十分に高まるまで一〇分以上かかった。この問題は、十九世紀末になり、停車中も蒸気を維持できる点火用バーナーが導入されたことで解消された。また、初期の蒸気自動車の場合、廃棄蒸気は復水されないまま車外に放出されていたので、二〇〜三〇マイル（三二～四八キロ）ごとに停車して水を補給する必要があった。当時、往来する多数の馬のために、市は公共の水桶を設置していたので、蒸気自動車もその水を利用することができた。水桶は郊外にもたくさん設置されていた。

手のかかる操作を好む運転者は、蒸気自動車の込み入った操作を堪能した。「ゲージがずらりと並び、常に点検が欠かせないスタンレー・スチーマーは語り草だった」とルーディ・ヴォルティは言う。「ボイラーの水位、蒸気圧、主燃料タンクの圧力、補助燃料タンクの圧力、油のぞき窓、タンク内の水位――たった一度の乗車でも一三のバルブとレバー、ハンドル、ポンプを操作しなくてはならなかった」(9)。込み入っていたとはいっても、蒸気自動車の制御装置は、内燃機関の自動車の装置に比べればはるかに単純だった。完璧な蒸気自動車の可動部品は、四つの車輪を含めてもたったの七二か所しかなかったからである(10)。

それにひきかえ内燃機関は、クランクを手でまわしてピストンを始動させ、シリンダー内で点火させなければ動かなかった（クランクをまわすのは手間がかかり、とくに寒い日には大変だった。電気自動車が多くの女性に好まれた理由のひとつだった）。エンジンがまわり出したら、一定のタイミングで燃料（ガソリンかアルコール、もしくは両方を混合させたもの）がシリンダー内に噴出される。燃料はここで圧縮されて点火、燃料が燃焼、空気が加熱・膨張してピストンを押し上げる。蒸気エンジンと同じように、ピストンに接続されたロッドを介し、動力がエンジンの外部に伝えられて車輪を回転させている。

電気自動車の構造はこれよりも単純で、バッテリー、電動モーター、モーターの速度を調整するスライド式の操作レバーもしくはペダルでできていた。煙を出さず、音も静かな電気自動車は市内を走るには打ってつけで、その点では馬車のような乗り物だった。電気自動車の問題は、充電が頻繁でしかも時間がかかるうえに、現在と同じく、他の機関に比べて出力が劣る点にあった。バッテリーは重く、出力を優先すればすぐにあがった。市外には充電設備がほとんどなく、遠出のドライブや長距離の移動には適していなかった。

こうした欠点にもかかわらず、フィラデルフィアのペドロ・サロムは、電気自動車は内燃機関の車より優れていると考えていた。サロムは電気自動車の草創期の製作者で、またこの車の熱狂的な支持者として、電気自動車の普及を見据えていた。一八九五年、フィラデルフィアのフランクリン協会の講演会でサロムは聴衆にこう語った。「ガソリン車の仕組みを（電気自動車と）比べてみよう。無数のチェーンやベルト、ベルト車、配管、バルブ、コックなどで作られた運転装置の複雑さには驚くほかない。だから、ここで確かめておきたい――ガソリン車は使いものになるのだろうか。これほどの部品が変調をきたしてしまえば、ほかの部品もひとつ、またひとつと調子がおかしくなると考えてもなんら不思議ではない(11)」

さらにサロムは、内燃機関は「鼻をつく不快な薄い煙」を吐き出し、汚れをまき散らしていると非難した。「こうした乗り物が何千もの数で通りを行く様子を想像してほしい。時代遅れになった馬車に置き換えた代償として、どの車もこんな煙を吐き出している。こんな車が広く人々の役に立ち、受け入れられるものかどうか考えてほしい(12)」と聴衆に訴えた。サロムにはよくわかっていた。「受け入れられるわけがない」

蒸気エンジンと電気モーターは、アイドリングの状態からギア操作なしで、難なくフルパワーで発進できた。しかし、内燃エンジンの場合、失速せずに走行するには少なくとも毎分九〇〇回転でアイドリングさせておく必要がある。最高効率は毎分二〇〇〇回転以上、車輪に伝わる回転数はギア操作で減らさなくてはならない。[13]複雑な構造とギア装置のせいで、内燃機関の自動車は製造に手間（と資金）がかかり、そのうえに操作も簡単ではなかった。

のちにスタンダード・トランスミッション（手動《マニュアル》によるトランスミッション）と呼ばれる、クラッチと変速レバーを相互に操作する方法をマスターするのは容易ではなかった。マキシムの話では、はじめのころ「誰かがガリガリと音を立ててギアを入れようものなら、私の設計ミスのせいだと思われたものである。しばらくしてハンドルやクラッチ操作とギアチェンジを同時に扱える人が増えてくると、クラッチを切り忘れ、ギアをこすらせた者は、周囲の顰蹙《ひんしゅく》を買い、まともな運転もできないのかとあきれられた[14]」

創成期の自動車には、それぞれの動力系統ごとに擁護派と否定派がいた。内燃機関がなぜ主流になりえたのかは、技術史の研究者が長く論じてきたテーマだ。主張の多くはインフラに関係している。インフラとは、その技術が置かれた環境であり、下支えするシステムのことである。電気自動車がもっぱら市内の走行に限られたのは、郊外が電化されておらず、充電基地が設けられなかったからである。蒸気エンジンや内燃機関の場合、土地のペンキ屋や雑貨店で燃料が普通に入手できた。ひとつにはガソリンが洗浄剤や溶剤として使われていたからであり、さらに農家には固定式のガソリンエンジンが置かれていた。農家はこのエンジンを使い、洗濯機から製粉機までありとあらゆる機械を動かしていた。

蒸気自動車の製造会社はインフラによる利点を失った。マサチューセッツ州ニュートンのスタンレー・モーター・キャリッジ・カンパニーなどはその最たる例だろう。一九一四年、東部を走る蒸気自動車は、水の補給ができなくなってしまったのだ。この年、ニューイングランドの農場で飼われていた家畜に口蹄疫《こうていえき》が発生、致命的な伝染病の拡大を抑え込むため、当局の家畜担当者は、東部地区の道路に多数設置されていた公共の水桶を撤去する。[15] すでにマサチューセッツ州では、蒸気自動車から出る蒸気が問題化していた。後方を走る運転手の視野が蒸気の雲でさえぎられ、とくに気温が低い日は激しかった。この問題に対処すべく、スタンレー社は蒸気エンジン用の復水器を開発したが、しかしその間に売り上げは破綻、もはや手の尽くしようはなかった。

一九一四年の時点で、すでに内燃機関は独り勝ちを収めていた。この年、スタンレー社など蒸気自動車メーカーが製作した車は総計わずか一〇〇〇台、同年、内燃機関の自動車の国内総生産台数は五六万九〇〇〇台に達していた。[16] また国内の登録台数は一七〇万台を記録し、一九〇〇年の八〇〇〇台から急増していた。ニューヨーク市では、一九一二年に自動車の数が馬の頭数を追い抜くと、それから一〇年にわたってその差は広がり続けた。[17] 一九二〇年代、年間五〇万頭のペースで馬は処分され、肉はペットフードに加工された。[18] 地元の配送業務を除けば、馬は都会から消えていき、その姿をふたたび現すことはなかった。

自動車が馬にかわったことで窮地に追い込まれたのが農民だった。「トウモロコシや干し草を食べて力を得ていた馬ではなく、ガソリンを燃料とする動力を使うことで、何百万エーカーという土地から収穫される飼料市場が農民から奪われてしまった」[19] と、ある農村経済学者は一九三八年に記している。意図しない結果で農民は収入の柱を失ったが、その一方で世界もまた再生可能な動力源をなくしていた。馬に取って代わった化石燃料は、規模が未知数であるうえに、どんな影響をもたらすか予想もつかなかった。

ガソリンではない展開となる可能性もあったのだ。一九〇六年、南北戦争の際に連邦政府が決めた燃料用アルコールへの酒税が撤廃されたのである。この課税によって、アルコールは灯油に対する市場競争力を失っていた。だが、その課税が廃止されたことで燃料用アルコールは競争力を取り戻し、二十世紀前半の三〇年間は自動車燃料としてガソリンと競い合っていた。

フォードが大衆車としてはじめて設計・生産したT型フォードは燃料切替装置を備えていた。この装置を使えばガソリンとアルコールのどちらでも走行できる。一九三一年までこの装置は取り付けられていた[20]。ハンドル右側の真鍮の取っ手をドライバーが調節することで、気化器《キャブレター》にどちらの燃料でも取り込めた。また、ハンドル左側の発火調整レバーで、スパークプラグの発火のタイミングが調整できた。内燃機関は燃料に応じて発火点を変えなくてはならないのだ[21]。農家なら自家製のアルコールで車を動かせるとフォードは考えていた。一方、都会のドライバーは歩道脇にある給油基地でガソリンがあがなえる。こうした給油基地では、アイオワの発明家ジョン・J・トーケイムが特許を取った計量ポンプでガソリンが売られていた。

ノッキング問題とオクタン価

ただ、苛酷な課税からは免れたとはいえ、アルコール燃料の場合、材料生産地の農場から精製所のサプライチェーンが欠落していたので、製造コストはガソリンに比べて高くついた。一方、石油にはパイプラインがあり、業界を独占するロックフェラーのタンク車が効率よく石油を流通・供給していた（一八八二年当時、スタンダード・オイル・トラストは世界の石油市場の八五パーセントを支配していた。一九一一年、連邦最高裁判所は同社に対して解体を命じる。解体命令の理由のひとつがこのときの独占だった[22]。エリザベス一世治下のロンドンで、薪と石炭の関係がそうだったように、ガソリンに対するアルコールの輸送コストの高さが、アルコールを不利な立場に追いやった。アルコールが代替燃料として流通するには、政府の支援が不可欠だったのだ。ただ、ガソリンの添加剤としてアルコールは即効性に富む成分を備えていた。

ガソリンのオクタン価は、混合気がどの程度圧縮されたら圧縮熱で自己着火するのか、それを計測することで決められる。オクタン価が高いほど後述するノッキングは起こしにくい。現在、アメリカ国内のスタンドで売られているガソリンのオクタン価は八七から九三、純粋なアルコールのオクタン価は一〇五。自動車が登場し始めたころ、ガソリンは〝白ガソリン〟と呼ばれていた。原油をただ精製しただけで、添加剤は加えられておらず、オクタン価はわずか五〇前後しかなかった。初期のころの圧縮比が低いエンジンには十分だったが、そうしたエンジンは効率性に劣り、力も足りなかった。

エンジンの圧縮圧力が高まれば、大きな車を動かせるようになる。走行距離も延びるので燃費がよくなる。エンジンも小さくなって軽量化が図れる。しかし一方で、シリンダー内のガソリンと空気の混合気の容積を縮小させ、さらに圧縮を高めていくと、白ガソリンの場合、エンジンが止まったり、燃焼のタイミングがずれたりして力に損失が生じる。運転席の下、シリンダーの内部からコツコツとノックするような音（ノッキング）が聞こえてくるときは、エンジンにダメージを与える異常燃焼が起きている。

一九一三年ごろ、このノッキングが大きな問題になった。高まる一方のガソリン需要に、石油の精製業者は、粗雑な原油を蒸留して生産量の維持を図ったものの、その結果、ガソリンのオクタン価はさらに低下してしまった[23]。技術者らは、エンジンのノッキングは燃料の早期着火が原因、つまり問題

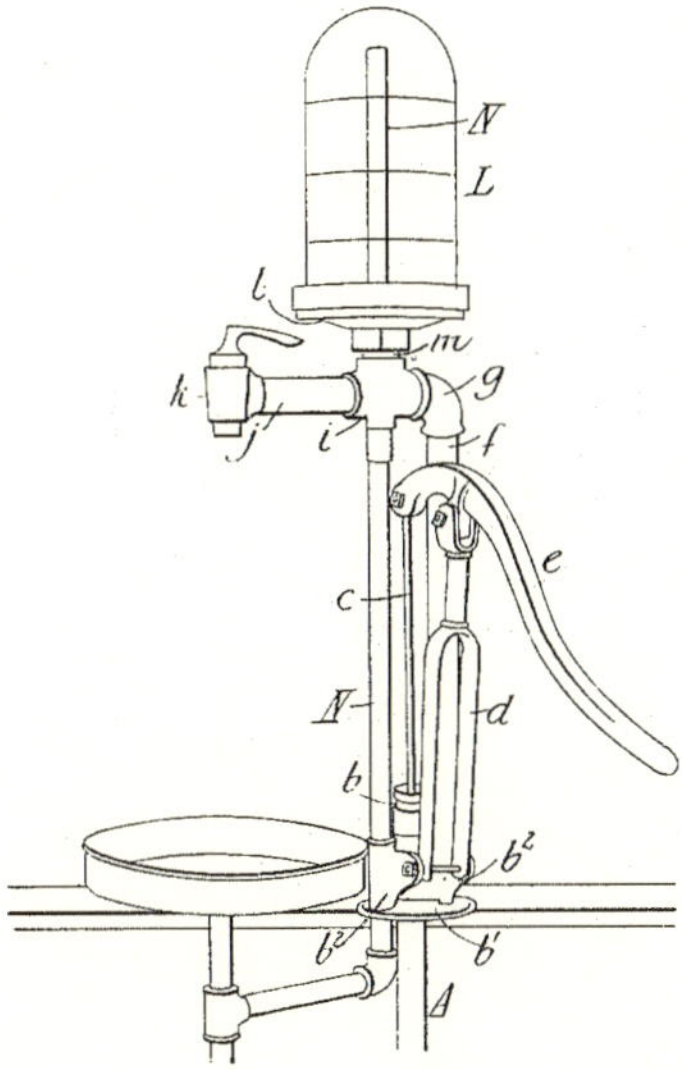

15-3　1900年1月2日に特許を取得したトーケイム石油計量ポンプ。保全のため地下タンクに貯蔵された燃料を汲み上げ、計量が可能な透明なガラスドームに送り込むと、手持ちの容器でガソリンタンクに移して給油する。

は圧縮にあると考えていた。しかし、誰も確信していたわけではない。一分間に何千回ものペースで点火を繰り返しているエンジンのシリンダー、そのなかで何が起きているかなど、容易にわかるようなことではなかったのだ。ガソリンエンジンが自動車の動力源として優勢であり続けるには、燃料とエンジン設計の問題に真摯に取り組む必要があった。

一九一六年、エンジンのノッキング問題が、チャールズ・F・ケタリングという名前のきわめて独創的なエンジニアの関心を捉えた。のちにケタリングは、ゼネラルモーターズ（GM）の副社長として研究部門のトップに就任する。

ケタリングは一八七六年にオハイオ州北部の農場に生まれた。一家はアルザス人とスコットランド系アイルランド人の血を引いていた。長身で頑強のうえ聡明な人物でもあったが、目の悪さに悩み、大学への進学をあやうく諦めかけた。だが、読み間違えた文献は大学のクラスメイトがかわりに読んでくれるなどの助けを得て、ケタリングは学問を続けることができた。電気工学の学位を得てオハイオ州立大学を卒業したのは二十七歳のときである。

ケタリングは研究者として優れ、発明家としても秀でていた。ナショナル・キャッシュ・レジスター（NCR）のために、ハイトルクの小型電動モーターを使った世界初の電動レジスターを開発している。このときの経験を踏まえ、一九一一年にはキャデラックの電動式セルフスターターを発明した。やはりハイトルクの電動モーターを使ったもので、この発明の結果、大勢の女性に向けた自動車市場の門戸がはじめて開かれた。手回しのクランクでエンジンを始動させるのは、女性にとってやはり容易なことではなかったのである。

一九一六年、ケタリングはノッキングの問題に正面から取り組んだ。年若い機械技師トーマス・ミジリー・ジュニアが助手を務めた。二人は、実験室で使う一気筒エンジンのシリンダーに窓を取り付けた。自家製の高速度カメラでノッキングを撮影して調査するためである。それまで、作動中のシリンダーの内部を見た者はいない。シリンダーの内部では、製油所の分解蒸留塔*（クラッキングタワー）内とまったく同じ現象が、規模を縮小して発生している事実を二人は突き止めた。一九一九年、ケタリングは自動車技師を集めた講演会で、「この点は肝に銘じてほしい。分解蒸留塔のなかでは、高圧高温のもとで加熱して（原油の）分子が分解されている。燃料を粗雑に扱ってしまうと、ガソリンエンジンの内部で、蒸留塔と同一の現象が起きてしまうかもしれない」(24)と述べている。

原油はさまざまな油と油脂の混合物だ。ご存じかと思うが、生物由来説では、太古の浅海や大陸棚

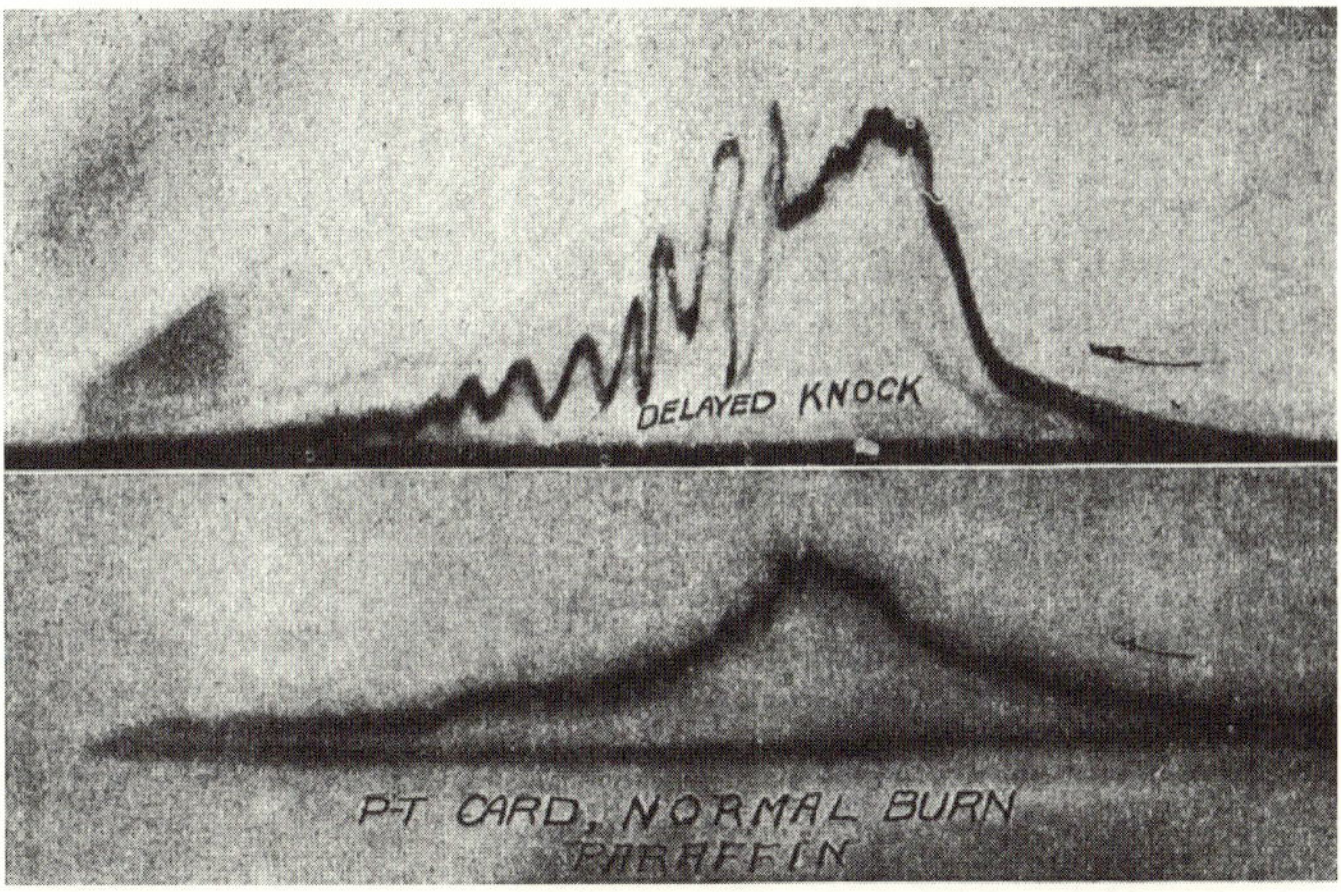

15-4　エンジンのノッキングの図式記録（上）と正常に燃焼した記録（下）。グラフの向きは右から左。

に生息していた動物性プランクトンや藻の遺骸が沈殿、その上に砂や岩が積もって堆積岩ができ、遺骸が変性して石油が生成されたと考えられている。十九世紀後半の五〇年間、石油は灯油と潤滑油を得るために精製されていた。製法はウイスキーの蒸留と同じで、蒸留器で石油を熱し、その蒸気をパイプにくぐらせ。冷却して液体に戻していた。無用なガソリンは捨てられ、灯油だけを採取していたが、素朴な蒸留法は効率が悪かった。一九一〇年、精製業者は自動車燃料という急成長を遂げる市場に合わせ、ガソリン生産量の最大化を望んだが、精製できるのは一三パーセント前後が精一杯だった[25]（現在、ガソリンの収率は約四〇～四五パーセント）。

供給が限られたアメリカ産原油から、一滴でも

＊　ここで言う「クラッキング」とは、木の実の殻を「割る《クラック》」というように、単に「分解する」「壊す」という意味である。

多くのガソリンを精製したいという要求は、イノベーションを促した。スタンダードオイル・オブ・インディアナにはじめての大躍進をもたらしたのが、ウィリアム・M・バートンという石油技術者だった。ジョンズ・ホプキンズ大学で学んだバートンは、一八九〇年、石油精製の仕事に携わるようになった。

バートンが考案した「バートン・プロセス」という熱分解蒸留は、原油を単に沸騰させて蒸留物を抽出するのではなく、高温高圧のもとで蒸留を行うというものだった。一九一三年一月、スタンダードオイル・オブ・インディアナは、バートンの熱分解蒸留を用いた商業用精製装置をはじめて稼働させた。「バートンの分解蒸留器は、九五ポンド毎平方インチの圧力をかけ、華氏七五〇度(摂氏三九八・九度)のもとで作動し、ほぼ倍量のガソリンを精製した」と石油史の研究チームは書いている。[26]その結果、ガソリンの生産量は一挙に増大するとともに、熱分解蒸留で分離された蒸留物を触媒によって分解し、分子の結合を変えて集めることで、さまざまな石油製品の生産が可能になった。

ケタリングとミジリーは、エンジンのノッキングの問題に六年間を費やした。ひとたびその原因を突き止めると、解決策の要点はエンジンの再設計などではなく、ガソリンのオクタン価の向上にあると見抜いた。ガソリンの品質を改善するのであれば、オクタン価の高いアルコールとガソリンを混ぜればいいだけの話である。アルコールから水が完全に除かれていなければ、アルコールとガソリンは混ざらないが、三番目の成分として、石炭由来の炭化水素であるベンゼンを加えることで難なく混合できた。

ガソリンに三〇～四〇パーセントのアルコール、それに少量のベンゼンを加えた燃料で作動させると、エンジンは心地よい音を立てて回転した。二人は、ノッキングに対するこの解決法を〝高率の添た添加剤ではあったが、アルコールはアルコールで問題を抱えていた。

まさる対策が見つからない場合に備えた予備策であり、控えだと考えた。アルコールはたしかに優れ

加剤〟と呼んだ。[27] 一九一八年に発見されて特許は取ったものの、いったん棚上げにしていた。[28] これに

ガソリンの添加剤を模索する

ガソリンの添加剤として、アルコール燃料が利用されるようになったのは一九〇六年以降のことである。今日と同じように、こうしたアルコールは主にトウモロコシを醸造して製造されていた（食用のトウモロコシではなく、熟しても粒は固く、実も粗い品種のトウモロコシで、飼料として挽《ひ》き割り粉にされる）。一九〇〇年から一七年にかけてトウモロコシ価格は全体に高騰したが、その後に暴落した。ケタリングとミジリーが添加物としてアルコールの研究を進めていた一九二〇年から二五年にかけ、価格はふたたび高騰していた。トウモロコシ価格とアルコール価格は連動して上下しがちで、そのため、すでに高騰しつつあったトウモロコシ由来のアルコールを添加したガソリンの店頭価格はさらに上昇していた。[29]

農家は農家で、アルコール燃料に転用されるトウモロコシの栽培にはあまり関心がなかった。飼料用のトウモロコシが大繁盛していたからである。肥育された家畜や家禽は、アメリカの都市化とともに増加していく、農業とは無縁の人々の胃袋に供給された。二十世紀最初の一〇年、アメリカの農業は栄えに栄え、とりわけ一九〇〇年から一九〇四年にかけてのこの時期は、〝アメリカ農業の黄金期〟と呼ばれるようになる。この期間、過去一〇〇年以上のなかでも、農産物の価格はいちばんの高値をつけていた。[30] 農家にすれば、アルコールの製造は所得が落ち込んだときの代替策で、作物を作れば売

れるような時期に手を出すものではなかった。こうした事情から、自動車燃料の原材料としてトウモロコシは当てにできなかった。

ケタリング自身、アルコール燃料に関心はあったが、急増する自動車の需要に応じられるだけの量をこの国の農家が生産できるかどうかは疑問視していた。「工業用アルコールは植物性生産物から得られる。（しかし）現在の総生産量は燃料需要の四パーセントにも満たない。かりに工業用アルコールがガソリンに匹敵する地位を得るとするなら、この国の農地の総面積の半分以上を使って原料のトウモロコシを栽培しなくてはならない[31]」と一九二一年に発言していた。

〝高率の添加剤〟に関する一九一八年の特許は、アルコール燃料を含むものだったが、アルコールだけに特定してはいなかった。五〇パーセントのベンゼンと五〇パーセントのガソリンと、アルコールのかわりにベンゼンの使用も明記されていた[32]。しかし、見通しということでは、ベンゼンはアルコール燃料よりさらに厳しかった。一九二〇年、全米で産出した全石炭をベンゼンに転換したとしても、その量はこの年に供給されたガソリンの五分の一にしかならなかった。

ケタリングをさらに悩ませたのは、アメリカの石油埋蔵量が減少の一途をたどっている事実だった。一九二〇年夏、ケタリングの研究班のメンバーは、イェール大学で有機化学を研究するイギリス人のハロルド・ヒバートと共同作業を進めていた[33]。エチレングリコールの不凍液の開発者であるヒバートを介し、アメリカ国内に埋蔵する石油は、時を置かず涸渇する可能性があることを彼らは知った[34]。

一九二〇年のアメリカ国内の原油生産量は約四億四三〇〇万バレル（七〇〇億リットル）、このペースで進行すれば、国内産原油は一九三三年で使い果たすとヒバートは警告した。「一般のアメリカ国民には、その意味がわかっているのだろうか」とものものしく迫り、「それが意味するのは、今後一〇年から二〇年で、この国は原油の供給を全面的に海外に依存するようになるということなのだ」と畳みかけた。石油は、「農場のトラクター、自動車輸送、自家用車、何千何百という数の地方の農場の暖房や照明のための発電、ガソリンや潤滑油、パラフィンの製造のために使われ、それればかりか、日々の生活において、この必須の原料が応用できる何百もの用途[35]」にも使われている。目下のところ、ただちに打てる解決策は皆無だ。「むしろかなり近い将来、この国はメキシコ、ロシア、ペルシアの原油供給を受けるため、毎年膨大な金額を支払わざるをえなくなるだろう[36]」と忠告した。

しかし、ヒバートは将来を見据えた対策も提示していた。「ひとつには、トウモロコシや他の各種野菜、もうひとつは木材」から生成したアルコールを石油の代用品とする案だった。廃材だけではなく、セルロースを含有していそうなものはほかにもある。トウモロコシの茎、亜麻、海藻などである。アルコールだけではなく、オイルシェールもある。

ヒバートは、一九二〇年一月十六日に施行された合衆国憲法修正第十八条、いわゆる禁酒法を目の敵にしていた。「害ばかりをもたらす、無知蒙昧な立法」と禁酒法をののしり、この法律のおかげでアルコールの入手が制限され、研究に支障をきたしていたからである（このあたりの事情は二十世紀後半、マリファナの違法性によって、大麻の薬効成分の研究が困難になっている状況と通じる）。禁酒法によって、「現存の化学産業の手足がしばられ」「この国の評判と安全性が損なわれる[37]」点をヒバートは気遣っていた。

現在、減少する一方の石油に対し、世界はオイルシェールや再生可能エネルギーであるアルコールの開発にふたたび取り組んでいる。その点でも、ヒバートの提案は将来を見据えたものだったが、ヒバート自身はこの提案を「科学の夢」と呼んでかたづけていた。そして、夢のような話の大半がそうであるように、この話に耳を傾ける者はほとんど誰もいなかった。

有鉛ガソリンの登場

〝高率の添加剤〟に関する特許は得たものの、原料の供給をめぐるひと筋縄ではいかない問題のせいで、ケタリングとミジリーは、〝低率の添加物〟の研究をその後も続けていた。数年越しの研究が徒労に終わったかのように思えた一九二一年、二人は、元素周期表の第16族元素に属するいくつかの元素の化合物について調査を始めた。第16族元素は酸素族元素で、原子番号8の酸素、同16の硫黄、同34のセレン、同52のテルルなどが含まれている。

一九二一年二月の末、ニューヨークに向かう列車に乗っていたケタリングは、ウイスコンシンの化学教授に関するAP通信の記事を読んでいた。この化学教授が発見したオキシ塩化セレンという化合物は、「万能の溶剤」だと書かれている。[38] 記事によれば、件の化合物はベークライトさえ溶かすそうだ。ベークライトは世界ではじめて人工的に合成されたプラスチックで、ケタリングの友人であるベルギー生まれのアメリカ人化学者、レオ・ベークランドが発明して一九〇九年に特許を取得した。

ベークライトは石炭酸（フェノール）とホルムアルデヒドの合成物で、これまでにないプラスチックの発明の公表に際し、ベークランドは、「いかなる溶剤をもっても、断じて溶かすことはできない」[39]と断言していた。「万能の溶剤」があるとすれば、その溶剤の容器はこの世には存在しない——という古いジョークがある。溶けるとは何か、ケタリングとベークランドはお決まりのジョークとして何度も繰り返した。AP通信の記事がケタリングの関心をかき立てたのもその点だった。[40] デトロイトに戻ったケタリングは、アンチノック剤としてオキシ塩化セレンを試してみることをミジリーに勧めた。

酸素と塩素ではいずれもノッキングが増加した。この時点でミジリーはアンチノック剤を見つけることを諦めかけていたので、オキシ塩化セレンの実験に応じた。窒素化合物の実験ではコールタール染料のアニリンを試料にしている。ノッキングは抑えられるのだが、腐った魚のような臭いを吐き出した。原子番号34セレンのノッキングの抑制効果はアニリンの五倍だったが、その臭いは腐ったホースラディッシュに似ていた。

悪臭の元素周期表をたどっていくかのように、次に原子番号52のテルルを試してみた。効果はアニリンの二〇倍だが、その臭いはすさまじく、あるスタッフは「悪魔のニンニク」とたとえた。[41] 別のスタッフは、この悪臭は「人間の内臓にまで染み込み、衣服という衣服にくまなくこびりついた。洗い流すこともできず、水で洗うと、臭いはますますひどくなる一方だった。それほど激しい悪臭で、テルルを扱う者は文字どおり、世間の鼻つまみ者になった[42]」と記している。セレンもテルルも希少な物質だったので、ガソリンの添加剤として実用化はされず、世界の嗅覚にとっては幸いした。

技術論に触れたある話のなかで、ケタリングは、化合物を抽象的な概念としてとらえがちな同僚らの傾向を非難している。「われわれが手がける理論研究には、常にあるひとつの問題が潜んでいる」と同僚らに釘を刺した。「分子というものを私たちは、単に検討する何か、論じ合う何かにすぎないかのように取り上げている」が、そうではなく「分子は実体を持つ現実の物質であり、これらの物質が結合したり、分解したりするのはまぎれもない現実の物理的事実なのだ」。分子は抽象的な存在ではない。たとえば、「炭素原子を化合物に加えていくほど、燃料の重量は増していく」と語った。[43]

いまやミジリーの研究チームは、こうした実際的な見地からノッキングを抑制する化合物を追い求めていた。そのミジリーに、独自に構成した周期表を見せたのが、相談役の一人でマサチューセッツ工科大学（MIT）の化学教授ロバート・E・ウィルソンである。ウィルソンの周期表は、ドミトリ・メンデレーエフが化学的性質の類似性に基づいて並べた本来の周期表とは異なる、別の原理に基づいて配列されていた。有機化学者にとって重要な規則性にハイライトが当てられた周期表だったのだ*。「ミジリーはこの周期表に深い関心を示していた」とウィルソンは言う。「どの物質のアンチノック性も、主に元素の特質に負っていると彼は信じていたのでなおさらだった。ある元素が持つアンチノック性は、周期表の位置から予見できるという、なんらかの手応えを感じていたようである」[44]。元素が発する臭気がひどくなるほど、その元素のノッキングの抑制効果は高まった。ミジリーの実験は決定的な手がかりとなっていたのだ。

一九二一年の秋、彼らはますます多くの重い化合物を使って研究を深めていった。物質ごとのアンチノッキング性が大きなペグボードの上にピンで刺されて視覚化されていく。「ときたま勝ち目のない冒険をしている思いにとらわれた。何年もの年月とかなりの額を使ってきた冒険が、一転し53フォックスハンティング*訳註に変わったのだ。尻すぼみではなく、予想どおりの展開になり始めていた」[45]とミジリーは回想している。

ウィルキンソンの周期表のどの族——フッ素族、酸素族、窒素族、炭素族——も、原子の数を増やすことでノッキング抑制は好転していった。十月末にはテトラメチルスズで実験を行い、結果は良好だったが、実験はさらに続けられた。十一月には錫を試料に実験を行い不適格と判断した。過早着火によるノッキングを引き起こしていたからである。

そして、いよいよ炭素族最後の元素を実験する番になった。それが鉛である。だが、鉛はガソリンには溶けない。化合させてテトラエチル鉛（四エチル鉛）として水溶性に変えた。化合は容易ではなかったが、実験に必要な量の試料を作ることができた。一九二一年十二月九日金曜日の朝のことだった。この実験に立ち会った技師の一人、T・A・ボイドは当日の朝の出来事を鮮明に記憶していた。

（試験用の一気筒の）小型エンジンの周囲で作業に携わっていた者たちが見守るなか、エンジンはきわめて少量のテトラエチル鉛を含んだ燃料で動き続けた。四エチル鉛の添加量は当てずっぽうだったが、エンジンはスムーズに作動を続け、ノッキングはまったく発生していない。それから、同量の未処理の燃料が注ぎ込まれた。四エチル鉛の濃縮度は半分に減らしてある。それでもノッキングの兆候はうかがえない。四エチル鉛をさらに半分に減らしながら、何度も何度も実験が繰り返された。四エチル鉛が希釈されるごとに周囲は興奮を募らせた。結局、アンチノッキング剤としての四エチル鉛は、先行して実験が行われていたアニリンの五〇倍もの効果があった[46]。

四エチル鉛を一〇〇〇倍以上にまで希釈したとき、ようやくノッキングが発生した。ミジリーはケタリングのもとに急いだ。のちにケタリングが語ったように、研究者としての自身の経歴において、この日は最も劇的な日となった[47]。

新しい化合物に名前をつけなくてはならなかった。ケタリングは「エチル」と名づけたが、その理

＊ 具体的に言えば、この周期表は元素の電気の陰性度と陽性度——つまり、化学反応の際、その元素が電子を獲得したり、あるいは失ったりするのかという傾向に基づいて元素が配置されていた。

＊訳註　一定の範囲を隠れて移動する無線送信機の位置を、無線受信機を使って探し出すゲーム。

由は明らかにされていない。エチルアルコールと混同されがちな名称で、水溶性の鉛の化合物という肝心な点が省かれていた。そしてこれ以降、「エチル」は長年にわたり有毒物質として知られるようになる。[48] 無鉛の白ガソリンと区別するため、ケタリングたちはエチルガソリンを赤く染めた。「着色したのは、原動機の洗浄や石鹼がわりの使用、調理用燃料としての使用など、(自動車の燃料以外の目的で)使う危険性をはっきりと警告するためである[49]」。鉛の有毒作用をめぐり、一九二五年に書かれたミジリーの擁護論文にはそう書かれている。

ミジリーの話では、研究開発はその後も続けられた。突破口をもたらした発見をめぐる知識があまりにも乏しかったからである。「商業的にも、実用的な化合物にしようと、資金をさらに投じて研究を重ね、テトラエチル鉛と相性のいいほかの成分の発見に努めた[50]」

そうしているあいだも、化学者たちは早々と有鉛ガソリンの製品化にとりかかった。はじめて発売されたのはオハイオ州デイトンにある給油所で、一九二三年二月二日のことである。[51] 販売が一挙に拡大したのは、その年のインディアナポリス500マイルレース(インディ500)がきっかけだった。この年、エンジンの規格が従来よりも小型に制限されたことで、参加した車両はいずれも有鉛ガソリンを使用していた。優勝した車は五〇〇マイル(八〇〇キロ)のレースを平均時速九一マイル(一四一キロ)で飛ばした。[52]

テトラエチル鉛の製法に関する特許は、スタンダードオイル・オブ・ニュージャージーとGMの両社が持っていた。この化合物そのものは一八五〇年代からすでに知られていた。一九二四年、両社は双方の特許を持ち寄って新会社エチルガソリン・コーポレーションを設立、新製品の製造販売を始めている。ケタリングは同社の社長、ミジリーは副社長兼本部長に就任した。[53] そのころになると、スタンダードオイルとデュポンは、すでに二か所の研究工場でテトラエチル鉛の製造を行っていた。スタンダードオイルの研究工場はニュージャージー州ベイウエイ、デュポンの研究工場は同州のディープウォーターにあった。そして、試験生産の段階ではあったが、すでにテトラエチル鉛による犠牲者が発生していた。

テトラエチル鉛中毒をめぐる攻防

古い昔から、鉛の有毒性は知られてきた。一九二二年から翌二三年にかけての冬、ミジリーと三人の研究者が体を壊し、ミジリー自身、回復のためフロリダで一か月を過ごさなければならなかった。こんな経験をしても、本人には研究を断念する気がなかったのは明らかだ。顔の前で燃料が爆発し、鉛が目に飛び込んでも変わりはなかった。このときミジリーは水銀で目を洗い流した。水銀はほかの金属と合金を作りやすく、その性質を利用して鉛を取り除いた。[54] 先述の一九二五年の擁護論文には、テトラエチル鉛中毒の「症状を列挙すれば、血圧の低下、体温の低下、脈拍の減弱、不眠、体重の減少、場合によっては吐き気や震え、最悪の場合には精神錯乱の発症」と具体的に記されている。[55]*

テトラエチル鉛中毒の最も激烈な特徴は、耐えがたいほどの苦痛を伴う死にようである。おぞましいほどのその苦痛ついて、一九二五年、アメリカの産業医学の草分けであるアリス・ハミルトンと二人の同僚医師が米国医師会雑誌（JAMA）に論文を寄稿した。当時、GMとデュポンで頻繁に発生

---

* 鉛中毒で起きる精神錯乱は、アルコール離脱性譫妄《せんもう》によく似ている。

していた症例がこの論文に引用されている。

恒常的な不眠症、異常なまでの情動不安と多弁、妄想など、深刻な脳障害の兆候が現れる。歩き方は、アルコール中毒患者の歩行と似ているが、麻痺《まひ》や痙攣はまったくうかがえない。全身の筋肉の過剰反応、多汗の期間を経たのち、最終的に患者は手がつけられないほど乱暴になり、大きな叫び声をあげてベッドから飛び起き、家具を粉々にして、その様子は振戦譫妄《しんせんせんもう》の症状に似ている。モルヒネを投与しても症状はさらに悪化する。最後には、体力を消耗して絶命する。死亡直前、体温が華氏一一〇度（摂氏四三度）にまで上昇した例が二例認められた。うち一例の患者は壮健な青年で、就業からわずか五週間後のことだった。恐ろしい苦痛にのたうちまわり、「絶叫しながら息を引き取った」という。(56)

一九二三年九月、デュポンのディープウォーター工場で一名が鉛中毒を発症して死亡、一九二四年の夏と秋にはさらに三名が亡くなっている。一九二四年六月には、デイトンにあるケタリングとミジリーの研究所でも二名が死亡、同年九月には、スタンダードオイルのベイウエイ工場で、鉛被曝によって五名が命を落とし、四四人が入院という大惨事が発生している。デュポンの工場では、一九二五年冬にもさらに四名の作業員が死亡していた。

「危険きわまりないこの毒物に対して、ニューヨーク・ワールド紙は積極的な反対運動を展開した」とアリス・ハミルトンの自伝には書かれている。「混合ガソリンの使用で、国民の健康がさいなまれるのではないかという、突然の恐怖があっという間に広まった。いくつかの州で〝エチルガソリン〟

の販売がただちに禁止され、国外の政府は輸入の差し止めを迫った」[57]。それから五年、ニューヨーク・タイムズをはじめとする新聞は、この件について詳細に報じ続けた。

スタンダードオイルの取締役会は、「事の成り行きに戦々恐々としていた。重役たちはこの件に心底から脅えていた。自分の身に何が降りかかろうとしているのか、彼らには見当がつかなかったのだ」[58]とケタリングは記した。ミジリーはミジリーで、「排気ガスには不安視するほどの鉛は含まれていない」が、死亡者が出た以上、「どんな法律が制定されるのか誰にもわからない」と同僚の一人にこぼしていた。ミジリーにしてみれば、添加剤に向けられたいずれの法的規制も、「競合他社と過剰な健康崇拝者にあおり立てられた」[59]結果にほかならなかった。

アメリカ合衆国公衆衛生局は、鉱山局に対し、有鉛ガソリンの毒性を特定する科学的研究を求めた。鉱山局に話がいったのは、調査対象が石油製品に関係していたからである。ケタリングとミジリーの二人は、自分たちも研究を行うことをすでに鉱山局に申し出ていた。二人はさらに、鉱山局は研究結果をエチルの研究と呼んで世間の注目を避けること、また、結果についてコメントし、批判、評価する権利がGMにあることを要求していた[60]。

鉱山局の実証研究は一九二三年十二月から翌二四年七月にかけて行われ、この間、ウサギ、モルモット、鳩、犬、猿など、さまざまな動物が、低レベルに設定された有鉛ガソリンの排気ガスにさらされた。このとき設定された排気ガスの制限値は、当時、建設中だったホランド・トンネル――ニューヨークとニュージャージー州を結ぶトンネルで、ハドソン川の地下を貫通――向けに設けた排出基準に合わせてあった。実験動物は、三週間から五か月以上に及ぶ期間にわたって排気ガスにさらされ続けたが、換気が行き届いた広い部屋に置かれていたので、鉛ダストを浴びることはなかった。驚くまでもないことだが、ホランド・トンネル内で働く作業員がそうだったように、鉛中毒で死んだ動物は一匹もいなかった。この結果を受け、ニューヨーク州とニュージャージー州は、テトラエチル鉛の使用禁止を解除した(61)。

アリス・ハミルトンらは、先述した米国医師会雑誌の論文で鉱山局のこの研究を非難した。「実験動物を排気ガスにさらす期間が短すぎ、採用された手法も信頼に足りうる結果が得られるものではない」と断じた。鉱山局の研究は、「有鉛ガソリンを使った内燃機関から排出される鉛毒の危険性は、エンジンから恒常的にカーボンを取り除く機械工に限られるという印象を与えている」と指摘した。ハミルトンらには納得できなかったのだ。自分たちの証拠から確信をもって言えるのは、車庫内の作業には慢性的な鉛中毒の危険性が確実に伴うこと、それにもまして「大都市の通りに蔓延する鉛ダストで、公衆が危険にさらされる可能性(62)」だとハミルトンらは考えていた。

この年の冬、ケタリングは渡欧している。存続の危機に立つ自身の添加物にかかわる物質の調査が目的だった（ドイツの化学工業の巨人、IGファルベンとBASFは、鉄カルボニルという物質を披露した。両社ともその正体はまだ特定できなかったが、それに気づいたケタリングは、帰国後、鉄カルボニルの特許をアメリカで申請する。ケタリングのこうした行為に、BASFが、「あまりにも狡猾《こうかつ》な行為」と非難したのももっともな話である(63)）。

ケタリングが公衆衛生局長官のヒュー・S・カミングの知遇を得たのは、一九二四年十二月のことである。このころ、鉱山局を管轄下に置いていたのがカミングだった。公衆衛生に関心を示す団体が一堂に会するのは有益だという点で二人の意見は一致した。一九二五年五月、カミングは一週間に及ぶ会合を招集する。実業家、化学者、労働組合の指導者、医師など、一〇〇人を超える人間が招かれ

ていた。(64)

主だった発言者の大半が当局の関係者というなかで、関連団体の関係者でしかも目下、調査中の商品を製造する会社の社長であるケタリングはどうしても人目を引いた。(65)ケタリングは、ノッキングをめぐるこれまでの経過を振り返り、アルコールやその他の添加剤について語り、これらの供給がいかに限られているか訴えた。ケタリングに続き、さらに熱い調子で語ったのが、エチルガソリン・コーポレーションの研究部門の副社長フランク・ハワードである。「動力装置の燃料に向けられた人間のたゆみない発展こそ、われらが文明の精髄にほかならない」と厳かに宣言した。「いまや一〇年の研究を経て（略）、石油が節約できるという、傍目にも明らかな神の恵みを授かることができた（略）。その恵みを棒に振るなど、良心に従って決して許されるようなことではない」

この発言に対して、ニューヨーク市厚生労働局の基礎を築いた局長グレース・バーナム・マクドナルドは、「それによって死亡した労働者、あるいは病を負った（はるかに多数の）労働者にとって、それは神の恵みなどでは決してない」と反駁した。アリス・ハミルトンは、「何か別の物質を発見してほしい（略）。テトラエチル鉛こそ、ガソリンのノッキングを抑制できる唯一の物質だとは、私にはどうしても信じられないのだ」(66)と化学者に嘆願した。

こうした発言に会合の主催者側は、テーマはもっぱらテトラエチル鉛の話題に終始し、アルコールやその他の燃料に話が及んでいないと食い下がり、予定より早い閉会を決定する。(67)当初、一週間の日程が予定されていた会合は、わずか一日で休会に持ち込まれた。その年の夏、この会合を受け、公衆衛生局長官の肝煎りで別の会議が改めて開催されている。今度の会議では「エチルガソリンの使用を禁じる正当な理由は皆無である」(68)ことが確認された。

燃料史を研究するウィリアム・コヴァリクが、テトラエチル鉛論争をめぐる調査で述べたように、その後、数十年にわたってガソリンのオクタン価は向上していった。だが、それは添加剤のおかげなどではなく、ガソリンの精製技術や配合技術の改善に負っていた。ミジリーとケタリングの二人は、ガソリンに添加するなら、特許とは無縁のアルコールではなく、特許を取得して開発中の添加剤を使ったほうが利益になることがよくわかっていた。一九二三年五月、「エチルガソリンの現状について、この事業を宣伝し、さらに追求するなら、国内販売のガソリンの少なくとも二〇パーセントは獲得できるでしょう（略）。ガソリンが一ガロン売れるたびに、三セントの収益が得られると考えています」とミジリーはケタリングに書き送った。コヴァリクの試算では、当時のガソリンの最低二〇パーセントとは、量にして二〇億ガロン（七六億リットル）、すなわち年間六〇〇〇万ドル（現在の八億三七〇〇万ドル）に相当していた。(69)

米国内の石油が涸渇する？

二人とも、アメリカの石油供給は頭打ちになり、品質も低下すると考えていたようである。この国の石油は涸渇するという、ハロルド・ヒバートのあの予測が念頭にあったのだ。ケタリングはアルコール度を高めたガソリンで作動する、小型で圧縮比の高いエンジンの開発に傾注していった。ミジリーはミジリーで、一九二五年に書かれた例の擁護論文で、テトラエチル鉛を開発した筆頭の理由として「石油の保存」を挙げていた。*

これが理念と呼べるものかはともかく、こうした二人の考えは、当時のアメリカ人の生活にうかがえた大きなうねり——一八九九年に経済学者ソースティン・ヴェブレンが「誇示的消費」と呼んだブランド消費——と相容れるものではなかった。関心はノッキング問題ではなく、要はエンジンの性能そのものに向けられるようになっていた。ＧＭにはより高性能で、長距離走行が可能な自動車を作ることができ、それまで以上に馬力のある車も製造できた。効率性を唱えるフォードとの覇権争いでは、ＧＭはパワーを選択した。

一九二四年に開催された全米自動車ショーには、蒸気エンジンを積んだ車や電気自動車はもはや一台も出展されていなかった。大恐慌の期間中、農家ではつかの間、熱にかられたようにアルコール生産に関心を示したが、限られたこの期間を除けば、自動車燃料の製造会社もアルコールには見向きもしなかった。ガソリンの代用品として、あるいは添加剤としてふたたび関心が向けられるのは、それからおよそ五〇年後のことである。

一九三六年の時点で、全米のガソリンの九〇パーセントが鉛を含んでいた。テトラエチル鉛の国内消費が五一〇万ポンド（二三〇〇トン）に達したのは一九五六年のことである。一九五九年、公衆衛生局は、エチルの含有量をガソリン一ガロン当たり三ccから四ccに増量したいというエチル製造会社の申請を認めた。精製による品質向上が限界に達し、製油会社は生産量を犠牲にしてオクタン価を維持

＊　発明に対する生まれながらの才能に加え、長患いをしていたこともあり、ミジリーはその後、毒性が低く、低可燃性のクロロフルオロカーボン——いわゆるフロン——の開発に専念する。冷蔵庫の冷媒剤として、この物質は有毒なアンモニアや二酸化硫黄に置き換わったが、大気圏のオゾン層を破壊していた事実が最終的に判明する。太陽の放射線による破壊的な影響から、オゾン層は人類や地球上の生物を保護している。有鉛ガソリン同様、フロンも最後には使用が排除される。

していたというのが理由である。[70] 申請に際して当局は、医師の研究班に調査を命じた。あがってきた報告書には、「一九二五年の調査以降、大規模な母集団を対象に、ガソリンのテトラエチル含有量によって、鉛の体内負荷量にどのような影響が生じるのか、それに関する追跡調査は実施されてこなかった」と書かれていた。それにもかかわらず、当局は製造会社の申請を許可した。[71]

一九六三年、全米で販売されるガソリンの九八パーセント以上に鉛が含まれていた。アメリカで販売されるガソリンが完全に無鉛化されたのは、それから一〇年後のことである。廃止された理由は、スモッグ対策として義務づけられた触媒式排ガス浄化装置を汚してしまうからで、すでに有害だと認定されていた鉛そのものが理由ではなかった。有害な添加剤を使ってまで国内の石油供給の延命を図ってきたにもかかわらず、ほどなくしてアメリカでは、イギリス人化学者ハロルド・ヒバートの予測――「メキシコ、ロシア、ペルシアの原油供給を受けるため、毎年膨大な金額を支払わざるをえなくなる」――が現実のものとなる。[72]

ペルシア――イランにはたしかに膨大な金を支払い、メキシコにも支払った。しかし、その金のほとんどはサウジアラビア――その昔、ラクダが眠たそうに行き交い、砂丘が茫漠と広がる国に対して支払われてきた。

第16章

片腕でもできる溶接——探鉱／原油掘削／アーク溶接／電気溶接／天然ガス／パイプライン

アブドゥルアズィーズ・イブン・サウード／ラルフ・ローズ／フレッド・デーヴィス／ハリー・シンジョン・フィルビー／フランクリン・ルーズヴェルト／ハンフリー・デーヴィー／ニコライ・ベルナルド／スタニスラウス・オルシェフスキー／ウッドロウ・ウィルソン／ジョセファス・ダニエルズ／ジェームズ・コールドウェル／カール・デーニッツ／アドルファス・アンドリュース／シドニー・ステンスルート／ジョン・L・ルイス／ハリー・S・トルーマン

サウジアラビアに眠る原油

一九三三年後半、アメリカの石油技師の一団がサウジアラビアに到着した。小人数だったが、この国の初代国王アブドゥルアズィーズ・イブン・サウードの要請に応じて訪れた一行である。国王アブドゥルアズィーズ・イブン・サウードは見上げるような体軀の持ち主だった。身長は六フィート三インチ（一九〇センチ）、肩幅は広く、大きな手をしていた。王はラクダに騎乗する戦士でもある。横溢する並々ならぬ自信、三〇年に及んだ駆け引きと武闘で勝ちえた貧しき国の発展に、新国王は全力を傾注していた。サウジアラビアが国として成立したのは一九三二年のことである。政体は絶対王政で、八五万平方マイル（二二〇万キロ平方メートル）に及ぶ国土はテキサス州の三倍だが、人口はわずか二五〇万人程度にすぎず、国土の大半は地図にも載っていない茫漠たる砂漠である。

この国の東海岸の狭隘な海峡に浮かぶのは、郵便切手のように小さなバーレーン島である。長さは南北に三〇マイル（四八キロ）、東西の全幅は一〇マイル（一六キロ）しかない。一九三二年以降、この島のジャバール・アル＝ドゥハーンという鉱区の第一号油井から石油が流れ続けていた。このころまでにはイランとイラクは中東における重要な産油国となり、両国の石油利権はイギリスの支配下にあった。バーレーンはささやかな例外だったが、サウジアラビアはやがて重要な例外となっていく。

原油売買を通じ、バーレーンの石油採掘権は、国際石油資本のなかでも小規模なスタンダードオイル・オブ・カリフォルニア（Ｓｏｃａｌ《ソーカル》）に握られていった。イギリスの石油技師は、石油地質学の観点から、バーレーンの石油は望み薄と見なしたが、スタンダードオイルにはその判断がむしろ動機づけになった。真水が湧く泉のほか、島の北部と東部のペルシア湾（サウジアラビアではアラブ湾と呼ばれる）の海底からは液状の瀝青が滲み出している。実はバーレーン島そのものが、瀝青の小規模な露頭にほかならない。つまりこの島は、石油をさらに濃厚にした、石油と最も近い成分の天然アスファルトでできた島だったのである(1)。

ガルフ・オイルの地質学者ラルフ・ローズは、ミズーリ州出身の元海兵隊員で、仲間からはダスティと呼ばれていた。ローズはある有望な構造を特定していた。現地で「ジャバール」と呼ばれるドーム状の岩がちな地形で、Ｓｏｃａｌが採掘権を獲得する以前の一九二八年のことである(2)。一九三〇年、この発見にＳｏｃａｌの地質学者フレッド・デーヴィスが続いた。デーヴィスはバーレーン側のジャバールに位置する油田を特定したばかりか、海峡西側のサウジアラビアにも目を向け、ここでも同様なジャバールの一群を発見する。その特定は正しかった。バーレーンとサウジアラビアのジャバールはつながっており、いずれのジャバールともに、もともとはペルシア湾の島だった。現在は半島部にあるジャバールは、島の海峡部分に砂が降り積もった結果である(3)。

エネルギー問題の専門家ダニエル・ヤーギンの名著『石油の世紀——支配者たちの興亡』には、サウジアラビアの採掘権をめぐり、Ｓｏｃａｌとイブン・サウードのあいだで交わされた、長丁場で複

16-1　アフリカとアジアにあいだに位置するサウジアラビア。

雑をきわめた交渉の詳細が記されている。

当時、サウジアラビアの歳入の大半は、メッカ巡礼の手数料やサービスへの対価で成り立っていた。しかし、大恐慌による金融破綻で巡礼者は激減、一九三〇年まで年間一〇万人を数えていた巡礼者は、一九三三年になるとわずか二万人にまで落ち込んでいた(4)。その結果、「イブン・サウードの財政は急速に悪化した（略）。王国の財政は手のつけられない状況に陥っていた。返済が滞り、公務員の給与の未払いは六か月から八か月に及んだ。だが、イブン・サウードは助成金を巧みに分配することで、多部族からなる王国と国中に広まる動揺を鎮め、なんとか国をひとつにまとめていた」とヤーギンの本には書かれている(5)。

イブン・サウード国王との交渉

王には毛色の変わった指南役がいた。ハリー・シンジョン・フィルビー*という名の反骨のイギリス人である。皆からはジャックと呼ばれ、イスラム教に改宗して、イブン・サウードの顧問を務めていた。「より過激な運動を展開する（イスラム原理主義の）ワッハーブ派とのいさかいがあったばかりの国王からすれば、〝異教徒〟に国の門戸を開く気にはなれない」とフィルビーは書き残している。「陛下も国民も、埋もれた莫大な財宝の上で眠っていながら、ベッドの下を探してみるお気持ちや意欲は持ち合わせていない」と国王に助言すると、世界共通の格言「神はみずから助くる者を助く」を意味するコーランの章句をつけ加えたといわれる。「人が自らを変えないかぎり、アッラーは決して人々を変えない(6)」

それでも王はためらっていた。フィルビーは王にかわって動こうと心を固め、イギリスとアメリカの石油関係者を競り合わせた。いずれにせよ、彼の祖国イギリスの石油企業は、サウジアラビアに相当量の石油があるのかについては疑っていた。

Ｓｏｃａｌにとっても時宜を得た話ではなかった。世界の原油生産量は、一九二五年の日産二九〇万バレル（四億六〇〇〇万リットル）から、二九年には日産四〇〇万バレル（六億四〇〇〇万リットル）に急増していた。路上を走る自動車の台数も増え、アメリカだけでも一九二〇年の九二〇万台から、一九三一年には二六〇〇万台へと拡大を続けていた(7)。だが、大恐慌によって経済は息の根を止められる。一九三〇年から三三年の三年間で、アメリカの自動車登録台数は二六〇万台を失っていた。世界中で、石油がだぶついていた。オクラホマ州では、一バレルの石油がわずか四六セントで売られていた(8)。

作家で歴史家のウォレス・ステグナーはＳｏｃａｌの歴史を青年にたとえて書いた。ステグナーによると、Ｓｏｃａｌの製造部門には、「たっぷりの石油がそこに眠っているのなら、掘らなくてはならないと考える者がいた。当時、採掘権と賃貸権の取得は容易で、費用もあまりかからなかった(9)」。

16-2　サウジアラビアの初代国王アブドゥルアズィーズ・イブン・サウード。

もっとも、サウジアラビアの採掘権と貸付の融資交渉は決して簡単なものではなく、安い買い物でもなかったが、競合他社が乗り気ではなかったことが幸いした。他社の関心しだいでは、契約をめぐり、ひと悶着起こることも珍しくはない(10)。いずれにせよ、Ｓｏｃａｌとサウジアラビアの国王の最初の交渉は、一九三三年五月末に結論を見た(11)。

国王側は、金《きん》による契約金の支払いと長期の貸付を要求した。原油が採掘されるまでの試掘は金による支払いで年五〇〇〇ポンド、サウジアラビアへの貸付は五万ポンド（貸付金の返済は原油の収益から返済される）、さらに原油発見後、ロイヤルティとして、生産された原油ショートトン当た

＊　二重スパイとして、ソ連に原子力関連の情報を流した悪名高きキム・フィルビーは彼の息子に当たる。

り四シリングを金で支払うことを求めていた。アメリカ政府の歴史資料によると、以上の見返りに「Ｓｏｃａｌは、サウジアラビアの東部のほぼ全域に及ぶ試掘と原油の生産と輸出の独占的契約、ならびに同国の課税と義務からの免除を四〇年間にわたり獲得した。サウジアラビア政府によって認められた契約条項は寛大で、国王側が資金を必要としている事情、原油生産に対する低評価、また交渉における弱い立場を反映していた[12]」

Ｓｏｃａｌがアメリカの金で支払おうとしたそのとき、送金計画に待ったがかかる。一九三三年三月にアメリカ合衆国大統領に就任したフランクリン・ルーズヴェルトは、第一弾の施策として金本位制からの脱却を目指し、金貨や地金と交換できる兌換証券の回収を図っていたのだ。財務省に対しては、金一七万三二七ドル五〇セント分（Ｓｏｃａｌに課された第一回の支払い分で、三万五〇〇〇ポンドに相当）の輸出許可を求める申請がすでに出されていたものの、その結果は、ディーン・アチソンという名前の若き財務次官から却下を知らせる書面が届いただけだった[13]。このときＳｏｃａｌは、ロンドンを介して契約条項を果たした。自社の銀行経由で、イギリスの王立造幣局から三万五〇〇〇ポンド相当のソブリン金貨を引き出したのだ。イスラム教ワッハーブ派の女性蔑視は、当時からすでに知られていたので、王立造幣局は、ヴィクトリア女王の金貨を避け、男性の国王の顔が刻印された金貨だけを提供することにも応じていた[14]。

ようやく頭金が到着した。サウジアラビアとＳｏｃａｌのあいだで調印が正式に交わされたのは一九三三年七月十四日のことだが、ソブリン金貨が入った四つの木箱が、ロンドンからジッダへと送り出されたのは八月四日だった。ジッダはサウジアラビアの西部、紅海に面した猥雑な港町で、メッカの西約四〇マイル（六四キロ）に位置する。契約はこの港町で締結された[15]。ウォレス・ステグナーの著作によると、八月二十五日、Ｓｏｃａｌの現地代表はサンフランシスコにある本社に電信を打ち、「シャイフ・アブドゥラ・スレイマン（国王側の交渉責任者でやり手で知られた人物）の立ち会いのもと、オランダ銀行ジッダ支店のテーブルで金貨を数え上げたうえ、交渉責任者から領収書を受領した[16]」と報告した。

繰り返される試掘

Ｓｏｃａｌにすれば、あとは石油を見つけるばかりだった。サウジアラビアが世界有数の産油国であるのはいまでは周知の事実だ。だが、一九三〇年代、バーレーンの油井はともかく、Ｓｏｃａｌが石油を探し始めていた当時、事情はまったく違った。イギリスは、イラク石油会社（ＩＰＣ）を通じて事業を行っていた。一九三六年、サウジアラビアの西側、紅海に面するヒジャーズ地方の採掘をめぐり、イギリスはイブン・サウードとの交渉によって、対サウジの後れを取り戻そうと躍起になっていた。「条件は三年前にＳｏｃａｌと交わした契約より、はるかに高いものについたが、最大の難点は、利権を得た地域でＩＰＣが石油を発見できなかった点に尽きた[17]」とダニエル・ヤーギンは書いている。

Ｓｏｃａｌはサウジアラビアの試掘作業を、子会社のカリフォルニア・アラビアン・スタンダード・オイル・カンパニー（通称Ｃａｓｏｃ《カソック》＊）に委託した。Ｃａｓｏｃはただちに開発事業に着手した。

＊　一九四四年、Ｃａｓｏｃは社名をアラビアン・アメリカン・オイル・カンパニー（アラムコ）に変更した。

利権がカバーする地域は、ざっと見渡しただけでも三二万平方マイル（八三万平方キロ）にも及ぶ。[18]

「ヘンリー・フォードは自動車の部品が存在しない世界で車を作っていた」ように、Ｃａｓｏｃも掘削装置の予備部品どころか、単純な道具の備えさえない国で石油の探鉱を進めなくてはならなかった。通信手段も限られた。「国王は『コーラン』の一節を電話越しに読み上げ、電話を信じようとしないワッハーブ派の信者を説き伏せた」とステグナーは書いている。「だが、その電話線もヒジャーズ地方の町までしか通じていない」[19]ので無線機が使われた。詳細な地図にも事欠き、あるのはイギリスの戦争省が作成した、アラビア半島全体を描いた大縮尺の海図だけだった。

あれこれ不利な条件があったにもかかわらず、一九三三年九月の終わり、Ｃａｓｏｃの第一次調査チームは、一九三〇年に地質学者フレッド・デーヴィスがバーレーンから見ていた石灰岩の丘に位置するジャバールの調査に着手した。見込みがありそうだという判断をくだすと、ここを「ダンマンドーム」と命名、海岸から四〇マイル（六四キロ）のこの地に、サウジアラビアで初の試掘のキャンプを設置した。[20]

商業ベースに足るだけの油量をサウジアラビアで発見しようというＣａｓｏｃの活動は、英雄的な物語でもあったが、またきわめて現実的な色合いを帯びた試みでもあった。英雄的な物語——ウォレス・ステグナーの作品はそれを記すために請われて書かれたもので、広報活動を目的に一九五五年に委託、ステグナー本人が存命中、たった一度だけ海外（ベイルート）で刊行された——では、開発に携わるアラブ人とアメリカ人がともに助け合っている姿が同等に描かれ、国王は友好的な介添え役である。一方、リアルな物語は、Ｃａｓｏｃの内部資料、当時の関係者のありのままの回想に基づく、比較的最近の学術研究によるものだ。こちらの物語では、アメリカ側に人種差別がはびこっていた事実が明るみに出されている。アメリカ人とアラブ人の居住区は分離され、両者の賃金格差は大きく、しかも中東の労働者は「苦力《クーリー》」「ボーイ」〔黒人に対する蔑称〕と嘲られていた。国王は魅力的な人物ではあったが強欲でもあり、金銭や褒賞を絶えず無心していたという。[21]

そして、双方の現実が天然資源をめぐる冒険と発見の事業としてひとつになり、アラジンの魔法のランプにも似た壮大なスケールの物語として繰り広げられた。偉大なるこの地球があたかも傷つけられたかのように、石油は地中から勢いよく噴き上がった。

Ｃａｓｏｃの技師がダンマンドームの詳細な調査を終えたのは、一九三四年六月初旬だった。サンフランシスコのＳｏｃａｌの取締役会にプロジェクトを戻す前の十一月、掘削班が現地入りを始める。「会社がダンマンドームの掘削を計画しているという知らせは、〔サウジアラビア〕政府にとってこれ以上ない吉報だった」とステグナーは記している。「〔略〕世界はいまだ恐慌から這い出せず、ハッジ〔聖地メッカへの巡礼を終えた者への尊称〕の姿はさらにまばらになった。履行期限に先立って、Ｓｏｃａｌから二度目の貸付を受けていたにもかかわらず、サウジアラビア政府は喉から手が出るほど金を欲していた。入金を切望するあまり、国王をはじめ当局の者みなすべてが、そこには石油はないかもしれないというアメリカの警告を棚上げにしていた[22]」

一九三五年二月、ダンマンの第一号試掘井のやぐらの基部が作られた。ダイナマイトがなかったので、岩の表面を薪で熱し、水を注いで打ち割るという古い方法がとられた。四月にはやぐらが所定の場所に設置された。四月末には試掘が始まり、口径二二・五インチ〔五七センチ〕の穴が掘り下げられていった。岩盤に達したら、本当の試掘はそこから始まる。[23]

一九三五年五月の第一週の週末、灰色をした硬い石灰岩を貫いて試掘井は地下二二六〇フィート〔七九メートル）に達した。その後、五月十四日には三一二フィート（九五メートル）の地点で水、三八三フィート（一一七メートル）ではわずかだがタール。四九六フィート（一五一メートル）、依然、灰色の石灰岩。七月十五日、深さ一四三三フィート（四三七メートル）でも石灰岩が続いた。八月二十五日付のサンフランシスコ本社への電報には、「一七七四フィート（五四一メール）の地点で原油と天然ガスの兆候がうかがえる。決定的ではないが、見通しへの好材料」とある。

九月十八日、一九七七フィート（六〇三メートル）で軽質原油が湧出、その量は日に六五三七バレル（一〇〇万リットル）。どうやら掘り当てたらしいが、カリフォルニアの本社は用心するようにと釘を刺してきた。「結論をくだす前に、油量を示す数字は検討する必要がありそうだ」。的を射た助言だった。九月二十三日、湧出量は日に約一〇〇バレル（一万六〇〇〇リットル）で落ち着いたと掘削班は報告している。「この規模ならペンシルベニアの油井だろう。海外のここでは、その量では許されない」と、ステグナーは素っ気なく記している。

十一月二十七日、地下二二七一フィート（六九二メートル）で天然ガスの激しい噴出があったが、原油はわずかしか認められなかった。この時点で井戸を泥で塗り固めて封印した。一か月後の一九三六年一月四日、第一号試掘井はコンクリートで栓をされると、ダンマン第二号試掘井の掘削が始まった。(24)

バーレーンでは、さらに深い二八三二フィート（八六三メートル）の地層で原油が見つかっていた。掘削班は、バーレーンの地層と並行する地層を探し、第二号試掘井はさらに深く掘ることにした。ステグナーの本には、一九三六年五月十一日、二一七五フィート（六六三メートル）の地点で、「かつてないほど明るい兆しを感じることができた」とある。様子見をして五日間が過ぎた六月二十日、この時点で日産三三三五バレル（五万三〇〇〇リットル）の原油が湧出した。井戸を酸化させることにした。

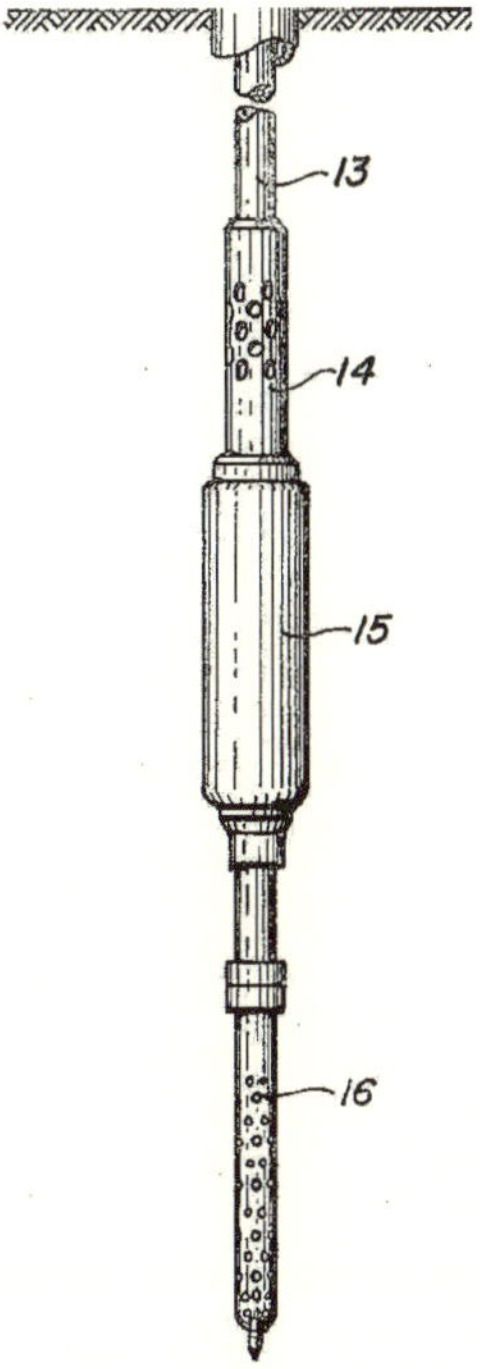

16-3　塩酸を油井に注入し、不浸透性の岩盤に径路を開き、原油の流出量を向上させる。原理的には初期の水圧破砕法（フラッキング）だと言える。左図は1939年に特許を得た塩酸注入器（アシダイザー）の放出口を描いたもので、右図は酸性化された岩石の断面図。

低圧で塩酸を注入することで、石灰岩の細孔を溶かして井戸を広げるのだ。塩酸で溶かされた石灰岩で塩酸そのものが中和されるので、見かけほど物騒な方法ではない。

第二号試掘井ではこの方法が功を奏した。油量は日に三八四〇バレル（六一万リットル）に跳ね上がった。しかしその後、難題に直面する。七〇年前、ペンシルベニアのエドウィン・ドレークがはじめて掘った油井で直面した問題である。埋蔵分の石油を出しきってしまったのだ。この井戸も閉じるほかなかった。だが、彼らが願い、国王らが望みをつないだ願いはすでに裏づけられた。アラビア半島には石油がたしかに眠っていたのだ(25)。

三二〇〇万バレルの原油産出

それから二年、彼らは試掘をしては失望し、別の井戸を掘っては失望することを繰り返した。いずれの作業でも、試掘井は隊商のラクダのように大量の掘削用給水を飲み干し、日に六三万ガロン（二四〇万リットル）の水が注ぎ込まれ、ペルシア湾の海底泉から水を汲み上げるポンプは一日たりとも止まる日がなかった(26)。ダンマンの第三号試掘井は、水っぽい原油を日に一〇〇バレル（一万六〇〇〇リットル）以上産出することはなかった。アスファルトとして使おうにも水分が多すぎる。第四号試掘井は空井戸だった。結局、二三一八フィート（七〇七メートル）で掘削を中断した。第五号試掘井も空井戸で、二〇六七フィート（六三〇メートル）まで掘られた。すっかり勢いを削がれ、第六号試掘井は基部を掘ると、やぐらを建てるだけにとどまった(27)。

第七号試掘井ははじめての深層試掘井だったとステグナーは言う。「このころになると、どうなるかは誰もがうすうす予想がつくようになったが、今回はこれまでとは違う何かの手応えを全員が感じていた。そして、時間はどんどん過ぎていった」[28]。第七号油井に掘削装置が設置されると、一九三六年十二月七日に作業が始まった。翌年四月十日、先端のドリルビットが破損。四月十六日、ひとまわり大きなドリルビットを使って坑井を整え、七二六フィート（二二一メートル）まで掘り進めたが、背斜構造の岩盤が崩壊、大きな岩が坑井をふさぐ。「セメント二〇〇袋で坑内を密封した」とＳｏｃａｌの地質学者フレッド・デーヴィスはサンフランシスコに電信したが、本社を安堵させるため、「セメントプラグの上部は地下七〇四フィート（二一五メートル）の位置」と知らせている。セメントが固まり、崩落箇所が封印されると、その部分から掘削を再開、坑井内の障害物を掘り抜いていった。「一九三七年五月、坑井はひどい状態にあり、作業の遅れは避けられないと、ダンマンにかかわる者は誰もが認めていた」とステグナーは書いている。七月、二四〇〇フィート（七三一メートル）まで掘り下げた地点で原油が湧出、だがその後はふたたび遅滞が続く。三三三〇フィート（一〇一五メートル）に到達したのは十月六日である。十一日と十三日、わずかだがさらに掘り進めるとともに評価試験が実施されたが、報告書の結果は同じだった。「原油は認められず、層内には間隙水も認められない[29]」

そうしているうちに坑井が三六〇〇フィート（一〇九七メートル）に達した十月十六日、原油がその姿をはじめて現した。「薄いガス・カット泥水［循環泥水にガス層・油層から出たガスが混入したもの］に、約二ガロン（七・六リットル）の原油」が混じっていた。だが、たかだか二ガロンの原油にすぎず、技師たちは難題に直面する。この結果にサンフランシスコのＳｏｃａｌ取締役会は疑念を募らせ、油井を廃坑にし、湯水のように金を使うこの事業から撤退する準備を始めたのだ。サウジアラビアへの奉仕活動の事業のためにすでに数千万ドルの資金が投じられ、もしくは地面に掘った穴のなかに吸い込まれていった。

だが、よくできたメロドラマがそうであるように、まさにこのとき、ダンマン第七号試掘井が期待に応えた。一九三八年三月四日、取締役会が閉鎖を慎重に検討していたとき、深さ四七二五フィート（一四四〇メートル）に達した第七号試掘井から原油が湧き出したのだ。日産一五八五バレル（二五万リットル）の原油は、三日後、倍以上の三六九〇バレル（五九万リットル）に増え、さらに三月末には日産三八一〇バレル（六一万リットル）に達した。甘美とはほど遠い、硫化水素特有の不快な臭いを伴っていたが、脱硫処理すれば臭いはなんとかなる（今日、世界で生産されている硫黄の大半は、原油や天然ガスの副産物による）。

鉱区には貯蔵設備がなかったので、第七号試掘井と第一号試掘井をつないで原油をふたたび地下に戻した。四月二十七日、ダンマン第七号試掘井の産出量は日に一〇万バレル（一六〇〇万リットル）を超える。[30]この油井は廃坑になるまで何十年にもわたって原油を汲み上げ、ここだけで三二〇〇万バレル（五〇億リットル）の原油を産出することになる。[31]

第七号試掘井の原油が湧き出す地下一帯は、「アラブゾーン」と名づけられた。第二号試掘井と第一号試掘井をこのゾーンまで掘り下げてみると、そうした坑井からも商業ベースに足りる油量が産出されるようになった。次いでＣａｓｏｃは、ダンマンからペルシア湾の港町ラスタンヌーラまでパイプラインを敷設した。Ｓｏｃａｌはサウジアラビアとの交渉を重ね、四二万五〇〇〇平方マイル（一一〇万平方キロメートル）に及ぶ土地の利権を取得、その面積はイギリス、フランス、ドイツの三か国の合計に匹敵するほどの規模だったが、前回よりもはるかに巨額の支払いとロイヤルティの一括契約の末に結ばれたものだった。[32]

一九三九年五月一日、国王イブン・サウードはお付きの者を従えて、ラスタンヌーラの港を訪問した。お供の数は約二〇〇〇名、当局関係者や廷臣たちで、およそ四〇〇台の自動車に乗り、盛大な砂ぼこりを巻き上げて到着した。Ｓｏｃａｌのタンカー「スコフィールド」が原油の積載を待つなか、一行は祝典のためにタンカーに乗船した。いまや王朝は原油の上に浮かんでいる。国王は港湾に設置されたパイプラインのバルブをひねり、サウジアラビア初の原油をタンカーに注ぎ入れた。(33)

溶接技術が可能にしたもの

液体燃料の歴史とは、パイプラインの歴史でもある。ピッツバーグにきれいな燃料を供給しようと、ジョージ・ウェスティングハウスが天然ガス田にパイプラインを設置した。ガス田が涸渇してその試みは一〇年足らずで駄目になったとはいえ、この町の石炭の年間消費量を二〇〇万トンも減少させた。今日から見れば、ピッツバーグの町がふたたび石炭を燃やし始めたのは奇異なようにも思える。だが、一八九〇年代当時、さらに遠くのガス田からガスを輸送できる長距離パイプラインを敷設する技術は、まだ存在していなかったのだ。

パイプラインによる供給は、せいぜいのところ生産地あるいは限られた地域にとどまっていた。重ね合わせてパイプをつないだり、継ぎ目をリベットで接合したり、隙間に詰物をしても、ガスはどうしても漏出した。その問題を克服し、長距離輸送のパイプライン建造を可能にした技術こそ、放電現象を利用したアーク溶接にほかならなかった。

イギリスの化学者ハンフリー・デーヴィーが、王立研究所ではじめて電弧《アーク》の放電実験を行ったのは一八〇二年のことだった。実験には地下室いっぱいに並べた電池が必要だった。もっとも、デーヴィーが行ったのは新しい照明源の実験としてであり、溶接が目的ではなかった。当時、溶接はいまだ鍛治屋の領分で、火炉で熱した金属片を鎚《つち》で打って接合していた。電気アークの場合、溶接には華氏六五〇〇度（摂氏三六〇〇度）以上の温度が必要とされるが、電池には産業用の電気溶接を賄える出力がなく、実際に使用されるようになるには、発電機の開発を待たなければならなかった。

一八七〇年代後半、ロシアの発明家ニコライ・ベルナルドは、電流を用いて鋼板の端を加熱する方法を研究していた。鍛冶屋が高温の炭火で鉄を加熱したのち、激しく鎚打って鋼板を接合させる要領だ。加熱時間が長くなると、鋼板の端と端が溶けて接合するのは珍しいことではなかった。鋼板が溶け合うことで、鍛造よりも頑丈で、一枚板のような接合が可能になることにベルナルドは気づいた。

一八八一年、ベルナルドは、パリの国際電気博覧会でこの技術を実演した。このときの博覧会では他の出展者に交じって、トーマス・エジソンやハイラム・マキシムが自社の電灯をお披露目している。共同経営者を得たのもこの博覧会でだった。スタニスラウス・オルシェフスキーという富裕なポーランド人で、ベルナルドの研究を援助し、一八八五年に溶接に関するロシアの特許をともに取得すると、一八八七年にはアメリカでの共同特許者となった(34)。

ベルナルドとオルシェフスキーのアーク溶接法では、炭素の棒がついた手持ちの溶接機が使われていた。炭素棒には電線がつながれており、炭素棒の先端に電流を送る。溶接される母材につながった導線を通じて、電流は電源に戻っていく。作業者が炭素棒の先端を母材に接触させると、高温で伝導性のプラズマが発生して通電するのだ。二枚の鋼板が接触する線に沿って炭素棒を移動させていくことで、鋼板を溶接することができた。

金属を溶かして接合するアーク溶接法、しかし、炭素棒を使った世界初のこの溶接には限界があった。接合する部分の金属を増やしたい場合、放電中に別の金属棒を接材として追加しなくてはならず、

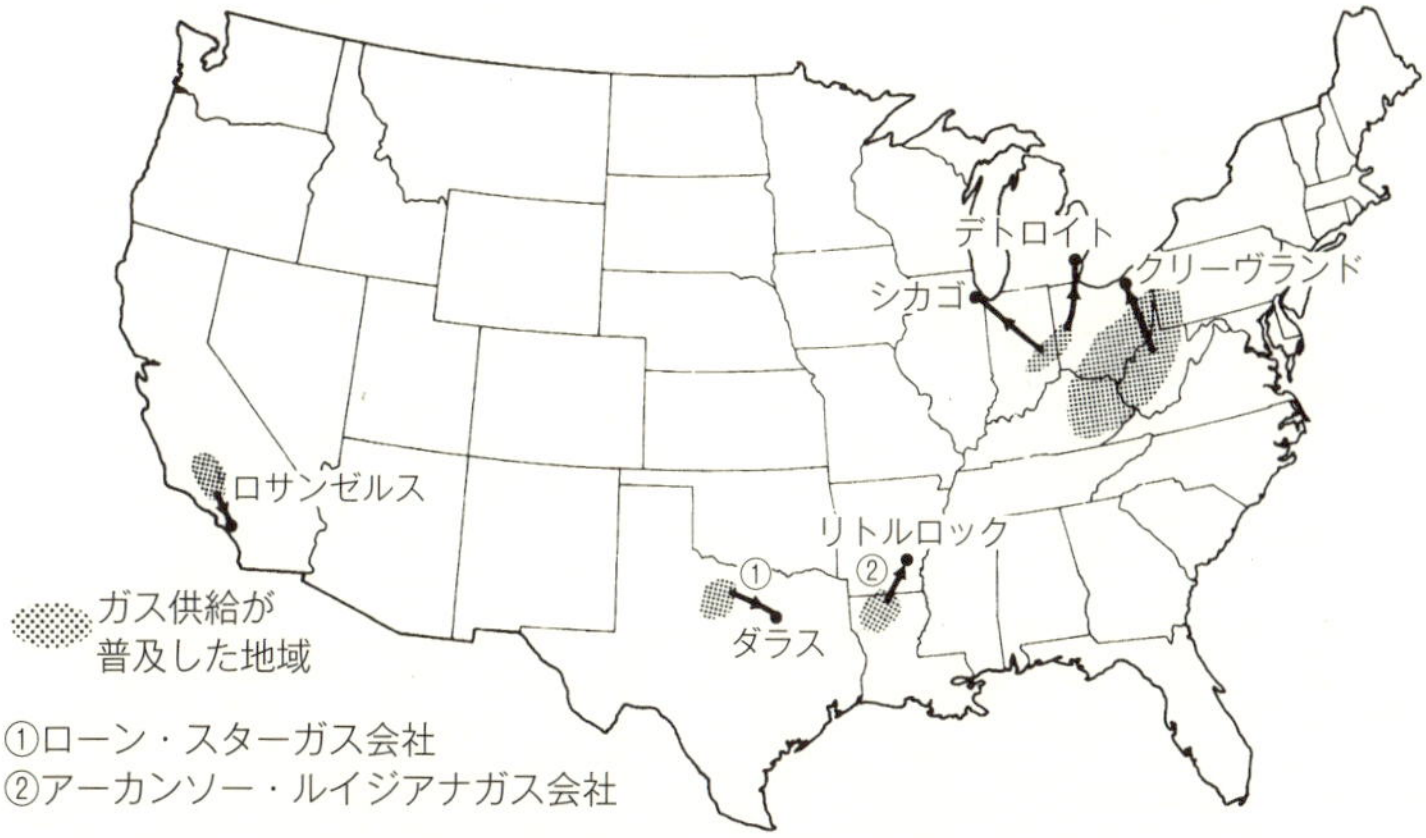

16-4　1925年以前のごく限られた地域へのガス供給。

二人がかりの作業となっていた。一八八八年、あるロシア人発明家が、炭素棒ではなく、金属棒を使ってこの工程に伴う手間を省いた。この改良によって、溶接棒そのものを高温のなかにかざし、母材の接合線に沿って溶接棒を動かすだけでよくなった。短くなった溶接棒は装置から取りはずし、新しい金属棒に取り替えれば作業を続けることができた。

二十世紀初頭、溶接法の改良がさらに続けられていた。金属製の溶接棒の場合、大気中の気体に反応して、溶接部分を劣化させたり、腐食させたりする化合物が生成されてしまい、たとえば船のボイラーなどでは、修理してもふたたび蒸気の漏出を引き起こしていた。この問題を解決しようと、金属棒の先端に揮発性の被覆剤を塗布、不活性ガスによって局所的な遮断を設け、空気と触れないようにする工夫を考案した発明家もいた。

不活性ガスのおかげで溶接痕の盛り上がりやスパッタ［溶接時に飛散した金属が固まったもの］の付

着が減ったので、頭上の作業でも、溶けた金属が溶接機からしたたり落ちてくることなく作業ができるようになった。こうした改良で、たとえば船のボイラーのような機械でも、分解したり運び出したりすることなく、設置場所で修理ができるようになり、その結果、作業時間が格段に短縮された。

第一次世界大戦と溶接技術

第一次世界大戦前、アメリカの造船市場は消滅寸前まで停滞していた。「アメリカの造船業者の国際競争力は慢性的な不全症に陥っていた[35]」と評する研究者がいる。一九一〇年から一九一四年、製造されていたのは、一般の客船ではなく、もっぱら列車の車両や土運船《どうんせん》ばかりだった[36]。鋼船はまだリベット打ちで、溶接による接合ではない。唯一の例外として知られたのが、砕氷船兼作業船として五大湖で航行していた全長四〇フィート（一二メートル）の「ドロテア・M・ガーリー」で、オハイオ州アシュタビューラで建造され、一九一五年、エリー湖に進水した[37]。

第一次世界大戦とともに、こうした状況に変化が訪れた。第二十八代大統領ウッドロウ・ウィルソンは、アメリカ合衆国の中立宣言を一九一四年八月四日に出したものの、戦争が拡大して激化するにつれ、中立性はむしばまれていった。一九一五年五月、イギリス船籍の客船「ルシタニア」がドイツ海軍の攻撃によって撃沈、死亡した乗客一九一五名のうち、一〇〇名以上がアメリカ人だった。無制限潜水艦作戦という方針にドイツが転じた結果だった。さらに一九一七年一月にはメキシコ政府に送られたドイツの通信が傍受された。電文はアメリカが参戦した場合、ドイツはメキシコと軍事同盟を結ぶという提案だった。一九一七年四月、こうしてアメリカは連合国側に参加、ドイツと戦うことになった。

FIG. 1. (図1)

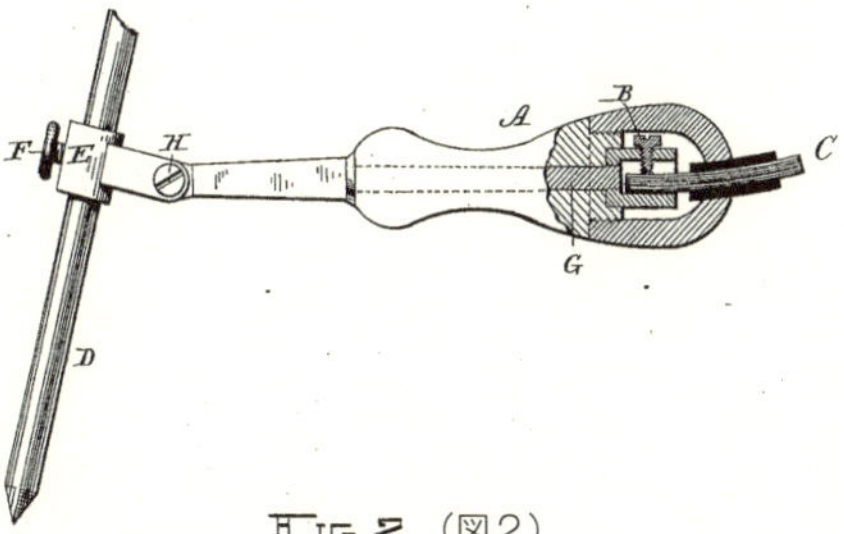

FIG. 2. (図2)

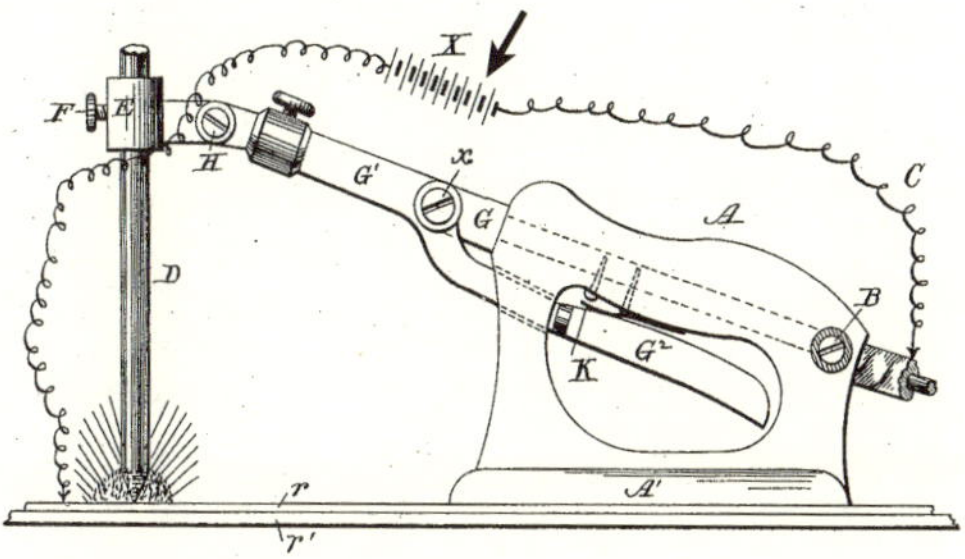

16-5　1887年、アメリカで特許を取ったベルナルドとオルシェフスキーのアーク溶接法。図2で矢印が示すバッテリー記号は電力源を示す。図2は溶接機を立たせた状態。

四月六日の宣戦布告と同時に、アメリカは国内に碇泊していたドイツとオーストリアの船舶を抑留、ニューヨーク港だけでも二七隻のドイツ船籍の船舶が抑留された[38]。「その日の午後、連邦保安局は、新たな交戦国であるアメリカ合衆国の名のもとに、ニュージャージー州ホーボーケンの埠頭に立つ北ドイツ・ロイド汽船とハンブルク・アメリカ・ラインの大洞窟のような倉庫に踏み込んで、手当たりしだいに押収した」と歴史家のウィリアム・ローウェル・パトナムは書いている。少数の乗組員は管理要員として客船にとどまることが許可されたが、この判断は高い代償を伴う失態を招くことになった。ドイツの管理要員はこの扱いに破壊工作で報いたのだ。「鋳鉄製の部分はひとつ残らず破壊[39]」されていたことに、船舶を検査した海軍士官は気づいた。

アメリカの造船業者は、電気溶接機を使ってドイツ人が破壊した数多くの船舶を修理した。破壊は広範囲に及んでいたにもかかわらず、わずか四か月で修理を終えている[40]。一九一八年三月、船舶を検査した先の海軍士官の報告では、「船舶はすでに三回から四回の航海を行ったが、まったく問題はなかった[41]」。それから八か月のうちに、一〇〇隻を超える船舶の修理が造船業者によって行われた。ヨーロッパに向け、時を逸せず軍需物資、補給品、五〇万人に及ぶアメリカ軍の部隊を送り込むためである[42]。

戦争のために海軍の増強が図られ、こうした技術展開は、次に溶接による造船の可能性の調査へと向かった。「とにかく船、さらに一隻でも多くの船、というのが時代の声である。戦争に勝利するには、一隻でも多くの艦艇が不可欠だ[43]」と、この年の二月、海軍長官のジョセファス・ダニエルズは宣言した。イギリスでは開戦以来、ガス溶接（酸素アセチレンガス溶接）に欠かせない酸素とカーバイドの急激な需要に直面していた。電気溶接の代用として始まったものだったが、地雷や爆弾の製造、小型

16-6　電気溶接によってアメリカの造船業は大量生産が可能になった。

艦艇、さらに将官艇の建造など、ほとんどの場合で電気溶接にまさっていた[44]。アメリカ船舶連盟はイギリスの海軍本部に対し、この溶接法に詳しい技術将校の派遣を要請し、合衆国の造船現場の調査を依頼した。

一九一八年二月中旬、イギリス海軍のジェームズ・コールドウェル大佐がアメリカに到着、それから三か月かけて、大佐が「溶接調査」と呼んだ視察のために東海岸の造船所や工場を訪問した[45]。三月九日には視察の一環として、ブルックリン海軍工廠でドイツの旅客船「プリンツェス・イレーネ」を訪れている。この船はすでにアメリカの軍隊をヨーロッパに輸送し、コールドウェルは機関長から、「電気溶接で機関の修理をして以来、故障らしい故障は起きていない[46]」と教えられた。

溶接の設備と材料の費用はリベット打ちと同じなので、実質的に人件費の低下が図れるとコールドウェルは太鼓判を押した。「現在、リベット作業班（四〜五名で構成）とコーキング作業員一名で行われている作業が、溶接作業員一名でできるようになる[47]」と試算した。また、母材と母材を重ね合わせて接合するリベットとは異なり、母材の端と端を合わせて溶接できるので、船舶の軽量化も図れる。アメリカン・マリン・エンジニア誌は、コールドウェルの報告書を「男性だけでなく、溶接は女性でもできる」とまじめくさった様子で論評した。おそらく、こうした発言は西部戦線におけるイギリス兵の凄まじい人的損出を反映したものなのだろう。記事には「片腕を失った者でも溶接はできる(48)」と書かれていた。

軍需物資と軍隊をヨーロッパに送り込むため、アメリカ海軍は一一〇隻の輸送船と一二隻の兵員輸送船の建造を命じた。いずれの艦艇も終戦前までには完成しなかったが、リベット打ちを補う電気溶接で大量生産が可能になり、この造艦計画を通じてアメリカの造船技術は発展を遂げていった。

広がるパイプラインと天然ガス

だが、第一次世界大戦の終結とともに造船業は停滞に陥る。大恐慌の影響がはやばやと造船業界を見舞っていた。しかし、その間も溶接技術が発展を遂げられていたのは、パイプラインの製造に新たな活路を見出していたからである。一九二五年、テキサス州のマグノリア・ペトロリウム・カンパニー・オブ・ガルベストン社は、ボルト連結のためガス漏れする総延長二〇〇マイル(三二一キロ)の天然ガスのパイプラインを、アセチレンによる重ね溶接で敷設しなおした。他社もマグノリアに続いてパイプラインの再建を進め、さらに五年に及ぶ開発を重ねた結果、電気溶接がアセチレン溶接に取って代わった。はめ込み式の接合は排除され、鋼管の使用量が削減されるとともに、溶接時間は半分にまで短縮された。

炭素以外の合金元素を混ぜた合金鋼の改良も、パイプラインの改善を図るうえで重要な役割を果たし、同様に溝掘削装置やガス圧縮機の改善も大きな意味を持っていた。一九三一年、パイプラインの建設作業員は、テキサス州の回廊地帯《パンハンドル》からシカゴに至る、初の一〇〇〇マイル（一六〇〇キロ）級の天然ガス・パイプラインの敷設を進めていた。(49)

都市ガスに比べ、天然ガスは多くの強みを持っていた。エネルギー含有量は二倍で、燃えても空気は汚れない。また、製造されたガスではなく、地下から掘り出したものなので原価もはるかに低い。一九三〇年の時点で、都市ガスに比べ、一〇〇万Ｂｔｕｓ*当たりおよそ三分の一の価格で、供給する側に大きな利益をもたらすなどの利点があった。

問題は、ガス田から消費地への輸送にパイプの敷設費用が伴い（通常、消費者は都市の居住者）、ガス田の埋蔵量がおぼつかない点だ。この欠点のためにピッツバーグは天然ガスを放棄し、ふたたび石炭を使い始める。(50)また、熱量が高いので、それに合わせて何万という家庭用の使用装置を調整するには、顧客サービス部門の育成に巨額の投資が必要だった。ガス会社は投資分のいくばくかを取り戻すため、サービス部門の社員に対し、主婦向けに追加の装置の購入を促すよう訓練していた。

一九二〇年代から三〇年代にかけ、ガス会社はたがいに手を結んで試掘を行っていたのでガスの供給網は複雑になったが、パイプラインの建造技術は天然ガスの需要とともに向上していった。また、埋蔵量評価によって、徐々にだが開発戦略は改善されていき、試掘の範囲を生産井の周辺から円状にただ拡大していく方法から、ガス田の境界を発見したり、あるいは地質学モデルに基づいてガスの埋蔵量を試算したりする方法へと変わっていった。

＊　Ｂｔｕｓは英熱量（British thermal unit）のこと。一ポンド（四五三・五九二グラム）の水の温度を華氏で一度上昇させるために必要な熱量を意味する。

大規模なガス田の発見も続いた。一九一八年、ノース・テキサスのパンハンドル・ガス田、一九二二年には、カンザス、オクラホマ、テキサスの三州が接する周辺地域でヒューゴトン・ガス田が見つかったことで、天然ガスはすぐに涸渇するという当初の懸念は一掃された。パンハンドルとヒューゴトンの両ガス田だけで約一一七兆立方フィート（三三〇〇億立方メートル）の天然ガスが埋蔵されていた。この量は、二十世紀を通じてアメリカで発見された天然ガスの総計の約一六パーセントに相当する。[51]

サンディエゴ、ロサンゼルス、サンフランシスコから、フェニックス、デンヴァー、オマハ、そしてデトロイト、メンフィス、アトランタ、さらにリッチモンド、ピッツバーグ、バッファローと東に向かい、一九二七年から三六年にかけて、この国の二九の主要都市が天然ガスの使用に切り替わった。財政上の関心が都市ガスに向けられていたシカゴでは、混合ガスに移行している。天然ガスと混ぜたことで、都市ガスの熱含有量は上昇した。一九四〇年の時点でアメリカ国内に敷設されたパイプラインは、完備とはほど遠いものであったにせよ、中西部を経由してテキサスやルイジアナから東はペンシルベニアへと網の目を広げていった。

Uボートによる油槽船団襲撃

供給網が拡大を続けていたが、膨大な量のガスが無駄になっていた。原油に混じって噴出する湿性ガスは、通常、大気中に放出されるか、意味もなく燃やされていたのだ。油井が涸れてしまっても、ガスはそのままという場合がほとんどで、放出が数年に及ぶことも珍しくはない。連邦取引委員会の一九三五年報告書は、一九一九年から三〇年にかけ、消費量を二〇パーセント上回る天然ガス――消費量三兆五二〇〇億立方フィート（一〇〇〇億立方メートル）に対し、四兆三七五〇億立方フィート（一

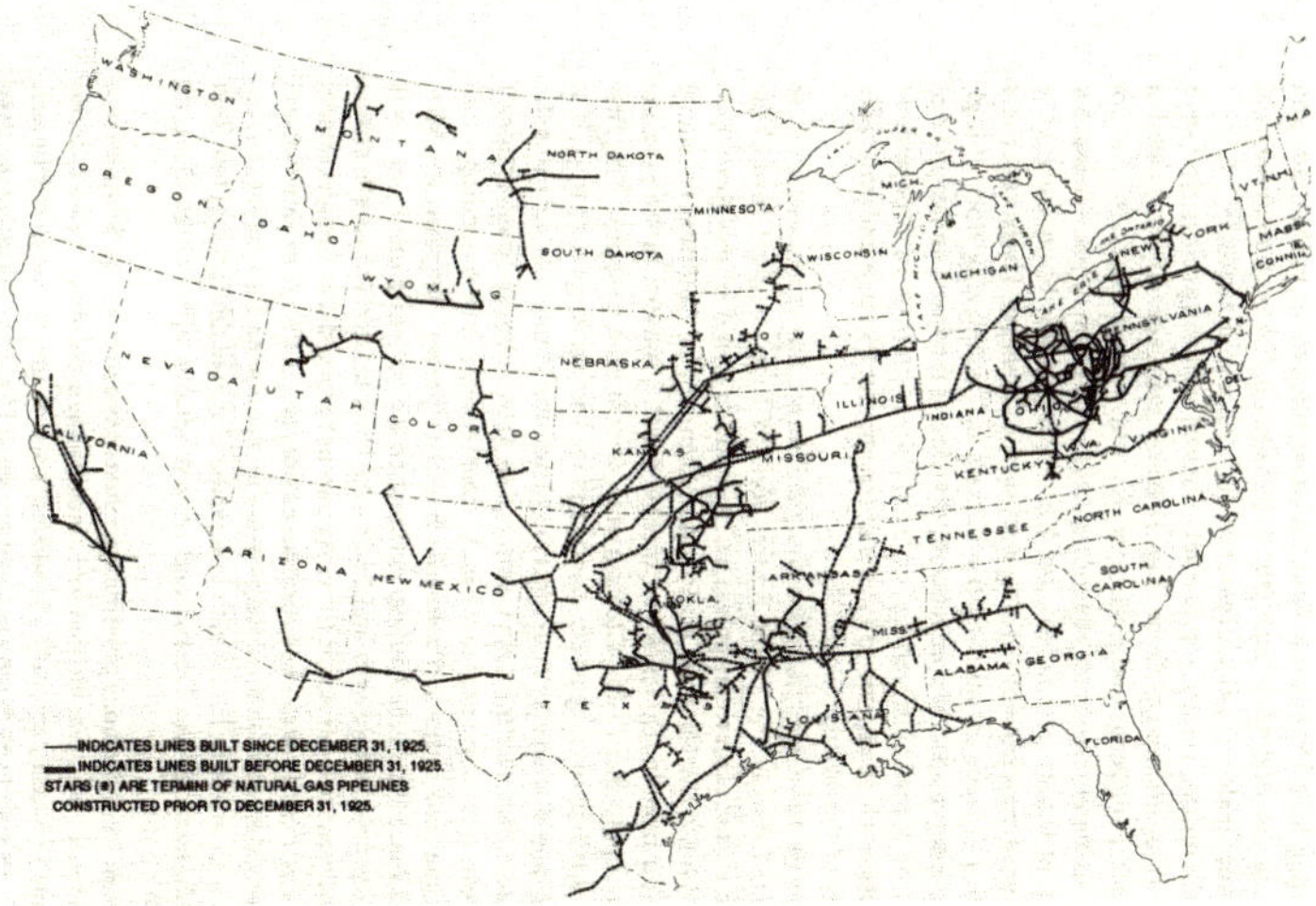

16-7　1940年、テキサスとルイジアナのガス田に設置されたパイプラインは、中西部を縦断するようにして東へ向かい、オハイオ州とペンシルベニア州とともに南東部地域にも延びていった。

二四〇億立方メートル）のガス――がアメリカ全体で無駄に放出されたと議会に報告している(52)。

天然ガスが無駄に放出された最大の理由は、パイプラインがないためにガスを市場に供給できなかったからだが、歴史家のクリストファー・カスタネダは、「テキサスの石油業者のせいだ」と断言する。「彼らの関心は〝黒い黄金〟に限られ、途方もない量の〝不用なガス〟は大気中に放出され続けた(53)」。当時、地球温暖化の問題は一般には意識さえされていなかった。

だが、温室効果ガスとしての天然ガス――メタンガス――の影響は、二酸化炭素をはるかに上回っておよそ三〇倍にも達する。二十世紀の数十年間、アメリカをはじめ世界中でどれほど莫大な量の天然ガスが意味もなく放出され続け、地球温暖化を推し進めたのか、その積算を試みた者はまだ誰もいない。その影響は決して皆無ではないはずだ。

一九三〇年代になっても、ニューイングランドを中心とするアメリカ北東部には天然ガスは供給されておらず、都市ガスや石炭が主に使われ続けた。十九世紀のニューイングランドはこれという資源に恵まれておらず、花崗岩と氷の販売で経済を支えていたのはよく知られている。地盤が花崗岩のような火成岩の場合、石油や天然ガスは生成されない。

ペンシルベニア州とニューヨーク州の天然ガスの埋蔵量が明らかになったのは二〇〇一年のことで、全米の埋蔵量一八三兆四六〇〇億立方フィート（五兆二〇〇〇億立方メートル）のうち、両州の埋蔵量は併せても二兆九三〇億立方フィート（六〇〇億立方メートル）にすぎず、国内ランキングはそれぞれ十五位と二十二位だった。ニューイングランドのほかの州や中部大西洋岸の諸州（コネチカット州、マサチューセッツ州、ニューハンプシャー州、ニュージャージー州、ロードアイランド州、ヴァーモント州、デラウェア州、メリーランド州）の天然ガスの埋蔵量もごくわずかか、もしくは皆無だった。

第二次世界大戦中、アメリカはある難題に直面していた。そしてこの難題を通じ、図らずも北東部諸州にも天然ガスが供給されるようになる。第二次世界大戦は、一九三九年九月一日のドイツのポーランド侵攻に始まった。当時、アメリカは全世界の原油生産量の六〇パーセント以上を占め、一日当たり一〇〇万バレル（一億六〇〇〇万リットル）を超える余剰生産力を備えていた。(54) 大戦が終結するまで、この余剰分を使い、アメリカは連合国に燃料を提供することができた。一九三九年九月から日本が真珠湾を攻撃する一九四一年十二月七日（アメリカ時間）までの期間、アメリカは公式には中立を固持していたが、この国の油槽船団は連合国の戦力を支えていた。

原油を積んだ油槽船団は、メキシコ湾から出港すると、フロリダ半島でぐるりと転進して、そのまま大西洋沿岸を北上、東部の都市やイギリスやヨーロッパに向けて送る原油を供給した。日本と同盟関係にあったドイツは、一九四一年十二月十一日、アメリカに宣戦布告すると、海軍提督で潜水艦隊司令長官カール・デーニッツ麾下《きか》の少数精鋭の潜水艦部隊をアメリカに向かわせた。作戦に先立ち、デーニッツは一二隻のUボートを要求した。しかし、当時のヒトラーは北アフリカ戦線における軍事作戦のため地中海の支援を優先しており、結局、デーニッツに授けられたのは半分以下の五艦だった。デーニッツは精鋭の乗組員を選抜した。そして、一九四二年一月十一日から二月二十八日の六週間にかけて作戦を実行、合衆国東海岸に展開したUボートは、七四隻の油槽船に攻撃を行い、うち四六隻を沈没、一六隻以上の船舶に損害を与えたが[55]、ドイツ潜水艦部隊はかすり傷ひとつ負うことなく逃げおおせた。

デーニッツは、「わがUボートはアメリカ合衆国の沿岸すれすれで作戦を行っているので、海水浴客や、時には沿岸部の町の誰もが、戦争のドラマの目撃者となった。このドラマの筋書きは、燃えさかる油槽船が、紅蓮《ぐれん》の光輪に照らし出されて大団円を迎える[56]」と報告した。

参戦前の一九四一年春、メキシコ湾から東部海岸への原油輸送量は日に一四〇万バレル（二億二三〇〇万リットル）に達していたが、二年とたたないうちに日量はわずか一〇万バレル（一六〇〇万リットル）にまで激減した[57]。一九四二年三月の会議の席上、石油業界軍事作戦委員会は、海軍に対して油槽船の消耗率が高止まりのまま推移するなら、戦争遂行に必要な石油の供給は本年末で不可能になると意見していた[58]。

一か月後、東部沿岸の防衛を指揮するアメリカ海軍少将アドルファス・アンドリュースは、海軍長官に対し、「沿岸部における船舶の沈没、とりわけ油槽船の沈没は深刻な問題で、このまま続くのであれば、われわれの戦争遂行努力に抜き差しならない悲惨な結末をもたらす」と警告した。Uボートを制圧する艦艇の増強を要求するとともに、「近々のうちに、このような戦力の増強が実施できなければ、護衛艦が調達できるまでの期間、油槽船の運航そのものの停止を視野に入れることを進言する(59)」と自分の要求がいかに緊急を要するのか念を押した。

　全面的な輸送戦略をアメリカ海軍が継続するには、護衛駆逐艦の隻数がやはり十分ではなかった。少将は暫定的な対策として、沿岸護送態勢の策定を提案した。少将本人が〝バケツリレー《バケット・ブリゲイド》〟と呼んだこの編成は、ノースキャロライナのハッテラス岬のような危険な海域では油槽船を護衛、夜間は安全な投錨地で油槽船を囲んで敵の襲来に備える(60)。

　デーニッツは襲撃の頻度を高めてこの作戦に応じたが、バケツリレーは功を奏し、船舶の損失数は減っていった。デーニッツは作戦海域を変え、カリブ海に必殺の潜水艦を送り込んで油槽船の破壊を続けた。その後、対潜水艦用のフリゲートや駆逐艦、航空機搭載のレーダーが開発され、戦場に投入されるようになると、ドイツの潜水艦部隊の脅威もようやく鎮まった。

　しかし、そのあいだもアメリカでは、東海岸北部への原油の輸送法をめぐり、さらに確実で安全な方法が着々と進められていた。パイプラインである。しかも敷設されるのは、それまで世界で設置されたもののなかでも、最大の口径を持ち、最長のパイプラインとなるものだった。

　一八六三年、ペンシルベニア州オイルクリークで井戸元と鉄道間に敷かれた導管の直径は二〜三インチ（五〜七・五センチ）だった。以来、石油を運ぶ導管は口径と敷設距離の拡大を続けてきた。二十世紀初頭、導管の直径が八インチ（二〇センチ）で標準化されていたのは、これ以上大きくなると、継

16-8　踏切の周辺に置かれた24インチのビッグインチ。溶接後、タールが塗られ、保護紙にくるまれて国を横断する全長1254マイルの溝に敷設される。

ぎ目部分に亀裂が生じがちだったからである。八インチの導管の場合、一日当たりの輸送量は約二万バレル（三二〇万リットル）、だが一九三〇年になると、主要な製油所では日産一二万五〇〇〇バレル（二〇〇〇万リットル）の処理が可能になっていた。導管の容量不足に対し、当初取られた対策が〝ルーピング〟で、これは既存のパイプラインに沿って二本目のパイプラインを併設するというものである。[61]

一九三〇年代になると鉄鋼技術が向上し、製鉄業者は直径一二インチ（三〇センチ）を超える継目無《シームレス》鋼管の製造が可能になった。石油業界で「ビッグインチ」と呼ばれた鋼管である。しかし、大恐慌で石油の需要が冷え込むと、パイプラインの設置は低迷した。大恐慌の一〇年間、アメリカ国内で敷設されたパイプラインの総延長距離はわずか一万マイル（一万六〇〇〇キロ）にすぎなかった。[62]

一九四二年六月二十五日、ドイツの潜水艦部隊の脅威を阻むため、民間の石油企業一一社による合弁企業「戦時緊急パイプライン」が設立された。国営のパイプラインを建造し、イーストテキサスからアメリカ北東部の製油所まで原油を輸送するのが目的だった。翌二十六日からパイプラインの敷設作業が始まった。[63]使用されるビッグインチは口径二四インチ（六〇センチ）、総延長は一二五四マイル（二〇一八キロ）だった。五〇マイル（八〇キロ）ごとにポンプ基地が設置され、一日三三万五〇〇〇バレル（五三〇〇万リットル）の輸送能力があった。当時としては、最大、最長のパイプラインの建造である。

アメリカを横断するパイプライン

溶接に先立ち、作業員は導管内にクリーニング用のクッションを置き、そこに一人を寝かせてロープで引っ張った。管内の作業員が雑巾で内側の汚れを拭き取っていく。ジョージ王朝時代のイギリスで行われた煙突の煤払いによく似ている。煙突掃除では裸になり、羊毛製のだらりとした帽子を被って煤を払っていた。パイプの接合を終え、五〇マイル（八〇キロ）ごとに水を注入して導管の漏出検査を終えた一九四二年十二月三十一日、パイプラインの運転操作員はビッグインチの第一工区に原油を流し込んだ。

併設管の「リトル・ビッグインチ」は、直径二〇インチ（五〇センチ）の導管が主に使用されていた。併設管の建造計画は一九四二年、一回目の石油業界軍事作戦委員会の席上で、ビッグインチの建造計画とともに審議が諮られていた。リトル・ビッグインチが輸送するのは、ガソリン、灯油、ディーゼル燃料、暖房用燃料である。着工は一九四三年二月、ポンプ基地はビッグインチと共用する。

二本のパイプラインの建造史には、「作業員は深さ四フィート（一・二メートル）、幅三フィート（九〇センチ）の溝を掘り起こした」と書かれている。「導管は、アレゲーニーの山岳地帯を越え、沼沢地や森を突き抜け、三〇の河川と二〇〇の小川と湖の底を通り、街路や鉄道の敷設用地の地下をくぐり、家々の裏庭を通り抜けて敷設された。厳しい天候のもとで作業が進められた日も少なくない。掘り出された土砂は三一四万立方ヤード*（二四〇万立方メートル）を超えたが、かつて敷設されたどのパイプラインよりも、短日で全区間を完成させなくてはならない」。導管のためにミシシッピ川の川底を爆破して水底面に溝が掘られた。(64) 植物がはびこるニュージャージーの干潟は、上げ床にするために埋め立てなくてはならなかった。もっともこのときから一〇〇年以上昔のイギリスで、ジョージ・スティーブンソンがチャット・モスを横断するために作った浮き橋のような軌条は必要ではなかった。

ビッグインチの敷設工事が始まり、あと一五日でちょうど一年という一九四三年七月十九日、ペンシルベニア州フェニックスヴィルでは竣工の祝典が開催され、先駆的な事業となったパイプラインの最後の溶接が厳かに行われた。「すでに五日前、東部に向けて石油が送りされていた」と建造史には書かれている。「パイプラインは一日当たり一〇万バレル（一六〇〇万リットル）の原油を送り出し、一日四〇マイル（六四キロ）のペースで東部に向かって進んだ。東部地区の導管を満たすには二六〇万バレル（四億一〇〇〇万リットル）の原油が必要で、テキサスから東海岸までの導管を残らず満たすには

＊　体積量はギザの大ピラミッドの九〇パーセントに相当する。

総量五〇〇万バレル（七億九〇〇〇万リットル）の原油が必要だった[65]」

一九四四年一月二十六日、併設管リトル・ビッグインチにガソリンが流れ始めた。開業に先立って、導管に水を注入して水圧試験が行われた（異種の液体燃料を送るため、燃料ごとに管の口径よりもわずかに小さな硬質ゴム製のボールが入れてあり、このボールを仕切りにすることで、それぞれの液体燃料が混じらないようになっている[66]）。導管を流れるガソリンがニュージャージー州に届いたのは、三六日後の一九四四年三月二日だった。操業を開始した一年間で、合計一億八五〇〇万バレル（二九〇〇万キロリットル）の原油と石油製品が二本の導管を通過していった[67]。

天然ガスへの移行と炭鉱ストライキ

一九四五年八月、大日本帝国の敗北とともに第二次世界大戦が終結すると、何十億ドルもの価値がある軍装備品や産業設備が余剰軍需品と化した。ビッグインチとリトル・ビッグインチも輸送を停止し、操業待機の状態に置かれた。二本のパイプラインはどうすればいいのか、その問題をめぐって政府、石油産業、労働組合のあいだで激しい議論が続いた。

戦時中の一九四四年、シドニー・ステンスルートという人物がすでに格好のアイデアを思いついていた。ステンスルートはアイオワ州に生まれ、一九二七年にハーバード・ビジネススクールを卒業、スタンダードオイル・オブ・オハイオの社長補佐として働く同社の役員だった。妙案とは、二本のパイプラインを転用し、テキサスの天然ガス田から噴出するガスを北東部地域に輸送するというもので、活用されていない豊富な天然ガスを、天然ガスが不毛で、いまだ石炭由来の高価な都市ガスに頼っている北東部地区の住民の生活や産業に用立てようというものだった。

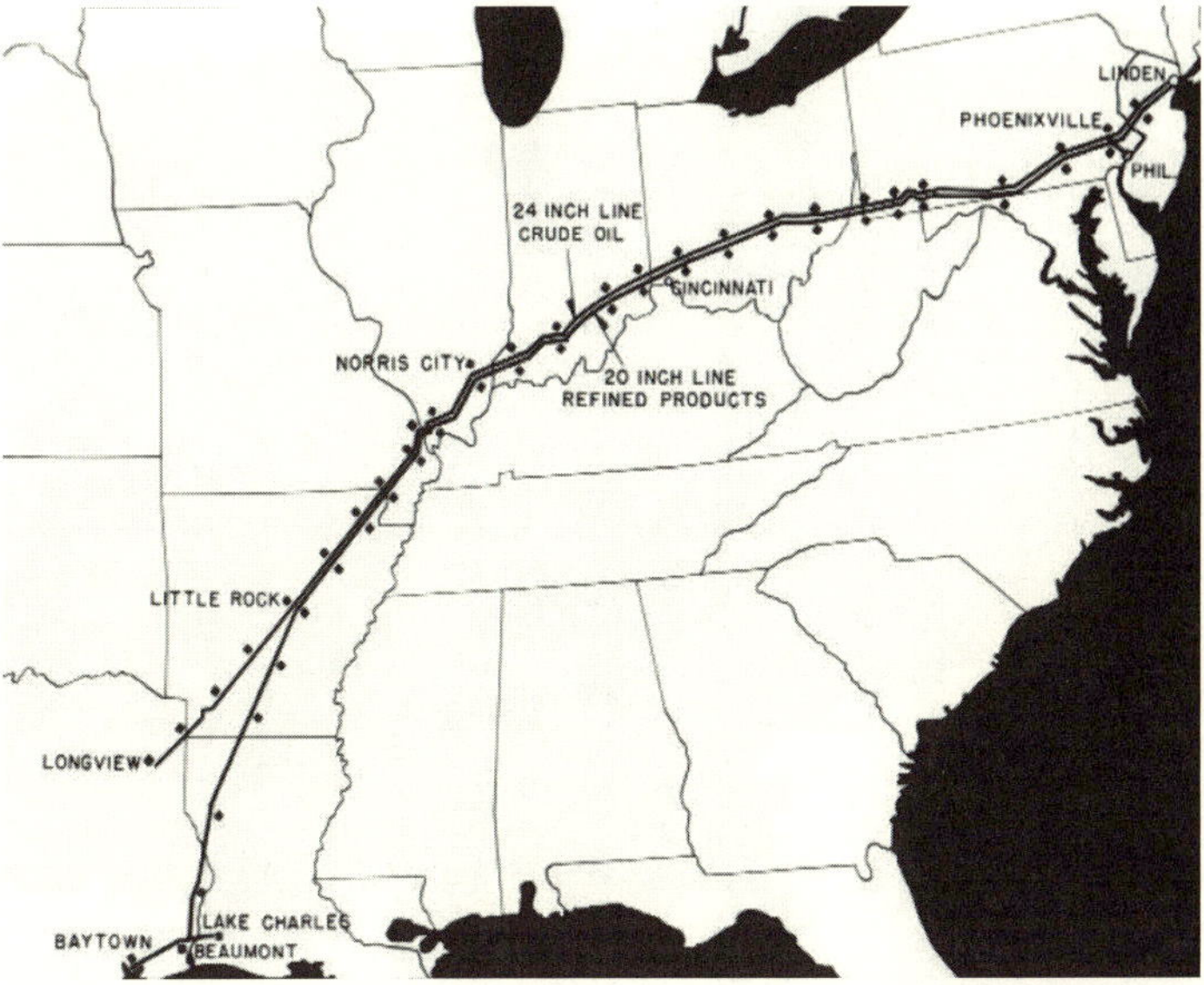

16-9　ビッグインチ（テキサス州ロングヴュー発）とリトル・ビッグインチ（テキサス州ボーモント発）から延びたパイプラインはアメリカを斜めに横断、その距離は1200マイル以上に及ぶ。第二次世界大戦後、パイプラインは天然ガスを産出しない北東部に向けてガスを供給した。径路に記された黒い点はポンプ基地を示している。

「一方で手つかずの巨大市場があり、さらにもう一方には（天然ガスの）巨大供給地が存在する。そのあいだを結ぶパイプラインがいずれ操業を停止するおそれがあることを踏まえれば、戦後の活用の可能性として、明らかに一考に値すると思われる」[68]と、戦時中、ニューヨークで開かれた石油技師の会合でステンスルートは述べていた。サービスを提供できる住民はおよそ一五〇〇万人、住民は調理やお湯を沸かすために都市ガスは使っても、暖房に使う者はほとんどいない。

「五〇万世帯が天然ガスに切り替える」とステンスルートはにらんでいた。復員兵が故郷に戻り、結婚して、家庭を持つようになれば、住宅供給は一挙に拡大していくはずだ。手ごろな価格で天然ガスが利用できるようになれば、新しい住宅の大半は天然ガスを設備するようになるだろう。同じように法人の顧客も天然ガスを好んだ。「店舗、事務所、パン屋、ホテル、レストランなど（略）、全体として非常に厚みのある市場ができていた」[69]。熱量にまさる天然ガスに慣れることで、都市ガスが最低価格でガスを製造しても、北東部に供給する天然ガスのコストはそれ以上に安かった。[70]

パイプラインを天然ガス輸送に切り替えようという提案に、最も声をあげて反対したのが、好戦的で実行力のある指導者ジョン・L・ルイスが率いる合同炭鉱労働組合だった。一八八〇年、ルイスはウェールズ出身の炭鉱夫の息子としてアイオワ州に生まれた。勇猛なるライオンの頭脳と辛辣な弁舌の才に恵まれ、第二次世界大戦後、賃金統制と価格統制が解除されるや、合同炭鉱労働組合員六〇万人を動員してただちにストライキを打った。こうした試みは、時の大統領ハリー・S・トルーマンの心証を害していた。先の大統領フランクリン・ルーズヴェルトの死を受け、一九四五年四月、トルーマンは大統領に就任した。[71]トルーマンが残した文書に、ルイスをめぐり、次に何が起こるのか記した覚え書きがある。

一九四六年春、ルイスは炭鉱のストライキを指示した。ストを打つ理由はなかった。ストを打たず、交渉で進めると合意したあとに、ルイスはストを指示したのだ。契約が交わされていなければ、炭鉱労働者は働かないという、古いジョークを理由にストを打っていた。

長い交渉の末、第二次世界大戦の分権法に基づいた権力を行使し、政府が炭鉱を代行することに決定した。炭鉱の引き継ぎが終わると、契約交渉が進められた（略）。調印は三月五日、私の執務室で交わされた。ミスター・ルイスは撮影機に向かって、*この契約は自分にとって最良のものであり、政府が炭鉱を管理する期間、破棄されることはないだろうと語っていた。

しかし、ミスター・ルイスは、十一月六日に予定されている議会選挙で、大統領を可能なかぎり苦境に追いやることを確実にしようと望んだ。そして、十一月一日、契約は所定の期日に終了することを検討していると正式に通達してきたのだ。それが意味するのは、その所定の日にストライキを指示するということである（略）。

ストライキは一七日間続いたが（略）、ミスター・ルイスは自らの生涯ではじめて「無理をしすぎて失敗した」と覚った。

（そのころまでには）利用できるあらゆる法的手段を講じ、闘争は終息に向かいつつあった。必要であれば、最後には強制的に炭鉱を解放することも辞さなかった。ミスター・ルイスは連邦裁判所

＊　テレビが普及する以前のニュース映画用の撮影機のこと。

に拘束され、侮辱罪を理由にかなりの額の罰金を科された。契約の執行に向けて動き出し、私は国民に声明を発表する準備にとりかかっていた（略）。（しかし）ミスター・ルイスはついに折れた（略）。非常に尊大な人物で、野犬舎の子犬のように執念深いが、私には心から忠誠を誓ったチームがある。そのチームがとてつもない反逆者を叩きつぶしてくれた[72]。

（イリノイ州スプリングフィールドにある自宅のガスを、ルイスは一九四五年に都市ガスから天然ガスに切り替えていた。ワシントン・ポストがこの事実を報じると、ルイス本人もしぶしぶながら認めていた）[73]

一九四六年十一月、ルイスはまたもやストライキを指示したが、このストライキを契機に、それまで天然ガスの転換をじりじりと推し進めてきた者はむしろ勢いづき、石炭が使われていたありとあらゆる地域で、天然ガスが石炭に取って代わっていった。下院は公聴会を開いて、パイプラインの譲渡先を検討した。テネシー・ガス・トランスミッション社が暫定的にパイプラインを借り受けて、アパラチアに天然ガスを供給した。冬季になるとアパラチアはエネルギー危機に見舞われていたのだ。

一九四七年二月八日、テキサス・イースタン・トランスミッション社が入札に競り勝ち、ビッグインチとリトル・ビッグインチを買収した。目的は北東部地区への天然ガスの供給である。買収金額の一億四三一〇万ドルは、二本のパイプラインの建造費よりも二五〇〇万ドルしか安くなかった。いずれのパイプラインとも、今日に至るまで稼働している。

三年後の一九五〇年、この時点で石炭、石油、天然ガスという三種の主要化石燃料は、アメリカ合衆国の巨大エネルギー需要をあまさず賄ったばかりか、さまざまな需要配分で、その他の先進国世界のエネルギーを満たしていた。石炭が世界的な規模でシェアを徐々に減らしていたにせよ、石油が支配的な地位へとのし上がっていき、天然ガスは世界市場に食い込もうとしていた。

そして、第二次世界大戦の終結から日も浅いこの時期、これまでにはなかったまったく新しいエネルギー源が登場する。核分裂である。直接的にせよ、間接的にせよ、太陽の光とはまったく無縁のエネルギーとして、はじめて主要な供給源になる可能性を秘めていた。ただし、その存在は秘密の壁の向こうに封印され、これまでその力は兵器として解き放たれたことしかなかった。

第17章　一九五七年のフルパワー——原子炉／原子爆弾／ウラン235／プルトニウム／天然原子炉

エンリコ・フェルミ／レズリー・R・グローヴス／ハイマン・リッコーヴァー／ドワイト・アイゼンハワー／フィリップ・A・フレイジャー／スタンリー・シェファー／セオドア・ロックウェル

フェルミの原子炉

一九四二年十二月二日、寒い冬の日の午後だった。ノーベル賞受賞者でイタリア人亡命者エンリコ・フェルミは、世界初となる原子核分裂の連鎖反応実験を静かに進めていた。場所はシカゴ大学のフットボール競技場で、観客席の下に設けられた実験室はかつてダブルス用スカッシュコートとして使われていた。設置された装置はガレージほどの大きさで、手動で操作するカドミウム製の制御棒のほかには、とくにこれという動きは見当たらない。

装置はフェルミが仲間の研究者とともに、二か月前から黒鉛と天然ウランを手で積み上げて製作した（積み重ねて作ったことから、フェルミはおもしろがって装置を「パイル《パイル》」と呼んでいた）。この装置——原子炉——には、放射線を遮蔽する壁はなかった。装置で得られる核分裂エネルギーはせいぜい二〇〇ワット程度で、冷えきったスカッシュコートを暖めることさえできなかった。(1) しかし、この実験はその後の世界を一変させる革新的な試みであり、原子力発電と原子爆弾の出現をもたらす先駆けとなる。

原子炉には二つの基本材料が必要である。ウランのような核分裂性元素と減速材だ。減速材の働きとは、名称からもわかるように、ウラン原子が分裂した際、高速で放出される中性子を手ごろな速度にまでさげることである。中性子を減速させると、他の原子核との衝突・吸収の頻度が高まり、核分裂反応を効率よく起こすことができるのだ。フェルミの原子炉「ＣＰ－１」――シカゴ・パイル一号――では黒鉛が減速材として用いられたが、現在、ほとんどの原子炉では水が使われている。中性子を的となる物質――黒鉛のような炭素の原子核を含む物質――に衝突させ、繰り返し散乱させていくことで、ビリヤードのボールさながら、そのたびに中性子の運動エネルギーは失われていく。

ウランの原子核は不安定である。水を詰めた風船のようなものと言えるだろう。その原子核をつなぎとめている力、いわゆる「強い力」は、原子核を分裂させようとする力とほぼ完全に均衡している。原子核を構成する正の電荷、すなわち陽子の数は九二個。法則どおり、反対の電荷はたがいに引き合い、同じ電荷は反発しあう。このため、ウランよりも陽子が多い、つまり原子番号が92よりも大きい元素の原子核は、不安定すぎて自然には存在しない。ウランよりも原子番号が大きい元素――ネプツニウム（93）、プルトニウム（94）など――は、人為的に作られた元素で、自然界にある元素に中性子や荷電粒子をぶつけて合成する。

天然ウランは、物理学的には異なる――つまり質量数が異なる二種類の同位体元素《アイソトープ》*が混じり合ったもので、ウラン２３８は九二個の陽子と一四六個の中性子を原子核に持っている（92＋146＝238）。一方、ウラン２３５は、陽子の数こそ２３８と同じく九二個だが、原子核の中性子は一四三しかない

＊　実際には三種類。天然ウランのなかにわずかに含有されているウラン２３４。

17-1　黒鉛ブロックと天然ウランの小塊を積み重ね、シカゴ・パイル１号（CP－１）を製作。中央で作業をする人物の右に置かれているのがウランの小塊。

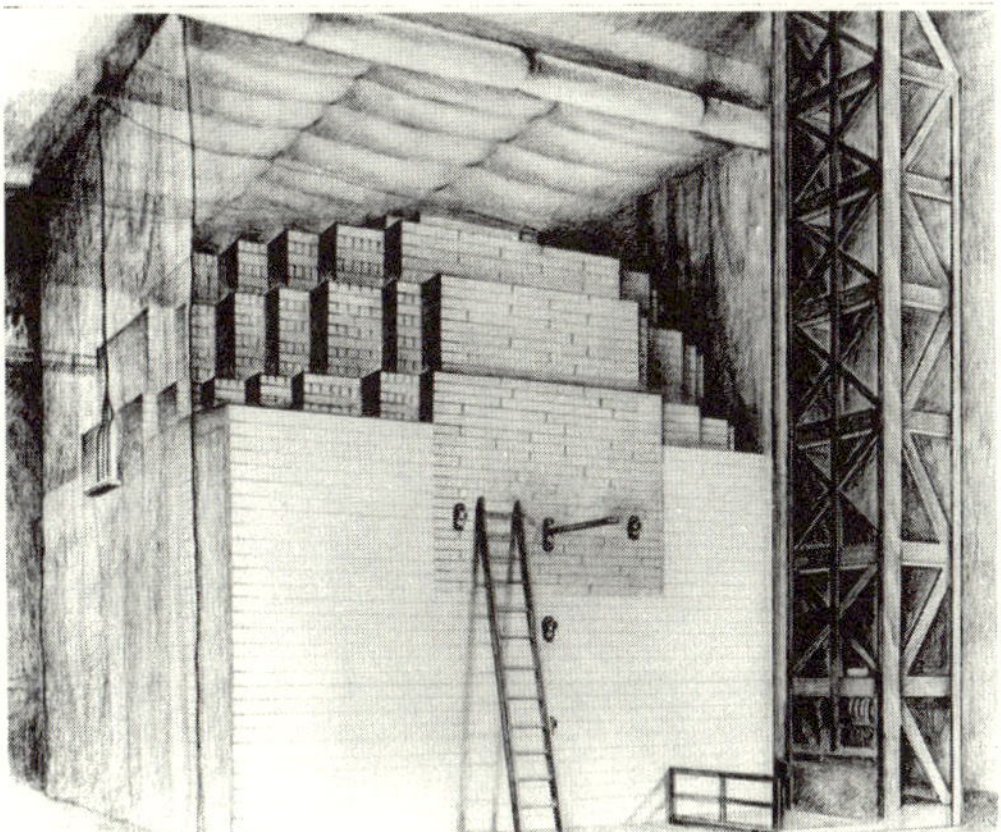

17-2　木枠のなかで完成したCP－１。1942年12月２日、シカゴ大学のスカッシュコートで、ウランと黒鉛を積み上げた原子炉ははじめて臨界に達した。

(92＋143＝235)。核分裂の連鎖反応を起こし、エネルギーを放出する同位体がウラン235である。

しかし、天然ウランが含有するのはウラン238がほとんどで、235は一四〇分の一、わずか〇・七パーセントにすぎない。さらに厄介なのは、この二つの同位体は化学的特性がまったく同じだという点だ。そのため、化学的な手段で238と235を分離することはできない。だが、二つは物理的に異なり、中性子が三個多いぶん、ウラン238のほうはわずかに重い。骨は折れるが、この微妙な質量差を利用して分離することができるのだ。ただ、「濃縮」と呼ばれるウランの同位体分離には、遠心分離機をフル装備した工場規模の施設がいる。一九四二年当時、そのような工場はどこにも存在しない。ヘンリー・フォードが「自動車の部品が存在しない世界で自動車を組み立てた」ように、フェルミもまた天然ウランを使って実験を進めなければならなかったが、ごく限られた含有量のウラン235から、なんとか連鎖反応を引き出そうとしていた。

ウラン238とウラン235の原子核の構造上の違いは、反応の点で決定的な違いをもたらす。ウラン238は低速中性子には反応しないが、高速中性子を取り込んでさらに重い元素であるネプツニウムに変化し、次いでそのネプツニウムがプルトニウムに変換される。*目的がウランを核分裂させて熱エネルギーを取り出す点にあるなら、ウラン238はむしろ邪魔な存在で、熱エネルギーを放出しないまま、中性子を取り込んでしまう。炉内のエネルギーはウラン235から発生しており、235はどんなエネルギーの中性子とも核分裂を起こすことができる。ウラン235の連鎖反応には中性子が必要だが、ウラン238に吸収されると反応が進まなくなる。フェルミの実験はこの性質にどう対処すればいいのか、その方法を見つけ出すためのものだった。

フェルミは、ウラン238が低速中性子に反応しない性質を利用して作業を進めた。ウランを黒鉛

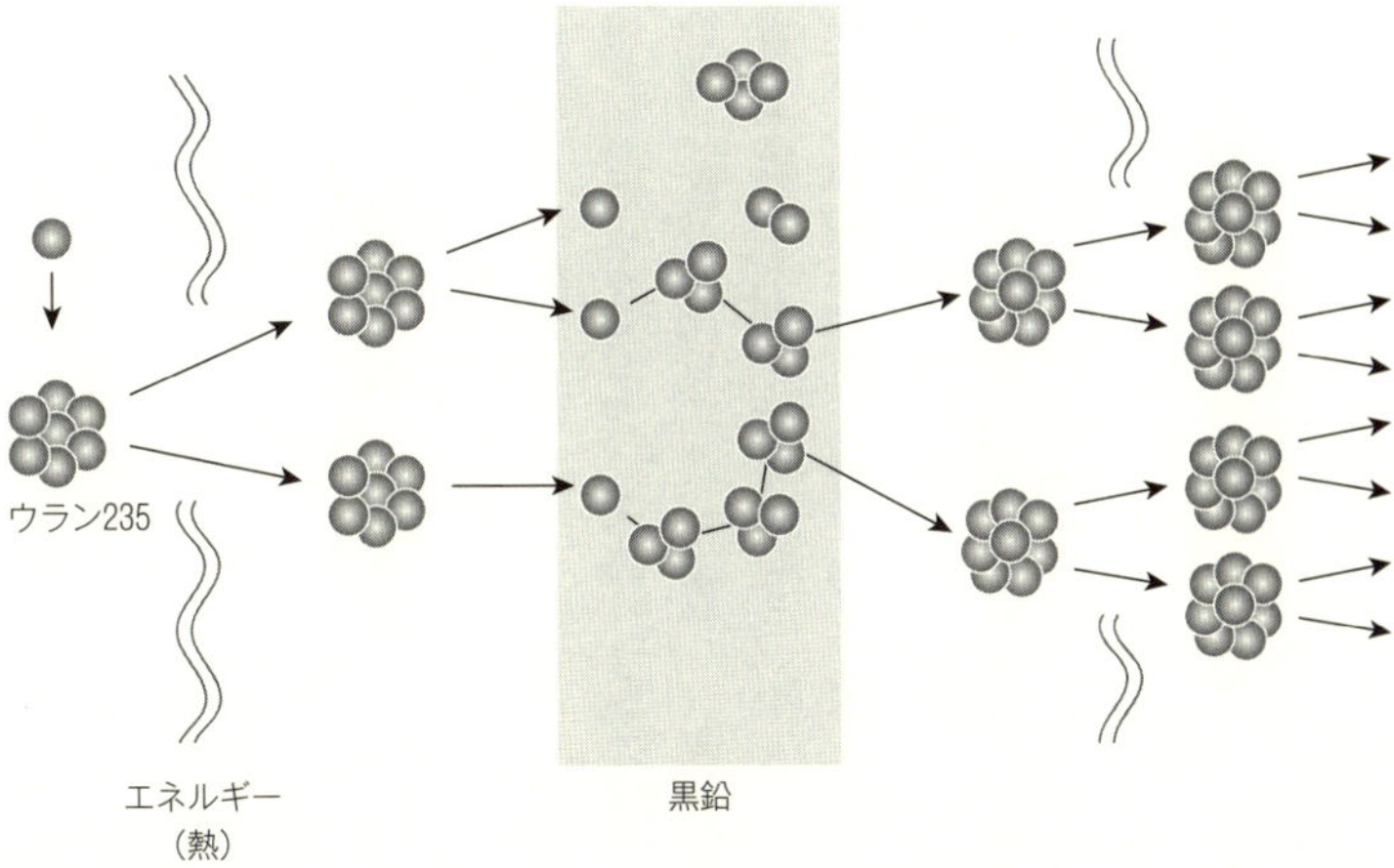

17-3　減速されたウランの核分裂の連鎖反応。図は左から右。ウラン235の原子が中性子を吸収すると、原子核は分裂する。この分裂によってエネルギーと二次的な産物として２～３個の中性子が放出。放出された中性子は黒鉛炉の炭素原子と衝突して減速すると、別のウラン235の原子に取り込まれていき、倍々のペースで分裂を繰り返していく連鎖反応が生じる。

ブロックとともに積み上げ、核分裂で放出された高速の中性子を減速させたのだ。積み上げられたウランから放出された中性子は、周囲の黒鉛の原子と衝突する。衝突を繰り返すたびに中性子はエネルギーを失い、やがてウラン２３８が吸収しない基準値までさがっていくが、今度は低速の中性子に反応するウラン２３５の原子と衝突、２３５の原子に核分裂反応を引き起こす。

　ウラン２３５の原子が核分裂を起こすと、エネルギー（熱エネルギー）とともに、二個もしくはそれ以上の二次中

＊　錬金術師が夢見ていた「変換」とは、ある化学元素を別の化学元素に転換させることだった。ウラン２３８の場合、ウラン２３８が中性子を取り込んだときに変換が生じる。

性子が放出される。次いでこの中性子が減速され、天然ウラン内のほかのウラン２３５の原子に倍々のペースで核分裂を引き起こしていく。一個の中性子から二個の中性子が放出されると、二個の中性子は四個になり、四個が八個、八個が一六個、一六個が三二個と、数百万分の一秒ごとに二倍ずつに増えていく。核分裂によってエネルギーが放出され、水は熱せられて蒸気となり、その蒸気で発電機のタービンをまわして発電をする。

「趣意書」に描かれた未来

ＣＰ－１の減速材として、フェルミが水ではなく黒鉛を使用していたのは、黒鉛は水ほど中性子を吸収しないからである。天然ウランの場合、ウラン２３５の含有量は微量で、水で減速させると核分裂の連鎖反応が維持できなくなる。水を原子炉の減速材として使用するには、燃料のウラン２３５の含有率を〇・七パーセントから、少なくとも三パーセントにまで濃縮しなくてはならない。

ウランの濃縮は史上初の原子爆弾を製造するために行われた。第二次世界大戦中のアメリカのマンハッタン計画が先駆けとなり、ほぼ一〇〇パーセントの高濃縮のウラン２３５がはじめて作られた。この原子爆弾は一九四五年八月六日、広島の上空で炸裂する。大戦後、アメリカ海軍は世界初となる原子力潜水艦用の原子炉を開発、水（軽水）を減速材として使用しても連鎖反応を十分維持できるだけの濃縮されたウラン２３５が使われていた。

第二次世界大戦の序盤、フェルミがＣＰ－１を開発したシカゴ大学の研究室では、プルトニウムの増殖技術の開発が進められていた。プルトニウムは、核兵器の原料としてウランをさらにしのぐ物質である。ワシントン州のコロンビア川沿いに、黒鉛を減速材に使った間接水冷の生産炉が建設され、この反応炉でプルトニウムを増殖させていた。遠隔操作でウラン母材から化学的に抽出して精錬したプルトニウムは、ニューメキシコ州のロスアラモスに送られ、長崎に投下する原子爆弾が組み立てられた。

一九四四年半ば、シカゴ大学は開発事業を終えた。フェルミら研究者たちは、電力としての核エネルギーの将来をめぐり、委員会を設けて検討する余裕をようやく持つことができた。その結果が「原子核工学の趣意書」という、六七ページに及ぶ部外秘の報告書である（「原子核工学《ニュークレオニクス》」は核技術に関する新分野の名称として、「電子工学《エレクトロニクス》」をもとに作られた。電子工学が電子《エレクトロン》に由来するように、原子核工学は原子核《ニュークリアス》に関連する）。

「趣意書」に概略されていたのは、第二次世界大戦前と戦時中の原子核工学の歴史——物理学上の黎明期の発見とマンハッタン計画の経緯で、最終節では、戦後における原子力開発の問題点が提起されていた。提起されていた主要問題とは、世界中に埋蔵されているウラン鉱石から抽出できるウランの総量だった。「試算では、世界に存在する採掘可能な高品位鉱のウランは総量約二万トン[2]」と「趣意書」には書かれ、「そのうち一万トンが北アメリカ大陸に埋蔵されている。後者の埋蔵量があれば、五基の大型原子炉を（略）七五年にわたって稼働させることが可能」としている。続く段落では、ただしこれは「（原子炉内の連鎖反応の過程で、天然ウランに含有されているウラン238から生成された）プルトニウムが定期的に回収され、他の目的のために利用されるという前提に基づいている」と表現が薄められている。

他の目的とは核兵器にほかあるまい。また「趣意書」には、通常の黒鉛減速原子炉では、消費した一ポンド（四五〇グラム）のウラン235から約一ポンドのプルトニウムが生産されると記されている。原子炉からプルトニウムを取り出さず、そのまま分裂を続けさせた場合——と「趣意書」は続く。現時点での核兵器製造量は維持できなくなる公算は高まるが、核燃料の供給期間は一四〇倍、つまり五基の原子炉に対し、一万五〇〇〇年間にわたり燃料を提供できるようになる。あるいは、プルトニウムが抽出され、短期間のうちに五基をはるかに上回る原子炉が建造されたとしても、核燃料を供給することが可能になるのだ。

とはいえ、原子力が大規模に導入される見込みが立っていたわけではないようだ。確定埋蔵量に基づき、「趣意書」には、「ウラン一万トン分のエネルギーは、石炭や他の可燃性物質、あるいは水力に置き換わるほど十分ではない(3)」と書かれている。当時のアメリカ国内の石炭消費量は年間約一〇億トンと「趣意書」では試算されていた。ウランが核分裂する際、少なくとも石炭の一〇〇万倍に相当するエネルギーが生み出される。一九四四年の時点で科学者が把握していたアメリカのウランの全供給量と比較すると、一万トンのウランは石炭一〇〇億トンに等しい。つまり、核エネルギーはせいぜいのところ石炭一〇年分の量でしかなかったのだ。

だが、この悲観的な予測を払拭するように、「趣意書」では、低品位の鉱石からウランを精錬する方法が見つかる「可能性は十分にある」と断言されていた。さらに代替の核燃料として、きわめて豊富に存在するトリウムの名前が挙げられていた（トリウムが核燃料として実用化されたことはこれまで一度もない）。また、今後開発される方法として、水素による制御熱核融合さえ検討されていたのだ。「そうなれば、燃料もしくは動力源として無尽の海水が利用できるだろう」。だが、その可能性は「いまのところ、なんともおぼつかない未来に横たわっている（しかし、決して夢物語ではなく、かならずしも遠くない未来）」と書かれていた（八〇年以上が経過した現時点でも状況は変わっていない。質量のある元素の分裂ではなく、軽い元素の融合をコントロールする制御熱核融合が難題であるのは、華氏何百万度という高温で加熱し、しかもその高温で原子を閉じ込める密閉容器が必要とされるからである。二〇一八年の時点で、臨界プラズマ条件《ブレークイーブン》*訳註を超える成果を達成した核融合実験炉は存在しない)。

マンハッタン計画とウラン鉱

「原子核工学の趣意書」には註が付されていない。世界に存在するウラン鉱の埋蔵量について、これほど低く見積もり、不正確な試算を行った人物についてはは典拠が不明だ。かりにこの試算がマンハッタン計画を指揮したレズリー・R・グローヴス准将によってなされたとしよう。准将はコードネーム「マレー・ヒル・エリア計画」(マンハッタン計画の一環)という秘密組織も指揮していた。この組織は埋蔵が確認された世界中のウラン鉱を特定し、採掘権を買い占めていた。対外投資は世界五〇か国以上に及んだ。

マンハッタン計画で主に使用されたのは、当時、中央アフリカに存在したベルギー領コンゴのシンコロブエ鉱山と、カナダ北西部のグレートベア湖にあるエルドラド鉱山の二か所から産出されたウランだった。しかし准将は、アメリカ南西部のコロラド高原にウラン鉱が存在することも知っていた。戦時中、史上初の原子爆弾の材料の一部として、准将は、この高原でバナジウム鉱とともに採掘され

*訳註　核融合炉の運転に供給されるエネルギーと取り出されたエネギーが等しくなること。

た約六万四〇〇〇ポンド（二九トン）の酸化ウランを使用していたからだ[4]。

オークリッジ国立研究所（テネシー州）やアルゴンヌ国立研究所（シカゴ郊外）の研究者は、採掘可能なウランは希少だと信じ、原子力を商用化した場合、増殖炉こそ運転を維持できる唯一の方法だと見なしていた。当初の構想で考えられた増殖炉は、炉心を天然ウランの〝ブランケット〟で覆い、核分裂で生じる中性子を大量に吸収させてプルトニウムを生産、化学処理によって分離したのちに燃料として利用するというものだった。ただ、出力と同時にプルトニウムを増殖させる機能が加わったせいで、原子炉の研究と設計、開発はさらに複雑になり、当然、実現までに時間がかかり、新世代の商業用発電として核を利用できる時期は遅れる。アメリカ地質調査所の責任者が語っていたように、増殖炉の「研究・開発には途方もないほど巨額の公的資金の投入が伴い、どうしても必要という状況でもないかぎり、資金の投入は賢明な判断ではない[5]」。戦争が終わった一九四〇年代後半を通じ、オークリッジ国立研究所やアルゴンヌ国立研究所では、原子炉の開発ではなく、核技術の基礎研究が主に行われていた。

しかし、一九四九年八月、ソビエト連邦が初の原爆実験を行うと、結成三年目のアメリカ原子力委員会（AEC）はパニックに陥った。水爆開発という無分別な計画（当時、水爆の製造方法はもちろん、実際に製造可能かどうか誰も知らなかった）に手を出したばかりか、原子力委員会は、海外からのウラン供給が途切れた場合に備え、アメリカ国内のウラン鉱の特定と開発を進めた。

その一環として一九五一年三月、AECは高品位のウラン鉱の公募価格を従来の倍以上の価格に引き上げたばかりか、産出量の多い鉱山の発見者に対し、さらに一万ドル（現在の一〇万ドル）のボーナスを提供した。ウラン含有量の高い黄色のカルノー石や灰黒色の閃《せん》ウラン鉱は硫酸を含む水に溶けや

17-4　1950年代、コロラド高原におけるウラン採掘を通じ、ガイガーカウンターは一般にも知られた装置となった。アメリカ原子力委員会は探鉱者に報奨金を支払っていた。

すく、河床のレンズ状層で一億年かけて生成されてきた。ウラン鉱石の小さな沈殿物は、石化した樹木の幹と一体化したり、その表面を覆っていたりする場合が少なくない。ＡＥＣが一九五〇年代に巻き起こした「ウラン・ラッシュ」を調べたジャーナリストのトム・ツェルナーは、こうした探鉱者の一人にインタビューを行い、次のような話を聞いた。

「まるまる一本が、きわめて高品位のウランでできた木を見つけた男がいた。ウランは黒い粉末のようにはがれ落ち、とても柔らかくてコショウのようだった。（石化した）木の太さは二フィート（六〇センチ）ぐらいで、四方八方に約一〇フィート（三メートル）の枝を広げていた。この木をその場所からもぎ取って六五〇〇ドルを手に入れた。結局、男が見つけたウラン鉱石はこれだけだった。こんな木はもうどこにもなかった[6]」

　射幸心をあおるＡＥＣの呼びかけに応じ、

およそ二〇〇〇〇人の探鉱者が国中からウラン探しに参加した。ウラン・ラッシュの様子が、ライフ、ポピュラー・メカニクス、ナショナル・ジオグラフィックなどの各誌の表紙を飾り、ガイガーカウンターが一躍ブームになった。ひと山当てた採掘者はわずかにいたが、ほとんどの者ははした金か、もしくは一セントも手に入れることはできなかった。

ＡＥＣは、一九五〇年代中頃の時点で、アメリカ北部地域産のウランと南アフリカからの輸入によって、核兵器開発に必要なだけのウラン鉱石をすでに確保していた。それ以上のウラン鉱石の発見は、もはや価格しだいだった。一九七二年には、「何千万トンという鉱石が、ポンド当たり三〇ドルから一〇〇ドルの価格帯に落ち着く見通しだ」とアメリカ地質調査所の学者が記している。(7) それにもかかわらず、ＡＥＣがその後さらに一〇年間、探鉱者に報奨金を支払い続けたのは、予想される商業用原子炉の開発に向け、ウランの備蓄量を増やす点に狙いがあった。

ウラン原料のひとつとして、手つかずのままだったのが石炭である。リグナイトと呼ばれる褐炭には約六〇～七〇パーセントの炭素のほか、ウランと近しい化学成分が含まれているのだ。一八七五年、スイス系アメリカ人の鉱山技師エドワード・Ｌ・ベルトゥーがこの事実を最初に記した。(8) さらに一九五四年には、二名の研究者が「泥炭、褐炭、亜瀝青炭からは、硫酸ウラニルの水溶液という形で九八パーセントを超えるウランが抽出できる」と報告している。河床で腐敗した古代の樹木がウランを堆積するのはそのせいなのだ。(9)

サウスダコタとノースダコタの両州には、ウラン含有量は低いが、広大な褐炭の地層が広がっている。火力発電所の燃料として褐炭を燃やし、残った飛散灰《フライアッシュ》から濃縮されたウランを抽出するという案が検討され続けてきた。中国の雲南省小龍塘《シャオロンタン》では、五三〇メートルトンのフライアッシュを使った研究が二〇〇七年に始まっている。中国の石炭灰には、一メートルトン当たり平均約〇・四ポンド（一八一グラム）の八酸化三ウラン（U_3O_8）が含まれている。フライアッシュを使った同様な研究は、中央ヨーロッパ、南アフリカでも現在進められている。[10] ただし、石炭にはウランとトリウムが含まれているので、燃焼時にはどの燃料よりも多量の放射線を周囲に放出してしまう。

原子力潜水艦の建造計画

アメリカ海軍の技術将校ハイマン・リッコーヴァーは、潜水艦の動力装置の研究を一貫して行い、原子力開発の道を新たに切り開いた。小柄で性急な人物だったが、優れた頭脳に恵まれていた。一九〇八年、八歳のときにポグロム［十九世紀末から二十世紀にかけ、ロシアで起きた反ユダヤ主義の大虐殺］を逃れるため、両親とともにロシアの居留地から亡命してきた。父親は仕立屋で、一家はシカゴに居を構えた。リッコーヴァーはこの町で成長した。

高校生のころ、ウエスタンユニオンの電報配達をしていたのが縁で、リッコーヴァーは下院議員アドルフ・サバスの知遇を得る。サバスもユダヤ人移民で、当時、十八歳だったリッコーヴァーに、海軍兵学校の受験資格を推薦してくれた。一九二二年に兵学校を卒業、新造の駆逐艦に乗り組んだ。それから一年とたたずに機関科士官に任じられる。戦隊で最年少の任官だった。

五年間の艦隊勤務ののち、さらに教育を受ける機会を得た。この機会を利用し、海軍大学院で電気工学の理学修士の学位取得に努める一方、コロンビア大学でも研究に励んでいる。卒業後、海軍の現状を検討すると、潜水艦部隊を一挙に進化させる方法を思いついた。もっとも、そのもくろみを実現させることはできなかった。

リッコーヴァーは仕事中毒の塊のような人物だったが、シカゴ訛りの鼻にかかった甲高い声の持ち主で、風采と振る舞いはいわゆる海軍士官とはほど遠く、また当時、海軍内に存在した反ユダヤ主義者の一派のもとでは、自身の構想を実現するには出自が災いしていた（見た目がいかにものを言うのか、後年、原子力潜水艦部隊の増強に際し、リッコーヴァーは、聡明で野心的な人物であるなら、容姿は北欧系で、筋骨隆々の長身の士官を艦長候補として選抜していた）[11]。しかし、それでも職務に邁進し、アメリカ海軍の旧式潜水艦S－48に技術将校として三年間乗り組み、頑として言うことを聞かない電動モーターの再設計や補強ができる十分な経験を積んだ。

一九三〇年代から第二次世界大戦が終わるまで、リッコーヴァーは艦艇や海軍工廠で技官として勤務した。任務のひとつに、部下の一人、セオドア・ロックウェルが身も蓋もない冗談として語っていた「ぼろぼろの錆びたバケツのような『フィンチ』という古ぼけた掃海艇の修理[12]」があった。根っからの精力家であるリッコーヴァーは、部下に命じ、船底の汚水《ビルジ》の処理から羅針儀の台座までことごとく修理させた。一九三七年、「フィンチ」の改修作業を終えたリッコーヴァーは、技術専門職（ＥＤＯ）を申請、この願いが受理されると、大戦中は艦船局の電気部門を担当した。夜間の艦艇間の通信のため、赤外線通信システムの開発を監督、これは敵の爆撃や雷撃の標的となる回光通信機に置き換わるものだった。また、大戦後期にはペンシルベニア州メカニクスバーグにある海軍の巨大補給基地の編成の立て直しを手がけ、予備品の補給期間を月単位から日単位にまで圧縮している。

一九四六年、原子力と核兵器に関する研究のため、海軍から五名の士官がオークリッジ国立研究所に派遣されると、リッコーヴァーもその一人として選抜された。階級が最上位だったことから、選抜班の指揮を執り、一行に研究と共同調査を命じている。大戦中、海軍の技術者も艦艇の推進装置として原子力の応用を研究していたが、本格的に取り組んだものではなかった。マンハッタン計画が陸軍主導で行われていたため、海軍首脳部は、艦艇の動力源としての開発より、新型の核兵器開発で陸軍が優位に立つことを懸念していた。

調査を終えたリッコーヴァーは、海軍における原子力の最強の運用は、原子力潜水艦であると断じた。原子炉で発生させた熱で蒸気タービンを動かせば、吸気の必要がなくなるばかりか、何日にもわたる潜航が可能になり、しかも音も静かなので潜水艦ははるかに脅威的な兵器と化す。結果として、アメリカ空軍にとって原子爆弾が、空からの攻撃で戦争に勝利するという、空軍ならではの夢物語を実現させたように、核魚雷——さらに言えば核ミサイルが実現したあかつきには、海軍もまた核の抑止力という究極の兵器を授かることになる。

アメリカ海軍はまだその点に気づいてはいなかったが、リッコーヴァーにはわかっていた。それから三年、とてつもない抵抗に遭遇しながら、本人が「歯科矯正に取り組むような戦法」と呼んでいた、穏やかだが、たゆみないプレッシャーを首脳部にかけ続け、歯列を整えるような戦法を用いて、海軍の目を原子力潜水艦建造に向けさせるという難題に取り組んだ。「しかしながら、高位の将官らにすれば、その提案は月旅行の提案を受けているようなものだった[13]」とリッコーヴァーと行動をともにするメンバーの一人はのちに書いている。

決め手となった戦略は、海軍とＡＥＣの兼職を命じられていたリッコーヴァー自身の立場を使い分けることであり、抵抗する海軍とＡＥＣ双方の官僚たちに対し、それぞれ別の立場から同時に戦うことができた。「われわれがやろうとしていることに海軍が難色を示すようなら、われわれはＡＥＣの立場でそれを進めればいいのだ[14]」とリッコーヴァーが口にしていたと元部下のロックウェルは語った。

いずれにせよリッコーヴァーには、ＡＥＣの権威づけが必要だった。核物質や核の機密を含め、ＡＥＣには契約書に署名できる権限が付与されていたからである。

同時にリッコーヴァーは、原潜や大型艦艇の原子炉の減速材について歴史的な判断をくだしていた。原子炉の冷却材として、馴染みには乏しいが、効率的な冷却材である液体ナトリウムではなく、減速材と冷却材を兼ねられる軽水を選んでいたのだ。ナトリウムは長所は多いが、同時に欠点も少なくないとリッコーヴァーは主張した。放射線にさらされると、高エネルギーの危険なガンマ線を放出するので、分厚い遮蔽物が欠かせない。メンテナンスが複雑であるうえに、ナトリウムは空気に触れると発火し、水に反応して爆発する。また、メンテナンスのために近づこうにも、炉内の放射線が十分に放出されるまで一週間はさらしておく必要がある。いわゆるただの水の軽水を用いた決定的な理由は、海軍の技術者にとって水は古くから使われてきたよく知る媒体であり、蒸気ボイラーや熱の伝導体として長い付き合いがあったからだった。

問題に次ぐ問題を経て、はじめての原子炉がようやく完成、なんとか潜水艦の船殻内に設置することができた。特別な減速材が開発されることはなかった。しかし、開発技術は封印され、軽水の使用というこの選択は、その後、何年にもわたり影響を及ぼすことになる。重水、ヘリウム、ナトリウム、鉛など、他国はそれぞれ独自の減速材を選択せざるをえなかった。そして、チェルノブイリの原発では冷却水とともに黒鉛が減速材として使われていた。

「アトム・フォー・ピース」

「一九四六年原子力法」では、原子力エネルギーはあらゆる点においてアメリカ政府の独占物である

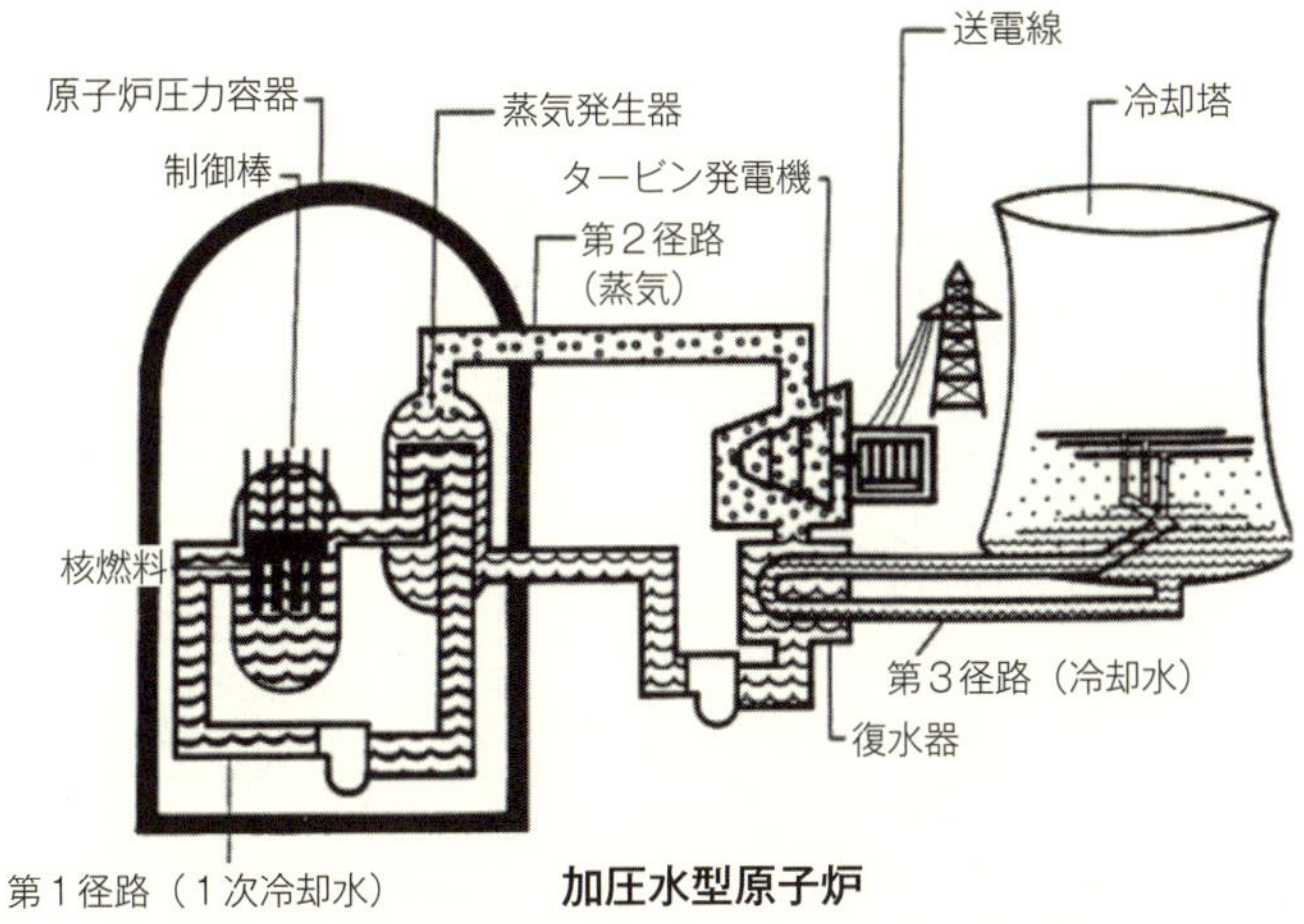

17-5　加圧水型原子炉。炉内の熱は水によって蒸気発生器へと送られ、圧力容器内の放射線は分離される。圧力容器の外側に延びていく第２径路以降の手順は、従来の発電所の操作とまったく同じ。蒸気タービンで発電機を動かして電力を生産する。

ことが明示されていた。原子力エネルギーに関するすべての発見は〝生得的に〟機密事項で、機密解除まで秘匿されるべきものであり、機密を漏らした者には終身刑もしくは死刑が科される。海岸に打ち上げられた鯨が国王の財産になったように、核分裂性物質はことごとくアメリカ政府が所有した。アメリカ政府の許可なく、何人《なんぴと》たりとも原子炉の建造・運転はできず、このような装置を個人が所有してはならない。そして、原子力に関する権限が付与された先がＡＥＣ、すなわちアメリカ原子力委員会*[訳註]という文民からなる委員会であり、ＡＥＣは大統領に対して責任を負っていた。ＡＥＣについて、「この国の歴史上、最も全体主

*訳註　ＡＥＣは原子力エネルギーを軍から民間に移すために一九四六年に成立、一九七四年に廃止された。

義的な政府委員会」[15]と評した歴史家もいる。

一九四六年原子力法となる法案の提案者は、原子力エネルギーはきわめて重要な問題で、軍の管轄に委ねておくべきものではないと主張したが、あまりにも重要な問題であるので、民間に委ねられるような性質のものでもなかったはずだ。マンハッタン計画の部外者で原子力に通じている者など皆無に等しく、連邦議会ともなればなおさらである。ほとんどの者が、原子爆弾とは、核物理学と火薬学の単純な応用ではなく、世界に二つとない独自に発明された兵器だと信じていた。その設計を〝機密〟にしておけば、今後数年、おそらく今後数十年間にわたって、アメリカは原子力エネルギーを独占することができる。

アメリカ合衆国の指導者たちのこうした思い込みを一変させたのが、一九四九年八月のソビエト連邦の原爆実験だった。この時点でアメリカはすでに一七〇発の原子爆弾を貯蔵していたが、ソ連の原爆実験に対してAECは、一七〇発をはるかに超える原子爆弾を製造することで応じた。史上初の水爆実験から三か月とたたない一九五三年一月、第三十四代大統領としてドワイト・アイゼンハワーが就任、新大統領は就任と同時に、八四一発の原爆を含む核貯蔵庫を引き継いだ[16]。

アイゼンハワーは共和党の伝統的政策である均衡財政の信奉者で、政府支出の削減を断行しようと心を固めていた。第二次世界大戦中、陸軍大将として連合国最高司令官を務めたアイゼンハワーだったが、従来の軍事支出を削減する一方で、同時に核兵器の備蓄量の増強を通じて財政の均衡を図ろうと考えていた。アイゼンハワー政権で国務長官を務めたジョン・フォスター・ダレスは、この政策を「大量報復戦力による戦争抑止」、いわゆる「大量報復」戦略と呼んだ[17]。一九五三年十月、国家安全保障会議（NSC）の機密文書「NSC162／2」で、「戦闘行為が生じた場合、他の通常兵器同様、核兵器を使用しうることをアメリカ合衆国は考えている」[18]と、空恐ろしいほどあっけない所見を通じてアイゼンハワーはこの政策を追認した。

アイゼンハワーが引き継いだ冷戦には、世界各国との同盟関係をめぐるソ連との競合という一面があった。アメリカが保有する核兵器の大幅な増強に加え、核兵器の使用も辞さずというアイゼンハワーの恫喝は、それまでの米ソ間の対立をさらにエスカレートさせ、また、核兵器を北大西洋条約機構*（NATO）に加盟するヨーロッパの同盟国と共有する新方針によって、アメリカは戦争を挑発する好戦国の様相を帯びるようになっていた。大統領が「平和のための原子力《アトム・フォー・ピース》」と呼んでいた新たな計画は、こうした印象を打破するため、アイゼンハワーが発表したものにほかならなかった。

一九五三年十二月八日の国連総会の演説で、アイゼンハワーは計画の一部を披露した。アメリカは「標準ウランと核分裂性物質」を国際的な原子力機関に提供し、さらにアメリカが取り組むこの試みに、他国――ソ連――を招聘する用意があると提案した。この新機関に課された最も重大な責任は、原子力エネルギーを「農業と医学の必要性」に応用する方法を考えることで、「とくに電力の欠乏に苦しむ世界の諸地域に、ありあまる電力を供給することが目的[19]」のひとつになると述べていた（しかし、アイゼンハワーはさらに先を読んでいた。「技術専門家は、かりにロシア側がプロパガンダ目的でこのプランへの協力に同意したにせよ、合衆国の核貯蔵庫には、ロシアが提供できる総量の二倍から三倍の量の核を提供できる余裕があり、むしろアメリカの相対的な地位は向上されると明言してい

---

* 北大西洋条約機構は、ソビエト連邦と東欧の衛星国に対し、アメリカと西欧諸国が同盟した集団的軍事機構。

た」と回想録で明かした。結局、アメリカは、平和利用の備蓄用に四万キロ以上のウラン燃料を提供、その大半は兵器とは無縁の安全な研究用原子炉として世界中の大学に散っていった[20]。

一九五四年一月二十一日、大統領夫人マミー・アイゼンハワーを招いて、アメリカ海軍初の原子力潜水艦「ノーチラス」は進水した。一か月後、アイゼンハワーは連邦議会に対し、一九四六年原子力法の改正を勧告すると、民間部門の奨励策として核物質と技術の公開を求めた。ちなみに、このときの法改正によって、NATOの同盟国に核弾頭を配備できることが認められている[21]。

このころになると、関連業界も原子力をめぐる商業的な競合に気を揉み始めていた。アメリカ国内ではまだ利益が見込める分野ではなかったが、西ヨーロッパ、日本、化石燃料の資源が限られた地域などでは、火力発電や水力発電と原子力発電との競合がすでに始まっていた。カナダでは、天然ウランを燃料に用い、減速材として重水を使った設計能力二〇〇メガワットの加圧水型原子炉の製造が進められていた。収益が見込める海外市場が誕生しつつあったのだ。

ロードアイランド州選出の著名な上院議員ジョン・O・パストーレは、「このレースでロシアに先を越されてしまうことは、アメリカにとって破滅を意味する。そして、イギリスあるいはフランスのいずれかの国に後れを取ってしまえば、わが国の交易に計り知れない経済的悲劇をもたらす」と語っていた[22]。ウェスティングハウスやゼネラル・エレクトリック（GE）といった企業は市場への参入を強く望んでいたが、原子力法の条項が壁となって参入を阻んでいた。

民生用原子炉の開発

一九五四年六月二十六日、ソ連は原子炉による発電を達成、世界初の送電を開始したと発表、この知らせに世界は不意を突かれた。五メガワットのこのソ連製原子炉は、モスクワの南西約六〇マイル（九七キロ）に位置するオブニンスクの第五核研究センターに設置されていた（黒鉛を減速材に使った水冷却式原子炉で、そもそも設計上の欠陥を抱えた構造であるのはソ連側の研究者も気がついていた。水が中性子を吸収するため、冷却材喪失事故〔ＬＯＣＡ〕――燃料チャネルから冷却水が流失したり、蒸発したりして冷却機能が損なわれる事故――によって、反応速度が高まってしまうのだ。のちにソ連の研究者が書いていたように、「万一、五リットルの水が黒鉛に浸透し、炉心で均一に分散すると原子炉は暴走する」[23]。その時点でソ連もこの点について研究を重ね、かりに軽水が燃料チャネルから漏れたとしても、炉心を通過して消失することはないと判断した。ソ連の原子炉として、この黒鉛減速沸騰軽水圧力管型が好まれ続けたのは、兵器級プルトニウムの生産が行える一方、発電も可能という軍民両用の使用ができたからである。そして、チェルノブイリ原発事故を起こした原子炉も黒鉛減速沸騰軽水圧力管型だった）。

アメリカ初となる商業用原子炉は、政府によって建造されるのか、それとも民間企業の手になるのか、この問題をめぐって連邦議会は激しく紛糾し、アイゼンハワーが提出した法案は成立までに手間取った。リッコーヴァーの知見をもとに、ＡＥＣは立法化の準備を進めた。一九五〇年、海軍で原子炉開発プログラムを進めていたリッコーヴァーは、航空母艦の推進動力として、大型艦艇用の原子炉の開発を提言していたものの、それから三年間にわたって二転三転を繰り返したまま、はっきりとした結論は出ていなかった。一九五三年七月、ＡＥＣはリッコーヴァーと彼の原子炉開発チームに対し、民生用原子炉の開発プログラムを命じた。大型艦艇用の原子炉計画は、リッコーヴァーが進める民生用原子炉を設計するうえで、足がかりとして使われることになった[24]。

リッコーヴァーはこのとき、燃料に関する重大な決定をくだしていた。金属ウランではなく、高温で焼き固めた酸化ウランのペレットに燃料を替えていたのである。「この変更は、海軍で予定していた原子炉の設計コンセプトとは、根底から異なるものだった」と元部下のセオドア・ロックウェルは書いている。(25) ロックウェル本人から聞いた話によれば、燃料ペレットに替えることで原子炉の建造は複雑さを増すが、リッコーヴァーは核拡散のリスクを減らす目的でこの決定をくだしたという。濃縮ウランは容易に原子爆弾に加工できる。だが、燃料ペレットに加工した酸化ウランの場合、融点は華氏五一八九度（摂氏二八六五度）に高まるので、再処理してウラン金属に転換するには高い技術が要求される。

一九五三年十月、AECは、同委員会が所管する出力六〇メガワットの実証炉の試運転を行う旨の発表を間近に控えていた。原子炉の建設予定地はピッツバーグ南西約三八マイル（六一キロ）に位置するペンシルベニア州シッピングポートのオハイオ川沿岸で、建設にはウェスティングハウスとピッツバーグのデュケイン・ライト・カンパニーが参加していた。リッコーヴァーはAECのロゴ入りのリバーシブルの帽子を被って陣頭に立ち、彼が率いる海軍原子炉開発班が建設を指揮した。

デュケイン・ライト・カンパニーの会長フィリップ・A・フレイジャーに聞いた話では、同社が原子力発電を手がけた基本的な理由は「公害防止」(26) のためだったという。アメリカ合衆国初の商業用原子炉は、いわば〝環境保全《グリーン》〟技術として提案され、歓迎もされた。一九四〇年代、煙で汚染されたピッツバーグでは、都市の再開発事業が始まり、厳格な排煙規制が設けられていた。シッピングポート原発計画に際し、AECが民間企業から入札を募ったこの時期、ピッツバーグ周辺では硫黄酸化物の規制の是非をめぐって紛糾していた。デュケイン社はアレゲーニー川沿いに石炭火力発電所を建設することをかねてから願い出ていたが、地域住民は発電所の建設に反対し続けてきた。「妨害は数えきれないほど受け、反対派のせいで計画も遅れていた。直面するはずの電力需要に間に合わせて発電所を完成させるなど、とうてい無理な相談だと思い始めていた」とフレイジャーは語った。それだけに、AECの加圧水型原子炉（PWR）プロジェクトは渡りに船だった。排煙規制のために高価な集塵装置を設置する必要はない。硫黄酸化物を排除するために、高額な洗浄装置を買う必要もなかった。しかも、ピーク時の発電量は六〇メガワットのうえに、原子力の技術分野では他社に先んじることもできる。

事業の経済性は有望なものに思えた。「原子力発電の技術がこの程度の段階の場合、どの企業にとっても、事業計画の最終的な費用がどのくらいかかるのか見通すのは至難の業だと思った」とフレイジャーは言う。「だが、私たちは契約について交渉を続けることができたし、交渉を通じて費用にも上限があることがわかった」

デュケイン社はすでに二七一エーカー（三三〇万坪）の土地を、オハイオとペンシルベニアの州境の村シッピングポートを流れるオハイオ川沿いに確保していた。会社はさらに二三七エーカー（二九万坪）の土地を買い足し、村から比較的離れた場所に用地を整えた。これらの用地は原子力発電所に必要な建屋の敷地に使われる。原子炉で加熱された蒸気で発電を行うため、一〇〇メガワットのタービン発電機が設置され、原子炉の費用と同額の五〇〇万ドルが人的資源と業務に投じられた。かりに発電所の動力源が原子力ではなく、従来どおりの火力発電だった場合、デュケイン社はほぼ同額の費用を投じてボイラー設備を設置しなくてはならなかった。

AECにとってもデュケイン社の入札は好ましいものだった。この会社がウェスティングハウスの施設と同じ町にある点を評価していたのだ。原子炉はこの町で設計されて建造される。入札には一〇社が応札していた。デュケイン社の入札が他社に抜きん出て望ましいものであったことから、ＡＥＣは同社への発注を決定する。

シッピングポート原子力発電所

デンヴァーの送信機の上に魔法の杖が振りおろされた。この魔法の杖こそ、商業発電の嚆矢となる中性子源〔中性子の発生装置〕に火を灯す合図にほかならなかった。一九五四年九月六日、レイバー・デー（労働者の日）のこの日、心臓発作に見舞われたアイゼンハワーは、療養先のデンヴァーに置かれた送信機から、シッピングポートで待機するブルドーザーに遠隔操作でスイッチを入れた。建設予定地から、ブルドーザーが最初の土砂をすくい上げる。翌春、用地の掘削と建設作業が本格的に始まった。工事は滞りなく進展した。「作業は、抗議や紛争とは無縁のまま進めていくことができる」とリッコーヴァーは議会で語り、「契約の調印以降、委員会とデュケイン・ライト・カンパニーのあいだでは、これまで一通たりとも抗議書が書かれたことはない。そんなものは一度として必要がなかった」

リッコーヴァーは陣頭で指揮をするタイプの監督で、夕方あるいは金曜日の午後遅くになってワシントンから現場にたびたび訪れ、彼の下で働く監督たちは、やきもきする夜や週末を過ごし続けなければならなかった。「現場ではあるモットーが言い交わされていた」とデュケイン社の社長スタンリー・シェファーは言う。「働いていた人間のなかには、司令を毛嫌いする者もいた。司令のモットーは『一九五七年のフルパワー』だ。みんながみんな司令を好いていたわけではない。だが、とにかく司令はこの事業をやり遂げてみせた」

圧力容器の製作には二年を要した。圧力容器とは、炉内で高熱と放射線を発する炉心を閉じ込めておく容器で、大きさは長さ三三フィート（一〇メートル）、直径九フィート（二・七メートル）、壁の厚さは〇・五フィート（一五センチ）あった。ウェスティングハウス、デュケイン社、海軍、AEC、そしてこの事業に関係する契約企業という企業が、現場はもちろんそれ以外でも連携して事に当たらなければならなかった。燃料としてはじめて使用される酸化ウランは、加工してジルコニウム製の被覆管に詰めなくてはならない。これまでになかった金属を原子力という新産業の必需品にすることで、リッコーヴァーのチームは新たな産業の育成にひと役買っていた。ジルコニウム製造の副産物が原子番号72のハフニウムで、中性子の吸収能力に優れていることから、シッピングポート原子炉の制御棒に利用されることになった。

さらに溶接工の件もあった。「原子力発電所の建設では、接合が不十分な箇所や漏出箇所を検査するため、長い時間が費やされた」と原子炉建設を担当したウェスティングハウスの主担当員は記者に話している。「ある日、X線検査で一五インチ（三八センチ）の配管の屈曲部に不具合が見つかった。手が届くような場所ではない。配管をはずすことも考えたが、時間的にも費用面でも相当な負担が強いられそうだ。運のいいことに、ジョージア州のある会社が、まさにこうした仕事のために低身長の溶接工を派遣していることを聞き込んだ。派遣されてやってきた溶接工は身長わずか三九インチ（九九センチ）で、さっそく配管のなかに潜り込んでいった。いい仕事をやってもらった。びくともしない修理だった」

原子炉本体にもびくともしない堅牢さが求められた。水圧二〇〇〇ポンド平方インチの軽水が、毎分四万五〇〇〇ガロン（一七万リットル）の量で炉心に送り込まれる。炉心は異種の素材で組み立てられていた。プレート中央には兵器級に濃縮された一一五ポンド（五二キロ）のウラン235が〝種《シード》〟として置かれ（このウラン235は一ポンド〔〇・四五四キロ〕当たり八七〇〇ドルで計一〇〇万ドル）、そのまわりを棒に入れられた一二トンの酸化ウランのペレットが覆っていた。

事業が終盤を迎えるにしたがい、リッコーヴァーは不機嫌を募らせていったようである。一九五七年早々、事業を所管する連邦議会の委員会が視察のためピッツバーグに向かった。リッコーヴァーは、「私たちはこれまでずっと、原子力のすばらしさについて語るばかりで、国民の多くを子供扱いにしてきました」と議員らに語ると、「ほかの事業同様、原子力事業についても早急に本腰を入れて取り組む時期を迎えたと考えています」と答えた。当時設計段階にあった新型の大規模原子炉について、場違いな質問を口にした議員がいた。計画中の原子炉のほうがさらに効率的だと思われていた。

リッコーヴァーは鼻であしらった。「計画中の原子力発電所は、完成した発電所よりも常に優秀だと見なされてしまうものです。言うまでもないでしょう。検討中の段階で、まだ何も手つかずならなんとでも言えます。どれも優れた性能。どれも安く作れる。どれも難なく建造できて、問題などひとつも抱えていない」

リッコーヴァーは、シッピングポートの原発建設が抱える問題を憚ることなく口にしていた。費用は少なくとも五〇パーセント上昇していた。世間は原子炉を「買いかぶりすぎる」とも語っていた。原子炉の設計者や施工者には、必須の基礎的な技術が大幅に欠落している。「原子炉を建設するという仕事」は、大半の人が考える以上に「はるかに細い糸」にぶらさがっているのだ。「失敗に終わりそうな問題が山ほどあり、用心はいっときも欠かせない。ただひとつわれわれに幸いしたのは、ここがアメリカ合衆国であり、全事業を次世代に託すことができる点だった」

リッコーヴァーが考えたほど綿密ではなかったが、シッピングポートの施設は標準的な工程から判断すれば、まずまずのスケジュールで完成した。「今日の原発建設と比べれば、二年半少々の遅れにすぎなかった。現在では計画の開始から一二～一四年はかかってしまうだろう。きわめて迅速に進行した事業だったと思う」とデュケイン社の社長は当時を思い返す。

エンリコ・フェルミがシカゴ・パイル一号をはじめて稼働させてから一四年目の一九五七年十二月二日のその日、シッピングポート原子力発電所の原子炉は臨界に達した。運転員は原子炉の出力を高めてテストを進めていくが、発電はまだ始まっていない。十二月十八日深夜〇時三十九分、発電機の操作開始、午前三時、発電量が上昇し、消費した八メガワットを超える電力を生産。朝七時、発電量は一二メガワットに上昇した。その日の夜、二〇ワットに達すると、発電量は数日で六〇メガワットに到達した。

事業の当初予算は四七七〇万ドルだったが、実際の経費は八四〇〇万ドルかかっていた。さらに原子炉の研究費と開発費として三六〇〇万ドルが投じられた。シッピングポート原子力発電所で生産された電力のキロワット時当たりの価格は〇・〇五五ドルから〇・〇六ドルだったが、AECは〇・〇〇八ドル——〇・八セントでデュケイン社に販売していた。この価格はデュケイン社が従来どおりの火力発電で操業した場合に支払う燃料費に相当した。

ニューヨーク・タイムズによると、下院の民主党議員らは「原子力発電所建設の政府プランを強く要請した」。AECはこの要請に対し、シッピングポート原子力発電所の操業開始は、地域の電力供給という公共事業にすぎない点を強調した。そう答えることでAECは、「ソ連の人工衛星の偉業」

を帳消しにする「心理的な勝利」を得る機会を逸した、と英紙タイムズは報じた。一九五七年十月四日、人類初の人工衛星「スプートニク」が周回軌道に乗った。シッピングポート原子力発電所が操業を開始する二か月前のことだった。

とはいえ、シッピングポート原子力発電所はこれ以上ない脚光を浴びていた。シッピングポートこそ、「原子力の平和利用だけを目的にした世界初の本格的な発電所」と自賛した。まさにその資格を満たした最高の施設として、この原発はソ連のオブニンスク原子力発電所あるいはイギリスのコールダーホール原子力発電所とは一線を画していた。コールダーホール原子力発電所はイングランドにあった七〇メガワットのガス冷却式の原子力発電所で、いずれの原子炉も地域に電力を供給するとともに、兵器級のプルトニウムを生産していた。

「一九五三年から五七年にかけ、アイゼンハワーは世界史上、最大規模の核兵器の増強に取り組んでいたが、このころは『平和のための原子力』を提唱していた時期とぴたりと一致する」。アイゼンハワーの核をめぐる巧妙なトリックについてそう記す歴史家がいる[27]。一九五二年に貯蔵されていた八四一発の原爆の備蓄量は、アイゼンハワーの後押しを得て、就任二期目最後の一九六一年一月の時点で、およそ一万九〇〇〇発にまで増え、爆発力は総計三万メガトン――TNT換算で地球の全人口一人当たり一〇トンの破壊力を持つに等しい――に達していた[28]。このような好戦的な防衛の背後で、商業用原子炉の発展の礎が慎ましく築かれていたのだ。

シッピングポートの原子炉は、商業用原子炉として発電を行うと同時に、新たな燃料配置をテストする実験用原子炉としても使われた。一九七七年、ウラン燃料の炉心をトリウム燃料とブランケットの炉心に置き換え、原子炉は軽水型増殖炉に換装された。トリウムは中性子を吸収することで別の核分裂性同位体のウラン233に転換され、ウラン235やプルトニウムのように核分裂の連鎖反応を繰り返していく。シッピングポートの原子炉は、その後五年にわたりトリウム炉として稼働を続けたのち、一九八二年十月一日に操業を終えた(29)。

アフリカの「天然原子炉」

実は、地球においてはじめてウランに核分裂をもたらした装置は、シッピングポートの原子炉でもフェルミのCP－1でもない。いまから二〇億年前、現在の西アフリカにあるガボン共和国の地下には豊かなウラン鉱脈が眠っていた。そして、水がこの鉱脈に浸潤していき、ゆっくりとではあるが中性子による連鎖反応が発生する条件が整ったとき、史上初の臨界が一連の天然原子炉のなかで起こっていたというのだ。

臨界がなぜ発生したのか、それは当時のガボンのウラン鉱床の原石には、高い割合でウラン235が含有されていたからで、その含有量は今日のガボン鉱床や地球上のほかの国のどのウラン鉱脈と比べても多かった。ウランそのものは弱い放射性物質で、錫と同じようにありきたりな鉱物だ。陽子二個、中性子二個からなるアルファ粒子を放出しており、この放出によってウランの原子は変化する。ウランの原子核から二個の中性子がなくなることで、原子番号92のウランは原子番号90のトリウムに変わる。トリウムも弱い放射性物質で、今度はトリウムが放射線崩壊をしていく。こうした放射線崩壊の過程を通じ、地球上のウランそのものは時間をかけて鉛に転換し続けているのだ。

天然ウランを構成する二つの主な同位体、ウラン238とウラン235は、それぞれ放射線崩壊にかかる時間（半減期）が異なる。ウラン238は、約四五億年の時間をかけて原子の半分がトリウム

に変わっていく。一方、ウラン235の場合、半減期はおよそ七億年でしかない。この違いが意味す

るのは、二〇億年前、天然ウランには、今日の含有量――〇・七パーセント――ではなく、約三・五

パーセントのウラン235が含まれていたという点だ。これだけの含有率であれば、水を減速材にし

て、ガボンのウラン鉱脈の連鎖反応を維持することが可能である。

ガボンの天然原子炉は、繰り返し断続的に発生していた。地下水がウラン鉱床に染み込んでいくと、鉱石から自発的に放出したウラン235の中性子を減速させていく。そして、核分裂が始まって連鎖反応が起こると、発生した熱で鉱床の温度が上昇、地下水が蒸発する。水がなくなるにしたがい、核の分裂反応はやがてやみ、鉱床は冷えていく。鉱床の温度がさがれば地下水がふたたび流れ込んでくるので、このサイクルが繰り返される。おそらく数時間から数日の規模で、こうしたサイクルは繰り返されていたのだろう。

天然原子炉は、イエローストーン国立公園にある間欠泉に似ている。イエローストーンの間欠泉も天然原子炉と同様のサイクルを繰り返しているからである。地下水が地中深くのマグマだまりに浸透し、マグマによって熱せられて水は水蒸気に変わる。水蒸気は表土のなかを走る天然の通路をたどって噴出、上空に向かって高々としぶきを上げる。地下の水だまりが空になれば噴出はやむ。そして、ふたたび地下水がたまってマグマだまりへと浸透していく。このサイクルが繰り返されているのだ。

国際共同企業体ユーロディフのウラン濃縮工場は、フランス南部のピエールラットにある。一九七二年五月、ここで働くスタッフがある異常に気づく。この異常がガボンの天然原子炉発見につながるきっかけとなった。男性スタッフが、ウラン鉱石から抽出した標準サンプルを分析していたときのことだった。わずかだがウラン235が減少していることに気づいた。ほかのサンプルをチェックして

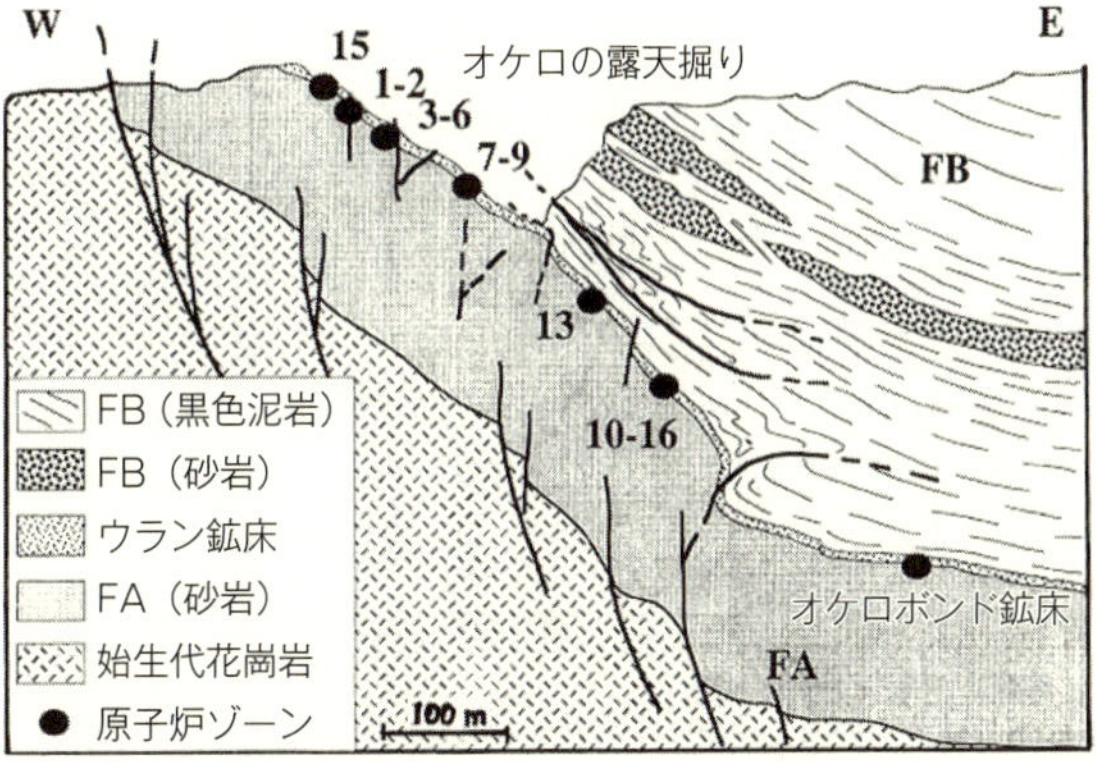

17-6　ガボンのウラン鉱床の断面図。天然原子炉の痕跡が示されている。

みると、ガボンから出荷されたウラン鉱石内のウラン235が同じように消えており、不足分は採掘が始まった一九七〇年にまでさかのぼっていた。こうしたウラン鉱石から七〇〇トンの天然ウランが精錬できたので、およそ二〇〇キロのウラン235が消失していたことになる。最低でも一〇発の原子爆弾が十分製造できる量だった。(30)

この時点でフランス原子力庁（CEA）――アメリカの原子力委員会に相当する組織――が介入した。その後、調査を進めていくうちに、CEAの調査官は、「平和のための原子力」の一環として、原子炉科学が公開された一九五〇年代に交わされた議論を思いかえした。

その議論とは、地球誕生の歴史の初期、天然の原子炉が形成されていた可能性をめぐるものだった。「二〇億年前の過去にさかのぼって思いをめぐらすことは、興味深くもあった」。一九五三年に開催された会議でシカゴから来ていた二名の研究者は次のように推測した。「ウラン235の含有率が〇・七パーセントではなく、六パーセント（引用資料の原文ママ。実際は三・五パーセント）の大規模なウラン鉱床の場合、核分裂が始まる可能性は高まるだろう。もちろん、このような現象が発生した事実を示す証拠は、今日まで存在しない[31]」

日系アメリカ人の核化学者ポール黒田〔福岡県出身の黒田和夫〕は、一九五六年の学術記事でこの件について考察をさらに深めた。南アフリカのウラン鉱床は、「二一億年前、水が加わることで、原子核は物理的に〝不安定〟な状態になり、臨界に達したウランの連鎖反応が発生していた可能性がある。その場合、発生箇所のウランの堆積規模は、おそらく二一〜三フィート（六一〜九〇センチ）をはるかに上回っていたはずだ。こうした現象の影響で、温度は突然急上昇し、次いで、臨界に達した堆積は完全に破壊される[32]」。このような反応は起きていたが、天然原子炉は断続的な現象だったので、黒田が推測したようなウラン堆積の破壊までには至らなかった。

ガボンの天然原子炉は、ある点では、単なる珍しい現象を超える意味をはらんでいた。リッコーヴァーの元部下で、技師としてシッピングポート原子力発電所の建設に携わったセオドア・ロックウェルは次のように書いている。「格納容器に相当するものが皆無であるにもかかわらず、このような天然原子炉で発生したプルトニウムや放射性の核分裂生成物は、原子炉周辺の地中に固定化されてとまり、周辺の植物や動物になんら問題を起こすことはなかった。これは、『放射性廃棄物の処理に打つ手はあるのか』という問いに対する、自然からの返答にほかならない[33]」

第18章 スモッグがもたらすもの——大気汚染／スモッグ／光化学スモッグ

フィリップ・サドラー／クーパー・B・ローズ／エドワード・R・ウェイドライン／アーノルド・ベックマン／W・L・スチュアート・ジュニア／ルイス・C・マッケーブ／アリー・ジャン・ハーゲン＝スミット／リチャード・ニクソン／サイモン・クズネッツ／ロバート・J・ゴードン／ロバート・ヒッグス

ピッツバーグの犠牲者

一九四八年十月、ペンシルベニアで大気汚染が発生した。現場はピッツバーグの真南二八マイル（四五キロ）を流れるモノンガヒラ川に面した小さな町で、ハロウィンの週末のことだった。それ以前から各国の町や都市で煙は問題を起こしていたが、煙と霧、汚染物質が結びついて死亡者が出た例はわずか一例しか報告されていなかった。その一例とは、一九三〇年十二月一日から五日にかけ、ベルギーのマース川沿いの町リエージュで起きた惨事である。発生時の条件はいずれもよく似ており、リエージュでは六〇人を超える人間が命を落としていた(1)。

大恐慌と第二次世界大戦を経た一九四八年、ベルギー以外の国でリエージュの惨事を記憶している者は誰もいなかった。しかしこの年、死亡者二〇人、約六〇〇〇もの人間が苦しんだペンシルベニア州ドノラで起きた事件は、アメリカ公衆衛生局（PHS）が大気汚染の調査に乗り出したことから、がぜん世間の関心を集めることになった(2)。

ドノラの近くを流れるモノンガヒラ川は、町の周辺で馬蹄形に深く蛇行し、向こう岸に切り立つ絶壁は高さ四五〇フィート（一三七メートル）で三方から町を囲み、さらに町の後背地に続く丘の高さは対岸の絶壁を上回っていた。ドノラの町は、おまるのような形状の容器に収まった形をしていた。一九四八年、町の人口は一万二三〇〇人、うち約三〇〇〇人が川沿いで操業する製鉄工場か亜鉛製錬工場で働いていた。

「川は寸分の隙間なく産業化されている」とニューヨーカー誌の記者バートン・ルーシェは町の周囲の状況について触れ、モノンガヒラ川の船舶輸送量は、「パナマ運河の船舶輸送量をトン数で上回っている」と書いていた。さらに「狭隘な川岸に沿ってハイウェイが走っている。都市間電気鉄道《インターアーバン》、ペンシルベニア鉄道とニューヨーク・セントラル鉄道の支線が通い、精錬所や製鉄所、化学薬品工場、ガラス工場、鋳物工場、コークス工場、機械工場、亜鉛工場の建屋が続く。黒々とした巨大な工場の町に圧倒され、四囲の絶壁や丘陵も小さく見える[3]」

工場の町にあって、なによりも黒々と煤けていたのがドノラの町そのもので、道はコンクリートや丸石で舗装されていたが、市内の大半の通りは泥と砕けた石炭で覆われていた。この町には木が一本もなく、草らしい草もほとんど生えていなかった。おそらく工場から吐き出される汚染物質のせいなのだろう。ここには製鉄工場や鋼索工場（一九三七年に完成したサンフランシスコのゴールデン・ゲート・ブリッジの主ケーブルに使われた鋼索は、この町の工場で製造された）、亜鉛と硫酸を製造する工場などが操業しており、いずれも「二ブロックはある（略）巨大な工場で（略）、高さは五階もしくは六階建てで（略）、どの工場にも一〇〇フィート（三〇メートル）の煙突が無数に突き出ており、黒、赤、あるいは硫黄特有の黄色の煙を、途切れることなく吐き出し続けていた[4]」

事件が起きた一九四八年の週末、この陰惨な町の上空に煙が居座った——「ベトベトとして、吐き気を催す」煙だったと、バートン・ルーシェは書いている[5]。事故後、住民に聴き取り調査を行った公衆衛生局の調査官の一人は、「煙のなかにカーボン用紙のような吹き流しがいく筋も現れ、上空でそのまま垂れ込めていた[6]」という話を聞かされた。視界がほとんど利かず、地元の者でさえ道に迷った。金曜日の夜、例年どおり、ハロウィンのパレードで住民は通りに出たが、「誰もがこの煙のことばかり話していた。肝心のパレードは、まったく時間の無駄。何も見えないのですもの（略）。みんな咳込んでいたわ[7]」とルーシェに話した医療秘書がいた。町の葬儀業者は、煙は「毒の臭いがしていた[8]」と語った。

翌土曜日の深夜二時、最初の犠牲者が吐き気と嘔吐に苦しみながら息を引き取った。死者はさらに続き、数少ない町の医師たちはそれから二日間に及ぶ往診をからくもしのいでいた。消防署も救命に奔走したが、手持ちの酸素ボンベをじきに使い果たし、下流の町々に連絡して補充を急いだ。赤十字社が到着し、緊急センターを開設する。死亡者の数は深夜零時の時点で一七名に達していた。日曜日、さらに二名が死亡、このころ雨が降り始めてきたので煙は消えている（最後の二〇人目の犠牲者が出たのは一週間後のことである）。

一年後、公衆衛生局の検視報告書が発表された。九名の技官、七名の医師、六名の看護師、五名の化学者、三名の統計学者、二名の気象学者、二名の歯科医、獣医一名が調査と検査を行ったほかに、町の住民に聴き取りを実施し、環境調査を行っていた[9]。咳や息の詰まり、止まらない涙、頭痛、呼吸困難、胸痛、喉の痛みなどの諸症状に加え、悪心《おしん》、嘔吐、下痢などの症状も出ていた。報告された症状の数は、年齢とともに増加していた。同様な傾向は小さな子供にも認められたが、六十五歳以上の住民の場合、ほぼ半数に深刻な影響がうかがえ、死亡者全員が五十二歳以上だった。全地区の住民の四二・七パーセント（五九一〇人）が被害を受けていたことが明らかになった。衛生局の言葉を借りるなら、「スモッグからなんらかの影響を受けていた[10]」

被害が広がっている最中も、鉄鋼や鋼索工場の総監督や亜鉛精錬工場の所長は操業をやめなかった。日曜日の朝、親会社のUSスチールから、火を落とし、操業を停止せよとの命令が届くまで、立ちこめる霧のなかに有毒な煙を送り続けていたのだ。それにもかかわらず彼らは、「このトラブルに関し、工場はまったく関与していないのはたしかだ」と市長に断言していた。

公衆衛生局の調査官の結論は、ドノラを覆った汚染物質からは、突然死と重篤な病気をもたらすほど十分な量の物質は検出されなかったというものだった。発見されたのは、水素、塩化亜鉛、窒素酸化物、硫化水素、酸化カドミウムの痕跡だけである。報告書には、「二酸化硫黄と全硫黄《ぜんいおう》」が「大気全体の汚濁負荷量の主要な構成物資」――腐食性の黄色い煙――として存在していたと記されていたが、災害が起きたあとでは、化学物質の濃度を計測できる手段はないと書かれていた。「一九四八年十月の事故は、特定物質が原因ではなく、一連の病状は（略）二種類、もしくはそれ以上の汚染物質が結合したことで発生した可能性があると判断するのが妥当」というのが調査官がくだした結論だった。報告書の序文で、公衆衛生局長官は、いくぶん言い訳じみたように、「アメリカの全国民は、ドノラで起きた悲劇によって、大気汚染物質は健康に深刻な被害をもたらすかもしれない事実をはじめて知った[11]」と記した。

隠蔽される大気汚染

報告書は真実を隠蔽していると、真っ向から異を唱えたのがフィリップ・サドラーという名前のコンサルタントだった。病気と死をもたらした本当の原因は、毒性濃度のフッ素にさらされたせいだと主張した。サドラーは、フィラデルフィアにあるサドラー・リサーチ・ラボラトリーの社長で、[*]以前、デュポンに対する裁判の調査員として働いた経験から、フッ素汚染に通じていた。第二次世界大戦中、デュポンはマンハッタン計画の一環としてフッ化水素を製造していた。裁判の原告はニュージャージー州セイラム郡の桃の栽培農家で、フッ素汚染の結果、一九四四年の桃の収穫が台なしになったことを理由に、四〇万ドルの損害賠償を求めてデュポンを訴えていた。

マンハッタン計画の担当士官クーパー・B・ローズ中佐は、アメリカ食品医薬品局（FDA）で持たれた「桃収穫裁判」をめぐる会議に出席している。この会議は、合衆国農務省が「野菜の生産」問題を論議するために招集された。デュポンのフッ素工場の被害を受け、ニュージャージー州の一部は非難の声が高まっていた。デュポン側の弁護士の一人、C・E・ゴイターも会議の開催を求めていた。中佐の話では、会議の口火を切ったのはゴイターである。ニュージャージー州の「野菜の生産」を糾弾する食品医薬品局の言動のせいで、デュポンの「対外的なイメージ」は損なわれるという。デュポンとしては、野菜に含まれていたフッ素は「いずれにせよ当社の活動もしくは操業に起因する」とは認めていないが、「現在、圧力をかけて大気中に放出している極少量（のフッ化水素）も完全に排除する処置を講じる所存だ」[12]と語ったという。

わかりやすく言うなら、事実は認めないが、デュポンとしてはフッ素の浄化に努めるという意味だ。

＊　一九〇一年、サミュエル・フィリップ・サドラーが息子のサミュエル・シュマッカー・サドラーとともに同社を創業した。サミュエル・フィリップ・サドラーは一九二三年に没した。フィリップ・サドラーは創業者の孫に当たり、自身の父親が亡くなった一九四七年に同社を継いだ。

農務省の提案は、ニュージャージー州で生産された作物へのフッ素汚染物の調査に続いて出された。その調査は、フィリップ・サドラーの話がきっかけだったと中佐はゴイターから聞いた。

サドラーがドノラの事件を調査した背景には、以上のような経過があった。事件直後にサドラーは現地入りした。業界誌ケミカル・アンド・エンジニアリング・ニュースは、一九四八年十二月十三日号で、サドラーの発見を短い記事にして報じている。「状況証拠と物的証拠が見つかった」と記事は始まっている。「これはモノンガヒラ川渓谷にたまったスモッグによる急性フッ素中毒であり、被害者はすでに慢性のフッ素中毒に冒されていた」。ここでいう慢性中毒とは、工場労働者に見られたフッ素の慢性暴露のことである。

サドラーは被害者の治療と遺体の検視を担当した医師らに話を聞いた。「死亡者と入院した被害者の血液を分析したところ、通常の一二倍から二五倍の量のフッ素が検出された」とケミカル・アンド・エンジニアリング・ニュースの記事には書かれている。同様に、「フッ素にきわめて敏感なトウモロコシは深刻な被害を受け、（工場の風下に位置していた）町の北部では作物は全滅していた」。さらに、死亡した全員が以前から慢性のフッ素中毒の兆候を示していた事実が明らかにされていた。[13]

サドラーはコンサルタントとして長く働き、際立った業績を残した。一九九六年に受けたインタビューでは、歯に衣を着せず、「あれは殺人だった。USスチールの重役は、人殺しの罪で刑務所に行くはずだった」と記者に答えた。[14] サドラーはケミカル・アンド・エンジニアリング・ニュースの常連寄稿者だったが、当人の話では、あの記事が出ると同誌の編集者から、今後、原稿の送付はやめてほしいと伝えられたという。この雑誌はアメリカ化学会（ACS）が刊行していた。前会長のエドワード・R・ウェイドライン博士は、老舗の化学会社ユニオン・カーバイドと縁がある工業化学者で、サドラーの名前をブラックリストに載せた。USスチールは、事件のピーク時に大気のサンプルを採取していた。一九五〇年にドノラの被害者家族が起こした集団訴訟の際、その結果を裁判所が公開する可能性が高まると、USスチールは裁判を示談に持ち込んだ。また、公衆衛生局の最終報告もついに公開されなかった。[15]

大気汚染に関する人々の知識が改められたのは、一九五二年のことである。この年の十二月五日から九日にかけ、およそ三〇〇〇人以上のロンドン市民が有毒な煙が原因で息を詰まらせて死亡、これは平均の三倍を上回る数だった。[16] ロンドン大火やペスト禍を目撃した十七世紀のジョン・イーヴリンの時代さながらの「厚かましい煙」のように、スモッグは家のなかにまで侵入してきた。仕事先にいたある市民は次のように回想している。「午後二時になると、廊下の向こうが見渡せなくなっていた。どんよりと黄ばんだ煙だ。事務所の扉を叩く者がいて、『家に帰ってくれ。今日はもう建物を閉める』と言っている（略）。煙は厚く立ち込め、まるで戦場を進んでいくようだったので、忘れようにも忘れられない[17]」

ところがイギリスの保健省は、この尋常ではない死亡者の数をインフルエンザのせいにした。だが、翌一九五三年の一月から三月の予想外の死亡者数は、インフルエンザの死亡者の七倍にも達した。[18] ロンドンの新聞のほうがよくわかっていた。彼らはこの現象を「ロンドンスモッグ事件[19]」と呼んだ。スモッグの主な成分は、石炭の粉塵《ふんじん》の表面に付着した二酸化硫黄だった。

イギリス議会は、産業界に課される負担を恐れ、死者を出した大気汚染の証拠について決定をくだそうとはしなかった。しかし、調査を命じられた委員会が事の重大さを明らかにして報告書を提出、そこには今後一〇年にわたり、ロンドンの排気ガスを八〇パーセント削減せよと記されていた。一九五六年の大気浄化法で、「建造物の煙突（略）からの黒煙」、ゴミの焼却に伴う排煙、排煙を伴う火炉の設置が禁じられる。地方自治体は、排煙規制区域を指定できるようになったが、適切に設計された暖炉であれば、政府は規制から除外することができた。[20]

この法律で、暖房用の燃料は、石炭のような固体燃料からガス――海外から輸入した液体プロパン――に事実上切り替わっていった。一九六五年にはヨークシャー沖合の北海で、天然ガスの巨大ガス田が見つかる。プロパンガスや都市ガスよりも燃焼度が高かったので、約二〇〇〇万台のガス器具が新たに使われるようになった。一九六七年以降、このような変化が一〇年にわたって続いた。ロンドンでは一九六二年にも死亡者を伴うスモッグが再発したものの、年を追うごとにイギリスの大気は浄化されていった。[21]

排気ガスと光化学スモッグ

第二次世界大戦と戦後の余波が続いた一九四〇年から五〇年の一〇年間、さらにこの時期を過ぎてからも、ロサンゼルスの大気はそれまでとは別種の白色の〝霧《フォッグ》〟の影響を受けるようになっていた。当時、人々は現在と同じ意味でこの〝霧〟を「スモッグ」と呼んでいた。しかし、専門家は「スモッグ」とは、旧来どおりの「煤煙《スモーキー》にまみれた黒い霧《フォッグ》」という意味に限定した。そもそも「スモッグ」という言葉は一九〇五年、「英国石炭煤煙防止協会」の名誉会計職が、煤煙に覆われ、昼なお暗いロンドンの薄闇を表現するために編み出したものである。[22]

アメリカの自動車登録台数は、一九四五年から五五年の一〇年で倍以上になり、約二六〇〇万台から五二〇〇万台以上にまで増えていた。盆地が多いロサンゼルス郡には、濾過されないまま大気中に

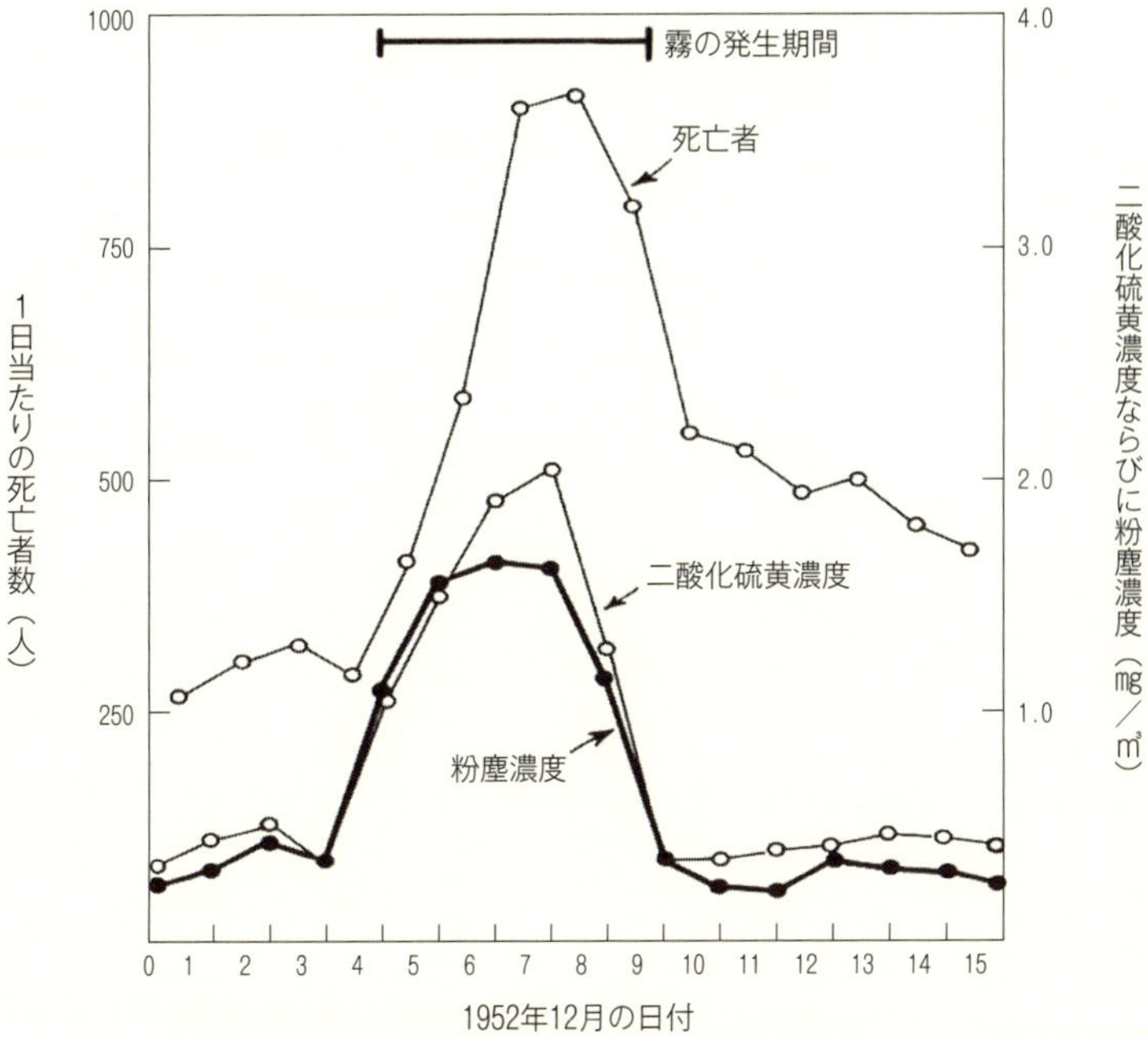

18-1　1952年12月、ロンドンに発生した“死の霧”。死亡率は、冬季の低温のもと、二酸化硫黄濃度と粉塵濃度の絶頂時と密接に関連していた。

放出されたエンジンの排気ガスがかなりの割合で盆地にたまっていた。高度があがるにつれて気温も上昇するという気温逆転がたびたび発生し、大気も霞《かすみ》がかかったようにぼんやりとしたり、茶褐色に変わったりしていた。空気を吸い込むたびに住民は痛みを感じた。盆地には四五の行政区が、寄せ切れのパッチワーク《クレージー・パッチワーク》のように集まっていたが、ひどくなる一方の痛みに納得できない住民は、一人また一人と市長を失職に追いやった。

　しかし、自動車の排気ガスは責任を免れていた。非難の矛先は盆地で操業する工場や製油所に向けられ、裏庭で燃やされるゴミさえやり玉に挙げられていた。石油業界のある定期刊行物は、「スモッグはメキシコの火山、パリクティン山のせいだと非難する者がいる」とぬけぬけと言い張っていた。「なかには原爆のせいだとほのめかす者もいたし、それどころかスモッグとは、人智を超えた超自然現象だと考える者さえいた[23]」

「当時、スモッグの正確な原因がわからず、どう排除すべきなのか、その方法をめぐって大混乱に陥っていた。至急の解決を求める市民グループがあちこちで結成され、法的、政治的な面でももつれ合い、取り憑かれたような主張が声高に論じられていた」。カリフォルニア工科大学《カルテック》の化学者で、数々の装置を発明したアーノルド・ベックマンは、一九四〇年代後半の様子についてそう言及する。それぞれの町で専門家を招請し、スモッグの原因の診断を試みていた。そのなかには、人もあろうにあのエドワード・R・ウェイドライン博士がいた。

　博士はピッツバーグにあるメロン工業研究所の所長で、業界の都合を優先し、サミュエル・サドラーの締め出しを図った当の人物である。鉱山局の職員とともに、ウェイドラインは二週間にわたってカリフォルニアのスモッグを調査した。ベックマンによると、「彼らはものの役に立たなかった」という。「もっぱら煤煙と二酸化硫黄（SO_2）を測定していたが、その検査によれば、ロサンゼルスの汚染された大気は、ピッツバーグの浄化された大気よりもきれいだった。一行は首をかしげていた」[24]

一九四七年、行政区分を横断した活動を促進させるため、カリフォルニア州政府は、州内の各地域に大気汚染規制局を設けることを認めた。州のこの決定に石油業界は反発し、なんとか廃案に持ち込もうとしばらくのあいだ抵抗を試みた。しかし、ユニオン・オイル・カンパニー・オブ・カリフォルニア〔現在のユノカル〕の取締役副社長W・L・スチュアート・ジュニアは、業界の役員が集まった会合の席で、自社の将来はロサンゼルスの繁栄にかかっている伝えた（ユニオン・オイル・カンパニー・オブ・カリフォルニアは、スチュアート・ジュニアの父親によって一八九〇年に創業、カリフォルニアでも古参の石油会社のひとつ）。他社の経営陣に向かい、ユニオン・オイルは州の法案を支持するとスチュアート・ジュニアは明言した。この考えに他社も従い、結局、法案は全会一致で議会を通過する。

ロサンゼルス郡大気汚染規制局は、カリフォルニア州はもとより、アメリカでもはじめて設立されたこの種の機関である。一九四七年十月、ベックマンとはイリノイ大学で同級だったルイス・C・マッケーブ博士が規制局の局長に任命された。

誰もが、ロサンゼルスにスモッグを発生させている主な原因は、二酸化硫黄だと考えた。ベックマンによれば、「大気を白くかすませ、目を刺激する張本人の化学物質は、二酸化硫黄だと当然のように思われていた。ピッツバーグやセントルイスなど、こうした見込みを裏づける例もいくつかあり、実際、大気汚染を引き起こしていた犯人は煤と二酸化硫黄だった。ロサンゼルス一帯では、煤こそなかったが、二酸化硫黄こそ、この不快をもたらす汚染物質のはずだと思われていた」

二酸化硫黄の場合、目や肺に症状が現れる。〝未熟《アマチュア》な科学者たち〟――ベックマンは彼らをそう呼んでいた――は二酸化硫黄が犯人だと決めてかかると、二酸化硫黄は酸化して三酸化硫黄（SO_3）に変化すると唱えた。三酸化硫黄は酸性雨の主な原因成分である。当時、新しい薄手の長靴下としてナイロン製ストッキングが登場していた。ベックマンが言う〝未熟〟な研究者はこれに飛びつき、三酸化硫黄が犯人と唱えるも者いた。三酸化硫黄は水に溶けると、激しい腐食性の硫酸に変化する。ストッキングの製造過程を通じて発生した三酸化硫黄で、スモッグに覆われた大気に穴と通路ができてしまったのだと説いた(25)。

ベックマンはそうは考えなかった。理由は簡単だ。化学エンジニアとして、二酸化硫黄ならではの臭い、つまり腐った卵のような臭いをこの物質が放つことを知っていたからだ。「大気中に二酸化硫黄の臭いがしなかったので、ロサンゼルスのスモッグの原因が二酸化硫黄だとは、どうしても思えなかった」と言っている。ベックマンは元同級生のルイス・C・マッケーブと面談した。「かわいそうに、（マッケーブは）非難の矢面に立たされていた」。ベックマンは大気汚染規制局の局長に、大気の分析を含む「ちょっとした調査を実施する」ことを勧めた。仕事に追われていたマッケーブは「時間がない」と断わったが、二名の化学者に押し切られた(26)。

大気のサンプル分析には、練達の微量化学者の手を借りなくてはならない。ベックマンには心当たりがあった。大学の同僚で個人的にも尊敬している友人である。オランダ人有機化学者のアリー・ジャン・ハーゲン＝スミットで、ロサンゼルスの中心街から北東一一マイル（一八キロ）のパサデナにあるカリフォルニア工科大学で化学を教えていた。一九〇〇年にユトレヒトで生まれたハーゲン＝スミットは、精油の生合成を専攻していた。このころ取り組んでいたのがパイナップルの香り成分の抽出で、熟れたパイナップルの臭いでむせ返った研究室の空気から、凝縮したパイナップルの香りを苦労して集め、そこから成分を分離していた。

　パイナップルの精油を分析する装置なら、スモッグの分析にも使える。大柄で押し出しがきくハーゲン＝スミットは、窓を開け放つと、スモッグまみれのパサデナの空気三万立方フィート（八五〇立方メートル）を取り込み、液体窒素で冷却した捕集装置にくぐらせた。[27] 凍結水の蒸発とともに、捕集装置に残っていたのは、ベックマンが言う「悪臭を放つ、数滴の暗褐色の液体[28]」だった。液体を分析したハーゲン＝スミットは、これは石油製品や工業用溶剤に由来する飽和炭化水素と不飽和炭化水素で、さらに「液体には、油田や製油所、ガソリンスタンド、自動車などから蒸発したありとあらゆる物質が含まれている」と報告した。

　大気汚染の原因として新たに特定された物質が異質だったのは、二段階の生成過程を経ている点である。ハーゲン＝スミットのリストに挙げられていた原因物質はいずれも、目には見えない状態で大気に放出され、その後、「太陽光線とオゾンのほか、おそらく窒素酸化物のような他の大気中の汚染物質の影響を受けて」酸化──酸素と化合──して、茶色がかった靄《もや》になる（略）。「これらの反応を通じてエアロゾルが生成、エアロゾルには目を刺激する成分が含まれている。また、微小な分子であるため、視程［水平方向で目視できる大気の見通し］の低下を招いていたのだ[29]」

　ロサンゼルスのスモッグは、煙と霧によるものではなかった。実は、その正体は酸化した炭化水素だったのである。しかし、スモッグという用語がすでに一般化していたので、従来のスモッグと区別するため、特徴的な二段階の生成過程を正しく形容するひと言が必要だった。以来、このタイプのスモッグは「光化学スモッグ」と呼ばれる。カリフォルニア工科大学のハーゲン＝スミットの教え子たちは教授の名前をもじり、「ハーゲンスモッグ」と呼んだ。

自動車の公害防止規制

しかし、スモッグをめぐる問題は、家庭ゴミの焼却禁止や石炭からの切り替えで済むような、単純な問題ではなかった。ハーゲン＝スミットは、深刻なスモッグに見舞われた期間、ロサンゼルス盆地には、原因物質と結合した約五〇〇〇トンもの量のオゾンが存在し、実際のスモッグの重量は面積二五マイル（四〇キロ）×二五マイル（四〇キロ）、厚さ一〇〇〇フィート（三〇五メートル）のスモッグの層となり、重さは六億五〇〇〇万トンに達すると推定した。ハーゲン＝スミットによると、「山に送風機を設置するとか、山にトンネルを掘り、そこからスモッグを逃がしたりする方法が提案されていたが、たいていの場合、こうした〝応急処置〟には、スモッグがこれほど途方もないトン数である点が見逃されていた」

ハーゲン＝スミットは石油業界を非難した。湖のように巨大な野天の貯蔵池にガソリンを入れて蒸発するままにさせている。屋根付きのタンクも、屋根と油面のあいだの隙間から蒸発が相変わらず続いていた（関係者を説得し、最終的には貯蔵池の表面を覆わせ、貯蔵タンクは浮き屋根式にさせた）。これによって、大気への蒸発を防ぎ、石油会社は利益も確保された）。しかし、ロサンゼルス周辺を走る五〇万台の自動車は、「日々、約一万二〇〇〇ガロン（四万五〇〇〇リットル）のガソリン」を燃やし続け、「無理な相談ではあるが、かりに九九パーセントの完全燃焼が行われていたとしても、一二〇トンのガソリンが未燃焼のまま」毎日のようにカリフォルニアの大気に吐き出されていた(30)。

「この結論に抗議の声が猛然とあがった」とベックマンは記す。「とりわけ激しかったのが、石油業界と自動車業界からで、ハーゲン＝スミットは見当違いもはなはだしいと決めつけた」。業界から資金援助を受けていたスタンフォード研究所（SRI）は独自の調査を行い、異なる結果を得ていたので、ハーゲン＝スミットは重大な過ちを犯していると非難した（高価で精密な装置を使用していたにもかかわらず、実は間違っていたのはスタンフォード研究所だった。計測に使用していたガソリンはありえないほど高濃度で、スモッグの反応を消していた。ハーゲン＝スミットは古タイヤのチューブを折り曲げ、オゾンへの露出を高めることで、チューブに発生する亀裂がどう変化するのかを計測した）。

感情を害され、怒りに燃えたハーゲン＝スミットは、スタンフォード研究所の誤りを立証しようと腹を決めた。パイナップルの研究をひとまず棚上げにして、それから六か月間、光化学スモッグからガソリンと微粒子の化合物を抽出する作業を続けた。ベックマンの話によれば、「大気汚染について、ハーゲン＝スミットはまったく新しい考えを導入した」という。「その考えは、清浄な空気を得ようとする運動に革命をもたらした。彼は大気汚染の元凶を特定すると、自動車会社、製油所、火力発電所、製鉄所であるとひるむことなく告発した」

ハーゲン＝スミットの業績によって、自動車の公害防止規制と産業界に対するより厳格な基準設定へと向かう、国を挙げての長くて執拗な、たゆみない運動への道が切り開かれることになった。ロサンゼルスをはじめ、現在、清浄な空気を謳歌する世界各地の町々は、頑として退くことのなかったこのオランダ人の技術と倫理的な怒りに、そうした恩恵の何割かを負っているのだ[31]。

それから数十年を経て、産業界もついに膝を屈し、不承不承ではあったが、抵抗をあきらめて法令を順守するようになった。一九七〇年七月、リチャード・ニクソン大統領の行政命令で、アメリカ合衆国環境保護庁（EPA）が創設され、文字どおり連邦政府による効率的な大気汚染防止の始まりとなった。その五か月後には、大気浄化法の大幅な改正案［法案提出者の名前から「マスキー法」とも呼ばれる］が大差をつけて議会を通過している。[32] そして、行政機関の取締官の手に権力が渡ると、彼らはますます厳格な規制を全国に課していった。

一九七五年、新車への無鉛ガソリンの使用が義務づけられる。これは大気中の鉛汚染量を減じるために講じられたのではなく、新車の排気システムである触媒式排ガス浄化装置を保護するうえで必要だったからである。一九八〇年代には、有鉛ガソリンは段階的に縮小され続けていった。鉛が原因で子供の神経障害が引き起こされていた事実が、調査で明らかになったからである。[33] ニューヨークの場合、煤煙による汚染の大半は、自動車の排気ガスではなく、濾過処理されていないゴミの焼却炉によることが研究者によって明らかにされると、ゴミ焼却も最終的に規制の対象になった[34]（一九五九年から翌六〇年にかけ、私はマンハッタンに住んでいた。アパートの机の上にタイプ用紙を置いておくと、ベトベトした煤がたちまち積もり、汚れて使いものにならなくなった）。

環境クズネッツ曲線

一九九一年、当時、アメリカ、カナダ、メキシコの三か国で北米自由貿易協定（NAFTA）の交渉が進められていた。プリンストン大学の二人の経済学者が、貿易圏によって起こりうる環境影響について調べていると、興味をそそられる傾向が存在することに二人は気がついた。

統計サンプルとして四二か国の都市部を選定、それぞれの都市の大気汚染レベルと所得増加の相関関係を検証してみると、二種類の汚染物質（二酸化硫黄と〝煤煙〟）の濃度は、国民所得（NI）が低レベルだと、一人当たりの国内総生産（GDP）と連動して増加していくが、所得レベルがさらに高

18-2 スモッグで視界がぼやけたニューヨークのジョージ・ワシントン・ブリッジ（1973年）。

まると、国内総生産が上昇するにつれ、汚染物質の濃度が減少していく事実を発見したのだ[35]。彼らの一九九一年文書は大きな影響を与えたが、そこに記されていた二酸化硫黄の観測量を示した図は別掲［四九一ページ］のとおりである。

偶然ではあったが、プリンストン大学の経済学者が示した図は、「クズネッツ曲線」に酷似していた。クズネッツ曲線とは、相反する経済理論を目に見える形にしたもので、名称はベラルーシ生まれのアメリカ人経済学者サイモン・クズネッツにちなんでいる。クズネッツ曲線は、所得の増加と所得の不平等というまったくの相反関係にあるものを対置していた。プリンストン大学の経済学者の相反関係は、やがて「環境クズネッツ曲線」（ＥＫＣ）と呼ばれるようになる。その標準的な図形は別掲の図版のような形をしている。

環境クズネッツ曲線は、プリンストン大学の教授が発見したような関係——工業化が早期の段階では汚染は増大化するが、その後、個人所得の上昇がある境界値に達すると、汚染を減少させようという試みが高まっていく――をモデル化したものである。程度の差こそあれ、これは二十世紀前半、ピッツバーグ、ニューヨーク、シカゴやその他もろもろの都市において、アメリカが大気汚染をめぐって経験してきたことにほかならない。一九五〇年代と六〇年代にはロサンゼルス郡の光化学スモッグ、さらに一九七〇年代には国中に拡大した光化学スモッグでも、環境クズネッツ曲線が描かれていた。しかし、さらに調べていくと、環境クズネッツ曲線が一貫性を欠いた奇妙な齟齬《そご》をきたしていることが明らかになる。大気汚染にはほぼ間違いなくこの曲線は当てはまるが、たとえば、水質汚染、二酸化炭素や温室効果ガスの濃度上昇に関してはそうではなかったのだ。(36)

そうした矛盾にもかかわらず、このモデルは保守派の資本家からもてはやされてきた。汚染問題は、政府の規制から解き放たれた経済成長を通じ、神の見えざる手によって一掃される。環境クズネッツ曲線はその事実を裏づけていると、彼らはよくそう唱える。

環境改善モデルとして部分的に重なるモデルが、贅沢品にまで敷衍《ふえん》できると見なされているのだ。より清浄な空気や水、閑静な空間（経済学者が言う「環境アメニティ」）も、限られたエリートなら購入できる。このモデルでは、必需品は無理なく購入できる価格でなくてはならないので、生産性はさらに高まり、涸渇していく天然資源は代替する物質に置き換わるが、一方で、環境アメニティの価値はますます高まる。つまり、電気代は安価なままだが、グランドキャニオンのような自然はひとつしかなく、限られた者を除けば、ほとんどの人たちがそこに行くことはできない。経済学者はこのモデルを嫌い、これまで異議を唱えてきたと主張する。(37)

清浄なる新世界を指し示す境界は、平和と静謐《せいひつ》、家族と新しい始まりを希求した第二次世界大戦の

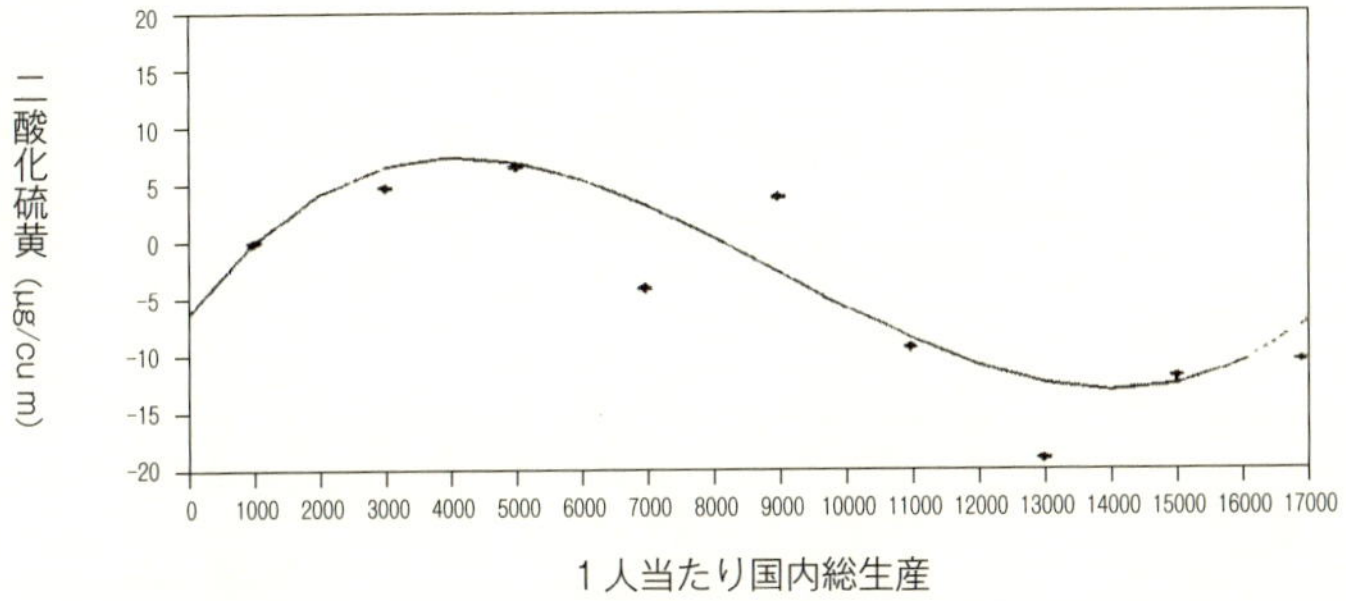

18-3　二酸化硫黄と1人当たりの国内総生産との相関図。（縦軸が二酸化硫黄、横軸が1人当たり国内総生産）

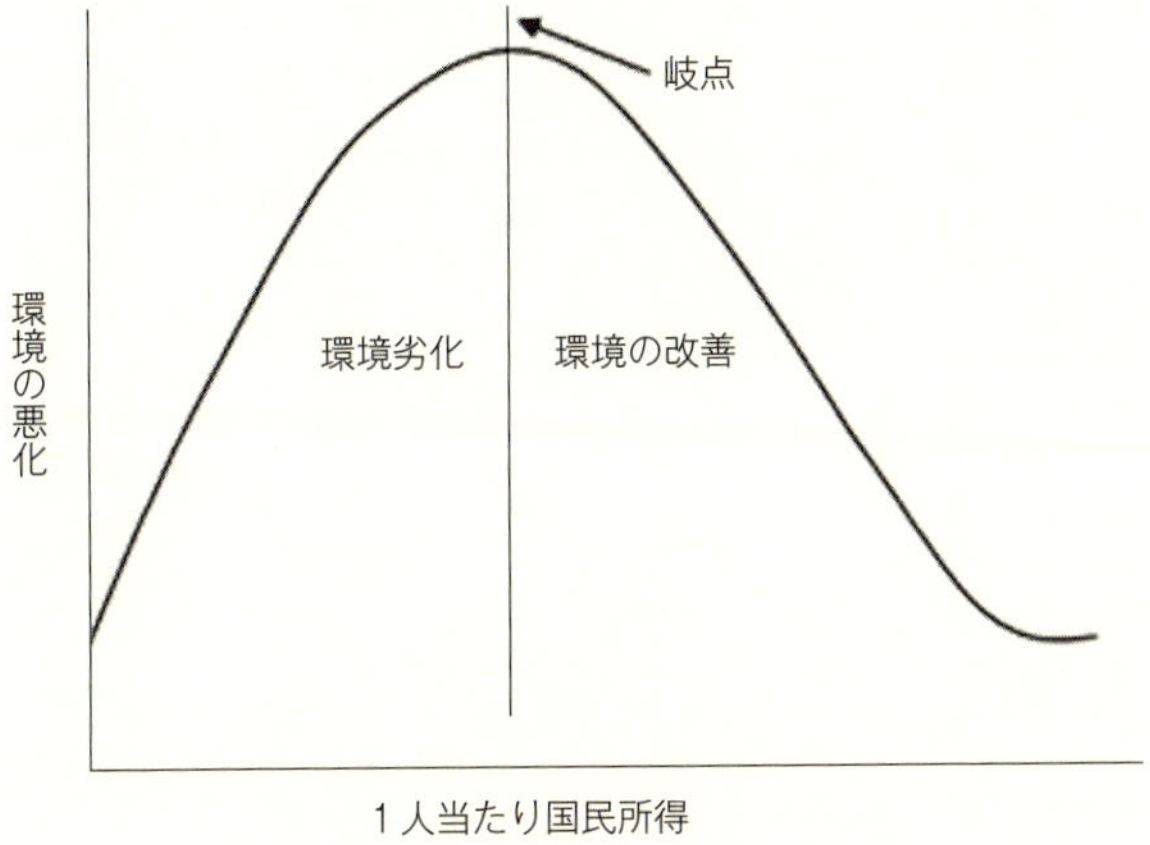

18-4　環境クズネッツ曲線（EKC）。

あたりに横たわっているのだろう。戦争に疲れ果てた復員兵は、汗と悪臭と倦怠、虐殺に飽き飽きしていた。そんな彼らをアメリカは、神の導きとともに迎えた。戦時中であってさえインフレを封じ込めることができた膨大な備蓄金である。戦争やそれに先立つ大恐慌の時代、配給もしくは入手できなかった品々への鬱積された需要が解放される。復員軍人援護法を通じ、大学や職業訓練に対して奨学金が支給される。住宅資金の融資も受けられる。

「アメリカが大躍進する最中、二十世紀中葉の数十年間に起きたこの国の労働生産性のレベルの高さは、あらゆる経済史を踏まえても、屈指の偉業のひとつとして数えられる」と経済学者のロバート・J・ゴードンは書いた。アメリカ経済が、かりに一八七〇年から一九二八年並みの年平均成長率で伸長していたとするなら、一時間当たり生産量は、一九五〇年の時点で一九二八年に比べ、五二パーセント上昇したことになる。しかし、現実にはどうだったかと言えば、アメリカの一時間当たり生産量は、一九二八年から一九五〇年にかけ、九九パーセントも拡大していたのである[38]。

経済成長のおかげでアメリカ国民の懐はますます豊かになった。その影響はこの国の国民の心理状態にも変化をもたらした。一九二九年の大恐慌は陰鬱な逃れられない宿命として、大半の国民は恐怖さえ覚えていた。自殺率は、一九二〇年の一〇万人に一二人から、二九年には一〇万人に一九人にまで跳ね上がっている。自殺率の高止まりは第二次世界大戦まで続いた。一九三三年、アメリカの国民の四分の一が仕事を失い、国内総生産はおよそ半分にまで減った。

「国民の三分の一が、満足な家に住めず、満足な身なりもできず、満足に食べることもできない現実を見てきた」——一九三六年、フランクリン・ルーズヴェルトは二度目の大統領就任演説でそう宣言した。そして、第二次世界大戦を通じて、アメリカは経済復興を果たし、貧富の差を軽減させていく。

富の不平等がふたたび頭をもたげ、アメリカの労働者階級を押しつぶそうとしている現代から改めて振り返れば、二十世紀半ばのこの時期の数十年は、あたかも平等主義者が説く、約束の地のような輝きを放っている。

経済学者のロバート・ヒッグスは時代意識の変容を次のように説明する。

いつ終わるとも知れないように思えた大恐慌の時代、ほとんどの国民が抱くようになった悲観の見通し、その思いを断ち切ったのが（略）、戦時経済にほかならなかった。果てしなく続くと思われた一九三〇年代の一〇年、とくに後半の五年間、経済体制は取り返しがつかないほど破綻したと多くの者が心から信じた。その絶望を追い払ったのが（略）、狂ったように働いた戦時生産だった。飛行機や軍艦や爆弾、これらを残らず作り上げることができたら、もう一度、自動車や冷蔵庫に溢れかえった生活に戻れるかもしれない。国民はそんなふうに考え始めていた。[39]

第二次世界大戦から数十年、アメリカ人は働き続け、物質生活をよりよきものに変えてきた一方で、自らが毎日を過ごす居場所である環境の改善も図ってきた。環境クズネッツ曲線が有効なモデルなら、アメリカや他の先進工業国は、一九五〇年代半ばごろ、環境の修復を図るようになる所得の分岐点を通過していたことになる。しかし、繁栄は遂げたものの、同時に彼らはある疑問を覚えるようになっていた。その疑問とは――経済成長は本当にすばらしいものなのだろうか。

第19章

迫りくる暗黒時代——環境保護運動／優生学／新マルサス主義／水爆実験／LNTモデル

レイチェル・カーソン／ハリソン・ブラウン／リチャード・ファインマン／トーマス・マルサス／ポール・R・エーリック／ジョズエ・デ・カストロ／デヴィッド・ブラウアー／アルヴィン・ワインバーグ／ジミー・カーター／ハロルド・アグニュー／ルイス・ストロース／アルフレッド・スターティヴァント／ハーマン・マラー／アーネスト・カスパリ／エドワード・カラブレーゼ／ジャン・ベユェ

世界の終わりと悲観主義の広がり

『沈黙の春』を書いていたころ、レイチェル・カーソンは転移性の乳癌を患い、死の宣告を受けていた。一九六二年刊行の『沈黙の春』は、のちに環境保護運動の礎を築いたという評価を得ることになった。自身が化学療法の中毒作用に苦しんでいるとき、カーソンは殺虫剤の毒性作用を非難していた。放射線治療で激しく衰弱していたとき、彼女は死に至る可能性がある放射線に非を鳴らしていた。

カーソン自身の体は、『沈黙の春』の第一章に登場する、楽園のような小さな町にあったのだろうか。あの「生きとし生けるものすべてが、周囲と調和しながら生きている場所」にいたのだろうか。それとも、「奇妙な枯死があたりに広がり、（略）至るところに死の影が潜んでいる」場所にあったのだろうか。[1] 作品に授けられる情熱が個人的なものであるとき、作家は傑作を描き上げる。殺虫剤は、「凄まじい勢いで、私たちが暮らす環境に持ち込まれています（略）。細胞のなかで生きている原形質《プロトプラズマ》にはそれに慣れる時間さえありません」[2]。『沈黙の春』が刊行される直前の一九六二年の春、招かれた卒業式のスピーチでカーソンはそんな警告を発していた。カーソンはこの発言から二年とたたない一九六四年四月に他界した。元副大統領のアル・ゴアは、『沈黙の春』が書かれていなければ、「環境保護運動は大幅に遅れていただろうし、事によると確立さえしていなかったかもしれない」(3)と述べた。

それまでにも時代を違《たが》え、何冊もの本が世の終末を唱えてきたが、その声は共鳴を巻き起こすことはなく、国の内外で運動となって燃え広がることもなかった。なぜ、『沈黙の春』が人々のあいだに共感を呼び起こせたのだろう。誰かが、もしくは何かのきっかけがお膳立てをしたのだろうか。第二次世界大戦が終わって一〇年、アメリカでは、興隆への期待に根ざした楽観主義が高まっていた。そして、この楽観主義は、人類の将来と自然界の破壊をめぐって途方に暮れる悲観主義をどれだけむしばんでいたのだろう。

『沈黙の春』に先行する著作として、ハリソン・ブラウンという地球核化学者が書いた本がある。ブラウンはワイオミングの牧場主の息子として生まれ、教会ではオルガンを弾き、多くの人に愛された人物だった。戦時中にマンハッタン計画に参加すると、その後、カリフォルニア工科大学で教鞭を執った。彼が書いた本の題名は『人類の未来への課題』(未邦訳)といい、一九五四年に刊行された。カーソン自身、ブラウンの著作には言及してはいないが、この本で詳しく述べられている状況は、カーソンを困惑させずにはおかないものだった。科学者として、二人はともに関連する分野に携わっていた。人類の将来に関し、二人とも痛切な危惧を抱き、自分の処方箋が無視されるようなことにでもなれば、世界規模の災厄に見舞われると警告していた。

ブラウンも開発に参加した二発の原子爆弾は、人類史上、最も破壊的な戦争が近づいてきたことを思い知らせたが、戦後、ブラウンは新型爆弾の無類の危うさを世に知らしめようと力を尽くした。カーソン自身も、原爆がもたらした幻滅に認められる、なぜ人類は自然を「みだりに改竄《かいざん》しようとする」のか、それを究明することに自らの動機を見出した。友人に宛てた手紙のなかで、「原子力科学が確立された直後から、私はその影響のもとで考え始めるようになったと思う。（略）旧来からの考えはなかなか断ち切れないもので、とくにその考えが知的であると同時に、感情に根差している場合はなおさらだ。たとえば、もてあそぼうにも、自然の大半は人間の手など永遠に及ぶものではないと信じるのは、なんとも愉快である」[4]とカーソンは書いた。

二度に及んだ世界大戦直後、思慮に長《た》けた人々が人類の未来に覚えた不安の生々しさ、しかも、併せれば少なくとも八〇〇〇万人の人間がむごたらしい死を遂げたというのに、これだけの年月を経た現在、その切迫感を正しく理解するのは容易ではない。

後年、物理学者のリチャード・ファインマンにインタビューをした際、当時、彼が何を考えていたのか直接尋ねたことがある（終戦二か月前の一九四五年六月、ファインマンが最愛の妻アーリーンを結核で亡くし、悲嘆のさなかにあった事実を私は知らなかった。その話はまだ公表されていなかった）。一九四六年の夏のある日、ファインマンはタイムズスクエアのバーに座り、広場を行き交う群衆を暗い窓越しに見ていたと言う。「そして、ひそかに考えていた――。哀れな愚か者たち。いいかい、ここで毎日せわしなく暮らしているが、本当に何もわかっていない。あと二、三年もすれば、誰も彼も一人残らず死んでしまうのだ」

もちろん、ファインマンの世界観には、妻の死が暗い影を落としていた。とはいえ、「戦後」という時代に変わりつつあった当時、大方の人間同様、ファインマンもまた、ソ連がアメリカとまったく同じように兵器の備蓄を進めるはずだと信じていた。軍拡競争が世界を破滅させる核戦争に至るのは避けようのない事実だった。妻の死の悲しみから癒えるとともに、ファインマンは運命論のとらわれから解放され、人生と創造的な仕事に対する情熱を蘇らせ、ふたたび活動を始めた。

しかし、復員兵が帰郷して腰を落ち着け、生活を築き上げていた戦後のせわしない変換期、その底にはどうやら運命論が横たわっていた。復員兵の多くは、心的外傷を残す戦場に何年にもわたってさらされ続けたが、驚くことに、戦争体験でトラウマを負ったと自ら認める者はほとんどいなかった。彼らはそれをおくびにも出さず、喫煙や飲酒、あるいはがむしゃらに働き続けることで、蘇る辛い記憶を鎮めていた。そして、これ以上その辛さと軍人らしい建前を保つことができなくなったとき、彼らの大半はリタイアすることに救いを求めた。(5) こんなふうに本心に半ば目を閉じてしまえば、世界は汚染されていると信じるのはそう難しいことではない。

「優生学」と「人口爆発」という悪夢

レイチェル・カーソンにとって、世界に汚染をもたらしたのは放射線であり、具体的な毒物だった。ハリソン・ブラウンと、彼の見解を支持する新マルサス主義者*訳註にとって、世界を脅かすのは自分以外のほかの人間の存在だった。ブラウンの弟子で、バラク・オバマ政権の科学担当の大統領補佐官を務めたジョン・ホルドレンは、ブラウンは、「温かい人柄で機知に溢れ、快活でいつも目を輝かせていた。これほど手本とする人物はめったにいるものではない(6)」とたたえる。たしかにそんな人物だったのだろうが、未来に向けられたブラウンの考えは、反ヒューマニズムの陰りを帯びていた。

『人類の未来への課題』でブラウンは次のように記している。人類の大半は、あたかも「この地球が身もだえする人という人ですっぽり包み込まれ、あますところなく覆い尽くされてしまうまで、満足することなく増え続けていくだろう。そのさまは、牛の死体に無数のウジがへばりつき、脈動するかのようである」[7]。そして、彼が言う「人類という種が将来的に退化」するのを避けるため、人口過剰に対する自然選択を踏まえたうえで、「個人の交配」を阻む必要があると説いた。その個人とは、「社会にとって明らかに有害な欠損をまぎれもなく有し、しかも、その欠損が遺伝性だと判明した場合である」。たとえば、次のような調子だ。

去勢あるいは他の手段を用いて、知的障害者の交配を押しとどめることができる。これにとどまらず、彼らの交配を禁じることで、先天性の聾《ろう》、聾唖者、盲人、肢欠損者などの肉体的欠陥といった深刻な遺伝性の形態に苦しむ個人を、社会から組織的に取り除くよう努めることができる。(略)惜しむらくは、現時点では人類遺伝学に関する人間の知識はごく限られ、実際に排除するまでには至っていない[8]。

二通りの方法で人類の〝排除〟は達成できるとブラウンは断言した。ひとつは、〝不適切〟な個人の交配を阻むことであり、もうひとつの方法は、肉体と精神の検査を経て、血統に問題がない者たちによる交配の奨励である。好ましくない者を排除する手段には、さらに抜本的な方法があるとブラウンはほのめかしている。ナチスのホロコーストからまだ一〇年とはいえ、そのような抜本的な方法が、

＊訳註　マルサスは「人口は幾何級数的に増えるが、食糧は算術級数的にしか増えない」と人口と食糧の関係を唱え、結婚年齢の延期による人口抑制を推奨した。新マルサス主義は産児制限による人口増加の抑制を主張した。

「同時代を生きる大半の人間にとって、はたして受け入れられるのかどうか」疑っていた。(9)

人類の選定と体にメスを入れることを勧めるこの冷酷な誘いには、ナチス優生学という似非《えせ》科学とたがいに響き合うものを感じるが、それにはもっともな理由がある。アドルフ・ヒトラーに天啓を授けたそもそもの優生学運動と、「人口爆発」というマルサス主義者の悪夢にお墨付きを与えた、本音を隠した戦後の優生学運動は、実は、直系の系譜で結ばれているのだ。その関係を綿密にたどることは本書のテーマから逸脱するが、それを試みた研究者はいる。そのなかには、二〇一三年に『絶望を売る商人――暴走する環境保護主義者、似非科学者の犯罪、そしてアンチ・ヒューマニズムを奉じる死のカルト集団』(未邦訳)を書いた航空宇宙学のロバート・ズブリン、あるいは二〇〇九年の論文「人口爆弾に関する戦後の知的根源」(10)を書いたピエール・デロシュールとクリスティーン・ホフバウアーなどがいる。

トーマス・マルサスは、十八世紀のイギリスの古典派経済学者で、彼自身、人間の排除について物おじするようなタイプではなく、むしろ誰憚ることなく提唱していた。

貧者には清潔さを推奨するのではなく、それに反する習慣を督励すべきだ。都市においては、通りをさらに狭隘なものにし、ますます大勢の人間を家のなかに押し込め、疫病が流行るように努めるべきである。地方にあっては、村の周囲によどんだ水たまりを設け、ぬかるみに覆われ、健全とはほど遠い土地に住むよう督励しなくてはならない。しかし、わけても肝要な点は、どれほど破滅的な悪疫であろうと、特効薬は断固として拒むことである。慈善者は、特定の病を根絶やしにする並はずれた企てを通じて、人類に奉仕していると考えるが、彼らははなはだしい心得違いをしているのだ(11)。

人間性に対するまことに不遜で、小馬鹿にした思いは、この手の高尚な労作とされるものに決まってうかがえる。最も広範に読まれた、新マルサス主義者による一般向けの本は、昆虫学者ポール・R・エーリックが書いた『人口爆弾』で、一九六七年、アメリカの自然保護団体「シエラ・クラブ」の求めに応じて書かれた。「数年前、デリーのなんとも暑い夜」にエーリック一家が遭遇し、パニックに陥ったカルチャーショックの話からこの本は始まる。

家内と娘と私は、時代物のタクシーに乗ってホテルに戻った。タクシーのシートでは蚤《のみ》が跳ねまわっている（略）。気温は優に華氏一〇〇度（摂氏三八度）を超えている。あたりの空気は塵《ちり》と煙で揺らいでいた。通りはどこもかしこも人でいっぱいのようである。ものを食う人たち、洗濯をする人たち、眠りこけている人たち。どこからかやってきては、言い争いになって、大声を張り上げている。しゃがんで排便をする者がいる。小便をしている者がいる（略）。群衆のなかをゆっくり進んでいくと、クラクションの音が高らかに鳴り響き、塵と騒音と暑熱、そして調理の炎がこの世のものとは思えない光景に彩りを添える。ホテルにはたどり着けるのだろうか。白状してしまえば、私たち一家は脅えていた。このままで済むとは思えなかった——が、もちろん何も起こりはしなかった。インドに通じている者には、私たち一家の反応はお笑い草だろう。彼らに比べれば、私たちは並はずれて裕福なただの旅行客にすぎず、インドの光景と喧噪に不慣れなだけなのだ。しかし、人口過剰がどういうものかまざまざと知ったのは、おそらくこの夜以降のことである(12)。

「このままで済むとは思えなかった――が、もちろん何も起こりはしなかった」とある。「通りはどこもかしこも人でいっぱい」と書かれているように、デリーの路上生活を、そこで暮らす者がどう感じていたのかなど、エーリックは気にもとめていないようだ。『人口爆弾』で論じられているのは「悲劇を生み出す最終部門」、つまり「人口増加に食糧生産がまったく追いついておらず、自給自足が可能になるまで（アメリカの）食料援助を行ってもらえる見込みがまったく立っていないような国々」のことだ。そのなかでエーリックは、インドは「これ以上食料を受け取るべきではない」と勧めている。人々が餓死することは、避けられない結果なのだとエーリックが信じていたことだけは疑いようがない[13]。

資源の枯渇と人口過剰という恐怖

ブラジルの医師で地理学者のジョズエ・デ・カストロは、『人口爆弾』の一〇年前に南アメリカの状況について書いた本のなかで、こうした殺伐とした冷淡さに腹を立てていた。すでに古典となった彼の『飢えの地理学』では、エーリックのような他者をさげすんだ発想がやり玉に挙げられている。「新マルサス主義は非人間的な経済をドグマとし、弱き者、病に伏せる者は、死の床に置き去りにされてしかるべきだと説教を垂れ、飢えに苦しむ者がすみやかな死を遂げることに手を貸してきた。そればかりか、医療援助や衛生資源は、自分たちよりも悲惨な状況に置かれている集団には供すべきではないとさえ示唆する始末だ。このような方針は、豊かに暮らす者たちの無慈悲で傲慢な意識をまぎれもなく反映したものであり、悲惨な毎日を送る者に対するやましさに、恐れおののいているからな

19-1 「人口爆弾」の絵。ひしめき合う人間のイメージと、核爆発特有のキノコ雲の破壊のイメージが重ねられている。

のである」(14)

一九六〇年代早々、エーリックが尻込みしたデリーの通りと同じ光景は、今日でも変わらずに目にすることができるだろう。しかし、違いはある。緑の革命*訳註を経て、インド、中国をはじめとするエーリックが見限った国々は、食糧安全保障の問題は依然として残るものの、膨大な人口を抱えながらなお余りある食糧を生産している。偽預言者の多くがそうであるように、エーリックもまた、まやかしに終わった終末の予測を、暦に沿ってさらに数十年先延ばしにすることで応えた。現在、彼が唱えているのは二〇五〇年代だ。終末の予兆はいまだ視野には入ってこないが、二〇一八年、齢《よわい》八十六歳になった当人は、それでも破滅はかならず訪れるといまも信じて疑わない。

一九六〇年代から七〇年代、「スモールワールド」「人口ゼロ成長（ZPG）」「ソフトエネルギー・パス」**訳註などの環境保護運動が台頭し、それぞれの組織は、意識するしないにかかわらず、新マルサス主義が唱える反ヒューマニズムのイデオロギーを自らの主張に取り込んでいた。原子力をめぐり、そのイデオロギーは、矛盾するはずの立場をむしろ断固として支持していた。カリフォルニア州の自然保護団体シエラ・クラブで、影響力を持つ主催者として知られたデヴィッド・ブラウアーは、エネルギー増産への憎悪を憚ることなく口にした。

一九六六年のシエラ・クラブの理事会の席上、デヴィッド・ブラウアーは、「発電所が増えれば、ますます工場が集まり、その結果、今度は人がやってきて人口密度が高まる。この成長に応じて電力の供給源を増やし、そのせいで二〇年後、カリフォルニア州の人口が倍増すれば、カリフォルニアならではの風景はめちゃくちゃになってしまう」(15)と唱えた。人間の生存と風景のどちらが大切か問われた場合、ブラウアーが自分の立場をどこに置いているのかは問うまでもないだろう。望ましくない存在の筆頭に、自分は含まれていないのだ。
アイゼンハワーが主導した「平和のための原子力《アトム・フォー・ピース》」から数年、政府の奨励を得ても、電力会社はなかなか原子力発電に踏み切ろうとはしなかった。一九五七年にはシッピングポート原子力発電所の運転が始まる。ほかの地区でも、何基かの原子炉がシッピングポートに続いて運転を始めた。一九五八年、アメリカ原子力委員会（ＡＥＣ）は少なくとも一一基の炉型が異なる原子炉の開発を支援しており、それぞれの原子炉は、加圧水型（ＰＷＲ）と改良を重ねた沸騰水型（ＢＷＲ）の最先端の原子炉だった。[16]だが、それでも電力会社は原子力に手を出そうとしない。石炭火力発電に比べ、原子力発電はやはりコストがかかりすぎたのだ。

突破口を開いたのがゼネラル・エレクトリック（ＧＥ）だった。加圧水型を進めるウェスティングハウスに対抗し、ＧＥでは沸騰水型原子炉の開発が進められてきた。この沸騰水型原子炉は通常の温度と圧力で稼働し、設計面での簡素化が図れたことで、コスト面でも大幅な改善が可能になっていた。

一九六三年の終わり、ＧＥはジャージー・セントラル・パワー・アンド・ライト社とのあいだで、出力五一五メガワットのターンキー方式（一括請負方式）による発電プラントの建設を受注、固定価格契約で調印を交わした。建設サイトは、ニューヨークから約八五マイル（一三七キロ）離れたニュージャージー州オイスタークリークの川沿いに位置した。それから三年にわたり、ＧＥとウェスティング

＊訳註　一九六〇～七〇年代、穀物の多収穫品種の開発で発展途上国の食糧増産が図られた。

＊＊訳註　巨大設備ではなく、中小規模の設備で生産した再生可能エネルギーを需要地の近くに設置する構想。

ハウスは、このようなターンキー方式による一二基の原子力発電所を建設する。オイスタークリークはその第一号となるプラントだったが、GEもウェスティングハウスも一二基の契約を通じ、総計一〇億ドルに近い損失を出していた。

社会学者のジェームズ・M・ジャスパーによれば、「このような損出が生じたのは、ひとえに将来性に富む技術に向けられた過剰な自信のせいだったのだろう」[17]。その自信は、一部には未経験ゆえの強気に根差していた。一九六三年、両社はともに新たなCEO（最高経営責任者）を迎えている。一人は元電球の営業マン、もう一人は財務アナリストだった。トーマス・エジソンとジョージ・ウェスティングハウスの時代から、両社はライバル企業として競い合ってきた。GEにせよ、ウェスティングハウスにせよ、いずれのCEOともに自分の指導力を知らしめようとやる気満々だった。一九六三年以降、両社とも赤字覚悟で原子炉の大売り出しをもちかけたのは、最終的にコストが低減することで、利益を生み出すようになるという思惑が働いていたからである。

電力会社アメリカン・ガス・アンド・エレクトリック・カンパニーの重役フィリップ・スポーンが話していたように、市場で〝バンドワゴン効果〟*訳註が起きていたのはたしかである。一九六七年、フィリップ・スポーンが議会の証言で語った「バンドワゴン効果」で、「多くの電力会社がわれ先にと原子力発電所の導入を決定した。動機は中途半端な分析に基づいた主観にすぎない場合がほとんどで、なかには原子力ビジネスを新たに手がけたいだけというケースも少なくなかった[18]」

ゴルフのラウンド中、ほかの電力会社の重役の世間話を聞いて、原子力発電の導入を決定した企業もあった。原子炉の安全性をめぐっては、一九五〇年代の開発期間中、原子力委員会は設計に際し、とくに原子炉の安全性に注意を払っていたわけではなかった。一九六〇年代、電力会社もその点では同じである。一九六五年から七〇年のこの期間、アメリカの電力会社はおおよそ一〇〇基の原子炉を発注した。バンドワゴンの行進は途切れずに続いていたのだ。

原子力発電の推進者は、一九五〇年代、六〇年代の新マルサス主義者に対し、自然資源と自然資源を上回るペースで増加する人口との避けようのないジレンマは、原子力によって解決できると反駁することで応じてきた。このような原子力擁護の見解の最も卓越した代弁者こそ、マンハッタン計画に参加した核物理学者で、テネシー州のオークリッジ国立研究所で戦後二五年にわたり所長を務めたアルヴィン・ワインバーグだった。

アルヴィン・ワインバーグは、救世主的な精神性を帯びた人物で、長いキャリアにわたって広範に発言を繰り返し、証言を行ってきた。原子力に対する幅広い見識があっただけに、批判の矢面にも立たされ、ワインバーグ自身の言葉によれば、彼と彼の仲間の科学技術者は、「便益は過大評価するが、新たな発明に伴うリスクは過小評価する」と非難された。

だが、ワインバーグはこうした批判とは真逆の説を唱えていた。テクノロジーに対する批判はある過ちを犯している。その過ちとは、科学技術者が犯したと責め立てる過ちの鏡像にすぎない。そして、二次的な結果、すなわち新技術から社会が収穫するはずの、より多大な人類への恩恵が〝過小評価〟されてしまう。こうした非難が思い描いているのは、原子力によって得られる大いなる便益などほとんど存在しないというイメージだ。つまり、恩恵の大半は、電力会社への過分の配当と原子炉メーカ

＊訳註　バンドワゴンとはパレードの先頭で楽団を乗せていくワゴン車のこと。大勢の支持を得た場合、対象の製品や話題への支持がさらに高くなることをいう。

ーの利益になるという考えである。だが、真相はまったく正反対だとワインバーグは主張した[19]。

ワインバーグがそう主張した一九七〇年、資源の枯渇と人口過剰という新マルサス主義者の恐怖をめぐって、この問題にどう向き合えばいいのか、アメリカ全土で大いに論じられていた。ワインバーグはこの文脈に従い、市場経済と無縁であるがゆえに、原子力の便益が図れるという自身の説を開陳した。そう主張することで、この問題は論ずるに値する問題になるはずだとワインバーグは考えていたのだ。国連が推定する世界人口の中間値は、二〇三〇年の時点で一〇〇億人だとワインバーグは言及していた（二〇一七年、国連はこの数値を訂正、一〇〇億人に達するのは七〇年後の二一〇〇年に延長される[20]）。

一九七〇年の時点で、ワインバーグは、マルサス主義者さながらに、世界の人口は二〇五〇年に一八〇億人に達すると唱えていた[21]。二〇一七年の世界の実際の人口は七五億人、ほぼ二・五倍に相当し、今日、信頼しうるに足る関係機関なら間違っても予想などしない数字だが、世界全体に富が行きわたりつつある現在、出生率が低下して人口転換が起きたからである。二一〇〇年に一〇〇億人という国連の見通しも、そのころになると増加率は〇パーセントにまで漸減していき、世界の人口成長は収束すると推測されている[22]。

しかしワインバーグは、世界の人口がどれだけ増えようとも、マルサス主義者が唱える破局は核エネルギーで阻めると一九七〇年に主張していた。核エネルギーは安価でクリーンな電気を生産するだけではない。核エネルギーで海水の脱塩を行い、淡水を分解して水素を発生させれば、輸送や産業用の燃料として使うことができる。「水素があれば、鉱物から金属を取り出すのを減らすこともできるようになる。石炭に水素を添加（すれば液体燃料に変えることが）できる。肥料としてアンモニアも製造することが可能だ[23]」

原子力を使ってマルサス主義的な破綻をどう回避するのか、そのプロセスの第一段階でワインバーグが用いたのは、本人が「触媒式の核燃焼」と呼んだもので、これは今日でいう増殖炉のことである。増殖炉でウランやトリウムを分解してエネルギーを取り出す一方、プルトニウム、ウラン233、トリウムなどを増殖する。これらを燃料に用いて、核分裂させたり、核融合させたりすれば、ふたたびエネルギーが生産できる。だがそれはきわめて困難な技術を最終的に使いこなせるようになったときの話であり、しかも、かりにそれができたとすればの話だった。

こうした楽観的な見通しの実現は、エネルギー生産に必要なコストにかかっており、その点はワインバーグにもよくわかっていた。原子力はコスト面でも競争力を持つようになるとワインバーグは考えていたが、それは原子力時代が幕を開けたばかりのころの見通しである。環境保護を訴える活動家との対立はまだ経験しておらず、当時、活動家たちは原子力に注意を向け始めたばかりだった。政府の規制強化に伴う、一方的なラチェット効果（歯止め効果）もワインバーグは目にしていない。この規制強化は、正確なもの、誇張されたもの、仮定に基づくものなど、原発事故に対するもろもろの恐れに駆られたもので、安全上の必要な改良が欠落していたことで、原発の資本コストの上昇を招いた。第三十九代大統領ジミー・カーターは、核燃料の再処理の禁止を一九七七年に決定していたが、この政策が正式に決定する以前から、カーターは増殖炉開発の核政策の方針転換を図っていた。

「放射線」に対する恐怖と誤解

カーターの話では、原子力に対する彼の批判的な考えは、カーター自身の個人的な体験に根差していた。一九五二年、未来の大統領は、潜水艦乗務の海軍大尉としてハイマン・リッコーヴァーのもとで原子力エンジニアの訓練を受けるため、ニューヨーク州スケネクタディにあるGEの施設に駐在していた。その年の十二月、カナダのオンタリオ州チョークリバーで、出力三〇メガワットのカナダ原子力公社の試験炉が事故を起こす。この原子炉は重水を減速材に使い、軽水で冷却していたが、運転中に暴走、出力が一〇〇メガワットにまで上昇して爆発すると、燃料棒の一部がメルトダウンしてしまった。世界最初の原子炉事故であり、三〇年後のチェルノブイリ原発同様、基本的な設計ミスの結果だった。

翌一九五三年早々、カーターは二二人の海軍の有資格者とともにオンタリオ州に急行、破損した原子炉の解体を支援した。カーターもすでに原子炉の取扱許可の資格を得ていたが、当時、資格取得は軍の機密とされていた。現場では放射線が漏れていた。原子炉の周辺で作業ができる最大被曝時間を計算してみると、わずか九〇秒しかない。このときの被曝線量は、法定の年間最大被曝線量一五レムに相当していた。汚染除去作業には、一〇〇〇人を超える男性と女性二人が参加していたが、その大半はチョークリバー研究所のスタッフだった。[24]

カナダ側は、除去チームが作業手順の訓練ができるように、研究所内のテニスコートに原子炉の実物模型《モックアップ》を用意していた。カーターによると、「三名一班ごとにモックアップで何回か訓練を実施し、正しい道具を選んでいるか、使用法に誤りはないかを確認した。最後に白い防護服を着込み、原子炉がある階下へと向かうと、割り当てられた時間内で、死にものぐるいになって作業を進めた」という。八九秒後、彼らは階段をのぼり、屋外へと一目散に駆け出した。そのあとを別の班が引き継ぐ。「メンバーが炉心からボルトや付属品をなんとか取り除くたびに、モックアップからそれに相当する部品が取り除かれていった」。作業から数か月間、自分をはじめ作業にかかわった者の被曝を検査するため、検尿と検便が続けられたとカーターは語った。「被曝による明らかな後遺症はまったく見当たらなかった。私たちは、死んでしまうのかそれとも不妊症かという、半信半疑の冗談を言い交わしているばかりだった」[25]

カーターがチョークリバーの放射線被曝の長期検査の結果を知っていれば、原子力に対する元大統領の信頼性は高まっていたのかもしれない。大統領を退任した翌年の一九八二年、三〇年間に及んだ調査研究が公刊された。原子炉の汚染除去作業で被曝した研究所の人員は、「オンタリオ州の一般住民に比べ、予想していたよりも平均寿命で一歳、もしくはそれ以上」長生きしていた。また、過剰暴露に伴う典型的な疾患とされてきた重篤な白血病で死亡した者もいない。癌による死亡者は、一般の平均値に比べても低かった。

線量の科学という疑問の余地がある従来からの見解のもとでは、この研究結果で死亡者が少なかったのは、低量の放射線被曝だったことに加え、「健常労働者効果」のせいだと考えられている。「健常労働者効果」とは、選択バイアスの一種で、そもそも労働者は働けるだけの健康体を持ち、平均すると一般人よりも健康で、死亡率も低くなるという現象だ。しかし、チョークリバーの研究では、オンタリオの一般住民に比べ、肺癌（おそらく喫煙由来の）と心臓疾患による死亡率が被曝者のあいだで高かったのである。健常労働者効果の影響なら、放射線作業者に見られる死亡者数の減少はなおのこと顕著にうかがえるはずだ[26]。

放射線に対する恐怖とその影響をめぐる誤解こそ、反原発感情の抜きがたい原動力だった。反原発の活動家は、何年にもわたりこの感情を焚きつけ、メルトダウンによって「ペンシルベニアに匹敵」

する地域が破滅する（消費者運動家のラルフ・ネーダー）とか、あるいはチェルノブイリ原発事故の放射性降下物《フォールアウト》で「一〇〇万人近く」（オーストラリアの医師ヘレン・カルディコット）が死亡したという声をあげる。(27)こうした極論派の主張を勢いづかせたのが、政府が一九五〇年代に採用していた放射線被曝モデルの欠陥で、放射線の安全性などどうやら保証のかぎりではないと印象づけてしまった。実際に違法行為であるかはともかく、原発とは、科学の愚かさを示す哀れな物語であり、不幸をもたらすことに終わった善意の物語というのが通り相場になってしまった。

ビキニ環礁の水爆実験

一九四九年八月、ソ連が初の原子爆弾の実験に成功すると、アメリカは警戒心を高め、核兵器製造をさらに加速させた。一九四六年から五八年にかけ、アメリカでは一九三回もの原爆と水爆の爆発実験が行われた。いずれの核実験も、パプアニューギニアの北東に位置する、西太平洋のビキニ環礁や島嶼部、もしくはネバダ州ヨッカ・フラッツのラスヴェガス北方地域の大気圏内で実施された。

同じころ、ソ連はカザフ・ソビエト社会主義共和国［現在のカザフスタン共和国］のセミパラチンスクや、ヨーロッパロシア（ロシア西側）北方の北極海に浮かぶ列島ノヴァヤゼムリャを実験場にして八六回の核実験を行っていた。繰り返し行われた核実験で生じた放射性物質は世界中に舞い散っていった。なかでも、こうした放射性降下物のひとつストロンチウム90は、体内に吸収されるとカルシウムのように骨に蓄積されていく。母乳からこの物質が検出されるようになると、世界中の母親たちは震え上がった。

一九五四年三月一日、アメリカ政府は、核実験として悪名の高さでは他に例のない、キャッスル作戦のブラボー実験をビキニ環礁で実施した。使用された水爆「シュリンプ」は、固体の水素化リチウムを使った世界初の〝乾式《ドライ》〟水素爆弾である。実験に先立って一九五二年十一月一日に行われた、世界ではじめての熱核爆弾（水素爆弾）マイクI実験では、低温冷却した液体重水素が使われていた。乾式水素爆弾はこれに比べてはるかに軽量で、爆撃機への搭載も容易だ（マイクの本体重量は八二トン、実用兵器ではなく核融合の実験として実施された。シュリンプの重量はわずか一〇・五トンだった）。シュリンプ内に配置された水素化リチウムは、起爆した瞬間、水素の放射性同位体トリチウムに変化して水素が生成される。

キャッスル作戦にかかわった物理学者の一人、ハロルド・アグニューから私がのちに聞いた話では、シュリンプの設計者らは、水爆燃料のリチウムの二つある同位体のひとつ、リチウム7が核反応を起こすとは考えていなかったという。シュリンプ内に置かれたリチウムの六〇パーセントをリチウム7が占めていたが、この核実験の条件のもとでは、反応は原理的に起きないと彼らは信じきっていた。しかし、実際には燃料内の四〇パーセントを占めるリチウム6と同等のエネルギー出力で反応し、想定五メガトンの核出力は、三倍の一五メガトンのエネルギーを放出していた。TNT換算では、核威力は五〇〇〇万トンから一五〇〇〇万トンにも達していた。

爆発したシュリンプは直径四・五マイル（七・二キロ）の火球となり、装置をしかけた島は消え去り、海底は深さ二五〇フィート（七六メートル）、幅一マイル（一・六キロ）以上に及ぶクレーターと化し、危険な放射性降下物は太平洋上を七〇〇〇平方マイル（一万八〇〇〇キロ平方メートル）の範囲を超えて広がった。

島から退避を命じられていた島民が被曝したほか、日本の漁船「第五福竜丸」の乗員二三名が降下物資を浴びて被曝、船は予定された立入禁止水域の外側で操業していたにもかかわらず、全員が急性放射線症と診断された。その後、乗組員一名が死亡する。放射性降下物質はジェット気流に乗って成層圏に上昇すると、放射線の雲となって死の灰を世界中に降らせたため、非難は国境を越えて湧き起こった。

「いかなる線量でも危害をもたらす」

事故が起きた当時、アメリカ原子力委員会（AEC）の委員長は、ルイス・ストロースが務めていた。元海軍少将のストロースはウォール街の富裕な銀行家で、アイゼンハワーの任命を受けて同職に就任、その人柄は傲岸で執拗だった。「ブラボーの爆発はきわめて規模が大きいものではあるが、完全に制御された状態で行われていた」。三月三十一日、ワシントンで開かれた記者会見でストロースはそう答え、第五福竜丸は、「禁止水域の奥深くまで進入していたにちがいない」と言って譲らなかった(28)（アイゼンハワーの報道官に対しストロースは、あの漁船はたぶん〝赤のスパイ船〟だと個人的に語っていた(29)）。放射性降下物質についても言及し（ストロースはこれを〝自然現象〟と誤って発言）、これまでの実験で計測された降下物に比べても、ブラボー実験の放射線レベルは低く、「多少なりとも人体に害を及ぼす数値をはるかに下回っている」と断言した。ビキニの島民や「第五福竜丸」の乗組員にすれば、こうした発言は明らかに真実とは違っていた。

ストロースの作為に満ちた発言に、声をあげたのがカリフォルニア工科大学の教授で、現代遺伝学の草分け的存在の一人、アルフレッド・スターティヴァントである。スターティヴァントの父親は大学で数学を教えていたが、その後職を辞し、アラバマの南部に移り住んで農業を始めた。息子は遺伝

19-2　爆発室に設置されたシュリンプ。大きさは長さ15フィート（4.6メートル）、直径は4.5フィート（1.4メートル）。筐体から伸びているパイプは故障診断用のライトパイプ。

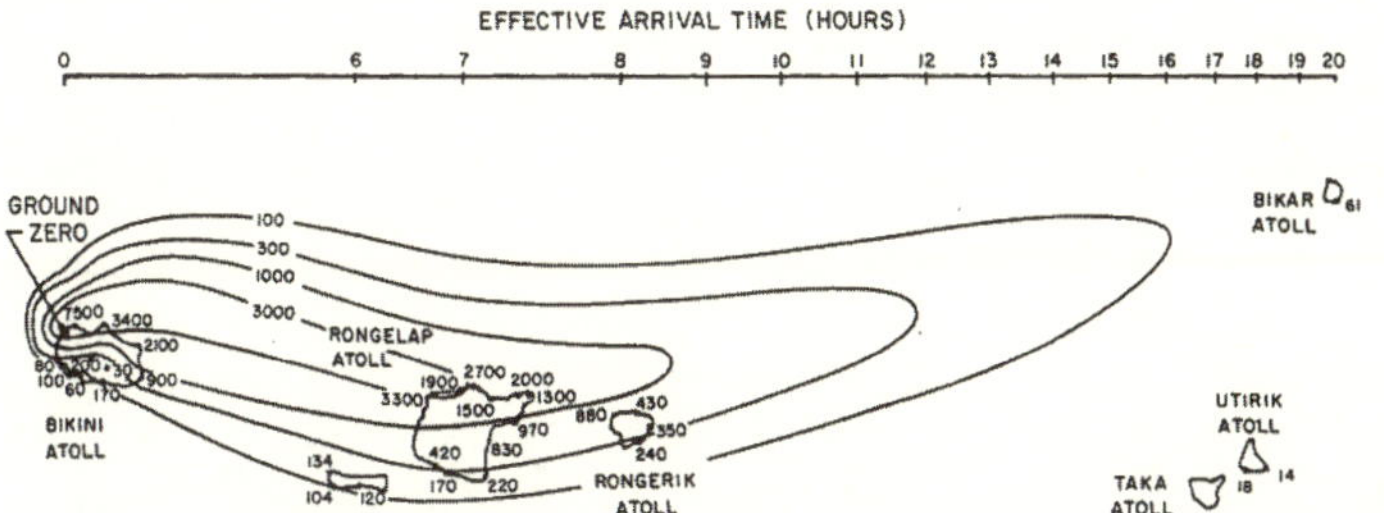

19-3　ブラボー実験の放射性降下物は、爆心地から遠く離れた地域はもちろん、世界中に及んだ。水平曲面に記された数値は人体の被曝線量を示すレム値（医学的な介入なしのまま、短時間で500レム以上の放射線を吸収すると通常、生命の危機にかかわってくる）。

子地図を発見、まだコロンビア大学の学部生だったころの話である。遺伝子地図の研究は一九一一年に始まり、一九一三年に論文にまとめられ、この業績によってコロンビア大学でその名を知られた「蠅の部屋《フライ・ルーム》」の席を手に入れた。ノーベル賞を受賞した遺伝学者トーマス・ハント・モーガンは、この部屋で果実蠅《みばえ》（キイロショウジョウバエ）をモデル生物に使い、遺伝学の研究を行っていた。

一九二八年、スターティヴァントはカルフォルニア工科大学に移り、ここで教鞭を執りながら研究者としてののちのキャリアを過ごした。テーマは、キイロショウジョウバエ、馬、鶏、マウス、蛾、カタツムリ、アヤメ、マツヨイグサの遺伝子の研究である。[30] そして、一九五四年六月、ワシントンで開催されたアメリカ科学振興協会の会合で、スターティヴァントはAEC委員長の見解に挑んだ。太平洋地区会長として述べた年次スピーチでのことだった。

「原子力委員会の委員長のような権威ある人物が、低線量の放射線は危険ではないと主張していることに困惑している」とスターティヴァントは述べた。それどころか、有能な遺伝学者なら、放射線被曝は「いかなる線量にもかかわらず」、「遺伝学上、人体になんらかの危害をもたらす」のは誰もが知っている。高エネルギーの放射線は、低線量であっても「遺伝的な危害」をもたらすという点にスターティヴァントは重点を置いた。[31]

放射性降下物をめぐる一九五四年の論争は、AECが一〇年間根拠としてきた、線形モデルに基づいた放射線基準値の判断に終止符を打つ原点となった。これによって、前提とされる低線量の放射線のダメージは、検出の最低値にまで引き下げられることになる。とってつけたようなAECの身の変わりようは、遺伝学者の委員会参加をAEC自身が認めたからにほかならない。いまを生きる人たちの健康問題か、それとも未来に生きる者たちの遺伝的な不安なのか、この問題をめぐる物理学者と遺伝学者のあいだの論争で、遺伝学者が勝利した結果だった。

このときの論争でキーパーソンとなったのが遺伝学者のハーマン・マラーである。マラーは一八九〇年にマンハッタンで生まれた。身長は五フィート二インチ（一五七センチ）と小柄だが、発電機のような精力的な人物で、ストロースと同じく、コロンビア大学の〝蠅の部屋〟の住民として学部生、院生時代を送った。一九二六年、当時、テキサス大学オースティン校の教授として動物学を教えていたマラーは、人為的な突然変異を発見したと発表、キイロショウジョウバエにX線を照射することで、突然変異の発生率が高まる事実をはじめて実証した。この発見で研究者は誘発突然変異をもたらす人為的方法を学び、生命の遺伝的基礎を研究する実験方法が確立される。一九四六年、マラーはこの業績によってノーベル生理学・医学賞を受賞している。

マラーは偶像破壊主義者であり、優生学に深い興味を示していた。優生学的な改善は無階級社会において唯一倫理にかなう——アメリカの優生学運動は人種差別とエリート主義に基づくと非難——と考え、一九三三年から三七年、ソ連に渡って遺伝学の研究を行っている。しかし、ソ連国内でルイセンコ主義*が高まり、政治的に危険な立場に置かれるようになると、パージを逃れるために、スペイン内戦の国際旅団に志願することでからくも難を逃れた。マドリッドでともに働いたのが、カナダ人外科医のノーマン・ベチューン［戦時下における輸血をはじめて組織化した］で、マラーも輸血用に使用する新鮮な死体血の研究や、血液の保存・貯蔵法の開発を支援するなど、救命処置の新たな技術の先駆者

＊ トロフィム・デニソヴィチ・ルイセンコはソ連の生物学者で、獲得形質の遺伝という疑似科学を提唱した。スターリンの庇護のもと、ソ連の著名な遺伝学者の多くを追放した。

となった。[32]

スペインを離れたあと、マラーはスコットランドの首都エディンバラに渡り、彼の地の大学で教鞭を執り、アメリカに帰国したのは一九四〇年だった。第二次世界大戦中、アマースト大学で一時教壇に立ったのち、一九四五年にインディアナ大学に移ると、その後はこの大学で授業と研究を続けて学者としてのキャリアを過ごす。マラーの生涯においてこの時期は、軋轢と財政上の逼迫《ひっぱく》にさいなまれ、そのせいで自身の評判をマラーは常に気にしていた。

一九五三年、DNA構造の共同発見者になったジェームズ・ワトソンは、一九四〇年代にインディアナ大学で先端遺伝学に関するマラーの講座に出席していた。マラーという人は、「過去に負った心の傷がひと目でわかるような人物で、突然変異の実験について、その結果を最初に見通したのは自分だと何度も繰り返し口にしていた。しかし（略）、その話にいつも納得していたのは、たしかに彼こそ最初の発見者だったからである」[33]とワトソンは述懐していた。

マラーは、自身が唱えた自発的な「精子選択《ジャーミナル・チョイス》」［「マラーは精子バンクを提唱していた」］によって、人間は完璧な存在になれると信じていた。また、遺伝子の研究を通じ、変異という現象は無作為に発生し、たいていの場合、有害な影響をもたらすことを知っていた。変異は改善ではなく、ダメージをもたらすことがはるかに多いのだ。[34]ノーベル賞の受賞記念講演では、人為突然変異によって、「わずか三〇分の処理で、胚細胞グループに対し、まるまる一世代で自発的に生じる何百倍もの頻度で突然変異を発生させる」ことができると語っていた。キイロショウジョウバエを使った実験条件のもとでは、こうした突然変異の発生頻度は、照射した線量と直線的に比例していた。したがって、「線量閾値《しきいち》はないという結論を導き出さざるをえない」とマラーは主張していた。放射線を照射するたびになんらかの変異はかならず発生し、しかもほとんどの場合、突然変異は損傷をもたらし、あるいは致命的でもあった。しかも、その変化は不可逆的で永続的でもあったのだ。[35]

マラーにとってこの事実は、研究や医療部門、とりわけ産業部門では、「今後、原子力の使用拡大」がとくに見込まれることから、原子力に関する規制をただちに設け、それに従って作業することを意味していた。「簡単な予防措置」を講じ、放射線による生殖器官への影響を遮断しなくてはならない。下等動物（主にキイロショウジョウバエ）の実験を通じ、人類にも同様な突然変異が高エネルギーの放射線で発生するはずだとマラーは断言していた。[36]

直線閾値なし（LNT）モデル

一九四六年十二月、ノーベル賞の授賞式に出席するためスウェーデンを訪れていたマラーは、どれほど微量であろうと、放射線被曝は遺伝的な悪影響をもたらすと自信満々で話した。しかし、その主張に反する目にしたばかりの証拠について、あえて口にするのをマラーは避けていた。スウェーデンへの出発を目前に控えた十一月半ば、マンハッタン計画の遺伝学検査でともに働いたカート・スターンから、ある研究論文の草稿がマラーのもとに送られてきた。草稿はやはりマンハッタン計画に携わった科学者で、昆虫行動学を研究するアーネスト・カスパリが書いたものである。

そのころ、マラーをはじめほかの科学者たちは、高線量放射線と中線量放射線の影響について数年にわたって調べていた。カスパリの研究は、範囲をさらに低線量の放射線にまで広げるとともに、一度に被曝させた場合（急性照射）と時間をかけて被曝させた場合（慢性照射）とでは結果は同じなのかという、放射線の照射期間についても重点的に調べていた。カスパリに先行して、四〇〇〇レントゲン（R）*から最低二五レントゲンの範囲で照射実験を行った研究者たちは、急性照射の場合、線量に比例して突然変異は増加する事実をすでに発見していた。

カスパリの新発見が衝撃的だったのは、一日二・五レントゲンを二一日間にわたって照射、合計五二・五レントゲンの線量をキイロショウジョウバエに照射したにもかかわらず、突然変異の増加率はまったく変化していないかった点にあった。カスパリの草稿には、「この結果は、（実験に先立つ）五〇レントゲンと二五レントゲンのX線の急性照射で、突然変異の発生率に相当数の増加を引き起こすという研究結果と完全に矛盾するように思われる」[37]と記されていた。

新たに提示されたカスパリの分析結果に、マラーは板挟みに陥った。目前のノーベル賞は人為突然変異の発見に授けられるもので、その説でマラーは、突然変異をもたらす照射線量の範囲はゼロから直線的に伸びていると主張した。だが、カスパリの新発見は、マラーの主張に相反するものであり、少なくともその説に対する疑問を提起するものだった。この期に及んでマラーはどう応じればよかったのだろうか[38]。

マラーがすべきだったのは、受賞記念講演で自らの説を正すことだった。カスパリの証明が、放射線障害をめぐり、低線量の境界値が存在しうる事実を示唆している点はマラーにもよくわかっていた。スターンに宛てた十一月十二日の手紙で、草稿を受け取ったこと、ストックホルム出発を翌月早々に控え、多忙を極めていることを詫びるとともに、「この草稿は揺るがせにはできないほど重要で、あなたたちが得た結果は、私が得た結果とはまったく相反している」ので、「しかるべきときに、手を尽くしてじっくりと検討する」と約束していたからである[39]。だが、ストックホルムでマラーはノーベル賞を受け取り、記念講演ではカスパリの発見にわざわざ言及することはなかった。

一九四七年一月、インディアナに戻ったマラーは、細心の注意を傾けてカスパリの草稿を読み直した。あら探しできる部分はほとんどない。実験結果が再現可能かどうか、しかるべき人間がやり直すべきだと考えたが、スターンに対しては、「草稿について、指摘するような箇所はほとんどない」と答えた。マラーは、この草稿の刊行前書評をジェネティクス誌に書いている。草稿が刊行されたのは一九四八年一月、印刷された原稿には二か所の変更が加えられていた。謝辞の一人としてマラーの名前が記されていたこと、そして、決定的な一文が削除されていた。削除されていた一文とは、マラーの理論に疑問を覚えた部分にほかならなかった[40]。

「直線閾値なし（LNT）」モデル*訳註に向けられた実証に基づく反論をもみ消したあとも、いまやノーベル賞受賞者となったマラーは自説に対する反論が起こるたび、場所や時期にかかわりなく、一貫して自説の擁護を図った。もはやマラー一人ではない。AECも放射線基準値の確定を積極的に推し進め、最初は放射線作業員、次いで核爆発実験の放射性降下物に関する一般国民の基準値が確定されると、一九五〇年代を通じ、AECや独立系の科学者たちは関係する各委員会に参加した。LNTモデルはいたるところで標準値として受け入れられていったようである。

二〇一五年、マサチューセッツ大学アマースト校で毒物学を教えるエドワード・カラブレーゼ教授は、ハーマン・マラーが、自身の研究結果に対する反論をもみ消してきた事実を明らかにした。カラ

---

* Rは照射線量の旧単位「レントゲン」を表す。名称はX線の発見者であるヴィルヘルム・レントゲンに由来している。

*訳註　放射線の線量とその影響には直線的な関係が成り立つという仮説。

ブレーゼは、LNTモデルを認め、それを受け入れてきたことは、「真実とはほど遠い、巧妙なごまかしと、盲目的な信仰」[41]の成果だと非難する。

カラブレーゼと反対の意見を唱えるのは、物理学者で公衆衛生学の専門家ジャン・ベユェで、過去五〇年にわたり、他の多くの研究や委員会が「直線閾値なし」の基準を認めてきたからこそ、現在においてもなおこのモデルは変わらぬ地位にとどまっているのだと唱える。カナダのある研究者が書いているように、「一般の人々に、低線量の放射線の恐怖を植え付けたのは、核兵器の発明に責任を負う一流の物理学者たちだった。核戦争の準備を押しとどめるという、彼らの高邁な倫理的な企ては、やがて、ほかの分野に携わる数多くの学者を取り込んでいった。最終的にこうした動きは、政治的な展開を遂げ、反原発運動のほか、核関連のあらゆる事柄に対する反対運動に変わっていった[42]」

LNTモデルをめぐる論争は、アメリカで原子力発電が長期にわたって衰退していく決定的な要因となった。原子力は当初こそ、クリーンで無尽蔵の可能性を秘めた新エネルギーとしてもてはやされたが、大衆の広範な支持を失ったのは、一般国民が抱く放射線への恐怖のせいである。長きにわたった冷戦中、この恐怖は世界の天空に吊り下げられたダモクレスの剣として、ますます人々に恐れられただけではなく、商業用原子力の導入以降に起きた三度の原発事故によって増幅されてきた。その三度の事故とは、スリーマイル島の事故であり、ソ連のチェルノブイリ、そして福島第一原発の事故だった。

原子力産業は言うまでもなく、AECやその後継機関も、低レベルの放射線によるダメージはごく限られ、あるいは皆無と説いて一般の恐れをやわらげようと努めた。時にはむしろ体にいい、放射線ホルミシス効果*訳注があると言い立てることさえあった。そもそも反核運動は人口増加に敵意を示すマルサス主義の世界に端を発すると一般には言われているが、LNTモデルを掲げることで、反核運動はその影響力を高めてきた。

ジャン・ベユェの主張の一部は、いまだに続く、喧嘩腰で非生産的なLNTモデルをめぐる論争の要点を言い当てているようにも思える。「放射線量反応モデルをめぐる論争で、たいていの場合忘れられているのは、低線量であれば、論議されているリスクそのものが低いという事実である[43]」とベユェは書いている。ないがしろにされているのは、低線量はリスクが低いという点だけではない。環境障害をもたらす他の原因物質を指摘する声にまぎれ、この事実そのものが忘れ去られている。

ハーマン・マラーは、社会に対して、放射線被曝の是非の判断をめぐるルールを提示した。「したがって、第三者にとって逃れられないどのリスクについても、それを冒してまで得られる効用の総量と可能性を比べたうえで優劣を計らなくてはならない。さらに、この方法を（治療や研究、発電に）用いることで得られる利益のほうが、他の代替手段に比べて明らかにまさっている場合に限り、このリスクに頼るべきである[44]」と勧めていた。原子力発電は炭素を排出しないエネルギーを生産できる。これにまさる利益がほかにあるのだろうか。

アメリカ航空宇宙局（NASA）のゴダード宇宙科学研究所とコロンビア大学地球研究所が行った研究によると、二〇一三年、「世界中の原子力発電所によって、平均一八四万人の大気汚染関連の死亡者の発生が抑えられた。それとともに、化石燃料の燃焼に伴って排出される六四ギガトン*の二酸化

＊訳註　高線量で用いられた場合は有害だが、低線量の場合、むしろ健康効果や有益な作用があるという仮説。

炭素による温室効果ガスの放出が阻止された」という。さらに彼らは、「福島原発の事故に伴う影響も勘案したうえで、全世界の予測データに基づいて試算すると、今世紀半ば（二〇五〇年）の時点で、化石燃料に起因する平均四二万～七〇四万人の死亡者と、八〇～二四〇（ギガトン相当の二酸化炭素）の排出量を原子力発電によって阻止することができる。もちろん、その時点で原子力と化石燃料のどちらの燃量が主力の座を占めているのかによる」[45]と推定している。

言うまでもなく、以上の予測は、原子力が人類史上、最大規模のエネルギー構造の転換をもたらした主役として、今後も政策的な支援を受け続けることを前提にしている。そして、このエネルギーの構造転換は、地球規模の気候変動に世界が直面している現在、究極の構造転換でもあるのだ。

それとも、再生可能エネルギーによって、人類はいま直面している窮地から脱することができるのだろうか。

＊　一ギガトンは一〇億メートトン。

第20章

未来への出航

——風力発電／太陽光発電／原子力発電／福島・スリーマイル・チェルノブイリ／放射性廃棄物／脱炭素化／石炭・石油・天然ガス・原子力

ジェームズ・ブライス／チャールズ・F・ブラッシュ／マーセラス・ジェイコブズ／ジョセフ・ジェイコブズ／ハンス・K・ツィーグラー／ジョセフ・リンドメイヤー／ピーター・ヴァラーディ／スタニスラフ・シュシケヴィチ／チェーザレ・マルケッティ／ルイス・デ・ソウザ／エレーヌ・スキャリー

風力発電、太陽光発電

十八世紀と十九世紀は風力の全盛時代で、軍艦や商船、探検に向かう船舶は、帆に風を受けて世界の大海原に乗り出していった。風力による発電の歴史は一八八七年にさかのぼる。スコットランドの自然科学者ジェームズ・ブライスが水平軸風車を製作し、休日を過ごすマリーカークの田舎屋の照明を灯した。この風車は風速計をかたどったもので、布製の羽根を特徴としていた。のちにブライスが、近くに立つモントローズ精神病院で建造した風車は、木製の羽根を使った堅牢な仕掛けで、非常用電源として二七年間使い続けられた(1)。

ブライスがスコットランドの別荘で風車を建てて数か月したころ、富裕なアメリカ人発明家チャールズ・F・ブラッシュが、オハイオ州クリーヴランドにある五エーカー（六一〇〇坪）の自宅裏庭に、はるかに巨大な風力タービンを独自の設計に基づいて建造した。農場でよく見られる水汲み用の一般的な風車を模したものだったが、けた違いに大きく、高さは六〇フィート（一八メートル）、重量は八

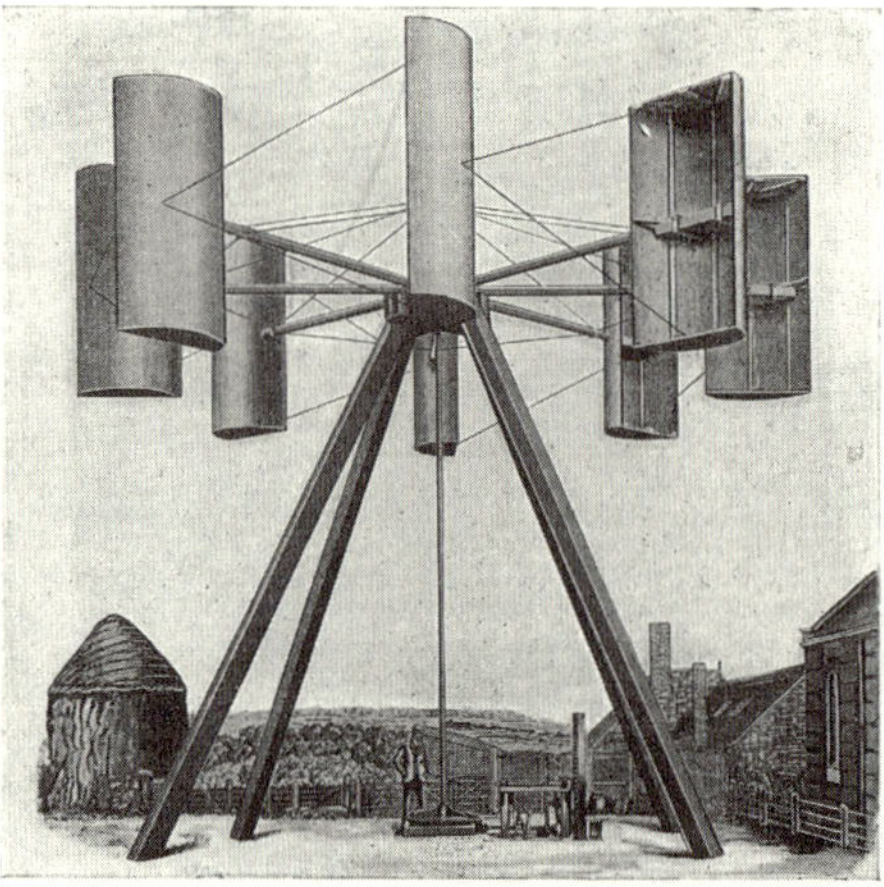

20-1　ジェームズ・ブライスがモントローズ精神病院に設置した風力発電。高さは33フィート（10メートル）で羽根は木製。27年間にわたって使われ続けた。

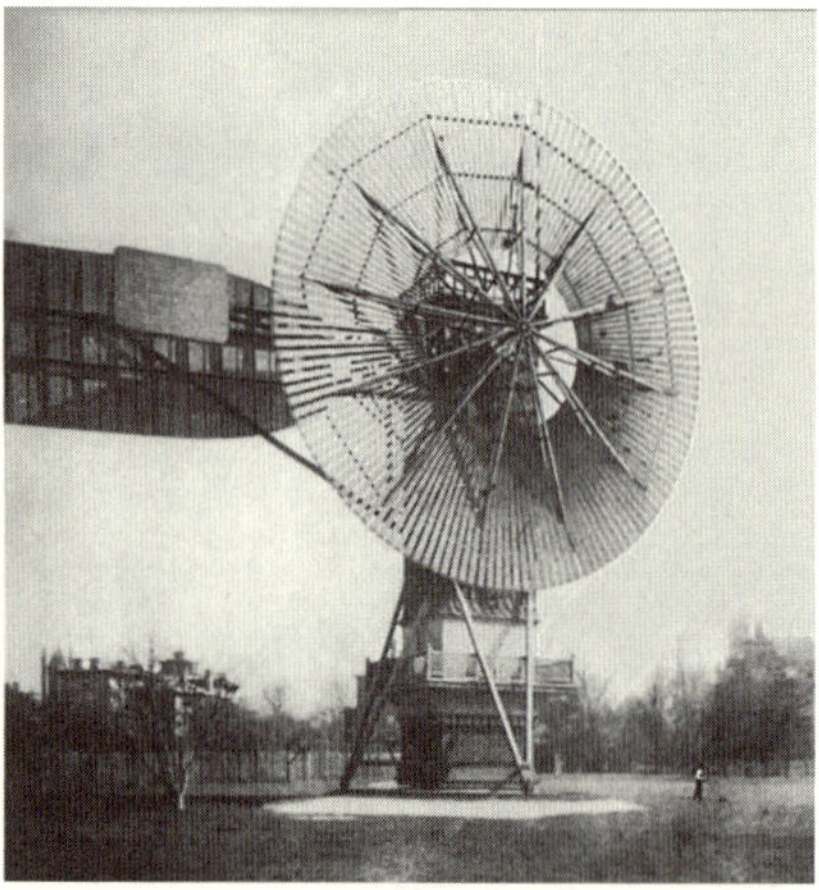

20-2　チャールズ・ブラッシュの自宅に建造された風力タービン。右下で芝生を刈る人物と大きさを比べてほしい。

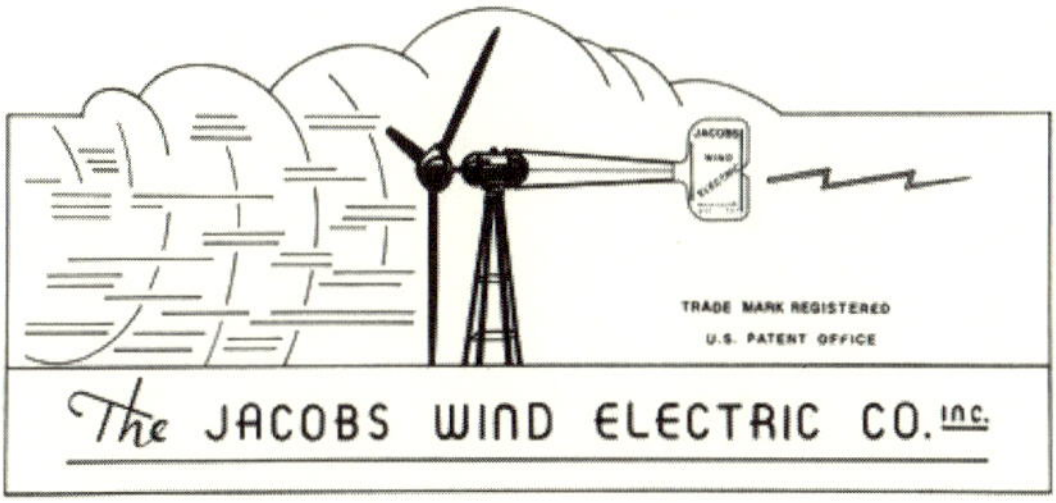

20-3　ジェイコブズ風力発電社の横断幕。

万ポンド（三六トン）もあった。地階に置かれたたくさんの蓄電池に充電し、ブラッシュ宅の照明と機械に電力を供給していた。

風力タービンを事業としてはじめて製造したのはマーセラス・ジェイコブズとジョセフ・ジェイコブズの兄弟で、一九二〇年代のことである。製品は、モンタナで牧場を営む両親のために兄弟が作った風力タービンをモデルにしたものだった。草原を吹き渡る風をガソリン代わりに使ったもので、当時、農場にある発電機を動かすとなれば、馬車で五〇マイル（八〇キロ）離れた場所までわざわざ出向いてガソリンを手に入れなければならなかった（一九三〇年当時、アメリカで中央発電所から送電を受けていた農家は全国の一〇分の一にとどまっていた）。

兄弟がはじめて作った発電機は、フォード製のトラックの後輪の車軸とギアボックスを利用したもので、三枚のプロペラ羽根のほかに、突風が吹いても壊れないようにフライボール型調速機を備えていた。一キロワットの風力タービンは口づてに売れ続け、一九二八年に兄弟は会社を起ち上げた。一九三一年には、卸業者の利便を図るためにミネソタに移転して工場を開き、やぐらの上に直接駆動の発電機を乗せた新製品を製造した。以来三〇年、ミネソタ州ミネアポリスのジェイコブズ風力発電社は、約二万台に及ぶ一〜三キロワット出力の風力発電機を製造する。

アメリカの電力網が一〇〇パーセント接続されたのは一九五〇年代、そのころにはさらに何十万台というこのような小型風力発電機が、アメリカの農村田園地帯に電気を供給していた。(2)

風と同じように、エネルギーとしての太陽の光も熱や明かりとして直接利用でき、電気に変換することができる。太陽エネルギーの利用は、世界的に見て、食用もしくは原料に使用される緑色植物の栽培に主に活用されている。しかし太陽光による発電は、一九五〇年代にニュージャージー州マレー・ヒルにあるベル電話研究所がシリコン光(PV)電池を開発するまで待たなければならなかった。初期に登場したセレンのような光感応物質は、きわめて効率性に劣り、変換効率は一パーセントにも満たなかったのだ。

ベルがはじめて開発した太陽電池の変換効率は六パーセントだったが、ホウ素の使用や製造技術の改善とともに変換効率は向上していき、一九五五年には一一パーセントまで上昇した。ベルの研究員は、太陽電池の変換効率は最大二二パーセントまで高められると見込んでいる。だが、反射や表面構造、接触抵抗をはじめ、もろもろの原因で変換効率は半減するので、おそらく一一パーセントが最大値であると言われている。(3)

初期の太陽電池にとって、最大の問題はコストだった。ジョージア州の電話網で、ベルは六か月の試験運用を試みたが、この運用以降、電話回線にさらに取り込まれることはなかった。(4) しかし、ベルのシリコン光電池は一人のドイツ人研究者に強い印象を残した。第二次世界大戦後、ドイツからアメリカに渡ってきた人物で、ニュージャージー州フォートモンマスにある陸軍通信団技術研究所に勤務

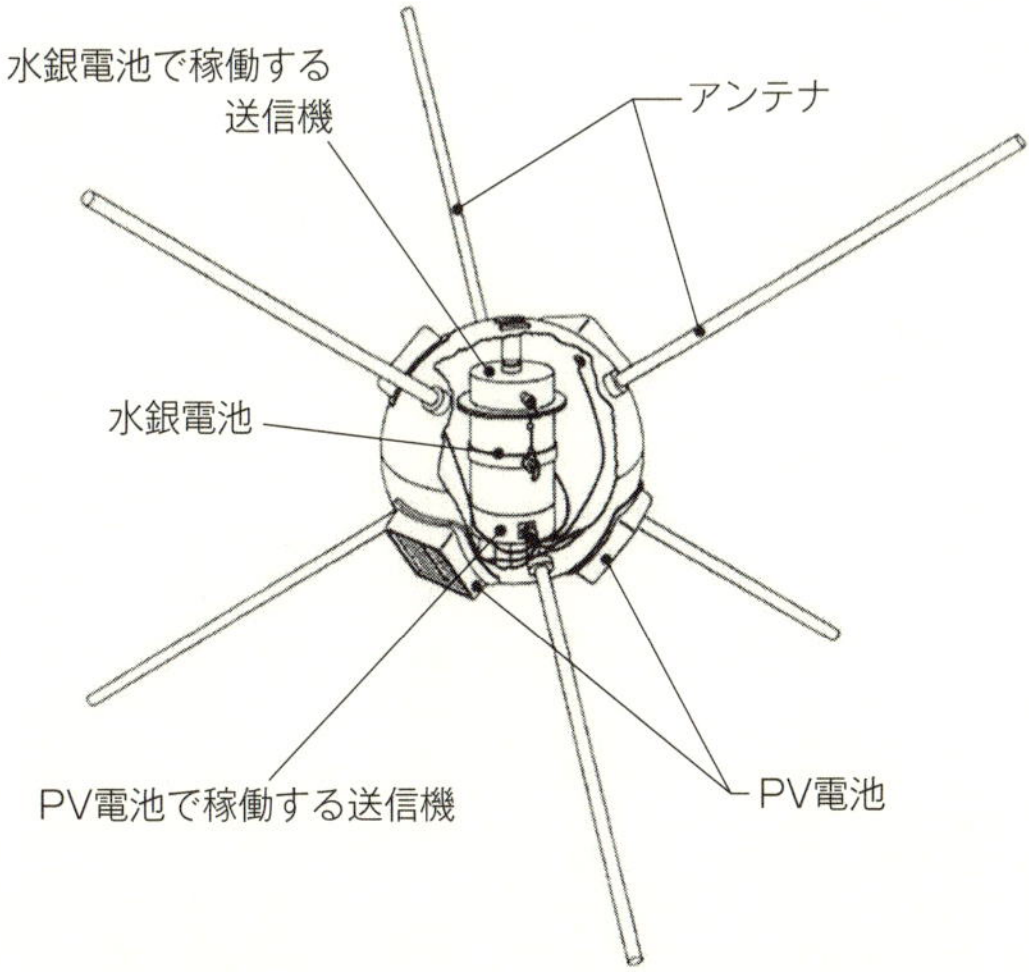

20-4　アメリカ最初の通信衛星「ヴァンガード１号」は1958年に打ち上げられた。直径わずか6.4インチの本体は、水銀電池とベル研究所が早期に開発したPV電池の両方を搭載していた。通信は1964年に途絶えたが、この原稿を書いている2017年、いまだに軌道をまわり続けている。

していた。国防総省と海軍が進めたアメリカ初の通信衛星「ヴァンガード1号」に太陽電池を搭載することを支持したのが、このドイツ人ハンス・K・ツィーグラーだった。

ヴァンガード1号の電源をめぐり、国防総省と海軍は競い合っていた。海軍は一貫して水銀電池を推していたのだ。妥協案が図られ、その結果、直径六・四インチ（一六・五センチ）、三・五ポンド（一・五九キロ）のヴァンガード1号には、太陽電池と水銀電池の両方を搭載するという、先端技術を駆使した実験となった。人工衛星は三段式のヴァンガードロケットの最上段に載せられ、一九五八年三月十七日に打ち上げられた。六月、水銀電池の給電がとまり、以降、太陽電池が一ワットの電力を六年にわたって供給し続けた。(5)

当初、太陽電池が高額だったのは、トランジスター製造のために生成されたシリコンの大型単結晶から切り出されていたからである。もっとも、太陽電池ではトランジスターほど純粋なシリコンは必要ではなかった。メリーランド州クラークスバーグにあるコムサット（COMSAT）の衛星研究センターで働いていた二人の研究者が独立起業し、地上用途の太陽電池の製造を始めた。その二人、ジョセフ・リンドメイヤーとピーター・ヴァラーディはハンガリーから亡命してきた研究者で、新会社はソラレックスといった。二人が最初に売り込んだのは、人工衛星の太陽電池パネルには不適格とされたシリコンから製造した太陽電池だった。製品としては十分に機能したが、供給が安定せず、依然として価格の低減は図れなかった。

だが、ソラレックスは市場を見つけた。「広漠たる無人の地域だが、それでも通信が必要とされる場所だった」とヴァラーディは当時を回想している。つまり、農務省の森林局、内務省の土地管理局、商務省の国立気象局が管理している国有地であり、「アリゾナ州をはじめとする、多くの州の行政機関であり警察だった。太陽電池を導入してみると、非常に使い勝手がよかったので、こうした組織も採用するようになった」(6)

一九七三年から七四年にかけて起きた第一次オイルショックによる輸入原油の逼迫は、太陽光発電の需要を押し上げるとともに、ソラレックスの名前を一躍有名にした。一九八〇年代前半、会社は多結晶シリコンインゴットを開発する。これはシリコンをただ溶かし、型に流し込み、固まったシリコンのブロックからウエハーを切り出すというものである。この開発によって太陽光発電は、屋根の上面を覆う大型の装置やソーラーファーム［大規模な太陽光発電所］へと続いていく。一九八二年、サザン・カリフォルニア・エジソン社は、ロサンゼルス北東のモハーヴェ砂漠の高地にあるエスペリアの町で、世界初となるメガワット級の太陽光発電を開始した。

二〇〇〇年の時点では、世界の太陽光発電の発電能力は微々たるものだったが、一〇年後の二〇一〇年には五〇ギガワット*に達した。二〇一七年現在、太陽光発電による送電は限られているものの、世界の電力に占める割合は着実に増えている。もっとも、世界の総発電能力二五〇〇万ギガワットのうち太陽光発電はわずか三〇五ギガワットで、一パーセントにさえ遠く及ばない。二〇一七年、英紙ガーディアンは、「大半の国の電力供給を踏まえると、太陽光発電は依然として取るに足りない存在である。ヨーロッパのように、この技術を積極的に推進している地域でさえ、電力需要の平均四パーセントを賄っているにすぎない」と報じた。

現在、柔軟性に富み、印刷も可能なポリマー製の薄いフィルムを使った、高性能の太陽光発電システムの開発が進められている。市場規模は活発な成長を遂げ、とりわけ中国やアメリカで著しい[7]。発展途上国の多くの地域では送電網が整備されていないので、低予算で発電できる新式の太陽光技術を使えば、送電網という難題を一挙に跳び越え《リープフロッギング》、携帯電話の普及を途上国でも可能にしたのと同様の機会を提供できるだろう。

二〇一六年の段階で、風力発電装置の発電能力は四八七ギガワット。総発電量に占める風力発電の割合も一パーセントには遠く及ばない。しかし、太陽光にしろ、風力にしろ、このような断続的エネルギー源が示す数字が誤解を招きやすいのは、実際に生み出した発電量ではなく、発電装置の設備容

---

* ギガワットは一〇〇万キロワット。

量［指定された条件のもとでの最大出力］を示しているからである。「設備利用率」は、断続的エネルギー源のすべてに伴う問題で、その装置が実際にどれだけの時間、発電を行っていたのかを示している。太陽は常に照っているというわけではなく、風も変わらずに吹いているわけではない。水も涸れることなく流れて、ダムのタービンを常にまわし続けているわけではない。

温暖化の抑制と「脱炭素化」

二〇一六年、アメリカでは、原子力発電所で国内電力の二〇パーセントが生産された。原子力発電所の平均設備利用率は九二・一パーセント、つまりアメリカの原子力発電所は一年三六五日のうち三三六日間フル稼働していた（残り二九日は、メンテナンスのため送電を停止。もちろん、常にメンテナンスのためというわけではない）。これに対して、国内の水力発電網の設備利用率は三八パーセント（年間一三八日）、風力発電は三四・七パーセント（同一二七日）。太陽光発電は二七・二パーセント（同九九日）だった。石炭や天然ガスによる火力発電所でさえ、設備利用率はわずか半分の約五〇パーセントにすぎなかった。(8)

電気は発電とほぼ同時に外部の回路へ流れてしまう。つまり、発電はリアルタイムの需要に合わせて行わなくてはならない。一時的ではあるが、鉛蓄電池への充電や、揚水発電のように大量の水を高所に移動させ、ふたたび放水すれば電気を貯蔵することはできる。二〇一八年現在、特定の地域のきわめて限られた規模での稼働を別にすれば、電気のほとんどは貯蔵されていない。二〇一六年、アメリカ国内の電力網エネルギー貯蔵が行われたのはわずか二二五メガワットで、その多くは中部大西洋沿岸地区にある特定の相互接続グリッットに導入されていた。

20-5　現代の風車は工業規模に基づく巨大な装置で、その高さは550フィート（168メートル）に及ぶ。発電機と調整装置は羽根のうしろにあるナセルに格納されている。

断続的エネルギー源が発電不能に陥ったり、曇天や強風などの気象条件のせいで、電力の供給が変動したりした場合、負荷追従性に優れた［短時間での出力制御が容易にできること］、他のエネルギー源でバックアップをしなくてはならない。その場合、天然ガスによる火力発電で賄われるのが普通だ。ただ、困ったことに天然ガスの約七五パーセントはメタンガスで、強力な温室効果ガスとして、二酸化炭素に比べ、約八四倍もの大気中の熱を吸収してしまう[9]。だが、燃焼時の二酸化炭素の排出量は石炭の半分、また、スモッグを発生させる窒素酸化物、硫黄、鉛の放出はガソリンよりも低レベルで、石炭と比べても圧倒的に少ない。

　二十一世紀が向き合っている大きな課題は、地球温暖化を抑制しつつ、同時に世界中の人々に対してエネルギーを供給し、しかも単にその数値を高めるだけでなく、最低限の生活レベルから繁栄へと押し上げていかなくてはならない。二一〇〇年の世界人口は一〇〇億人、二〇一七年の世界人口よりも二五億人多い、二五パーセントの増加である。

別の言い方をすれば、「地球温暖化の抑制」とは、エネルギー問題の専門家が言うように、世界で使われているエネルギー源の「脱炭素化」なのである。石炭から天然ガスに切り替えることが脱炭素化であるのは、天然ガスを燃やすことで、二酸化炭素の排出量を半分に減らすことができるからだ。そして、石炭から原子力発電に切り替えることが決定的な脱炭素化につながるのは、原子力発電の場合、施設建設、ウラン採掘、燃料加工、メンテナンス作業、廃炉作業を除き、温室効果ガス（GHG）が排出されないからで、その点では太陽光発電とほとんど変わりがない[10]。原子力発電と太陽光発電から排出される二酸化炭素は、石炭火力発電のわずか二〜四パーセントで、天然ガスを燃やす火力発電と比べても四〜五パーセントにすぎないのだ[11]。

福島第一原発の事故

しかし、二〇一七年、それまで四〇年以上に及ぶ開発の歴史において、原子力発電所の開発が世界的に減速した。三番目に起きた原子力発電所の事故の結果である。一九七九年、ペンシルベニア州のスリーマイル島の事故では原子炉は破壊されたが、鉄筋とコンクリートで補強された格納容器は損傷することなく、大気中に放出された放射線は最少限に抑えられた。チェルノブイリ原発事故は、一九八六年、当時のソ連で発生し、原子炉を破壊して（この原子炉に格納容器はなく、ソ連国内における違法な設計もあった）、大量の放射性物質を大気中にまき散らしつつ、制御不能なまま一四日間にわたって燃え続けた[12]。

二〇一一年三月に日本で起きた福島第一原子力発電所の事故は、地震と津波に引き続いて発生した。津波によって非常用電源装置が損傷、稼働中の三基の原子炉の冷却装置が停止する。その結果、炉心溶融、さらに水素爆発が発生、格納容器が破損した。発電所周辺の二〇キロ（一二・四マイル）圏内が立入り禁止区域になり、住民一五万四〇〇〇人に避難指示が出されたが、発電所が立つ地域を越える被曝は限られていた。二〇一一年六月に国際原子力機関（IAEA）に提出された報告書には以下のように記されている。

二〇一一年五月末に実施された検査では、原子力発電所周辺に居住した住民一九万五三四五名に有害な健康への影響は認められなかった。甲状腺被曝の検査を受けた一〇八〇名の児童全員の結果も安全値にとどまっていた。十二月、三か所の自治体から避難した住民約一七〇〇名に対し、政府が実施した検診では、外部被曝した住民の三分の二が国際基準値の年間一ミリシーベルトの線量限度内で、九八パーセントの住民は年間五ミリシーベルト未満、一〇ミリシーベルトを超えた住民は一〇名だった。放射線被曝による死者は言うまでもなく、大規模な公衆被曝がなかった一方で、「震災関連死」による死亡者は七六一名と報告されている。とくに強制避難やその他の放射線関連の計測値によって、自宅や病院から引き離された老人に著しい。地元自治体の関係者によれば、自宅への早期帰還に伴う被曝より、ほとんどの者にとって、避難による心理的な外傷による健康リスクのほうが大きかった。(13)*訳註

これらの事故は起こる必然性がなくして起きていた。スリーマイル島では、事故の結果、経営する

企業は財政危機に陥ったが、放出された放射線は微量で、被曝量も許容範囲に十分収まるものであり、被害を負った者は誰もいなかった。(14)

チェルノブイリ原発事故

チェルノブイリ原発事故は、軍民両用の原子炉として設計され、軍事機密として維持されていたという抜き差しならない欠点と、ろくな訓練も受けていない責任者による、シャットダウン制御実験の誤った助言のせいで、原子炉の安全装置が解除されてしまった。あまりにもタイミングを逸した制御棒の再挿入、黒鉛が先端に取り付けられた制御棒の挿入で、定格出力の一〇〇倍という暴走を許してしまった。その結果生じた水蒸気爆発と水素爆発で、炉心は破壊され、分厚い生体遮蔽はこなごなになって吹き飛び、原子力建屋の屋根を突き破って宙に高々と舞い上がった。火災が発生し、炉心に置かれていた放射性物質の大半が周辺に放出された。

ベラルーシの核物理学者スタニスラフ・シュシケヴィチは、私にチェルノブイリ原発事故の経験談を語ってくれた。一九九二年、シュシケヴィチは独立したベラルーシの初代国家元首に就任した。**訳註 事故当時、シュシケヴィチは、チェルノブイリの北方二八五マイル（四六〇キロ）にあるミンスクの森の木立に囲まれた物理学研究所の所長をしていた。

一九八六年四月二十六日の朝、所内の放射線警報機が突然鳴り渡った。シュシケヴィチをはじめ同僚の研究員は、所員の誰かが放射性物質をこぼしたのだろうと考えた。安全管理者が放射線測定器を手に実験室をチェックした。何も検出されなかったので、屋外に出てみようと考えた。屋外のほうが高い計測値を示している。このとき、放射線は研究所ではなく、どこか別の場所から飛来していることとに気がついたとシュシケヴィチは言う。ただちに、もよりの原子力発電所に電話をかけた。ミンスクの北北西一二六マイル（二〇〇キロ）にあるリトアニアのヴィサギナスの原発である。次にチェルノブイリに電話をした。誰も電話に出ようとしない。あちこちに電話をかけ、チェルノブイリ原発が爆発して火災が起きていることを知った。放射性降下物が北に向かって流され、どんどん増え続けている。間もなくミンスク上空を通過するはずだ。

最初に頭をよぎったのは、降下物の進行方向にいる子供たちだったとシュシケヴィチは言う。懸念された最も恐ろしい物質がヨウ素131だった。この物質は核分裂生成で、半減期は八日と短く、半減の際、ガンマ線とベータ線をさかんに放出する。ほとんどが甲状腺に吸収され、とくに子供の活発

---

*訳註　二〇一一年六月にIAEAに提出された報告書は、表題を「原子力安全に関するIAEA閣僚会議に対する日本国政府の報告書：東京電力福島原子力発電所の事故について」（原子力災害対策本部）といい、原本はA4判三三一ページに及ぶ。本書に記されたこの一文は、同報告書からの抜粋・引用ではなく、巻末の原註にもあるように世界原子力協会（WNA）の情報ライブラリーに収蔵されているFukushima: Radiation Exposure（二〇一六年一月更新）のRadiation effectsを引用元としている。Fukushima: Radiation Exposureは英文約三〇〇〇語の分量で、別の資料も文書には反映されている。それぞれの原本は以下のサイトで閲覧できる。「原子力安全に関するIAEA閣僚会議に対する日本国政府の報告書」（https://www.kantei.go.jp/jp/topics/2011/iaea_houkokusho.html）。Fukushima: Radiation Exposure（www.world-nuclear.org/information-library/safety-and-security/safety-of-plants/appendices/fukushima-radiation-exposure.aspx）

**訳註　ベラルーシの首都。ソ連時代は白ロシア・ソビエト社会主義共和国の首都で、チェルノブイリの原発では、地元ウクライナよりも大きな被害を負っていた。

な甲状腺に著しい。放射されたヨウ素131の吸収を阻止するため、通常用いられるのがヨウ化カリウムである。いわゆる甲状腺を飽和にする塩で、飽和状態にすることでヨウ素のさらなる取り込みを一時的に阻むことができる。ソ連の核シェルターには、例外なくヨウ化カリウムの錠剤が用意されていた。

ミンスクの子供たちを守ろうと、シュシケヴィチはモスクワにいる機関の上司にかけあい、錠剤を放出し、子供に服用させる許可を願い出た。「やつらが言うには」――とその結果を話してくれたが、一〇年たった時点でもその怒りは鎮まっていない。「同志よ、なぜ問題を起こそうとするのか。暴動が起きてもいいのか。余計な口出しなどせず、自分の持ち場に戻るんだ」

シュシケヴィチは穏やかだが、カリスマ性を帯びた人物で、この国をこよなく愛していた。そのとき、自分が政治にかかわらなければならないと決心した。シュシケヴィチはその後、ベラルーシ共和国最高会議議長となった。一九九一年十二月十八日、ロシアのボリス・エリツィン大統領、ウクライナのレオニード・クラフチュク大統領らとともにシュシケヴィチはソ連を解体し、独立国家共同体（CIS）結成の調印を行う。ベラルーシ初の元首になったシュシケヴィチが行ったのは、この国の大地に置かれていた大量の核兵器をひとつ残らずロシアに移転させたことであり、ロシアの一部になることを拒んで、ロシアを守る軍隊の一員にはならないことを望んだ。

シュシケヴィチがにらんだように、チェルノブイリ原発事故は、技術ではなく、管理方法の失態で発生した事故だった。ソ連の原子力発電所が、もし軍民両用の仕様、つまり民生用の発電と同時に兵器用のプルトニウムの生産炉として設計されていなければ、軍事機密ではなくなり、原子炉の問題はほかの原子力発電所の責任者のあいだで共有できたのかもしれない。そうなれば、スリーマイル島原

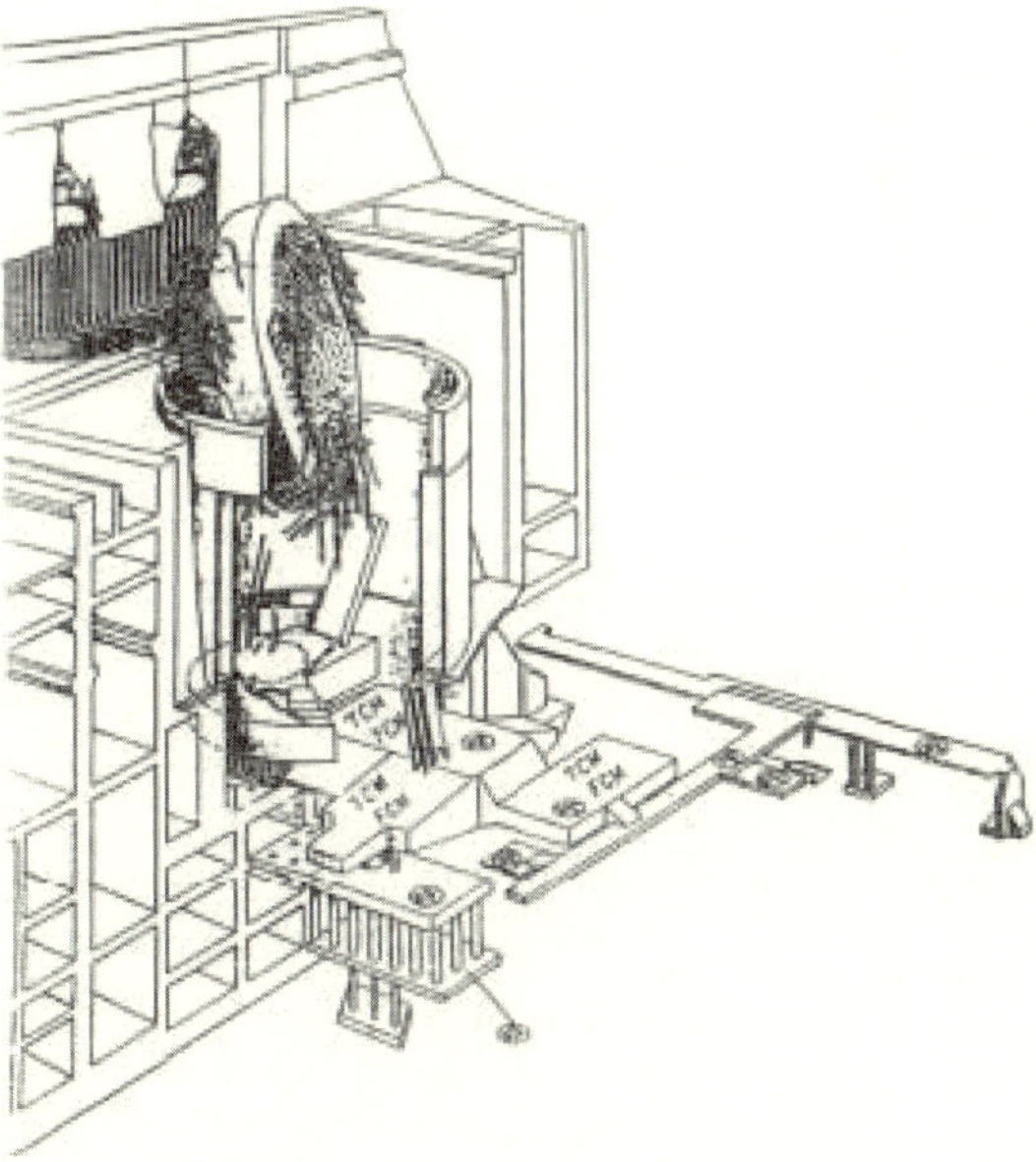

20-6　水蒸気爆発と水素爆発後のチェルノブイリ原子力発電所４号炉。原子炉容器の上部にあるボウル状の物体は原子炉容器の蓋。爆発で吹き飛んで傾いている。床にある「TWC」の標識があるのは炉心の部品。原子炉は２週間にわたり制御不能に陥ったまま燃え続けた。

発事故以降のアメリカの原子炉や、福島第一の事故後の日本の原子炉に導入された対策のように、安全性の向上を図っていくことができたはずだ。

福島第一原子力発電所を運営していた東京電力（ＴＥＰＣＯ）には、管理問題だけではなく、公共の安全にかかわる問題を長年秘匿してきたいきさつがあった。工学上の瑕疵《かし》があることはわかっていたが、それが原因で福島第一の原子炉は抜き差しならない脆弱性を抱えていた。非常用電源のディーゼル発電機と非常用バッテリーが、津波による浸水の危険性があるにもかかわらず原子炉建屋の地下に設置されていたのだ。これらの電源は、送電線の外部電源の供給が喪失した場合、炉心に冷却水を循環するポンプを稼働させる。

東京電力は事故の一〇年前、原子力安全・保安院から一〇〇〇年に一度の規模の津波――一一四〇年前に起きたことが確認されている津波――に備えるよう警告を受けていたが、その警告に注意が払われることはなかった。非常用電源装置を原子炉よりも低い位置ではなく、それよりも高い位置に設置されていれば、日本列島全域を洗うような巨大な津波であっても、漏電から非常用炉心冷却装置を守ることができていただろう[15]。

事故件数と就業者の死亡災害数

あらゆる技術システムは事故に苦しんできた。その事故は、生身の人間である作業員が事故など起こると想像したこともない、まさにありとあらゆる意表を突く場所で発生し、あたかも底意地の悪い神によって仕組まれたとしか思えない事故である。しかし、巨大な装置を必要とする電力事業において、原子力発電は最も事故の発生件数が少なく、死亡者の数もいちばん少ない。イギリスの医学誌ランセットが実施した二〇〇七年の調査では、「原子力発電に伴う就業者の死亡災害は一テラワット時（TWh）*当たり〇・〇一九人で、しかもこの数値はウランの採掘、精製、発電などの全工程を踏まえたものだ。標準的な操業においては、きわめて微々たる数値である。たとえばフランスで現在操業中の標準的な原子炉の場合、一基当たり年間五・七テラワットを発電している。この原子炉で死亡者一名が発生するのは、今後一〇年以上の操業を続けたあとのことになる」[16]

ほぼ皆無に等しい「就業者の死亡災害数」については、原子力発電に関する公衆衛生の記録もこの事実を補って余りある。大気汚染への限られた影響に加え、温室効果ガスの排出量は並はずれて低く、しかも一日二十四時間、週七日、休みなしに稼働して設備利用率は九〇パーセントを上回っている点を踏まえれば、原子力発電は、二十一世紀のエネルギー問題に対する最も有望な唯一のエネルギー源にほかならない。

反原発の活動家たちは、人類がかつて案出したエネルギー源のなかでも、最も安全で、最も汚染と温暖化からほど遠く、しかも最も信頼に足るエネルギーに対して行ってきた、一連の論議における不誠実さを改めて非難されるかもしれない。彼らの方針は、人口過剰の前兆という新マルサス主義の誤解（と、せいぜいのところ自らの同胞たる何百万もの人類を、病と飢えで死に追いやろうとするもくろみ）に由来している。これまで彼らは一貫して、ほとんど支持もされない原発の安全性と放射線をめぐる論議を繰り返してきたが、二十一世紀も二〇年を経た現在、その論議は二つの課題に要約でき

＊　一テラワット時は非常に巨大な電力量単位で、一兆ワット時に等しい。

るだろう。ひとつは原子力発電のコストがあまりにも高いこと、そして、核廃棄物の処理に関する安全な方法がまだ考案されていない点である。

原子力発電のコストが高いかどうかは、最終的に市場が決めるべき問題だが、それぞれのエネルギー源に伴う、大気汚染や地球温暖化などに伴う外部費用を含めた総経費は、石炭や天然ガスより原子力のほうが安価であるのは疑う余地がない。

地中深く埋められた廃棄物

いわゆる放射性廃棄物——原子炉で消費された燃料で、核物質としての潜在的なエネルギーの約九五パーセントが残っている——の処理は、アメリカではいまも政治問題として論じられているが、放射性廃棄物は、今日においても、これまでの長い年月においても、実は手に負えない技術上の問題ではなかったのだ。このような廃棄物を何十万年もの年月にわたり、曝露させずにきちんと隔離すべきだという考えは、自ら生み出したあらゆる有毒物質を人類がどう扱っているのかという事実と矛盾している。私たちは有毒物質をいつも埋めてきた。だが、将来のリスクについて割り引くことができたのは、次世代、もしくはその次の世代というように、自らを超えた世代に懸念を託すという妥当な根拠に基づいていた。時とともにテクノロジーは向上していき、孫の世代、曾孫の世代になれば、残された廃棄物の処理について、彼らは私たちよりさらに優れた方法に通じているからである（それどころか、さらにクリーンなエネルギーを生産する大きな可能性を秘めた〝廃棄物〟として、永久に埋設しておく誤りを正してくれるかもしれない）。

地中深く埋められた廃棄物が、万が一、偶然あるいは故意に掘り起こされたとしても、そのことが限られた地域の問題以上の大問題になるのは、いったいどんな条件においてなのだろうか。二〇一五年、私はニューメキシコ州カールズバッドの外縁部に位置する、核廃棄物隔離試験施設（ＷＩＰＰ）を訪れた。地層処分の地点には、狭いエレベーター・ケージに乗り、長い長い下降を続け、堅牢な岩盤と岩塩層をどんどん地下へと降りていった果てにようやく到達する事実を、私は身をもって知った。ＷＩＰＰの貯蔵室は、厚さ二キロに及ぶ結晶塩の岩盤を掘削した場所に設置されている。この岩塩層は古代の海の名残で、ニューメキシコ南部からはるか南東に向かい、カンザス州南西部にまで広がっている。世界中の核廃棄物のすべてを、今後一〇〇〇〇年にわたって難なく収容することが可能だ。フィンランドも、オルキルオト島の地下に広がる花崗岩の岩盤を一三〇〇フィート（四〇〇メートル）まで掘削し、恒久的な廃棄物の貯蔵所を作っている最中だ。島はフィンランドの西海岸沖合の北海にあり、二〇二三年の操業開始が予定されている。

私が本章で原子力を中心に取り上げているのは、核エネルギーが地球温暖化を解決する唯一の方法と考えているからではない。再生可能エネルギーが温暖化に対するただひとつの対策でないように、原子力もまた無二の解決策ではないのだ。どのようなエネルギーシステムであれ、そのシステムには強みと弱みがある。四〇〇年に及ぶ人類のエネルギー開発の歴史を旅する本書の試みを通じ、この点はすでに明らかになったと思う。

地球温暖化の規模と人類の発展を踏まえ、数世紀に及ぶ長い時間をかけ、供給する全エネルギーの脱炭素化を図るのであれば、風力、太陽光、水力、原子力、天然ガスのすべてが必要である。来たるべき地球温暖化の前兆はすでに頭をもたげ、本書の「はじめに」で記したように、イランのバンダレ・マーフシャフルという町では、気温・湿度ともに上昇して、二〇一五年八月には華氏一六五度

（摂氏七四度）の激しい暑さにあえいだ。ここ数年、中東の気温は華氏一二五度（摂氏五一・七度）を超えることが珍しくはない。

マルケッティのグラフ

本書は、チェーザレ・マルケッティというイタリアの物理学者の研究との出会いにそもそも端を発している。一九二七年に生まれたマルケッティは、長年、ウィーン郊外のラクセンブルクにある、国際応用システム分析研究所（ＩＩＳＡ）という研究機関を拠点にしてきた。この機関は、残念な展開になったローマ・クラブが生み出した建設的な結果のひとつだ。ローマ・クラブは一九六八年に設立された。ヨーロッパのビジネスリーダーや科学者、政府高官からなる拘束性の緩い組織で、人口過剰や資源の枯渇などに関心を寄せた。ＩＩＳＡはローマ・クラブの支援を得て、一九七二年、アメリカ、ヨーロッパ、ソ連圏の国々のあいだで広がる情報格差（と決着のつかない政治的分断）の橋渡しをするシンクタンクとして組織された。

それまでマルケッティが進めていた研究は、原子炉の設計や核廃棄物の再処理などの原子力発電の関連技術だった。ＩＩＳＡに参加して以降、関心の対象はエネルギーに移り、とくにエネルギー変化の規則性のモデル化を研究してきた。私が目を引かれたのは、彼と彼の同僚らが一九七〇年代後半に行った調査に基づいて作成された、きわめて示唆に富むグラフだった。

自伝風に書かれた短い文章でマルケッティは、ＩＩＳＡに加わった一九七三年、「十九世紀前後のエネルギー市場を示した、シンプルで予測解析ができるモデル」を探してほしいという依頼を受けたと記している。この依頼に、彼の仲間の経済学者たちは、「自分の爪でもながめていたほうがましだ」

と考えていたと、彼は冗談めかして書いている。つまり、依頼にはかかわりたくないという意味だが、マルケッティは「ある種の冒険心を覚えて」この難題を引き受けた。

こうした〝決定不能問題〟とも言える難題に出合うと、本人はいつも決まって「生物システムの本を読んだ。四〇億年にわたり、極端なほど敵対的な環境のもとで生き抜いてきた生物は、解決策を見つける生きた図書館だった」[17]。彼が見つけたシステムとは、生物学上のニッチをめぐる種の競合である。経済的な視点から言えば、「調査仮説は、『一次エネルギー、二次エネルギー、エネルギー供給システムはまったく異なるテクノロジーであり、市場をめぐって競合しあう』もので、状況に応じて振る舞うというものである」[18]。この仮説はきわめて有益で説得力があった。

別掲（五四七ページ）のグラフ「世界の一次エネルギーの歴史的進化」こそ、マルケッティの研究結果のひとつである。二〇〇七年、ポルトガルの政治学者ルイス・デ・ソウザは、マルケッティの研究を評して、こう説明している。「このグラフは非常に重要な事実を示している。産業化時代において、すべてのエネルギー源は、市場に参入する際、共通する傾向に従っているという点だ。ひとつのエネルギー源が市場の一～一〇パーセントの占有率を獲得するまでには四〇～五〇年がかかり、一パーセントの時点から、最終的に市場の半分を占めるまでには、ほぼ一世紀の時間がかかるという点だ[19]」

なぜ、新しいエネルギー源が市場に受け入れられるまでには、これほどの時間がかからざるをえないのか。社会は学習システムだというマルケッティの指摘は重要だ。社会とは、ある人から別の人へとある考えを広めていく、つまり文化を伝播させることで機能している。その点では伝染病と非常によく似ている。新しい技術の発明とは、ただの始まりでしかない。ヘンリー・フォードのT型フォードには給油所が必要だった。給油所はガソリンを必要とし、ガソリンは原油から生産される。それには油田を見つけなくてはならないし、製油所が原油を精製しなくてはならない。パイプラインを敷設して原油を製油所まで運び、生産されたガソリンを自動車が走る町にまで輸送する必要がある。さらに、人々が馬や馬車に乗ることをやめ、自動車を買い求め、その運転を覚える――と続いていく。利用者にも変化が求められるが、それは容易なことではない。ジッパーがボタンに置き換わり始めたころ、この変化に抗う人たちがいたのは、ジッパーは不道徳だと彼らが信じていたからである。ジッパーなら簡単に服を脱ぐことができてしまう。

エリザベス朝時代を生きた大半の者にとって、石炭は悪魔の排泄物だったように、今日、核エネルギーに反対する人たちには、原子力が悪魔の排泄物である。化石燃料を生産する企業は、原子力と再生可能エネルギーの双方を毛嫌いしている。両者とも市場をめぐって争う相手で、彼らの収益を阻む相手でもあるからだ。さらにアメリカの暮らしでは、その他多くの問題同様、エネルギー源もまた政治的な色合いを強め、共和党は原子力支持、民主党は原発反対を標榜するばかりで、現状はこの惑星を救う視点からほど遠い。

また、テクノロジーそのものが成熟するまでにも時間はかかる。二〇〇九年刊行の『テクノロジーとイノベーション――進化/生成の理論』で、経済学者のブライアン・アーサーは新しいテクノロジーが荒削りであるのは避けられないと指摘した。「登場したばかりのテクノロジーは、とにかく機能するだけで十分なのだ。こうしてはじめて世に生まれ出たのちは、新生のテクノロジーは適切な部品から決して逸脱せずに使われ、信頼を獲得し、改良を加えられ、規模を拡大したうえで、異なる目的にも問題なく用いられるようでなくてはならない[20]」。繰り返すようだが、これだけの展開を図るには相応の時間がかかるのだ。

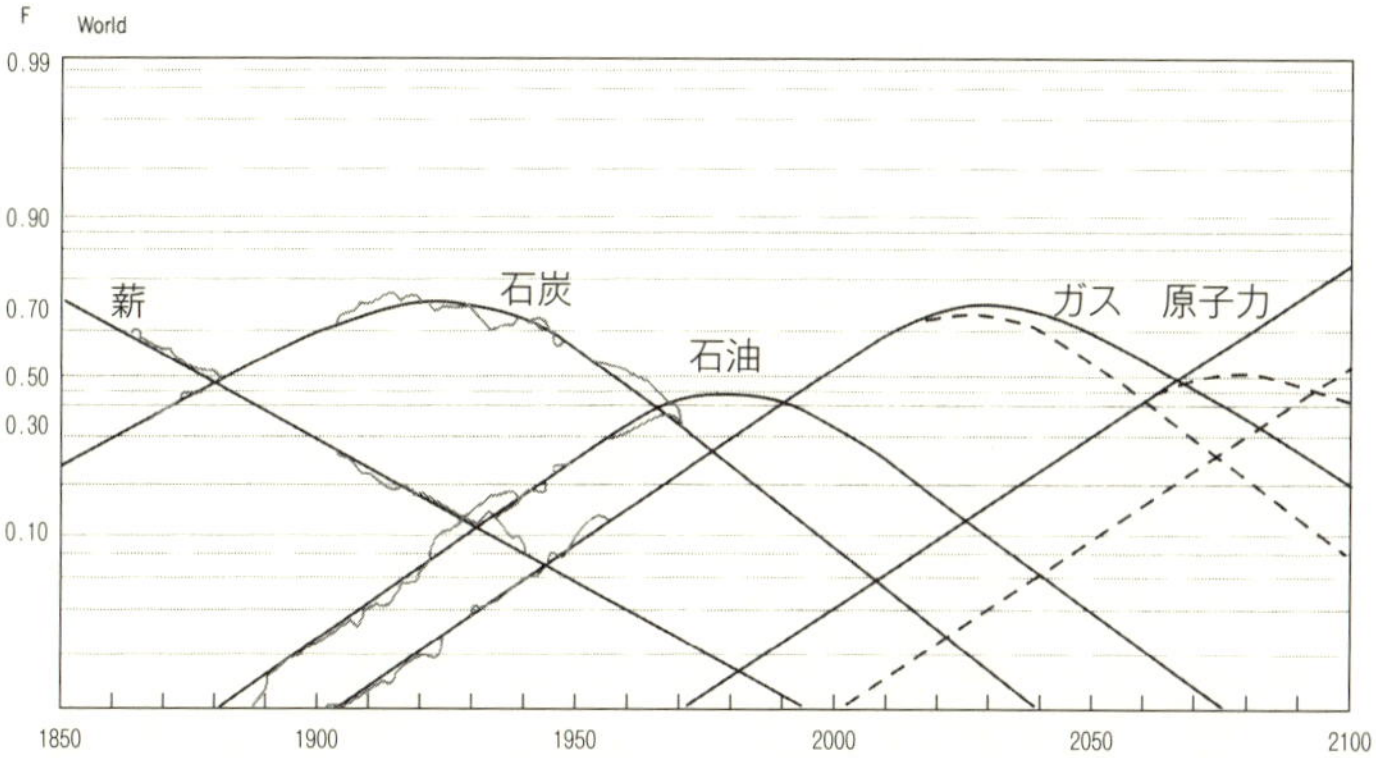

20-7　世界の第一次エネルギーの歴史的進化をひとつにしたもの。1984年以前に見られる不規則な線は統計データを示している。実線はそれをコンピュータ処理したもの。図右側の原子力と平行する点線は、2025年に新エネルギーが導入された場合の仮説値。新エネルギーの導入に伴い、2050年後も従来のエネルギーは減少していく。再生可能エネルギーはまだ1パーセントの壁を超えておらず、需要が限られている状況に変わりはない。

マルケッティの「世界の一次エネルギーの歴史的進化」のグラフには、各種のエネルギーのあいだで起きていた微妙な競合のみならず、こうしたテクノロジーの展開も組み込まれている。数多く書かれた文書のなかで、マルケッティが一貫して口にするのは、エネルギーの変遷に深く通底している規則性に向けられた驚きだ。その規則性は、彼と彼の共同研究者が数十年にわたって調査した約三〇〇〇の事例に基づいて立証された。

社会は単なる学習システムではないのだ。社会には、おおむね半世紀ごとにエネルギー源が置き換わっていくという、技術的な変遷の波がパターンとして織り込まれているのである。本書の執筆目的のひとつは、マルケッティのグラフをベースに、シェイクスピアが生きた時代にまでさかのぼったうえで、言葉による変遷の波の拡大解釈を試みる点にあった。

ルイス・デ・ソウザは二〇〇七年の書評のなかで、マルケッティの予測にひとつ注文をつけると、このグラフの改訂版を提示した。別掲（五四九ページ）のグラフがそれで、一九七三年と翌七四年の第一次オイルショック後の変化がマルケッティのグラフに反映されている。

「一九七〇年代の実際のデータは、モデルのグラフ値からかなり乖離している。原因はおそらく市場に混乱をもたらしたオイルショックのせいだが、影響が長期化した点についてはひと言で説明するのは難しい。ひと目見てわかるのは、オイルショック後の八〇年代、市場は冷え込んだ状態が続いたようで、各エネルギー源のシェアは横ばいのままである」(21)。デ・ソウザはグラフに示されたそれぞれのエネルギー源について順に説明している。

石炭：「ふたたび上向きに転じると、二〇〇〇年以降も上昇が続いており、首位の石油を脅かす最有力候補のように見える」

石油：「一九七〇年代、最も痛めつけられてきたエネルギー源であり、（マルケッティの）モデルに最も近い動きを示している」「この事実が意味するのは、おそらくマルケッティが石油のトレンドを過小評価しているからなのだろう。（略）今日、石油市場が軟化しているのは明らかで、減少傾向に転じる可能性が高い」

天然ガス：「モデルはきわめて楽観的に予測している。（略）石油の過小評価が、たぶん天然ガスのこの過大評価に反映しているのだろう」

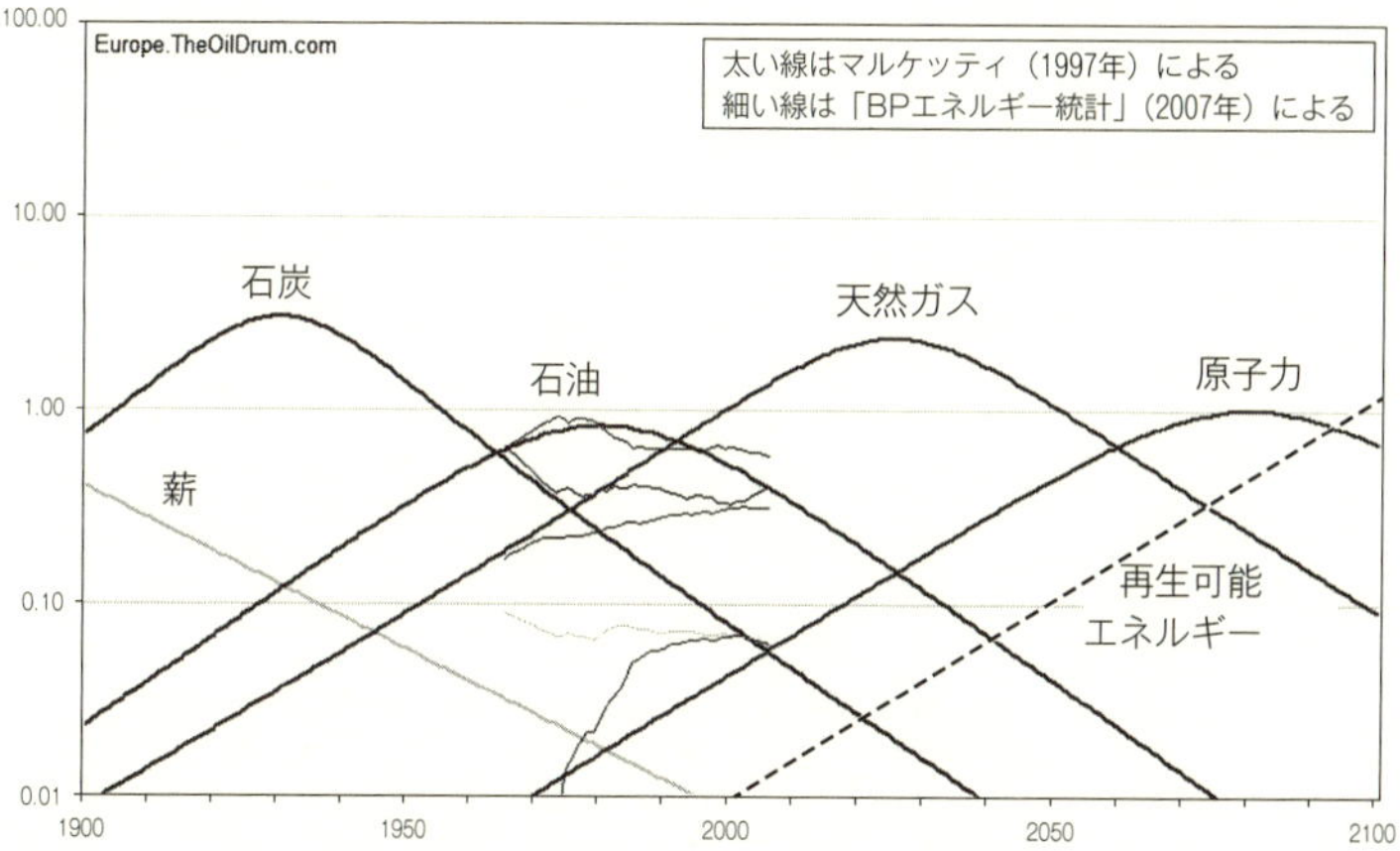

20-8　エネルギー変遷モデル。ルイス・デ・ソウザの改訂版。

原子力に関するデ・ソウザのコメントは、別個に引用しておく必要がありそうだ。

「原子力は、二〇〇〇年の時点で五パーセントから一〇パーセントに達すると、マルケッティは予測していたが、その実現ははるかに早かった。五パーセントを超えたのは一九八七年である。一九九〇年代を迎えると、オイルショックの余波を受け、予想値を大幅に上回った（市場占有率を高めた）が、液体炭化水素（天然ガス）がふたたび増加に転じると、原子力の市場への浸透は低下していった。二〇〇〇年、市場占有率は六・五パーセント周辺で停滞すると、以来、六パーセントを割り続けている」

再生可能エネルギーについては最後に、「いまだグラフに現れていない点を除けば、代替のエネルギー源についてとくに述べることはない。指標としては、今日、風力がエネルギー市場の〇・二パーセントの占有率を示しているが、原子力は一九五〇年代にこの地点に達していた」とデ・ソウザは記している。

ヨーロッパとアメリカでは、原子力は圧倒的な政治的抵抗を受け、明らかに低迷を続けてきた。こうした国々では、再生可能エネルギーには手厚い支援を差し延べるものの、原子力には厳しい規制が課されている。その一方で、東アジア、南アジアなどの地域、とりわけインド、中国、日本、韓国などの国々では、原子力が主流となる新たな成長が始まりつつある。二〇一六年一月の時点で一二八基の原子炉が稼働し、さらに四〇基以上が建造中、また九〇基の建造計画が確定している。提案されている建造計画はこの数を上回っている。[22] こうした展開は、世界の人口過密国の多くが繁栄を求め、経済拡張のさらなる拡大を反映したものにほかならない。化石燃料による大気汚染で、これらの国々では満足に息を吸うことさえできないのだ。その様子は、一〇〇年前のヨーロッパやアメリカとまさに瓜二つである。

繁栄を極めた西側諸国なら、再生可能エネルギーにすべて切り替えようと決めれば、それでエネルギーを生産できる余裕もあるだろう（もっとも再生可能エネルギーだけで賄いきれるものではないが）。だが、西側以外の国にはそうした選択肢はない。チェーザレ・マルケッティのグラフは、未来のエネルギー供給は原子力と天然ガスが占めるようになると予測している。グラフのベクトルは、状況の変化で変動しないという前提に立っている。だが、世界一〇〇億人の人間がそれなりの繁栄を維持していくには、再生可能エネルギーは言うまでもなく、あらゆるものが必要になってくるだろう。ますます多くの船が列に加わろうとしている。そして、すべての者がその船に乗れるだけのスペースはあるのだ。

科学とテクノロジーがもたらすもの

学者で思想家のエレーヌ・スキャリーの『苦しみに痛む身体――世界の作り方と壊し方』（未邦訳）は、一九八五年に刊行されて以来、私が物事を判断する際に頼りにしてきたもう一冊の本である。卓越したこの著書において、スキャリーは戦争――肉体的な犠牲を通じ、信念体系の強さを競うコンテスト――で人が人を傷つけ、殺そうとする目的にはじめて深い考えをめぐらせている。そして、なぜ人間がテクノロジーの発明に自らの想像力を用いようとするのか、深い独創性を駆使して、彼女はその目的を突き止めた。

当たり前のように存在する外の世界、圧倒的なその力と美しさについては、ここでとりたてて説明するまでもないが、人間が持つ〝痛みを感じる能力〟に、外の世界はまったくおかまいなしだ。まったく反応せず、まったく生命を感じさせず、まったく非情である外の世界は、轟く雷鳴や雹《ひょう》を降らす嵐、狂犬病ウイルスを宿すコウモリ、天然痘、微生物、氷晶として、人間などおかまいなしに出現している。人間の想像力は、こうした外の世界を改めてイメージしなおし、外の世界がまとっている無反応ぶりや無責任ぶりを剝ぎ取る。それは、比喩として、外の世界を痛めつけたり、命を吹き込んだりするのではなく、文字どおり、外の世界それ自身が命を持ち、苦しんでいるかのように、人間の痛みや苦しみに通じた存在に〝していしまう〟ことで成し遂げられている。(23)

靴は足を守り、椅子は四六時中重力という重荷を負わされた人の体を休め、風車や原子力発電所は人の体を暖めたり、冷やしたり、道を照らす出すために発電している。突き詰めれば、だから人間は、発明によって外の世界を新たに作り直しているのだ。どちらのテクノロジーが環境に優しいとか、あるいは世界は大きいのか狭いのかなどという、あらゆる議論の向こうにこの考えが横たわっている。スキャリーが示すように、人類の偉大なる事業とは、人間の苦しみを軽減するたゆみない進歩のことなのだ。

一八五〇年以降、世界の人口が一〇億人から七五億人と七倍以上に増えたのは、もっぱら科学とテクノロジーのおかげで、開発や公衆衛生、栄養状態と医療が改善されたからである。一九九六年、二人の人口統計学者がアメリカの人口について試算した。一九九六年当時、この国の人口のまるまる半分に相当する一億三六〇〇万の人々は、こうした改善の結果、死亡率が低減したことで生を得られた人たちだった。この改善が実現していなければ、人口の四分の一、すなわち六八〇〇万のアメリカ国民は生殖年齢に達する前に死亡していた。子供を産む前に死亡してしまうので、さらに六八〇〇万の人間がこの世に誕生しなかったはずである。(24)

過去一世紀、アメリカで命が救われた人々の数は、二十世紀の戦争を通じ、人為的な理由で死亡した世界中の死者の数さえ上回っていたのだ。そして、私たちが生きる新しい世紀、新たなミレニアムの始まりであるこの世紀においても、こうした死亡率の改善はいまも続けられ、その範囲を拡大しつつある。

科学とテクノロジーは、人類に破滅をもたらす文明などではなく、むしろそれらがもたらす繁栄は、来たるべきこれからの世紀においてもわれわれを支え続けていくだろう。科学とテクノロジーこそ、人類がこれまで考案した体系のなかでも、自らの失敗から一貫して学ぶことができる唯一の制度なのである。

謝辞

本書の執筆に際しては多くの方々のお世話になった。誰よりもまず礼を申し上げるのは、アルフレッド・P・スローン財団の理事のみなさんで、なかでも、ドロン・ウィーバーのおかげで現地を訪問する調査旅行の申請を認めてもらうことができた。スタンフォード大学図書館の傑出した資料を拝見することができたのは、学芸員マイケル・ケラーのおかげである。

チューダーテイラー・コムのニンヤ・ミーハイラには、エリザベス朝時代の労働者の冬着について助言していただいた。グラスゴー大学図書館のキア・ハインドには、同大学名の慣用法について教示を賜った。ナポレオン戦争時代のイギリスで、軍馬がどのように売買されていたのかレクチャーしてくれたのが、この分野の専門家で作家のアンソニー・ドースンである。マイク・ダンは、イングランドのウェストミッドランズ州ダドリーにある、ブラックカントリー生活博物館で、ニューコメンの蒸気機関のレプリカの管理を担当している。訪問した私のためにわざわざ機関の操作を実演してくれた。

遺伝学者のハーマン・マラーの業績に関しては、エドワード・フランコ・カラブレーゼと連絡を取ることができた。また、故セオドア・ロックウェルからは、海軍のハイマン・リッコーヴァーとの仕事やアメリカ初の原子力発電所に関する経験について話をうかがえた。物理学者チェーザレ・マルケッティからは通信を通じてご教示を賜ることができた。以上のほか、ハロルド・アグニュー、ハンス・ベーテ、リチャード・ガーウィン、トーマス・グラハム・ジュニア、デイヴィッド・ロッシン、マイケル・シェレンバーガー、スタニスラフ・シュシケヴィチ、チャールズ・ティル、ユージン・ウィグナーなどをはじめ、いまではお名前を失念してしまった方などを含め、新旧を問わず大勢の方々とのお話を通じ、多大な恩恵を得られたことに対して、心からのお礼を申し上げたい。

版権代理人のアン・シバルドは、尽きない知性とプロ意識で仕事を進めてくれた。また、問いの立て方について、「オッカムの剃刀」に秀でたサイモン&シュスター社の担当編集者ベン・ルーネンは、思考節約の原理に従い、私の原稿に磨きをかけ、さらに簡潔なものにしてくれた。そして、妻ジンジャーへ。いついかなるときも私のかたわらに変わらずいてくれたジンジャー――「私たちの目覚めた魂に朝の挨拶を告げよう」。私にとって彼女は、イギリスの詩人ジョン・ダンが謳った宿命の伴侶である。

訳者あとがき

本書『エネルギー400年史』は、リチャード・ローズの*Energy : A Human History*を全訳したものである。原書は二〇一八年五月、サイモン&シュスター社から刊行された。原書副題に「人類の歴史」とあるように、本書に書かれているのは、約四〇〇年にわたるエネルギーの変遷史であり、ロンドンに始まる森林資源の枯渇以降、人類はどのようなエネルギー資源をどう生み出し、どうやって使ってきたのかという壮大でありながら緻密を極めた物語である。

構成は「動力」「照明」「新しき火」の三部二〇章からなり、各章でさまざまなエピソードが記されているが、三部それぞれに中心となるテーマが明らかにうかがえる。第1部には蒸気機関の発明と改良、それを促した石炭の需要が記されている。第2部は電気の発見と開発で、第3部では石油や天然ガス、核エネルギー、再生可能エネルギーが主なテーマとなっている。

本書はまた、科学技術の発展に携わった有名無名の技術者、発明家、科学者の物語でもある。フランクリン、ニューコメン、ワット、スティーブンソン、ファラデー、エジソン、フォードなど、誰もが知る歴史上の人物が数多く登場する。著名な人物を交えることで、読者に親近感を抱かせ、テーマを身近なものに感じさせるのは、ローズのほかの著作にもうかがえる手法だが、作家の関心はむしろ世にあまり知られていない大勢の科学者や技術者に向けられている。たとえば、第9章に登場するイエール大学の化学教授で、原油を分留したベンジャミン・シリマン・ジュニアや、ロサンゼルスの光化学スモッグの原因を突きとめたカリフォルニア工科大学のアリー・ジャン・ハーゲン＝スミットなどといった人物である。

さまざまな人物が登場するとはいえ、彼らの業績からうかがえるのは、技術をめぐる発見や発明やイノベーションは、一人の天才の手によって成し遂げられるのはむしろまれだという点だ。しかも発見や発明に至るまでの歩みは遅々として進まない。それらは思いがけない幸運と偶然の産物であり、そこに至るまでには挫折と失敗が何度も繰り返されると説かれている。蒸気機関はニューコメンやワットによって実用化されたが、彼らに先立ち、圧力鍋を考えたドニ・パパンやトーマス・セイヴァリがいた。それだけに栄光とは無縁のまま、貧窮のうちに非業の最期を遂げた者も少なくない。世界ではじめて蒸気機関車を作ったリチャード・トレヴィシックは、生命力の塊のような人物として本書では描かれているが、その最期は家族にも看取られず、無一文のまま息を引き取り、葬式は仲間たちが金を出し合って営まれたという。

余談ながら、トレヴィシックの長男フランシスは鉄道技師となり、さらにその子供のリチャード・フランシス・トレヴィシックとフランシス・ヘンリー・トレヴィシックの兄弟は、明治の日本に官設鉄道のお雇い外人として滞在し、日本の鉄道技術の発展に寄与した。弟のヘンリー・トレヴィシックは日本人女性と結婚し、二男二女をもうけている。帰国に合わせ子供は夫婦それぞれに引き取られ、日本に残った子供の一人、奥野由太郎氏は日本郵船の貨物船の船長となった。日本のトレヴィシック研究で知られる奥野太郎氏はヘンリーの孫で、リチャード・トレヴィシックから見ると玄孫《やしゃご》に当たる。

大部な本だけに、これら以外にもいろいろな視点からエネルギー変遷の歴史が語られている。発明によってある障害を乗り越えても、技術変革に追いつけないインフラの未整備など、次なる障害がかならず発生するという指摘もそうした視点のひとつである。技術の開発史とは、技術によって生じた問題を、技術を用いていかに克服してきたのかという歴史でもあるのだ。燃料としての石油が発見されたのをきっかけに、アメリカでは大々的に石油開発が進められ、歴史的な条件が重なったことで、石油由来の灯油が照明燃料として使われるようになった。だが、ガソリンで走る自動車にはノッキングが発生していた。この問題を解決しようと、チャールズ・F・ケタリングと助手のトーマス・ミジリー・ジュニアは、エチルガソリンという鉛中毒をもたらす猛毒物質を生み出していた。

技術の進歩に伴い、意図しない問題が人間と環境にもたらされるという点も、本書では繰り返し説かれている。エリザベス朝時代のロンドンは煙に覆われ、さらに産業革命を迎えて石炭がますます燃やされるようになると、人々は昼間でも松明を灯して通りを歩いていた。十九世紀後半、石炭の煤煙は「進歩の代償」「逃れられない必要悪」で、エチルガソリンもそのような代償として見なされていた。だが、社会が成熟し、技術が進歩するにしたがい、こうした代償は克服され、これからも克服されていくとローズは説く。科学によって引き起こされた問題は、科学によって解決されるのだ。

いかにもアメリカ人らしい、科学主義とイノベーションに向けられた屈託のない信頼だが、ローズの念頭にある問題はただひとつ、それは気候変動への恐怖と懸念にほかならない。本書の「はじめに」には、「長かった冷戦の時代、核による人類滅亡に人々が恐怖したように、気候変動でも同様な暗澹たる不安が文明の前にそそり立っている」と書かれている。現在、ひしひしと実感するようになった世界が直面するこの大問題について、より大きな文脈で検討できる視点を提供し、論議を深めるために本書を書いたとローズは執筆意図を明らかにしている。その視点こそ、エネルギー変遷史に宿されているエネルギー転換のパターンにほかならない。

もちろん、読み物としても興味をそそるエピソードも本書には数え切れないほど盛り込まれている。アメリカの南北戦争が鯨油産業に与えた大きな痛手、十九世紀のいわゆる「ナポレオン戦争」を契機に、馬の需要と価格が高まったり、蒸気機関の開発、ひいてはスティーブンソンの鉄道開発に拍車をかけることになった。また、アイルランドのジャガイモ飢饉には、チリで採掘されたグアノと呼ばれる天然肥料が関係していた。この飢饉のせいで一五〇〇万人以上のアイルランド人が大西洋を越えてアメリカに渡る。どうやら、ジョン・F・ケネディ大統領誕生の背景には、鳥の糞の厚い堆積がかかわっていたようである。

本書『エネルギー400年史』は、無数の縦糸と横糸が緻密に編み込まれた、エネルギーをめぐる壮大なタペストリーだとも言えるだろう。そこに描かれた図柄は、地球温暖化に対処しつつ、二一〇〇年には一〇〇億人の人間が乗り込む、地球という船が目指す航海図である。しかも、その行き先は、この船に乗り組んだ者みなすべてが繁栄を享受できるものでなくてはならない。核エネルギー、再生可能エネルギー、化石燃料など、さまざまなエネルギー源があるとはいえ、完璧なエネルギーが存在しない以上、それらのエネルギーのバランスをとりながら、最適なエネルギーとその組み合わせを選んでいくことになるのだろうか。

そうした議論を深めるうえで、本書はきわめて示唆に富む、格好の一冊になると思われる。

※

著者のリチャード・ローズは、一九三七年七月四日、カンザス州カンザスシティで生まれた。母親は彼が一歳のときに自殺、小学三年生になるまで兄スタンリーとともに父親に育てられた（父親は機関車のボイラーを製作していた）。ローズが十歳のときに父親は再婚。だが、新しい母親は兄弟を容赦なくいじめ抜き、二人が餓死寸前になるまで虐待を続けた。耐えかねたスタンリーは警察に出向き、自分たちの窮状を訴えたという。その後、兄弟は父親のもとを離れ、ミズーリ州インディペンデンスにある男児専用の保護施設で暮らすようになった。

奨学金を得てイェール大学に入学したローズは、一九五九年に優秀な成績で大学を卒業すると、当初は雑誌を中心に執筆活動を続けた。刊行された書籍はこれまでに二三点、本書はその最新作に当たる。四点の小説を除くと、いずれもノンフィクションで、さまざまなテーマが扱われている。

彼の名前が一躍知られるようになったのは、一九八六年刊行の『原子爆弾の誕生——科学と国際政治の世界史』（神沼二真・渋谷泰一訳、啓学出版、一九九三年）で、この本でローズはピューリッツァー賞、全米図書賞、全米書評家連盟賞を受賞している。タイトルからもわかるように、一九三〇年代の核分裂や連鎖反応の研究に始まり、マンハッタン計画を経て、広島と長崎に投下された原子爆弾の開発が描かれている。原書は九〇〇ページに及ぶ大著だが、それにもかかわらず数十万部の売り上げを達成し、歴史家や専門家からも高い評価を得て、世界一〇カ国以上の国で翻訳された。

ローズには「核兵器四部作」とでも呼ぶ連作がある。『原子爆弾の誕生』に続き、第二次大戦中の核開発をめぐる諜報活動、水爆の是非と開発、軍拡競争を論じた『原爆から水爆へ——東西冷戦の知られざる内幕』（小沢千重子・神沼二真訳、紀伊國屋書店、二〇一一年）、また*Arsenals of Folly: The Making of the Nuclear Arms Race*（二〇〇七年）では冷戦時代の核兵器開発、とくにゴルバチョフとレーガン時代の冷戦終結期の核開発が書かれている。連作最後の*The Twilight of the Bombs: Recent Challenges, New Dangers, and the Prospects for a World Without Nuclear Weapons*（二〇一〇年）には、冷戦後の核拡散や核テロリズムが対象になっている。本書では第19章以降に核開発や核兵器、原子力発電所をめぐって踏み込んだ論評や提言が記されている。エッセイでも有名な物理学者のリチャード・P・ファインマンの名前も出てくる。核問題はローズの専門分野で、彼自身、安全保障と核軍縮に取り組むスタンフォード大学国際安全保障協力センター（CISC）の会員でもある。

邦訳書としては、『原子爆弾の誕生』『原爆から水爆』の二冊のほか、ミズーリ州の農家の一年間を記録したノンフィクション『アメリカ農家の12カ月』（古賀林幸訳、晶文社、一九九三年）、自らの体験に基づき、男性の性生活を生々しく描いた『メイキング・ラヴ』（中川五郎訳、文藝春秋、一九九六年）や、狂牛病やクロイツフェルト＝ヤコブ病などを引き起こす、遺伝子のない謎の感染因子を追った『死の病原体プリオン』（桃井健司・網屋慎哉訳、草思社、一九九八年）などがある。

最後になるが、編集作業の面倒をみていただいた草思社取締役編集部長の藤田博氏にお礼を申し上げます。

二〇一九年六月

訳者

87.

(10) Vasilis M. Fthenakis and Hyung Chul Kim, "Greenhouse-Gas Emissions from Solar Electric- and Nuclear Power: A Life-Cycle Study," *Energy Policy* 35 (2007): 2549.「アメリカの太陽光発電と原子力発電の場合、稼働状況と平均日照を基準にすることで、設備が廃棄されるまでの期間に排出される温室効果ガスの全量を比較できる」.

(11) 石炭と天然ガスの二酸化炭素含有量の比較：Eli Goldstein, "CO_2 Emissions from Nuclear Plants" (submitted as coursework for PH241, Introduction to Nuclear Energy, Stanford University, Winter 2012) (online).

(12) 370万ポンド（1700トン）の黒鉛が飛散：Zhores Medvedev, *The Legacy of Chernobyl* (New York: W. W. Norton, 1990), 5.

(13) 福島の被曝状況（2016年2月更新）, World Nuclear Association Information Library (online).

(14) スリーマイル島の事故の被曝線量：Samuel J. Walker, *Three Mile Island: A Nuclear Crisis in Historical Perspective* (Berkeley: University of California Press, 2004), 204–8.

(15) 福島第一原発の事故："Fukushima Accident," World Nuclear Association Information Library (online).

(16) Anil Markandya and Paul Wilkinson, "Electricity Generation and Health," *Lancet* 370 (2007): 982.

(17) Cesare Marchetti, "My CV as a Personal Story," Cesare Marchetti Web Archive online, 2003, 4–5.

(18) Cesare Marchetti and N. Nakicenovic, "The Dynamics of Energy Systems and the Logistic Substitution Model," pt. 1, pt. 2, RR-79-13, IIASA, 1979, 1 (online). Italics in original.

(19) Luis de Sousa, "Marchetti's Curves," The Oil Drum: *Europe*, 2007 (online).

(20) W. Brian Arthur, *The Nature of Technology: What It Is and How It Evolves* (New York: Free Press, 2009), 131.［邦訳は『テクノロジーとイノベーション――進化／生成の理論』有賀裕二監修, 日暮雅通訳, みすず書房, 2011年］

(21)「1970年代の実際のデータは」：ここからの段落はデ・ソウザの "Marchetti's Curves." による.

(22) 東アジアと南アジアの原子力発電所："Asia's Nuclear Energy Growth," World Nuclear Association Information Library online.

(23) Elaine Scarry, *The Body in Pain: The Making and Unmaking of the World* (New York: Oxford University Press, 1985), 288–89.

(24) 死亡率の改善：Kevin M. White and Samuel H. Preston, "How Many Americans Are Alive Because of Twentieth-Century Improvements in Mortality?" *Population and Development Review* 22, no. 3 (1996): 415–29.

(41) 同上, 432 (表題による).
(42) Jerry M. Cuttler, "Remedy for Radiation Fear: Discard the Politicized Science," *Dose Response* 12, no. 2 (2014): 171.
(43) Jan Beyea, "Response to 'On the Origins of the Linear No-Threshold (LNT) Dogma by Means of Untruths, Artful Dodges and Blind Faith,'" *Environmental Research* 148 (2016): 531.
(44) Muller (1950), 57.
(45) Pushker A. Kharecha and James E. Hansen, "Prevented Mortality and Greenhouse Gas Emissions from Historical and Projected Nuclear Power," *Environmental Science and Technology* 47 (2013): 4889 (abstract).

第20章

(1) James Blythe: *Oxford DNB*.
(2) ジェイコブズ兄弟に関して："History," Jacobs Wind Electric Company online, www.jacobswind.net; Paul Jacobs への取材による. Paul Jacobs にはわざわざ原稿をチェックしていただいた.
(3) セレンとシリコンの変換効率：Morton B. Prince, "Early Work on Photovoltaic Devices at the Bell Telephone Laboratories," ch. 33 in Wolfgang Palz, *Power for the World: The Emergence of Electricity from the Sun* (Singapore: Pan Stanford, 2011), 497–98; D. M. Chapin, C. S. Fuller, and G. L. Pearson, "A New Silicon *P-N* Junction Photocell for Converting Solar Radiation into Electrical Power," *Journal of Applied Physics* 25 (1954): 676–77.
(4) ジョージア州における 6 か月間の試験運用：Prince, "Early Work on Photovoltaic Devices," 498.
(5) ヴァンガード 1 号に関して："Vanguard I," NASA Science Data Coordinated Archive online; "Vanguard Project," US Naval Research Laboratory online; Constance McLaughlin Green and Milton Lomask, *Vanguard, A History*, ch. 7 (Washington, DC: National Aeronautics and Space Administration, 1970) (online).
(6) Peter E. Varadi, "Terrestrial Photovoltaic Industry—The Beginning," in *Power for the World*, ed. Wolfgang Palz (Singapore: Pan Stanford Publishing, 2011), 558.
(7) Adam Vaughan「太陽光発電の成長率は中国とアメリカのおかげで世界的に50パーセント急増した」. *Guardian*, 20 March 2017 (online); ポリマー製のフィルム：Frederik C. Krebs, "Fabrication and Processing of Polymer Solar Cells: A Review of Printing and Coating Techniques," *Solar Energy Materials & Solar Cells* 93 (2009): 394–412.
(8) 設備利用率："US Capacity Factors by Fuel Type, 2016," Nuclear Energy Institute Knowledge Center, Nuclear Statistics (online).
(9) 天然ガスの熱吸収率は二酸化炭素の約84倍：*Climate Change 2014 Synthesis Report*, Intergovernmental Panel on Climate Change (online), 2014, box 3.2, table 1,

Association, Vancouver, BC, 4 May 1982 で提出された資料 (Chalk River, Ont.: Chalk River Nuclear Laboratories), 1; 1000人を超える男性と 2 人の女性スタッフ：同上, 2, table 1.

(25) ジミー・カーターと原子炉事故：Arthur Milnes, "When Jimmy Carter Faced Radioactivity Head-On," *Ottawa Citizen*, 28 January 2009;「3名1班ごとに」": Jimmy Carter, *Why Not the Best? Jimmy Carter: The First Fifty Years* (Fayetteville: University of Arkansas Press, 1996; first published 1975), 54; Peter Jedicke, "The NRX Incident," Canadian Nuclear Society online, 最終変更は1989年, www.cns-snc.ca/media/history/nrx.html; Werner, Meyers, and Morrison, "Follow-up of CRNL Employees."

(26) Werner, Meyers, and Morrison, "Follow-up of CRNL Employees," 表題ページ不明.

(27)「100万人近い」. 引用元は blog.nader.org: Helen Caldicott, *New York Times* への手紙 30 October 2013.

(28) Lewis L. Strauss, "The H-Bomb and World Opinion: Chairman Strauss's Statement on Pacific Tests," *Bulletin of the Atomic Scientists* 10, no. 5 (May 1954): 163–67.

(29) 引用元は Richard G. Hewlett and Jack M. Holl, *Atoms for Peace and War, 1953–1961* (Berkeley: University of California Press, 1989), 177.

(30) アルフレッド・スターティヴァントの伝記：Edward B. Lewis, "Alfred Henry Sturtevant," *Biographical Memoirs of the National Academy of Sciences*, vol. 73 (Washington, DC: National Academies Press, 1998).

(31) A. H. Sturtevant, "Social Implications of the Genetics of Man," *Science* 120, no. 3115 (September 10, 1954): 407.

(32) マラーとスペイン内乱：Elof Axel Carlson, *Genes, Radiation, and Society: The Life and Work of H. J. Muller.* (Ithaca, NY: Cornell University Press, 1981), 237–40.

(33) 引用元は Guido Pontecorvo, "Hermann Joseph Muller, 1890–1967," *Biographical Memoirs of Fellows of the Royal Society* 14 (November 1968): 356.

(34) 引用元は Carlson, *Genes, Radiation, and Society*, 399.

(35) Hermann J. Muller, "The Production of Mutations," Nobel Lecture (1946). *Nobelprize.org* online.

(36) 同上.

(37) Ernest Caspari and Curt Stern, "The Influence of Chronic Irradiation with Gamma-Rays at Low Dosages on the Mutation Rate in *Drosophila Melanogaster*," *Genetics* 33, no. 1 (1948): 81.

(38) ノーベル賞をめぐるマラーのジレンマ：この論考は以下に基づく. Edward J. Calabrese, "On the Origin of the Linear No-Threshold (LNT) Dogma by Means of Untruths, Artful Dodges and Blind Faith," *Environmental Research* 142 (2015).

(39) 引用元は同上, 435, table 1.

(40) 同上, 435.

Condition of Man During the Years That Lie Ahead (New York: Viking, 1954), 221.
(8) 同上, 104.
(9) 同上, 105.
(10)「人口爆弾に関する戦後の知的根源」: Pierre Desrochers and Christine Hoffbauer, "The Postwar Intellectual Roots of the Population Bomb: Fairfield Osborn's 'Our Plundered Planet' and William Vogt's 'Road to Survival' in Retrospect," *Electronic Journal of Sustainable Development* 1, no. 3 (2009): 37–61.
(11) Thomas Malthus, *Essay on Population*, 6th ed., bk. 4, ch. 5 (London: John Murray, 1826), .300–1, 著者が引用元としたのは Robert Zubrin, *Merchants of Despair: Radical Environmentalists, Criminal Pseudo-Scientists, and the Fatal Cult of Antihumanism* (New York: Encounter Books, 2013), 6.
(12) Paul R. Ehrlich, *The Population Bomb* (San Francisco: Sierra Club, 1969), 12.［邦訳は『人口爆弾』宮川毅訳, 河出書房新社, 1974年］
(13) 同上, 143.
(14) Josué de Castro, *The Geography of Hunger* (Boston: Little, Brown, 1952), 312.［邦訳は『飢えの地理学』国際食糧農業協会訳, 理論社, 1955年］引用元は Desrochers and Hoffbauer, "Postwar Intellectual Roots of the Population Bomb," 54.
(15) David Brower, minutes, board meeting, Sierra Club, 17–18 September 1966, 引用元は Thomas Raymond Wellock, *Critical Masses: Opposition to Nuclear Power in California, 1958–1978* (Madison: University of Wisconsin Press, 1998), 85.
(16) 1958年には11基の炉型が異なる原子炉の建造を支援: Joseph G. Morone and Edward J. Woodhouse, *The Demise of Nuclear Energy? Lessons for Democratic Control of Technology* (New Haven, CT: Yale University Press, 1989), 53.
(17) 引用元は筆者リチャード・ローズが *Nuclear Renewal*, 39に書いた記事に基づく. 記事にはこの引用箇所に関する出典は記されていないが, ニュースソースは慎重なチェックを受けている. 本章ではほかにも *Nuclear Renewal* の記事から引用した部分が数か所ある.
(18) 引用元は同上, 40.
(19) Alvin M. Weinberg, "Nuclear Energy and the Environment," *Bulletin of the Atomic Scientists* 26, no. 6 (1970): 73.
(20) 2100年に世界人口100億人の国連予測: Fran Willekens, "Demographic Transitions in Europe and the World" (working paper WP 2014-004, Max Planck Institute for Demographic Research, 2014), 2 (online).
(21) 世界人口が2050年に180億: Weinberg, "Nuclear Energy and Environment," 69.
(22) 人口増加率0パーセントの国連予測: Willekens, "Demographic Transitions," 2.
(23) Weinberg, "Nuclear Energy and Environment," 79.
(24) 30メガワットの原子炉が100メガワットに急上昇: M. M. Werner, D. K. Meyers, and D. P. Morrison, "Follow-up of CRNL Employees Involved in the NRX Reactor Clean-up," the Third Annual Meeting of the Canadian Radiation Protection

Pollution," in *Research in Corporate Social Performance and Policy*, vol. 7, ed. L. E. Preston (Greenwich, CT: JAI Press, 1985), 52.
(33) 新車に対する無鉛ガソリンの使用：Richard G. Newell and Kristian Rogers, "The U.S. Experience with the Phasedown of Lead in Gasoline" (discussion paper, Washington, DC: Resources for the Future, 2003).
(34) ニューヨークにおける煤煙汚染の調査結果：Patrick Louchouarn ほか., "Elemental and Molecular Evidence of Soot- and Char-Derived Black Carbon Inputs to New York City's Atmosphere During the 20th Century," *Environmental Science & Technology* 41, no. 1 (2007): 82–87.
(35) プリンストン大学の経済学者による発見：Gene M. Grossman and Alan B. Krueger, "Environmental Impacts of a North American Free Trade Agreement" (working paper 3914, Cambridge, MA: National Bureau of Economic Research, 1991), 要約.
(36) 環境クズネッツ曲線の矛盾：Edward B. Barbier, "Introduction to the Environmental Kuznets Curve Special Issue," *Environment and Development Economics* 2, no. 4 (November 1997): 372.
(37)「環境アメニティ」という贅沢なモデル理論：J. Martínez-Alier, "The Environment as a Luxury Good or 'Too Poor to Be Green'?" *Ecological Economics* 13 (1995): 1–10.
(38) アメリカの大躍進：Robert J. Gordon, *The Rise and Fall of American Growth: The U.S. Standard of Living Since the Civil War* (Princeton, NJ: Princeton University Press, 2016), 535.
(39) Robert Higgs, "Wartime Prosperity? A Reassessment of the U.S. Economy in the 1940s," *Journal of Economic History* 52, no. 1 (1992): 57, 引用元は Gordon, *Rise and Fall of American Growth*, 552.

第19章

(1) Carson (1962), 1–2.
(2) 引用元は William Souder, *On a Farther Shore: The Life and Legacy of Rachel Carson* (New York: Crown, 2012), 338.
(3) 引用元は Jason Lemoine Churchill, "The Limits to Influence: The Club of Rome and Canada, 1968 to 1988" (PhD diss., University of Waterloo, Waterloo, Ont., 2006), 35.
(4) 引用元は Souder, *On a Farther Shore*, 278.
(5) 元復員兵の多くが引退を救いとした：臨床心理学者 Ginger Rhodes への取材.
(6) 引用元は Roger Revelle, "Harrison Brown 1917–1986," *Biographical Memoirs of the National Academy of Sciences* (Washington, DC: National Academy of Sciences, 1994), 55.
(7) Harrison Brown, *The Challenge of Man's Future: An Inquiry Concerning the*

(8) 同上, 44.
(9) アメリカ公衆衛生局（PHS）の陣容：同上, 49.
(10) Schrenk ほか, *Air Pollution in Donora, Pa.*, 29.
(11) 同上, 161–62.
(12) File, 13 February 1946, Lieutenant Colonel Cooper B. Rhodes, online at 同上.
(13) "Industrial News: Fluorine Gases in Atmosphere as Industrial Waste Blamed for Death and Chronic Poisoning of Donora and Webster, PA, Inhabitants," *Chemical and Engineering News* 26, no. 50 (December 13, 1948): 3692.
(14) 引用元は Chris Bryson, "The Donora Fluoride Fog: A Secret History of America's Worst Air Pollution Disaster," ActionPA .org, last modified 2 December 1998.
(15) 集団訴訟と公衆衛生局の報告書："Donora: 'The Truth Was Concealed,'" *Pittsburgh Observer-Reporter*, 19 October 2008, fluoridealert .org (online) で再録.
(16) 3000を超える死亡者数：Michelle L. Bell and Devra Lee Davis, "Reassessment of the Lethal London Fog of 1952: Novel Indicators of Acute and Chronic Consequences of Acute Exposure to Air Pollution," *Environmental Health Perspectives* 109, no. 3 (2001): 389.
(17) 引用元は Christine L. Corton, *London Fog: The Biography* (Cambridge, MA: Harvard University Press, 2015), 280.
(18) 保健省はインフルエンザが原因だとした：Bell and Davis, "Reassessment of the Lethal London Fog of 1952," 389; unexpected versus flu deaths: 392, fig. 6.
(19)「ロンドンスモッグ事件」: Corton, *London Fog*, 284.
(20) 1956年の大気浄化法：(4 and 5 Eliz. 2 ch. 52).
(21) 80パーセントの削減：Corton, *London Fog*, 305; 1962 killer fog, 同上 ; 1956 Clean Air Act, 同上, 309.
(22) 1905年に「スモッグ」という言葉が考案された："Smog," *Oxford English Dictionary.*
(23) McGill ほか (1952), 286.
(24) 引用元は Haagen-Smit (2000), 20.
(25) 同上, 23.
(26) 同上, 23–24.
(27) 3万立方フィートの大気：Chip Jacobs and William J. Kelly, *Smogtown: The Lung-Burning History of Pollution in Los Angeles* (New York: Overlook Press, 2013), 72.
(28) 引用元は Haagen-Smit (2000), 24.
(29) Haagen-Smit (1950), 10–11.
(30) 同上, 8.
(31) Haagen-Smit (2000), 24–26.
(32) ニクソンによる環境保護庁創設と大気浄化法改正：Jeanne M. Logsdon, "Organizational Responses to Environmental Issues: Oil Refining Companies and Air

(24) 1950年と1953年の大型艦艇用の原子炉：Rockwell, *The Rickover Effect*, 159–60.

(25) 同上, 196.

(26) フレイジャーへのインタビュー：筆者リチャード・ローズの "A Demonstration at Shippingport," の脚注15を参照.

(27) Medhurst, "Atoms for Peace," 580.

(28) 総計3万メガトン：同上, 581, 引用元は Ronald E. Powaski, *March to Armageddon: The United States and the Nuclear Arms Race, 1939 to the Presen*t (New York: Oxford University Press, 1987), 60.

(29) シッピングポート原子炉のトリウム換装と操業終了：J. C. Clayton, "The Shippingport Pressurized Water Reactor and Light Water Breeder Reactor," 25th Central Regional Meeting での発表, American Chemical Society, Pittsburgh, October 4–6, 1993, 2 (online).

(30) 1972年5月，ピエールラットでのこと：George Cowan, "A Natural Fission Reactor," *Scientific American*, July 1976 ほか.

(31) G. W. Wetherill and M. G. Inghram. "Spontaneous Fission in Uranium and Thorium Ores," *Proceedings of the Conference on Nuclear Processes in Geologic Settings* (Williams Bay, WI.: National Research Council Committee on Nuclear Science, 1953), 31.

(32) P. K. Kuroda, "On the Nuclear Physical Stability of the Uranium Minerals," *Journal of Chemical Physics* 25, no. 4 (1956): 782.

(33) ガボンの天然原子炉と " 核廃棄物 "：Rockwell (2010), 32. Cowan, "Natural Fission Reactor," 45; François Gauthier-Lefaye, "2 Billion Year Old Natural Analogs for Nuclear Waste Disposal: The Natural Nuclear Fission Reactors in Gabon (Africa)," *Comptes Rendus R. Physique* 3, nos. 7 and 8 (September/October 2002).

第18章

(1) 1930年，60名以上の死亡者を出したリエージュの大気汚染事件：Benoit Nemery, Peter H. M. Hoet, and Abderrahim Nemmar, "The Meuse Valley Fog of 1930: An Air Pollution Disaster," *Lancet* 357, no. 9257 (March 3, 2001): 704.

(2) 死亡者20人，約6000人が被害を受けたドノラの大気汚染：H. H. Schrenk ほか, *Air Pollution in Donora, Pa.: Epidemiology of the Unusual Smog Episode of October 1948, Preliminary Report*, Public Health Bulletin no. 306 (Washington, DC: Public Health Service, 1949), 12.

(3) Berton Roueché, "Annals of Medicine: The Fog," *New Yorker*, 30 September 1950, 33.

(4) 同上.

(5) 同上.

(6) Schrenk ほか, *Air Pollution in Donora, Pa., iv.*

(7) Roueché, "Annals of Medicine: The Fog," 38.

for Estimating the Magnitude of Potential Mineral Resources Are Needed to Provide the Knowledge That Should Guide the Design of Many Key Public Policies," *American Scientist* 60, no. 1 (1972): 32.

(6) Zoellner (2000), 3.

(7) McKelvey, "Mineral Resource Estimates and Public Policy," 13.

(8) E. L. Berthoud, "On the Occurrence of Uranium, Silver, Iron, etc., in the Tertiary Formation of Colorado Territory," *Proceedings of the Academy of Natural Sciences of Philadelphia* 27(2), May–September 1875, p. 365.

(9) Miller and Gill (1954), 36.

(10) 中国のフライアッシュからのウラン抽出と中央ヨーロッパおよび南アフリカの関心："Sparton Produces First Yellowcake from Chinese Coal Ash," *World Nuclear News* online, 16 October 2007.

(11) リッコーヴァーの艦長選抜：Theodore Rockwell へのインタビューに基づく.

(12) Theodore Rockwell, *The Rickover Effect: How One Man Made a Difference* (Lincoln, NE: iUniverse, 2002), 27.

(13) Kintner (1959), 2.

(14) Rockwell, *The Rickover Effect*, 44–45.

(15) 引用元は筆者リチャード・ローズの "A Demonstration at Shippingport: Coming On Line," *American Heritage* online 32, no. 4 (1981): 30年以上前に書いたこの記事に関する記録はすでに手元にはない．この記録は文書資料とともにインタビューに基づくもので，当時，編集者によって念入りに確認されている．

(16) 1949年の時点で170発の原爆, 1952年に841発：Robert S. Norris and Hans M. Kristensen, "Global Nuclear Weapons Inventories, 1945–2010," *Bulletin of the Atomic Scientists* 66, no. 4 (2010), online.

(17) John Foster Dulles, "The Evolution of Foreign Policy," 外交問題評議会に先立って. New York, NY, Department of State, press release no. 81 (January 12, 1954).

(18) NSC 162/2, "A Report to the [US] National Security Council by the Executive Secretary on Basic National Security Policy, October 30, 1953," Washington, 39b. 1, 22 (online).

(19)「標準ウランと核分裂性物質」の提供："Atoms for Peace Speech," December 8, 1953, online at www.iaea.org/about/history/atoms-for-peace-speech.

(20) アメリカは4万キログラム以上のウラン燃料を提供：Martin J. Medhurst, "Atoms for Peace and Nuclear Hegemony: The Rhetorical Structure of a Cold War Campaign," *Armed Forces & Society* 23, no. 4 (1997): 581.

(21) アイゼンハワーから議会へのメッセージ：1954年2月17日, 引用元は同上, 583–84.

(22) 引用元は著者リチャード・ローズの *Nuclear Renewal: Common Sense About Energy* (New York: Whittle/Viking, 1993), 35.

(23) L. A. Kotchetkov, "Obninsk: Number One," *Nuclear Engineering International*: July 13, 2004, 4, www.neimagazine.com/features.

(61) 石油パイプラインの歴史：*Big Inch and Little Big Inch Pipelines*, 12.

(62) 1930年代の敷設距離1万マイル：John F. Kiefner and Cheryl J. Trench, "Oil Pipeline Characteristics and Risk Factors: Illustrations from the Decade of Construction," *American Petroleum Pipeline Committee Publication* (Washington, DC: American Petroleum Institute, 2001), 24.

(63) 1942年6月25日設立の「戦時緊急パイプライン」：*Big Inch and Little Big Inch Pipelines*, 15.

(64) 作業員は溝を掘り起こした：同上, 19; ミシシッピ川の水底面に溝が掘られた：同上, 25.

(65) 同上, 35.

(66) 1944年1月26日の開業と1944年3月2日のガソリン到着；1億8500万バレルの輸送：同上, 28.

(67) Sidney A. Swensrud, "Possibility of Converting the Large Diameter War Emergency Pipe Lines to Natural Gas Service After the War" (paper for presentation at the February 1944 meeting of the Petroleum Division of the American Institute of Mining and Metallurgical Engineers, New York City, 21 February 1944, *AIME Technical Publications & Contributions 1943–1944*. http://library.aimehq.org/library, 2.

(68) 同上.

(69) 天然ガスと都市ガスの価格競争：同上, 12.

(70) 同上, 12.

(71) Lewis Stark, "UMW Head Defiant," *New York Times*, 4 December 1946, 1ff.

(72)「トルーマン文書」よりハリー・S・トルーマン大統領の手稿（1946年12月11日), President's Secretary's File, Harry S. Truman Library & Museum online.

(73) 引用元は Castaneda, *Regulated Enterprise*, 83.

第17章

(1) 出力は200ワット：Enrico Fermi, "Atomic Energy for Power," in *The Future of Atomic Energy: The George Westinghouse Centennial Forum, May 16, 17, and 18, 1946*, vol. 1 (Pittsburgh: Westinghouse Educational Foundation), 93.

(2) Jeffries, Zay, Enrico Fermi 他., *Prospectus on Nucleonics* (Chicago: Metallurgical Laboratory MUC-RSM-234, 1944), 28 (online).

(3) 同上.

(4) 6万4000ポンドの酸化ウラン：Chenoweth (1988), 5:「工場の回収率を70パーセントとして，アリゾナから推定6万4000ポンドのウラン308が最初の原子爆弾として加工された．（戦時中の）ウラン308の国内総生産量は269万8000ポンド（1224トン）なので微々たる量にすぎないが（略），マンハッタン計画に対するアリゾナの寄与は通常，見過ごされる場合が少なくない」

(5) V. E. McKelvey, "Mineral Resource Estimates and Public Policy: Better Methods

Emergency Fleet Corporation on Electric Welding and its Application in the United States of America to Ship Construction (Philadelphia: Emergency Fleet Corporation, 1918), 67.

(40) 4か月の修理期間：Putnam, *Kaiser's Merchant Ships*, KL 2380.

(41) Report number four in Caldwell, *Report to the United States Shipping Board*, 67.

(42) 8か月でさらに100隻以上の船舶を修理：André A. Odermatt, *Welding: A Journey to Explore Its Past* (Troy, OH: Hobart Institute of Welding Technology, 2010), 133.

(43) "Secretary Daniels Urges the Need for More Ships," *Official Bulletin*, 19 February 1918, 2.

(44) イギリスの溶接実績：Caldwell, *Report to the United States Shipping Board*, 66.

(45) Captain James Caldwell, "welding investigations": 同上, 5.

(46) 同上, 26.

(47) 同上, 144.

(48) "The Coming of the Rivetless Steel Ship," *American Marine Engineer* 13, no. 10 (October 1918): 12.

(49) 1931年のパイプライン敷設工事：Robert W. Gilmer, "The History of Natural Gas Pipelines in the Southwest," *Texas Business Review* (May / June 1981): 131; 溝掘削装置やガス圧縮機の改善：Castaneda, *Invisible Fuel*, 85.

(50) 天然ガスの欠点：Christopher J. Castaneda, *Regulated Enterprise: Natural Gas Pipelines and Northeastern Markets, 1938–1954* (Columbus: Ohio State University Press, 1993), 15–18ページに天然ガスの欠点が詳細に論じられている.

(51) パンハンドルとヒューゴトンのガス埋蔵量：Castaneda, *Invisible Fuel*, 84.

(52) 連邦取引委員会の1935年報告書は同上の25ページの図2.5で図解されている.

(53) 同上, 104.

(54) アメリカの原油生産量は全世界の60パーセント以上：Arthur J. Brown, "World Sources of Petroleum," *Bulletin of International News* 17, no. 13 (1940): 769; 1日当たり100万バレルを超える余剰生産力："Oil and World Power," Encyclopedia of the New American Nation online, www.americanforeignrelations.com/Oil-and-world-power.html.

(55) デーニッツの5隻のUボートは74隻の油槽船に攻撃を行う：*The Big Inch and Little Big Inch Pipelines*. ヒューストン：Texas Eastern Transmission Corporation, 2000, 8.

(56) 引用元は同上, 5.

(57) 原油輸送量は日に140万バレルから10万バレルに：同上, 9.

(58) 石油業界軍事作戦委員会からの報告：Homer H. Hickam Jr., *Torpedo Junction: U-Boat War Off America's East Coast, 1942* (Annapolis: Naval Institute Press, 1989), 122.

(59) 引用元は同上, 123.

(60) バケツリレー：同上, 124.

(18) Stegner の *Discovery!*（30ページ）には32万スクエアマイル；Twitchell の *Saudi Arabia*（142ページ）には14万スクエアマイルとある．おそらく Stegner の引用が正しいものと思われる．

(19) Stegner, *Discovery!*, 31.

(20) 9月末にダンマンドームと命名：同上, 35; Twitchell, *Saudi Arabia*, 152; Robert Vitalis, *America's Kingdom: Mythmaking on the Saudi Oil Frontier* (Stanford, CA: Stanford University Press, 2007), 59.

(21) 英雄物語としては Stegner, *Discovery!* を参照．リアルな物語としては Vitalis, *America's Kingdom* を参照.

(22) 1934年の6月および11月について：Stegner, *Discovery!*, 74, 79–80.

(23) 岩盤を割り，穴径 22.5インチの穴を掘って掘削した：同上, 89. Stegner はやぐらの基部（derrick cellar）の "cellar" を "collar" としているが，おそらくこれはタイプミスだろう．クリスマスにはツリーが飾られる油井の基部周辺の円筒の底部は "cellar" と呼ばれる.

(24) 1935年5月7日から36年1月4日までの掘削状況：同上, 93–95.

(25) 同上, 95–96.

(26) 海底泉から汲み上げる水：同上, 97.

(27) ダンマンの3号井から6号井：同上, 102–3.

(28) 同上, 103.

(29) 同上, 115.

(30) ダンマン第7号試掘井の産出量：同上, 118; Sultan Al-Sughair, "Well No. 7 That Established KSA on World Oil Map," *Arab News*, 1 August 2015, www.arabnews.com.

(31) ダンマン第7号井の通算産油量：同上.

(32) 第2試掘井と第4試掘井の利権拡大：McMurray, *Energy to the World*, 90.

(33) 国王以下側近の港湾訪問：同上.

(34) 溶接に関するアメリカ初の特許．特許番号363320, 1887年3月17日発給.

(35) Christopher James Tassava, "Launching a Thousand Ships: Entrepreneurs, War Workers, and the State of American Shipbuilding, 1940–1945" (PhD diss., Northwestern University, Evanston, IL, 2003), 32.

(36) 1910～1914年のアメリカ国内の船舶の建造数："Cramp Shipbuilding, Philadelphia, Pa.," at www.shipbuildinghistory.com/shipyards/large/cramp.htm を参照.

(37) ドロテア・M・ガーリー：Shelly Terry, "New Arrival at Ashtabula Maritime and Surface Transportation Museum," *Ashtabula (OH) Star Beacon* online, 21 December 2014.

(38) 27隻に及ぶドイツ船籍の船舶を抑留：William Lowell Putnam, *The Kaiser's Merchant Ships in World War I* (Jefferson, NC: McFarland), Kindle でのページ (hereafter KL) 2277.

(39) Report number four in James Caldwell, *Report to the United States Shipping Board*

(70) 1959年にエチルの含有量を増やした理由：US Department of Health, Education and Welfare Public Health Service Advisory Committee on Tetraethyl Lead to the Surgeon General (1959), 15.
(71) 同上, 10.
(72) Hibbert, "Role of the Chemist," 841.

第16章

(1) バーレーンのアスファルト：Jacques Connan その他による, "The Archeological Bitumens of Bahrain from the Early Dilmun Period (c. 2200 BC) to the Sixteenth Century AD: A Problem of Sources and Trade," *Arabian Archeology and Epigraphy* 9, no. 2 (November 1998): 141–81を参照.
(2) Ralph Omer Rhoades memorial, *AAPG Bulletin* online, February 1962; "Dusty": Scott McMurray, *Energy to the World: The Story of Saudi Aramco* (Houston: Aramco Services, 2011), 26.
(3) フレッド・デーヴィスのジャバール特定：McMurray, *Energy to the World*, 29.
(4) メッカ巡礼：Anthony Cave Brown, *Oil, God, and Gold: The Story of Aramco and the Saudi Kings* (Boston: Houghton Mifflin, 1999), 23.
(5) Daniel Yergin の著書, *The Prize: The Epic Quest for Oil, Money, and Power* (New York: Simon & Schuster, 1991), 286. ［邦訳は『石油の世紀――支配者たちの興亡（上・下）』日高義樹・持田直武訳, 日本放送出版協会, 1991年］
(6) 引用元は Brown, *Oil, God, and Gold*, 23.
(7) 世界の産油量：McMurray, *Energy to the World*, 23; 自動車の台数："State Motor Vehicle Registrations, by Years, 1900–1995," US Department of Transportation Federal Highway Administration online.
(8) "Oklahoma Oil Prices Soar to Seven Cents,"*Chicago Tribune*, 23 August 1931, 1.
(9) Wallace Stegner, *Discovery! The Search for Arabian Oil* (1971; repr., Vista, CA: Selwa Press, 2007), 10–11.
(10) 競合他社の不在による Socal のメリット：K. S. Twitchell, *Saudi Arabia: With an Account of the Development of its Natural Resources* (Princeton, NJ: Princeton University Press, 1947), 149–50.
(11) 交渉は1933年5月末（5月29日）に決着：同上, 151.
(12) アメリカ議会図書館地域研究「サウジアラビア」: Saudi Arabia Brief History, n.p. (online).
(13) ディーン・アチソンに関して：Stegner, *Discovery!*, 29.
(14) 男性国王の顔が刻印されたソブリン金貨：Yergin, *The Prize*, 292.
(15) 1933年7月14日に契約調印："New Oil-Field in Saudi Arabia," *Standard Oil Bulletin*, September 1–12, 1936, 3.
(16) Stegner, *Discovery!*, 29.
(17) Yergin, *The Prize*, 292.

Development of New Substances: A Case Study for Chemical Educators," *Journal of Chemical Education* 90 (2013): 1634.

(46) Boyd, *Professional Amateur*, 146, 傍点は筆者.

(47) 1000倍以上にまで希釈：Kovarik, "Charles F. Kettering," n. [8]; ケタリング，研究者として最も劇的な日：Boyd, *Professional Amateur*, 146.

(48) ケタリングが「エチル」と命名：Boyd, *Professional Amateur*, 147.

(49) Thomas Midgley Jr., "Tetraethyl Lead Poison Hazards," *Industrial and Engineering Chemistry* 17, no. 8 (1925): 828.

(50) 引用元は Dietmar Seyferth, "The Rise and Fall of Tetraethyllead [sic] 2," *Organometallics* 22, no. 25 (2003): 5157.

(51) 有鉛ガソリンがはじめて販売：Nickerson, "Tetraethyl Lead," 566.

(52) インディアナポリス500：Terry Reed, *Indy: The Race and the Ritual of the Indianapolis 500* (Washington, DC: Potomac Books, 2005), 20.

(53) エチルガソリン・コーポレーションの詳細：Loeb, "Birth of the Kettering Doctrine," 82.

(54) 水銀を使って洗眼：Kovarik, "Charles F. Kettering," 10.

(55) Midgley, "Tetraethyl Lead Poison Hazards," 827.

(56) Alice Hamilton, Paul Reznikoff, and Grace M. Burnham, "Tetra-ethyl Lead," *Journal of the American Medical Association* 84, no. 20 (1925): 1482.

(57) Alice Hamilton, *Exploring the Dangerous Trades: The Autobiography of Alice Hamilton, M.D.* (Boston: Little, Brown, 1943), 416.

(58) 引用元は Kovarik, "Charles F. Kettering," 14.

(59) 同上, 11.

(60) ミジリーとケタリングは鉱山局に接近，研究結果に対する GM の論評を許可：Kovarik, "Charles F. Kettering," 11.

(61) ニューヨーク州とニュージャージー州，テトラエチル鉛の使用禁止を解除：Hamilton, Reznikoff, and Burnham, "Tetra-ethyl Lead," 1486.

(62) 同上, 1485.

(63) ケタリングと鉄カルボニルの特許申請：Kovarik, "Charles F. Kettering," 16.

(64) ケタリングの渡欧と公衆衛生局長官との出会い：同上．会合は1925年５月：Hamilton, *Exploring the Dangerous Trades*, 415–16.

(65) 1925年５月の会合における講演者ケタリング：Kovarik, "Charles F. Kettering," 17.

(66)「人間のたゆみない発展」「それは神の恵みなどでは決してない」「何か別の物質を発見してほしい」：引用元は同上, 18.

(67) 話はテトラエチル鉛への糾弾に終始：同上, 会合の様子を報じた *New York World* の記事から引用.

(68) 引用元は同上, 19.

(69) 引用元は同上, 11.

H. Davis, "The History of Petroleum Cracking in the 20th Century," ch. 5 in *Innovations in Industrial and Engineering Chemistry,* ed. William H. Flank, Martin A. Abraham, and Michael A. Matthews. American Chemical Society Symposium Series (Washington, DC: American Chemical Society, 2009), 104.

(26) 同上, 105.

(27) William Kovarik, "Charles F. Kettering and the Development of Tetraethyl Lead in the Context of Alternative Fuel Technologies" (SAE Technical Paper 941942, 1994), n.p.

(28) 高率の添加剤に関する特許：特許番号1296832, 1918年1月7日申請, 1919年3月11日, トーマス・ミジリー・ジュニアに対して認可.

(29) トウモロコシの価格：Ric Deverell and Martin Yu, *Reversing a 60-Year Trend, Exhibit 2: Real Corn and Wheat Prices, 1900–2010,* Credit Suisse Commodities Research, 2 February 2011, www.credit-suisse.com/researchandanalytics.

(30) L. H. Bean and P. H. Bollinger, "The Base Period for Parity Prices," *Journal of Farm Economics* 21, no. 1 (1939): 253.

(31) 引用元は Kovarik, "Charles F. Kettering," 6.

(32) 1918年の特許：上記の原註28を参照. 特許にはいかなる「炭化水素」とあったが, 実際に論議されていたのは灯油だった.

(33) この事実を発見した Bill Kovarik に感謝する：Kovarik, "Charles F. Kettering," 6.

(34) Hibbert inventor of antifreeze: Wolfrom (1958), 149.

(35) Harold Hibbert, "The Role of the Chemist in Relation to the Future Supply of Liquid Fuel," *Journal of Industrial and Engineering Chemistry* 13 (1921): 841.

(36) 同上.

(37) 同上.

(38) 1921年2月28日の AP 通信の記事："New Solvent Dissolves Rubber; Universal Solvent Sought by Scientists Through Ages May Be Found," Lincoln, NE, 28 February 1921.

(39) Leo H. Baekeland, "The Synthesis, Constitution, and Uses of Bakelite," *Industrial and Engineering Chemistry* 1 (1909): 150. ベークライトの特許：特許番号942699, 取得日1909年12月7日.

(40) 万能の溶剤をめぐるジョーク：Boyd, *Professional Amateur,* 144.

(41) 引用元は Alan P. Loeb, "Birth of the Kettering Doctrine: Fordism, Sloanism and the Discovery of Tetraethyl Lead," *Business and Economic History* 24, no. 1 (1995): 81; five times better, twenty times better: Boyd, *Professional Amateur,* 145.

(42) Boyd, *Professional Amateur,* 145.

(43) Kettering, "More Efficient Utilization of Fuel," 205.

(44) 引用元は Stanton P. Nickerson, "Tetraethyl Lead: A Product of American Research," *Journal of Chemical Education* 31, no. 11 (1954): 562.

(45) 引用元は Hélio Elael Bonini and Paulo Alves Porto, "Thomas Midgley, Jr., and the

(7) 同上, 113.
(8) スタンレー・スチーマーの重量：Charles C. McLaughlin, "The Stanley Steamer: A Study in Unsuccessful Innovation," *Explorations in Environmental History* 7, no. 1 (1954): 40.
(9) Volti, *Cars and Culture*, 667.
(10) 蒸気自動車の可動部分は72か所：McLaughlin, "Stanley Steamer," 40.
(11) Pedro G. Salom, "Automobile Vehicles," *Journal of the Franklin Institute* 141, no. 4 (1896): 290.
(12) 同上, 289.
(13) 失速せずに走行するには少なくとも毎分900回転でアイドリング：McLaughlin, "Stanley Steamer," 38.
(14) Maxim, *Horseless Carriage Days*, 131.
(15) 1914年にニューイングランドを見舞った口蹄疫：Kirsch, "Electric Car and Burden of History," 50. Kirsch は伝染病の発生を「1914年春」としているが，資料の大半は10月からとしている．この病気は２年にわたって続いた．たとえば，CQ Press CQ Researcher online, "The Foot and Mouth Disease." なども参照．
(16) 総生産台数56万9000台，蒸気自動車は約1000台：Kirsch, "Electric Car and Burden of History," 76.
(17) 1912年の自動車の台数が馬の頭数を上回る：Eric Morris, "From Horse Power to Horsepower," *Access* 30 (Spring 2007): 8.
(18) 1920年代から馬の頭数が減少：Paul G. Irwin, "Overview: The State of Animals in 2001," in *The State of the Animals 2001*, ed. D. J. Salem and A. N. Rowan (Washington, DC: Humane Society Press, 2001), 8.
(19) H. E. Barnard, "Prospects for Industrial Uses of Farm Products," *Journal of Farm Economics* 20 (1938): 119.
(20) 1931年までフレキシブル燃料装置を装着：David Blume, *Alcohol Can Be a Gas! Fueling an Ethanol Revolution for the 21st Century* (Santa Cruz, CA: International Institute for Ecological Agriculture, 2007), 11.
(21) T型フォードのフレキシブル燃料装置の動画は David Blume の Fuel Freedom Foundation online, www.fuelfreedom.org ほかの博物館で見ることができる．
(22) スタンダード・オイルが世界の石油市場の85パーセントを独占：Carolyn Dimitri and Anne Effland, "Fueling the Automobile: An Economic Exploration of Early Adoption of Gasoline over Ethanol," *Journal of Agricultural & Food Industrial Organization* 5, no. 2 (2007), 7.
(23) 1913 年のノッキング問題：T. A. Boyd, *Professional Amateur: The Biography of Charles Franklin Kettering* (New York: E. P. Dutton, 1957), 98.
(24) Charles F. Kettering, "More Efficient Utilization of Fuel" (SAE technical paper 190010, 1919), 204.
(25) 13パーセントのガソリンを生成：Alan W. Peters, William H. Flank, and Burtron

(16) 1900年のアメリカにおける主要な死因：National Office of Vital Statistics, 引用元は www.cdc.gov/nchs/data/dvs/lead1900_98.pdf.
(17) 1900年のアメリカの殺人率：*Crime and Justice Atlas 2000*, Justice Research and Statistics Association online, www.jrsa.org,38.
(18) David A. Waples, *The Natural Gas Industry in Appalachia: A History from the First Discovery to the Tapping of the Marcellus Shale*, 2nd ed. (Jefferson, NC: McFarland, 2012), 21.
(19) 1890～1900年ごろの鋳鉄製パイプと錬鉄製パイプ：Tussing and Barlow (1984), 29.
(20) Great Western Iron Company first to use gas: Waples, *Natural Gas Industry in Appalachia*, 45.
(21) 500マイルに及んだピッツバーグの天然ガスのパイプライン：同上, 48.
(22) 同上, 49.
(23) 同上, 52.
(24) 引用元は Cliff I. Davidson, "Air Pollution in Pittsburgh: A Historical Perspective," *Journal of the Air Pollution Control Association* 29, no. 10 (1979): 1038.
(25) 引用元は "The Costs and Benefits of Prevention," Editorial, *Journal of Public Health Policy* 1, no.4(1980):286.
(26) 平均寿命に関する国連の調査：*UN World Population Prospects: The 2015 Revision*, Table S.11: Ten Countries with the Highest and the Lowest Life Expectancy at Birth, p. 44 (online).

第15章

(1) 四輪車のスペック：Richard Snow, *I Invented the Modern Age: The Rise of Henry Ford* (New York: Scribner, 2013), 56–59. 燃料はガソリン：一部のウェブサイトではアルコールを燃料にしていたと記されているが，ヘンリー・フォード研究センター（HFRC）はガソリンであると断言している．2017年１月25，HFRC の Lauren S に確認.
(2) Snow, *Rise of Henry Ford*, 39.
(3) Hiram Percy Maxim, *Horseless Carriage Days* (New York: Harper & Brothers, 1937), 4.
(4) 1896年当時の初期のアメリカの自動車の写真は，以下のウェブサイトの画像を参照. www.earlyamericanautomobiles.com.
(5) 1898年のベストセラーカー「スタンレー・スチーマー」：David A. Kirsch, "The Electric Car and the Burden of History: Studies in Automotive Systems Rivalry in America, 1890–1996" (PhD diss., Stanford University, 1996), 65; 1900年，アメリカの自動車の総生産台数4192台：Rudy Volti, *Cars and Culture: The Life Story of a Technology* (Baltimore: Johns Hopkins University Press, 2004), 7.
(6) Maxim, *Horseless Carriage Days*, 61.

(30) Frank J. Sprague, "The Solution of Municipal Rapid Transit," *American Institute of Electrical Engineers Transactions* 5 (1887): 177.
(31) ブルックリンとボストンを結ぶ路面電車：McShane and Tarr, *Horse in the City*, 171.
(32) 路面電車の出現にもかかわらず馬の頭数は増加：Greene, *Horses at Work*, 175.
(33) 同上, 261–62.

第14章

(1) John W. Graham, *The Destruction of Daylight: A Study of the Smoke Problem* (London: George Allen, 1907), 1.
(2) イギリスの薪需要のピークはおそらく1750年ごろ：Paul Warde, *Energy Consumption in England & Wales 1560–2000* (Naples, It.: Consiglio Nazionale delle Ricerche, Istituto di Studi sulle Società del Mediterraneo, 2007), 38.
(3) 薪と石炭の需要のピーク：O'Connor, "Energy Transitions," 3.
(4) Graham, *Destruction of Daylight*, 4.
(5) Ian Douglas, Rob Hodgson, and Nigel Lawson, "Industry, Environment and Health Through 200 Years in Manchester," *Ecological Economics* 41 (2002): 235– 55), 246.
(6) 引用元は David Stradling, *Smokestacks and Progressives: Environmentalists, Engineers, and Air Quality in America, 1881–1951* (Baltimore: Johns Hopkins University Press, 1999), 6.
(7) 引用元は A. E. Outerbridge Jr., "The Smoke Nuisance and Its Regulation, with Special Reference to the Condition Prevailing in Philadelphia," *Journal of the Franklin Institute* 143, no. 66 (1897): 396–97.
(8) 死亡数の増加は寒さのせい：H. R. Anderson, "Air Pollution and Mortality: A History," *Atmospheric Environment* 43 (2009): 143.
(9) Stradling, *Smokestacks and Progressives*, 7.
(10) 1893年のシカゴ万国博覧会の開催中，燃料として石油を使用：Outerbridge Jr., "Smoke Nuisance and Its Regulation," 397–98.
(11) Trollope (1862), vol. 2, 60.
(12) Frederick Moore Binder, *Coal Age Empire: Pennsylvania Coal and Its Utilization to 1860* (Harrisburg: Pennsylvania Historical and Museum Commission, 1974), 22.
(13) Trollope (1862), vol. 2, 60.
(14) 引用元は Angela Gugliotta, "Class, Gender, and Coal Smoke: Gender Ideology and Environmental Justice in the City: A Theme for Urban Environmental History," *Environmental History* 5, no. 2 (2000): 165.
(15) Robert Louis Stevenson, *Strange Case of Dr. Jekyll and Mr. Hyde* (London: Longmans, Green, 1886), 52. ［邦訳は『ジキルとハイド』田口俊樹訳，新潮文庫，2015年ほか］

City, 128–29.
(10) 干し草の出荷距離の限界：同上, 133–34.
(11) 1879年と1909年の干し草の生産量：同上, 135–36.
(12) グアノという名称の由来：Gregory T. Cushman, *Guano and the Opening of the Pacific World: A Global Ecological History* (Cambridge: Cambridge University Press, 2013), 25.
(13) フンボルトには信じられなかった：*American Farmer*, 24 December 1824, 317.
(14) Humphry Davy, *The Collected Works, vol. 8, Agricultural Lectures*, pt. 2, ed. John Davy (London: Smith, Elder, 1840), 26.
(15) グアノの成分構成：*American Farmer*, 24 December 1824, 316.
(16) 引用元は D. J. Browne, *The Field Book of Manures; or, the American Muck Book* (New York: A. O. Moore, 1858), 282.
(17) Ben Perley Poore, "Biographical Notice of John S. Skinner," *The Plough, the Loom, and the Anvil* 7, no. 1 (1854): 11.
(18) John James von Tschudi, *Travels in Peru, on the Coast, in the Sierra, Across the Cordilleras and the Andes, into the Primeval Forests*, 翻訳, Thomasina Ross, new ed. (New York: A. S. Barnes, 1854), 169.
(19) 44.7メートル：G. Evelyn Hutchinson, "The Biogeochemistry of Vertebrate Excretion (Survey of Contemporary Knowledge of Biogeochemistry)," *Bulletin of the American Museum of Natural History* 96: 1950. New York: By Order of the Trustees. (1950), 40.
(20) Mann (2011), 4.
(21) 紀元前500年：Hutchinson, "Biogeochemistry of Vertebrate Excretion," 70.
(22) Justus Liebig, *Familiar Letters on Chemistry and Its Relation to Commerce, Physiology, and Agriculture*, ed. John Gardner (London: Taylor and Walton, 1844), letter 16.
(23) Hutchinson, "Biogeochemistry of Vertebrate Excretion," 34, これをリライトした E. W. Middendorf, *Peru* (Berlin: R. Oppenheim, 1984) には引用ページの表示はなし.
(24) 1300万ショートトンの"まばゆい外皮"：Hutchinson, "Biogeochemistry of Vertebrate Excretion," 28.
(25) George Washington Peck, 引用元は同上, 37.
(26) 葉枯病とグアノ：Nicholas Wade, "Testing Links Potato Famine to an Origin in the Andes," *New York Times*, 7 June 2001; J. B. Ristaino, "Tracking Historic Migrations of the Irish Potato Famine Pathogen, *Phytophthora infestans*," *Microbes and Infection* 4 (2002): 1369–76.
(27) 引用元は Naomi Rogers, "Germs with Legs: Flies, Disease, and the New Public Health," *Bulletin of the History of Medicine* (Winter 1989): 602, n. 7.
(28) 同上, 601.
(29) 全米で発生する蠅の95パーセント：Greene, *Horses at Work*, 249.

(49) ナイアガラ保護区誕生の背景：同上, 101–5.
(50) 1887年の観光客数16万6000人：同上, 106, n. 1.
(51) 趣意書「ナイアガラ・フォールズによる電力の供給」：引用元は同上, 122–23.
(52) 同上, 144.
(53) "Golden Jubilee（50周年記念行事）" *Time* online, 27 May 1929, n.p.
(54) エドワード・アダムズの電気：Irene D. Neu, "Adams, Edward Dean," *American National Biography Online*; 父親は食料品店を経営：国勢調査（1880年）.
(55)「50周年記念行事」；6か月の猶予：同上；8月，事業の権利を半分譲渡：Adams, *Henry Adams*, vol. 1, 141.
(56) 引用元は Adams, *Henry Adams*, vol. 1, 149.
(57) 引用元は「50周年記念行事」，*Time* online, 27 May 1929, n.p.
(58) エジソンの腹案：Adams, *Henry Adams*, vol. 1, 146–47.
(59) 膨大な瀑布の流れの3パーセント：同上, 403.
(60) ナイアガラ・フォールズ・パワー，トンネルの建設に263万ドル：同上, 156–60.
(61) アダムズの滞欧2月から5月：同上, 171–72.
(62) 同上, 172–73.
(63) Coleman Sellers, "The Utilization of the Power of Niagara Falls and Notes on Engineering Progress," *Journal of the Franklin Institute* (July 1891): 34.
(64) 引用元は Adams, *Henry Adams*, vol. 1, 365.
(65) 1896年，ニューヨークに送電；1904年には全米の総電力生産の10パーセント：Resources: "Adams Plant," Tesla at Niagara Museum online, www.teslaniagara.org.
(66) 2番目の発電所が操業：Adams, *Henry Adams*, vol. 2, 75；総出力発生規模は10万馬力：同上, 181.

第13章

(1) 1900年，マンハッタン島に13万頭の馬：Clay McShane and Joel A. Tarr, *The Horse in the City: Living Machines in the Nineteenth Century* (Baltimore: Johns Hopkins University Press, 2007), 16.
(2) Ann Norton Greene, *Horses at Work: Harnessing Power in Industrial America* (Cambridge, MA: Harvard University Press, 2008), 184.
(3) 30社と700台の馬車，限られた乗客：McShane and Tarr, *Horse in the City*, 60.
(4) 路面と同じ高さの軌条：Greene, *Horses at Work*, 179.
(5) 蒸気機関車の禁止；1840年と1859年の馬車鉄道の乗客数：McShane and Tarr, *Horse in the City* (2007), 63–64.
(6) 交通規則は20世紀になってから：Greene, *Horses at Work* (2008), 178.
(7) McShane and Tarr, *Horse in the City*, の表題ページ.
(8) アラブ種との掛け合わせという確たる証拠はない：Alvin Howard Sanders, *A History of the Percheron Horse* (Chicago: Breeder's Gazette Print, 1917), 34–54.
(9) 馬の飼料：1日のカロリー, 年間量, 農地の規模：McShane and Tarr, *Horse in the*

issued 21 April 1885; Hawkins, *William Stanley*, 15.

(27) Stanley, "Alternating-Current Development," 567.

(28) 同上.

(29) 同上.

(30) 同上, 568.

(31) 同上.

(32) 同上.

(33) 同上, 569.

(34) 同上, 570.

(35) 同上.

(36) 26台の変圧器を製作：同上, 571；絶縁体に導線を固定：同上, 570；4000フィートの導線：同上, 572；500 ボルトから3000ボルトに昇圧，ふたたび500ボルトに降圧：同上, 572 には，「発生した起電力は500ボルトから3000ボルトに昇圧，それから3000ボルトから500ボルトに降圧して町に送電された」（傍点は筆者）．その後の史話はこの文言を踏襲しているが，これでは意味をなさない．送電する前になぜ昇圧した電圧を降圧しなくてはならないのか．昇圧用の変圧器を市内の建物の地下室に設置した事実は，本人の報告する配置をめぐって反論が唱えられていた．おそらく単純な言い間違いなのだろう．本書ではこの部分を修正しておいた．さらに以下の資料も参照．Cummings C. Chesney, "Some Contributions to the Electrical Industry," *Electrical Engineering* 52, no. 12 (1933): 727：「1886年，ウィリアム・スタンリーはアメリカ初の交流発電機を稼働した．マサチューセッツ州グレート・バーリントンに設置された装置は，スタンリーによって設計・製造されたものであり，低電圧の発電と昇圧，高電圧の送電，降圧，そして必要とする電圧に利用する方法を実際に行ってみせた」（傍点は筆者）

(37) Stanley, "Alternating-Current Development," 572.

(38) 引用元は Hawkins, *William Stanley*, 20.

(39) 同上.

(40) 同上.

(41) Stanley, "Alternating-Current Development," 574.

(42) イタリアのチェルキにある発電施設：David B. Rushmore and Eric A. Lof. *Hydro-Electric Power Stations*, 2nd ed. (New York: John Wiley & Sons, 1923), 5.

(43) Chesney, "Some Contributions to the Electrical Industry," 728.

(44) ウィラメット・フォールズ電気会社の水力発電所：Rushmore and Lof, *Hydro-Electric Power Stations*, 7.

(45) サンバーナーディーノ，ポモナ，レッドランズ，ハートフォードの発電所：同上, 7–8.

(46) 同上, 9.

(47) 水力運河：Adams, *Henry Adams*, vol. 1, 69ff; Buffalo sewerage scheme：同上, 97.

(48) 同上, 101.

(2) 1679年の報告書「途方もない水が尽きることなく……」：引用元は Edward Dean Adams, *Henry Adams of Somersetshire, England, and Braintree, Mass.: His English Ancestry and Some of His Descendants* (New York: printed privately, 1927), 6.
(3) およそ8万8000平方マイル：Adams, *Henry Adams*, 16；水位の変動：同上, 19.
(4) ナイアガラ川の発展とホテル：同上, 41–48.
(5) W. Grylls Adams, "The Scientific Principles Involved in Electric Lighting." *Journal of the Franklin Institute* (November 1881): 364.
(6) 同上, 279.
(7) アメリカ合衆国のエネルギー消費：Peter A. O'Conner, "Energy Transitions," *Pardee Papers* online, November 12, 2010, 3.
(8) Adams, "Scientific Principles" (November 1881), 364.
(9) 引用元は Laurence A. Hawkins, *William Stanley (1858–1916) —His Life and Work* (New York: Newcomen Society of North America, 1951), 22.
(10) William Stanley, "Alternating-Current Development in America," *Journal of the Franklin Institute* 173, no. 6 (1912): 561–62.
(11) Henry G. Prout, *A Life of George Westinghouse* (New York: American Society of Mechanical Engineers, 1921), 91.
(12) エジソンはガス灯を参考にした：Robert Friedel and Paul Israel, *Edison's Electric Light: Biography of an Inventio*n (New Brunswick, NJ: Rutgers University Press, 1986), 177.
(13) Elihu Thomson and Edwin J. Houston, "On the Transmission of Power by Means of Electricity," *Journal of the Franklin Institute* 77 (January 1879): 36.
(14) エジソンの三線式配線：Stanley, "Alternating-Current Development," 561.
(15) Great Barrington, Stanley's childhood: Hawkins, *William Stanley*, 10.
(16) 引用元は同上.
(17) Stanley, "Alternating-Current Development," 566–67.
(18) 引用元は George Wise, "William Stanley's Search for Immortality," *Invention and Technology* 4, no. 1 (1988): (online), n.p.
(19) エジソン，電球の基本特許を申請：US patent 223,898, filed 4 November 1879. 引用元は Friedel and Israel, *Edison's Electric Light*, 105.
(20) ニューヨーク電灯会社の主任技師マキシム：Hiram S. Maxim, *My Life* (London: Methuen, 1915), 120.
(21) 引用元は Hawkins, *William Stanley*, 12.
(22) キャスウェル・マッセイの照明設備：同上, 12–13.
(23) 1881年，マキシム渡仏：Maxim, *My Life*, 152.
(24) ハーマン・ウェスティングハウスとスタンリーの出会い：Moran (2002), 48; Prout, *George Westinghouse*, 92 (without the train).
(25) Westinghouse investigating AC: Prout, *George Westinghouse*, 92.
(26) ロイシン製の電球フィラメント：US patent no. 316, 302, filed 4 September 1884,

(4)　Benjamin Franklin, *The Papers of Benjamin Franklin*, vol. 5, *July 1, 1953, Through March 31, 1755*, ed. Leonard W. Labaree (New Haven, CT: Yale University Press, 1962), 126.

(5)　Joseph Priestley, *The History and Present State of Electricity, with Original Experiments*, vol. 1., 3rd ed. (London: C. Bathurst ほか., 1769), 204.

(6)　Luigi Galvani, *Commentary on the Effect of Electricity on Muscular Motion (De Viribus Electricitatis in Motu Musculari Commentarius)*, Robert Montraville Green 訳 (Cambridge, MA: Elizabeth Licht, 1953; 初版1791年). この翻訳をさらに明瞭に編集しなおした.

(7)　ガルヴァーニの「論考」を読んだボルタは興味をかき立てられた：この部分の記述は以下の資料に負う. Marcello Pera, *The Ambiguous Frog: The Galvani-Volta Controversy on Animal Electricity*, 翻訳は Jonathan Mandelbaum (Princeton, NJ: Princeton University Press, 1992), とくに第４章である.

(8)　引用元は同上, 101.

(9)　同上, 105–6.

(10)　同上, 111.

(11)　同上.

(12)　Anon., "Royal Institution." *The Philosophical Magazine* 35 (1810) 146: 463.

(13)　エルステッドが1813年にパリで公開した論文：*Recherches sur l'identité des forces chimiques et électriques.*

(14)　困難を予想していたエルステッド：のちに本人は三人称の文体を用いて次のように述懐している.「長い期間，彼は実験によってこの考えを確認することは，のちに明らかになるよりもずっと困難であると考えていた」. 引用元は Robert C. Stauffer, "Speculation and Experiment in the Background of Oersted's Discovery of Electromagnetism," *Isis* 48, no. 1 (1957): 44.

(15)　引用元は同上, 45.

(16)　同上, 44.

(17)　引用元は同上, 45.

(18)　実験装置は"貧弱"：Dibner (1962), 71; 電磁気力の影響は"まぎれもない"が, "不明瞭"な部分もある：Stauffer, "Oersted's Discovery of Electromagnetism," 45.

(19)　デーヴィーがファラデーを雇い入れる：L. Pearce Williams, *Michael Faraday: A Biography* (New York: Da Capo, 1965), 28–30.

(20)　引用元は Michael Brian Schiffer, *Power Struggles: Scientific Authority and the Creation of Practical Electricity Before Edison* (Cambridge, MA: MIT Press, 2008), 50.

(21)　同上, 51.

第12章

(1)　モホーク族の「オンヤ・カラ・イ」: "Niagara," *Oxford English Dictionary.*

(22) Raphael Semmes, *Memoirs of Service Afloat During the War Between the States* (Secaucus, NJ: Blue & Grey Press, 1987; first published 1868), 345.

(23) 同上, 423; Fox, *Wolf of the Deep*, 15, では「アラバマ」はイギリスの国旗を掲げていたとしている.

(24) Semmes, *Memoirs of Service*, 431.

(25) 南部同盟の私掠船「シェナンドー」: Baldwin and Powers (2007) による: 247–51.

(26) ベーリング海峡で被った船舶や積荷の損失: Zeph W. Pease and George A. Hough, *New Bedford, Massachusetts: Its History, Industries, Institutions, and Attractions*, ed. William L. Sayer (New Bedford, MA: New Bedford Board of Trade, 1889), 31.

(27) 1846年の722隻が1886年には124隻に減少: Clark, "American Whale-Fishery 1877–1886," 321.

(28) 地下資源の法的所有権: 捕獲の権利に関する徹底した議論は Black, *Petrolia* の第2章と Hardin の "The Tragedy of the Commons." を参照.

(29) 地下水の位置を特定: Joseph W. Dellapenna, "The Rise and Demise of the Absolute Dominion Doctrine for Groundwater," *University of Arkansas at Little Rock Law Review* 35, no. 2 (2013): 273.

(30) 弁論趣意書, *Pierson v. Post*, 3 Cai. R. 175, 2 Am. Dec. 264 (N.Y. 1805), www.lawnix.com.

(31) 引用元は Joseph W. Dellapenna, "A Primer on Groundwater Law," *Idaho Law Review* 49 (2012): 272, from *Westmoreland Cambria Nat. Gas Co. v. Dewitt*, 18 A. 724, 725 (Pa. 1889).

(32) *Acton v. Blundell*, (1843) 152 Eng. Re1223 (Exch. Chamber). *The English Reports: Exchequer*, ed. W. Green, 1915, 1233.

(33) Garrett Hardin, "The Tragedy of the Commons," *Science* 162, no. 3859 (December 13, 1968): 1243–48.

(34) 同上, 1244.

(35) Ida M. Tarbell, *All in the Day's Work: An Autobiography* (Boston: G. K. Hall, 1985; first published 1939 by Macmillan), 9.

(36) 1870年の石油生産高: Giddens, *Birth of the Oil Industry*, 192–93.

第11章

(1) Online Library of Liberty のフランクリンからコリンソンへの手紙（1747年3月28日）: *The Works of Benjamin Franklin*, vol. 2, *Letters and Misc. Writings 1735–1753*, 125.

(2) Benjamin Franklin, *Experiments and Observations on Electricity Made at Philadelphia in America* (London: E. Cave, 1751), 34.

(3) 同上, 34–35.

American Petroleum Industry: The Age of Illumination, 1859–1899 (Evanston, IL: Northwestern University Press, 1959), 107–8. Only a small part shipped; leakage: 同上, 108.

(4) Giddens, *Birth of the Oil Industry*, 105–6.

(5) 漏出する石油：同上, 108.

(6) 1860年に26万2500バレルの生産量：Williamson and Daum, *American Petroleum Industry*, 108.

(7) 4月17日の原油噴出と火事の詳細：Giddens, *Birth of the Oil Industry*, 76–78.

(8) 鉄道の開通と運搬業：同上, 111–12.

(9) パイプラインと1500名の御者：同上, 144–45.

(10) 石油精製品に対する連邦政府の課税額（1862–1865）：同上, 95.

(11) 南部のテレピン油を北部の精製業者に送る手段が断たれる：Percival Perry, "The Naval-Stores Industry in the Old South, 1790–1860," *Journal of Southern History* 34, no. 4 (1968): 525.

(12) 年間1300万ガロンの穀物アルコール：Rufus Frost Herrick, *Denatured or Industrial Alcohol: A Treatise on the History, Manufacture, Composition, Uses, and Possibilities of Industrial Alcohol in the Various Countries Permitting its Use, and the Laws and Regulations Governing the Same, Including the United States* (New York: John Wiley & Sons, 1907), 16.

(13) 第37回議会第２会期（1862年７月１日）, Ch. 119, 432.

(14) 同上, 447；２ドルにまで上昇：Thomas B. Ripy, *Federal Excise Taxes on Beverages: A Summary of Present Law and a Brief History*, Congressional Research Service Report RL30238 (Washington, DC: Library of Congress, 1999), 4.

(15) カンフェンの価格急騰：Herrick, *Denatured or Industrial Alcohol*, 16.

(16) 1870年，石油由来の灯油の販売量年間２億ガロン：William Kovarik, "Henry Ford, Charles F. Kettering, and the Fuel of the Future," *Automotive History Review* 32 (Spring 1998): n. 22.

(17) 南北戦争中に捕鯨の衰退：Davis, Gallman, and Gleiter, *In Pursuit of Leviathan*, 38.

(18) *Philadelphia Press* に掲載された George H. Boker の詩 "Captain Semmes, C. A. S. N.," にちなむ．*Mr. Merryman's Monthly*, a New York humor magazine, October 1864, 265 に再掲載された．

(19) 合衆国側の商船10隻を拿捕：別段の断わりがないかぎり，これらの詳細とセムズに関する他の記述は以下の資料による．Stephen Fox, *Wolf of the Deep: Raphael Semmes and the Notorious Confederate Raider* CSS Alabama (New York: Vintage, 2007), unless otherwise specified.

(20) 同上, 45.

(21) 同上, 46. Fox はジブラルタル海峡で「サムター」号を目撃したロンドンのタイムズ紙の通信員の記事を引用している．

History, 1979), 175.
(37) シリマンの1854年の年俸：同上, 176.
(38) 引用元は Lucier, *Scientists & Swindlers*, 197.
(39) 分別蒸留：Benjamin Silliman Jr., *Report on the Rock Oil, or Petroleum, from Venango Co., Pennsylvania, with Special Reference to Its Use for Illumination and Other Purposes* (New Haven, CT: J. H. Benham, 1855), 6–7.
(40) 同上, 7–8.
(41) 同上, 9.
(42) 引用元は Lucier, *Scientists & Swindlers*, 198 (Silliman's italics).
(43) 同上, 200.
(44) 1858年，セネカ石油会社設立：Brice, *Myth Legend Reality*, 264.
(45) エドウィン・L・ドレーク：同上, 91–96, 116–22ほか.
(46) 側溝を拡大したものの, 産油量は 6 ガロン：同上, 226.
(47) ドレーク，年俸1000ドルで責任者に任命．ドレークの話ではのちに1200ドルに昇給：Giddens, *Pennsylvania Petroleum*, 56.
(48) Drake stopped in Syracuse: Brice, *Myth Legend Reality*, 258.
(49) ドレーク夫人のローラは夫は大佐だったと主張：同上, 223.
(50) タイタスヴィルに来る途中で死んだ者：同上, 302.
(51) 引用元は同上, 285.
(52) 同上, 302.
(53) 同上, 306.
(54) 同上.
(55) 同上, 309.
(56) アンクル・ビリーの手はずと家族について：同上, 306–7, 309–11.
(57) ドレークが最初に選んだ場所：別掲の当時の地図を参照.
(58) ドレーク，掘削を判断する：Brice, *Myth Legend Reality*, 501.
(59) Giddens, *Pennsylvania Petroleum*, 75.
(60) 引用元は同上, 68.
(61) 8月2日と8月9日について：Brice, *Myth Legend Reality*, 312–13; Giddens, *Pennsylvania Petroleum 1750–1872*, 75.
(62) 引用元は Brian Black, *Petrolia: The Landscape of America's First Oil Boom* (Baltimore: Johns Hopkins University Press, 2000), 32.
(63) 地下69.5フィート（21.18メートル）：Brice, *Myth Legend Reality*, 321.

第10章

(1) 引用元は Paul H. Giddens, *The Birth of the Oil Industry* (New York: Macmillan, 1938), 90.
(2) Tarbell, *History of Standard Oil*, 15.
(3) 1日の産油量1000バレル：Harold F. Williamson and Arnold R. Daum, *The*

University Press, 2008), 43, には「1847年夏」とある.

(13) 1851年，ピッチ湖周辺のダンドナルドの土地：Beaton, "Dr. Gesner's Kerosene," 37.

(14) ケロシン，ケロシンガスに関する特許申請：Lucier, *Scientists & Swindlers*, 43.

(15) 引用元は Beaton, "Dr. Gesner's Kerosene," 38–39.

(16) 引用元は Lucier, *Scientists & Swindlers*, 147.

(17) Beaton, "Dr. Gesner's Kerosene," 43.

(18) 引用元は同上, 43–44.

(19) ケロシンオイル社の市場進出：Gesner, *Practical Treatise on Coal, Petroleum, and Other Distilled Oils*, 10.

(20) 1859年のケロシンの生産量：Beaton, "Dr. Gesner's Kerosene," 50.

(21) 1860年には60から75の灯油工場；200の石炭ガスの会社：Lucier, *Scientists & Swindlers*, 155.

(22) 1860年初期の灯油の生産量：同上, 156.

(23) 1030万ガロンの鯨油：A. Howard Clark, "The American Whale-Fishery 1877–1886," *Science* ns-9, no. 217S (1887): 321.

(24) 引用元は William R. Brice, *Myth Legend Reality: Edwin Laurentine Drake and the Early Oil Industry* (Oil City, PA: Oil City Alliance, 2009), 56.

(25) Benjamin Silliman Sr., ed., "Notice of a Fountain of Petroleum, Called the Oil Spring," *American Journal of Science and Arts* 23 (January 1833): 100.

(26) 同上, 101–2.

(27) ビッセルの伝記：J. T. Henry, *The Early and Later History of Petroleum, with Authentic Facts in Regard to Its Development in Western Pennsylvania* (Philadelphia: Jas. B. Rodgers, 1873), 346–47.

(28) Paul H. Giddens, ed., *Pennsylvania Petroleum 1750–1872: A Documentary History* (Titusville: Pennsylvania Historical and Museum Commission, 1947), 46.

(29) ハバードは石油の埋蔵量は少ないと考えた：同上, 45–46.

(30) 同上, 46.

(31) アルバート・クロスビー：Charles Henry Bell, *The Bench and Bar of New Hampshire: Including Biographical Notices of Deceased Judges of the Highest Court, and Lawyers of the Province and State, and a List of Names of Those Now Living* (Boston: Houghton Mifflin, 1894), 292–93.

(32) Giddens, *Pennsylvania Petroleum 1750–1872*, 46–47.

(33) シリマンの分析を求めたニューヘイブンの株購入者：同上, 54.

(34) Henry, *Early and Later History of Petroleum*, 67.

(35) イェール大学の学長を相手に賃貸手続きを進める：Brooks Mather Kelley, *Yale: A History* (New Haven, CT: Yale University Press, 1974), 183.

(36) 引用元は Leonard G. Wilson 編纂による *Benjamin Silliman and his Circle: Studies on the Influence of Benjamin Silliman on Science in America* (New York: Science

Companion to American History, 404.

(33) ナンタケット島は持ち船の半分を失った：Graham, "Migrations of the Nantucket Whale Fishery," 199; Starbuck, *History of the American Whale Fishery*, 95では，ナンタケット島の捕鯨船団は戦争によって「46隻から23隻」に減ったと記されている．

(34) Starbuck, *History of the American Whale Fishery*, 95.

(35) 50隻を超える捕鯨船がここを漁場に鯨を捕獲：同上, 56.

(36) Alice Ford, *The 1826 Journal of John James Audubon* (Norman: University of Oklahoma Press, 1967), 69.

(37) ピーター・ユアとナンタケット島の砂州：詳細は以下の資料に基づく. Edouard A. Stackpole, "Peter Folger Ewer: The Man Who Created the 'Camels,'" *Historic Nantucket* 33, no. 1 (July 1985): n.p.

第9章

(1) ミネソタ開拓で使われたカンフェン：Evadene A. Burris, "Keeping House on the Minnesota Frontier," *Minnesota History* 14, no. 3 (1933): 266–67.

(2) 1846年の捕鯨船団：Teresa Dunn Hutchins, "The American Whale Fishery, 1815–1900: An Economic Analysis" (PhD diss., Department of Economics, University of North Carolina at Chapel Hill, 1988), 46.

(3) 発火性の液体の配合：B. Ghobadian and H. Rahimi, "Biofuels—Past, Present and Future Perspective," *Proceedings of the Fourth International Iran & Russia Conference in Agriculture and Natural Resources* (Shahrekord, Iran: University of Shahrekord, 2004), 782.

(4) 40万エーカーの松の森：W. W. Ashe, *The Forests, Forest Lands, and Forest Products of Eastern North Carolina. North Carolina Geological Survey Bulletin No. 5* (Raleigh, NC: Josephus Daniels, State Printer and Binder, 1894), 59.

(5) 樹脂の採取方法：同上, 73–74.

(6) 引用元は Kent Wrench, ed., *Tar Heels: North Carolina's Forgotten Economy: Pitch, Tar, Turpentine and Longleaf Pines* (Charleston, SC: CreateSpace, 2014), 19.

(7) 750万ドル：Ashe, *Forests, Forest Lands, and Forest Products*, 76; ノースカロライナ産が500万ドル以上：Wrench, *Tar Heels*, 26.

(8) 松の森を伐採：Ashe, *Forests, Forest Lands, and Forest Products*, 76.

(9) ゲスナーの馬の売買：Gray, (2008), 11.

(10) ゲスナーの医学教育：Kendall Beaton, "Dr. Gesner's Kerosene: The Start of American Oil Refining." *Business History Review* 29, no. 1 (1955): 31–32.

(11) ピッチから灯油を分離：同上, 34.

(12) 1846年，公開公演を実施：Abraham Gesner, *A Practical Treatise on Coal, Petroleum, and Other Distilled Oils*, 2nd ed., rev. and enl. by George Weltden Gesner (New York: Bailliere Brothers, 1865), 9; Paul Lucier, *Scientists & Swindlers: Consulting on Coal and Oil in America, 1820–1890* (Baltimore: Johns Hopkins

(10) 1774年の統計：Starbuck, *History of the American Whale Fishery*, 57.

(11) Gerald S. Graham, "The Migrations of the Nantucket Whale Fishery: An Episode in British Colonial Policy," *New England Quarterly* 8, no. 2 (1935): 182.

(12) Starbuck, *History of the American Whale Fishery*, 77.

(13) トン当たり約8ポンドの赤字：ウィリアム・ロッチが80歳のときに記した回想録(1814年), John M. Bullard, *The Rotches* (1947年私家版), 187; 年間およそ4000トン, 約30万ポンドの鯨蠟：Graham, "Migrations of the Nantucket Whale Fishery," 184.

(14) Bullard, *The Rotches*, 188.

(15) ロッチに対する助言：Eric Jay Dolin, *Leviathan*: *The History of Whaling in America* (New York: W. W. Norton, 2007), 173.

(16) Bullard, *The Rotches*, 188.

(17) 大蔵大臣と記述：Bullard, *The Rotches*, 189.

(18) John Adams, *The Works of John Adams*, vol. 8., ed. Charles Francis Adams (Boston, Little, Brown, 1853), 308.

(19) 同上.

(20) 同上, 313.

(21) Bullard, *The Rotches*, 189.

(22) 同上.

(23) 同上, 190. テキストによれば「『はい』と答えたが『しかし悔やんだ』」：同上, 190–91.

(24) 引用元は Starbuck, *History of the American Whale Fishery*, 80n.

(25) トーマス・ジェファーソン (1791). "Report on the American Fisheries by the Secretary of State," 3. Hereafter "Jefferson Report (1791)."

(26) これほど寛大な条件でも十分ではなかった：同上, 10 のジェファーソンの発言による.

(27) Thomas Jefferson (1789), "Observations on the Whale Fishery," Avalon Project, Yale Law School, n.p. (online).

(28) 同上.

(29) 市場の回復と捕鯨の拡大：Davis, Gallman, and Gleiter, *In Pursuit of Leviathan*, 37.

(30)「ビーヴァー」号のホーン岬通過：Dolin, *Leviathan*, 418, n. 38 に19世紀の話として引用されている. この船はボストン茶会事件の際のロッチの持ち船「ビーヴァー」号ではない. マサチューセッツのニューベッドフォードの捕鯨船「レベッカ」号も1791年に太平洋に進出した.

(31) 1805〜1807年のナンタケット島およびニューベッドフォードの捕鯨船数：New Bedford Whaling Museum の上級海事研究員 Michael Dyer への取材 (2016年6月21日).

(32) 数万人のうち脱走兵は1000名："Embargo of 1807," Monticello online, www.monticello.org/site/research-and-collections/embargo-1807, 引用元は *Oxford*

(56) 1800年，ジョージ・リーのソーホー訪問：Griffiths, *Third Man*, 249.
(57) ジョージ・リーの新工場：J. J. Mason, "George Augustus Lee," *DNB* online.
(58) "Significant Scots: William Murdoch," *Electric Scotland* online.
(59) 引用元は Griffiths, *Third Man*, 255.
(60) ルボンの刺殺：Hunt, *Introduction of Gas Lighting*, 61.
(61) 引用元は同上, 129.
(62) 引用元は Edward Stoops Thompson, *The History of Illuminating Gas in Baltimore* (Records of Phi Mu, Special Collections, University of Maryland Libraries online, 1928), 5.
(63) David Melville history: Christopher J. Castaneda, *Invisible Fuel: Manufactured and Natural Gas in America, 1800–2000* (New York: Twayne, 1999), 14–15.
(64) 石炭ガスへの苦情と松根タール：同上, 16–17.
(65) 1816年6月13日，ボルチモアのお披露目：Thompson, *History of Illuminating Gas in Baltimore*, 9.
(66) ボルチモア初のガス灯会社：同上.
(67) Christopher Castaneda, "Manufactured and Natural Gas Industry," EH.Net online.

第8章

(1) Thomas Jefferson, "Observations on the Whale Fishery," 1791, 12, Jefferson Papers, Avalon Project, Yale Law School Lillian Goldman Law Library online.
(2) 引用元は David Tedone, ed., *A History of Connecticut's Coast*, US Department of Commerce pamphlet, 14 (online).
(3) トーマス・メーヒューのナンタケット島売却：取引の原本は以下に詳しい. Lydia S. Hinchman, *Early Settlers of Nantucket: Their Associates and Descendants*, 2nd ed. and enl. ed. (Philadelphia: Ferris & Leach, 1901), 3–4.
(4) メーヒュー，ワンパノアグ族の2人の族長から権利を購入：同上, 7–8.
(5) 土地の権利をすべて購入：同上, 9–11.
(6) ワンパノアグ族の言い伝え：Plimoth Plantation の Wampanoag Indian Program のディレクター，Nanepashemet による. Nantucket Historical Association (NHA) online, "A Report on the NHA Symposium を参照：Nantucket and the Native American Legacy of New England," *Historic Nantucket* 44, no. 3 (Winter 1996): 98–100.
(7) ワンパノアグ族358人のうち222人が伝染病で死亡：同上の Timothy J. Lapore.
(8) Alexander Starbuck, *History of the American Whale Fishery from Its Earliest Inception to the Year 1876* (Waltham, MA: published by the author, 1878), 23.
(9) 捕鯨の進歩：Lance E. Davis, Robert E. Gallman, and Karin Gleiter, *In Pursuit of Leviathan: Technology, Institutions, Productivity, and Profits in American Whaling, 1816–1906* (Chicago: University of Chicago Press, 1997), 36–37.

(27) William Murdoch, "An Account of the Application of Gas from Coal to Economical Purposes," *Philosophical Transactions of the Royal Society of London* 98 (1808): 130.

(28) 確実な証拠：Griffiths, *Third Man*, 242–52.

(29) 引用元は同上, 245.

(30) 引用元は Hunt, *Introduction of Gas Lighting*, 42. Hunt (41). 同書ではこれを書いた人物は Henry Creighton だと考えられている.

(31) 膀胱で作ったランタン：Griffiths, *Third Man*, 244; portable light: 同上, 248.

(32) 引用元は Hunt, *Introduction of Gas Lighting*, 49.

(33) 引用元は Trevor H. Levere, "Dr. Thomas Beddoes: Chemistry, Medicine, and the Perils of Democracy," *Notes and Records of the Royal Society of London* 63 (2009): 216.

(34) Dorothy A. Stansfield and Ronald G. Stansfield, "Dr. Thomas Beddoes and James Watt: Preparatory Work 1794–96 for the Bristol Pneumatic Institute," *Medical History* 30, no. 3 (July 1986): 283.

(35) 引用元は同上.

(36) 同上.

(37) 引用元は同上, 284.

(38) Thomas Beddoes and James Watt, *Considerations on the Medicinal Use of Factitious Airs, and on the Manner of Obtaining Them in Large Quantities* (Bristol, UK: J. Johnson, 1794), 2.

(39) 同上.

(40) ワットの装置：同上, 3.

(41) 引用元は Mike Jay, *The Atmosphere of Heaven: The Unnatural Experiments of Dr. Beddoes and His Sons of Genius* (New Haven, CT: Yale University Press, 2009), 172.

(42) 同上, 183.

(43) 同上, 176.

(44) 同上, 192.

(45) 同上, 212.

(46) 引用元は同上.

(47) 同上, 214.

(48) 引用元は Tomory, *Progressive Enlightenment*, 75.

(49) 同上, 7–8.

(50) 1792, National Reward: Hunt, *Introduction of Gas Lighting*, 50.

(51) 引用元は Griffiths, *Third Man*, 241.

(52) 同上.

(53) 引用元は Tomory, *Progressive Enlightenment*, 76.

(54) Celebration already planning: 同上, 77.

(55) 引用元は Hunt, *Introduction of Gas Lighting*, 63–64.

(3) 同上.
(4) 同上, 232–33.
(5) W. T. O'Dea, "Artificial Lighting Prior to 1800 and Its Social Effects," *Folklore* 62, no. 1 (1951): 315.
(6) 月光協会：Jenny Uglow, *The Lunar Men: Five Friends Whose Curiosity Changed the World* (New York: Farrar, Straus and Giroux, 2002) を参照.
(7) 引用元は Jane Brox, *Brilliant: The Evolution of Artificial Light* (Boston: Houghton Mifflin Harcourt, 2010), 21.
(8) John Stow, *A Survey of London*, rev. 1603 (Dover, UK: Alan Sutton, 1994), 125.
(9) エラズマス・ダーウィンと魚の頭の燐光：Desmond King-Hele, *Erasmus Darwin: A Life of Unequalled Achievement* (London: DLM, 1999), 18.
(10) 引用元は Brox, *Brilliant*, 29.
(11) Alec Campbell, "Archibald Cochrane," *DNB* online, p. 1; 9つの特許：Luter (2005), p. 3.
(12) Campbell, 1–3.
(13) 同上, 5.
(14) 引用元は John Sugden, "Lord Cochrane, Naval Commander, Radical, Inventor (1775–1860): A Study of His Earlier Career, 1775–1818" (PhD diss., Department of History, University of Sheffield, 1981), 14.
(15) 引用元は Charles Hunt, *A History of the Introduction of Gas Lighting* (London: Walter King, 1907), 18.
(16) 1798年に地所を売却：Sugden, "Lord Cochrane," 28.
(17) Campbell, 4.
(18) ボールトンと伯爵夫人の晩餐：Archibald Clow and Nan Clow, "Lord Dundonald," *Economic History Review* 12: nos. 1 and 2 (1942): 49.
(19) ジャン・ピエール・ミンケラーについて：Leslie Tomory, *Progressive Enlightenment: The Origins of the Gaslight Industry, 1780–1820* (Cambridge, MA: MIT Press, 2012), 29.
(20) 引用元は同上, 32.
(21) アンボワーズとベンジャミン・ヒーリー：*Gas Age-Record*, 13 December 1924, 828.
(22) 1776年, ボズウェルのソーホー訪問：John C. Griffiths, "William Murdoch," *DNB* online.
(23) 引用元は John Griffiths, *The Third Man: The Life and Times of William Murdoch, 1754–1839, the Inventor of Gas Lighting* (London: Andre Deutsch, 1992), 102.
(24) 引用元は Griffiths, "William Murdoch," *DNB* online.
(25) 引用元は Tomory, *Progressive Enlightenment*, 74.
(26) 1791年に黄鉄鉱から石炭に転換, Charles Hunt's reasonable estimate: Hunt, *Introduction of Gas Lighting*, 40.

(46) Great Britain, *Proceedings of the Committee of the House of Commons on the Liverpool and Manchester Railroad Bill: Sessions, 1825*, 205.
(47) 同上, 242.
(48) チャット・モスについて：この描写は以下による. "Chat Moss Crossing, L&M Railway," Engineering Timelines online.
(49) Walker, *Report to the Directors of the Liverpool and Manchester Railway*, 170; Smiles, *Life of George Stephenson*, 235.
(50) Smiles, *Life of George Stephenson*, 250–51.
(51) 同上, 251.
(52) 同上, 253–54.
(53) Smiles, *Industrial Biography*, 285ff.
(54) Walker, *Report to the Directors of the Liverpool and Manchester Railway*, 137.
(55) 同上, Appendix: General Abstract of Expenditure to 31st May 1830, 199.
(56) 同上, 205.
(57) Skeat, *George Stephenson: Letters*, 116.
(58) Walker, *Report to the Directors of the Liverpool and Manchester Railway*, 51.
(59) 蒸気機関車に関するスティーブンソンの視察：同上, 51–52.
(60) 引用元は Skeat, *George Stephenson: Letters*, 118.
(61) 引用元は McGowan, *Rainhill Trials*, 321.
(62) 引用元は同上.
(63) 引用元は同上, 321–22.
(64) 同上, 322.
(65) 2頭の馬を動力にした「サイクロペッド」号：Dendy Marshall, "The Rainhill Locomotive Trials of 1829," *Transactions of the Newcomen Society* 9, no. 1 (1928) を参照：85. 競技会の図版が1点紹介されている.
(66) 残った4台の参加機関車：Booth, *An Account of the Liverpool and Manchester Railway*, 182, in Walker, *Report to the Directors of the Liverpool and Manchester Railway*, 182.
(67) 多数の煙管による熱伝導：Richard Gibbon, *Stephenson's Rocket and the Rainhill Trials* (Oxford: Shire, 2010), 20–21.
(68)「ロケット」号の最初の試練：Marshall, "Rainhill Locomotive Trials of 1829," 87.
(69) 引用元は McGowan, *Rainhill Trials*, 197–98.
(70) 引用元は Marshall, "Rainhill Locomotive Trials of 1829," 88.
(71) Walker, *Report to the Directors of the Liverpool and Manchester Railway*, 194–97.

第7章

(1) Gilbert White, *The Natural History of Selborne* (New York: Harper & Brothers, 1841; first published 1789), 231–32.
(2) 同上, 232.

369–70.

(24) 引用元は同上, 382.

(25) ブレンキンソップとその他の発明：同上, 379.

(26) ブラケットと台車を使った実験：Brown. *History of the First Locomotives*, 45.

(27) 1781年6月9日：Thomasの要約, *Anecdotes, Reminiscences, and Conversations, of and with the Late George Stephenson, Father of Railways* (London: Bemrose and Sons, 1878), 2, は7月とするが, the *DNB* と W. O. Skeat, *George Stephenson: The Engineer and His Letters* (London: Institution of Mechanical Engineers, 1973), 13, は6月としている.

(28) 以下を要約, *Anecdotes, Reminiscences, and Conversations, of and with the Late George Stephenson*, 2.

(29) 同上, 5.

(30) スティーブンソンの機関の検証：L. T. C. Rolt, *George and Robert Stephenson: The Railway Revolution* (Stroud, UK: Amberley, 2016), 23–24.

(31) 同上, 24–25.

(32) *Blucher*, flanging: Lee, *Evolution of Railways*, 89; 25 July 1814: 以下を要約, *Anecdotes, Reminiscences, and Conversations, of and with the Late George Stephenson*, 8.

(33) Galloway, *Annals of Coal Mining*, 384.

(34) 引用元は Samuel Smiles, *The Life of George Stephenson, Railway Engineer.* 3rd ed., rev. (London: John Murray, 1857), 86–87.

(35) 1828年, 鉄道輸送の43パーセントは馬が引いていた：Christopher McGowan, *The Rainhill Trials: The Greatest Contest of Industrial Britain and the Birth of Commercial Rail* (London: Little, Brown, 2004), 320, n. 29.

(36) Galloway, *Annals of Coal Mining*, 367.

(37) 1815年は1300万トンの石炭：同上, 444.

(38) Robert Stevenson, "Report of a Proposed Railway from the Coal-field of MidLothian to the City of Edinburgh" is 引用元の全文は David Stevenson, *Life of Robert Stevenson* (Edinburgh: Adam and Charles Black, 1878) の7章.

(39) 引用元は Lee, *Evolution of Railways*, 89.

(40) Stockton & Darlington half wrought iron, half cast iron: Galloway, *Annals of Coal Mining*, 452–53.

(41) クリーヴランド公爵の狐の茂み：*Notes and Extracts on the History of the London & Birmingham Railway*, ch. 4 (http://gerald-massey.org.uk/Railway/c04_route.htm).

(42) 引用元は McGowan, *Rainhill Trials*, 144.

(43) 引用元は Rolt, *George and Robert Stephenson*, 110.

(44) Smiles, *Life of George Stephenson*, 222. Original italics.

(45) 1825年4月25日「8名もしくは10名の法廷弁護士」, 同上, 226.

the Directors of the Liverpool and Manchester Railway, on the Comparative Merits of Locomotive and Fixed Engines, as a Moving Power (with Stephenson, Robert, and Joseph Locke, *Observations on the Comparative Merits of Locomotive and Fixed Engines, as Applied to Railways; and Booth, Henry, An Account of the Liverpool and Manchester Railway*) (Philadelphia: Carey & Lea, 1831), 126. Fifty-three percent in 1806: Stanley Chapman, "British exports to the USA, 1776–1914: Organization and Strategy (3) Cottons and Printed Textiles," table 2, 34.

(9) 1801年に68パーセントの付加価値：Wrigley, *Energy and the English Industrial Revolution*, 36.

(10) 鉄の生産量は倍増：Galloway, *Annals of Coal Mining*, 304.

(11) Smiles, *Industrial Biography*, 108.

(12) Erasmus Darwin, *The Botanic Garden*, pt. 1, lines 289–92.

(13) 1785年３月10日のジェームズ・ラムゼーからジョージ・ワシントンへの手紙. 引用元は Founders Online, National Archives: *The Papers of George Washington*, Confederation Series, vol. 2, *18 July 1784–18 May 1785*, ed. W. W. Abbot. Charlottesville: University Press of Virginia, 1992, 425–29.

(14) Wrigley, *Energy and the English Industrial Revolution*, 3.

(15) 1805年２月11日：後出の資料で Tomlinson (1858) は1800年と説いている. しかし, ウィリアム・トーマスの初期の著作 *Observations on Canals and Rail-Ways, Illustrative of the Agricultural and Commercial Advantages to be Derived from an Iron Rail-way, Adapted to Common Carriages, Between Newcastle, Hexham, and Carlisle* (Newcastle upon Tyne, UK: G. Angus, 1825) には1805年とあり, この著作については Tomlinson も参照している：「1805年, 故トーマス氏は, ノーサンバーランドのデントンホールで鉄製の軌条の敷設を思いつかれた（略). 航行用の水路の開削という難問の大半がこれで回避できるだけでなく, 運輸のあり方が根底から改善される. トーマス氏は報告書を書き上げると, それに関する費用を見積もった. この報告書はタインのニューキャッスル文学哲学協会で発表された」(編集者による前書きのⅣ)

(16) Thomas, *Observations on Canals and Rail-Ways*, 10.

(17) 同上, 12.

(18) 同上, 18.

(19) 同上, 26.

(20) 同上, 28.

(21) 引用元は William H. Brown, *The History of the First Locomotives in America from Original Documents and the Testimony of Living Witnesses* (New York: D. Appleton, 1871), 37.

(22) 1807年３月25日, オイスターマウス・トロッコ軌道：Lee, *Evolution of Railways*, 75.

(23) 1809年５月, ビュイック・メイン炭鉱ほか：Galloway, *Annals of Coal Mining*,

144.

(33)「トレヴィシックのドラゴン」: Dickinson and Titley, *Richard Trevithick*, 51.

(34) 引用元は同上, 57.

(35) 乗り心地はよくなかった：Burton, *Richard Trevithick*, 81.

(36) ハンブルストーン夫人の話：Trevithick, *Life of Richard Trevithick*, vol. 1, 143–44.

(37) 引用元は Loughnan St. L. Pendred, "The Mystery of Trevithick's London Locomotives," *Transactions of the Newcomen Society* 1 (1922): 35.

(38) Trevithick, *Life of Richard Trevithick*, vol. 1, 143.

(39) Dickinson and Titley, *Richard Trevithick*, 60.

(40) 同上.

(41) サミュエル・ホンフレイ，特許の４分の１を１万ポンドで購入：同上, 61.

(42) Burton, *Richard Trevithick*, 87.

(43) 1799年に軌条は開通した：Stanley Mercer, "Trevithick and the Merthyr Tram-road," *Transactions of the Newcomen Society* 26 (1953): 102.

(44) クローシェイとホンフレイの賭け：Burton, *Richard Trevithick*, 89 Dickinson and Titley, *Richard Trevithick*, 63, では，ホンフレイともう１人の製鉄業者アンソニー・ヒルと賭けたと記されているが, Burton によればヒルは胴元で立会人だったという.

(45) Burton, *Richard Trevithick*, 89–90.

(46) 引用元は同上, 90–91.

(47) 引用元は Dickinson and Titley, *Richard Trevithick*, 64–65.

(48) 引用元は Burton, *Richard Trevithick*, 94.

(49) 引用元は Dickinson and Titley, *Richard Trevithick*, 67.

(50) 1803年から1808年に製作されたトレヴィシックの巻き上げ機：Arthur Titley, "Richard Trevithick and the Winding Engine," *Transactions of the Newcomen Society* 10 (1929): 55–68, p. 61.

(51) ロンドン・タイムズへの広告：引用元は Dickinson and Titley, *Richard Trevithick*, 107.

(52) 引用元は同上, 109.

(53) 同上.

第６章

(1) Wrigley, *Energy and the English Industrial Revolution*, 100.

(2) 同上, 111.

(3) 同上, 71.

(4) ウィリアム・ワーズワース「ウェストミンスター橋の上で：1802年９月３日」.

(5) *Dorothy Wordsworth's Journals*, vol. 6, 144.

(6) 引用元は Webb and Webb, *English Local Government*, 144. Italics in original.

(7) Thomas de Quincey, "The Nation of London," *Autobiographic Sketches*. Ch. 7.

(8) 1784年の８つのベール梱包：Stephenson and Locke in James Walker, *Report to*

（12）最初に認可された石炭車の支線：Lee, *Evolution of Railways*, 61.

（13）Janet M. Hartley, Paul Keenan, and Dominic Lieven, eds., *Russia and the Napoleonic Wars (War, Culture and Society, 1750–1850)* (London: Palgrave Macmillan, 2015), 53.

（14）軍馬の購入に関するイギリスの慣行：British cavalry horse-buying practice: Anthony Dawson への取材. 2016年２月25日.

（15）1797年の選出と鉱山のリストと結婚：Francis Trevithick, *Life of Richard Trevithick, with an Account of His Inventions*, vol. 1 (London: E. & F. N. Spon, 1872), 63–64.

（16）プランジャー・ポンプの発明：同上, 67ff.

（17）水圧によって駆動する機関：同上, 73.

（18）1792年製造のボールトン・アンド・ワット社の機関：Burton, *Richard Trevithick*, 59.

（19）1796年, コーンウォールをはじめて離れ, ロンドンに向かったトレヴィシック：Trevithick, *Life of Richard Trevithick*, vol. 1, 93.

（20）引用元は同上, 63.

（21）引用元は Roland Thorne, "Francis Basset," *DNB* online.

（22）Trevithick, *Life of Richard Trevithick*, vol. 1, 103.

（23）H. W. Dickinson and Arthur Titley, *Richard Trevithick: The Engineer and the Man* (Cambridge: Cambridge University Press, 1934), 46–47.

（24）イギリスの鉄道の斜度：トレヴィシックの運転実験で明らかに指摘されていた点を見逃したり，見誤ったりしたことで，線路の傾斜やカーブを避けるために何百万ポンドという金が無駄に費やされることになった．これらの傾斜やカーブは機関車や客車でも容易に通過することができた. Trevithick, *Life of Richard Trevithick*, vol. 1, 139.

（25）引用元は同上, 107.

（26）引用元は Dickinson and Titley, *Richard Trevithick*, 48.

（27）トレヴィシックとヴィヴィアンの1802年の特許については同上の appendix 1, 269ff にもれなく記載されている.

（28）引用元は同上, 54.

（29）８月，ロンドンのフェルトンの工房に発送：同上, 57, ヴィヴィアンの記録による.

（30）1803年秋：記録は定かではないが,「5月もしくは６月ではない」と Joan M. Eyles は書いている. Joan M. Eyles "William Smith, Richard Trevithick, and Samuel Homfray: Their Correspondence on Steam Engines, 1804–1806," *Transactions of the Newcomen Society* 43, no. 1 (1970): 138, nor "January 1803," as Francis Trevithick says in *Life of Richard Trevithick*, vol. 1, 144, since the engine and boiler were shipped to London in August 1803.

（31）207ポンド：Dickinson and Titley, *Richard Trevithick*, 57.

（32）６か月にわたるロンドンでの試運転：Trevithick, *Life of Richard Trevithick*, vol. 1,

(39) 1769年2月7日にボールトンはワットに語っている. Robinson and Musson, *James Watt and the Steam Revolution*, 62.

(40) 1700年と1800年のイギリスのエネルギー消費：Wrigley, *Energy and the English Industrial Revolution*, 38.

(41) *Dublin Weekly Journal*, 9 August 1729. 以下に掲載, *The Works of Jonathan Swift*, ed. Walter Scott. Boston: Houghton, Mifflin, vol. VII, p. 217.

(42) John Farey, *A Treatise on the Steam Engine, Historical, Practical, and Descriptive* (London: Longman, Rees, Orme, Brown, and Green, 1827), 444n.

(43) Galloway, *Annals of Coal Mining*, 301.

(44) Frank Dawson, *John Wilkinson: King of the Ironmasters*, ed. David Lake (Stroud, UK: History Press, 2012), 67.

(45) 引用元は Smiles, *Industrial Biography*, 128.

(46) 1755年にアメリカ初の蒸気機関：L. F. Loree, "The First Steam Engine of America." *Transactions of the Newcomen Society* 10 (1931): 21; John Fitch: Shagena, Jack L. *Who Really Invented the Steamboat? Fulton's Clermont Coup* (Amherst, NY: Humanity Books, 2004), 171ff.

第5章

(1) 隠棲した傷心の公爵：Francis Espinasse, *Lancashire Worthies* (London: Simpkin, Marshall, 1874), 272.

(2) ジブラルタル海峡の海賊：Rolt (1963), 29.

(3) 1759年3月：Glen Atkinson, "The Bridgewater's Beginning" in "Bridgewater 250: The Archaeology of the World's First Industrial Canal," University of Salford Applied Archaeology Series 1, ed. Michael Nevell and Terry Wyke (Manchester, UK: Centre for Applied Archaeology, University of Salford, 2012).

(4) 模型はイングランドのチェダーチーズで作られていた：Glen Atkinson, "Barton's Aqueducts," in 同上.

(5) 引用元は Atkinson, 同上, 78.

(6) 引用元は Cyril T. G. Boucher, *James Brindley, Engineer, 1716–1772* (Norwich, UK: Goose and Son, 1968), 51–52.

(7) 42マイルの地下運河：Nevell and Wyke, "Bridgewater 250," 7. Boucherno の *James Brindley*, 63, では46マイル.

(8) 引用元は Nevell and Wyke, "Bridgewater 250," 4.

(9) 木炭価格の高騰：Charles K. Hyde, *Technological Change and the British Iron Industry, 1700–1870* (Princeton, NJ: Princeton University Press, 1977), 62.

(10) 燃料輸送を効率的に集中：Wrigley, *Energy and the English Industrial Revolution*, 102–3.

(11) 引用元は Arthur Raistrick, *Dynasty of Iron Founders: The Darbys and Coalbrookdale* (Newton Abbot, UK: David & Charles, 1970), 176.

(10) 同上, 46.

(11) 8歳年長のアンダーソン：George Williamson, *Memorials of the Lineage, Early Life, Education, and Development of the Genius of James Watt* (Greenock, Scot.: printed privately for the Watt Club, 1856), 162.

(12) William Rosen, *The Most Powerful Idea in the World: A Story of Steam, Industry & Invention* (Chicago: University of Chicago Press, 2010), 97n.

(13) ジョナサン・シッソンと2ポンド：Clarke, *Reflections on the Astronomy of Glasgow*, 58.

(14) 引用元は Eric Robinson and Douglas McKie, *Partners in Science: Letters of James Watt and Joseph Black* (London: Constable, 1970), 411.

(15) 引用元は Muirhead, *Life of James Watt*, 59.

(16) パパンのダイジェスターを使った実験：同上.

(17) 引用元は同上, 59–60.

(18) 同上.

(19) 仕事の都合でいったん休止：Muirhead, *Life of James Watt*, 60.

(20) Robinson and McKie, *Partners in Science*, 431.

(21) 海軍を退役したジョン・ロビソン：Jones (2014), 197.

(22) Robinson and McKie, *Partners in Science*, 434.

(23) ワットはグラスゴーに大きな店と作業場を構えた：Muirhead, *Life of James Watt*, 37.

(24) 1764年に16名を採用．販売総額は年600ポンド：同上, 33.

(25) マーガレット・"ペギー"・ミラー：Hills (2002), vol. 1, 13.

(26) 引用元は Muirhead, *Life of James Watt*, 52.

(27) 同上, 63–64.

(28) 沸騰した水を煮詰める：Joseph Black, *Lectures on the Elements of Chemistry: Delivered at the University of Edinburgh*, ed., John Robison, vol. 1 (Philadelphia: Mathew Carey, 1807), 150.

(29) Black, *Lectures*, vol. 1, 151.

(30) 引用元は Muirhead, *Life of James Watt*, 64.

(31) Jones (2014), 203.

(32) 1765年4月：Hills (2002), 340. ワットは友人に送った1765年4月29日付の手紙のなかで，分離凝縮器のアイデアの件について触れている．

(33) グラスゴー・グリーンのひらめき：Muirhead, *Life of James Watt*, 67.

(34) 同上, 74. Original italics.

(35) 同上, 52–53. Muirhead の本では「お湯の噴射も思いのまま」とあるが，これは正しくない．

(36) 同上, 53.

(37) 同上, 54.

(38) 引用元は同上, 67.

(38) 軌条の手押し車の場合, 必要な労力は 6 分の 1：Nef, *Rise of British Coal*, 28.
(39) 引用元は Joe Earp, "Huntingdon Beaumont and Britain's First Railway," Nottingham Hidden History Team (online), last modified September 3, 2012.
(40) 引用元は Galloway, *Annals of Coal Mining*, 224.
(41) 引用元は Lee, *Evolution of Railways*, 65.
(42) 同上, 28.
(43) Galloway, *Annals of Coal Mining*, 250.
(44) 引用元は同上, 249.
(45) 木材の不足と鉄の需要：E. A. Wrigley, *Energy and the English Industrial Revolution* (Cambridge: Cambridge University Press, 2010), 16.
(46) エイブラハム・ダービーの生い立ちと特許：Emyr Thomas, *Coalbrookdale and the Darby Family: The Story of the World's First Industrial Dynasty* (York, UK: Sessions Book Trust, 1999), 4–5.
(47) アビア・ダービーの述懐：引用元は同上, 13.
(48) 引用元は同上, 44.
(49) 鉄が木材に取って代わる：Galloway, *Annals of Coal Mining*, 259.
(50) 鉄製のワゴンウェイの車輪：Thomas, *Coalbrookdale and the Darby Family*, 28.
(51) 鋳鉄製のプレート：Lee, *Evolution of Railways*, 57.
(52) コールブルックデール村の主力の生産品：Thomas, *Coalbrookdale and the Darby Family*, 28.
(53) Galloway, *Annals of Coal Mining*, 248.
(54) Thomas, *Coalbrookdale and the Darby Family*, 35.
(55) Galloway, *Annals of Coal Mining*, 259.
(56) 同上, 245.

第 4 章

(1) 光学技術者で機器製造業者：David Clarke, *Reflections on the Astronomy of Glasgow: A Story of Some Five Hundred Years* (Edinburgh: Edinburgh University Press, 2013), 57.
(2) またいとこ：調査によると George Muirheid (1715–1773) がワットの母親の縁者に当たる.
(3) 引用元は Jennifer Tann, "James Watt," *DNB* online, 2.
(4) 引用元は Hills, *Power from Steam*, 57.
(5) *Philosophical Transactions of the Royal Society of London* 38 (1733): 303.
(6) 報酬として 5 ポンド：Hills, *Power from Steam*, 64.
(7) Clarke, *Reflections on the Astronomy of Glasgow*, 58.
(8) Eric Robinson and A. E. Musson, *James Watt and the Steam Revolution: A Documentary History* (New York: Augustus M. Kelley, 1969), 24.
(9) Muirhead, *Life of James Watt*, 48.

Transactions of the Newcomen Society 7, no. 1 (1926): 24ffを参照.

(17) 引用元は Rolt, *Thomas Newcomen*, 51.

(18) ニューコメンの蒸気機関の優位点：Robert H. Thurston, *A History of the Growth of the Steam-Engine*, 2nd rev. ed. (New York: D. Appleton, 1884), 60.

(19) 引用元は Hills, *Power from Steam*, 25.

(20) Dorothy Wordsworth, *Journals of Dorothy Wordsworth*, ed. William Knight, vol. 1 (London: Macmillan, 1904), 177.

(21) ニューコメン，所有者団と事業を継続：Jenkins, "Savery, Newcomen," pt. 2., 119.

(22) 実寸サイズの最初の商用蒸気機関：Galloway, *Annals of Coal Mining*, 238–39; Jenkins, "Savery, Newcomen," pt. 2., 119; John S. Allen, "Thomas Newcomen," *DNB* online, 4.

(23) 1720年のコーンウォールの蒸気機関 : Anthony Burton, *Richard Trevithick: Giant of Steam* (London: Aurum Press, 2000), 9.

(24) ニューコメンの機関と馬による排水の比較：Galloway, *Annals of Coal Mining*, 241. Galloway instances Griff Colliery in Warwickshire.

(25) 引用は同上, 241.

(26) ニューコメンの機関によって炭鉱が息を吹き返す：同上.

(27) 104基の機関：John S. Allen, "The Introduction of the Newcomen Engine, 1710–1733: Second Addendum," *Transactions of the Newcomen Society* 45 (1972): 223.

(28) Harry Kitsikopoulos, "The Diffusion of Newcomen Engines, 1706–73: A Reassessment," Economic History Association online, 2013, 9.

(29) Galloway, *Annals of Coal Mining*, 151.

(30) いにしえの3つの義務—— the *trinoda necessitas* of Saxon England: Sidney Webb and Beatrice Webb, *English Local Government: The Story of the King's Highway* (London: Longmans, Green, 1913), 5.

(31) *Fyne Morrison's Itinerary, or Ten Years' Travel throughout Great Britain and other Parts of Europe* (1617), 引用元は Ezra M. Stratton, *The World on Wheels; or, Carriages, with Their Historical Associations from the Earliest to the Present Time* (New York: published by the author, 1878), 272.

(32) 引用元は Webb and Webb, *English Local Government*, 68.

(33) 引用元は Galloway, *Annals of Coal Mining*, 156.

(34) 引用元は Charles E. Lee, *The Evolution of Railways*, 2nd ed. (London: Railway Gazette, 1943), 29.

(35) 2万の荷車：Galloway, *Annals of Coal Mining*, 169.

(36) ダラムとノーサンバーランドの産出量：M. J. T. Lewis, *Early Wooden Railways* (London: Routledge & Kegan Paul, 1970), 86.

(37) John Taylor (1623), *The World runnes on Wheeles; or, Oddes betwixt Carts and Coaches* (London: Henry Gosson), 引用元は Stratton, *The World on Wheels*, 278.

(31) Papin, "A New Method of Obtaining," in Muirhead, *The Life of James Watt*, 106.
(32) 引用元は Valenti, "Leibniz, Papin, and the Steam Engine," 10.
(33) パパンの書簡集：*Recueil de diverses Pieces touchant quelques nouvelles Machines, &c.* Par Mr. D. Papin, Dr. en., Med. &c. A Cassel, 1695.
(34) パパンの本の書評：*Philosophical Transactions of the Royal Society of London* 19 (1695–1697): 481.
(35) 沸点以上にまで熱した蒸気：Valenti, "Leibniz, Papin, and the Steam Engine," 11.
(36) 1699年6月14日について：Thomas Savery, *The Miner's Friend; or, An Engine to Raise Water by Fire, Described. And of the Manner of Fixing It in Mines; With an Account of the Several Other Uses It is Applicable Unto; and an Answer to the Objections Made Against It* (London: S. Crouch, 1702), A4.

第3章

(1) Bernard Forest de Bélidor, *Architecture hydraulique, ou L'art de Conduire, d'Élever et de Ménager les Eaux*, vol. 2 (Paris: Chez L. Cellot, 1782), 309.
(2) スケッチを見たパパンは気づいた：1705年7月23日付のライプニッツへの手紙に本人は記す．以下を参照, Valenti, "Leibniz, Papin, and the Steam Engine," 14.
(3) セイヴァリの機関の効率性：Landes (1969), 101.
(4) Valenti, "Leibniz, Papin, and the Steam Engine," 19 (傍点部分).
(5) 蒸気船の説明：H. W. Robinson, "Denis Papin (1647–1712)," *Notes and Records of the Royal Society of London* 5, no. 1 (October 1947): 49.
(6) Rhys Jenkins, "The Heat Engine Idea in the Seventeenth Century: A Contribution to the History of the Steam Engine," *Transactions of the Newcomen Society* 17 (1937): 9.
(7) パパンのありとあらゆる発明：Robinson, "Denis Papin," 49.
(8) Richard L. Hills, *Power from Steam: A History of the Stationary Steam Engine* (Cambridge: Cambridge University Press, 1989), 16.
(9) 同上 ; Savery, *Miner's Friend.*
(10) 引用元は Rhys Jenkins, "Savery, Newcomen and the Early History of the Steam Engine," pt. 2, *Transactions of the Newcomen Society* 4, no. 1 (1923): 116.
(11) ヨーク・ビルディングズとアン女王が居住するケンジントン宮：Hills, *Power from Steam*, 16.
(12) Galloway, *Annals of Coal Mining*, 198.
(13) セイヴァリ, 1705年以降は炭鉱への販売をやめる：L. T. C. Rolt, *Thomas Newcomen: The Prehistory of the Steam Engine* (Dawlish, UK: David and Charles, 1963), 39.
(14) 引用元は Galloway, *Annals of Coal Mining*, 175.
(15) ニューコメンの経歴：Rolt, *Thomas Newcomen*, 42–48.
(16) Are Waerland, "Marten Triewald and the First Steam Engine in Sweden,"

Martin Lister がヨークシャーのアーンクリフ在住の Mr. Maleverer と交わしていた手紙による. *Philosophical Transactions of the Royal Society of London* 21 (1699): 73–78.

(4) Robert Galloway, *Annals of Coal Mining and the Coal Trade: The Invention of the Steam Engine and the Origin of the Railway* (London: Colliery Guardian, 1898), 56.

(5) *Testimonies Gathered by Ashley's Mines Commission*. www.victorianweb.org.

(6) ガスについて：Galloway, *Annals of Coal Mining*, 160.

(7) 同上, 214.

(8) 同上, 220.

(9) 同上, 221.

(10) 同上, 222.

(11) 同上, 157.

(12) ボイルが実験記録を読んでいる：Boyle (1660), 5.

(13) 同上, 22.

(14) 引用元は Gerrit Tierie, "Cornelis Drebbel (1572–1633)" (PhD diss., Leiden University, 1982), 17 (online).

(15) ドレベルが発明したのはポンプだけではない：Tierie, "Cornelis Drebbel," 32–33.

(16) 引用元は Tierie, "Cornelis Drebbel," 28.

(17) ドレベルが酸素を生成：同上, 70の議論を参照.

(18) Royal navy at La Rochelle: 同上, 72.

(19) 引用元は C. D. Andriesse, *Huygens: The Man Behind the Principle*,（翻訳）Sally Miedema (Cambridge: Cambridge University Press, 2005), 229.

(20) 引用元は Phillip Valenti, "Leibniz, Papin, and the Steam Engine: A Case Study of British Sabotage of Science," *American Almanac* online, 1996, n.p.

(21) フォン・ゲーリケの実験に関するライプニッツの報告書：Antognazza (2009), 141.

(22) 引用元は Andriesse, Huygens: *Man Behind the Principle*, 278.

(23) 引用元は Valenti, "Leibniz, Papin, and the Steam Engine," 3.

(24) 引用と図版は同上, 6.

(25) 実験担当者はそこに立って主人のかわりを務める召使い：Steven Shapin, "The Invisible Technician," *American Scientist* 77, no. 6 (1989): 554–63を参照.

(26) Denis Papin, "A New Method of Obtaining Very Great Moving Powers at Small Cost," 翻訳は James Patrick Muirhead, *The Life of James Watt, with Selections from His Correspondence* (New York: D. Appleton, 1859), 136–42, q.v. (1690), 105–6.

(27) 同上, 108–9 (翻訳. 編集).

(28) 方伯の噴水建造：Sigvard Strandh, *A History of the Machine* (New York: A&W, 1979), 115.

(29) 引用元は Valenti, "Leibniz, Papin, and the Steam Engine," 10.

(30) 同上.

(18) Geoffrey Chaucer, "The Former Age," lines 27–30（現代語訳版）.
(19) Georgius Agricola, *De re Metallica*, 翻訳は Herbert Hoover と Lou Henry Hoover のフーバー大統領夫妻 (1556; repr., New York: Dover, 1950), 7.
(20) John Milton, *Paradise Lost*, bk. 1, lines 670–88. ［邦訳は『失楽園』平井正穂訳，岩波文庫，1981年］
(21) 引用元は Galloway, *A History of Coal Mining in Great Britain* (London: Macmillan, 1882), 23.
(22)「石炭取引」に関する統計値：Nef, *Rise of British Coal*, 25.
(23) スコットランド産の石炭とイングランド産の石炭の硫黄含有率：Peter Brimblecombe, *The Big Smoke: A History of Air Pollution in London Since Medieval Times* (London: Methuen, 1987), 66, table 4.1.
(24) "Historical Overview of London Population." http://www.londononline.co.uk/factfile/historical/.
(25) 引用元は Benita Cullingford, *British Chimney Sweeps: Five Centuries of Chimney Sweeping* (Hove, UK: Book Guild, 2000), 9.
(26)『人工の火，もしくは富める者，貧しき者のための石炭』：Early English Books Online, Wing (2nd ed.) G623, British Library.
(27) ロンドンへの石炭出荷量：Nef, *Rise of British Coal*, vol. 1, 21, table 2.
(28) John Evelyn, *A Character of England* (London: Joseph Crooke, 1659), 29–30. Early English Books Online.
(29) John Evelyn, *Fumifugium: or, the Inconvenience of the Aer, and Smoake of London Dissipated* (London: printed by W. Godbid, for Gabriel Bedel, and Thomas Collins, 1661; reprinted for B. White, 1672), 1–2.
(30) 同上, 3.
(31) 同上, 13.
(32) 同上, 17.
(33) 同上, 19–20.
(34) 同上, 24–25.
(35) 同上, 36.
(36) 同上, 37.
(37) 同上, 47.
(38) 同上, 48–49.

第2章

(1) John Holland, *The History and Description of Fossil Fuel, the Colleries, and Coal Trade of Great Britain*, 2nd ed. (London: Whittaker, 1841), 178.
(2) 掘り下げと掘り抜き：John Hatcher, *The History of the British Coal Industry*, vol. 1, *Before 1700: Towards the Age of Coal* (Oxford: Clarendon Press, 1993), 196–97.
(3) 掘り抜きの役割と記録については，王立協会会員でフェローを受賞した医師

原　註

第1章

(1)　1598年12月28日の出来事に関する資料は以下による．Melissa D. Aaron, "The Globe and Henry V as Business Document," *SEL: Studies in English Literature 1500–1900*: 40.2 (2000) 277–92; Vin Nardizzi, "Shakespeare's Globe and England's Woods," *Shakespeare Studies* 39 (2011): 54–63; James Shapiro, *A Year in the Life of William Shakespeare: 1599*. New York: Harper Perennial, 2006, 1–42; Charles William Wallace, "The First London Theatre: Materials for a History," *University Studies* 13, nos. 1, 2, 3 (1913): 1–35ff. passim.

(2)　J. R. Mulryne and Margaret Shewring, eds. *Shakespeare's Globe Rebuilt* (Cambridge: Cambridge University Press, 1997), 190.

(3)　Charles W. Eliot, ed. *The Harvard Classics*, vol. 35, *Chronicle and Romance: Froissart, Malory, Holinshed* (New York: P. F. Collier & Son, 1938), 293.

(4)　1581年の議会法 : Michael W. Flinn, "Timber and the advance of technology: A reconsideration," *Annals of Science*, 15:2, 110–11; John U. Nef, *The Rise of the British Coal Industry*, vol. 1 (London: Routledge, 1966), 158.

(5)　1570年から1600年のイングランドの人口：Eric Rutkow, *American Canopy: Trees, Forests, and the Making of a Nation* (New York: Scribner, 2013), 12.

(6)　2500本のオーク材：Flinn (1959), 110, 4n.

(7)　イギリスの戦列艦について：Robert Greenhalgh Albion, *The Timber Problem of the Royal Navy, 1652–1862* (Cambridge, MA: Harvard University Press, 1926), 4.

(8)　戦列艦の帆について：同上, 28.

(9)　*The Diary of Samuel Pepys*, Sunday, 5 May 1667. www.pepysdiary.com.

(10)　300の製鉄事業と30万本もの木：Albion, *Timber Problem of Royal Navy*, 116–17.

(11)　引用元は同上, 118–19.

(12)　Daniel Neal, *The History of New England*, vol. 2 (London: A. Ward, 1747), 213 (綴りは現代表記に変更).

(13)　Albion, *Timber Problem of Royal Navy*, 121.

(14)　Arthur Standish, *The Commons Complaint* (London: William Stansby, 1611), 1 (綴りは現代表記に変更).

(15)　Eliot, *Chronicle and Romance*, 319–20.

(16)　エリザベス一世は醸造元を投獄した：Nef, *Rise of British Coal*, vol. 1, 156.

(17)　Samuel Smiles, *Industrial Biography: Iron Workers and Tool Makers* (Boston: Ticknor and Fields, 1864), 59n.

and Longleaf Pines. Charleston, SC: CreateSpace, 2014.

Wright, Arthur W. "Biographical Memoir of Benjamin Silliman [Jr.], 1816–1885." *National Academy of Sciences Biographical Memoirs 7*. Washington, DC: National Academy of Sciences, 1911.

Wright, C. D. "Report to the President on Anthracite Coal Strike." *Bulletin of the Department of Labor* 43. Washington, DC: US Government Printing Office, November 1902.

Wrigley, E. A. *Energy and the English Industrial Revolution*. Cambridge: Cambridge University Press, 2010.

Yergin, Daniel. *The Prize: The Epic Quest for Oil, Money, and Power*. New York: Simon & Schuster, 1991.（ダニエル・ヤーギン『石油の世紀――支配者たちの興亡』〈上・下〉日高義樹・持田直武共訳，日本放送出版協会，1991年）

Young, W. A. "Thomas Newcomen, Ironmonger: The Contemporary Background." *Transactions of the Newcomen Society* 20 (1941): 1–15.

Young, Matt, Michael Boland, and Don Hofstrand. "Current Issues in Ethanol Production." *Agricultural Marketing Resource Center Value-added Business Profile*. Ames: Iowa State University, 2007.

Zoellner, Tom. "The Uranium Rush." *Invention and Technology* 16, no. 1 (2000): 1–19 (online).

Zubrin, Robert. *Merchants of Despair: Radical Environmentalists, Criminal Pseudo-Scientists, and the Fatal Cult of Antihumanism*. New York: Encounter Books, 2013.

Technology Path to Deep Greenhouse Gas Emissions Cuts by 2050: The Pivotal Role of Electricity." *Science* 335, no. 6064 (January 6, 2012): 53–59.

Williams, L. Pearce. *Michael Faraday: A Biography.* New York: Da Capo, 1965.

Williams, Michael. *Deforesting the Earth: From Prehistory to Global Crisis. An Abridgement.* Chicago: University of Chicago Press, 2006.

Williamson, George. *Memorials of the Lineage, Early Life, Education, and Development of the Genius of James Watt.* Greenock, Scot.: printed privately for the Watt Club, 1856.

Williamson, Harold F., and Arnold R. Daum. *The American Petroleum Industry: The Age of Illumination, 1859–1899.* Evanston, IL: Northwestern University Press, 1959.

Williamson, Harold F., Ralph L. Andreano, Arnold R. Daum, and Gilbert C. Klose. *The American Petroleum Industry: The Age of Energy 1899–1959.* Evanston, IL: Northwestern University Press, 1963

Wilson, George. "On the Early History of the Air-Pump in England." *Edinburgh New Philosophical Journal* 46 (1849): 330–54.

Wilson, Leonard G., ed. *Benjamin Silliman and his Circle: Studies on the Influence of Benjamin Silliman on Science in America.* New York: Science History, 1979.

Wilson, Richard, Steven D. Colome, John D. Spengler, and David Gordon Wilson. *Health Effects of Fossil Fuel Burning: Assessment and Mitigation.* Cambridge, MA: Ballinger, 1980.

Winter, John. *A True Narrative concerning the Woods and Iron-Works of the Forrest of Deane, and how they have been disposed since the year 1635. As appears by records.* Hereford, UK: Herefordshire Archive and Records Centre, c. 1670 (online).

Wise, George. "William Stanley's Search for Immortality." *Invention and Technology* 4, no. 1 (1988) (online).

Witcover, Jules. *Sabotage at Black Tom: Imperial Germany's Secret War in America 1914–1917.* Chapel Hill, NC: Algonquin, 1989.

Wolfrom, Melville L. "Harold Hibbert 1877–1945." *Biographical Memoirs of the National Academy of Sciences.* Washington, DC: National Academy of Sciences, 1958.

Wood, Nicholas. *A Practical Treatise on Rail-roads, and Interior Communication in General, Containing an Account of the Performance of the Different Locomotive Engines at and Subsequent to the Liverpool Contest; Upwards of Two Hundred and Sixty Experiments; With Tables of the Comparative Values of Canals and Railroads, and the Power of the Present Locomotive Engines.* First American, from the Second English Edition. Philadelphia: Carey & Lea, 1832.

Wordsworth, Dorothy. *Journals of Dorothy Wordsworth.* Edited by William Knight. Vol. 1. London: Macmillan, 1904.（ドロシー・ワーズワース『ドロシー・ワーズワースの日記』藤井綏子訳，海鳥社，1989年）

Wrench, Kent, ed. *Tar Heels: North Carolina's Forgotten Economy: Pitch, Tar, Turpentine*

88–112.
Wellock, Thomas Raymond. *Critical Masses: Opposition to Nuclear Power in California, 1958–1978.* Madison: University of Wisconsin Press, 1998.
Werner, M. M., D. K. Meyers, and D. P. Morrison. "Follow-up of CRNL Employees Involved in the NRX Reactor Clean-up." Paper presented at the Third Annual Meeting of the Canadian Radiation Protection Association, Vancouver, BC, 4 May 1982.Chalk River, Ont.: Chalk River Nuclear Laboratories.
West, Richard. *Daniel Defoe: The Life and Strange, Surprising Adventures.* New York: Carroll & Graf, 1998.
Westcott, Henry P. *Hand Book of Natural Gas.* Erie, PA: Metric Metal Works, 1915.
Westinghouse Educational Foundation. *The Future of Atomic Energy. The George Westinghouse Centennial Forum, May 16, 17, and 18, 1946.* New York: McGraw-Hill, 1946.
Wetherill, G. W., and M. G. Inghram. "Spontaneous Fission in Uranium and Thorium Ores." *Proceedings of the Conference on Nuclear Processes in Geologic Settings.* Williams Bay, WI.: National Research Council Committee on Nuclear Science, 1953.
Whilldin, J. K. "Memoranda on Electric Lights." *Journal of the Franklin Institute* (April 1862): 217–22.
White, Gerald T. *Scientists in Conflict: The Beginnings of the Oil Industry in California.* San Marino, CA: Huntington Library, 1968.
White, Gilbert. *The Natural History of Selborne.* New York: Harper & Brothers, 1841. First published 1789.（ギルバート・ホワイト『セルボーンの博物誌』山内義雄訳, 講談社学術文庫, 1992年, ほか）
White, Kevin M., and Samuel H. Preston. "How Many Americans Are Alive Because of Twentieth-Century Improvements in Mortality?" *Population and Development Review* 22, no. 3 (1996): 415–29.
Whitehead, Alfred North. *The Concept of Nature.* Cambridge: Cambridge University Press, 1971.（ホワイトヘッド『自然という概念』〈ホワイトヘッド著作集・第4巻〉藤川吉美訳，松籟社，1982年，ほか）
———. *Modes of Thought.* New York: Free Press, 1938.（ホワイトヘッド『思考の諸様態』〈ホワイトヘッド著作集・第13巻〉藤川吉美・伊藤重行訳，松籟社，1980年）
Whitehead, J. Rennie. *The Club of Rome and CACOR: Recollections*, n.d. (online).
Wilkinson, Paul. *The Historical Development of the Port of Faversham, Kent 1580–1780,* n.d., http://kafs.co.uk.
Willekens, Frans. "Demographic Transitions in Europe and the World." Max Planck Institute for Demographic Research Working Paper WP 2014-004, 2014 (online).
Williams, James H., Andrew DeBenedictis, Rebecca Ghanadan, Amber Mahone, Jack Moore, William R. Morrow III, Snuller Price, and Margaret S. Torn. "The

Wallace, Anthony F. C. *St. Clair: A Nineteenth-Century Coal Town's Experience with a Disaster-Prone Industry.* Ithaca, NY: Cornell University Press, 1988.

Wallace, Charles William. "The First London Theatre, Materials for a History." *University Studies* 13, nos. 1, 2, 3 (1913): 1–35ff, passim.

Waples, David A. *The Natural Gas Industry in Appalachia: A History from the First Discovery to the Tapping of the Marcellus Shale.* 2nd ed. Jefferson, NC: McFarland, 2012.

Warde, Paul. *Energy Consumption in England & Wales 1560–2000.* Naples, Italy: Consiglio Nazionale delle Ricerche, Istituto di Studi sulle Società del Mediterraneo, 2007.

———. "Fear of Wood Shortage and the Reality of the Woodland in Europe, c. 1450–1850." *History Workshop Journal* 62 (2006): 28–57.

Warmington, Andrew. "Sir John Winter." *Oxford Dictionary of National Biography* (hereafter, *DNB*) onlineOxford: Oxford University Press, 2004–14.

Warren, Charles. "Parson Malthus Tolls the Bell." *Sierra Club Bulletin* 60, no. 3 (1975): 7–10, 24, 31.

Warren, J. G. H. *A Century of Locomotive Building by Robert Stephenson & Co., 1823–1923.* New York: Augustus M. Kelley, 1970.

Watkins, C. Malcolm. *Artificial Lighting in America 1830–1860.* Smithsonian Institution Publication 4080. Washington, DC: US Government Printing Office, 1952.

Watkins, Charles. *Trees, Woods and Forests: A Social and Cultural History.* London: Reaktion, 2014.

Weart, Spencer R. *The Discovery of Global Warming.* Cambridge, MA: Harvard University Press, 2008.（スペンサー・ワート『温暖化の「発見」とは何か』増田耕一・熊井ひろ美共訳，みすず書房, 2005年）

———. "The Idea of Anthropogenic Global Climate Change in the 20th Century." *Wiley Interdisciplinary Reviews: Climate Change* 1, no. 1 (2010): 67–81.

———. *The Rise of Nuclear Fear.* Cambridge, MA: Harvard University Press, 2012.（スペンサー・ワート『核の恐怖全史——核イメージは現実政治にいかなる影響を与えたか』山本昭宏訳，人文書院, 2017年）

Webb, Sidney, and Beatrice Webb. *English Local Government: The Story of the King's Highway.* London: Longmans, Green, 1913.

Weinberg, Alvin M. *The First Nuclear Era: The Life and Times of a Technological Fixer.* New York: American Institute of Physics, 1994.

———. "Nuclear Energy and the Environment." *Bulletin of the Atomic Scientists* 26, no. 6 (1970): 69–74.

———. "Nuclear Energy: A Prelude to H. G. Wells's Dream." *Foreign Affairs* 49, no. 3 (1971): 407–18.

———. "Nuclear Energy: Salvaging the Atomic Age." *Wilson Quarterly* 3, no. 3 (1979):

United States Bureau of Mines. *The Bureau of Mines Synthetic Liquid Fuels Program, 1944–55. Report of Investigations 5506.* Washington, DC: US Government Printing Office, 1959.

United States Department of Health, Education and Welfare Public Health Service Advisory Committee on Tetraethyl Lead to the Surgeon General. *Public Health Aspects of Increasing Tetraethyl Lead Content in Motor Fuel: A Report.* Washington, DC: Public Health Service Publication no. 712, 1959.

United States Department of the Interior. *Hearings Before the Secretary of the Interior on Leasing of Oil Lands and Natural-Gas Wells in Indian Territory and Territory of Oklahoma, May 8, 24, 25, and 29, and June 7 and 19, 1906.* Repr. New York: Arno Press, 1972.

United States House of Representatives (USHR). *Free Alcohol: Hearings Before the Committee on Ways and Means, 59th Congress, 1st Session.* February/March 1906. Washington: US Government Printing Office, 1910.

Uppenborn, Friedrich. *History of the Transformer.* London: E. & F. N. Spon, 1889.

Valenti, Phillip. "Leibniz, Papin and the Steam Engine: A Case Study of British Sabotage of Science." *American Almanac* online, 1996.

Varadi, Peter E. "Terrestrial Photovoltaic Industry—The Beginning." In *Power for the World,* edited by Wolfgang Palz. Singapore: Pan Stanford Publishing, 2011, 555–67.

Viana, Hélio Elael Bonini, and Paulo Alves Porto. "Thomas Midgley, Jr., and the Development of New Substances: A Case Study for Chemical Educators." *Journal of Chemical Education* 90 (2013): 1632–38.

Vitalis, Robert. *America's Kingdom: Mythmaking on the Saudi Oil Frontier.* Stanford, CA: Stanford University Press, 2007.

Volti, Rudi. "A Century of Automobility." *Technology and Culture* 37, no. 4 (1996): 663–85.

Waerland, Are. "Marten Triewald and the First Steam Engine in Sweden." *Transactions of the Newcomen Society* 7, no. 1 (1926): 24–41.

Walker, J. Samuel. *Three Mile Island: A Nuclear Crisis in Historical Perspective.* Berkeley: University of California Press, 2004.（サミュエル・ウォーカー『スリーマイルアイランド――手に汗握る迫真の人間ドラマ』西堂紀一郎訳，ERC 出版, 2006年）

Walker, James. *Report to the Directors of the Liverpool and Manchester Railway, on the Comparative Merits of Locomotive and Fixed Engines, as a Moving Power.* (With Stephenson, Robert, and Joseph Locke, *Observations on the Comparative Merits of Locomotive and Fixed Engines, as Applied to Railways;* and Booth, Henry, *An Account of the Liverpool and Manchester Railway.*) Philadelphia: Carey & Lea, 1831.

London: E. & F. N. Spon, 1872.
Trinder, Barrie. *Coalbrookdale 1801: A Contemporary Description.* Museum Booklet no. 2003. Ironbridge Gorge, UK: Ironbridge Gorge Museum Trust, 1979.
Trollope, Anthony. *North America.* 3 vols. Leipzig: B. Tauchnitz, 1862.
Tubiana, Maurice. "Dose-Effect Relationship and Estimation of the Carcinogenic Effects of Low Doses of Ionizing Radiation: The Joint Report of the Academie Des Sciences (Paris) and of the Academie Nationale De Medecine." *International Journal of Radiation Oncology, Biology, Physics* 63, no. 2 (2005): 317–19.
Tussing, Arlon, and Bob Tippee. *The Natural Gas Industry: Evolution, Structure and Economics.* 2nd ed. Tulsa, OK: Pennwell Books, 1955.
Twitchell, K. S. *Saudi Arabia: With an Account of the Development of Its Natural Resources.* Princeton, NJ: Princeton University Press, 1947.
Twain, Mark. *Mark Twain's Letters.* Vol. 5, *1872–1873*, edited by Lin Salamo and Harriet Elinor Smith. Berkeley: University of California Press, 1997.
Tyler, Nick. "Trevithick's Circle." *Transactions of the Newcomen Society* 77 (2007): 101–113.
Uekoetter, Frank. *The Age of Smoke: Environmental Policy in Germany and the United States, 1888–1970.* Pittsburgh: University of Pittsburgh Press, 2009.
———. "The Environmentalists' Favorite Foe: Electric Power Plants in Germany." *Icon* 9 (2003): 44–61.
US Department of Transportation. *America's Highways, 1776–1976: A History of the Federal-Aid Program.* Washington, DC: US Department of Transportation/ Federal Highway Administration, 1976.（アメリカ連邦交通省道路局編『アメリカ道路史』別所正彦・河合恭平共訳，原書房, 1981年）
Volti, Rudi. *Cars and Culture: The Life Story of a Technology.* Baltimore: Johns Hopkins University Press, 2004.
Von Tschudi, John James. *Travels in Peru, on the Coast, in the Sierra, Across the Cordilleras and the Andes, into the Primeval Forests.* Translated by Thomasina Ross, New ed. New York: A. S. Barnes, 1854.
Von Tschudi, John James, and Mariano Edward Rivero. *Peruvian Antiquities.* Translated by Francis L. Hawks. New York: A. S. Barnes, 1855.
Uglow, Jenny. *The Lunar Men: Five Friends Whose Curiosity Changed the World.* New York: Farrar, Straus and Giroux, 2002.
United Nations. *New Sources of Energy. Proceedings of the United Nations Conference on New Sources of Energy: Solar Energy, Wind Power and Geothermal Energy. Rome, 21–31 August 1961.* New York: United Nations, 1964.
United States Federal Power Commission. *Natural Gas Investigation (Docket No. G-580). Report of Commissioner Nelson Lee Smith and Commissioner Harrington Wimberly.* Washington, DC: US Government Printing Office, 1948.

1930): 24–27.

Tenner, Edward. *Why Things Bite Back: Technology and the Revenge of Unintended Consequences.* New York: Alfred A. Knopf, 1996.（エドワード・テナー『逆襲するテクノロジー——なぜ科学技術は人間を裏切るのか』山口剛・粥川準二訳，早川書房, 1999年）

Testimonies Gathered by Ashley's Mines Commission. 1842. www.victorianweb.org (online).

Thomas, Brinley. "Was There an Energy Crisis in Great Britain in the 17th Century?" *Explorations in Economic History* 23 (1986): 124–52.

Thomas, Emyr. *Coalbrookdale and the Darby Family: The Story of the World's First Industrial Dynasty.* York, UK: Sessions Book Trust, 1999.

Thomas, Trevor. "Oil and Natural Gas: Discoveries and Exploration in the North Sea and Adjacent Areas." *Geography* 49, no. 1 (1964): 50–55.

Thomas, William. *Observations on Canals and Rail-Ways, Illustrative of the Agricultural and Commercial Advantages to Be Derived from an Iron Rail-way, Adapted to Common Carriages, Between Newcastle, Hexham, and Carlisle.* Newcastle upon Tyne, UK: G. Angus, 1825.

Thompson, Edward Stoops. The History of Illuminating Gas in Baltimore. Records of Phi Mu, Special Collections, University of Maryland Libraries online, 1928.

Thompson, Silvanus P. *Polyphase Electric Currents and Alternate-Current Motors.* New York: Spon & Chamberlain, 1895.

Thompson, William R. "Energy, K-Waves, Lead Economies, and Their Interpretation/Implications." *Social Studies Almanacs* online, 2012.

Thurston, Robert H. *A History of the Growth of the Steam-Engine.* 2nd rev. ed. New York: D. Appleton, 1884.

Tierie, Gerrit. "Cornelis Drebbel (1572–1633)."PhD diss., Leiden University online, 1982.

Titley, Arthur. "Richard Trevithick and the Winding Engine." *Transactions of the Newcomen Society* 10 (1931): 55–68.

Tomory, Leslie. *Progressive Enlightenment: The Origins of the Gaslight Industry, 1780–1820.* Cambridge, MA: MIT Press, 2012.

Tonkin, S. Morley. "Trevithick, Rastrick and the Hazledine Foundry, Bridgnorth." *Transactions of the Newcomen Society* 26 (1953): 171–83.

Tower, Walter S. *A History of the American Whale Fishery.* Philadelphia: University of Pennsylvania Press, 1907.

Toynbee, Arnold. *Lectures on the Industrial Revolution of the 18th Century in England.* San Bernardino, CA: Forgotten Books, 2012. First published 1887.（アーノルド・トインビー『イギリス産業革命史』原田三郎訳，創元社，1953年）

Trevithick, Francis. *Life of Richard Trevithick, with an Account of His Inventions.* 2 vols.

1999.
Strahler, Arthur N. *A Geologist's View of Cape Cod.* Garden City, NY: Natural History Press, 1966.
Strandh, Sigvard. *A History of the Machine.* New York: A&W, 1979.
Stratton, Ezra M. *The World on Wheels; or, Carriages, with Their Historical Associations from the Earliest to the Present Time.* New York: published by the author, 1878.
Strohl, Dan. "Ford, Edison and the Cheap EV That Almost Was." *Wired* 6 (2010) (online).
Stuart, Robert. *Historical and Descriptive Anecdotes of Steam-Engines, and of Their Inventors and Improvers.* 2 vols. London: Wightman and Cramp, 1829.
Sturtevant, A. H. "Social Implications of the Genetics of Man." *Science* 120, no. 3115 (September 10, 1954): 405–7.
Sugden, John. "Lord Cochrane, Naval Commander, Radical, Inventor (1775–1860): A Study of His Earlier Career, 1775–1818." PhD diss., Department of History, University of Sheffield, 1981.
Sullivan, Mark. *Our Times: The United States 1900–1925.* Vol. 1, *The Turn of the Century.* New York: Charles Scribner's Sons, 1927.
Summerside, Thomas. *Anecdotes, Reminiscences, and Conversations, of and With the Late George Stephenson, Father of Railways.* London: Bemrose and Sons, 1878.
Swank, James M. *History of the Manufacture of Iron in All Ages, and Particularly in the United States from Colonial Times to 1891. Also a Short History of Early Coal Mining in the United States and a Full Account of the Influences Which Long Delayed the Development of All American Manufacturing Industries.* Philadelphia: American Iron and Steel Association, 1892.
Swensrud, Sidney A. "Possibility of Converting the Large Diameter War Emergency Pipe Lines to Natural Gas Service After the War." Paper for presentation at the February 1944 meeting of the Petroleum Division of the American Institute of Mining and Metallurgical Engineers. New York City, 21 February 1944. *AIME Technical Publications & Contributions 1943–1944* (online).
Tabak, John. *Coal and Oil.* New York: Facts on File, 2009.
Tabuchi, Hiroko. "As Beijing Joins Climate Fight, Chinese Companies Build Coal Plants." *New York Times* online,July 1, 2017.
Tarbell, Ida M. *All in the Day's Work: An Autobiography.* Boston: G. K. Hall, 1985. First published 1939 by Macmillan.
———. *The History of the Standard Oil Company.* New York: McClure, Phillips, 1904.
Tassava, Christopher James. "Launching a Thousand Ships: Entrepreneurs, War Workers, and the State of American Shipbuilding, 1940–1945." PhD diss., Northwestern University, Evanston, IL, 2003.
Taylor, George Coffin. "Milton on Mining." *Modern Language Notes* 43, no. 1 (January

Association online).
Standish, Arthur. *The Commons Complaint.* London: William Stansby, 1611.
———. *New Directions of Experience to the Commons Complaint, for the Planting of Timber and Firewood, 1613.* Early English Books Online.
Stanley, William. "Alternating-Current Development in America." *Journal of the Franklin Institute* 173, no. 6 (1912): 561–80.
Stansfield, Dorothy A., and Ronald G. Stansfield. "Dr. Thomas Beddoes and James Watt: Preparatory Work 1794–96 for the Bristol Pneumatic Institute." *Medical History* 30, no. 3 (July 1986): 276–302.
Starbuck, Alexander. *History of the American Whale Fishery from Its Earliest Inception to the Year 1876.* Waltham, MA: published by the author, 1878.
Stauffer, Robert C. "Speculation and Experiment in the Background of Oersted's Discovery of Electromagnetism." *Isis* 48, no. 1 (1957): 33–50.
Stegner, Wallace. *Discovery! The Search for Arabian Oil.* Vista, CA: Selwa Press, 2007. First published 1971.（ウォーレス・ステグナー『大発見——アラビアの石油に賭けた男たち』工藤宜訳, ばら出版, 1976年）
Steinmueller, W. Edward. "The Preindustrial Energy Crisis and Resource Scarcity as a Source of Transition." *Research Policy* 42 (2013): 1739–48.
Stephens, Edgar R. "Smog Studies of the 1950s." *Eos* 68, no. 7 (1987): 89, 91–93.
Stephenson, Robert, and Joseph Locke. *Observations on the Comparative Merits of Locomotive and Fixed Engines, as Applied to Railways.* Philadelphia: Carey & Lea, 1831.
Stern, Jonathan. "UK Gas Security: Time to Get Serious." *Energy Policy* 32 (2004): 1967–79.
Stevenson, Robert Louis. *Strange Case of Dr. Jekyll and Mr. Hyde.* London: Longmans, Green, 1886.（スティーブンソン『ジキルとハイド』田口俊樹訳, 新潮文庫, 2015年, ほか）
Stommel, Henry, and Elizabeth Stommel. *Volcano Weather: The Story of 1816, the Year Without a Summer.* Newport: Seven Seas Press, 1983.
Stone, I. F. *The Haunted Fifties, 1953–1963.* Boston: Little, Brown, 1963.
Stone, Lawrence. "An Elizabethan Coalmine." *Economic History Review,* n.s. 3, no. 1 (1950): 97–106.
Storer, Jacob J. "Sanitary Care and Utilization of Refuse of Cities." *Journal of the Franklin Institute* 67 (1874): 48–55.
Stotz, L. *History of the Gas Industry.* New York: Stettiner Brothers, 1938.
Stow, John. *A Survey of London.* Rev. 1603. Henry Morley, ed. Thrupp, UK: Sutton, 1994. First printed 1598.
Stradling, David. *Smokestacks and Progressives: Environmentalists, Engineers, and Air Quality in America, 1881–1951.* Baltimore: Johns Hopkins University Press,

Sloan, Alfred P., Jr. *My Years with General Motors.* New York: Doubleday, 1963. (A・P・スローン, Jr.『GMとともに――世界最大企業の経営哲学と成長戦略』田中融二ほか訳, ダイヤモンド社, 1979年)

Smil, Vaclav. *Energy Transitions: History, Requirements, Prospects.* Santa Barbara, CA: Praeger, 2010.

Smiles, Samuel. *Industrial Biography: Iron Workers and Tool Makers.* Boston: Ticknor and Fields, 1864.

———. *The Life of George Stephenson, Railway Engineer.* 3rd ed., rev. London: John Murray, 1857.

———. *The Life of George Stephenson, and of His Son, Robert Stephenson; Containing Also a History of the Invention and Introduction of the Railway Locomotive.* New York: Harper & Brothers, 1864 (online).

Smith, Edgar C. "Pioneer Ships of the Atlantic Ferry." *Transactions of the Newcomen Society* 10 (1931): 46–54.

Smith, John. *A Description of New England, or, the Observations and Discoveries of Captain John Smith (Admiral of that Country), in the North of America, in the Year of Our Lord 1614.* London: Robert Clerke, 1616. (*American Colonial Tracts Monthly* Number One, May 1898. Rochester: George P. Humphrey.)

Smith, Robert Angus. *Air and Rain: The Beginnings of a Chemical Climatology.* London: Longmans, Green, 1872.

Smith, R. S. "England's First Rails: A Reconsideration." *Renaissance and Modern Studies* 4, no. 1 (1960): 119–34.

———. "Huntingdon Beaumont, Adventurer in Coal Mines." *Renaissance and Modern Studies* 1 (1957): 115–53.

Snow, Richard. *I Invented the Modern Age: The Rise of Henry Ford.* New York: Scribner, 2013.

Souder, William. *On a Farther Shore: The Life and Legacy of Rachel Carson.* New York: Crown, 2012.

Sousa, Luis de. "Marchetti's Curves." The Oil Drum: *Europe,* 2007(online).

Spoerl, Edward. "The Lethal Effects of Radiation." *Scientific American* 185, no. 6 (1951): 22–25.

Sprague, Frank J. "The Solution of Municipal Rapid Transit." *American Institute of Electrical Engineers Transactions* 5 (1887): 352–99.

Spratt, H. Philip. "The Origin of Transatlantic Steam Navigation, 1819–1833." *Transactions of the Newcomen Society* 26 (1953): 131–43.

———. "The Prenatal History of the Steamboat." *Transactions of the Newcomen Society* 30 (1955): 13–23.

Stackpole, Edouard A. "Peter Folger Ewer: The Man Who Created the 'Camels.'" *Historic Nantucket* 33, no. 1 (July 1985) (accessed via Nantucket Historical

Semmes, Raphael. *Memoirs of Service Afloat During the War Between the States.* Secaucus, NJ: Blue & Grey Press, 1987. First published 1868.

Severnini, Edson. "Impacts of Nuclear Plant Shutdown on Coal-Fired Power Generation and Infant Health in the Tennessee Valley in the 1980s." *Nature Energy* 21, no. 17051 (2017): 1–9.

Seyferth, Dietmar. "The Rise and Fall of Tetraethyllead," pt. 2, *Organometallics* 22, no. 25 (2003): 5154–78.

Shadley, Jeffery D., Veena Afzal, and Sheldon Wolff. "Characterization of the Adaptive Response to Ionizing Radiation Induced by Low Doses of X Rays to Human Lymphocytes." *Radiation Research* 111, no. 3 (1987): 511–17.

Shagena, Jack L. *Who Really Invented the Steamboat? Fulton's* Clermont *Coup.* Amherst, NY: Humanity Books, 2004.

Shapin, Steven. "The Invisible Technician." *American Scientist* 77, no. 6 (1989): 554–63.

Shapin, Steven, and Simon Schaffer. *Leviathan and the Air-Pump: Hobbes, Boyle, and the Experimental Life.* Princeton, NJ: Princeton University Press, 1985.（シェイピン／シャッファー『リヴァイアサンと空気ポンプ——ホッブズ、ボイル、実験的生活』柴田和宏・坂本邦暢訳，吉本秀之監訳，名古屋大学出版会, 2016年）

Shellenberger, Michael, and Ted Nordhaus. "Environmental Apocalypse Is a Myth." *San Francisco Chronicle* online June 7, 2013.

Sheppard, Muriel Earley. *Cloud by Day: The Story of Coal and Coke and People.* Uniontown, PA: Heritage, 1947.

Sherman, William H. "Patents and Prisons: Simon Sturtevant and the Death of the Renaissance Inventor." *Huntington Library Quarterly* 72, no. 2 (2009): 239–56.

Shapiro, James. *A Year in the Life of William Shakespeare: 1599.* New York: Harper Perennial, 2006.

Shrader-Frechette, Kristin. "Conceptual Analysis and Special-Interest Science: Toxicology and the Case of Edward Calabrese." *Synthese* 177 (2010): 449–69.

Sieferle, Rolf Peter. *The Subterranean Forest: Energy Systems and the Industrial Revolution.* Cambridge: White Horse Press, 2001.

Silliman, Benjamin, Jr. *Report on the Rock Oil, or Petroleum, from Venango Co., Pennsylvania, with Special Reference to Its Use for Illumination and Other Purposes.* New Haven, CT: J. H. Benham, 1855.

Silliman Sr., Benjamin, ed. "Notice of a Fountain of Petroleum, Called the Oil Spring." *American Journal of Science and Arts* 23 (January 1833): 97–102.

Simon, Julian L. *The Ultimate Resource.* Princeton, NJ: Princeton University Press, 1981.

Simonson, R. D. *The History of Welding.* Morton Grove, IL: Monticello, 1969.

Skeat, W. O. *George Stephenson: The Engineer and His Letters.* London: Institution of Mechanical Engineers, 1973.

Crouch, 1702.

Schallenberg, Richard H. *Bottled Energy: Electrical Engineering and the Evolution of Chemical Energy Storage.* Philadelphia: American Philosophical Society, 1982.

Schelling, Thomas C. *Costs and Benefits of Greenhouse Gas Reduction.* Washington: AEI Press, 1998.

———. *Strategies of Commitment and Other Essays.* Cambridge, MA: Harvard University Press, 2006.

Schiffer, Michael Brian. *Draw the Lightning Down: Benjamin Franklin and Electrical Technology in the Age of Enlightenment.* Berkeley: University of California Press, 2003.

———. *Power Struggles: Scientific Authority and the Creation of Practical Electricity Before Edison.* Cambridge, MA: MIT Press, 2008.

Schlesinger, Henry. *The Battery: How Portable Power Sparked a Technological Revolution.* New York: Harper, 2010.

Schmid, Sonja D. *Producing Power: The Pre-Chernobyl History of the Soviet Nuclear Industry.* Cambridge, MA: MIT Press, 2015.

Schrenk, H. H., Harry Heimann, George D. Clayton, W. M. Gafafer, and Harry Wexler. *Air Pollution in Donora, Pa.: Epidemiology of the Unusual Smog Episode of October 1948. Preliminary Report.* Public Health Bulletin no. 306. Washington, DC: Public Health Service, 1949.

Schumacher, E. F. *Small Is Beautiful: Economics as If People Mattered.* New York: Harper Perennial, 1973.（E・F・シューマッハー『スモール・イズ・ビューティフル——人間中心の経済学』小島慶三・酒井懋訳, 講談社学術文庫, 1986年, ほか）

Schurr, Sam H., and Bruce C. Netschert. *Energy in the American Economy, 1850–1975: An Economic Study of Its History and Prospects.* Baltimore: Johns Hopkins Press, 1960.

Schurr, Sam H., Calvin C. Burwell, Warren S. Devine, and Sidney Sonenblum. *Electricity in the American Economy: Agent of Technological Progress.* New York: Greenwood Press, 1990.

Scott, Charlotte. "Dark Matter: Shakespeare's Foul Dens and Forests." *Shakespeare Survey* 1952 (2011) (online).

Scott-Warren, Jason. "When Theaters Were Bear-Gardens: Or, What's at Stake in the Comedy of Humors." *Shakespeare Quarterly* 54, no. 1 (2003): 63–82.

Scrivner, Lee. *Becoming Insomniac: How Sleeplessness Alarmed Modernity.* London: Palgrave Macmillan, 2014.

Sellers, Coleman. "The Utilization of the Power of Niagara Falls and Notes on Engineering Progress." *Journal of the Franklin Institute* (July 1891): 30–53.

Seltzer, Michael William. "The Technological Infrastructure of Science." PhD diss., Blacksburg, VA: Virginia Polytechnic Institute and State University, 2007.

An Interpretation of Coppice Management of British Woodlands." In *History and Sustainability: Third International Conference of the European Society for Environmental History: Proceedings,* edited by Mauro Agnoletti, Marco Armiero, Stefania Barca, and Gabriella Corona. Florence: University of Florence, 2005, 100–104.

Roueché, Berton. "Annals of Medicine: The Fog." *New Yorker,* September30, 1950: 33–51.

Ruebhausen, Oscar M., and Robert B. von Mehren. "The Atomic Energy Act and the Private Production of Atomic Power." *Harvard Law Review* 66, no. 8 (1953): 1450–96.

Rushmore, David B., and Eric A. Lof. *Hydro-Electric Power Stations.* 2nd ed. New York: John Wiley & Sons, 1923.

Russell, Ben. *James Watt: Making the World Anew.* London: Reaktion Books, 2014.

Russell, W. L. "Effect of Radiation Dose Rate on Mutation in Mice." Pt. 2. *Journal of Cellular and Comparative Physiology* 58, no. 3 (1961): 183–87.

———. "Genetic Hazards of Radiation." *Proceedings of the American Philosophical Society* 107, no. 1 (1963): 11–17.

———. "Reminiscences of a Mouse Specific-Locus Test Addict." *Environmental and Molecular Mutagenesis* 14, supp. 16 (1989): 16–22.

Rutkow, Eric. *American Canopy: Trees, Forests, and the Making of a Nation.* New York: Scribner, 2013.

Ryan, Harris J. "Developments in Electric Power Transmission." *Electrical Engineering* 53, no. 5 (1934): 712–14.

Sachs, Joseph. "Motor Road Vehicles." *Journal of the Franklin Institute* 144, no. 10 (1897): 286–305.

Sale, Kirkpatrick. *The Green Revolution: The American Environmental Movement, 1962–1992.* New York: Hill and Wang, 1993.

Salom, Pedro G. "Automobile Vehicles." *Journal of the Franklin Institute* 141, no. 4 (1896): 278–96.

Sanders, Alvin Howard. *A History of the Percheron Horse.* Chicago: Breeder's Gazette Print, 1917.

Sauder, Lee, and Skip Williams. "A Practical Treatise on the Smelting and Smithing of Bloomery Iron." *Historical Metallurgy* 36, no. 2 (2002): 122–31.

Saunders, Robert S. "Criticism and the Growth of Knowledge: An Examination of the Controversy over *The Limits to Growth.*" *Stanford Journal of International Studies* 9 (Spring 1974): 45–70.

Savery, Thomas. *The Miner's Friend; or, An Engine to Raise Water by Fire, Described. And of the Manner of Fixing It in Mines; With an Account of the Several Other Uses It is Applicable Unto; and an Answer to the Objections Made Against It.* London: S.

Relations of the Cooperative Forces in the Development of the Anthracite Coal Industry of Pennsylvania. New York: Macmillan, 1901.
Robertson, R. B. *Of Whales and Men.* New York: Knopf, 1954.
Robinson, Eric, and Douglas McKie. *Partners in Science: Letters of James Watt and Joseph Black.* London: Constable, 1970.
Robinson, Eric, and A. E. Musson. *James Watt and the Steam Revolution: A Documentary History.* New York: Augustus M. Kelley, 1969.
Robinson, H. W. "Denis Papin (1647–1712)." *Notes and Records of the Royal Society of London* 5, no. 1 (October 1947): 47–50.
Rockström, Johan, Will Steffen, Kevin Noone, Åsa Persson, F. Stuart Chapin III, Eric F. Lambin, Timothy M. Lenton et al. "A Safe Operating Space for Humanity." *Nature* 461, no. 7263 (September 24, 2009): 472–75.
Rockwell, Theodore. *Reflections on US Nuclear History.* London: World Nuclear Association, n.d. (online.)
———. *The Rickover Effect: How One Man Made a Difference.* Lincoln, NE: iUniverse, 2002.
Rogers, Naomi. "Germs with Legs: Flies, Disease, and the New Public Health." *Bulletin of the History of Medicine* (Winter 1989): 599–617.
Roland, Alex. "Bushnell's Submarine: American Original or European Import?" *Technology and Culture* 18, no. 2 (1977): 157–74.
Rolt, L. T. C. *George and Robert Stephenson: The Railway Revolution.* Stroud, UK: Amberley, 2016.
———. *Thomas Newcomen: The Prehistory of the Steam Engine.* Dawlish, UK: David and Charles, 1963.
Rose, Mark H. "Urban Environments and Technological Innovation: Energy Choices in Denver and Kansas City, 1900–1940." *Technology and Culture* 25, no. 3 (1984): 503–39.
Rosen, William. *The Most Powerful Idea in the World: A Story of Steam, Industry & Invention.* Chicago: University of Chicago Press, 2010.
Rosenbaum, Walter A. *The Politics of Environmental Concern.* 2nd ed.New York: Holt, Rinehart and Winston, 1977.
Rosenberg, Nathan. *Perspectives on Technology.* Cambridge: Cambridge University Press, 1976.
Ross, G. MacDonald. *Leibniz.* Oxford: Oxford University Press, 1984.
Rossin, A. David. "Marketing Fear: Nuclear Issues in Public Policy." Unpublished manuscript, n.d.
Rotch, William. "Memorandum Written by William Rotch in 1814 in the Eightieth Year of his Age." In Bullard, *The Rotches* (1947), 175–200, q.v.
Rotherham, Ian D., and David Egan. "The Economics of Fuel Wood, Charcoal and Coal:

Regional Deployment Data." *PLoS One* 10, no. 5 (2015): e0124074 (online).
Rackham, Oliver. *Trees and Woodland in the British Landscape.* London: J. M. Dent & Sons, 1976.
Raistrick, Arthur. *Dynasty of Iron Founders: The Darbys and Coalbrookdale.* Newton Abbot, UK: David & Charles, 1970.
Ramsay, William. *The Life and Letters of Joseph Black, M.D.* London: Constable, 1918.
Ransom, P. J. G. *The Victorian Railway and How It Evolved.* London: Heinemann, 1990.
Ratner, Michael. *21st Century US Energy Sources: A Primer.* Congressional Research Service Report R44854, 2017.
Reed, Brian. *The Rocket: Loco Profile 7.* Windsor, UK: Profile, 1970.
Reed, Terry. *Indy: The Race and the Ritual of the Indianapolis 500.* Washington, DC: Potomac Books, 2005.
Revelle, Roger. "Harrison Brown 1917–1986." *Biographical Memoirs of the National Academy of Sciences.* Washington, DC: National Academy of Sciences, 1994.
Rhodes, Richard. "A Demonstration at Shippingport: Coming On Line." *American Heritage* 32, no. 4 (1981) (online).
———. *John James Audubon: The Making of an American.* New York: Alfred A. Knopf, 2004.
———. *The Making of the Atomic Bomb.* New York: Simon & Schuster, 1986.（リチャード・ローズ『原子爆弾の誕生——科学と国際政治の世界史』〈上・下〉神沼二真・渋谷泰一訳, 啓学出版, 1993年）
———. *Nuclear Renewal: Common Sense About Energy.* New York: Whittle/Viking, 1993.
———, ed. *Visions of Technology: A Century of Vital Debate About Machines, Systems and the Human World.* New York: Simon & Schuster, 1999.
Richards, Joseph W. "The Electro-Metallurgy of Aluminum. *Journal of the Franklin Institute* (May 1896): 357–81.
Richter, Burton. *Beyond Smoke and Mirrors: Climate Change and Energy in the 21st Century.* New York: Cambridge University Press, 2010.
Righter, Robert W. *Wind Energy in America: A History.* Norman: University of Oklahoma Press, 1996.
Riley, Joseph C. "The Pulsometer Steam Pump." *Technology Quarterly and Proceedings of the Society of Arts* 14 (1901): 243–54.
Ripy, Thomas B. *Federal Excise Taxes on Beverages: A Summary of Present Law and a Brief History.* Congressional Research Service Report RL30238. Washington, DC: Library of Congress, 1999.
Robert, Joseph C. *Ethyl: A History of the Corporation and the People Who Made It.* Charlottesville: University Press of Virginia, 1983.
Roberts, Peter. *The Anthracite Coal Industry; A Study of the Economic Conditions and*

Matthews. American Chemical Society Symposium Series. Washington, DC: American Chemical Society, 2009, 103–87.

Philbrick, Nathaniel. "The Nantucket Sequence in Crevecoeur's *Letters from an American Farmer.*" *New England Quarterly* 64, no. 3 (1991): 414–32.

Phillips, John Arthur. *A Treatise on Ore Deposits.* London: Macmillan, 1884.

Pittman, Walter E. "The One-Hundred Year War Against Air Pollution." *Quarterly Journal of Ideology* 26, nos. 1 and 2 (2003): 23(online).

Pitts, James N., Jr., and Edgar R. Stephens. "Arie Jan Haagen-Smit, 1900–1977." *Journal of the Air Pollution Control Association* 28, no. 5 (1978): 516–17.

Podobnik, Bruce. *Global Energy Shifts: Fostering Sustainability in a Turbulent Age.* Philadelphia: Temple University Press, 2006.

Pontecorvo, Guido. "Hermann Joseph Muller, 1890–1967." *Biographical Memoirs of Fellows of the Royal Society* 14 (November 1968): 348–89.

Poore, Ben Perley. "Biographical Notice of John S. Skinner." *The Plough, the Loom, and the Anvil* 7, no. 1 (1854): 1–20.

Prentiss, Mara. *Energy Revolution: The Physics and the Promise of Efficient Technology.* Cambridge, MA: Harvard University Press, 2015.

Priestley, Joseph. *Historical Account of the Navigable Rivers, Canals, and Railways of Great Britain.* London: Longman, Rees, Orme, Brown & Green, 1831.

———. *The History and Present State of Electricity, with Original Experiments.* Vol. 1. 3rd ed. London: C. Bathurst et al., 1769.

President's Commission on the Accident at Three Mile Island. *The Need for Change: The Legacy of TMI.* Washington, DC, October 1979.

Price, Jerome. *The Antinuclear Movement.* Boston: Twain, 1982.

Prince, Morton B. "Early Work on Photovoltaic Devices at the Bell Telephone Laboratories." Ch. 33 in *Power for the World: The Emergence of Electricity from the Sun.* Edited byWolfgang Palz. Singapore: Pan Stanford, 2011, 497–98.

Pritchard, R. E., ed. *Shakespeare's England: Life in Elizabethan & Jacobean Times.* Stroud, UK: History Press, 1999.

Prout, Henry G. *A Life of George Westinghouse.* New York: American Society of Mechanical Engineers, 1921.

Pumfrey, Stephen. "Who Did the Work? Experimental Philosophers and Public Demonstrators in Augustan England." *British Journal for the History of Science* 28, no. 2 (1995): 131–56.

Putnam, William Lowell. *The Kaiser's Merchant Ships in World War I.* Jefferson, NC: McFarland. Kindle edition, 2001.

de Quincey, Thomas. "The Nation of London," ch. 7, in *Autobiographic Sketches* (online).

Qvist, S. A., and B. W. Brook. "Potential for Worldwide Displacement of Fossil Fuel Electricity by Nuclear Energy in Three Decades Based on Extrapolation of

Riverhead Books, 2011.
Page, Victor W. *The Model T Ford Car: Its Construction, Operation and Repair.* New York: Norman W. Henley, 1917.
Papin, Denis. "A New Method of Obtaining Very Great Moving Powers at Small Cost,"1690. Reprinted in translation in James Patrick Muirhead, *The Life of James Watt, with Selections from His Correspondence.* New York: D. Appleton, 1859.
Parker, Hershel. *Herman Melville: A Biography.* Vol. 1, *1819–1851.* Baltimore: Johns Hopkins University Press, 1996.
———. *Herman Melville: A Biography.* Vol. 2, *1851–1891.* Baltimore: Johns Hopkins University Press, 2002.
Paul, J. K., ed. *Ethyl Alcohol Production and Use as a Motor Fuel.* Park Ridge, NJ: Noyes Data, 1979.
Pease, Zeph. W., and George A. Hough. *New Bedford, Massachusetts: Its History, Industries, Institutions, and Attractions.* Edited by William L. Sayer. New Bedford, MA: New Bedford Board of Trade, 1889.
Pecci, Aurelio. *The Chasm Ahead.* New York: Macmillan, 1969.（A・ペッチェイ『横たわる断層――新しい世界システムへの提言』牧野昇訳, ダイヤモンド社, 1970年）
———. *One Hundred Pages for the Future: Reflections of the President of the Club of Rome.* London: Futura, 1981.
Peebles, Malcolm W. H. *Evolution of the Gas Industry.* New York: New York University Press, 1980.
Pemberton, H. Earl. "The Curve of Culture Diffusion Rate." *American Sociological Review* 1, no. 4 (1936): 547–56.
Pendred, Loughnan St. L. "The Mystery of Trevithick's London Locomotives." *Transactions of the Newcomen Society* 1 (1922): 34–49.
Pera, Marcello. *The Ambiguous Frog: The Galvani-Volta Controversy on Animal Electricity.* Translated by Jonathan Mandelbaum. Princeton, NJ: Princeton University Press, 1992.
Perlin, John. *Forest Journey: The Role of Wood in the Development of Civilization.* New York: W. W. Norton, 1989.（ジョン・パーリン『森と文明』安田喜憲・鶴見精二訳, 晶文社, 1994年）
———. *From Space to Earth: The Story of Solar Electricity.* Ann Arbor, MI: Aatec publications, 1999.
Perry, Percival. "The Naval-Stores Industry in the Old South, 1790–1860." *Journal of Southern History* 34, no. 4 (1968): 509–26.
Peters, Alan W., William H. Flank, and Burtron H. Davis. "The History of Petroleum Cracking in the 20th Century." Ch. 5 in *Innovations in Industrial and Engineering Chemistry,* edited by William H. Flank, Martin A. Abraham, and Michael A.

Novick, Sheldon. *The Electric War: The Fight over Nuclear Power.* San Francisco: Sierra Club Books, 1976.
Noxious Vapours, Great Britain, Royal Commission On. *Report of the Royal Commission on Noxious Vapours.* London: HMSO, 1878.
Nye, David E. *Consuming Power: A Social History of American Energies.* Cambridge, MA: MIT Press, 1998.
———. *Electrifying America: Social Meanings of a New Technology, 1880–1940.* Cambridge, MA: MIT Press, 1990.
Oberg, Barbara B., and J. Jefferson Looney, eds. *The Papers of Thomas Jefferson Digital Edition.* Charlottesville: University of Virginia Press, 2008–2016.
O'Connor, Peter A. "Energy Transitions." *Pardee Papers,* November 12, 2010 (online).
O'Dea, W. T. "Artificial Lighting Prior to 1800 and Its Social Effects." *Folklore* 62, no. 1 (1951): 312–24.
Odermatt, André A. *Welding: A Journey to Explore Its Past.* Troy, OH: Hobart Institute of Welding Technology, 2010.
Ogden, James. *A description of Manchester: giving an historical account of those limits in which the town was formerly included, some observations upon its public edifices, . . . By a native of the town.* Manchester: Eighteenth Century Collections Online. (1783)
"The Oil Wells of Alsace." *New York Times* online, February 23, 1880.
Olien, Diana Davids, and Roger M. Olien. *Oil in Texas: The Gusher Age, 1895–1945.* Austin: University of Texas Press, 2002.
Oliver, Dave. *Against the Tide: Rickover's Leadership Principles and the Rise of the Nuclear Navy.* Annapolis: Naval Institute Press, 2014.
Olmsted, Frederick Law. *The Cotton Kingdom: A Traveller's Observations on Cotton and Slavery in the American Slave States.* New York: Da Capo Press, 1953.
Olwell, Russell B. *At Work in the Atomic City: A Labor and Social History of Oak Ridge, Tennessee.* Knoxville: University of Tennessee Press, 2004.
Orrell, John. "Building the Fortune." *Shakespeare Quarterly* 44 (1993): 127–44.
Orwell, George. *The Road to Wigan Pier.* New York: Harcourt, 1958. First published 1937.（ジョージ・オーウェル『ウィガン波止場への道』土屋宏之・上野勇訳, ちくま学芸文庫, 1996年, ほか）
Outerbridge, A. E., Jr. "The Smoke Nuisance and Its Regulation, with Special Reference to the Condition Prevailing in Philadelphia." *Journal of the Franklin Institute* 143, no. 66 (1897): 393–424.
Outland III, Robert B. "Suicidal Harvest: the Self-Destruction of North Carolina's Naval Stores Industry." *North Carolina Historical Review* 78, no. 3 (2001): 309–44.
Owen, David. *The Conundrum: How Scientific Innovation, Increased Efficiency, and Good Intentions Can Make Our Energy and Climate Problems Worse.* New York:

Nardizzi, Vin. "Shakespeare's Globe and England's Woods." *Shakespeare Studies* 39 (2011): 54–63.

Nash, Betty Joyce. "Economic History: Tar and Turpentine." *Federal Reserve Bank of Richmond Region Focus* (Fourth Quarter, 2011), 45–47.

Neal, Daniel. *The History of New England.* Vol. 2 London: A. Ward, 1747.

Neale, J. E. *Queen Elizabeth I.* Chicago: Academy Chicago, 1992.

Nef, John U. *The Rise of the British Coal Industry.* 2 vols. London: Routledge, 1966.

Nemery, Benoit, Peter H. M. Hoet, and Abderrahim Nemmar. "The Meuse Valley Fog of 1930: An Air Pollution Disaster." *Lancet* 357, no. 9257 (March 3, 2001): 704–8.

Nevell, Michael, and Terry Wyke, eds. "Bridgewater 250: The Archeology of the World's First Industrial Canal." *University of Salford Applied Archaeology Series 1.* Manchester, UK: Centre for Applied Archaeology, University of Salford, 2012.

"A New Oil-Field in Saudi Arabia." *Standard Oil Bulletin*,September 1–12, 1936 (online).

Newcomen Society. *The 1712 "Dudley Castle" Newcomen Engine.* Dudley, UK: Black Country Living Museum, 2012.

Newell, Richard G., and Kristian Rogers. "The U.S. Experience with the Phasedown of Lead in Gasoline." Discussion paper. Washington, DC: Resources for the Future, 2003.

Nicoll, Gayle. "Radiation Sources in Natural Gas Well Activities." *Occupational Health & Safety* online, last modified October 1, 2012.

Nicholls, H. G. *The Forest of Dean: An Historical and Descriptive Account, Derived from Personal Observation, and Other Sources, Public, Private, Legendary, and Local.* London: John Murray, 1858.

Nicholls, Robert. *Manchester's Narrow Gauge Railways: Chat Moss and Carrington Estates.* Huddersfield, UK: Narrow Gauge Railway Society, 1985.

Nichols, Elizabeth. "U.S. Nuclear Power and the Success of the American Anti-Nuclear Movement." *Berkeley Journal of Sociology* 32 (1987): 167–92.

Nickerson, Stanton P. "Tetraethyl Lead: A Product of American Research." *Journal of Chemical Education* 31, no. 11 (1954): 560–71.

Niering, William A. "Forces That Shaped the Forests of the Northeastern United States." *Northeastern Naturalist* 5, no. 2 (1998): 99–110.

[Nixon, George] *An Enquiry into the Reasons of the Advance of the Price of Coals, Within Seven Years Past.* London: E. Comyns, 1739.

Nordhaus, Ted, and Michael Shellenberger. *Breakthrough: From the Death of Environmentalism to the Politics of Possibility.* Boston: Houghton Mifflin, 2007.

Norman, Oscar Edward. *The Romance of the Gas Industry.* Chicago: A. C. McClurg, 1922.

Norris, Robert S., and Hans M. Kristensen. "Global Nuclear Weapons Inventories, 1945–2010." *Bulletin of the Atomic Scientists* 66, no. 4 (2010) online.

New York: Public Affairs, 2012.
Morris, Eric. "From Horse Power to Horsepower." *Access* 30 (Spring 2007): 3–9.
Morison, Samuel Eliot. *History of United States Naval Operations in World War II.* Vol. 1, *The Battle of the Atlantic, September 1939–May 1943.* Urbana: University of Illinois Press, 1975.
Morone, Joseph G., and Edward J. Woodhouse. *The Demise of Nuclear Energy? Lessons for Democratic Control of Technology.* New Haven, CT: Yale University Press, 1989.
Mosley, Stephen. "Environmental History of Air Pollution and Protection." In *The Basic Environmental History,*edited byMauro Agnoletti and Simone Neri Serneri. New York: Springer, 2014.
Mossman, David J., François Gauthier-Lafaye, Adriana Dutkiewicz, and Ralf Brüning. "Carbonaceous Substances in Oklo Reactors—Analogue for Permanent Deep Geologic Disposal of Anthropogenic Nuclear Waste." *Reviews in Engineering Geology* 19(2008):1–13.
Mott, R. A. "English Waggonways of the Eighteenth Century." *Transactions of the Newcomen Society* 37 (1967): 1–33.
Mountford, C. E. *The History of John Bowes & Partners up to 1914.* Durham, UK: Durham University, 1967 (Durham E-Theses online).
Muirhead, James Patrick. *The Life of James Watt, with Selections from His Correspondence.* New York: D. Appleton, 1859.
Muller, Hermann J. "The Manner of Dependence of the 'Permissible Dose' of Radiation on the Amount of Genetic Damage." *Acta Radiologica* 41, no. 1 (1954): 5–20.
———. "The Production of Mutations." Nobel Lecture. Nobelprize.org, 1946 (online).
———. "Radiation Damage to the Genetic Material." *American Scientist* 38, no. 1 (1950): 32–59, 126.
———. "Radiation and Heredity." *American Journal of Public Health* 54, no. 1 (1964): 42–50.
Mulryne, J. R., and Margaret Shewring, eds. *Shakespeare's Globe Rebuilt.* Cambridge: Cambridge University Press, 1997.
Murdoch, William. "An Account of the Application of Gas from Coal to Economical Purposes." *Philosophical Transactions of the Royal Society of London* 98 (1808): 124–32.
Mushet, David. *Papers on Iron and Steel, Practical and Experimental.* London: John Weale, 1840.
Nakićenović, Nebojša. "Decarbonization: Doing More with Less." *Technological Forecasting and Social Change* 51 (1996): 1–17.
Nakićenović, Nebojša, and Arnulf Grübler, eds. *Diffusion of Technologies and Social Behavior.* Berlin: Springer-Verlag, 1991.

ヴィル『白鯨』八木敏雄訳, 岩波文庫, 2004年, ほか)
Mendenhall, T. C. *A Century of Electricity.* Boston: Houghton, Mifflin, 1890.
Mercer, Stanley. "Trevithick and the Merthyr Tramroad." *Transactions of the Newcomen Society* 26 (1953): 89–103.
Merrill, Karen R. *The Oil Crisis of 1972–1974: A Brief History with Documents.* Boston: Bedford/St. Martin's, 2007.
Meyer, William B. *Human Impact on the Earth.* Cambridge: Cambridge University Press, 1996.
Midgley, Thomas, Jr. "Tetraethyl Lead Poison Hazards." *Industrial and Engineering Chemistry* 17, no. 8 (1925): 827–28.
Miller, Albert H. "Technical Development of Gas Anesthesia." *Anesthesiology* 7, no. 2 (1941): 398–409.
Miller, David Philip, and Trevor H. Levere. "'Inhale It and See?' The Collaboration Between Thomas Beddoes and James Watt in Pneumatic Medicine." *Ambix* 55, no. 1 (March 2008): 5–28.
Miller, Donald L., and Richard E. Sharpless. *The Kingdom of Coal: Work, Enterprise, and Ethnic Communities in the Mine Fields.* Philadelphia: University of Pennsylvania Press, 1985.
Miller, R. L., and Gill, J. R. "Uranium from Coal." *Scientific American* 191, no. 4 (1954): 36–39.
Miller, Shawn William. *An Environmental History of Latin America.* Cambridge: Cambridge University Press, 2007.
Miner, Craig. *A Most Magnificent Machine: America Adopts the Railroad, 1825–1862.* Lawrence: University Press of Kansas, 2010.
Mitchell, Timothy. *Carbon Democracy: Political Power in the Age of Oil.* London: Verso, 2011.
Monier-Williams, G. W. *Power Alcohol: Its Production and Utilisation.* London: Henry Frowde and Hodder & Stoughton, 1922.
Montgomery, Scott L. *The Powers That Be: Global Energy for the Twenty-First Century and Beyond.* Chicago: University of Chicago Press, 2010.
Montgomery, Scott L., and Thomas Graham Jr. *Seeing the Light: The Case for Nuclear Power in the 21st Century.* Cambridge: Cambridge University Press, 2017.
Moran, Richard. *Executioner's Current: Thomas Edison, George Westinghouse, and the Invention of the Electric Chair.* New York: Knopf, 2002.(リチャード・モラン『処刑電流――エジソン、電流戦争と電気椅子の発明』岩舘葉子訳, みすず書房, 2004年)
Morand, Paul. *1900 A. D.* Translated by Mrs. Romilly Fedden. New York: William Farquhar Payson, 1931.
Morris, Charles R. *The Dawn of Innovation: The First American Industrial Revolution.*

Unused When Limiting Global Warming to 2° C." *Nature* 517 (2013): 187–90.
McGowan, Christopher. *The Rainhill Trials: The Greatest Contest of Industrial Britain and the Birth of Commercial Rail.* London: Little, Brown, 2004.
McJeon, Haewon, Jae Edmonds, Nico Bauer, Leon Clarke, Brian Fisher, Brian P. Flannery, Jérôme Hilaire et al. "Limited Impact on Decadal-Scale Climate Change from Increased Use of Natural Gas." *Nature* 514 (October 23, 2014): 482–85.
McKelvey, V. E. "Mineral Resource Estimates and Public Policy: Better Methods for Estimating the Magnitude of Potential Mineral Resources Are Needed to Provide the Knowledge That Should Guide the Design of Many Key Public Policies." *American Scientist* 60, no. 1 (1972): 32–40.
McLaughlin, Charles C. "The Stanley Steamer: A Study in Unsuccessful Innovation." *Explorations in Environmental History* 7, no. 1 (1954): 37–47.
McLaurin, John J. *Sketches in Crude-Oil: Some Accidents and Incidents of the Petroleum Development in All Parts of the Globe.* Franklin, PA: published by the author, 1902.
McMurray, Scott. *Energy to the World: The Story of Saudi Aramco.* Houston: Aramco Services, 2011.
McNeill, J. R. *Something New Under the Sun: An Environmental History of the Twentieth-Century World.* New York: W. W. Norton, 2000.（J・R・マクニール『20世紀環境史』海津正倫・溝口常俊 監訳, 名古屋大学出版会, 2011年）
———. "Woods and Warfare in World History." *Environmental History* 9, no. 3 (2004): 388–410.
McPhee, John. *Encounters with the Archdruid.* New York: Farrar, Straus and Giroux, 1971.
McShane, Clay, and Joel A. Tarr. *The Horse in the City: Living Machines in the Nineteenth Century.* Baltimore: Johns Hopkins University Press, 2007.
Meadows, Donella H., Dennis L. Meadows, Jørgen Randers, and William W. Behrens III. *The Limits to Growth: A Report for the Club of Rome's Project on the Predicament of Mankind.* New York: Universe Books, 1972.
Meadows, Donella, Jørgen Randers, and Dennis Meadows. *Limits to Growth: The 30-Year Update.* White River Junction, VT: Chelsea Green Publishing, 2004.（メドウズほか『成長の限界：人類の選択』枝廣淳子訳、ダイヤモンド社, 2005年）
Medhurst, Martin J. "Atoms for Peace and Nuclear Hegemony: The Rhetorical Structure of a Cold War Campaign." *Armed Forces & Society* 23, no. 4 (1997): 571–93.
Medvedev, Zhores. *The Legacy of Chernobyl.* New York: W. W. Norton, 1990.（Z・A・メドヴェジェフ『チェルノブイリの遺産』吉本晋一郎訳, みすず書房, 1992年）
Melville, Herman. *Moby-Dick.* San Bernardino, CA: Digireads (1851).（ハーマン・メル

1985 (online).
———. "Society as a Learning System: Discovery, Invention and Innovation Cycles Revisited" *IIASA Research Report* (repr.). IIASA, Laxenburg, Austria: RR-81-029. Reprinted from *Technological Forecasting and Social Change*, 18 (1980).
Marchetti, Cesare, and N. Nakicenovic. "The Dynamics of Energy Systems and the Logistic Substitution Model." Pt. 1, pt. 2. RR-79-13, IIASA, 1979 (online).
Markandya, Anil, and Paul Wilkinson. "Electricity Generation and Health." *Lancet* 370 (2007): 979–90.
Marsh, Arnold. *Smoke: The Problem of Coal and the Atmosphere.* London: Faber and Faber, 1947.
Martin, Richard. *Coal Wars: The Future of Energy and the Fate of the Planet.* New York: Palgrave Macmillan, 2015.
Martin, Thomas Commerford. "Electricity in the Modern City." *Journal of the Franklin Institute* 138 (September 1894): 198–211.
Martínez-Alier, J. "The Environment as a Luxury Good or 'Too Poor to Be Green'?" *Ecological Economics* 13 (1995): 1–10.
MIT Coal Energy Study. *The Future of Coal: Options for a Carbon-Constrained World—An Interdisciplinary MIT Study.* Cambridge, MA: MIT (2007) (online).
MIT Nuclear Energy Study. *The Future of Nuclear Power: An Interdisciplinary MIT Study.* Cambridge, MA: MIT (2003) (online).
Mason, W. W. "Trevithick's First Rail Locomotive." *Transactions of the Newcomen Society* 12 (1933): 85–103.
Massachusetts Historical Commission (MHC) (1984). MHC Reconnaissance Survey Town Report: Nantucket (online).
Mattausch, Daniel W. "David Melville and the First American Gas Light Patents." *Rushlight,* December1998 (Rushlight Club online).
Mattingly, Garrett. *The Armada.* Boston: Houghton Mifflin, 1959.
Mawer, Granville Allen. *Ahab's Trade: The Saga of South Seas Whaling.* New York: St. Martin's Press, 1999.
Maxim, Hiram S. *My Life.* London: Methuen, 1915.
Maxim, Hiram Percy. *Horseless Carriage Days.* New York: Harper & Brothers, 1937.
Mayer, Ivan. "Human Consequences of Technological Change: Nuclear Power and Public Safety," International Atomic Energy Agency (IAEA) online, n.d.
McConnell, Curt. *Coast to Coast by Automobile: The Pioneering Trips, 1899–1908.* Stanford, CA: Stanford University Press, 2000.
McGill, Paul L., Frederick G. Sawyer, and Richard D. Cadle. "Smog: Fact and Fiction." Proceedings, American Petroleum Institute Division of Refining Seventeenth Mid-Year Meeting. San Francisco, CA, May 12–15, 1952.
McGlade, Christophe, and Paul Ekins. "The Geographical Distribution of Fossil Fuels

コーリー英国史』中村経一訳，旺世社，1948年）
Macfarlan, J. "George Dixon: Discoverer of Gas Light from Coal." *Transactions of the Newcomen Society* 5 (1924): 53–55(plus plate).
MacLaren, Malcolm. *The Rise of the Electrical Industry During the Nineteenth Century.* Princeton, NJ: Princeton University Press, 1943.
Macy, Obed. *The History of Nantucket, Being a Compendious Account of the First Settlement of the Island by the English, Together with the Rise and Progress of the Whale Fishery.* Boston: Hilliard, Gray, 1835.
Maddox, John. *The Doomsday Syndrome.* New York: McGraw-Hill, 1972.（ジョン・マドックス『人類に明日はあるか——反終末論』中山善之訳，佑学社, 1974年）
Madhaven, Guru. *Applied Minds: How Engineers Think.* New York: W. W. Norton, 2015.（グル・マドハヴァン『「考える」は技術——世界最高の思考ツールであらゆる問題を解決する』須川綾子訳，ダイヤモンド社, 2016年）
Malm, Andreas. *Fossil Capital: The Rise of Steam Power and the Roots of Global Warming.* London: Verso, 2016.
Malthus, Thomas. *An Essay on the Principle of Population.* London: J. Johnson, 1798.（マルサス『人口論』斉藤悦則訳, 光文社古典新訳文庫, 2011年, ほか）
Mann, Charles C. *1493: Uncovering the New World Columbus Created.* New York: Knopf, 2011.（チャールズ・C・マン『1493——世界を変えた大陸間の「交換」』布施由紀子訳，紀伊國屋書店, 2016年）
Marchetti, Cesare. "Energy Systems—The Broader Context." *Technological Forecasting and Social Change* 14 (1979): 191–203.
———. "Fifty-Year Pulsation in Human Affairs: Analysis of Some Physical Indicators." *Futures* 18, no. 3 (1986): 376–88.
———. "My CV as a Personal Story." Cesare Marchetti Web Archive, 2003 (online).
———. "On Decarbonization: Historically and Perspectively." *IIASA Interim Report,* 2005(online).
———. "On the Long-Term History of Energy Markets and the Chances for Natural Gas." Working Paper 84-39, IIASA, 1984 (online).
———. *On Society and Nuclear Energy: A Historical Analysis of the Interaction Between Society and Nuclear Technology with Examples Taken from Other Innovations.* Final Report for contract no. PSS 0039/A between IIASA and the European Atomic Energy Commission. IIASA, 1988 (online).
———. "A Personal Memoir: From Terawatts to Witches: My Life with Logistics at IIASA." *Technological Forecasting and Social Change* 37 (1990): 409–14.
———. "Primary Energy Substitution Models: On the Interaction Between Energy and Society." *Technological Forecasting and Social Change* 10 (1977): 345–56.
———. "Renewable Energies in a Historical Context." Professional paper, International Institute for Applied Systems Analysis (IIASA), Laxenburg, Austria, December

———. *How Invention Begins: Echoes of Old Voices in the Rise of New Machines.* New York: Oxford University Press, 2006.（ジョン・H・リーンハード『発明はいかに始まるか——創造と時代精神』中島由恵訳，新曜社, 2008年）
Lindermuth, John R. *Digging Dusky Diamonds: A History of the Pennsylvania Coal Region.* Mechanicsburg, PA: Sunbury Press, 2013.
Lindsay, J. M. "The Iron Industry in the Highlands: Charcoal Blast Furnaces." *Scottish Historical Review* 56 (no. 161, pt. 1) (1977): 49–63.
Lloyd, William Foster. "W. F. Lloyd on the Checks to Population." *Population and Development Review* 6, no. 3 (1980): 473–96.
Loeb, Alan P. "Birth of the Kettering Doctrine: Fordism, Sloanism and the Discovery of Tetraethyl Lead." *Business and Economic History* 24, no. 1 (1995): 72–87.
Logsdon, Jeanne M. "Organizational Responses to Environmental Issues: Oil Refining Companies and Air Pollution." In *Research in Corporate Social Performance and Policy.* Vol. 7, edited by L. E. Preston.Greenwich, CT: JAI Press (1985), 47–71.
Lones, T. E. "A Précis of *Mettallum Martis* and an Analysis of Dud Dudley's Alleged Invention." *Transactions of the Newcomen Society* 20 (1941): 17–28.
Lord, Eleanor Louisa. *Industrial Experiments in the British Colonies of North America.* Baltimore: Johns Hopkins, 1898.
Loree, L. F. "The First Steam Engine of America." *Transactions of the Newcomen Society* 10 (1931): 15–27.
———. "The Four Locomotives Imported into America in 1829 by the Delaware & Hudson Company." *Transactions of the Newcomen Society* 4 (1925): 64–72.
Louchouarn, Patrick, Steven N. Chillrud, Stephane Houel, Beizhan Yan, Damon Chaky, Cornelia Rumpel, Claude Largeau, Gerard Bardoux, Dan Walsh, and Richard F. Bopp. "Elemental and Molecular Evidence of Soot- and Char-Derived Black Carbon Inputs to New York City's Atmosphere During the 20th Century." *Environmental Science & Technology* 41, no. 1 (2007): 82–87.
Lovins, Amory B. *Soft Energy Paths: Toward a Durable Peace.* New York: Harper & Row, 1977.（エイモリー・ロビンズ『ソフト・エネルギー・パス——永続的平和への道』室田泰弘・槌屋治紀訳，時事通信社, 1979年）
Lovins, Amory, L. Hunter Lovins, and Leonard Ross. "Nuclear Power and Nuclear Bombs." *Foreign Affairs* 58, no. 5 (1980): 1137–77.
Lowen, Rebecca S. "Entering the Atomic Power Race: Science, Industry, and Government." *Political Science Quarterly* 102, no. 3 (1987): 459–79.
Lucier, Paul. *Scientists & Swindlers: Consulting on Coal and Oil in America, 1820–1890.* Baltimore: Johns Hopkins University Press, 2008.
Luter, Paul. "Lord Dundonald." Oldcopper.org., 2005 (online).
Macaulay, Thomas Babington. *The History of England from the Accession of James II.* Facsimile of edition of 1849. Cambridge: Adamant Media, 2006.（マコーリー『マ

Landes, David S. *The Unbound Prometheus: Technological Change and Industrial Development in Western Europe From 1750 to the Present.* Cambridge UK: Cambridge University Press, 1969.（D・S・ランデス『西ヨーロッパ工業史——産業革命とその後 1750-1968』〈1・2〉石坂昭雄・富岡庄一訳，みすず書房，1980～1982年）
Larsen, Ralph I. "Air Pollution from Motor Vehicles." *Annals of the New York Academy of Sciences* 136 (1966): 277–301.
Latimer, L. H., C. J. Field, and John W. Howell. *Incandescent Electric Lighting: A Practical Description of the Edison System.* New York: D. van Nostrand, 1890.
Laughlin, Robert B. *Powering the Future: How We Will (Eventually) Solve the Energy Crisis and Fuel the Civilization of Tomorrow.* New York: Basic Books, 2011.
Law, R. J. *James Watt and the Separate Condenser: An Account of the Invention.* London: Her Majesty's Stationery Office, 1969.
Layton, Walter T. *The Discoverer of Gas Lighting.* London: Walter King, 1926.
Lee, Charles E. *The Evolution of Railways.* 2nd ed. London: Railway Gazette, 1943.
———. "Tyneside Tramroads of Northumberland: Some Notes on the Engineering Background of George Stephenson." *Transactions of the Newcomen Society* 26 (1953): 199–229.
Lemay, J. A. Leo. *Ebenezer Kinnersley: Franklin's Friend.* Philadelphia: University of Pennsylvania Press, 1964.
Lenher, Victor. "Selenium and Tellurium." *Journal of Industrial and Engineering Chemistry* 12, no. 6 (1920): 597–98.
Lester, Richard K. "A Roadmap for US Nuclear Energy Innovation." *Issues in Science and Technology* (Winter 2016): 4554.
Lester, Richard K., and David M. Harr. *Unlocking Energy Innovation: How America Can Build a Low-Cost, Low-Carbon Energy System.* Cambridge, MA: MIT Press, 2012.
Levere, Trevor H. "Dr. Thomas Beddoes: Chemistry, Medicine, and the Perils of Democracy." *Notes and Records of the Royal Society of London* 63 (2009): 215–29.
Lewis, Edward B. "Alfred Henry Sturtevant." *Biographical Memoirs of the National Academy of Sciences.* Vol. 73. Washington, DC: National Academies Press, 1998.
Lewis, M. J. T. *Early Wooden Railways.* London: Routledge & Kegan Paul, 1970.
Libby, Willard F. "Tritium in Nature." *Scientific American* 190, no. 4 (1954): 38–42.
Liebig, Justus. *Familiar Letters on Chemistry and Its Relation to Commerce, Physiology, and Agriculture.* Edited by John Gardner. London: Taylor and Walton, 1844.
———. *Organic Chemistry in Its Applications to Agriculture and Physiology.* Edited by Lyon Playfair. London: Taylor and Walton, 1840.
Lienhard, John H. *The Engines of Our Ingenuity: An Engineer Looks at Technology and Culture.* New York: Oxford University Press, 2000.

Context of Alternative Fuel Technologies." SAE Technical Paper 941942,1994, n.p.
———. "Henry Ford, Charles F. Kettering, and the Fuel of the Future," *Automotive History Review* 32 (Spring 1998): 727.
———. "Environmental Conflict over Leaded Gasoline and Alternative Fuels." Paper to the American Society for Environmental History Annual Conference, March 26–30, 2003 (online).
———. "History of Biofuels." In *Biofuel Crops: Production, Physiology and Genetics.* Edited by B. P. Singh. Wallingford, UK: CABI, 2013.
Krebs, Frederik C. "Fabrication and Processing of Polymer Solar Cells: A Review of Printing and Coating Techniques." *Solar Energy Materials & Solar Cells* 93 (2009): 394–412.
Krehl, Peter O. K. *History of Shock Waves, Explosions and Impact: A Chronological and Biographical Reference.* Berlin: Springer, 2009.
Kubler, George. "Towards Absolute Time: Guano Archaeology." *Memoirs of the Society for American Archaeology 4: A Reappraisal of Peruvian Archeology* (1948)29–50.
Kuroda, P. K. "On the Nuclear Physical Stability of the Uranium Minerals." *Journal of Chemical Physics* 25, no. 4 (1956): 781–82.
Kutz, Charles W., and American Members of the International Waterways Commission. *Reports on the Existing Water-Power Situation at Niagara Falls, So Far as Concerns the Diversion of Water on the American Side.* Washington, DC: US Government Printing Office, 1906.
Kuznets, Simon. "Economic Growth and Income Inequality." *American Economic Review* 45, no. 1 (1955): 1–27.
Kyvig, David E. *Daily Life in the United States, 1920–1940: How Americans Lived Through the "Roaring Twenties" and the Great Depression.* Chicago: Ivan R. Dee, 2002.
Labouchere, Rachel. *Abiah Darby 1716–1793 of Coalbrookdale, Wife of Abraham Darby II.* York, UK: William Sessions, 1988.
Ladd, Brian. *Autophobia: Love and Hate in the Automotive Age.* Chicago: University of Chicago Press, 2008.
Lafitte, Jacques. *Reflections on the Science of Machines.* Unpublished first draft, translation by J. F. Hart. London, Ont.: University of Western Ontario Computer Science Department, 1969.
Lambert, Jeremiah D. *The Power Brokers: The Struggle to Shape and Control the Electric Power Industry.* Cambridge, MA: MIT Press, 2015.
La Mettrie, Julien Offray de. *Man a Machine and Man a Plant.* Translated by Justin Leiber. Indianapolis: Hackett, 1994. First published 1751.（ド・ラ・メトリ『人間機械論』杉捷夫訳，岩波文庫，1957年）

Kemble, Frances Ann. *Record of a Girlhood.* Vol.2.London: Richard Bentley and Son, 1878.

Kerker, Milton. "Science and the Steam Engine." *Technology and Culture* 2, no. 4 (Autumn 1961): 381–90.

Kerridge, Eric. "The Coal Industry in Tudor and Stuart England: A Comment." *Economic History Review,* n.s. 30, no. 2 (1977): 340–42.

Kettering, Charles F. "More Efficient Utilization of Fuel." SAE technical paper 190010,1919

Keuchel, Edward F. "Coal-Burning Locomotives: A Technological Development of the 1850s." *Pennsylvania Magazine of History and Biography* 94, no. 4 (1970): 484–95.

Kharecha, Pushker A., and James E. Hansen. "Prevented Mortality and Greenhouse Gas Emissions from Historical and Projected Nuclear Power." *Environmental Science and Technology* 47 (2013): 4889–95.

Kidder, Tracy. "The Nonviolent War Against Nuclear Power." *Atlantic Monthly* 242, no. 3 (1978): 70–76.

Kiefner, John F., and Cheryl J. Trench. "Oil Pipeline Characteristics and Risk Factors: Illustrations from the Decade of Construction." *American Petroleum Pipeline Committee Publication.* Washington, DC: American Petroleum Institute, 2001.

Kiester, Edwin, Jr. "A Darkness in Donora," *Smithsonian* online. November 1999.

King-Hele, Desmond. *Erasmus Darwin: A Life of Unequalled Achievement.* London: DLM, 1999.

Kintner, C. J. "History of the Electrical Art in the United States Patent Office." *Journal of the Franklin Institute* 121, no. 5 (1886): 377–96.

Kintner, E. E. "Admiral Rickover's Gamble: The Landlocked Submarine." *Atlantic Monthly* online, January 1959.

Kirsch, David A. "The Electric Car and the Burden of History: Studies in Automotive Systems Rivalry in America, 1890–1996." PhD diss., Stanford University, 1996.

Kitsikopoulos, Harry. "The Diffusion of Newcomen Engines, 1706–73: A Reassessment." Economic History Association online, 2013.

Kolbert, Elizabeth. *Field Notes from a Catastrophe: Man, Nature, and Climate Change.* New York: Bloomsbury, 2006.（エリザベス・コルバート『地球温暖化の現場から』仙名紀訳．オープンナレッジ, 2007年）

———. "Mr. Green: Environmentalism's Optimistic Guru Amory Lovins." *New Yorker* online, January 22, 2007.

Kotchetkov, L. A. "Obninsk: Number One." *Nuclear Engineering International:* July 13, 2004, www.neimagazine.com/features.

Köteles, G. J. "The Low Dose Dilemma." *Central European Journal of Occupational and Environmental Medicine* 4, no. 2 (1998): 103–13.

Kovarik, William. "Charles F. Kettering and the Development of Tetraethyl Lead in the

———. "Savery, Newcomen and the Early History of the Steam Engine," pt. 2. *Transactions of the Newcomen Society* 4, no. 1 (1923): 113–31.
———. "A Sketch of the Industrial History of the Coalbrookdale District." *Transactions of the Newcomen Society* 4 (1925): 102–7.
Jenner, Mark. "The Politics of London Air: John Evelyn's *Fumifugium* and the Restoration." *Historical Journal* 38, no. 3 (September 1995): 535–51.
Johnson, Arthur M. *The Development of American Petroleum Pipelines: A Study of Private Enterprise and Public Policy, 1862–1906.* Westport, CT: Greenwood Press, 1982.
———. *Petroleum Pipelines and Public Policy, 1906–1959.* Cambridge, MA: Harvard University Press, 1967.
Johnston, Fay H., Shannon Melody, and David M. J. S. Bowman. "The Pyrohealth Transition: How Combustion Emissions Have Shaped Health Through Human History." *Philosophical Transactions of the Royal Society B* 371 (2016): 1–10.
Joint Secretariat: "One Decade After Chernobyl: Summary of Conference Results, Joint Secretariat of the Conference," Vienna, Austria, 1996. European Commission, International Atomic Energy Agency, and World Health Organization.
Jones, Christopher F. *Routes of Power: Energy and Modern America.* Cambridge, MA: Harvard University Press, 2014.
Joskow, Paul L. "The Economic Future of Nuclear Power." *Daedalus* (Fall 2009): 45–59.
———. "Electricity from Uranium, Pt. 2: The Prospects for Nuclear Power in the United States." *Milken Institute Review* (4Q 2007): 32–43.
———. "The Future of Nuclear Power After Fukushima." Massachusetts Institute of Technology Center for Energy and Environmental Research Working Paper 2012-001 (online).
———. "Natural Gas: From Shortages to Abundance in the US." Massachusetts Institute of Technology Center for Energy and Environmental Research Working Paper 2012-001 (online).
Jungers, Frank. *The Caravan Goes On: How Aramco and Saudi Arabia Grew Up Together.* Surbiton, UK: Medina, 2013.
Jungk, Robert. *The New Tyranny: How Nuclear Power Enslaves Us.* New York: Grosset & Dunlap, 1979.
Kanefsky, John, and John Robey. "Steam Engines in 18th-Century Britain: A Quantitative Assessment." *Technology and Culture* 21, no. 2 (1980): 161–86.
Kasun, Jacqueline. *The War Against Population: The Economics and Ideology of World Population Control.* San Francisco: Ignatius Press, 1999.
Kean, Sam. "The Flavor of Smog." *Distillations*, Fall 2016, Chemical Heritage Foundation online, www.chemheritage.org/distillations/magazine/the-flavor-of-smog.
Kelley, Brooks Mather. *Yale: A History.* New Haven, CT: Yale University Press, 1974.

vol. 5: 1–14. (2004).
Inman, Mason. *The Oracle of Oil: A Maverick Geologist's Quest for a Sustainable Future.* New York: W. W. Norton, 2016.
IPCC. *Climate Change 2014 Synthesis Report.* Intergovernmental Panel on Climate Change, 2014 (online). (『気候変動2014：統合報告書』中核執筆チーム, Rajendra K. Pachauri, Leo Meyer 編；文部科学省ほか訳〔気候変動に関する政府間パネル第5次評価報告書, 統合報告書〕, 環境省, 2016年)
Irwin, Paul G. "Overview: The State of Animals in 2001." In *The State of the Animals 2001*, edited by D. J. Salem and A. N. Rowan. Washington, DC: Humane Society Press, 2001: 1–19.
Jacobs, Meg. *Panic at the Pump: The Energy Crisis and the Transformation of American Politics in the 1970s.* New York: Hill and Wang, 2016.
Jacobs, Chip, and William J. Kelly. *Smogtown: The Lung-Burning History of Pollution in Los Angeles.* New York: Overlook Press, 2013.
Jacobson, Mark Z., and Mark A. Delucchi. "A Path to Sustainable Energy by 2030." *Scientific American*, November 2009, 58–64.
James I. "Speech of 1609." In *The Political Works of James I.* Reprinted from the edition of 1616.Cambridge, MA: Harvard University Press, 1918
Jaworowski, Zbigniew. "Observations on Chernobyl After 25 Years of Radiophobia." *21st Century Science & Technology*, Summer 2010, 30–44.
———. "Observations on the Chernobyl Disaster and LNT." *Dose-Response* 8, no. 2 (2010): 148–71.
Jay, Mike. *The Atmosphere of Heaven: The Unnatural Experiments of Dr. Beddoes and His Sons of Genius.* New Haven, CT: Yale University Press, 2009.
Jeaffreson, J. C. *The Life of Robert Stephenson, F. R. S.* 2 vols. London: Longman, Green, Longman, Roberts, & Green, 1864.
Jedicke, Peter. "The NRX Incident." Canadian Nuclear Society online. Last modified 1989. www.cns-snc.ca/media/history/nrx.html.
Jefferson, Thomas. "Observations on the Whale Fishery," 1791. Jefferson Papers, Avalon Project, Yale Law School Lillian Goldman Law Library online.
Jeffries, Zay, Enrico Fermi et al. (1944). *Prospectus on Nucleonics.* Chicago: Metallurgical Laboratory MUC-RSM-234 (online).
Jenkins, Rhys. "Coke: A Note on Its Production and Use, 1587–1650." *Transactions of the Newcomen Society* 12 (1933): 104–7.
———. "The Heat Engine Idea in the Seventeenth Century: A Contribution to the History of the Steam Engine." *Transactions of the Newcomen Society* 17 (1937): 1–11.
———. "Savery, Newcomen and the Early History of the Steam Engine," pt. 1. *Transactions of the Newcomen Society* 3, no. 1 (1922): 96–118.

Club, 1971.
Holland, John. *The History and Description of Fossil Fuel, the Collieries, and Coal Trade of Great Britain.* 2nd ed. London: Whittaker, 1841.
Houghton-Alico, Doann. *Alcohol Fuels: Policies, Production, and Potential.* Boulder, CO: Westview Press, 1982.
House of Commons [H. C.]. *Proceedings of the Committee on the Liverpool and Manchester Railroad Bill,* 1825
Howe, Henry. *Memoirs of the Most Eminent American Mechanics: Also, Lives of Distinguished European Mechanics; Together With a Collection of Anecdotes, Descriptions, &c., &c. Relating to the Mechanic Arts.* New York: Alexander V. Blake, 1841.
Howsley, R. "The IAEA and the Future of Nuclear Power: A View from the Industry." *Journal of Nuclear Materials Management* 30, no. 2 (2002): 21–23.
Hubbert, M. King. "Nuclear Energy and the Fossil Fuels." Publication no. 95, Shell Development Company, Exploration and Production Research Division, Houston, June 1956 (online).
Hunt, Bruce J. *Pursuing Power and Light: Technology and Physics from James Watt to Albert Einstein.* Baltimore: Johns Hopkins University Press, 2010.
Hunt, Charles. *A History of the Introduction of Gas Lighting.* London: Walter King, 1907.
Hunt, Gaillard. *Life in America One Hundred Years Ago.* Williamstown, MA: Corner House, 1914.
Hunter, John P. *A Brief History of Natural Gas: Its Advantages, Use, Supply, and Economy as a Fuel to Manufacturers.* Verona, PA: Dexter Spring, 1886.
Hurley, Andrew. "Creating Ecological Wastelands: Oil Pollution in New York City, 1870–1900." *Journal of Urban History* 20, no. 3 (2004): 340–63.
Hutchins, Teresa Dunn. "The American Whale Fishery, 1815–1900: An Economic Analysis." PhD diss., Department of Economics, University of North Carolina at Chapel Hill, 1988.
Hutchinson, G. Evelyn. "The Biogeochemistry of Vertebrate Excretion (Survey of Contemporary Knowledge of Biogeochemistry)." *Bulletin of the American Museum of Natural History* 96: 1950. New York: By Order of the Trustees.
Hyde, Charles K. *Technological Change and the British Iron Industry, 1700–1870.* Princeton, NJ: Princeton University Press, 1977.
"Industrial News: Fluorine Gases in Atmosphere as Industrial Waste Blamed for Death and Chronic Poisoning of Donora and Webster, PA, Inhabitants." *Chemical and Engineering News* 26, no. 50 (December 13, 1948): 3692.
Inglis, David Rittenhouse. "Nuclear Energy and the Malthusian Dilemma." *Bulletin of the Atomic Scientists* 27, no. 2 (1971): 14–18.
Inhaber, Herbert. "Risk Analysis Applied to Energy Systems." *Encyclopedia of Energy,*

tems." *Renewable and Sustainable Energy Reviews* 76 (2017): 1122–33.
Heflin, Wilson, Mary K. Bercaw Edwards, and Thomas Farel Heffernan, eds. *Herman Melville's Whaling Years.* Nashville: Vanderbilt University Press, 2004.
Heilbron, J. L. "The Contributions of Bologna to Galvanism." *Historical Studies in the Physical and Biological Sciences* 22, no. 1 (1991): 57–85.
Heilbroner, Robert L. "Ecological Armageddon." *New York Review of Books* online. April 23, 1970.
Heinrich, Thomas R. *Ships for the Seven Seas: Philadelphia Shipbuilding in the Age of Industrial Capitalism.* Baltimore: Johns Hopkins University Press, 1997.
Henderson, W. O. "Wolverhampton as the Site of the First Newcomen Engine." *Transactions of the Newcomen Society* 26 (1953): 155–59.
Henry, J. T. *The Early and Later History of Petroleum, with Authentic Facts in Regard to Its Development in Western Pennsylvania.* Philadelphia: Jas. B. Rodgers, 1873.
Herrick, Rufus Frost. *Denatured or Industrial Alcohol: A Treatise on the History, Manufacture, Composition, Uses, and Possibilities of Industrial Alcohol in the Various Countries Permitting its Use, and the Laws and Regulations Governing the Same, Including the United States.* New York: John Wiley & Sons, 1907.
Hewlett, Richard G., and Jack M. Holl. *Atoms for Peace and War, 1953–1961.* Berkeley: University of California Press, 1989.
Hibbert, Harold. "The Role of the Chemist in Relation to the Future Supply of Liquid Fuel." *Journal of Industrial and Engineering Chemistry* 13 (1921): 841–43.
Hickam, Homer H., Jr. *Torpedo Junction: U-Boat War Off America's East Coast, 1942.* Annapolis: Naval Institute Press, 1989.
Hidalgo, César. *Why Information Grows: The Evolution of Order, from Atoms to Economies.* New York: Basic Books, 2015.（セザー・ヒダルゴ『情報と秩序――原子から経済までを動かす根本原理を求めて』千葉敏生訳，早川書房，2017年）
Hill, Colin K. "The Low-Dose Phenomenon: How Bystander Effects, Genomic Instability, and Adaptive Responses Could Transform Cancer-Risk Models." *Bulletin of the Atomic Scientists* 68, no. 3 (2012): 51–58.
Hills, Richard L. "The Origins of James Watt's Perfect Engine." *Transactions of the Newcomen Society* 68 (1997): 85–107.
———. *Power from Steam: A History of the Stationary Steam Engine.* Cambridge: Cambridge University Press, 1989.
———. *James Watt: Volume 1: His Time in Scotland, 1736–1774.* London: Landmark.
Himmelfarb, Gertrude. *The Idea of Poverty: England in the Early Industrial Age.* New York: Vintage, 1983.
Hinchman, Lydia S. *Early Settlers of Nantucket: Their Associates and Descendants.* 2nd ed. and enl. ed. Philadelphia: Ferris & Leach, 1901.
Holdren, John, and Philip Herrera. *Energy: A Crisis in Power.* San Francisco: Sierra

bons and Automobile Exhaust." *Air Repair* 4, no. 3 (1954): 105–36.
Haagen-Smit, Zus (Maria) Interview. Shirley K. Cohen, interviewer, 16, 20 March 2000, Archives, California Institute of Technology, Pasadena, California (online).
Hadfield, Charles. *The Canal Age.* London: Pan Books, 1968.
Hamilton, Alice. *Exploring the Dangerous Trades: The Autobiography of Alice Hamilton, M. D.* Boston: Little, Brown, 1943.
Hamilton, Alice, Paul Reznikoff, and Grace M. Burnham. "Tetra-ethyl Lead." *Journal of the American Medical Association* 84, no. 20 (1925): 1481–86.
Hammersley, G. "The Charcoal Iron Industry and Its Fuel, 1540–1750." *Economic History Review* 24 (1973): 593–613.
Handler, Philip. "Some Comments on Risk Assessment." In *The National Research Council in 1979: Current Issues and Studies.* Washington, DC: National Academy of Sciences, 1979.
Hardin, Garrett. "The Tragedy of the Commons." *Science* 162, no. 3859 (December 13, 1968): 1243–48.
Harkness, Deborah E. *The Jewel House: Elizabethan London and the Scientific Revolution.* New Haven, CT: Yale University Press, 2007.
Harris, Kenneth. *The Wildcatter: A Portrait of Robert O. Anderson.* New York: Weidenfeld & Nicolson, 1987.
Hart, Cyril E. *Royal Forest: A History of Dean's Woods as Producers of Timber.* Oxford: Clarendon Press, 1966.
Hartley, Janet M., Paul Keenan, and Dominic Lieven, eds. *Russia and the Napoleonic Wars (War, Culture and Society, 1750–1850).* London: Palgrave Macmillan, 2015.
Hatcher, John. *The History of the British Coal Industry.* Vol. 1, *Before 1700: Towards the Age of Coal.* Oxford: Clarendon Press, 1993.
Haupt, Lewis M. "The Road Movement." *Journal of the Franklin Institute* 135, no. 1 (1893): 1–16.
Hawken, Paul, ed. *Drawdown: The Most Comprehensive Plan Ever Proposed to Reverse Global Warming.* New York: Penguin, 2017.
Hawkins, Laurence A. *William Stanley (1858–1916)—His Life and Work.* New York: Newcomen Society of North America, 1951.
Hawley, Ellis W. *The New Deal and the Problem of Monopoly: A Study in Economic Ambivalence.* New York: Fordham University Press, 1995. First published 1966.
Hays, Samuel P. *Beauty, Health, and Permanence: Environmental Politics in the United States, 1955–1985.* Cambridge: Cambridge University Press, 1987.
Health Effects Institute. *State of Global Air/2017.* Boston: HEI, 2017 (online).
Heard, B. P., B. W. Brook, T. M. L. Wigley, and J. C. A. Bradshaw. "Burden of Proof: A Comprehensive Review of the Feasibility of 100% Renewable-Electricity Sys-

F. N. Spon, 1883.
Griffiths, John. *The Third Man: The Life and Times of William Murdoch, 1754–1839, the Inventor of Gas Lighting.* London: Andre Deutsch, 1992.
Grodzins, Morton, and Eugene Rabinowitch, eds. *The Atomic Age: Scientists in National and World Affairs.* New York: Basic Books, 1963.（グロッジンス／ラビノビッチ編『核の時代』岸田純之助・高榎尭訳, みすず書房, 1965年）
Grossman, Peter Z. *US Energy Policy and the Pursuit of Failure.* New York: Cambridge University Press, 2013.
Grossman, Gene M., and Alan B. Krueger. "Environmental Impacts of a North American Free Trade Agreement." Working Paper 3914. Cambridge, MA: National Bureau of Economic Research, 1991.
Grosso, Michael. *The Millennium Myth: Love and Death at the End of Time.* Wheaton, IL: Quest Books, 1997.
Grübler, Arnulf. "Diffusion: Long-Term Patterns and Discontinuities." *Technological Forecasting and Social Change* 39 (1991): 159–80.
———. *Technology and Global Change.* Cambridge: Cambridge University Press, 1998.
Grübler, Arnulf, and Nebojsa Nakicenovic. "Decarboning the Global Energy System." *Technological Forecasting and Social Change* 53 (1996): 97–110.
Grübler, Arnulf, Nebojsa Nakicenovic, and David G. Victor. "Dynamics of Energy Technologies and Global Change." *Energy Policy* 27 (1999): 247–80.
Gugliotta, Angela. "Class, Gender, and Coal Smoke: Gender Ideology and Environmental Justice in the City: A Theme for Urban Environmental History." *Environmental History* 5, no. 2 (2000): 165–93.
Gunter, Pete A. Y. "Whitehead's Contribution to Ecological Thought: Some Unrealized Possibilities." *Interchange* 31, nos. 2 and 3 (2000): 211–33.
Guroff, Margare. *The Mechanical Horse: How the Bicycle Reshaped American Life.* Austin: University of Texas Press, 2015.
Guy, Andy. *Steam and Speed: Railways of Tyne and Wear from the Earliest Days.* Newcastle, UK: Tyne Bridge, 2003.
Guy, Andy, and Jim Rees. *Early Railways 1569–1830.* Oxford: Shire, 2011.
Haagen-Smit, A. J. "The Air Pollution Problem in Los Angeles." *Engineering and Science* 14 (December 1950): 7–13.
———. "The Control of Air Pollution." *Scientific American* 210, no. 1 (1964): 25–31.
———. "The Control of Air Pollution in Los Angeles." *Engineering and Science* 18, no. 3 (December 1954): 11–16.
———. "A Lesson from the Smog Capital of the World." *Proceedings of the National Academy of Sciences* 67, no. 2 (1970): 887–97.
———. "Smog Research Pays Off." *Engineering and Science* 15, no. 8 (May 1952): 11–16.
Haagen-Smit, A. J., and M. M. Fox. "Photochemical Ozone Formation with Hydrocar-

Gilmer, Robert W. "The History of Natural Gas Pipelines in the Southwest." *Texas Business Review* (May/June 1981): 129–35.

Goddard, Stephen B. *Getting There: The Epic Struggle Between Road and Rail in the American Century.* Chicago: University of Chicago Press, 1994.

Goettemoeller, Jeffrey, and Adrian Goettemoeller. *Sustainable Ethanol: Biofuels, Biorefineries, Cellulosic Biomass, Flex-Fuel Vehicles, and Sustainable Farming for Energy Independence.* Maryville, MO: Prairie Oak, 2007.

Goklany, Indur. *Clearing the Air: The Real Story of the War on Air Pollution.* Washington, DC: Cato Institute, 1999.

Goldstein, Eli (2012). "CO2 Emissions from Nuclear Plants." Submitted as coursework for PH241, Introduction to Nuclear Energy, Stanford University, Winter 2012 (online).

Gordon, Robert J. *The Rise and Fall of American Growth: The U.S. Standard of Living Since the Civil War.* Princeton, NJ: Princeton University Press, 2016.（ロバート・J・ゴードン『アメリカ経済――成長の終焉』〈上・下〉高遠裕子・山岡由美訳，日経 BP 社，2018年）

Graham, Gerald S. "The Migrations of the Nantucket Whale Fishery: An Episode in British Colonial Policy." *New England Quarterly* 8, no. 2 (1935): 179–202.

Graham, John W. *The Destruction of Daylight: A Study of the Smoke Problem.* London: George Allen, 1907.

Granqvist, Claes G. "Transparent Conductors as Solar Energy Materials: A Panoramic Review." *Solar Energy Materials & Solar Cells* 91 (2007): 1529–98.

Gray, Earle. "Gesner, Williams and the Birth of the Oil Industry." *Oil-Industry History* 9 (1) 2008: 12–23.

Gray, Thomas. *Observations on a General Iron Rail-way, or Land Steam-Conveyance; to Supersede the Necessity of Horses in all Public Vehicles; Showing Its Vast Superiority in Every Respect, Over all the Present Pitiful Methods of Conveyance by Turnpike Roads, Canals, and Coasting-Traders, Containing Every Species of Information Relative to Railroads and Loco-motive Engines.* 5th ed. London: Baldwin, Cradock, and Joy, 1825.

Gray, William. *Chorographia, or, A Survey of Newcastle upon Tine.* Newcastle, UK: Printed by S. B., 1649. Early English Books Online.

Great Britain. *Proceedings of the Committee of the House of Commons on the Liverpool and Manchester Railroad Bill: Sessions, 1825.*

Green, Constance McLaughlin, and Milton Lomask. *Vanguard, A History.* Washington, DC: National Aeronautics and Space Administration, 1970 (online).

Greene, Ann Norton. *Horses at Work: Harnessing Power in Industrial America.* Cambridge, MA: Harvard University Press, 2008.

Gresley, William Stukeley. *A Glossary of Terms Used in Coal Mining.* London: E. and

郎訳，白水社，2016年）
Gallopin, Gilberto C. “Branching Futures and Energy Projections.” *Renewable Energy for Development* 10, no. 3 (1997) (online).
Galloway, Robert L. *Annals of Coal Mining and the Coal Trade: The Invention of the Steam Engine and the Origin of the Railway.* London: Colliery Guardian, 1898.
———. *A History of Coal Mining in Great Britain.* London: Macmillan, 1882.
Galvani, Luigi. *Commentary on the Effect of Electricity on Muscular Motion (De Viribus Electricitatis in Motu Musculari Commentarius).* Translated by Robert Montraville Green. Cambridge, MA: Elizabeth Licht, 1953. First published 1791.
Gannon, Michael. *Operation Drumbeat: The Dramatic True Story of Germany's First U-Boat Attacks Along the American Coast in World War II.* New York: Harper & Row, 1990.（マイケル・ギャノン『ドラムビート——Uボート米本土強襲作戦』秋山信雄訳，光人社，2002年）
Gauthier-Lefaye, François. “2 Billion Year Old Natural Analogs for Nuclear Waste Disposal: The Natural Nuclear Fission Reactors in Gabon (Africa).” *Comptes Rendus R. Physique* 3, nos. 7–8 (September/October 2002): 839–49.
Gelber, Steven M., and Martin L. Cook. *Saving the Earth: The History of a Middle-Class Millenarian Movement.* Berkeley: University of California Press, 1990.
Gesner, Abraham. *A Practical Treatise on Coal, Petroleum, and Other Distilled Oils.* 2nd ed., rev. and enl. by George Weltden Gesner. New York: Bailliere Brothers, 1865.
Ghobadian, B., and H. Rahimi. “Biofuels—Past, Present and Future Perspective.” *Proceedings of the Fourth International Iran & Russia Conference in Agriculture and Natural Resources.* Shahrekord, Iran: University of Shahrekord, 2004.
Gibbon, Richard. *Stephenson's Rocket and the Rainhill Trials.* Oxford: Shire, 2010.
Gibbs, Ken. *The Steam Locomotive: An Engineering History.* Stroud, UK: Amberley, 2012.
Gibney, Elizabeth. “Why Finland Now Leads the World in Nuclear Waste Storage.” *Nature News,* December 2, 2015.
Giddens, Paul H. *The Birth of the Oil Industry.* New York: Macmillan, 1938.
———. *Early Days of Oil: A Pictorial History of the Beginnings of the Industry in Pennsylvania.* Princeton, NJ: Princeton University Press, 1948.
———, ed. *Pennsylvania Petroleum, 1750–1872: A Documentary History.* Titusville, PA: Pennsylvania Historical and Museum Commission, 1947.
Giebelhaus, August W. “Farming for Fuel: The Alcohol Motor Fuel Movement of the 1930s.” *Agricultural History* 54, no. 1 (1980): 173–84.
Gies, Frances and Joseph. *Cathedral, Forge, and Waterwheel: Technology and Invention in the Middle Ages.* New York: HarperPerennial, 1994.（ジョゼフ・ギース／フランシス・ギース『大聖堂・製鉄・水車——中世ヨーロッパのテクノロジー』栗原泉訳，講談社学術文庫，2012年）

Devon, UK: David & Charles, 1973. First published 1904.
Flink, James J. *America Adopts the Automobile, 1895–1910.* Cambridge, MA: MIT Press, 1970.
Flinn, Michael W. "Timber and the Advance of Technology: A Reconsideration," *Annals of Science*, 15:2 (1959): 109–20.
Ford, Alice. *The 1826 Journal of John James Audubon.* Norman: University of Oklahoma Press, 1967.
Forrester, Jay W. *World Dynamics.* Cambridge, MA: Wright-Allen Press, 1971.
Foster, Abram John. *The Coming of the Electrical Age to the United States.* New York: Arno Press, 1979.
Fouquet, Roger, and Peter J. G. Pearson. "A Thousand Years of Energy Use in the United Kingdom." *Energy Journal* 19, no. 4 (1998): 1–41.
Fox, Stephen. *Wolf of the Deep: Raphael Semmes and the Notorious Confederate Raider* CSS Alabama. New York: Vintage, 2007.
Franklin, Benjamin. *Experiments and Observations on Electricity Made at Philadelphia in America.* London: E. Cave, 1751.
———. *The Papers of Benjamin Franklin.* Vol. 5, *July 1, 1753, Through March 31, 1755,* edited by Leonard W. Labaree.New Haven, CT: Yale University Press, 1962.
Franklin, William Studdards, and William Esty. *Dynamos and Motors.* New York: Macmillan, 1909.
Franks, Angela. *Margaret Sanger's Eugenic Legacy: The Control of Female Fertility.* Jefferson, NC: McFarland, 2005.
Franks, Kenny A., Paul F. Lambert, and Carl N. Tyson. *Early Oklahoma Oil: A Photographic History, 1859–1936.* College Station: Texas A&M University Press, 1981.
Friedel, Robert, and Paul Israel. *Edison's Electric Light: Biography of an Invention.* New Brunswick, NJ: Rutgers University Press, 1986.
Frye, Northrop. *Northrop Frye on Shakespeare.* Edited by Robert Sandler. Markham, Ont.: Fitzhenry & Whiteside, 1986.（ノースロップ・フライ『ノースロップ・フライのシェイクスピア講義』石原孝哉・市川仁・林明人訳，三修社, 2009年）
Fthenakis, Vasilis M., and Hyung Chul Kim. "Greenhouse-Gas Emissions from Solar Electric- and Nuclear Power: A Life-Cycle Study." *Energy Policy* 35 (2007): 2549–57.
Fulton, John F., and Elizabeth H. Thomson. *Benjamin Silliman 1779–1864: Pathfinder in American Science.* New York: Henry Schuman, 1947.
Funigiello, Philip J. *Toward a National Power Policy: The New Deal and the Electric Utility Industry, 1933–1941.* Pittsburgh: University of Pittsburgh Press, 1973.
Galbraith, John Kenneth. *American Capitalism: The Concept of Countervailing Power.* Boston: Houghton Mifflin, 1952.（ジョン・ケネス・ガルブレイス『アメリカの資本主義』藤瀬五郎訳，時事通信社, 1970年／『アメリカの資本主義』新川健三

（ロジャー・イーカーチ『失われた夜の歴史』樋口幸子・片柳佐智子・三宅真砂子訳，インターシフト，2015年）
Eliot, Charles W., ed. *The Harvard Classics.* Vol. 35, *Chronicle and Romance: Froissart, Malory, Holinshed.* New York: P. F. Collier & Son, 1938.
Epstein, Alex. *The Moral Case for Fossil Fuels.* New York: Portfolio/Penguin, 2014.
Eskew, Garnett Laidlaw. *Salt: The Fifth Element: The Story of a Basic American Industry.* Chicago: J. G. Ferguson, 1948.
Espinasse, Francis. *Lancashire Worthies.* London: Simpkin, Marshall, 1874.
Esty, William Suddards. *Dynamos and Motors: A Text Book for Colleges and Technical Schools.* New York: Macmillan, 1909.
Evans, Brock. "Sierra Club Involvement in Nuclear Power: An Evolution of Awareness." *Oregon Law Review* 54 (1975): 607–21.
Evans, Oliver. *The Abortion of the Young Steam Engineer's Guide.* Philadelphia: printed for the author by Fry and Kammerer, 1805.
Evelyn, John. *A Character of England.* London: Joseph Crooke, 1659. Early English Books Online.
———. *Fumifugium: or, the Inconvenience of the Aer, and Smoake of London Dissipated.* London: printed by W. Godbid, for Gabriel Bedel, and Thomas Collins, 1661. Reprinted for B. White, 1672.
———. *Sylva, or a Discourse of Forest-Trees and the Propagation of Timber in His Majesty's Dominions.* London: Robert Scott et al., 1664.
Eyles, Joan M. "William Smith, Richard Trevithick, and Samuel Homfray: Their Correspondence on Steam Engines, 1804–1806." *Transactions of the Newcomen Society* 43, no. 1 (1970): 137–61.
Fanning, Leonard M. *The Rise of American Oil.* New York: Harper & Brothers, 1948.
Farey, John. *A Treatise on the Steam Engine, Historical, Practical, and Descriptive.* London: Longman, Rees, Orme, Brown, and Green, 1827.
Fenger, Jes, O. Hertel, and F. Palmgren, eds. *Urban Air Pollution—European Aspects.* Dordrecht, Neth.: Springer, 1999.
Fermi, Enrico. "Atomic Energy for Power." In *The Future of Atomic Energy: The George Westinghouse Centennial Forum, May 16, 17, and 18, 1946.* Vol. 1. Pittsburgh: Westinghouse Educational Foundation.
———. "Experimental Production of a Divergent Chain Reaction." *American Journal of Physics* 20, 536–58, 1952.
Fischer, R. P., and L. S. Hilpert. "Geology of the Uravan Mineral Belt. Contributions to the Geology of Uranium." *US Geological Survey Bulletin* 988-A, 1952.
Fisher, Howard J. *Faraday's Experimental Researches in Electricity: Guide to a First Reading.* Santa Fe, NM: Green Lion Press, 2014.
Fletcher, William. *English and American Steam Carriages and Traction Engines.* Repr.

Industrial Organization 5, no. 2 (2007), 1–21.
Dircks, Henry. *The Life, Times, and Scientific Labours of the Second Marquis of Worcester. To Which is Added, a Reprint of His Century of Inventions, 1663, with a Commentary Thereon.* London: Bernard Quaritch, 1865.
Dolin, Eric Jay. *Leviathan: The History of Whaling in America.* New York: W. W. Norton, 2007.（エリック・ジェイ・ドリン『クジラとアメリカ――アメリカ捕鯨全史』北條正司・松吉明子・櫻井敬人訳，原書房, 2014年）
Douglas, Ian, Rob Hodgson, and Nigel Lawson. "Industry, Environment and Health Through 200 Years in Manchester." *Ecological Economics* 41 (2002): 235–55.
Douglas, Mary, and Aaron Wildavsky. *Risk and Culture: An Essay on the Selection of Technological and Environmental Dangers.* Berkeley: University of California Press, 1982.
Downer, John. "Disowning Fukushima: Managing the Credibility of Nuclear Reliability Assessment in the Wake of Disaster." *Regulation & Governance* 8, no. 3 (September 2014): 287–309.
Downey, Morgan. *Oil 101.* N.p.: Wooden Table Press, 2009.
Dudley, Dud. *Mettallum Martis, or, Iron made with pit-coale, sea-coale, &c.: and with the same fuell to melt and fine imperfect metals, and refine perfect metals.* Reprint of London: printed by T. M. for the author, 1665. Eindhoven, Nederland: De Archaeologische Pers. (1988).
Duffy, David C. "The Guano Islands of Peru: The Once and Future Management of a Renewable Resource." *Bird Life Conservation Series,* no. 1 (1994): 68–76.
Dunlap, Riley E. "Trends in Public Opinion Toward Environmental Issues: 1965–1990." *Society and Natural Resources* 4, no. 3 (1991): 285–312.
DuPont, Robert L. (1981). "Perspectives of Nuclear Risk: The Role of the Media." Presented at the Annual Meeting of the Canadian Nuclear Association, Ottawa, Canada, June 9, 1981.
Dyni, John R. *Geology and Resources of Some World Oil-Shale Deposits: Scientific Investigations Report 2005–5294.* Reston, VA: US Geological Survey, US Department of the Interior, 2006.
Eaton, S. J. M. *Petroleum: A History of the Oil Region of Venango County, Pennsylvania.* Philadelphia: J. P. Skelly, 1886.
Eavenson, Howard N. *The First Century and a Quarter of American Coal Industry.* Pittsburgh: printed privately, 1942.
Eberhart, Mark E. *Feeding the Fire: The Lost History and Uncertain Future of Mankind's Energy Addiction.* New York: Harmony Books, 2007.
Ehrlich, Paul R. *The Population Bomb.* San Francisco: Sierra Club, 1969.（ポール・R・エーリック『人口爆弾』宮川毅訳，河出書房新社, 1974年）
Ekirch, A. Roger. *At Day's Close: Night in Times Past.* New York: W. W. Norton, 2005.

Davy. London: Smith, Elder, 1840.
———. "On the Fire-Damp of Coal Mines, and on Methods of Lighting the Mines So As to Prevent Its Explosion." *Philosophical Transactions of the Royal Society of London* 106 (1816): 1–22.
———. *On the Safety Lamp for Preventing Explosions in Mines, Houses Lighted by Gas, Spirit Warehouses, or Magazines in Ships, &c. With Some Researches on Flame.* London: R. Hunter, 1825.
Dawson, Frank. *John Wilkinson: King of the Ironmasters.* Edited by David Lake. Stroud, UK: History Press, 2012.
Day, Barry. *This Wooden 'O': Shakespeare's Globe Reborn.* London: Oberon, 1996.
Defoe, Daniel. *A Tour Through the Whole Island of Great Britain.* 3 vols. London: Folio Society, 1983.
Dellapenna, Joseph W. "A Primer on Groundwater Law." *Idaho Law Review* 49 (2012): 265.
———. "The Rise and Demise of the Absolute Dominion Doctrine for Groundwater." *University of Arkansas at Little Rock Law Review* 35, no. 2 (2013): 273.
Dendy Marshall, C. F. "The Rainhill Locomotive Trials of 1829." *Transactions of the Newcomen Society* 9, no. 1 (1928): 78–93.
Department of the Interior. *Hearings Before the Secretary of the Interior on Leasing of Oil Lands and Natural-Gas Wells in Indian Territory and Territory of Oklahoma. May 8, 24, 25, and 29, and June 7 and 10, 1906.* Washington, DC: US Government Printing Office, 1906.
Desrochers, Pierre, and Christine Hoffbauer. "The Postwar Intellectual Roots of the Population Bomb: Fairfield Osborn's 'Our Plundered Planet' and William Vogt's 'Road to Survival' in Retrospect." *Electronic Journal of Sustainable Development* 1, no. 3 (2009): 37–61.
Deutch, John M. *The Crisis in Energy Policy.* Cambridge, MA: Harvard University Press, 2011.
Dibner, Bern. *Oersted and the Discovery of Electromagnetism. 2nd ed.* New York: Blaisdell, 1962.
Dickinson, H. W., and Arthur Titley. *Richard Trevithick: The Engineer and the Man.* Cambridge: Cambridge University Press, 1934.
Diesel, Eugen, Gustav Goldbeck, and Friedrich Schildberger. *From Engines to Autos: Five Pioneers in Engine Development and Their Contributions to the Automotive Industry.* Chicago: Henry Regnery, 1960.
Dillon, Maureen. *Artificial Sunshine: A Social History of Domestic Lighting.* London: National Trust, 2002.
Dimitri, Carolyn, and Anne Effland. "Fueling the Automobile: An Economic Exploration of Early Adoption of Gasoline over Ethanol." *Journal of Agricultural & Food*

Cox, Louis Anthony (Tony), Jr. "Socioeconomic and Air Pollution Correlates of Adult Asthma, Heart Attack, and Stroke Risks in the United States, 2010–2013." *Environmental Research* 155 (2017): 92–107.

Crevecoeur, J. Hector St. John. *Letters from an American Farmer.* New York: Fox, Duffield, 1904. First published 1782.（クレヴクール『クレヴクール——アメリカ農夫の手紙』秋山健・後藤昭次・渡辺利雄訳, 渡辺利雄解説, 研究社出版, 1982年）

Crookes, William. "A New Era in Illumination—Wilde's New Magneto-Electric Machine." *Journal of the Franklin Institute* (December 1866): 400–9.

Cullingford, Benita. *British Chimney Sweeps: Five Centuries of Chimney Sweeping.* Hove, UK: Book Guild, 2000.

Cummings, R. G., and Albert E. Utton. "Managing Nuclear Wastes: An Overview of the Issues." *Natural Resources Journal* 21 (1981): 693–701.

Cummins, C. Lyle, Jr. *Internal Fire: The Internal Combustion Engine, 1673–1900.* Lake Oswego, OR: Carnot Press, 1976.

Curr, John. *The Coal Viewer, and Engine Builder's Practical Companion.* Sheffield, UK: John Northall, 1797.

Cushman, Gregory T. *Guano and the Opening of the Pacific World: A Global Ecological History.* Cambridge: Cambridge University Press, 2013.

Cuttler, Jerry M. "Remedy for Radiation Fear: Discard the Politicized Science." *Dose Response* 12, no. 2 (2014): 170–84.

Daniels, Farrington. "Direct Use of the Sun's Energy." *American Scientist* 55, no. 1 (1967): 15–47.

Darley, Gillian. *John Evelyn: Living for Ingenuity.* New Haven, CT: Yale University Press, 2006.

Darwin, Erasmus. *The Botanic Garden, A Poem, in Two Parts; containing The Economy of Vegetation, and The Loves of the Plants. With Philosophical Notes.* London: Jones & Co., 1824.

Davidson, Cliff I. "Air Pollution in Pittsburgh: A Historical Perspective." *Journal of the Air Pollution Control Association* 29, no. 10 (1979): 1035–41.

Davies, A. Stanley. "The Coalbrookdale Company and the Newcomen Engine, 1717–69." *Transactions of the Newcomen Society* 20 (1941): 45–48.

Davies II, Edward J. *The Anthracite Aristocracy: Leadership and Social Change in the Hard Coal Regions of Northeastern Pennsylvania, 1800–1930.* DeKalb: Northern Illinois University Press, 1985.

Davis, Lance E., Robert E. Gallman, and Karin Gleiter. *In Pursuit of Leviathan: Technology, Institutions, Productivity, and Profits in American Whaling, 1816–1906.* Chicago: University of Chicago Press, 1997.

Davy, Humphry. *The Collected Works.* Vol. 8, *Agricultural Lectures,* pt. 2, edited by John

1 and 2 (1942): 47–58.
———. "The Timber Famine and the Development of Technology." *Annals of Science* 12, no. 2 (1956): 85–102.

Cochrane, Thomas. *The Autobiography of a Seaman.* London: Maclaren, n.d.

Cockayne, Emily. *Hubbub: Filth, Noise & Stench in England 1600–1770.* New Haven, CT: Yale University Press, 2007.

Cohen, Aaron J., H. Ross Anderson, Bart Ostra, Kiran Dev Pandey, Michal Kryzanowski, Nino Künzli, Kersten Gutschmidt et al. "The Global Burden of Disease Due to Outdoor Air Pollution." *Journal of Toxicology and Environmental Health, Part A* 68 (2005): 1–7.

Cohen, Bernard L. "High Level Radioactive Waste." *Natural Resources Journal* 21 (1981): 703–21.

Cohen, Michael P. *The History of the Sierra Club 1892–1970.* San Francisco: Sierra Club Books, 1988.

Cole, H. S. D., Christopher Freeman, Marie Jahoda, and K. L. R. Pavitt. *Models of Doom: A Critique of The Limits to Growth.* New York: Universe Books, 1973.

Coleman, D. C. "The Coal Industry: A Rejoinder." *Economic History Review,* n.s.30, no. 2 (1977): 343–45.

Conca, James. "Pollution Kills More People Than Anything Else." *Forbes* online, last modified November 7, 2017.

———. "Radiation Poses Little Risk to the World." *Forbes online,* last modified June 24, 2016.

Connan, Jacques, Pierre Lombard, Robert Killick, Flemming Højlund, Jean-François Salles, and Anwar Khalaf. "The Archeological Bitumens of Bahrain from the Early Dilmun Period (c. 2200 BC) to the Sixteenth Century AD: A Problem of Sources and Trade." *Arabian Archeology and Epigraphy* 9, no. 2 (November 1998): 141–81.

Corton, Christine L. *London Fog: The Biography.* Cambridge, MA: Harvard University Press, 2015.

Cottrell, F. *Energy and Society: The Relationship Between Energy, Social Change, and Economic Development.* Westport, CT: Greenwood Press, 1955.

Cousteau, J-Y, and P. Diole. *The Whale.* New York: Arrowwood Press, 1972.

Covello, V. T. "The Perception of Technological Risks: A Literature Review." *Technological Forecasting and Social Change* 23 (1983): 285–97.

Cowan, George. "A Natural Fission Reactor." *Scientific American* July 1976, 36–47.

Cowan, Robin, and Staffan Hultén. "Escaping Lock-In: The Case of the Electric Vehicle." *Technological Forecasting and Social Change* 53, no. 1 (September 1996): 61–79.

Cox, J. Charles. *The Royal Forests of England.* London: Methuen, 1905.

Chicago Association of Commerce Committee of Investigation on Smoke Abatement and Electrification of Railway Terminals. *Smoke Abatement and Electrification of Railway Terminals in Chicago.* Chicago: Rand McNally, 1915.

Chillrud, Steven N., Richard F. Bopp, H. James Simpson, James M. Ross, Edward L. Shuster, Damon A. Chaky, Dan C. Walsh, Cristine Chin Choy, Lael Ruth Tolley, and Allison Yarme. "Twentieth Century Atmospheric Metal Fluxes into Central Park Lake, New York City." *Environmental Science and Technology* 33, no. 5 (1999): 657–62.

Christensen, Leo M., Ralph M. Hixon, and Ellis I. Fulmer. *Power Alcohol and Farm Relief.* Deserted Village 3. New York: Chemical Foundation, 1934: 5–191.

Churchill, Jason Lemoine. "The Limits to Influence: The Club of Rome and Canada, 1968 to 1988." PhD diss., University of Waterloo, Waterloo, Ont., 2006.

Cifuentes, Luis, Victor H. Borja-Aburto, Nelson Gouveia, George Thurston, and Devra Lee Davis. "Hidden Health Benefits of Greenhouse Gas Mitigation." *Science* 293, no. 5533 (August 17, 2001): 1257–59.

Clack, Christopher T. M., Staffan A. Qvist, Jay Apt, Morgan Bazilian, Adam R. Brandt, Ken Caldeira, Steven J. Davis et al. "Evaluation of a Proposal for Reliable Low-Cost Grid Power with 100% Wind, Water, and Solar." *PNAS* 30, no. 20 (2017): 1–6; supporting information, 1–13.

Clark, A. Howard. "The American Whale-Fishery 1877–1886." *Science* ns-9, no. 217S (1887): 321–24.

Clark, Gregory, and David Jacks. "Coal and the Industrial Revolution, 1700–1869." *European Review of Economic History* 11, no. 1(April 2007): 39–72.

Clark, J. Stanley. *The Oil Century: From the Drake Well to the Conservation Era.* Norman: University of Oklahoma Press, 1958.

Clark, James A. *The Chronological History of the Petroleum and Natural Gas Industries.* Houston: Clark, 1963.

Clark, James Anthony, and Michel T. Halbouty. *The Last Boom.* New York: Random House, 1972.

Clarke, David. *Reflections on the Astronomy of Glasgow: A Story of Some Five Hundred Years.* Edinburgh: Edinburgh University Press, 2013.

Clavering, Robert. *An Essay on the Construction and Building of Chimneys.* London: I. Taylor, 1779.

Clayton, J. C. "The Shippingport Pressurized Water Reactor and Light Water Breeder Reactor." For presentation at 25th Central Regional Meeting, American Chemical Society, Pittsburgh, October 4–6, 1993 (online).

Clegg, Samuel, Jr. *A Practical Treatise on the Manufacture and Distribution of Coal-Gas, Its Introduction and Progressive Improvement.* London: John Weale, 1866.

Clow, Archibald, and Nan L. Clow. "Lord Dundonald." *Economic History Review* 12: nos.

1954. Columbus: Ohio State University Press, 1993.
———. "The Texas-Northeast Connection: The Rise of the Post–World War II Gas Pipeline Industry," *Houston Review* 12, no. 2 (1990).
Castaneda, Christopher J., and Clarance M. Smith (1996). *Gas Pipelines and the Emergence of America's Regulatory State: A History of Panhandle Eastern Corporation, 1926–1993.* Cambridge: Cambridge University Press.
Cerasano, S. P. "The Fortune Contract in Reverse." *Shakespeare Studies* 37 (2009): 79–98.
———. "The Geography of Henslowe's Diary." *Shakespeare Quarterly* 56, no. 3 (2005): 328–53.
———. "Philip Henslowe, Simon Forman, and the Theatrical Community of the 1590s." *Shakespeare Quarterly* 44, no. 2 (1993): 145–58.
Cernansky, Rachel. "State-of-the-Art Soil: A Charcoal-Rich Product Called Biochar." *Nature* 517 (2015): 258–60.
Chalmers, II, Harvey. *The Birth of the Erie Canal.* New York: Bookman, 1960.
Chandler, Charles F. "Address of Acceptance." *Journal of Industrial and Engineering Chemistry* 12, no. 2 (1920): 189–95.
Chandler, John, ed. *John Leland's Itinerary: Travels in Tudor England.* Dover, NH: Alan Sutton, 1993.
Chapelle, Howard I. *The History of American Sailing Ships.* New York: Bonanza, 1988.
Chapin, D. M., C. S. Fuller, and G. L. Pearson. "A New Silicon *P-N* Junction Photocell for Converting Solar Radiation into Electrical Power." *Journal of Applied Physics* 25 (1954): 676–77.
Chapman, Stanley. "British Exports to the U.S.A., 1776–1914: Organisation and Strategy (3) Cottons and Printed Textiles." From *Textiles in Trade: Proceedings of the Textile Society of America Biennial Symposium, September 14–16, 1990, Washington, DC.*
Chard, Jack. *Making Iron & Steel: The Historic Processes, 1700–1900.* Ringwood, NJ: North Jersey Highlands Historical Society, 1995.
Cheney, Margaret. *Tesla: Man out of Time.* New York: Simon & Schuster, 1981.（マーガレット・チェニー『テスラ――発明王エジソンを超えた偉才』鈴木豊雄訳，工作舎, 1997年）
Chenoweth, William L. *Summary of the Uranium-Vanadium Ore Production, 1947–1969, Monument Valley District, Apache and Navajo Counties, Arizona: Contributed Report CR-14-C.* Tucson:Arizona Geological Survey, 2014.
———. *Uranium Procurement and Geologic Investigations of the Manhattan Project in Arizona: Open-File Report 88-02.* Tucson: Arizona Geological Survey, 1988.
Chesney, Cummings C. "Some Contributions to the Electrical Industry." *Electrical Engineering* 52, no. 12 (1933): 726–30.

LNT Model, Part 1: The Russell-Muller Debate." *Environmental Research* 154 (2017): 435–51.

Calabrese, Edward J., and Linda A. Baldwin. "Toxicology Rethinks Its Central Belief: Hormesis Demands a Reappraisal of the Way Risks Are Assessed (Commentary)." *Nature* 421 (February 13, 2003): 691–92.

Caldwell, James. *Report to the United States Shipping Board Emergency Fleet Corporation on Electric Welding and its Application in the United States of America to Ship Construction.* Philadelphia: Emergency Fleet Corporation, 1918.

Camden, William. *Britannia, or a Chorographical Description of the Most Flourishing Kingdoms, England, Scotland, and Ireland, and the lands Adjoining, out of the Depth of Antiquity.* Translated by Philemon Holland. London: George Bishop and Ioannis Norton, 1610.

Campbell, John L. *Collapse of an Industry: Nuclear Power and the Contradictions of U.S. Policy.* Ithaca, NY: Cornell University Press, 1988.

Canby, Edward Tatnall. *A History of Electricity.* New York: Hawthorn Books, 1968.（エドワード・カンビー『電気の歴史』田中実訳, 恒文社, 1966年）

Cardis, E., E. S. Gilbert, L. Carpenter, G. Howe, I. Kato, BK Armstrong, V. Beral et al. "Effects of Low Doses and Low Dose Rates of External Ionizing Radiation: Cancer Mortality Among Nuclear Industry Workers in Three Countries." *Radiation Research* 142, no. 2 (1995): 117–32.

Carlson, Elof Axel. *Genes, Radiation, and Society: The Life and Work of H. J. Muller.* Ithaca, NY: Cornell University Press, 1981.

Carolan, Michael S. "A Sociological Look at Biofuels: Ethanol in the Early Decades of the Twentieth Century and Lessons for Today." *Rural Sociology* 74, no. 1 (2009): 86–112.

Carson, Rachel. Silent Spring. New York: Houghton Mifflin, 1962.（レイチェル・カーソン『沈黙の春』青樹簗一訳, 新潮社, 2001年）

Carter, Jimmy. *Why Not the Best? Jimmy Carter: The First Fifty Years.* Fayetteville: University of Arkansas Press, 1996. First published 1975.（ジミー・カーター『なぜベストをつくさないのか——ピーナッツ農夫から大統領への道』酒向克郎訳, 英潮社, 1979年）

Casey, Robert. *The Model T: A Centennial History.* Baltimore: Johns Hopkins University Press, 2008.

Caspari, Ernest, and Curt Stern. "The Influence of Chronic Irradiation with Gamma-Rays at Low Dosages on the Mutation Rate in *Drosophila Melanogaster.*" *Genetics* 33, no. 1 (1948): 75–95.

Castaneda, Christopher J. *Invisible Fuel: Manufactured and Natural Gas in America, 1800–2000.* New York: Twayne, 1999.

———. *Regulated Enterprise: Natural Gas Pipelines and Northeastern Markets, 1938–*

Advocate. Does His Rhetoric Match Reality?" *Energy Tribune* onlineNovember 2007.

———. *Power Hungry: The Myths of "Green" Energy and the Real Fuels of the Future.* New York: Public Affairs, 2010.（ロバート・ブライス『パワー・ハングリー——現実を直視してエネルギー問題を考える』古舘恒介訳，英治出版，2011年）

Bryson, Chris. "The Donora Fluoride Fog: A Secret History of America's Worst Air Pollution Disaster." ActionPA.org. Last modified December 2, 1998.

Bullard, John M. *The Rotches.* Printed privately, 1947.

Burch, Guy Irving, and Elmer Pendell. *Population Roads to Peace or War.* Washington, DC: Population Reference Bureau, 1945.

Bureau of Mines Bituminous Coal Staff. *Bureau of Mines Synthetic Liquid Fuels Program, 1944–55. Report of Investigations 5506.* Washington, DC: United States Department of the Interior, 1959.

Burn, Robert Scott. *The Steam-Engine, Its History and Mechanism, Being Descriptions and Illustrations of the Stationary, Locomotive, and Marine Engines.* London: H. Ingram, 1854.

Burnett, D. Graham. *Trying Leviathan: The Nineteenth-Century New York Court Case That Put the Whale on Trial and Challenged the Order of Nature.* Princeton, NJ: Princeton University Press, 2007.

Burris, Evadene A. "Keeping House on the Minnesota Frontier." *Minnesota History* 14, no. 3 (1933): 263–82.

Burton, Anthony. *Richard Trevithick: Giant of Steam.* London: Aurum Press, 2000.

Bush, A. L., and H. K. Stager. "Accuracy of Ore-Reserve Estimates for Uranium-Vanadium Deposits on the Colorado Plateau." *Geological Survey Bulletin 1030-D.* Washington, DC: US Government Printing Office, 1956:137.

Butler, G. M., and M. A. Allen. "Uranium and Radium." *University of Arizona Bulletin Mineral Technology Series No. 27* (December 1, 1921).Tucson: University of Arizona and Arizona Bureau of Mines, 1921.

F. C. *The Compleat Collier: Or, the Whole Art of Sinking, Getting, and Working, Coal-Mines, &c. As Is Now Used in the Northern Parts, especially About Sunderland and New-Castle.* London: G. Conyers, 1708.

Calabrese, Edward J. "Muller's Nobel Lecture on Dose-Response for Ionizing Radiation: Ideology or Science?" *Archives of Toxicology* 85 (2011): 1495–98.

———. "On the Origin of the Linear No-Threshold (LNT) Dogma by Means of Untruths, Artful Dodges and Blind Faith." *Environmental Research* 142 (2015): 432–42.

———. "The Road to Linearity: Why Linearity at Low Doses Became the Basis for Carcinogen Risk Assessment." *Archives of Toxicology* 83 (2009): 203–25.

———. "The Threshold Vs. LNT Showdown: Dose Rate Findings Exposed Flaws in the

すず書房，1999年）
Bray, William, ed. *The Diary of John Evelyn*. 2 vols. London: Everyman Library, 1946.
Brazee, Edward B. *An Index to the* Sierra Club Bulletin, *1950–1976, Volumes 35–61*. Corvallis: Oregon State University Press, 1978.
Brenner, Joel Franklin. "Nuisance Law and the Industrial Revolution." *Journal of Legal Studies* 3, no. 2 (1974): 403–33.
Brice, William R. *Myth Legend Reality: Edwin Laurentine Drake and the Early Oil Industry*. Oil City, PA: Oil City Alliance, 2009.
Brimblecombe, Peter. "Air Pollution in Industrializing England." *Journal of the Air Pollution Control Association* 28, no. 2 (1978): 115–18.
———. *The Big Smoke: A History of Air Pollution in London Since Medieval Times*. London: Methuen, 1987.
Brown, Anthony Cave. *Oil, God, and Gold: The Story of Aramco and the Saudi Kings*. Boston: Houghton Mifflin, 1999.
Brown, A. J. "World Sources of Petroleum." *Bulletin of International News* 17, no. 13 (1940): 769–76.
Brown, F. Hume, ed. *Early Travellers in Scotland*. Edinburgh: Mercat Press, 1973.
Brown, Harrison. *The Challenge of Man's Future: An Inquiry Concerning the Condition of Man During the Years That Lie Ahead*. New York: Viking, 1954.
Brown, William H. *The History of the First Locomotives in America from Original Documents and the Testimony of Living Witnesses*. New York: D. Appleton, 1871.
Browne, D. J. *The Field Book of Manures; or, the American Muck Book*. New York: A. O. Moore, 1858.
Brownlie, David. "The Early History of the Coal Gas Process." *Transactions of the Newcomen Society* 3 (1924): 57–68 (plus plates).
Brox, Jane. *Brilliant: The Evolution of Artificial Light*. Boston: Houghton Mifflin Harcourt, 2010.
Brues, Austin M. "Critique of the Linear Theory of Carcinogenesis: Present Data on Human Leukemogenesis by Radiation Indicate That a Nonlinear Relation Is More Probable." *Science*,September 26, 1958: 693–99.
Bruland, Kristine, and Keith Smith. "Assessing the Role of Steam Power in the First Industrial Revolution: The Early Work of Nick von Tunzelmann." *Research Policy* 42 (2013): 1716–23.
Brundtland, Terje. "From Medicine to Natural Philosophy: Francis Hauksbee's Way to the Air-Pump." *British Journal for the History of Science* 41, no. 2 (2008), 209–40.
Brunskill, R. W. *Timber Building in Britain*. 2nd ed. London: Victor Gollancz, 1994.
Bryan, Ford R. *Friends, Families & Forays: Scenes from the Life and Times of Henry Ford*. Detroit: Wayne State University Press, 2002.
Bryce, Robert. "Guru or Fakir? Amory Lovins Is America's Favorite Green Energy

ration, 2000.
Binder, Frederick Moore. *Coal Age Empire: Pennsylvania Coal and Its Utilization to 1860.* Harrisburg: Pennsylvania Historical and Museum Commission, 1974.
Black, Brian. *Petrolia: The Landscape of America's First Oil Boom.* Baltimore: Johns Hopkins University Press, 2000.
Black, Edwin. *Internal Combustion: How Corporations and Governments Addicted the World to Oil and Derailed the Alternatives.* New York: St. Martin's Press, 2006.
Black, Joseph. *Lectures on the Elements of Chemistry: Delivered at the University of Edinburgh.* 2 vols. Edited by John Robison. Philadelphia: Mathew Carey, 1807.
Blume, David. *Alcohol Can Be a Gas! Fueling an Ethanol Revolution for the 21st Century.* Santa Cruz, CA: International Institute for Ecological Agriculture, 2007.
Bockstoce, John. "From Davis Strait to Bering Strait: The Arrival of the Commercial Whaling Fleet in North America's Western Arctic." *Arctic* 37, no. 4 (1984): 528–32.
Bolles, Albert S. *Industrial History of the United States.* 3rd ed., repr. New York: Augustus M. Kelley, 1966. First published 1881.
Bonner, James. "Arie Jan Haagen-Smit." *Biographical Memoirs of the National Academy of Sciences.* Washington, DC: National Academy of Sciences, 1989.
Bonner, N. *Whales of the World.* New York: Facts on File, 1989.
Boucher, Cyril T. G. *James Brindley, Engineer, 1716–1772.* Norwich, UK: Goose and Son, 1968.
Bowler, Catherine, and Peter Brimblecombe. "Control of Air Pollution in Manchester Prior to the Public Health Act, 1875." *Environment and History* 6, no. 1 (2000): 71–98.
Boyd, T. A. *Professional Amateur: The Biography of Charles Franklin Kettering.* New York: E. P. Dutton, 1957.
Boyle, Robert. *New Experiments Physico-Mechanicall, Touching the Spring of the Air, and Its Effects (Made, for the Most Part, in a New Pneumatical Engine): Written by Way of Letter to the Right Honorable Charles, Lord Vicount of Dungarvan, Eldest Son to the Earl of Corke.* Oxford, UK: Thomas Robinson, 1660.
Bradby, Hannah, ed. *Dirty Words: Writings on the History and Culture of Pollution.* London: Earthscan, 1990
Braudel, Fernand. *Civilization and Capitalism, 15th–18th Century.* Vol. 1, *The Structures of Everyday Life: The Limits of the Possible.* New York: Harper & Row, 1981.（フェルナン・ブローデル『物質文明・経済・資本主義 15－18世紀――日常性の構造』〈1・2〉村上光彦訳，みすず書房，1986年）
———. *Civilization and Capitalism, 15th–18th Century.* Vol. 3, *The Perspective of the World.* Berkeley: University of California Press, 1984.（フェルナン・ブローデル『物質文明・経済・資本主義 15－18世紀――世界時間』〈1・2〉村上光彦訳，み

Beddoes, Thomas, and James Watt. *Considerations on the Medicinal Use of Factitious Airs, and on the Manner of Obtaining Them in Large Quantities.* Bristol, UK: J. Johnson, 1794.

Belidor, Bernard Forest de. *Architecture hydraulique, ou L'art de Conduire, d'Élever et de Ménager les Eaux.* Paris: Chez L. Cellot, 1782.

Bell, Charles Henry. *The Bench and Bar of New Hampshire: Including Biographical Notices of Deceased Judges of the Highest Court, and Lawyers of the Province and State, and a List of Names of Those Now Living.* Boston: Houghton Mifflin, 1894.

Bell, Michelle L., and Devra Lee Davis. "Reassessment of the Lethal London Fog of 1952: Novel Indicators of Acute and Chronic Consequences of Acute Exposure to Air Pollution." *Environmental Health Perspectives* 109, no. 3 (2001): 389–94.

Bergin, Mike H., Chinmay Ghoroi, Deppa Dixit, James J. Schauer, and Drew T. Shindell. "Large Reductions in Solar Energy Production Due to Dust and Particulate Air Pollution." *Environmental Science and Technology Letters* 4, no. 8 (2017):339–44.

Bernton, Hal, William Kovarik, and Scott Sklar. *The Forbidden Fuel: A History of Power Alcohol.* New ed. Lincoln: University of Nebraska Press, 1982.

Berry, Herbert, ed. *The First Public Playhouse: The Theatre in Shoreditch, 1576–1598.* Montreal: McGill-Queen's University Press, 1979.

———. "Shylock, Robert Miles, and Events at the Theatre." *Shakespeare Quarterly* 44, no. 2 (Summer 1993): 183–201.

Berryman, Jack W. "Sport, Health, and the Rural-Urban Conflict: Baltimore and John Stuart Skinner's *American Farmer,* 1819–1829." *Conspectus of History* 1, no. 8 (1982): 43–61.

Berthélemy, Michel, and Lina Escobar Rangel. "Nuclear Reactors' Construction Costs: The Role of Lead-Time, Standardization and Technological Progress." Working Paper 14-ME-01, Interdisciplinary Institute for Innovation, Dallas, October 9, 2013 (online).

Berthoud, E. L. "On the Occurrence of Uranium, Silver, Iron, etc., in the Tertiary Formation of Colorado Territory." *Proceedings of the Academy of Natural Sciences of Philadelphia* 27(2), May–September 1875, 363–66.

Beyea, Jan. "Response to 'On the Origins of the Linear No-Threshold (LNT) Dogma by Means of Untruths, Artful Dodges and Blind Faith." *Environmental Research* 148 (2016): 527–34.

Biello, David. "The World Really Could Go Nuclear." *Scientific American* online, last modified September 14, 2015.

Bierck, Harold A., Jr. "Spoils, Soils, and Skinner." *Maryland Historical Magazine* 49, no. 1 (1954): 21–40.

The Big Inch and Little Big Inch Pipelines. Houston: Texas Eastern Transmission Corpo-

Effects of Low Doses of Ionizing Radiation." Académie des Sciences [Academy of Sciences] —Académie nationale de Médecine [National Academy of Medicine], 2005 (online).
Ausubel, Jesse H. "The Liberation of the Environment." *Daedalus* 125, no. 3 (1996): 1–17.
Ausubel, Jesse H., and H. Dale Langford, ed. *Technological Trajectories and the Human Environment.* Washington, DC: National Academy Press, 1997.
Badash, Lawrence. *A Nuclear Winter's Tale: Science and Politics in the 1980s.* Cambridge, MA: MIT Press, 2009.
Baekeland, Leo H. "The Synthesis, Constitution, and Uses of Bakelite." *Industrial and Engineering Chemistry* 1 (1909): 149–61.
Bagwell, Philip S. *The Transport Revolution from 1770.* London: B. T. Batsford, 1974.
Bailey, Michael R., and John P. Glithero. *The Engineering and History of* Rocket: *A Survey Report.* York, UK: National Railway Museum, 2001.
Bailey, Ronald. *The End of Doom: Environmental Renewal in the Twenty-First Century.* New York: St. Martin's Press, 2015.
Baldwin, John, and Ron Powers. *Last Flag Down: The Epic Journey of the Last Confederate Warship.* New York: Three Rivers Press, 2007.
Barbier, Edward B. "Introduction to the Environmental Kuznets Curve Special Issue." *Environment and Development Economics* 2, no. 4 (November 1997): 369–81.
Bardou, Jean-Pierre, Jean-Jacques Chanaron, Patrick Fridenson, and James M. Laux. *The Automobile Revolution: The Impact of an Industry.* Translated by James M. Laux. Chapel Hill: University of North Carolina Press, 1982.
Barnard, H. E. "Prospects for Industrial Uses of Farm Products." *Journal of Farm Economics* 20 (1938): 119–33.
Bates, David. "A Half Century Later: Recollections of the London Fog." *Environmental Health Perspectives* 110, no. 12 (2002): A735.
Bauer, Martin, ed. *Resistance to New Technology: Nuclear Power, Information Technology and Biotechnology.* Cambridge: Cambridge University Press, 1995.
Baxter, Bertram. "Early Railways in Derbyshire." *Transactions of the Newcomen Society* 26 (1953): 185–97.
Bean, L. H., and P. H. Bollinger. "The Base Period for Parity Prices." *Journal of Farm Economics* 21, no. 1 (1939): 253–57.
Beaton, Kendall. "Dr. Gesner's Kerosene: The Start of American Oil Refining." *Business History Review* 29, no. 1 (1955): 28–53.
Beckerman, Wilfred. *Small Is Stupid: Blowing the Whistle on the Greens.* London: Duckworth, 1995.
———. *Two Cheers for the Affluent Society: A Spirited Defense of Economic Growth.* New York: St. Martin's Press, 1974.

———. "The 1715 and Other Newcomen Engines at Whitehaven, Cumberland." *Transactions of the Newcomen Society* 45 (1972): 237–68.

———. "The Introduction of the Newcomen Engine, 1710–1733." *Transactions of the Newcomen Society* 42 (1969): 169–90.

———. "The Introduction of the Newcomen Engine, 1710–1733: Second Addendum." *Transactions of the Newcomen Society* 45 (1972): 223–26.

Allison, Wade. *Nuclear Is for Life: A Cultural Revolution.* Oxford: Wade Allison, 2015.

Anderson, H. R. "Air Pollution and Mortality: A History." *Atmospheric Environment* 43 (2009): 142–52.

Andriesse, C. D. *Huygens: The Man Behind the Principle.* Translated bySally Miedema. Cambridge: Cambridge University Press, 2005.

Antisell, Thomas. *The Manufacture of Photogenic or Hydro-Carbon Oils, from Coal and other Bituminous Substances, Capable of Supplying Burning Fluids.* New York: D. Appleton, 1860.

Antognazza, Maria Rosa. *Leibniz: An Intellectual Biography.* Cambridge UK: Cambridge University Press, 2009.

Appleby, Joyce. *Inheriting the Revolution: The First Generation of Americans.* Cambridge, MA: Harvard University Press, 2000.

Arago, M. *Historical Eloge of James Watt.* Translated by James Patrick Muirhead. London: John Murray, 1839.

Arthur, W. Brian. "Competing Technologies, Increasing Returns, and Lock-in by Historical Events." *Economic Journal* 99 (March 1989): 116–31.

———. *The Nature of Technology: What It Is and How It Evolves.* New York: Free Press, 2009.（ブライアン・アーサー『テクノロジーとイノベーション――進化／生成の理論』有賀裕二監修，日暮雅通訳，みすず書房, 2011年）

Asbury, Herbert. *The Golden Flood: An Informal History of America's First Oil Field.* New York: Knopf, 1942.

Ashe, W. W. *The Forests, Forest Lands, and Forest Products of Eastern North Carolina. North Carolina Geological Survey Bulletin No. 5.* Raleigh, NC: Josephus Daniels, State Printer and Binder, 1894.

Ashton, T. S. *Iron and Steel in the Industrial Revolution.* Manchester, UK: Manchester University Press, 1951.

Aubrey, John. *Brief Lives.*Edited by John Buchanan Brown. London: Penguin, 2000.（オーブリー『名士小伝』橋口稔・小池銈訳，冨山房, 1979年）

Audubon, John James. *An Audubon Reader.* Edited by Richard Rhodes. New York: Everyman's Library, 2006.

Aurengo, André, Dietrich Averbeck, André Bonnin, Bernard Le Guen, Roland Masse, Roger Monier, Maurice Tubiana (chairman), Alain-Jacques Valleron, and Florent de Vathaire. "Dose-Effect Relationships and Estimation of the Carcinogenic

参考文献

Aaron, Melissa D. "The Globe and Henry V as Business Document." *SEL: Studies in English Literature 1500–1900:* 40.2 (2000) 277-292.

Adams, Edward Dean. *Henry Adams of Somersetshire, England, and Braintree, Mass.: His English Ancestry and Some of His Descendants.* New York: printed privately, 1927.

———. *Niagara Power: History of the Niagara Falls Power Company 1886–1918: Evolution of Its Central Power Station and Alternating Current System.* 2 vols. Niagara Falls, NY: printed privately, 1927.

Adams, Henry. *The United States in 1800.* Ithaca, NY: Cornell University Press, 1955.

Adams, John. *The Works of John Adams.* Vol. 8edited by Charles Francis AdamsBoston: Little, Brown, 1853.

Adams, Sean Patrick. *Home Fires: How Americans Kept Warm in the Nineteenth Century.* Baltimore: Johns Hopkins University Press, 2014.

Adams, W. Grylls. "The Scientific Principles Involved in Electric Lighting." *Journal of the Franklin Institute* (October 1881): 279–94.

———. "The Scientific Principles Involved in Electric Lighting." *Journal of the Franklin Institute* (November 1881): 364–75.

Adams, Charles Francis, Jr. *Railroads: Their Origin and Problems.* New York: G. P. Putnam's Sons, 1886.

Adas, Michael. *Machines as the Measure of Men: Science, Technology, and Ideologies of Western Dominance.* Ithaca, NY: Cornell University Press, 1989.

Agricola, Georgius. *De re Metallica.* Translated by Herbert Hoover and Lou Henry Hoover. New York: Dover, 1950. First published 1556.（アグリコラ『近世技術の集大成：デ・レ・メタリカ—全訳とその研究』三枝博音訳著，山崎俊雄編，岩崎学術出版社, 1968年）

Albion, Robert Greenhalgh. *The Timber Problem of the Royal Navy, 1652–1862.* Cambridge, MA: Harvard University Press, 1926.

Alexander, Thomas G. "Cooperation, Conflict, and Compromise: Women, Men, and the Environment in Salt Lake City, 1890–1930." *Brigham Young University Studies* 35, no. 1 (1995): 6–39.

Alexievich, Svetlana. *Voices from Chernobyl: The Oral History of a Nuclear Disaster.* New York: Picador, 2006.

Allen, John S. "The 1712 and Other Newcomen Engines of the Earls of Dudley." *Transactions of the Newcomen Society.* 37 (1967): 57–87.

ローズ，ラルフ　403, 404
ロックウェル，セオドア　441, 454, 455, 462, 472
ロックフェラー，ジョン　21
ロッチ，ウィリアム　217, 222, 224–228, 582
ロッチ，フランシス　217
ロッチ，ベンジャミン　224, 225
ロビソン，ジョン　101–104, 106–108, 112–114, 592

【ワ行】

ワインバーグ，アルヴィン　495, 507–509
ワーズワース，ウィリアム　86, 149–151, 155, 589
ワーズワース，ドロシー　77, 86, 151
ワット，グレゴリー　206, 207
ワット，ジェームズ　18, 21, 101–116, 119, 126–129, 139, 140, 144, 155, 185, 192, 196, 198–203, 205, 206, 584, 591–593
ワット・シニア，ジェームズ　107
ワット・ジュニア，ジェームズ　198, 199, 206, 208
ワトソン，ジェームズ　518

ボーリガード，P・G・T　269
ボルタ，アレッサンドロ　185, 193, 285, 292–296, 298, 299, 576
ホルドレン，ジョン　498
ボールトン，マシュー　101, 114, 115, 117–119, 126–128, 139, 140, 144, 188, 192, 195, 196, 198, 585, 591
ボールトン，ロビンソン　198
ホルロイド，ジョン・ベーカー　118
ホワイト，ギルバート　185, 186
ホンフレイ，サミュエル　119, 140, 141, 143, 144, 589

【マ行】

マキシム，ハイラム　309, 317, 318, 374, 418, 575
マキシム，ハイラム・パーシー　373, 374, 376, 379
マクドナルド，グレース・バーナム　373, 399
マクリントック　249
マクルズフィールド伯爵　288
マーシー，オーベド　218
マーシー，トーマス　218
マシューズ，ウィリアム　209
マッキム・ミード・アンド・ホワイト　337
マックワース，ハンフリー　94
マッケーブ，ルイス・C　473, 483, 484
マードック，ウィリアム　185, 195–199, 206, 208–210
マラー，ハーマン　495, 517–521, 523, 557
マルケッティ，チェーザレ　525, 544, 545, 547–550
マルサス，トーマス　154, 495, 499, 500
ミジリー・ジュニア，トーマス　373, 384, 386, 387, 390–397, 400, 401, 567, 568
ミラー，マーガレット（ペギー）　108, 592
ミルトン，ジョン　37
ミンケラー，ジャン・ピエール　185, 193, 585
メーヒュー，トーマス　218, 583
メルヴィル，デヴィッド　185, 213, 214
メルヴィル，ハーマン　21
メンデレーエフ，ドミトリ　392
モア，サミュエル　117
モーガン，トーマス・ハント　516
モートン，ヘンリー　333
モールス，サミュエル・F・B　312
モンゴルフィエ兄弟　192, 209

【ヤ行】

ヤーギン，ダニエル　404, 405, 409
ユア，ピーター　217, 233, 581

【ラ行】

ライーズベルグル，デヴィッド　245
ライプニッツ，ゴットフリート　49, 66–68, 72 – 75, 77, 78, 595, 596
ラザフォード，アーネスト　155
ラストリック，ジョン・アーペス　176
ラムゼー，ジェームズ　149, 153, 588
リー，ジョージ・オーガスタス　185, 209, 210
リカード，デヴィッド　154
リグレイ，エドワード・アンソニー　149, 150, 153
リッコーヴァー，ハイマン　441, 453–456, 461, 462, 464–467, 472, 510, 562
リデル，トーマス　94
リービッヒ，ユストゥス　341, 351
リンドメイヤー，ジョセフ　525, 530
ルイ十三世　64
ルイス，ジョン・L　403, 436–438
ルイセンコ，トロフィム・デニソヴィチ　517
ルーシェ，バートン　474, 475
ルーズヴェルト，フランクリン　403, 408, 436, 492
ルドルフ二世　62
ルボン，フィリップ　185, 206, 207, 210, 211, 583
レイノルズ，リチャード　119, 124, 125
レーブンズワース卿　163
ローズ，クーパー・B　473, 477

ピール，チャールズ・ウィルソン　214
ピール，ルーベンス　214
ピール，レンブラント　185, 213–215
ピンショー，ギフォード　359, 360
ファインマン，リチャード　495, 497
ファラデー，マイケル　21, 285, 303–307, 311, 313, 576
ファレイ，ジョン　116
フィッチ，ジョン　118
フィリップ，ジョン　185, 209
フィルビー，キム　407
フィルビー，ハリー・シンジョン　403, 405–407
フェルディナント三世　58
フェルトン，ウィリアム　136, 590
フェルミ，エンリコ　21, 441, 442, 444, 446, 447, 467, 469
フォード，ヘンリー　21, 373–375, 381, 401, 410, 444, 545
フォン・ゲーリケ，オットー　49, 58, 59, 67, 596
フック，ロバート　49, 60, 61, 68
ブライス，ジェームズ　525, 526
ブラウアー，デヴィッド　495, 504
ブラウン，アレクサンダー　113
ブラウン，ハリソン　495, 496, 498, 499
ブラケット，クリストファー　149, 158
プラーター，トーマス　29
ブラック，ジョゼフ　101, 103, 107, 109, 110, 200
ブラッシュ，チャールズ・F　525–527
フランクリン，ベンジャミン　21, 285–289, 292, 577
プリーストリー，ジョゼフ　188, 285, 288, 289
ブリッジウォーター公爵（フランシス・エジャートン）　119–123
ブリンドリー，ジェームズ　119, 121, 122
ブルーアー，エベニーザー　247
ブルーアー，フランシス　235, 247, 248
ブルネル，マーク・イザムバード　145
ブレイク，ウィリアム　115, 149
フレイジャー，フィリップ・A　441, 462, 463, 561
ブレイスウェイト，ジョン　178
プレストン，トーマス　27, 33
フレデリック，ヘンリー　62
ブレンキンソップ，ジョン　149, 157, 159, 162, 176, 587
フンボルト，アレクサンダー・フォン　341, 348, 349, 572
ベークランド，レオ　373, 390
ベーコン，フランシス　62
ベチューン，ノーマン　517
ベックマン，アーノルド　473, 482–487
ヘッセン＝カッセル方伯モーリッツ　72, 78
ベドーズ，トーマス　185, 199–205
ヘドリー，ウィリアム　176
ベル，アレクサンダー・グラハム　312, 528
ベルトゥー，エドワード・L　452
ベルナルド，ニコライ　403, 418, 421
ベユェ，ジャン　495, 522, 523
ヘンダーソン，ファニー　160
ヘンリー一世　188
ヘンリー，ジョセフ　305, 306
ボーア，ニールス　155
ホイットニー，ヘンリー　341, 355
ボイド，T・A　393
ホイヘンス，クリスティアーン　49, 64–68, 72, 83
ホイヘンス，コンスタンティン　49, 62, 64
ボイル，ロバート　49, 59–61, 68, 596
ホーキンス，ジョン　146
ボズウェル，アレクサンダー　195
ボズウェル，ジェームズ　131, 195, 197, 585
ポット，パーシヴァル　40
ボナパルト，ナポレオン　126, 208, 211, 230, 296, 349
ホフバウアー，クリスティーン　500
ポープ，フランクリン　309, 322, 323, 326
ボーモント，ハンティンドン　77, 93

417, 576
デーヴィス，フレッド　403, 404, 410, 415, 566
テスラ，ニコラ　331
デ・ソウザ，ルイス　525, 545, 548, 549, 555
デーニッツ，カール　403, 429, 430, 564
デフォー，ダニエル　77, 94
デロシュール，ピエール　500
ドイル，アーサー・コナン　364
トーケイム，ジョン・J　381, 383
トーマス，ウィリアム　149, 154, 155, 588
トムソン，ウィリアム（ケルヴィン男爵） 336
トリヴァルド，モルテン　83, 84
トリチェリ，エヴァンジェリスタ　49, 58, 59
トルーマン，ハリー・S　403, 436, 563
トレヴィシック・ジュニア，リチャード 119, 126–146, 148, 158, 589, 590
ドレーク，エドウィン・L　21, 235, 254–263, 265, 266, 269, 367, 414, 579
ドレーク夫人　256, 579
ドレベル，コルネリウス　49, 60–64, 67, 596
トロロープ，アントニー　359, 363, 364
トンプソン，ベンジャミン　135

【ナ行】

ナポレオン三世　338
ニクソン，リチャード　473, 487, 560
ニューコメン，トーマス　18, 21, 77, 80, 82–89, 98, 99, 103–107, 114, 123, 196, 553, 594, 595
ニュートン，アイザック　78
ニール，ダニエル　33
ネーダー，ラルフ　512
ネフ，J・U　39
ノース，フランシス　91

【ハ行】

バイレスビー，ヘンリー・M　309, 326, 327
ハーヴィー，ジェーン　128
バーキンショー，ジョン　149, 165
ハークスベリー男爵　217, 227
ハーゲン＝スミット，アリー・ジャン　19, 20, 473, 484–487
バーストール，ティモシー　178
パストーレ，ジョン・O　460
バセット，フランシス　130
ハックワース，ティモシー　176, 178
ハーディン，ギャレット　281, 282
バード，ジョン　101, 103
パドック，イカボッド　221
パトナム，ウィリアム・ローウェル　422
バートン，アンソニー　140, 142
バートン，ウィリアム・M　373, 386
バーニー，ファニー　205
ハバード，O・P　247, 248, 580
パパン，ドニ　18, 49, 66–75, 77–80, 83, 105, 592, 595
バーベッジ，カスバード　27, 28, 30
バーベッジ，リチャード　27, 28, 30
ハミルトン，アリス　373, 395, 396, 398, 399
ハミルトン公爵　120
ハリス，エドワード　344
ハリソン，ウィリアム　27, 29, 35, 38
ハレー，エドモンド　70
ハワード，フランク　399
ハンブルストーン夫人　137, 589
ビッグス，ハーマン　369
ヒッグス，ロバート　473, 493
ビッセル，ジョージ・H　235, 247, 248, 250–253, 580
ピット，ウィリアム（小ピット）　217, 225–227
ヒトラー，アドルフ　429, 500
ヒバート，ハロルド　373, 388, 389, 400, 402
ピープス，サミュエル　32
ヒューウェル，ウィリアム　59
ヒーリー，ベンジャミン　195, 585

244–247, 250–254, 579, 580
シリマン，ベンジャミン　244, 246
シリング，パヴェル・リヴォヴィチ　285, 303
スイフト，ジョナサン　115
スヴェーデンスティアナ，エーリッヒ　123
スキナー，ジョン・スチュアート　341, 349, 350
スキャリー，エレーヌ　525, 551, 552
スターティヴァント，アルフレッド　495, 514, 516, 557
スターバック，アレクサンダー　221, 224, 231
スターン，カート　519–521
スタンディッシュ，アーサー　27, 34
スタンリー・ジュニア，ウィリアム　309, 314, 316–328, 330, 574, 575
スタンレー兄弟　373, 375, 376
スチュアート・ジュニア，W・L　473, 483
スティーブンソン，ジョージ　21, 149, 158, 160–164, 166–176, 178–180, 188, 433, 586, 587
スティーブンソン，ロバート（ジョージ・スティーブンソンの息子）　162, 175–178
スティーブンソン，ロバート（スコットランドの灯台技師）　149, 165, 166
スティーブンソン，ロバート・ルイス（作家）　166, 364
ステグナー，ウォレス　406, 408, 410–412, 414, 415
ステュークリ，ウィリアム　96
ステンスルート，シドニー　403, 434, 436
ストウ，ジョン　188
ストラドリング，デヴィッド　361
ストリート，ピーター　27, 28
ストロース，ルイス　495, 514, 517
ズブリン，ロバート　500
スプレイグ，フランク・ジュリアン　341, 354, 355
スポーン，フィリップ　506
スマイルズ，サミュエル　149, 152, 169, 173, 174
スミス，アダム　154
スミス，ウィリアム・アンドリュー（アンクル・ビリー）　235, 258–260
スレイマン，シャイフ・アブドゥラ　409
セイヴァリ，トーマス　49, 75, 77–80, 83, 84, 87, 88, 105, 595
セムズ，ラファエル　265, 272–276, 578
セラーズ，コールマン　335, 336

【タ行】

ダーウィン，エラズマス　149, 152, 188–202, 585
ダーウィン，チャールズ　152
タウンゼント，ジェームズ　235, 254–256, 262, 265, 266
ダニエルズ，ジョセファス　403, 422
ダービー，アビア　97, 98, 593
ダービー，エイブラハム　21, 77, 97, 123, 124, 593
ターベル，イーダ　21, 265, 282
ダレス，ジョン・フォスター　458
ダンスタンビル卿　131, 134, 135
ダンドナルド伯爵（アーチボルド・コクラン）　118, 185, 189–192, 196, 199, 241, 580
チェスニー，カミングス・C　328
チャーチ，フレデリック・エドウィン　329
チャールズ一世　218
チャールズ二世　43, 47, 91
チューディ，ヨハン・ヤコブ・フォン　341, 350, 351
チョーサー，ジェフリー　27, 36
ツィーグラー，ハンス・K　525, 529
ツェルナー，トム　451
ディケンズ，チャールズ　364
テイラー，ジョン　92
ディラー，チャールズ　185, 194, 195
デーヴィー，ハンフリー　21, 135, 136, 149, 163, 164, 185, 188, 202–205, 212, 285, 297–299, 304, 305, 341, 348, 349, 351, 403,

オルムステッド，フレデリック・ロー　329

【カ行】

カスタネダ，クリストファー　215, 427
カストロ，ジョズエ・デ　495, 502
カスパリ，アーネスト　495, 519, 520
カーソン，レイチェル　495–498
カーター，ジミー　495, 509–511, 557
カーナーヴォン伯爵（第二代）　32
ガニング，エリザベス　119, 120
カミング，ヒュー・S　373, 398
カラブレーゼ，エドワード　495, 521, 522
カリー，ジョン　82
ガルヴァーニ，ルイージ　285, 288, 290–294, 296, 305, 576
カルディコット，ヘレン　512
カルトホフ，キャスパー　67
ガレアッツィ・ルシア　290
ギッディ，デーヴィス　119, 129–132, 134, 135, 139, 142–146
ギッディ，フィリッパ　145
ギデンズ，ポール　268, 270
ギブス，ジョン・ディクソン　321
ギャロウェー，ロバート　49, 55, 57, 58, 77, 80, 89, 95, 96, 99, 117, 157, 163, 165
ギルバート，ジョン　121
クインシー，トマス・ド　152
クズネッツ，サイモン　473, 489
グラハム，ジョン・W　359
クラフチュク，レオニード　538
クリーヴランド公爵　167, 587
グリーン，アン・ノートン　341, 356
グレートレックス，ラルフ　60
グローヴス准将，レズリー・R　441, 449
クローシェイ，リチャード　141, 143, 589
クロスビー，アルバート　248–250, 580
クロスビー，デキシー　247, 248
黒田，ポール　472
クロムウェル，オリヴァー　41, 43
ゲスナー，エイブラハム　235, 239–242, 244, 245, 581
ケタリング，チャールズ・F　373, 383, 384, 386–388, 390, 391, 393, 394, 396–400, 567
ゴイター，C・E　477, 478
コヴァリク，ウィリアム　373, 400
コクラン，トーマス　192, 235, 241
ゴズリング，リチャード　41
コート，ヘンリー　118
ゴードン，ロバート・J　473, 492
ゴーラール，ルシアン　321
コリンソン，ピーター　285, 577
コールドウェル，ジェームズ　403, 423, 424
コルベール，ジャン＝バティスト　65–67
コールリッジ，サミュエル・テイラー　86, 87, 202
コングリーヴ，ウィリアム　168, 169

【サ行】

サウジー，ロバート　202, 204
サドラー，フィリップ　473, 476–478, 482
サバス，アドルフ　453
サマーサイド，トーマス　161
サロッティ，アンブローズ　70
サロム，ペドロ　373, 378
ジェイ，ジョン　225
ジェイ，マイク　204, 205
シェイクスピア，ウィリアム　17, 27–29, 547
ジェイコブズ，ジョセフ　525, 527, 556
ジェイコブズ，マーセラス　525, 527, 556
シェファー，スタンリー　441, 464
ジェファーソン，トーマス　217, 228–230, 582
ジェームズ一世　21, 34, 39, 62
シッソン，ジョナサン　104, 106, 592
シファー，マイケル　306
シャーウッド夫人，ジョン・B　359, 366
ジャスパー，ジェームズ・M　506
シュシケヴィチ，スタニスラフ　525, 536–538, 554
ショット，カスパー　58
シリマン・ジュニア，ベンジャミン　235,

人名索引

【ア行】

アイゼンハワー，ドワイト　441, 458–461, 464, 468, 505, 514, 562
アイゼンハワー，マミー　460
アインシュタイン，アルバート　155
アーガイル公爵　120
アグニュー，ハロルド　495, 513
アークム，フレデリック　212
アグリコラ，ゲオルク　36, 37
アーサー，ブライアン　546, 649
アダムズ，ウィリアム・グリルス　312, 313
アダムズ，エドワード・ディーン　309, 332–336, 573
アダムズ，ジョン　217, 225, 226
アダムズ二世，チャールズ・フランシス　341, 355
アダムズ，フレデリック・アッパム　359–361
アチソン，ディーン　408, 566
アーノルド，ベネディクト　117
アブドゥルアズィーズ・イブン・サウード　403–407, 409, 416
アレン，ジャイルズ　28
アンジア，ジェイコブ・D　248
アンダーソン，ジョン　101, 104, 106, 107, 149, 155, 156, 166, 199, 200, 592
アンドリュース，アドルファス　403, 429
イーヴリン，ジョン　21, 27, 42–47, 479
ヴァラーディ，ピーター　525, 530
ヴィヴィアン，アンドルー　135–138, 590
ヴィヴィアン，ジョン　138
ウィリアム一世　188
ウィルキンソン，ジョン　101, 117, 118
ウィルソン，ウッドロウ　403, 420
ウィルソン，ロバート・E　373, 392
ウィロビー，パーシヴァル　93
ウィンザー，フレデリック・アルバート　185, 211, 212
ウェイドライン，エドワード・R　473, 478, 482
ウェイプルズ，デヴィッド・A　367, 368
ウェスティングハウス，ジョージ　309, 318–328, 331, 337, 359, 368, 417, 506
ウェスティングハウス，ハーマン　319, 575
ウェッジウッド，ジョサイア　117, 188, 202
ウェッジウッド，トーマス　202, 203
ウェッブ，シドニー　89, 90, 151
ウェッブ，ビアトリス　90, 151
ヴェブレン，ソースティン　400
ウォーカー，ジェームズ　149, 176, 177, 181, 182
ヴォルティ，ルーディ　374, 377
ウッド，ロバート　119
エジソン，トーマス　309, 312–317, 319, 322, 328, 331–334, 337, 338, 368, 373, 418, 506, 573, 575
エスマルヒ，ラウリッツ　300, 302
エベレス，ジョナサン・G　235, 247, 250–253
エリオット，ギルバート　194
エリクソン，ジョン　178
エリザベス一世　21, 27, 29, 34, 35, 38, 39, 234, 382, 598
エリツィン，ボリス　538
エーリック，ポール・R　495, 501, 502, 504
エルステッド，ハンス・クリスティアン　285, 299–303, 305, 338, 576
エルステッド，アナス　299
オウィディウス　36
オーデュボン，ジョン・ジェームズ　217, 232, 344
オルシェフスキー，スタニスラウス　403, 418, 421
オルダーソン，エドワード　170

著者略歴――――
リチャード・ローズ(Richard Rhodes)
ジャーナリスト・作家。1937年にカンザス州に生まれる。イェール大学卒業後、文筆活動を始める。1986年刊行の『原子爆弾の誕生』(啓学出版/紀伊國屋書店)でピュリッツァー賞、全米図書賞、全米批評家協会賞を受賞、世界10カ国以上で翻訳された。幅広いテーマを扱う実力派ライターとしてこれまで23点の本を刊行、邦訳には『原爆から水爆へ』(紀伊國屋書店)、『アメリカ農家の12カ月』(晶文社)、『メイキング・ラヴ』(文藝春秋)、『死の病原体プリオン』(草思社)がある。カリフォルニア州在住。
訳者略歴――――
秋山勝(あきやま・まさる)
立教大学卒。出版社勤務を経て、翻訳の仕事に。訳書にジャレド・ダイアモンド『若い読者のための第三のチンパンジー』、デヴィッド・マカルー『ライト兄弟』、ジェイミー・バートレット『操られる民主主義』(以上、草思社)、ジェニファー・ウェルシュ『歴史の逆襲』、マーティン・フォード『テクノロジーが雇用の75%を奪う』(以上、朝日新聞出版)など。

エネルギー400年史
薪から石炭、石油、原子力、再生可能エネルギーまで

2019©Soshisha

2019年7月25日　第1刷発行
2023年7月18日　第4刷発行

著　者　リチャード・ローズ
訳　者　秋山　勝
装幀者　間村俊一
発行者　碇　高明
発行所　株式会社 草思社
〒160-0022　東京都新宿区新宿1-10-1
電話　営業 03(4580)7676　編集 03(4580)7680

本文組版　株式会社 キャップス
本文印刷　株式会社 三陽社
付物印刷　株式会社 暁印刷
製本所　大口製本印刷 株式会社

ISBN978-4-7942-2407-1 Printed in Japan　検印省略

造本には十分注意しておりますが、万一、乱丁、落丁、印刷不良などがございましたら、ご面倒ですが、小社営業部宛にお送りください。送料小社負担にてお取替えさせていただきます。